Direito e Processo do Trabalho
Homenagem a
Armando Casimiro Costa Filho

Carlos Henrique Bezerra Leite
Vitor Salino de Moura Eça
Coordenadores

Direito e Processo do Trabalho Homenagem a Armando Casimiro Costa Filho

EDITORA LTDA.
© Todos os direitos reservados

Rua Jaguaribe, 571
CEP 01224-003
São Paulo, SP – Brasil
Fone (11) 2167-1101
www.ltr.com.br
Junho, 2019

Versão impressa: LTr 6000.0 — ISBN: 978-85-361-9985-6
Versão digital: LTr 9570.4 — ISBN: 978-85-301-0042-1

Dados Internacionais de Catalogação na Publicação (CIP)
(Câmara Brasileira do Livro, SP, Brasil)

Direito e processo do Trabalho : homenagem a Armando Casimiro Costa Filho / Carlos Henrique Bezerra Leite, Vitor Salino de Moura Eça, coordenadores. – São Paulo : LTr, 2019.

Vários autores.
Bibliografia.
ISBN 978-85-361-9985-6

1. Costa Filho, Armando Casimiro 2. Direito do trabalho 3. Direito processual do trabalho I. Leite, Carlos Henrique Bezerra. II. Eça, Vitor Salino de Moura.

19-27312 CDU-34:331

Índice para catálogo sistemático:
1. Direito do trabalho 34:331

Cibele Maria Dias - Bibliotecária - CRB-8/9427

ARMANDO CASIMIRO COSTA FILHO

✦21.02.1950 – ☦13.12.2018

SUMÁRIO

PARTE I
TEORIA GERAL

A CLT como parâmetro cultural e a reforma trabalhista em face da dignidade da pessoa humana
Georgenor de Sousa Franco Filho 11

Constituição dirigente e direitos sociais no mundo contemporâneo
José Affonso Dallegrave Neto 15

Liberdade religiosa e relações de trabalho. Questões controvertidas. As organizações de tendência e o dever de acomodação razoável (*duty of reasonable accommodation*)
Manoel Jorge e Silva Neto 26

Ciência da jurisprudência
Vitor Salino de Moura Eça 37

PARTE II
DIREITO DO TRABALHO

Perfis contratuais de prestação de serviços apartados do regime celetista
Carolina Tupinambá 45

A atuação do Conselho Nacional de Justiça pela efetivação do direito fundamental ao trabalho decente
Flávia Moreira Guimarães Pessoa 56

Aplica-se a reforma trabalhista aos contratos em curso ou apenas aos novos empregados?
Maria Cristina Irigoyen Peduzzi 62

Da hipossuficiência nas relações de emprego à mitigação da dependência econômica e da subordinação jurídica à luz das mudanças trazidas pela Lei n. 13.467/2017
Gilberto Stürmer e Diego Martignoni 67

Divergência entre INSS e setor médico do empregador: empregado considerado apto pela Previdência Social e incapacidade para o trabalho atestada por médico da empresa
Gustavo Filipe Barbosa Garcia 75

Desemprego e garantia no emprego
José Alberto Couto Maciel 80

Estabilidade no emprego
Renato Rua de Almeida 84

A prestação de horas extras habituais e a ausência de descaracterização do acordo de compensação de jornada ou do banco de horas
Marcelo Rodrigues Prata 88

Flexibilização da Jornada de Trabalho – 12x36
Sônia A. C. Mascaro Nascimento 97

Assédio virtual: a violação dos direitos fundamentais dos trabalhadores e a fragilidade da prova na sociedade tecnológica
    Marco Antônio César Villatore e Miriam Olivia Knopik Ferraz 103

Saúde e segurança do trabalhador marítimo, na perspectiva do direito brasileiro: exames médicos e outras condições de trabalho
    Luciano Martinez 111

Os contornos conceituais do assédio moral organizacional
    Rodolfo Pamplona Filho 118

Despedida por motivo discriminatório e dignidade da pessoa humana do trabalhador
    Sergio Torres Teixeira 125

A garantia de trabalho decente à pessoa com deficiência e a reforma trabalhista: a impossibilidade de negociar coletivamente o direito fundamental à inclusão efetiva
    Tereza Aparecida Asta Gemignani e Daniel Gemignani 139

A tutela do trabalho em plataforma digital
    Yone Frediani e Luiz Cordovani Filho 156

Um novo sindicato
    José Carlos Arouca 161

Modelo brasileiro de organização sindical: perspectivas para o futuro
    José Claudio Monteiro de Brito Filho, Anna Marcella Mendes Garcia e Elba Brito Maués 169

As receitas sindicais depois da reforma trabalhista
    Luiz Eduardo Gunther 174

PARTE III
DIREITO PROCESSUAL DO TRABALHO

Acesso à justiça do trabalho no contexto pós-reforma
    Vicente José Malheiros da Fonseca 183

Desconsideração da personalidade jurídica: reflexões sobre sua natureza e sua aplicação no direito processual do trabalho
    Carlos Alberto Reis de Paula 190

Honorários sucumbenciais e a reforma trabalhista sob o enfoque do direito fundamental à justiça gratuita
    Carlos Henrique Bezerra Leite e Letícia Durval Leite 196

Alguns aspectos do cumprimento da sentença no novo CPC e o processo do trabalho
    Bruno Freire e Silva 205

Considerações sobre a transcendência
    Ives Gandra da Silva Martins Filho 217

Breves reflexões sobre o interesse de agir na tutela inibitória trabalhista
    Estêvão Mallet 223

Parte I
Teoria Geral

A CLT COMO PARÂMETRO CULTURAL E A REFORMA TRABALHISTA EM FACE DA DIGNIDADE DA PESSOA HUMANA[1]

GEORGENOR DE SOUSA FRANCO FILHO[2]

1. INGRESSANDO EM UMA NOVA ERA

Caminha a humanidade em meio a rápidas mudanças, graças às transformações tecnológicas. Nos últimos anos passamos a conviver com palavras novas, de significados estranhos, e, sobretudo, de modalidades diferentes no mundo do trabalho. Entramos na 4ª Revolução Industrial e estamos verdadeiramente tateando em meio a tantas e tão rápidas mudanças.

Em 2018, tivemos as comemorações de um ano jubilar de grande significação para o Brasil (e, por igual, para o mundo). No mundo, os 70 anos da Declaração Universal dos Direitos Humanos, seu jubileu de vinho. No Brasil, os 40 anos da Academia Brasileira de Direito do Trabalho, seu jubileu de esmeralda, e os 30 anos de vigência da atual Constituição, seu jubileu de pérola. E, neste ano de 2019, eu mesmo festejo meus jubileus de esmeralda de 40 anos de magistério superior e de carvalho, correspondente a 38 anos de magistratura, que transcorreram, ambos, no dia 12 de fevereiro.

Com efeito, em um mundo cheio de novidades, ouve-se falar em inovação disruptiva, em direito à desconexão, em moedas virtuais, em inteligência artificial, em certificação digital. O teletrabalho está aí, regulado, bem ou mal, pelas mudanças legislativas vigentes desde novembro de 2017 na CLT. Temos buscado aprender a convivência com a Inteligência Artificial e uso de aplicativos. Ouvimos e convivemos com um elenco de palavras estranhas cujo significado apreendemos com sensível dificuldade: deletar, escanear, digitar, blog, *backup*, *cookie*, *hardware* e *software*, *login*, *selfie*, *wireless*, tudo, afinal, para colocar nas nuvens. Tentamos entender o poder inimaginável das redes sociais que, e todos sabemos, podem tudo, quase tudo e muito mais.

Quando nos defrontamos com a inteligência artificial, constatamos que o grande problema que certamente enfrentamos é a ausência de sentimentos. Será que o homem (criador) poderá introduzir nesse sistema também os sentimentos humanos? Ninguém diga que não.

Imagino que isso demorará muito ainda. A minha geração criou, mas a disseminação dessa inteligência artificial não nos atingirá. Os atingidos serão nossos filhos e netos e os que vierem após.

Há quase uma década atrás, em um evento realizado no Brasil, destaquei que, no mundo, as grandes mudanças geralmente têm como sufixo a expressão *ismos*, as inovações dos *ismos*. No mundo do trabalho não é diferente. Tivemos o taylorismo de Frederick Taylor, o fordismo de Henry Ford, o toyotismo de Taiichi Ohno, o volvismo de Chavanmco, e hoje em dia, costumo dizer que convivemos agora com o *gatismo*, de Bill Gates, o criador da *Microsoft*. Esse tempo pode se identificar como uma nova era cujo surgimento podemos estar vivenciando. Uma era que pode ser chamada de Nuclear, ou Atômica, ou Espacial, ou da Internet, ou Cibernética, ou Computadorizada, ou Digital, ou Virtual, ou Midiática. Não importa. O novo nome não tem maior importância, mas será um desses e difundido pelas muitas redes sociais que dirigem, inseguramente, os destinos da humanidade.

2. AS PERSPECTIVAS DOS FRUTOS DA REFORMA

Nessa linha de modernização do Brasil e do mundo, encontramos um estatuto do trabalho de precisamente 76 anos de existência, profundamente alterado ao longo desses quase oitenta anos. Sem dúvida, afora uma legislação extravagante imensa, tivemos, no ano de 2017, a mais profunda de todas as mudanças no seu texto original, representada pela Lei n. 13.467, de 13 de julho. Atualmente, estamos a vivenciar no Brasil o segundo ano de sua vigência, pouco tempo ainda para avaliar seus efetivos efeitos.

Quando se fala em direitos sociais no Brasil, costuma-se referir ao princípio da **vedação do retrocesso social**, que sustenta a impossibilidade de redução, via mudança infraconstitucional, dos direitos sociais. A ele se poderia ajuntar o

---

(1) Conferência proferida no VI Congresso Luso-Brasileiro de Direitos Humanos na Sociedade da Informação, Tomar, Portugal, em 13.02.2018.

(2) Doutor em Direito Internacional pela Faculdade de Direito da Universidade de São Paulo (1991). Professor Titular VII de Direito Internacional e de Direito do Trabalho da Universidade da Amazônia (UNAMA). Desembargador do Trabalho de carreira. Membro e Presidente honorário da Academia Brasileira de Direito do Trabalho.

princípio da **reserva do possível**, oriundo do direito alemão em 1970, e, em Portugal, em 1984 (Acórdão n. 39/1984 do Tribunal Constitucional), e também os princípios da **segurança jurídica** e da **proteção da confiança**, quando o Estado deve dar o mínimo de garantias ao particular.

Em síntese: o mínimo existencial deve ser garantido porque alicerce de vida humana; a reserva do possível dependerá das condições razoáveis para sua implementação; a vedação do retrocesso social visa a impedir supressão de direitos sociais; a segurança jurídica pretende para dar estabilidade às relações interpessoais; a proteção da confiança busca garantir a paz social.

A rigor, a Constituição em vigor não contempla explicitamente o princípio da vedação do retrocesso social. Está implícito em pelo menos seis indicativos constitucionais: 1. Estado social e democrático de direito, 2. dignidade da pessoa humana, 3. eficácia e efetividade das normas de direitos fundamentais, 4. segurança jurídica e da proteção da confiança, 5. valor social do trabalho, e 6. valorização do trabalho humano. Agregue-se a proibição de emendas constitucionais que visem abolir direitos e garantias individuais (art. 60, § 4º, inciso IV, da Constituição).

A reforma operada na CLT era pregada como necessária desde sua aprovação, em 1943. Criou-se um equivocado senso de ser um diploma anacrônico e ultrapassado, quando, na verdade, pouco restava do seu texto original, tamanho o número de mudanças que ocorreu nesse período até 2017.

As mudanças de agora apresentam dois traços principais. O primeiro é o ajuste do direito positivo brasileiro com a modernidade e a globalização. O segundo é a iminente precarização do trabalho e a flexibilização de direitos, mediante o incentivo à negociação coletiva, que permite colocar as normas autocompositivas acima de texto legal.

As alterações causaram um grande impacto no movimento judiciário. Segundo o Relatório Geral da Justiça do Trabalho de 2017[3], existem, no Brasil, um tribunal superior, o Tribunal Superior do Trabalho, 24 Tribunais Regionais e 1.572 Varas instaladas, contando com 3.675 magistrados e 42.812 servidores.

A despesa da Justiça do Trabalho para cada habitante foi de R$ 95,09. Em contrapartida, sua arrecadação para a União somou R$-3.588.477.056,26, considerando-se imposto sobre a renda, contribuição previdenciária, custas, emolumentos e multas aplicadas pelo então Ministério do Trabalho, valor correspondente a 18,2% da sua despesa orçamentária.

O acesso à Justiça do Trabalho sofreu sensível enfraquecimento após a reforma de 2017. Embora o TST tenha recebido 206.869 casos novos, 13,9% a mais que em 2016, e os TRTs, 837.331 casos novos, 5,2% a mais que no ano anterior, nas Varas, foram ajuizados 2.630.842 casos novos, 3,4% a menos que em 2016.

Qual terá sido a desmotivação para buscar a proteção da Justiça do Trabalho?

É certo que os conflitos continuam, mas a responsabilidade, agora, aumentou. Antes da reforma, reclamar na Justiça do Trabalho não custava nada. Ou seja, reclamava-se tudo, se perder, não custava nada, salvo o movimento de toda uma complexa engrenagem pública envolvendo custos materiais, temporais e pessoais. Agora é diferente. Existe a sucumbência no processo do trabalho e a gratuidade, que sempre existiu ampla, foi restringida e passou-se a exigir mais seriedade no trato da coisa pública, embora essas exigências estejam sendo questionadas no Supremo Tribunal Federal.

A razão dessa dificuldade de se conceder gratuidade decorre de fato simples. Ao longo dos anos, o acréscimo de demandas trabalhistas foi grande justamente porque não havia responsabilidade técnica na procura de direitos.

3. ALGUNS PONTOS DESTACÁVEIS DA REFORMA

O que a reforma de 2017 trouxe de mudanças mais radicais? Irei apenas indicar dez dos pontos mais criticáveis das alterações, mesmo porque o espaço não permite que se minudencie cada qual.

1. AUTÔNOMO – trata-se da consagração legal do triste fenômeno da pejotização, representado pela regra inserta no art. 442-A da CLT. Cria uma estranhíssima exclusividade, mas não sugere existir relação de emprego, afora atribuir à vontade individual a negociação das condições de trabalho, como, inclusive, se repete em outras situações.

2. DANO EXTRAPATRIMONIAL – criaram-se critérios objetivos para pretender uma avaliação subjetiva, o que é evidente paradoxo. Identificaram-se expressamente *os bens* do trabalhador, mas apenas são indicados *uns bens* do patrão. Por outro lado, utiliza-se o salário do empregado para sua tarifação o que dificulta qualquer forma de quantificação correta. A matéria está tratada, e mal, nos arts. 223-A a 223-G da CLT.

3. DISPENSA COLETIVA – são adotados critérios altamente prejudiciais ao trabalhador, máxime porque exclui a possibilidade de qualquer negociação prévia e afasta a participação dos sindicatos (art. 477-A da CLT).

4. CONTRIBUIÇÃO SINDICAL – passou a ser facultativa (art. 578 da CLT) e o STF já decidiu ser constitucional a mudança (ADI n. 5.794-DF, de 29.06.2018). Os sindicatos devem buscar mecanismos para atuar com mais eficiência, menos preocupação apenas com reajuste salarial. Tenho

---

(3) Todos os dados foram recolhidos deste relatório geral do TST. Cf. Disponível em: <http://www.tst.jus.br/documents/26682/0/Relat%-C3%B3rio+Anal%C3%ADtico+e+Indicadores+Reduzido.pdf/04476e8c-2f5b-9d81-e6c9-de581099b8e2>. Acesso em: 07 jan. 2019.

sustentado que é preciso que as entidades sindicais realizem **conquistas** para seus associados, incentivando a filiação sindical. E, observo, obter conquistas não significa defender **direitos e interesses** da categoria (art. 8º, inciso III, da Constituição).

5. EMPREGADO HIPERSUFICIENTE – uma criação extremamente injusta que considera hipersuficiente quem ganha mais de duas vezes o maior salário benefício da Previdência Social, que importa em pouco mais de R$ 11.000,00 (menos de € 3.000,00), e seja portador de diploma de nível superior, consoante o parágrafo único do art. 444 da CLT. O mais preocupante é deixar a livre negociação entre patrão e empregado as condições de seu contrato, sem qualquer assistência sindical, inclusive para os fins do art. 611-A consolidado.

6. NORMA COLETIVA – os critérios para interpretar normas coletivas podem violar os princípios que informam o Direito do Trabalho, ao garantir prevalência quase absoluta do negociado sobre o legislado (art. 8º da CLT). Devem ser examinados apenas os elementos essenciais ao negócio jurídico (art. 104 do Código Civil), devendo a Justiça do Trabalho interferir minimamente na autonomia da vontade coletiva. Nesse passo, será indispensável uma futura e necessária reforma sindical no Brasil.

7. TELETRABALHO – a legislação anterior à reforma de 2017 tratava apenas da igualdade de tratamento para o trabalho presencial e virtual (art. 6º, parágrafo único, da CLT). As novas disposições (arts. 75-A a 75-F da CLT), porém, regulam o teletrabalho, mas incorrem pelo menos em dois grandes equívocos: 1) não foi considerada a possibilidade de o teletrabalhador cumprir sobrejornada; 2) tenta isentar de responsabilidade o empregador por qualquer dano que o empregado, por sua atividade, vier a sofrer.

8. TRABALHO INTERMITENTE – é novidade no Brasil (art. 443, § 3º, da CLT), é diferente do praticado em Portugal e na Itália. Apresenta critérios problemáticos, inclusive férias anuais não remuneradas, e que deverão ser reavaliados no dia a dia de sua prática, embora, este *zero-hour contract* tenha, num certo aspecto, tentado resolver o problema do chamado *bico*.

9. TERCEIRIZAÇÃO – a Suprema Corte brasileira entendeu constitucional terceirizar todas as atividades, meio, inerente e fim, (ADPF 324-DF, de 30.08.2018), e a matéria tem sido objeto de diversas críticas. É importante ressaltar que a terceirização não é tratada na CLT, mas em legislação extravagante e, embora estivesse sendo discutida em projeto de lei específico, terminou incorporada à Lei n. 13.467/2017, acrescentando dispositivos à Lei n. 6.019/1974, que, originalmente, cuida de trabalho temporário.

10. HONORÁRIOS E GRATUIDADE – todos os perdedores pagam honorários e a gratuidade depende de comprovação efetiva. Essas são as novas regras na Justiça do Trabalho. Os honorários sucumbenciais agora existem no Judiciário trabalhista, conforme o art. 791-A consolidado. A gratuidade do acesso à Justiça, por sua vez, passou a sofrer restrições para ser reconhecida, sendo exigida a prova efetiva de insuficiência de recursos para pagamento de custas (art. 790, § 4º, da CLT) e diversas restrições para não arcar com a sucumbência (art. 791-A, § 4º, da CLT). A simples declaração de miserabilidade, sem qualquer espécie de prova, não é mais possível o que, em certo aspecto, gera maior grau de responsabilidade para quem deseja acionar o Judiciário.

4. A DIGNIDADE HUMANA E AS MUDANÇAS

Essa dezena de pontos comentados permite indagar: como fica, enfim, o princípio da dignidade humana ante as mudanças verificadas?

Vivemos o dilema de ter ou não ter emprego. Convivemos com emprego, desemprego, subemprego, informalidade. Dizia-se a sociedade identificou a existência de excluídos, como sendo aqueles que estão à sua margem. Anos atrás, no Brasil, escrevi e disse várias vezes que o problema não são os **excluídos**, que podem ser incluídos por alguma forma. O dramático são os **esquecidos**, justo os que não são lembrados em nenhum momento, as pessoas que estão abaixo da linha de pobreza, os que estão na pobreza extrema, os verdadeiramente miseráveis, os invisíveis ao que chamamos *sociedade*[4].

A taxa de desemprego no Brasil no 4º trimestre de 2018 era de 11,6%, representando 12,2 milhões de pessoas. A taxa de subutilização era de 23.9% (27,0 milhões). Os desalentados, os que desistiram de procurar emprego, representavam 9,9% (4,7 milhões)[5]. Esses números desesperam. As garantias para o trabalhador estão mais fracas e a tendência é o gradual enfraquecimento.

Os direitos sociais, os de 2ª geração, possuem significação indiscutível para a vida da humanidade. Nessa linha, devemos considerar que a atual Constituição consagra o princípio da dignidade da pessoa humana como um dos fundamentos da República do Brasil, e manter dignidade é manter a integridade moral, evitar que seja atacada ou afrontada

---

(4) Cf. apontei em *Globalização do trabalho: rua sem saída*. São Paulo: LTr, 2001. pp. 42-43.

(5) Disponível em: <https://agenciadenoticias.ibge.gov.br/agencia-sala-de-imprensa/2013-agencia-de-noticias/releases/23466-pnad-continua-taxa-de-desocupacao-e-de-11-6-e-taxa-de-subutilizacao-e-de-23-9-no-trimestre-encerrado-em-novembro-de-2018>. Acesso em: 06 jan. 2019.

a honra da pessoa. Kant dizia que dignidade não tem preço e não se pode substituir por outro bem equivalente.

Poderíamos caminhar pelo princípio da mutação constitucional e pensar que o poder constituinte difuso, no exercício desse princípio, poderia dar mais efetividade aos direitos fundamentais, no sentido de reinterpretar direitos. Existe um minucioso e tortuoso caminho para modificar a Constituição brasileira, sendo mais fácil mudar as leis subjacentes (art. 60, § 2º, da Constituição), embora nesses trinta anos tenha sofrido mais de uma centena de alterações. Para superar essa aparente dificuldade, pode ser adotado o princípio da mutação constitucional, reinterpretando antigos institutos. E o Excelso Pretório já utilizou esse princípio pelo menos em duas oportunidades: ADPF 132/RJ e ADI 4.277/DF.

Provavelmente, teremos mudanças no Brasil nos próximos meses. A primeira já ocorreu, através da Medida Provisória n. 870, de 01.01.2019, extinguindo o Ministério do Trabalho e incorporando suas atividades em diversos Ministérios, nomeadamente os da Economia (art. 31) e da Justiça e Segurança Pública (art. 37). Outras alterações legislativas devem surgir.

Uma referência do atual Presidente da República sobre uma possível extinção da Justiça do Trabalho acredito que não passará de simples comentário. Extinguir a Justiça do Trabalho não significará acabar com as ações judiciais sobre matéria trabalhista, seja porque o acesso à justiça não pode ser negado (art. 5º, inciso XXXV, da Constituição), seja porque existe um grande acervo de processos que teria que ser redistribuído, e toda uma gigantesca estrutura física e de pessoal teria que ser transferida para outro segmento do Judiciário. Ou seja, os males que se atribui à Justiça do Trabalho não são dela. São do mal pagador, dos violares dos direitos sociais, dos que não cumprem suas obrigações, e dos que não as cumprem de ambos os lados.

A meu ver, vivemos um mundo novo e ainda desconhecido do brasileiro mediano. Caminhamos para superar dificuldades, mas precisamos de paciência, responsabilidade, ética e compreensão.

De qualquer forma, em qualquer circunstância, a CLT deve ser preservada, ajustada, quando couber e no que couber, porque inerente à vida de gerações de brasileiros, e a reforma trabalhista que se operou, e quantas vierem a se operar, jamais poderão significar violação da dignidade humana, cabendo, nesse particular, ao Judiciário, ajustar os eventuais danos para, efetuando as correções, dar tranquilidade e paz a todos.

As modernidades do mundo globalizado que todos vivemos não devem ser motivo de destempero e ensejar a fragmentação da sociedade. Devemos usar a tecnologia da informação para promover a melhoria das relações humanas futuras.

Está aí a inteligência artificial. Não será a solução dos problemas da humanidade. Apenas mais um complicador. Convivemos com ela e mal percebemos, no identificador de voz, na leitura ótica, na biometria. O desemprego estrutural, por corolário, vai aumentar, profissões vão desaparecer, como desapareceram no passado, e outras surgirão em breve (analista de redes sociais, gerontólogo, consultor de sustentabilidade, *game designer*), como também surgiram no passado próximo (engenheiro de segurança, engenheiro de *software*, influenciador digital, *web designer*). É o ciclo das vidas, de ambas, a natural e a artificial.

Quando nos defrontamos com essa inteligência artificial, hodiernamente, constatamos que certamente o grande problema que certamente enfrentamos é o da ausência de sentimentos. Será que o homem (criador) poderá introduzir nesse sistema também os sentimentos humanos? Será possível cogitar de sentimentos artificiais?

Imagino que isso não demorará muito. A minha geração criou, mas a disseminação dessa inteligência artificial ainda é incipiente e não nos atingirá vivamente. Os atingidos serão nossos filhos e netos e os que vierem após.

Porém, ninguém dirá que não poderá haver sentimentos artificiais. Não tenho mais dúvidas de que a ficção científica, tão falada e reconhecida, não existe. O que aprendemos a chamar de ficção é apenas a antecipação do futuro. Alhures, indaguei sobre o que seria passado, presente e futuro. O uso dessas três palavras irá continuar e seu sentido permanecerá como coloquialmente entendemos: o passado é o distante certo que ficou para traz; o presente é o atual presumido que atravessamos; o futuro é o amanhã incerto que sonhamos.

É nesse mesmo mundo que as facilidades do uso de aplicativos tiraram a graça da vida. Nem mais o momento de ansiedade do parto, para saber se *é menino ou menina*, permaneceu, porque acabou, e não escapou a esses *monstros* tecnológicos. Meses antes do nascimento, já se sabe até a cor dos olhos do futuro habitante deste planeta.

Tratei, no início desta exposição, de uma nova era, e assim entendo que será. O futuro fixará seu início: 1945, com as explosões da Bomba H, em Hiroshima e Nagasaki (uma idade nuclear); 1946, com a criação do primeiro computador digital; 1961, quando Gagarin anunciou que *a Terra é azul*; 1969, com a chegada de Armstrong à Lua, dando um pequeno salto para um grande passo. Não tem importância neste momento.

O que se verifica, ao cabo, e que todas as questões que estão no entorno do direito disruptivo, são aspectos preocupantes, e que pretendi, limitadamente, esclarecer, dentro do mundo do Direito, alguns pontos e reduzir, ou minimizar, alguns dos nossos infinitos questionamentos humanos.

Desejo, ao encerrar, reproduzir para nossa reflexão futura pensamento do sempre lembrado físico Stephen Hawking: *Pouco acontecerá nos próximos cem anos, e é tudo que podemos prever com confiança. Mas, ao final do milênio seguinte, se chegarmos lá, a mudança será fundamental*[6].

---

(6) HAWKING, Stephen. *Breves respostas para grandes questões*. Rio de Janeiro: Intrínseca, 2018. p. 187.

CONSTITUIÇÃO DIRIGENTE E DIREITOS SOCIAIS NO MUNDO CONTEMPORÂNEO

José Affonso Dallegrave Neto[1]

1. A FORÇA DOS PRINCÍPIOS E A PROIBIÇÃO DO RETROCESSO

Somente um sistema jurídico aberto, visto como uma rede hierarquizada de valores, princípios e regras, cuja função seja a de cumprir os objetivos fundamentais do Estado Constitucional de Direito, será capaz de descortinar a falsa pretensão de *neutralidade da norma* e se aproximar da justiça[2]. O Direito há que ser permeável e sensível às demandas sociais e, por esta razão, aberto ao seu supremo catálogo axiológico (conjunto de normas, valores e princípios) que vincula não só os operadores jurídicos, mas toda a sociedade.

Ao contrário dos sistemas fechados, próprios do Positivismo do século XIX, o atual regime brasileiro e português é do tipo aberto justamente porque possibilita a inserção de novos elementos dentro da ordem jurídica. Contudo, esta absorção dinâmica encontra limites nos próprios contornos da Constituição Federal. Com outras palavras: novas normas infraconstitucionais e internacionais poderão se somar, desde que não conflitem com os limites *formais* (regras de hierarquia, delegação e competência) e *materiais* da Constituição (regras de valores, princípios e conteúdo). Assim, cada vez que uma nova regra editada confronta com tais limites, será inconstitucional e, portanto, inválida[3].

Nos sistemas do tipo aberto não apenas as regras jurídicas possuem eficácia, mas também os princípios fazem parte de sua expressão normativa. Para Robert Alexy, as regras são *mandados de definição* (válidas e aplicáveis *ou* inválidas e inaplicáveis) enquanto os princípios são *mandados de otimização* (que se realizam da forma mais ampla possível)[4]. Enquanto as *regras* se aplicam por subsunção aos fatos, sendo objetiva a sua incidência (sob a forma de *tudo ou nada*), os princípios indicam uma direção a seguir, através de um juízo de ponderação de valores[5]. Ambos, princípios e regras, têm densidade normativa, conectando o operador jurídico e inspirando o legislador[6].

Hoje é sabido que a ordem jurídica é incompleta e inacabada, o que é perfeitamente compreensível se admitirmos que o Direito visa regular anseios dos integrantes da sociedade, os quais, por sua essência, são mutantes e mutáveis. O Direito deve acompanhar esta metamorfose dinâmica de valores, sob pena de a norma jurídica perder sua reflexividade e legitimidade.

No atual contexto pós-moderno, em que se esvaziam as utopias e se abdicam das referências sólidas, ao mesmo tempo em que se incrementam o relativismo e uma certa liberdade de interpretação da norma legal, o novo modelo neoconstitucionalista se apresenta como uma âncora ou

---

(1) Advogado; Mestre e Doutor pela Universidade Federal do Paraná; Pós-Doutor pela Universidade de Lisboa (FDUNL); Professor da PUC/PR e da Escola da Magistratura do Paraná; Membro da ABDT – Academia Brasileira de Direito do Trabalho e da JUTRA – Associação Luso-brasileira de Juristas do Trabalho.

(2) FREITAS, Juarez. A *interpretação sistemática do direito*. São Paulo: Malheiros, 1995. p. 40. Para este autor, sistema jurídico é a "rede axiológica e hierarquizada de princípios gerais e tópicos, de normas e de valores jurídicos cuja função é a de, evitando ou superando antinomias, dar cumprimento aos princípios e objetivos fundamentais do Estado Democrático de Direito, assim como se encontram consubstanciados, expressa ou implicitamente, na Constituição".

(3) O mesmo vale para a nova concepção metodológica da relação jurídica processual, que reorganiza o processo com vistas à sua adaptação aos princípios constitucionais e aos direitos fundamentais. É o Neoprocessualismo inaugurado pelo Código de Processo Civil de 2015, sob a influência do Neoconstitucionalismo, conforme dispõe o seu artigo primeiro. ATAÍDE JUNIOR, Vicente de Paula. O novo código de processo civil brasileiro: modelo de direito processual democrático. In: *Novo CPC e o processo do trabalho*. (Coords.) José Affonso Dallegrave Neto, Rodrigo Fortunato Goulart. 2. ed. São Paulo: LTr, 2016. p. 15. A expressão formalismo-valorativo surgiu em aperfeiçoamento ao paradigma anterior, denominado *formalismo* ou *instrumentalismo*.

(4) ALEXY, Robert. *Teoria de los derechos fundamentales*. Madrid: Centro de Estudios Constitucionales, 1993; 2. reimpressão: 1997. p. 81.

(5) BARROSO, Luís Roberto. Fundamentos teóricos e filosóficos do novo direito constitucional brasileiro. (Pós-modernidade, teoria crítica e pós-positivismo). *Revista de Direito Administrativo*. Rio de Janeiro, 225: 5-37, jul./set. 2001, p. 36.

(6) "Tais princípios funcionam, dentro do atual sistema jurídico aberto, como conexões axiológicas e teleológicas; de um lado a Constituição e de outro o ordenamento jurídico (e seu dado cultural)". In: MORAES, Maria Celina Bodin de. Prefácio da obra de Teresa Negreiros: *Fundamentos para uma interpretação constitucional do princípio da boa-fé*. Rio de Janeiro: Renovar, 1998.

norte interpretativo ao operador jurídico. Mais do que isto: neste tempo de múltiplos desejos de consumo, diversidade e caos (entropia), parece-nos primordial fincarmos os princípios e regras da Constituição como uma espécie de luz que alumia e aponta um norte capaz de equacionar os conflitos de interesses. Sem a bússola constitucional, serão inevitáveis os efeitos deletérios e nocivos, com os fortes prevalecendo sobre os fracos, aproximando-nos dos regimes totalitários ou da hipocrisia que marcou a (suposta) "neutralidade" do discurso positivista do século passado.

Diante do que se disse, cabe uma pergunta: o que há de maior valor na Carta Constitucional brasileira (e também na portuguesa)? Duas coisas. A busca pela máxima efetividade dos direitos (humanos) fundamentais e a concretização do valor jurídico da dignidade da pessoa. Em face disso, o ministro Celso de Mello, quando de sua posse na Presidência do Supremo Tribunal Federal[7], fez questão de sublinhar a importância da proteção dos direitos essenciais do homem:

> Os juízes, em sua atuação institucional, não podem desconhecer a realidade insuprimível dos direitos essenciais da pessoa, trate-se de direitos de 1ª, 2ª ou 3ª gerações. Em uma única palavra: o juiz é, e sempre deve ser, o instrumento da Constituição na defesa incondicional e na garantia efetiva dos direitos fundamentais da pessoa humana.

Os direitos fundamentais contêm regras especiais de aplicação imediata, proteção progressiva e com *status* de Emenda Constitucional, conforme dispõem os três parágrafos do artigo quinto da Constituição Federal brasileira[8]. Um dos princípios que regem os direitos fundamentais é o da primazia da norma mais favorável à vítima, consoante enunciado geral de todas as Declarações de Direitos Humanos, inclusive da nossa Convenção Americana (Pacto de São José da Costa Rica). Da mesma forma, a Constituição da Organização Internacional do Trabalho (OIT) consagra o princípio que assegura melhor condição aos trabalhadores (*favor laboris*)[9].

A nossa Carta da República vem na mesma sintonia de progressividade, ao dispor que os direitos nela expressos não excluem outros decorrentes do regime de princípios por ela adotados, ou dos tratados internacionais em que a República Federativa do Brasil seja parte[10]. Diante disso, cabe relacionar alguns princípios cardeais adotados pela nossa Carta Republicana:

> A) solidariedade e dignidade da pessoa humana; B) valorização do trabalho humano e da justiça social; C) não discriminação; D) função social da propriedade e pleno emprego; E) meio ambiente ecologicamente equilibrado; F) melhor condição social ao trabalhador[11];

A Constituição de 1988 (também chamada de *Constituição Cidadã*) deixou clara a sua intenção de construir e aperfeiçoar um Estado de Direito, democrático e social. Tanto que o último princípio acima mencionado propugna pela evolução das condições sociais, ficando conhecido como *proibição do retrocesso social*.

O norte jurídico (do Estado Democrático de Direito) será sempre o de conferir progressiva condição social ao trabalhador e ao cidadão, como decorrência do princípio da máxima eficácia de todos os direitos fundamentais. Disto resulta que a ordem jurídica, além de primar pelo permanente desenvolvimento e concretização, não poderá suprimir ou restringir o núcleo essencial do direito fundamental, conforme se vê desta decisão do Tribunal Regional do Trabalho da Bahia:

> É princípio basilar da nossa Constituição Federal a proteção dos direitos humanos, que, dentre outros princípios protetivos, alberga a *proibição do retrocesso social*. De acordo com este princípio, uma vez reconhecidos, os direitos fundamentais, dentre os quais se insere o direito ao trabalho justo, adequado e não prejudicial a vida e saúde do trabalhador e os direitos sociais laborais, não podem ser eles suprimidos ou diminuídos. (RO n. 01278-07.2013.5.05.0102. DEJT: 18/07/2014)[12]

---

(7) Em sessão do dia 9 de abril de 1997.

(8) Neste sentido reza a Constituição Federal, art. 5º, § 1º: "As normas definidoras dos direitos e garantias fundamentais têm aplicação imediata". § 2º: "Os direitos e garantias expressos nesta Constituição não excluem outros decorrentes do regime e dos princípios por ela adotados, ou dos tratados internacionais em que a República Federativa do Brasil seja parte". § 3º: "Os tratados e convenções internacionais sobre direitos humanos que forem aprovados, em cada Casa do Congresso Nacional, em dois turnos, por três quintos dos votos dos respectivos membros, serão equivalentes às emendas constitucionais". Registre-se que do Decreto n. 6.949, de 25 de agosto de 2009, que promulgou a *Convenção Internacional sobre os Direitos das Pessoas com Deficiência e seu Protocolo Facultativo*, assinados em Nova York, em 30 de março de 2007, constou: "O Presidente da República, no uso da atribuição que lhe confere o art. 84, IV, da Constituição, e Considerando que o Congresso Nacional aprovou, por meio do Decreto Legislativo n. 186, de 9 de julho de 2008, *conforme o procedimento do § 3º do art. 5º da Constituição*...". Logo, temos aqui o primeiro exemplo de Tratado Internacional com *status* de Emenda Constitucional.

(9) Art. 19, VIII, da Constituição da OIT: Em caso algum, a adoção, pela Conferência, de uma convenção ou recomendação, ou a ratificação, por um Estado-Membro, de uma convenção, deverão ser consideradas como afetando qualquer lei, sentença, costumes ou acordos que *assegurem aos trabalhadores interessados condições mais favoráveis* que as previstas pela convenção ou recomendação.

(10) Neste sentido dispõe o já mencionado § 2º do art. 5º da Constituição Federal.

(11) Estes princípios relacionados se encontram previstos, respectivamente, nos seguintes artigos da Constituição Federal: art. 3º, I, e art. 1º, III; arts. 170 e 193; art. 3º, IV; art. 170, III e VIII; art. 225; art. 7º, *caput*.

(12) TRT 5ª R. RO n. 0001278-07.2013.5.05.0102. 2ª Turma. Rel. Graça Laranjeira. DEJT: 18.07.2014.

Assim, se uma lei, ao regulamentar um mandamento constitucional, instituir determinado direito, este se incorpora ao patrimônio jurídico da cidadania não podendo ser mais suprimido[13].

2. DIGNIDADE DA PESSOA HUMANA

Pode-se conceituar esta epígrafe como a qualidade intrínseca de cada ser humano "que o faz merecedor do mesmo respeito e consideração por parte do Estado e da Comunidade"[14]. Neste sentido, o conceito implica um complexo de garantias contra todo e qualquer ato de cunho degradante, de modo a lhe garantir as condições existenciais mínimas para uma vida saudável, promovendo sua participação nos destinos próprios "e da vida em comunhão com os demais seres humanos"[15].

Respeitar a dignidade da pessoa é tratar o outro como eu gostaria de ser tratado, independentemente de interesse, condição ou circunstância, mas apenas porque assim merece ser considerado. O ser humano é antes um valor em si mesmo, "e não um meio para os fins dos outros"[16]. Pode-se dizer que a dignidade humana é o ponto de partida e de chegada de toda ordem jurídica. O seu núcleo material é composto de um *mínimo existencial*, termo que identifica a garantia física indispensável para uma vida digna, incluindo-se os direitos à educação fundamental, à saúde básica, à renda mínima e o acesso à justiça[17].

Além destes, há outros direitos assegurados que derivam da noção de patrimônio mínimo, a exemplo da lei que veda a penhora do único bem de família[18] ou da jurisprudência do STF que atribui ao Estado a responsabilidade pelo fornecimento de medicamento essencial ou tratamento médico adequado[19]. Por outro lado, a *teoria da reserva do possível* atua como excludente desta responsabilidade em face dos limites da capacidade orçamentária do ente público. Vale dizer, a satisfação dos direitos fundamentais, ainda que dentro do mínimo existencial, esbarra nos limites da razoabilidade em relação ao que o cidadão pode esperar do Estado.

Segundo o Preâmbulo da Declaração Universal dos Direitos Humanos (1948), o reconhecimento da dignidade é o fundamento da liberdade, da justiça e da paz no mundo. Este princípio se tornou emblemático no julgamento de uma esquisita prática do homem pós-moderno: o entretenimento a qualquer custo, a exemplo de lançamento de anões em discotecas noturnas. Nesse caso emblemático, o objetivo era entreter os clientes do estabelecimento situado em Morsang-sur-Orge, região metropolitana de Paris. O prefeito interditou a excêntrica atividade em que o anão, embalado pelo alto som da música, era arremessado de um lado a outro, como uma espécie de projétil vivo. Ao final, o Conselho de Estado, em 1995, decidiu "que o respeito à *dignidade da pessoa humana* é um dos componentes da ordem pública" (*le respect de la dignité de la personne humaine est une des composantes de l`ordre public*).

Se durante todo o século passado lutou-se para impedir que o trabalho fosse reduzido a mera mercadoria, neste início do século XXI o objetivo é ainda maior: impedir que a própria pessoa do trabalhador seja reduzida à condição mercantil, justamente no momento em que as novas tecnologias e a exigência de intensificação dos ritmos das tarefas vêm precarizando o ambiente de trabalho, aumentando os riscos a ele inerentes e, por consequência, fomentando o número de acidentes e doenças ocupacionais[20].

O direito (legítimo, válido e reflexivo) não pode ignorar estas recentes demandas sociais, existenciais e ocupacionais. Se por um lado a sociedade avança, ao obter maior qualidade e prolongamento da vida, além de maior conforto por meio de novas ferramentas tecnológicas, de outro tem o ônus de investigar os novos riscos à saúde provenientes da fadiga laboral ou doenças que afetam os (aproximadamente) 20 milhões de brasileiros que vivem abaixo da linha da pobreza, segundo Relatório da ONU[21].

A noção de *solidarismo*, prevista na nossa Constituição, enaltece a dignidade humana e impõe à ordem econômica o princípio da função social da empresa e do primado do

---

(13) BARROSO, Luis Roberto. *O direito constitucional e a efetividade de suas normas*. 5. ed. Rio de Janeiro: Renovar, 2001. p. 158. SARLET, Ingo Wolfgang. *A eficácia dos direitos fundamentais*. 4. ed. rev. atual e ampl. Porto Alegre: Livraria do Advogado, 2004. p. 420.

(14) SARLET, Ingo Wolfgang. *Dignidade da pessoa humana e direitos fundamentais na Constituição Federal de 1988*. 9. ed. Porto Alegre: Livraria do Advogado, 2012. p. 60.

(15) SARLET, Ingo Wolfgang. *Idem. Ibidem.*

(16) AMARAL, Francisco. *Direito civil*. Introdução. 3. ed. Rio de Janeiro: Renovar, 2000. p. 249.

(17) BARROSO, Luís Roberto. Fundamentos teóricos e filosóficos do novo direito constitucional brasileiro. (Pós-modernidade, teoria crítica e pós-positivismo). *Revista de Direito Administrativo*. Rio de Janeiro, 225: 5-37, jul./set. 2001, p. 31.

(18) Lei n. 8.009/1990.

(19) STF. ARE 738729 AgR, Rel. Ministra Rosa Weber, Primeira Turma, DJE 15.08.2013;

(20) GEMIGNANI, Tereza Aparecida Asta; GEMIGNANI, Daniel. Meio ambiente de trabalho. Precaução e prevenção. Princípios norteadores de um novo padrão normativo. *Revista Fórum Trabalhista – RFT*, Belo Horizonte, ano 1, n. 1, p. 147, jul./ago. 2012. Não por acaso o Brasil está entre os países do mundo com maior incidência de acidentes do trabalho, só perdendo para a China, Índia e Indonésia em números absolutos, segundo dados da OIT.

(21) Relatório divulgado em 10 de outubro de 2017 pela Organização das Nações Unidas para a Alimentação e a Agricultura (FAO) e a Organização Pan-Americana da Saúde (OPAS).

trabalho digno[22]. Logo, já passou da hora de a classe empresarial deixar de enxergar o trabalhador como mera peça de engrenagem, ou insumo de produção. É preciso vê-lo como gente de carne e osso, que respira, tem vida própria e merece tratamento digno. Não se ignore, a propósito, a *eficácia horizontal dos direitos sociais,* que estende aos empregadores o dever de observar os direitos fundamentais em relação aos seus empregados, assegurando, pois, uma coerência interna do ordenamento, em torno da dignidade humana, além de proteger o trabalhador do forte poder econômico, "por vezes mais perigoso do que o próprio Estado", assinala Abrantes[23].

Importa lembrar que a evolução da tutela dos direitos de personalidade iniciou sua regulamentação apenas de forma casuística, ao tipificar alguns direitos específicos. Com o passar do tempo, e com a crescente necessidade de proteção da personalidade por intermédio de uma regra geral que englobasse todos os casos, adveio, na Alemanha, o direito geral de personalidade. No Brasil, esse enunciado amplo se encontra no primeiro artigo da nossa Carta Constitucional, ao posicionar o valor da *dignidade da pessoa humana* como fundamento do Estado Democrático de Direito, espraiando para o campo das relações econômicas e de trabalho, conforme se vê da decisão do Tribunal Superior do Trabalho:

> Assédio moral. Configuração. Tratamento urbano e respeitoso é dever legal e contratual das partes no âmbito trabalhista. Excessos ao razoável, por parte do empregador, atentam contra a dignidade da pessoa humana, princípio assegurado no art. 1º, III, da Carta Magna e um dos pilares da República Federativa do Brasil. (TST; AIRR 0000447-78.2014.5.02.0078; 3ª Turma; Rel. Min. Alberto Bresciani; DEJT 11/04/2017; p. 1420).

3. A TENSÃO ENTRE A ECONOMIA NEOLIBERAL E A CONSTITUIÇÃO SOCIAL

Verifica-se hoje uma sensível tensão. De um lado temos uma Constituição Cidadã de feição social e solidária, de outro uma economia mergulhada na doutrina neoliberal que prioriza o lucro em detrimento da condição humana. Sobre essa visão ambivalente entre a ideologia econômica do mercado e a inclusão social da Carta democrática de 1988, registre-se o comentário atento de Sérgio Alves Gomes:

> Se, para o mercado, o que importa é o lucro, para a democracia o que há de mais importante são as *pessoas*. Por isso, busca a salvaguarda dos direitos humanos e fundamentais. É esta a compreensão que a hermenêutica constitucional quer construir. Por isso, ela não é neutra em face dos valores constitucionais. Ao contrário: busca contribuir com a concretização destes valores, no âmbito das relações sociais, a fim de que sejam estas balizadas pela justiça.[24]

Daqui se extrai a importância das lentes constitucionais que atestam uma ordem econômica fundamentada na livre-iniciativa, porém com limites na função social da propriedade e no respeito à dignidade da pessoa do trabalhador. Nas palavras do Ministro Luiz Edson Fachin: "a valorização da solidariedade traz a socialização do Direito, sendo que esse processo carrega em si a ideia de função social inerente à estrutura das instituições jurídicas."[25]

Por outro lado, observa-se que o mercado se sobrepõe a toda vida social, a qual fica sintetizada numa relação de custo/benefício, esvaziando o espaço para a reivindicação de direitos sociais, o que leva ao "enfraquecimento da cidadania"[26]. No meio dessa tensão de valores encontra-se a comunidade legislada: o povo brasileiro. Será que nesta dialética histórica somos protagonistas ou meros coadjuvantes?

No perspicaz comentário de Häberle, a expressão "povo" não é apenas um referencial quantitativo que se manifesta no dia da eleição e que, enquanto tal, confere legitimidade democrática ao processo de decisão. Povo é também "um elemento pluralista para a interpretação que se faz presente de forma legitimadora no processo constitucional: como partido político, como opinião científica, como grupo de interesse, como cidadão"[27].

A força normativa de uma Constituição tem como requisito não só os elementos sociais, políticos, e econômicos dominantes, mas também, nas palavras de Hesse, a incorporação do "estado espiritual de seu tempo"[28]. Ocorre que na atual era pós-moderna, ao mesmo tempo em que nos deparamos com uma sociedade em transição

---

(22) O *solidarismo* decorre do art. 3º, I, e a *dignidade da pessoa humana* está prevista no art. 1º, III, ambos da Constituição Federal. A função social da empresa e a valorização do trabalho estão previstos no art. 170 e III, também da Constituição Federal.

(23) ABRANTES, José João. *Contrato de trabalho e direitos fundamentais.* Coimbra: Coimbra Editora, 2005. p. 227.

(24) GOMES, Sérgio Alves. *Hermenêutica constitucional. Um contributo à construção do estado democrático de direito.* Curitiba: Juruá, 2008. p. 348.

(25) FACHIN, Luiz Edson. *Estatuto jurídico do patrimônio mínimo.* Rio de Janeiro: Renovar, 2001. p. 46.

(26) LIMA, Abili Lázaro Castro de. *Globalização econômica política e direito. Análise das mazelas causadas no plano político-jurídico.* Porto Alegre: Sérgio Antonio Fabris Editor, 2002. p. 319.

(27) HÄBERLE, Peter. *Hermenêutica constitucional. A sociedade aberta dos intérpretes da constituição:* contribuição para a interpretação pluralista e "procedimental" da constituição. Tradução de Gilmar Ferreira Mendes. Porto Alegre: Sergio Antonio Fabris Editor, 1997. p. 36.

(28) HESSE, Konrad. *A força normativa da constituição.* Título do original: *Die normative Kraft der Verfassung.* Tradução de Gilmar Ferreira Mendes. Porto Alegre: Sérgio Antonio Fabris Editor, 1991. p. 20.

de valores, costumes e anseios, verificamos uma espécie de ameaça e deboche à Constituição Cidadã, advindos dos neoliberais que pretendem impor a facilitação do capital especulativo, a supressão de direitos sociais e um novo modelo constitucional remendado e transfigurado. O povo, ao contrário, beneficia-se mais do modelo de Estado desenvolvimentista, o qual lhe assegura condições dignas, oportunidades iguais, cidadania e pleno emprego.

A legitimidade de poder, é sabido, só restará presente quando o Estado se voltar para os interesses da maioria e não apenas da classe mais abastada[29]. É fato que o mundo contemporâneo foi afetado pela revolução da automação, a qual impactou os costumes, hábitos e valores da sociedade. O fenômeno cibernético também contribuiu decisivamente para catalisar o papel das redes sociais e da mídia sobre a sociedade de massa em dimensão global. Consoante observa Fábio Comparato, "o debate público é sempre falseado, pois são os órgãos de comunicação, e não os cidadãos, que propõem as grandes questões políticas ou econômicas a serem discutidas"[30].

Dito com outras palavras: o debate não se faz pelo povo, "mas perante o povo, como simples representação teatral". Agrava-se a situação se considerarmos que os meios de comunicação são patrocinados pelas grandes corporações, mormente empresas e bancos transnacionais; fato que explica a facilidade com que estas reformas sociais, ainda que prejudiciais ao povo, conseguem ser aprovadas com tanta facilidade. Exemplo disso foi a Reforma Trabalhista inspirada numa Cartilha elaborada pela Confederação Nacional da Indústria, intitulada "101 Propostas para Modernização Trabalhista"[31], a qual cria e estimula as modalidades de trabalho precárias, como o contrato parcial, intermitente, autônomo e o teletrabalho sem previsão de pagamento de horas extras. Eis a estratégia neoliberal de *busca de consenso* por intermédio da infusão da notícia manipulada na mente dos receptores.

No plano internacional, cabe lembrar a influência das agências internacionais de consultorias de investimentos que, ao avaliarem a performance econômica de boa parte dos países, acabam por influenciar o destino dos investimentos sociais e, por conseguinte, a vontade dos eleitores[32].

Diante destes fatores, verifica-se uma larga distância entre a vontade manipulada e a vontade real da maioria que anela do Estado a edição de eficientes normas-tarefas no intento de superação, dignidade e emancipação social. A propósito da implicação desse quadro conjuntural nas relações de trabalho, Francisco Rossal traz a seguinte análise:

> As conquistas sociais são duramente castigadas por uma ideologia que chama de competitividade e eficiência a tarefa de manter as margens de lucro a qualquer preço. Trata-se de um discurso muito bem montado, que é realizado sob a falsa aparência da evolução quando, na verdade, traz uma nova era de concentração de riqueza, retirando das classes sociais mais pobres em benefício dos mais ricos.[33]

Embora a Constituição não possa, por si só, realizar nada, ela pode impor algumas tarefas, transformando-se em *força ativa*, caso exista "a disposição de orientar a própria conduta segundo a ordem nela estabelecida", observa Hesse[34]. Nesta conjuntura, resta saber se a manutenção do modelo de Constituição Dirigente, adotado pelo constituinte brasileiro de 1988, compõe mecanismo eficiente de concretude das garantias fundamentais. Será esta a sua missão diante das ameaças provenientes da hegemonia econômica neoliberal e o avassalador capitalismo de mercado total?

4. CONSTITUIÇÃO SOCIAL *VERSUS* ECONOMIA NEOLIBERAL

Nos últimos tempos, muitas vozes vêm sustentando que o pós-modernismo se revela "incompatível com o pro-

---

[29] Contudo, o que se vê são medidas públicas em sentido contrário ao apelo popular, a exemplo do fim das Bolsas de estudo; do Programa "Ciência sem Fronteiras"; do Financiamento Estudantil pelo Ministério da Educação (FIES), além do anunciado desmonte dos direitos previdenciários e da consumada Reforma Trabalhistas (Lei n. 13.467/2017). Ao mesmo tempo que o governo Temer reduziu direitos sociais dos mais pobres, beneficiou os mais ricos quando lhe concedeu perdão de obrigações previdenciárias e ampliação do Programa de Refinanciamento de Dívidas Tributárias (REFIS).

[30] COMPARATO, Fábio Konder. A democratização dos meios de comunicação de massa. In: *Direito constitucional*. Estudos em homenagem a Paulo Bonavides. (Org.) Eros Roberto Grau e Willis Santiago Guerra Filho. São Paulo: Malheiros, 2001. p. 158.

[31] Sobre o tema consultar o nosso: *Reforma Trabalhista ponto a ponto*. (Coord.) José Affonso Dallegrave Neto e Ernani Kajota. São Paulo: LTr, 2018.

[32] A maior agência de consultoria de investimentos, localizada em Nova York, Moody's Investors Service, tem a petulância de classificar as nações através de um ranking de credibilidade financeira. O resultado dessas avaliações é político, vez que os julgamentos da agência podem custar bilhões de encargos adicionais aos países atingidos, isso sem falar na influência direta que exercem sobre a autoestima das nações e seus destinos eleitorais. O *New York Times* chegou a anunciar: "o homem da Moody's rege o mundo", em sua edição de 27.02.1995.

[33] ARAÚJO, Francisco Rossal de. O direito do trabalho e o ser humano. *Revista LTr n. 62*, São Paulo, set./1998, p. 1178. "Os operadores jurídicos, continuam apegados às velhas fórmulas de Direito patrimonial, não percebendo que essa nova realidade transforma o trabalho em um bem escasso e que sua distribuição não pode ser feita unicamente pelas leis do mercado", complementa o magistrado.

[34] HESSE, Konrad. *A força normativa da constituição*. Título do original: *Die normative Kraft der Verfassung*. Tradução de Gilmar Ferreira Mendes. Porto Alegre: Sérgio Antonio Fabris Editor. 1991. p. 18 e 19.

jeto da Constituição dirigente", vez que "encarnaria uma visão totalitária". Daniel Sarmento observa que, para esta corrente de pensamento, a Constituição deveria perder suas dimensões substantivas e ser concebida, preferencialmente, como um *estatuto meramente procedimental*[35].

Ora, não se pode esquecer que o modelo de Constituição dirigente nasceu para viabilizar as promessas do Estado Social (*Welfare State*), em especial a economia desenvolvimentista baseada na teoria de Keynes que defendia padrões a serem garantidos pelo governo: renda, saúde, habitação e educação para todos os cidadãos. Nesta dimensão de intervencionismo do Estado, os direitos sociais deixam de ser vistos como caridade do governo para constituírem direitos políticos[36].

Com a superveniência da *Grande Depressão* dos anos 1930 (oriunda da quebra da Bolsa de NY), a tese de que o bem-estar da sociedade surgiria da *mão invisível do mercado* restou substituída pela tese da *mão visível do Estado*. Com outras palavras: a teoria liberal de Adam Smith (1723-1790) foi sucedida pela teoria social de John Maynard Keynes (1883-1946). Dois economistas britânicos, de gerações diferentes e concepções opostas. Vamos aos fatos.

Durante a Primeira Guerra Mundial a economia norte-americana encontrava-se em pleno desenvolvimento, fato que restou incrementado após o seu término ante o aumento da exportação para os países europeus reconstruírem suas cidades e indústrias. Contudo, ao final da década de 1920 este cenário se alterou. As nações já reconstruídas deixaram de importar, ensejando o caos das empresas americanas, sobretudo aquelas que detinham ações na Bolsa de Nova Iorque. Milhões de americanos com investimento correram para vender suas ações, gerando a quebra da Bolsa (1929) e uma Grande Depressão que atingiu não só os EUA, mas todos os países que com eles mantinham relações comerciais. Em 1933, o então governo de Franklin Delano Roosevelt, influenciado pela teoria econômica de Keynes, implementou novo plano de controle de preços e produção, além de investir alto em obras de infraestrutura (*New Deal*). Foram medidas que combateram o desemprego e o caos econômico, restabelecendo o aquecimento da economia norte-americana já no início da década de 1940.

Nesse instante o mito liberal restou substituído pelo mito do desenvolvimento social. Os europeus seguiram a mesma receita, dando ensejo aos *Trinta Gloriosos* dos países desenvolvidos (1945-1973)[37]. O estancamento destas décadas de prosperidade só iria ocorrer com o colapso internacional dos combustíveis e o consequente endividamento das nações que adotavam o modelo social. Refiro-me à crise mundial do petróleo, em 1973, provocada pelas nações árabes pertencentes à OPEP que decidiram manipular o preço e o fornecimento de petróleo para os EUA e potências europeias. Tratava-se, pois, de um ato de represália pelo apoio que esses países deram à Israel em relação ao conflito com alguns países árabes[38]. A medida gerou severa recessão, atingindo não só os EUA e países europeus, mas todos que com eles tinham dependência econômica (caso do Brasil, México, Argentina, dentre outros)[39].

Ao sobrevir generalizado endividamento das nações afetadas, iniciou-se uma crise que pôs em xeque o próprio modelo de Estado Social. Aos poucos ganharam força as novas políticas econômicas neoliberais, cujo ápice ocorreu no final da década de 1980. Pode-se dizer que os pioneiros na defesa do Neoliberalismo foram Milton Friedmann e Friedrich von Hayek, integrantes, respectivamente, da chamada *Escola de Chicago* e *de Viena*, sendo este o autor da obra "O caminho da servidão", publicada em 1944. Neste livro foram introduzidos os motes da nova ideologia, com destaque para o Estado mínimo, lei de mercado sobrepondo-se à lei do Estado, submissão do social ao econômico, e ataque ao sindicalismo de combate. Os primeiros governos neoliberais foram o inglês, de Margareth Thatcher, em 1979, e o norte-americano de Ronald Reagan, em 1980. Após a queda do muro de Berlim, em 1989, a adesão ao modelo neoliberal foi intensa e geral[40].

---

(35) Neste sentido constatou: SARMENTO, Daniel. *Direitos fundamentais e relações privadas*. 2. ed. Rio de Janeiro: Editora Lumen Juris, 2006. p. 40-42.

(36) OPUSZKA, Paulo Ricardo. Os fundamentos das relações jurídicas de trabalho: direito do trabalho, direito ao trabalho, regulação das relações laborais, possibilidades e limites. In: *Direito do trabalho e efetividade*. OPUSZKA, Paulo Ricardo (org.). Curitiba: CRV, 2017. p. 32.

(37) Expressão alcunhada pelo economista francês Jean Fourastié (1907-1990). Os Trinta Gloriosos perdurou até a crise do petróleo em 1973.

(38) Trata-se da Guerra do Yom Kippur ("Dia do Perdão"), em 1973. Aproveitando o feriado religioso judaico, Egito e Síria atacaram Israel, mas foram, posteriormente, derrotados pelos israelenses que mantiveram sob seu domínio os territórios ocupados em 1967. A fim de pressionar os países ocidentais a reduzir seu apoio a Israel, a OPEP (Organização dos Países Exportadores de Petróleo) provocou forte elevação dos preços do petróleo.

(39) Registre-se que a grande repercussão internacional se fez sentir, de forma quase imediata, nos países periféricos em crises de dívida externa, desvalorizações cambiais e ausência de investimentos estrangeiros. Nos países da América Latina, tais reflexos perduraram até meados da década de 1980 (considerada a 'década perdida'). In: *A crise do petróleo*. Publicado no Portal da Universidade do Cotidiano. Redação, em 11.03.2016. Disponível em: <https://universidadedocotidiano.catracalivre.com.br/o-que-foi-a-crise-do-petroleo/>.

(40) Os países nórdicos, além do Canadá, Alemanha e França adotam modelos mais próximo do *Welfare State*. Também há quem diga que o governo Obama ressuscitou alguns itens da cartilha social de Keynes, a exemplo do popular plano de saúde *Obamacare*,

No Brasil exsurgiu um quadro inusitado. De um lado tínhamos uma recém-promulgada Constituição Cidadã (de 5 de outubro de 1988), de outro uma crise econômica com inflação altíssima que levou o recém-eleito presidente Fernando Collor a buscar socorro financeiro ao FMI e ao Banco Mundial. Naquele momento, o Consenso de Washington (1989)[41] impôs uma austera condição para liberar o empréstimo: *adotar medidas de redução do Estado*. Surge, então, o Plano Collor (1990 a 1992), adotando ortodoxa política econômica neoliberal. No meio do caminho havia, contudo, uma Constituição Dirigente de viés social. Eis o impasse retratado por Lênio Streck: lei social *versus* economia neoliberal:

> As políticas neoliberais são absolutamente antitéticas ao texto da Constituição brasileira. Enquanto o neoliberalismo aponta para desregulamentação, a Constituição aponta para a construção de um Estado Social de índole intervencionista, que deve pautar-se por políticas públicas distributivistas.[42]

No limiar do século XXI continuou viva esta tensão, na medida em que a Constituição ainda vigente continua sendo vista como entrave ao funcionamento do mercado, freio da competitividade (dos agentes econômicos) e "obstáculo à expansão da economia", observa José Eduardo Faria[43]. A partir de então, o que se viu foi um verdadeiro caos, sobretudo pelo abuso na edição de Medidas Provisórias e de instrumentos de revisão constitucional mediante Emendas[44]. Cada governante que chegava ao poder inseria um texto à sua imagem e semelhança, ao que Luís Roberto Barroso apelidou de *narcisismo constitucional*[45].

5. CONSTITUIÇÃO DIRIGENTE OU MITIGADA?

No plano doutrinário, quem melhor defendeu e descreveu os contornos da Constituição Dirigente foi o jurista português José Joaquim Gomes Canotilho. Ocorre que quando Portugal passou a ter forte influência do Direito Comunitário, proveniente do Tribunal da União Europeia, Canotilho escreveu um texto reformulando parte de suas convicções[46]. O professor da Universidade de Coimbra passou a sustentar que a ideia de "directividade constitucional" só teria sentido caso fosse inserida numa compreensão crítica, por ele denominada de "constitucionalismo moralmente reflexivo"[47].

A releitura de Canotilho incide no fato de o *dirigismo* repousar no dogma do Estado-soberano, materializado na *soberania constitucional*. Com o advento dos blocos regionais, sobretudo da União Europeia, as ordens jurídicas nacionais transformaram-se em ordens jurídicas parciais, tendo que se adequar "aos esquemas regulativos das novas *associações abertas de estados nacionais abertos*"[48].

---

o qual restou revogado no início do governo neoliberal de Donald Trump: "Câmara dos EUA revoga Obamacare e dá vitória apertada a Trump". Matéria publicada no dia da revogação em 04.05.2017 no Portal UOL. Disponível em: <https://noticias.uol.com.br/internacional/ultimas-noticias/2017/05/04/camara-dos-eua-revoga-obamacare-e-da-vitoria-apertada-a-trump.htm>.

(41) Conforme já mencionado, o *Consenso de Washington* foi uma recomendação internacional elaborada em 1989, que visava a propalar a conduta econômica neoliberal com a intenção de combater as crises e misérias dos países subdesenvolvidos, sobretudo os da América Latina. Sua elaboração ficou a cargo do economista norte-americano John Williamson. Disponível em: <mundoeducacao.bol.uol.com.br/geografia/consenso-washington.htm>.

(42) STRECK, Lênio Luiz. *Jurisdição constitucional e hermenêutica. Uma nova crítica do direito*. Porto Alegre: Livraria do Advogado Editora, 2002. p. 116.

(43) In: Prefácio ao livro de Gisele Cittadino: *Pluralismo, direito e justiça distributiva*. 4. ed. Editora Lumen Juris, 2013.

(44) Conforme observa Marcello Cerqueira, a Constituição de 1988 não acrescentou novidade ao sistema de reforma constitucional praticado pelo direito brasileiro, permanecendo a uniconceptualidade da revisão ou mudança, cabendo ao Presidente a iniciativa de propor emendas, ampliando os limites circunstanciais ao poder de reforma, além de ampliar a abrangência das cláusulas pétreas (art. 60, § 4º). *Revisão, reforma constitucional e plebiscito*. CERQUEIRA, Marcello. *Direito constitucional*. Estudos em homenagem a Paulo Bonavides. (Org.) Eros Roberto Grau e Willis Santiago Guerra Filho, São Paulo: Malheiros, 2001. p. 135.

(45) BARROSO, Luís Roberto. A segurança jurídica na era da velocidade e do pragmatismo. In: *Temas de direito constitucional*. Rio de Janeiro: Renovar, 2001. p. 53.

(46) Canotilho pronunciou-se inicialmente em artigo nominado: CANOTILHO, José Joaquim Gomes. Rever ou Romper com a Constituição Dirigente? Defesa de um Constitucionalismo Moralmente Reflexivo. In: *Revista dos Tribunais*. ano 4, n. 15, 1996. Posteriormente abordou novamente o tema no prefácio da 2. ed. da obra *Constituição dirigente e vinculação do legislador*. Coimbra: Coimbra Editora, 2001.

(47) Prefácio da 2. ed. *Constituição dirigente e vinculação do legislador*. p. IX. Esta expressão (constitucionalismo reflexivo) foi feita a partir da concepção autopoiética de Luhmann, com o sentido de uma ordem jurídica que *reflita* o conjunto cada vez mais complexo de demandas da comunidade; que *dê respostas* dotadas de racionalidade aos anseios sociais.

(48) CANOTILHO, José Joaquim Gomes. *Idem*, p. XII. Ainda, nas palavras de Canotilho, "a lei dirigente cede o lugar ao contrato, o espaço nacional alarga-se à transnacionalização e globalização, mas o ânimo de mudanças aí está de novo nos quatro contratos globais: a) *contrato para as necessidades globais* – um remover das desigualdades; b) *contrato cultural* – tolerância e diálogo de culturas; c) *contrato democrático* – democracia como governo global; e, d) *contrato do planeta terra* – desenvolvimento sustentado. Ao atentar para esses vetores, a Constituição ficará menos densa, regulativa e estatizante; no entanto, o modelo subsistirá porque enriquecido pela

Particularmente, penso que no Brasil é difícil falarmos em superação de um modelo constitucional dirigente ao constatar que sequer chegamos perto de concretizar os postulados da Modernidade e as promessas da Constituinte de 1988. O mesmo se diga em relação aos blocos regionais, sendo frágil a comparação da integração de Portugal à União Europeia com as tímidas atividades do Brasil em relação ao Mercosul[49]. Sobre este aspecto, Lênio Streck é enfático:

> Quando Canotilho dá ênfase ao papel dos tratados, mostra exatamente sua preocupação com a questão europeia, onde tal surge como um paradoxo: ao mesmo tempo em que, no velho continente, a tese da Constituição dirigente e o papel do Estado nacional perdem importância, o conjunto normativo comunitário da União Europeia assume cada vez mais foros de *dirigismo jurídico-político*, como se fosse uma superconstituição.[50]

Desse modo, prossegue Streck, considerando as peculiaridades europeias e a diferença do viés *revolucionário* do texto constitucional português em relação ao viés *social* da Constituição brasileira, "é possível afirmar que continuam perfeitamente sustentáveis as teses relacionadas ao caráter dirigente e compromissário do texto constitucional brasileiro".

Observa-se que a crítica de Gomes Canotilho não é propriamente dirigida à vinculação imediata das normas constitucionais, mas ao "alargamento não sustentável da sua força normativa direta". Para ratificar sua tese, Canotilho aponta o exemplo da Constituição brasileira, nomeadamente o parágrafo primeiro do artigo quinto, que abrange, indiscriminadamente, todos os direitos e garantias fundamentais, inclusive os direitos sociais[51]. É, pois, assinala Canotilho, "o velho problema da grandiloquência nas palavras e da fraqueza nos atos, na medida em que os constituintes aceitam, no momento fundacional, compromissos emancipatórios semanticamente formulados, mas não acreditam neles, nem tencionam levá-los à prática"[52]. Nesta sua nova concepção, é preciso *limitar as cláusulas pétreas*, no tocante ao núcleo que identifica a *essência* da Constituição[53].

Quanto a esta tentativa de reduzir o "núcleo político", que constitui a essência da Constituição, Lênio Streck mais uma vez discorda de Canotilho ao defender a permanência dos direitos sociais (igualmente fundamentais). Logo, diz o festejado jurista gaúcho, "parece razoável afirmar que a ideia da programaticidade da Constituição deve ser mantida, pela simples razão de que, sem a perspectiva dirigente-compromissária, torna-se impossível realizar os direitos que fazem parte da essência da Constituição"[54]. E nesse duelo argumentativo Lênio tem razão. A propósito, invoque-se o lema da ONU e da OIT acerca da plenitude dos Direitos Humanos, ao afirmar que só há liberdade plena com igualdade de condições sociais, econômicas e culturais. Na observação de Magalhães e Lamounier, para que a pessoa possa exercer suas liberdades é necessário que elas disponham de meios, e estes meios são os direitos sociais e econômicos:

> Não há liberdade na miséria. Outro aspecto fundamental destes direitos é a compreensão de que não pode

---

constitucionalização da responsabilidade, isto é, "pela garantia das condições sob as quais podem coexistir as diversas perspectivas de valor, conhecimento e acção". *Idem,* p. XXII.

(49) O recém-eleito governo Bolsonaro deixou claro que pretende se aproximar dos EUA. O seu ministro da Economia também disse que a Argentina (e, indiretamente, o Mercosul) não é prioridade comercial. Neste sentido é a notícia: <https://noticias.r7.com/economia/comercio-bilateral-com-argentinos-nao-e-prioridade-diz-paulo-guedes-30102018>.

(50) STRECK, Lênio Luiz. *Jurisdição constitucional e hermenêutica. Uma nova crítica do direito.* Porto Alegre: Livraria do Advogado Editora, 2002. p. 114. O autor complementa sua ideia na p. 115: "a globalização e suas conseqüências *pós-modernas* são, pois, uma realidade. Entretanto, isso não deve significar que Estados Nacionais como o Brasil, onde as promessas da modernidade continuam não cumpridas e onde o assim denominado *Welfare State* não passou de um simulacro, *não possa ter autonomia para construir políticas públicas aptas a realizar a justiça social e os desígnios do pacto constituinte de 1986-1988".* Lênio informa na nota de rodapé n. 20 da p. 114 dessa obra que em teledebate (Curitiba-Coimbra) realizado em 21.02.2002, com a presença de inúmeros juristas do sul do país, Canotilho "deixou clara sua preocupação com a questão do *dirigismo* dos tratados, estranhando que os doutrinadores que antes criticavam a diretividade do texto constitucional, hoje pregam a diretividade dos textos internacionais".

(51) CANOTILHO, José Joaquim Gomes. *Op. cit.,* p. XIII/ XVI.

(52) Isso demonstra duas coisas: que é preciso parcimônia normativa quanto à positivação constitucional de imposições e, também, que é necessário manter a externalização das ações constitucionais tendentes à eficácia constitucional; para Canotilho, os institutos da inconstitucionalidade por omissão e o mandado de injunção devem ser usados, não para deslegitimar governos e assembleias legislativas inertes, "mas para assegurar uma via de publicidade crítica e processual contra a Constituição não cumprida".

(53) CANOTILHO, José Joaquim Gomes. *Idem,* p. XVI/ XVII/XIX. Para o jurista português importa enfatizar a *identidade reflexiva* da Constituição, a qual resulta do binômio *núcleo de identidade* (conjunto de normas e princípios estruturais) e *desenvolvimento constitucional* (conjunto de formas de inovação quanto à compreensão dos princípios, das propostas interpretativas e do alargamento da disciplina para enfrentar novos problemas, a exemplo do *direito a identidade genética).*

(54) STRECK, Lênio Luiz. *Jurisdição constitucional e hermenêutica. Uma nova crítica do direito.* Porto Alegre: Livraria do Advogado Editora, 2002. p. 119.

haver hierarquia entre direitos individuais, sociais, políticos, econômicos e culturais uma vez que estes direitos são interdependentes e, logo, indivisíveis.[55]

Neste sentido cabe lembrar da velha e boa *Declaração de Filadélfia*, de 1944, relativa aos objetivos da OIT, e aos princípios nos quais se deveria inspirar a política (nacional e internacional) dos seus membros. Após afirmar que "só se pode estabelecer uma paz duradoura com base na justiça social", a Conferência, em seu inciso II, afirma que:

a) todos os seres humanos, qualquer que seja a sua raça, a sua crença ou o seu sexo, têm o direito de efetuar o seu progresso material e o seu desenvolvimento espiritual em liberdade e com dignidade, com segurança econômica e com oportunidades iguais;

b) A realização das condições que permitem atingir este resultado deve constituir o objetivo central de qualquer *política nacional e internacional*;

Em sentido contrário ao apontado pela ONU e OIT temos a perversa ideologia do mercado total, em que "governar pelas leis cede lugar à governança pelos números" na observação crítica de Alain Supiot[56]. Este professor do College de France chama de *autismo da quantificação* a gestão dos negócios públicos e privados, que se afasta da realidade da vida dos povos[57]. Nesta esteira, ainda que sob viés mais moderado, Canotilho censura a concepção ideológica que alguns autores dão à Constituição Dirigente, sustentando que ela é apenas *jurídica metodológica*. Nesta perspectiva, devem-se coibir as "fórmulas de narratividade emancipatória", as quais "se traduzem em um paternalismo" que não acha lugar na ordem constitucional. Como exemplo, Canotilho cita novamente a Constituição do Brasil em seu art. 8º, I, que, ao pretender emancipar o movimento de classe operária, acaba proibindo o pluralismo sindical[58].

Assim, os direitos sociais, de acordo com Canotilho, devem ser recortados e inseridos em um catálogo constitucional. Todavia, a sua positivação não pode ser interpretada como imposições constitucionais tendencialmente conformadoras de políticas públicas de direitos econômicos, sociais e culturais: "é problemático plasmar na Constituição a *gratuidade* do acesso a todos os graus de ensino", não só porque isso pode enrijecer demasiadamente a política pública de ensino, mas também porque pode lançar a Constituição "nas querelas dos *limites do estado social* e da *ingovernabilidade*"[59]. De maneira conclusiva, o Professor da Universidade de Coimbra arremata sua nova concepção de Constituição Dirigente, aludindo aos seus efeitos mórbidos (tanáticos):

A Constituição dirigente está morta se o dirigismo constitucional for entendido como normativismo constitucional revolucionário capaz de, só por si, operar transformações emancipatórias. Também suportará impulsos tanáticos qualquer texto constitucional dirigente, introvertidamente vergado sobre si próprio e alheio aos processos de *abertura* do direito constitucional ao *direito internacional* e aos direitos *supranacionais*.[60]

Para Lênio Streck a reformulação feita por Canotilho não se aplica a países de Terceiro Mundo como o Brasil:

Entre a hoje clássica posição de Canotilho e a posição revisada, a toda evidência prefiro a primeira, mormente porque falo a partir da realidade de um país de terceiro mundo onde, por exemplo, sequer se cumpre o art. 196 da Constituição, que clara e especificamente estabelece que a saúde é um direito de todos e um dever do Estado, e que a propriedade tem uma função social, ao mesmo tempo que 2% da população detêm 50% das terras do território nacional[61].

---

(55) MAGALHÃES, José Luiz Quadro; LAMOUNIER, Gabriela Maciel. A internacionalização dos direitos humanos. *Revista Eletrônica Jus Vigilantibus*, v. 1, p. SP, 2008.

(56) SUPIOT, Alain. *O espírito de Filadélfia. A justiça social diante do mercado total*. Traduzido por Tânia do Valle Tschiedel. Porto Alegre: Sulina, 2014. p. 70.

(57) SUPIOT, Alain. *Idem*, p. 77.

(58) CANOTILHO, José Joaquim Gomes. *Idem*, p. XVIII/XIX.

(59) *Idem, ibidem*, p. XX e XXI. A Constituição deve fornecer as exigências mínimas – o complexo de direitos e liberdades definidores das cidadanias, pessoal, política e econômica e intocáveis pelas maiorias parlamentares – constituindo-se em "um elemento de garantia contra a deslegitimação ética e desestruturação moral de um texto básico através de desregulações, flexibilidades, desentulhos e liberalizações". Em outros termos: é preciso substituir um direito autoritariamente dirigente, mas ineficaz, por outras fórmulas contratuais que efetivamente permitam completar o projeto de modernidade, como os casos de parcerias, subsidiariedade, neocorporativismo e delegação.

(60) Canotilho, acrescenta: "Numa época de cidadania múltipla e de múltiplos de cidadania seria prejudicial aos próprios cidadãos o fecho da constituição, erguendo-se à categoria de *linha Maginot* contra invasões agressivas dos direitos fundamentais". *Idem*, p. XXIX.

(61) STRECK, Lênio Luiz. *Hermenêutica jurídica e(m) crise. Uma exploração hermenêutica da construção do direito*. 2. ed. Porto Alegre: Livraria do advogado, 2000. nota 423, p. 228. Em que pese a obra ser de 2000 e o texto de Canotilho por nós referido ser de 2001, cabe registrar que a crítica de Lênio refere-se ao mesmo texto se considerarmos que o Prefácio escrito em 2001 contém exatamente o mesmo teor do artigo antes referido *Rever ou romper com a constituição dirigente? Defesa de um constitucionalismo reflexivo* escrito em 1996.

6. EM TOM DE CONCLUSÃO

Não querendo contestar a reformulação de pensamento feita por Canotilho, tampouco apenas ratificar a crítica de Lênio Streck, a verdade é que o cenário português é muito diferente do nosso, seja na perspectiva da estabilização da economia, seja no poder aquisitivo dos trabalhadores, seja na efetividade e eficácia dos direitos fundamentais. Ainda que Portugal enfrente problemas de desemprego e de fragmentação das relações de trabalho[62], sua condição é privilegiada quando comparada com a brasileira. Além disso, a Constituição portuguesa, tão criticada por Canotilho, encerra um viés revolucionário diferente do viés (apenas) social da Carta brasileira.

Uma última reflexão para o debate acerca da evolução do Direito e da força da Constituição Federal merece ser sublinhada à luz da nova cultura pós-moderna que se apresenta avessa a qualquer verdade sólida ou dogmatismo metafísico. O atual Neoconstitucionalismo que reforça a força normativa da Constituição acaba se convertendo no último bastião ou âncora de sustentação dos direitos fundamentais. Por via oblíqua, este neoconstitucionalismo constitui o fundamento último para a compreensão do poder e das relações. Logo, pode-se dizer que hoje a Constituição faz o papel da metafísica capaz de organizar e juridicizar os plúrimos e difusos valores da sociedade, além de atestar a ilação de que não existe sociedade niilista como sustenta boa parte do pensamento pós-moderno, a exemplo de Derrida influenciado por Nietzsche.

Particularmente, penso que sempre haverá uma metafísica teológica ou ontológica, científica ou constitucional. O que varia no tempo é a intensidade e o modo de apresentá-la em cada momento histórico. A propósito, Luis Roberto Barroso observa que outras vias de institucionalização do poder, praticadas ao longo da história, não se provaram mais atraentes: "O marxismo-leninismo colocava no centro do sistema, não a Constituição, mas o Partido. O militarismo anticomunista gravitava em torno das Forças Armadas. O fundamentalismo islâmico tem como peça central o Corão. Nenhuma dessas propostas foi mais bem-sucedida"[63]. Ao final, Barroso arremata:

> A crença na Constituição e no constitucionalismo não deixa de ser uma espécie de fé: exige que se acredite em coisas que não são direta e imediatamente apreendidas pelos sentidos. Como nas religiões semíticas – judaísmo, cristianismo e islamismo –, tem seu marco zero, seus profetas e acena com o paraíso: vida civilizada, justiça e talvez até felicidade[64].

A atual e incipiente cultura pós-moderna, em sua dimensão globalizada, múltipla e fragmentada, carece de um modelo jurídico aberto e permeável às incessantes migrações e inovações (tecnológicas e de comportamento). Mais que isto: um sistema que tenha interlocução com o mundo e cooperação internacional, não se olvidando que o cosmopolitismo aberto (em detrimento do nacionalismo hermético) rege (ou deveria reger) o planeta em intensidade cada vez maior[65]. O atual modelo de Constituição Dirigente ainda é o que melhor se apresenta para atuar como uma espécie de bússola ou arrimo diante desta pletora de interesses e valores difusos; não apenas para conferir segurança jurídica, mas, sobretudo, para apresentar um catálogo axiológico vinculante de normas, princípios e mecanismos de concretude e efetividade de seus compromissos. Do contrário prevalecerá a pujança da ideologia neoliberal de mercado (egoísta e elitista); uma espécie de braços de Mike Tyson na expressão de Luís Fernando Veríssimo:

> Na recente reunião dos sete de ouro para tratar do custo social da nova ordem econômica, os países mais ricos do mundo chegaram a uma conclusão sobre como combater o desemprego. Surpresa! Deve-se continuar enfatizando e receitando aos pobres austeridade fiscal

---

(62) Sobre o tema consultar a obra da jurista lusitana REDINHA, Maria Regina Gomes. *A relação laboral fragmentada*. Coimbra: Coimbra Editora, 1995.

(63) BARROSO, Luís Roberto. Fundamentos teóricos e filosóficos do novo direito constitucional brasileiro. (Pós-modernidade, teoria crítica e pós-positivismo). *Revista de Direito Administrativo*. Rio de Janeiro, 225: 5-37, jul./set. 2001, p. 131.

(64) BARROSO, Luís Roberto. *Idem*, p. 12. "Nesses tempos de tantas variações esotéricas, se lhe fosse dada a escolha, provavelmente substituiria a Constituição por um mapa astral", arremata Barroso.

(65) Neste sentido é a Convenção de Auxílio Judicial Mútuo da União Europeia, o art. 4º, IX, da nossa Constituição Federal e, no campo do processo judicial, os arts. 26 e seguintes do Código de Processo Civil. Art. 4º da Constituição: A República Federativa do Brasil rege-se nas suas relações internacionais pelos seguintes princípios: IX – cooperação entre os povos para o progresso da humanidade. Art. 26 do CPC/15: A cooperação jurídica internacional será regida por tratado de que o Brasil faz parte e observará: I – o respeito às garantias do devido processo legal no Estado requerente; II – a igualdade de tratamento entre nacionais e estrangeiros, residentes ou não no Brasil, em relação ao acesso à justiça e à tramitação dos processos, assegurando-se assistência judiciária aos necessitados; II – a igualdade de tratamento entre nacionais e estrangeiros, residentes ou não no Brasil, em relação ao acesso à justiça e à tramitação dos processos, assegurando-se assistência judiciária aos necessitados; III – a publicidade processual, exceto nas hipóteses de sigilo previstas na legislação brasileira ou na do Estado requerente; III – a publicidade processual, exceto nas hipóteses de sigilo previstas na legislação brasileira ou na do Estado requerente; IV – a existência de autoridade central para recepção e transmissão dos pedidos de cooperação; V – a espontaneidade na transmissão de informações a autoridades estrangeiras. § 1º Na ausência de tratado, a cooperação jurídica internacional poderá realizar-se com base em reciprocidade, manifestada por via diplomática.

sobre qualquer política de desenvolvimento e pedindo ao trabalhador que coopere trocando a proteção social que tem pela possibilidade de mais empregos. Algo como continuar batendo no supercílio que já está sangrando. Chama-se isso não de cruel ou chantagem, mas de *flexibilização do mercado de trabalho*. Podia se chamar de Maria Helena, não faria diferença – o neoliberalismo triunfante conquistou o direito de pôr os rótulos que quiser nos seus bíceps. Quem chama a volta do capitalismo do século dezenove de "modernidade" e consegue vendê-lo merece o privilégio[66].

Conforme observa Ricardo Tadeu da Fonseca, ao longo do século XIX evidenciou-se insuficiente a construção meramente individualista dos direitos fundamentais. Não há liberdade para aquele que não dispõe de recursos mínimos, daí a importância dos direitos sociais e das prestações positivas do Estado, enaltecidas nas Constituições do tipo Dirigente[67]. O cenário de desigualdade e de ausência de emancipação social não se modificou a ponto de prescindirmos do estatuto compromissário e programático que prestigia a concretude das garantias fundamentais, nelas incluídas os direitos sociais.

---

(66) VERISSIMO, Luis Fernando. Os braços de Mike Tyson. *Jornal do Brasil*, Rio de Janeiro, coluna Opinião, set. 1996, p. 9.

(67) FONSECA, Ricardo Tadeu Marques da. *O trabalho da pessoa com deficiência. Lapidação dos direitos humanos*: o direito do trabalho, uma ação afirmativa. São Paulo: LTr, 2006. p. 60.

LIBERDADE RELIGIOSA E RELAÇÕES DE TRABALHO. QUESTÕES CONTROVERTIDAS. AS ORGANIZAÇÕES DE TENDÊNCIA E O DEVER DE ACOMODAÇÃO RAZOÁVEL (*DUTY OF REASONABLE ACCOMMODATION*)

Manoel Jorge e Silva Neto[1]

1. A JUSTA HOMENAGEM A ARMANDO CASIMIRO COSTA FILHO

Há pessoas que são justíssimas destinatárias das nossas melhores e mais calorosas homenagens.

Seja porque simplesmente se habituaram ao sorriso largo, seja porque fizeram da palavra repositório de harmonia, cordialidade e generoso estímulo.

ARMANDINHO foi uma dessas pessoas. Afável, alegre, cordial, amigo, humilde.

Lembro-me de uma das últimas conversas que mantivemos. Liguei para ele com o propósito de levar à prestigiosa LTr Editora uma publicação de minha autoria. Não apenas se dispôs imediatamente a publicá-la como me agradeceu imensamente por haver escolhido aquela querida casa editorial...

Esse era ARMANDINHO! Num quadro de dificuldades generalizadas das editoras no País, ele, olimpicamente, não apenas colocava, de imediato, a LTr Editora à disposição para publicar como até agradecia o autor por havê-la escolhido.

Logo, não poderia, de modo algum, deixar de render minha homenagem ao queridíssimo ARMANDINHO.

Essas muito mal traçadas linhas estão longe de expressar o enorme carinho e afeição que nutro e sempre nutri por ARMANDINHO.

Ainda assim me pus em marcha e as escrevi para você, querido Amigo.

Descanse em paz, meu irmão.

2. IMPORTÂNCIA E ATUALIDADE DO TEMA

Temos afirmado que os direitos individuais à intimidade, vida privada, imagem – os reputados direitos da personalidade – estão carecendo de tratamento mais cuidadoso e sistemático pela ciência do direito do trabalho, especialmente porque, nos domínios do vínculo empregatício, caracterizado por intensa subordinação jurídica, são os trabalhadores, na maioria das hipóteses, levados a transigir a respeito de tais direitos, razão suficiente para tornar injuntiva análise mais atenta por parte de todos aqueles que vivenciam os problemas afetos à relação de emprego de modo particular e às relações de trabalho de forma generalizada.

E a problemática da liberdade religiosa não se distancia substancialmente do quadro desenhado, ou seja, conquanto por repetidas vezes se noticie a existência de determinações empresariais vulneradoras da escolha ou mesmo do exercício da liberdade de religião, viceja desconfortável omissão da doutrina no trato de tema tão relevante para o cidadão-trabalhador.

É que, muito embora tenha obtido um posto de trabalho na unidade empresarial, o trabalhador continua com as suas convicções e preferências de ordem político-ideológica e – como não poderia deixar de ser – também as de cunho espiritual.

Desde o período mais remoto da história da civilização, o homem sempre esteve atavicamente atrelado às questões sobrenaturais e ao medo do desconhecido.

A religião, como objeto cultural, surgiu como tentativa de conhecer o inexplicável, de desvendar o que se encontrava encoberto, diminuindo, desta forma, o nível de ansiedade e insegurança do ser humano.

Pretende-se, nesse artigo, trazer algumas considerações em torno da liberdade religiosa tomando por parâmetro os dispositivos constitucionais pertinentes, além de necessária incursão pela importante temática das organizações de tendência.

---

[1] Subprocurador-geral do Trabalho (DF). Professor de Direito Constitucional na UnB (DF). Professor-Visitante na Universidade da Flórida – *Levin College of Law* (EUA). Professor-Visitante na Universidade François Rabelais (FRA). Membro da Academia Brasileira de Direito do Trabalho (Cadeira n. 64)

3. A CLÁUSULA CONSTITUCIONAL DA NÃO DISCRIMINAÇÃO E AS RELAÇÕES DE TRABALHO

A alteridade é um dado inafastável das relações humanas.

Do grego *alter*, que significa "outro", não se pode, em rigor, imaginar ser humano que não guarde consigo a atávica tendência ao relacionamento com outros seres humanos.

Dizia Aristóteles, na Antiguidade, que o ser humano é naturalmente um animal político. O indivíduo que, deliberada e conscientemente, se segrega ao convívio de outros, ou é um deus ou é um bruto.[2]

Contudo, ainda que delimite a natureza humana em tal medida, o atavismo pertinente ao relacionamento com outros seres humanos provoca, por paradoxal que possa parecer, inúmeros problemas de cunho relacional, dentre os quais pode ser destacado o relativo aos comportamentos ilegitimamente discriminatórios.

3.1. Discriminação legítima e ilegítima

O art. 3º, IV, da Constituição assinala que constituem objetivos fundamentais da República Federativa do Brasil promover o bem de todos, sem preconceito de origem, raça, sexo, cor, idade e quaisquer formas de discriminação.

Por sua vez, o art. 5º, *caput* revela que todos são iguais perante a lei, sem distinção de qualquer natureza.

São, assim, a base constitucional destinada a que se interdite a produção de norma jurídica ou de qualquer outro ato em dissonância da regra isonômica.

Mas o problema da adequação dos atos normativos e dos particulares ao princípio da isonomia não se reconduz apenas à constatação de se, com efeito, houve a escolha por um critério distintivo para desequiparar os indivíduos. A rigor, se poderá chegar à hipótese em que, mesmo eleito um discrímen, não haver agravo ao princípio da igualdade. E como tal pode se suceder?

Explica-nos Celso Antônio Bandeira de Mello que "(...) qualquer elemento residente nas coisas, pessoas ou situações, pode ser escolhido pela lei como fator discriminatório, donde se segue que, de regra, não é no traço de diferenciação escolhido que se deve buscar algum desacato ao princípio isonômico (...). (...) as discriminações são recebidas como compatíveis com a cláusula igualitária apenas e tão somente quando existe um vínculo de correlação lógica entre a peculiaridade diferencial acolhida por residente no objeto, e a desigualdade de tratamento em função dela conferida, desde que tal correlação não seja incompatível com interesses prestigiados na Constituição".[3]

Por conseguinte, teremos por legítima a discriminação – e, portanto, não ofensiva ao postulado da igualdade – quando o critério distintivo eleito para desequiparar as pessoas se encontre plenamente justificado pela situação fática.

Imagine-se a circunstância em que determinado empregador deva escolher entre dois empregados de sexos diferentes a quem agraciará com promoção para exercício de cargo de diretoria em filial localizada num país que, reconhecida e notoriamente, impõe sérias restrições à presença feminina no mercado de trabalho em razão de postulados religiosos (Arábia Saudita, por exemplo). Optando, como certamente optará, pelo empregado do sexo masculino, poderia se cogitar de desrespeito à isonomia por consumada a escolha com base no critério sexo? É certo que não, fundamentalmente porque a discriminação operada pela empresa está autorizada por uma situação da vida que compele a unidade à escolha do empregado.

O mesmo raciocínio pode e deve ser utilizado para efeito de contratação de trabalhadores para exercerem atividade em filiais no exterior que possuam o singular problema mencionado. É certo que as admissões convergirão integralmente para trabalhadores do sexo masculino, sem que isso proporcione qualquer agravo ao princípio da igualdade, estando legítima, destarte, a desequiparação consumada.

Se, entretanto, por razões ditadas exclusivamente por idiossincrasias do empregador, nega a promoção ou impede a contratação da trabalhadora, a hipótese, sem dúvida, é de discriminação ilegítima, por não fundada em circunstância autorizativa do procedimento desequiparador.

E não se restringem ao fator sexo as ocorrências discriminatórias legítimas e ilegítimas no âmbito da relação contratual de trabalho, já que o critério idade pode ser igualmente colhido, como na hipótese de empresa de moda que contrate apenas trabalhadores até um certo limite de idade para desfile de coleção dirigida ao público jovem. No caso, o discrímen foi legitimado pelo fato de que o evento se voltava a público de menor faixa etária, tornando conveniente (ou mesmo comercialmente necessária) a contratação de modelos em consonância com a faixa dos consumidores que se deseja conquistar.

Outra é a situação, todavia, quando se nega posto de trabalho a candidato que tenha cinquenta anos, apenas por tal condição, apenas pelo fato de o empregador achar o laborista "velho" demais para ser integrado à empresa, e fechando os olhos aos grandes benefícios que um empregado mais experiente pode lhe trazer. A discriminação, aqui, é absolutamente ilegítima pelo que encerra de preconceito e de completa ausência de fato que consinta o empresário a desequiparar com base no critério idade.

---

(2) Cf. A Política, I. 9.
(3) Cf. Conteúdo jurídico do princípio da igualdade, p. 17.

São, enfim, inúmeras as hipóteses que autorizam e reprovam a discriminação no emprego; o que nos parece decisivo para iniciar as nossas divagações acerca do tema é reconhecer a insuficiência da regra genérica do art. 5º, *caput*, da Constituição para solucionar as graves incertezas que rondam o assunto e, além disso, saber que a discriminação estará legitimada quando houver correlação lógica entre o fator de desequiparação e a situação da vida de que se trata.

Todavia, as referências iniciais dos subsídios teóricos relativos ao princípio da igualdade se nos apresentam indispensáveis para bem compreender o real problema da discriminação no emprego com base no critério da escolha religiosa do trabalhador, cujas hipóteses mais habituais passaremos doravante a enunciar.

A discriminação ilegítima se perfaz habitualmente no mero e simples preconceito.

Embora seja situação verdadeiramente surreal, informa-se que realmente aconteceu numa das Varas do Trabalho de Salvador, na Bahia.

O reclamante chegou ao balcão da Vara do Trabalho que separa o recinto judiciário do atendimento às partes e perguntou ao servidor a quantas andava o processo movido contra determinada empresa.

- "O juiz *despachou* e estamos aguardando o advogado se *manifestar*", respondeu o funcionário da Vara.

Ao que retrucou a parte: – "Não gosto dessas coisas! Se eu soubesse que o advogado era metido com *macumba*, não tinha contratado ele!"

Como se vê, trata-se (ainda que remotamente factível a situação) de circunstância reveladora de preconceito dirigido contra os segmentos religiosos afro-brasileiros, comportamento que deve ser reprovado e combatido tendo em vista os nefastos efeitos resultantes da intolerância religiosa ao longo da história da civilização.

3.2. *Os empregadores de tendência religiosa*

Diante das inúmeras ocorrências que afetam o mundo do trabalho em razão do fenômeno religioso, desenganadamente não se poderá esquecer do problema relativo aos denominados *empregadores de tendência*.

Aloisio Cristovam dos Santos Júnior esclarece acerca da necessidade de exame de três espécies de organizações: as organizações religiosas em sentido estrito, as organizações confessionais e as organizações empresariais que, conquanto não religiosas ou confessionais, integram às suas finalidades a ideologia religiosa.[4]

As organizações religiosas em sentido estrito se identificam ao grupo, comunidade ou instituição religiosa propriamente dita. São entidades que se dedicam ao exercício de atividade tipicamente religiosa.[5]

Outrossim, igrejas costumam criar e manter sob seu controle organizações vocacionadas à prestação de serviços na área de educação, saúde e assistência social, sendo que, para tal finalidade, organizam empresas comerciais cujo objetivo é dar suporte ou facilitar o cumprimento da missão institucional religiosa. São as *entidades confessionais*[6].

Finalmente há ainda as *organizações que agregam a finalidade ideológico-religiosa* à sua atividade econômica.

São entidades que, embora não se vinculem às organizações religiosas e exercitem atividade lucrativa, adotam política institucional conformada por certos valores éticos de compostura religiosa.[7]

4. A PROTEÇÃO À LIBERDADE RELIGIOSA NO ÂMBITO DAS RELAÇÕES DE TRABALHO

Para que se tenha uma ideia do que nos propomos em termos de busca de maior compreensão da liberdade religiosa dos trabalhadores, concretizando-a, colocamos os seguintes questionamentos: I) É possível, sob o manto da liberdade de crença, admitir que empregados façam proselitismo de determinado segmento religioso no âmbito interno da empresa? II) É facultado ao empregador convocar os seus trabalhadores para participarem de culto vinculado a certa religião, como habitualmente ocorre em datas especiais (inauguração de novas instalações da empresa ou de filiais, festas de final de ano, etc.)? III) Pode o empregador, nos domínios físicos da unidade empresarial, construir templo representativo de segmento religioso? IV) Podem as organizações religiosas de tendência contratar exclusivamente empregados que professem a fé por elas abraçada? V) O empregado Adventista do Sétimo Dia tem direito a guardar os dias de sábado para o culto? VI) O desconto a título de dízimo ofende o princípio da intangibilidade salarial? VII) Existe vínculo de emprego entre o religioso e a entidade à qual está vinculado?

As questões trazidas, necessariamente, reconduzem a exame da temática dentro de um contexto de ordem supra-individual, visto que, conquanto integrado ao plexo de garantias individuais do art. 5º, a liberdade religiosa, em substância, é um fenômeno comunitário; as pessoas vivem-no em conjunto, prestam culto em conjunto e sentem mesmo que a religião implica uma relação de umas com as outras.[8]

---

(4) Cf. Liberdade religiosa e contrato de trabalho – A dogmática dos direitos fundamentais e a construção de respostas constitucionalmente adequadas aos conflitos religiosos no ambiente de trabalho, p. 69.
(5) *Idem*, p. 69.
(6) Cf. Aloisio Cristovam dos Santos Junior, *op. cit.*, p. 76.
(7) *Idem*, p. 78.
(8) Cf. Jorge Miranda, Manual..., *cit.*, p. 359.

4.1. É possível, sob o manto da liberdade de crença, admitir que empregados façam proselitismo de determinado segmento religioso no âmbito interno da empresa?

Quanto ao primeiro quesito, que versa sobre a possibilidade de empregados persuadirem colegas de trabalho ao ingresso em segmento religioso, fazendo-o dentro da empresa e durante o horário de trabalho ou no intervalo intrajornada, é certo que a liberdade de crença outorga ao indivíduo a garantia de crer ou não crer em coisa alguma, além de permitir-lhe divulgar a sua crença ou descrença.

Léon Duguit adverte, todavia, que o crente tem a certeza inabalável de que está em possessão da verdade e, ao fazer proselitismo, muito provável que se tornará intolerante, já que a escolha religiosa e a tolerância são duas realidades que se excluem mutuamente.[9]

Conta-se que aconteceu numa empresa, novamente na Bahia.

A empregada fora dispensada por justa causa em virtude de insistentemente tentar converter os colegas de trabalho para o seu segmento religioso, visto que chegou mesmo a acompanhar um deles até o banheiro...

Discordando da motivação para a dispensa, a trabalhadora ingressou com reclamação trabalhista postulando o pagamento das parcelas rescisórias que entendia lhe serem devidas.

No dia da audiência inaugural, a juíza do trabalho deu-se por impedida e determinou a remessa dos autos a outro magistrado, porque a trabalhadora tentou convertê-la em mesa de audiência...

É exatamente em razão de situações desta natureza e com lastro na característica intolerância conformadora da liberdade de crença que não admitimos o exercício da garantia no ambiente de trabalho.

A empresa é o local para onde se dirigem os trabalhadores com o propósito de realização profissional e material, mas é indiscutível se tratar de comunidade altamente heterogênea, mais ainda quando formada por diversas categorias profissionais.

A heterogeneidade latente no corpo de trabalhadores abre seríssimo precedente se se possibilitar a empregado faça proselitismo de sua religião dentro da empresa, já que muitos colegas podem eventualmente já ter feito a opção – ou mesmo não ter consumado escolha qualquer, o que é garantido pela Constituição, como vimos –, criando-se, assim, constrangimentos com imprevisíveis consequências, quer em virtude de a defesa de concepção religiosa perante quem já abraçou outro segmento significar grave ofensa à liberdade de crença, quer porque o trabalhador agnóstico pode não aceitar de modo passivo a investida do crente.

Não obstante possa se tratar de problema ocasionado por um único empregado, o fato é que a situação leva à ofensa de interesses transindividuais dos trabalhadores, no caso a liberdade de crença e também o meio ambiente do trabalho, pois as atitudes voltadas à obtenção de adeptos e conversão de agnósticos causam profundo mal-estar, mais ainda quando provêm de superior hierárquico.

Sendo assim, uma vez ocorrida a circunstância, abre-se ao empregador a faculdade de extinguir por justa causa a relação contratual de todos os que se utilizam de tal prática, face à incontinência de conduta (art. 482, *b*, CLT).

Além disso, poderá também o sindicato profissional ou o Ministério Público conduzir a questão ao Poder Judiciário, pleiteando a adequação da(s) conduta(s) do(s) empregado(s) que incorre(m) no equívoco diante da transgressão a interesse individual indisponível dos trabalhadores.

Evidentemente que o proselitismo religioso assume outros contornos quando se está diante da prestação de trabalho a organizações de tendência.

Com efeito, pode até ser obrigatório o referido proselitismo em se tratando de empregado contratado por organização de tendência, visto que a finalidade institucional invariavelmente está presa à disseminação de determinada fé religiosa, fazendo com que o empregador possa, de modo legítimo, impor ao laborista a obrigação de divulgar a fé ou até mesmo converter adeptos ao segmento religioso da entidade, em casos nos quais se observe a vinculação do trabalhador à atividade-fim da empresa de tendência.

Contrario sensu, trabalhadores não envolvidos direta e pessoalmente com o propósito confessional (faxineiros, seguranças, etc.) não podem ser obrigados ao proselitismo religioso.

---

(9) Cf. Léon Duguit, Traité..., *cit.*, p. 453. O texto original dá a exata ideia do entendimento do autor sobre a opção religiosa e tolerância: *"C'est que la liberte religieuse n'est pas seulement la liberte d'opinion, elle est encore autre chose; et, en tant qu'elle est liberté d'opinion, elle apparaîte dans des conditions particulières tenant au caractére propre des croyances religieuses. Le croyant a la certitude qu'il est en possession de la vérlté. Par conséquent, il fera forcément du prosélytisme et sera facilement intolérant. Je ne dis pas que teus les croyantes sont intolérants, mais je dis qu'lls lo sen naturellement. Pour erre tolérant, lo croyante est obligé de faire un effot sur lui-même, de se falre véritablement violence. On a dit que la tolérance était la charité de l'esprit. Cela n'est vrai que pour le croyant que ne sera tolérant que par devoir de charité. La foi religieuse et la tolérance son deus choses qui s'excluent raticnnellement et naturellement. La religion fait los apôtres et les martyrs; mais alia fait aussi lee inquisiteurs et les tortionnaires. La même religion a fait Vicent de Paul et Torquemada".*

4.2. É facultado ao empregador convocar os seus trabalhadores para participarem de culto vinculado a certa religião, como habitualmente ocorre em datas especiais (inauguração de novas instalações da empresa ou de filiais, festas de final de ano etc.)?

Outra questão interessantíssima e que comumente ocorre no trato das relações entre empregado e empregador se refere aos eventos organizados na empresa quando, não raro, são convocados os trabalhadores para participar de culto de um dado segmento religioso.

Inaugurações de filiais e festas de final de ano muitas vezes se convertem em velada ofensa à liberdade religiosa dos trabalhadores, quando o empresário escolhe a celebração de culto de sua preferência.

Ora, da mesma forma do Estado, a empresa está obrigada a assumir postura imparcial quanto aos segmentos religiosos; a empresa, enfim, não tem religião. O proprietário pode ter; os trabalhadores também, mas a empresa, enquanto coletividade destinada à satisfação material e profissional de todos a ela vinculados, está proibida de abraçar uma dada seita religiosa, exceção feita às organizações religiosas e às suas respectivas entidades de tendência.

Desta forma, defendemos o *modelo de neutralidade*, segundo o qual, à semelhança do que sucede com o estado laico, a empresa não deve ter qualquer preferência ou inclinação religiosa, incumbindo-se-lhe apenas assegurar o afastamento da expressão religiosa do espaço empresarial.[10]

Por isso que o "convite" endereçado aos trabalhadores a fim de que participem de culto por ocasião do Natal é flagrante desrespeito à liberdade de religião. A propósito, a inexistência de atividade empresarial durante feriados religiosos – como o Natal – não contradiz a afirmação feita no parágrafo anterior, à vista do fato de que a lei proíbe a abertura do estabelecimento em tais dias.

Um fato interessante que não deve escapar à nossa apreciação com referência a trabalho executado em dias religiosos concerne à seguinte pergunta: pode o empregado eximir-se quanto à sua presença na empresa em data tida por inadequada por sua facção religiosa, mesmo não sendo feriado reconhecido por lei?

Em rigor, nada impede que ele, mediante comunicação prévia ao empresário, informe-o a respeito da impossibilidade de comparecimento naquele dia, desde que compense a ausência em data a ser estipulada.

Se o empregador não atende ao pleito formulado, aberta está a via para requerer judicialmente a rescisão indireta do contrato de trabalho (art. 483, b, CLT), além de outras providências que possam e devam ser adotadas com o fim de salvaguardar a garantia fundamental dos trabalhadores à liberdade religiosa.

Outrossim, um dos caracteres mais marcantes para a configuração do vínculo empregatício é a subordinação jurídica. Poderia ser dito que tal elemento caracterizador da relação de emprego determina o obedecimento irrestrito do empregado às diretrizes traçadas pelo empregador para o desenvolvimento da prestação de trabalho, e nada mais. Seria assim? Parece-nos que a subordinação expande o seu raio de ação para fazer com que o trabalhador se insira de tal forma à realidade empresarial que até mesmo a escolha por uma religião seja consumada pelo empregador, de modo ostensivo ou subliminarmente.

E o empregado se integra, hoje, tão intensamente à vida da empresa que passa a ser conhecido como o João da firma tal, chegando ao cúmulo de o seu crachá valer muito mais do que a própria carteira de identidade quando se dirige ao comércio para aquisição de bens através do crediário.

Maria Aparecida Rhein Schirato, em entrevista concedida à Revista "VEJA" sob o título "Empresa não é mãe", adverte para as sequelas irreversíveis que podem comprometer, por definitivo, a identidade do cidadão-trabalhador. Para ela, a empresa como grande mãe gera filhos dependentes, trabalhadores inseguros e sem vida pessoal, quando, inclusive, foi constatado que vários empregados nunca haviam controlado a sua própria conta bancária porque o salário era depositado a cada quinze dias. Ademais, boa parte das contas pagas em débito automático e com diversos benefícios administrados pela empresa, o empregado vai-se distanciando da vida. E o maior perigo deste distanciamento é ele ser confundido com a empresa; é ele começar a acreditar que é tudo aquilo que os inúmeros adereços empresariais e benefícios corporativos lhe proporcionam: passar na frente da fila do *check-in*, ter preferência para ocupar mesa em restaurante, o cheque especial. Ele passa a se movimentar como instituição, como organização. O trabalhador não tem mais posse de si mesmo, não sabe mais quanto ele custa, quanto vale, e até não sabe a respeito do

---

(10) Cf. Aloisio Cristovam dos Santos Junior, Liberdade religiosa e contrato de trabalho – A dogmática dos direitos fundamentais e a construção de respostas constitucionalmente adequadas aos conflitos religiosos no ambiente de trabalho, p. 64. O Autor informa ainda a existência de mais dois modelos: o da *tolerância* e o *multicultural*. "(...) O *modelo da tolerância* parte da pressuposição de que não se deve negar à empresa a possibilidade de assumir uma cosmovisão religiosa. Não haveria, assim, qualquer problema na afirmação de valores ético-religiosos por parte das organizações religiosas, que, contudo, devem externá-los de forma transparente, comunicando claramente a sua intenção aos empregados e àqueles que aspiram a um posto de trabalho na organização. (...) O *modelo multicultural* privilegia o pluralismo externo. Deve ser permitido que as empresas assumam livremente suas cosmovisões, religiosas ou não, assegurando-se-lhes igualdade de tratamento no mundo socioeconômico e o respeito pelos valores éticos das subculturas religiosas que representa" – grifos não constam do original (*op. cit.*, p. 64/67).

que pode oferecer ao mercado.[11]

Em um quadro delineador de tamanha alienação, está aberto o espaço para que se perpetre contra os empregados toda gama de sortilégios, dentre os quais os direcionados à supressão de sua liberdade religiosa.

O empregador não pode "convidar" empregados para a participação em cultos de segmento religioso, ainda que seja um simples "convite", especialmente porque, no âmbito das relações de trabalho, a expressa recusa ou ausência ao evento por parte do trabalhador poderá soar não como um ato representativo da sua liberdade religiosa, mas sim como demonstração explícita de rebeldia.

Por conseguinte, à exceção dos cultos ecumênicos, que funcionam como elemento integrativo das confissões religiosas, qualquer outra celebração na empresa está vedada pelo sistema constitucional, competindo precipuamente ao Ministério Público do Trabalho, por conta da sua vocação institucional, atuar no sentido de impedir a realização dos eventos, instando, para isso, o Judiciário Trabalhista para a proteção do interesse transindividual.[12]

4.3. Pode o empregador, nos domínios físicos da unidade empresarial, construir templo representativo de segmento religioso?

De uma certa forma, ao definirmos que a empresa não pode ter religião (exceto as organizações religiosas propriamente ditas e os empregadores de tendência), já acenamos para a proibição quanto a ser construído na unidade empresarial um templo representativo de confissão religiosa, pois a edificação seria paradigmática do envolvimento da pessoa jurídica com certa seita.

Não relutamos em concluir que, diante da ocorrência, torna-se imperiosa a conversão do templo em espaço ecumênico, cuja resistência do empregador não leva a outro resultado que o seu fechamento ou mesmo demolição, por mais radicais que possam transparecer as soluções aqui trazidas, que perseguem, todavia, a proteção à liberdade religiosa dos trabalhadores.

4.4. Podem as organizações religiosas contratar exclusivamente empregados que professem a fé por elas abraçada?

As entidades religiosas, com o escopo de atingimento dos seus propósitos institucionais, necessitam contratar trabalhadores. E, nesse momento, é necessário investigar acerca da possibilidade de o empregador restringir o universo dos eventuais contratados àqueles que professam a fé religiosa abraçada pela organização.

Reside, no caso, colisão entre o direito individual à liberdade religiosa do empregado e o direito de propriedade ou mesmo o direito à liberdade de religião da própria entidade responsável pela contratação.

É o que pode ocorrer com os professores de entidades confessionais ligadas ao ensino, que são espécie de organização de tendência.

A liberdade de ensinar não alcança o elevado grau de permitir ao docente a reprovação, em sala de aula, dos princípios religiosos do estabelecimento, substituindo-os pelos próprios, porque isso reconduziria à insólita situação mediante a qual o direito fundamental à liberdade de religião do laborista receberia, na balança da ponderação, peso muito maior do que idêntico direito que a entidade de tendência institucionalmente busca realizar. Haveria, assim, uma colisão entre o direito *individual* à liberdade religiosa do empregado e o direito *institucional* à liberdade religiosa da organização.

E, aqui, não se trata de conceber a infundada ideia de que o direito individual do docente valeria menos que o da pessoa jurídica para a qual ele presta o trabalho.

A questão não é essa.

A principal questão que se põe nessa circunstância é a referente ao *dever de acomodação razoável*.

Cuida examinar: o empregador de tendência tem o dever de acomodar as ideias religiosas antagônicas ou mesmo ateístas de professor contratualmente vinculado ao estabelecimento?

Evidentemente que não.

A entidade confessional colima determinados objetivos, que são lícitos e protegidos pelo sistema do direito positivo constitucional, que identicamente protege o direito à liberdade religiosa do professor e também a liberdade de expressão, que por vezes poderá igualmente ingressar na rota de colisão com os propósitos das organizações de tendência.

Se a ideia de acomodação razoável se dirige a celebrar o princípio da proporcionalidade no recinto de relações de trabalho, dentre outras, buscando a ponderação dos direitos fundamentais em colisão por meio da aplicação do raciocínio de que a empresa está obrigada a acolher a crença ou a descrença do empregado, desde que seja razoável, não parece adequado concluir que organização de tendência que foi criada com o objetivo de sedimentar específicos preceitos religiosos esteja juridicamente obrigada a tolerar, nos seus quadros, docentes que se contrapõem à diretiva de ensino do estabelecimento mediante a disseminação de dogmas religiosos contrapostos.

---

(11) Fonte: Revista "VEJA", 14.04.99, p. 11-13.
(12) Interesse *transindividual* é todo aquele que ultrapassa a órbita de um sujeito de direito. Podem ser classificados de acordo com a terminologia utilizada pelo art. 81, parágrafo único, I/III, do Código de Defesa do Consumidor: *interesses difusos, coletivos* e *individuais homogêneos*.

Se como dito linhas atrás, a liberdade de ensinar não alcança o elevado grau de permitir ao docente a reprovação, em sala de aula, de princípios religiosos do estabelecimento confessional, logicamente disso decorre que o âmbito material de proteção ao direito individual à liberdade religiosa do professor crente ou mesmo o direito a expressar seu agnosticismo em sala de aula se encontra circunstancial e consistentemente mais restringido.

Como o exercício de todo direito fundamental está submetido a restrições, a carga de restrição dependerá do âmbito material de exercício do direito. Não é o direito em si que é restringível, mas o seu exercício.[13]

Logo, o exercício do direito individual à liberdade religiosa pelo professor que integra segmento religioso diverso daquele que conforma os princípios do estabelecimento confessional será objeto de óbvia restrição diante das circunstâncias fáticas que circundam o indigitado exercício.

Se, ao invés, o exercício do direito se opera em situação mediante a qual se depara com franca afinidade entre os princípios religiosos do trabalhador e as diretrizes confessionais da entidade contratante, observar-se-á evidente alargamento no exercício do direito, que, inclusive, poderá até mesmo ser estimulado pelo empregador diante dos propósitos de adesão às convicções religiosas cujo papel do docente é simplesmente fundamental nesse contexto.

E, no particular, qualquer docente, e não apenas do professor de religião.

Com perdão ao trocadilho, professor não apenas *informa*, mas sobretudo *forma*.

Sendo assim, diante do atavismo docente quanto à sistemática formação do educando, pouco importa qual seja a disciplina que ministrará no estabelecimento: português, ciências, matemática, desenho, língua estrangeira, história ou geografia. Decisivo para concluir acerca da legítima restrição a ser oposta pelo empregador quanto à contratação de docentes é reconhecer que professores sempre *formam* alunos, e que a liberdade de religião conferida de modo absoluto ao profissional de ensino produziria o deletério efeito de tornar pó a iniciativa empresarial para o fim de alcançar os objetivos confessionais.

Mas vale, aqui, uma advertência: essa legitimidade alcança apenas os professores e educadores de um modo geral que mantêm contato direto e pessoal com os educandos. Não é razoável compreender que outros tantos profissionais que realizam *atividade-meio* igualmente devam ser retirados do conjunto dos crentes que professam a mesma religião incorporada aos fins institucionais da entidade. Portanto, faxineiros, seguranças e outros profissionais que não se ligam à *atividade-fim* da escola confessional estão fora da exigência que alcança os docentes e qualquer limitação no ato de contratar seguramente configura discriminação ilegítima.

E mais: embora o contrato de trabalho tenha a natureza de contrato de adesão e *intuitu personae* relativamente ao empregado,[14] é evidente que, no caso de professores, há número expressivo de estabelecimentos que não são confessionais, abrindo-se, portanto, o espaço para o exercício da liberdade de convicção do docente, inclusive para divulgar o seu agnosticismo ou ateísmo em sala de aula, visto que a restringibilidade quanto ao exercício do direito é bem menor.

Em síntese e apresentando um esboço de tese para o tema, pode-se dizer que a legitimidade para exigir exclusivamente profissionais vinculados ao segmento religioso patrocinador da pessoa jurídica confessional se atém apenas àqueles que integram a *atividade-fim* da entidade confessional. Todos os demais que se inserem no âmbito da *atividade-meio* devem ser contratados sem as exigências e formalidades antes previstas.

4.5. O empregado Adventista do Sétimo Dia tem o direito de guardar os dias de sábado para o culto?

Como todas as questões pertinentes ao exercício da liberdade de religião, o problema relativo ao empregado adepto da religião Adventista do Sétimo Dia não é de fácil resolução.

Destaque, uma vez mais, para a técnica de ponderação de interesses.

Induvidosamente, não há outro procedimento interpretativo mais adequado para resolver o impasse senão a técnica de ponderação de interesses, mediante a qual não se sacrificará jamais um interesse constitucionalmente tutelado em proveito exclusivo daquele que se lhe contrapõe.

Com isso, vejamos as particularidades do problema.

Sabe-se que Adventistas do Sétimo Dia guardam o período compreendido entre as 18:00h da sexta-feira até as 18:00 do sábado para a devoção religiosa e liturgia.

Sucede que muitas empresas têm atividade normal durante tais dias, o que acontece com frequência naquelas submetidas a turnos ininterruptos de revezamento, bem assim bares, restaurantes e lojas localizadas em *shopping centers*.

Como compatibilizar o exercício da liberdade religiosa pelo trabalhador com o poder diretivo do empregador, que é apanágio da propriedade privada da empresa?

Repita-se que evidentemente não haverá espaço para a utilização das técnicas tradicionais de interpretação

---

(13) Cf. SILVA, Virgílio Afonso da. *Direitos fundamentais* – Conceito. Restrições. Eficácia, São Paulo: Malheiros Editores, 2009.

(14) Ou seja, somente o trabalhador contratado é que poderá prestar o trabalho, formando-se distinto vínculo entre o empregador e quem quer que venha a se inserir no estabelecimento no lugar do empregado contratado, salvo substituições esporádicas, tais como férias, licenças médicas etc.

urdidas no altiplano do pensamento privatístico-civilista.

Ponderando-se os direitos em colisão, compreendemos que não poderá ser prestigiado de modo absoluto o direito individual à liberdade religiosa do trabalhador; entrementes, também não é o caso de assegurar-se exercício sem peias do poder diretivo empresário, pena de desconsiderar-se a função social da empresa – postulado caríssimo ao direito constitucional brasileiro.

Por via de consequência, temos que, à luz do princípio da cedência recíproca, cada *norma-princípio* deve ceder em parte para tornar viável a indispensável harmonização do sistema constitucional.

Como conseguir isso?

Obtém-se por meio do raciocínio tópico-problemático, fazendo com que seja admitido o exercício do direito individual à liberdade religiosa do trabalhador adventista através de compensação de jornada, aumentando-se a duração diária do trabalho em duas horas, por exemplo, permitindo-se-lhe, assim, que se ausente do estabelecimento no período compreendido entre as 18:00h da sexta-feira e as 18:00h do sábado.

Contudo, pode haver resistência empresarial à concessão de folga relativa ao período da sexta ao sábado.

No caso de isso vir a ocorrer, o intérprete deve examinar se as condições empresariais efetivamente impedem a compensação solicitada pelo trabalhador, como nas hipóteses das atividades empresariais indicadas exemplificativamente linhas atrás.

Se, todavia, é perfeitamente possível a compensação, mas o empregador a recusa, parece-nos que a circunstância abre a possibilidade de duas soluções de cunho judicial: i) o empregado ingressa com ação trabalhista contra o empregador, argumentando a existência de rescisão indireta do contrato de trabalho, fundamentando-a no tratamento com rigor excessivo, ditado no art. 483, alínea *c*, da Consolidação das Leis do Trabalho; ii) o empregado formula denúncia ao Ministério Público do Trabalho (que poderá ser *anônima*), com o que o órgão deverá iniciar investigação e, na hipótese de o empregador não subscrever termo de ajustamento de conduta, deverá o *Parquet* ingressar com ação civil pública, com pedido específico de tutela de urgência e/ou preceito cominatório, a fim de impedir o empresário de prosseguir com o comportamento francamente ofensivo à cláusula constitucional da não discriminação e ao direito individual à liberdade de religião do laborista.

4.6. O desconto a título de dízimo ofende o princípio da intangibilidade salarial?

O princípio da intangibilidade salarial tem residência constitucional: "Art. 7º – São direitos dos trabalhadores urbanos e rurais, além de outros que visem à melhoria de sua condição social: I- (...); VI – irredutibilidade do salário, salvo o disposto em convenção ou acordo coletivo".

Neste momento, pretende-se saber se a efetivação de descontos a título de dízimo em razão da vinculação do trabalhador a dado segmento religioso ofende o antedito princípio da intangibilidade salarial.

E a primeira observação se refere à natureza do desconto, ou seja, se detém ou não compostura trabalhista.

Nessa linha de compreensão, não é correto concluir que haja qualquer tipo de relação entre o desconto efetivado e o contrato de trabalho.

Não obstante, a discussão, no caso, concerne à (i) legitimidade do desconto consumado pelo empregador após a anuência expressa do empregado formalizada no âmbito da organização religiosa à qual pertence.

Observe-se o disposto no art. 462, *caput*, da Consolidação das Leis do Trabalho: "Ao empregador é vedado efetuar qualquer desconto nos salários do empregado, salvo quando este resultar de *adiantamentos*, de *dispositivos de lei* ou de *contrato coletivo*".

Quatro são as exceções firmadas pela CLT ao princípio da intangibilidade salarial: i) adiantamentos feitos ao empregado pelo empregador; ii) expressa previsão legal para o desconto; iii) acordo ou convenção coletiva de trabalho; iv) indenização por dano causado ao empregador.

Fora das previsões taxativamente apontadas pelo texto consolidado, não há como se concluir pela licitude do desconto.

Assim, desconto de dizimista não encontra amparo legal e o empregador que o efetiva está obrigado à respectiva devolução.

Reconhecemos, no entanto, que há precedente jurisprudencial que caminha no sentido contrário ao entendimento aqui esposado.[15]

4.7. Existe vínculo de emprego entre o religioso e a entidade à qual está vinculado?

A questão, no momento, é desvendar se pastor evangélico, por exemplo, pode manter vínculo de emprego com a respectiva organização religiosa.

Embora os religiosos assumam obrigações para com as entidades às quais se relacionam, não nos parece que, diante do regular exercício da atividade pela instituição, possa subsistir liame empregatício.

---

(15) "SALÁRIO – DESCONTO – DÍZIMO – O dízimo é prática religiosa que nenhuma vinculação guarda com o contrato de trabalho, sendo lícito, no entanto, o seu desconto pela Igreja Adventista do Sétimo Dia, empregador, do salário do reclamante, que autorizou expressamente o mesmo, inexistindo nos autos qualquer prova de que tal autorização fora feita sob coação" (TRT 7ª R. – RO 02443/99 – Ac. n. 4.798/1999 – Rel. Juiz Manoel Arízio Eduardo de Castro – J. 21.07.1999).

É que, em casos tais, o liame que prende o pastor à Igreja Evangélica é fundamentalmente de ordem vocacional; não houve deliberada ou implícita vontade das partes dirigida à celebração de contrato de trabalho; ou mesmo à luz do princípio da primazia da realidade não se poderá concluir em tal direção, visto que a causa determinante do relacionamento entre o religioso e a organização está assentada na propagação da fé.

Todavia, é evidente que o desvirtuamento do propósito religioso, transformando a igreja em instrumento destinado à apropriação de riqueza, determinará a existência do vínculo de emprego.

Assim é o pronunciamento dos tribunais trabalhistas,[16] embora haja decisão que reconheça o vínculo de emprego tendo em vista os lucros obtidos por algumas igrejas neopentecostais.[17]

5. CONCLUSÕES

Do quanto se expôs, finalmente é possível alcançar as seguintes conclusões:

Será legítima a discriminação – e, portanto, não ofensiva ao postulado da igualdade – quando o critério distintivo eleito para desequiparar as pessoas se encontre plenamente justificado pela situação fática;

São três as espécies de organizações: as organizações religiosas em sentido estrito, as organizações confessionais e as organizações empresariais que, conquanto não religiosas ou confessionais, integram às suas finalidades a ideologia religiosa;

A empresa é o local para onde se dirigem os trabalhadores com o propósito de realização profissional e material, mas é indiscutível se tratar de comunidade altamente heterogênea, mais ainda quando formada por diversas categorias profissionais, razão por que não cabe o proselitismo religioso no ambiente do trabalho;

O proselitismo religioso assume outros contornos quando se está diante da prestação de trabalho a organizações de tendência, porquanto poderá até ser obrigatório o referido proselitismo em se tratando de empregado contratado por tal organização, visto que a finalidade institucional invariavelmente está presa à disseminação de determinada fé religiosa, fazendo com que o empregador possa, de modo legítimo, impor ao laborista a obrigação de divulgar a fé ou até mesmo converter adeptos ao segmento religioso da entidade, em casos nos quais se observe a vinculação do trabalhador à atividade-fim da empresa de tendência;

Contrario sensu, trabalhadores não envolvidos direta e pessoalmente com o propósito confessional (faxineiros, seguranças, etc.) não podem ser obrigados ao proselitismo religioso;

Defendemos o *modelo de neutralidade*, segundo o qual, à semelhança do que sucede com o estado laico, a empresa não deve ter qualquer preferência ou inclinação religiosa, incumbindo-se-lhe apenas assegurar o afastamento da expressão religiosa do espaço empresarial, razão por que o "convite" endereçado a trabalhadores a fim de que participem, por exemplo, de culto por ocasião do Natal é flagrante desrespeito à liberdade de religião;

Nada impede que o empregado, mediante comunicação prévia ao empresário, informe-o a respeito da impossibilidade de comparecimento em dia guardado para culto e reflexão, desde que compense a ausência em data a ser estipulada; cumprindo salientar que, se o empregador não atende ao pleito formulado, aberta está a via para requerer

---

(16) "AGRAVO DE INSTRUMENTO – PASTOR EVANGÉLICO – RELAÇÃO DE EMPREGO – NÃO-CONFIGURAÇÃO – REEXAME DE PROVA VEDADO PELA SÚMULA N. 126 DO TST – O vínculo que une o pastor à sua igreja é de natureza religiosa e vocacional, relacionado à resposta a uma chamada interior e não ao intuito de percepção de remuneração terrena. A subordinação existente é de índole eclesiástica, e não empregatícia, e a retribuição percebida diz respeito exclusivamente ao necessário para a manutenção do religioso. Apenas no caso de desvirtuamento da própria instituição religiosa, buscando lucrar com a palavra de Deus, é que se poderia enquadrar a igreja evangélica como empresa e o pastor como empregado. No entanto, somente mediante o reexame da prova poder-se-ia concluir nesse sentido, o que não se admite em recurso de revista, a teor da Súmula n. 126 do TST, pois as premissas fáticas assentadas pelo TRT foram de que o Reclamante ingressou na Reclamada apenas visando a ganhar almas para Deus e não se discutiu a natureza espiritual ou mercantil da Reclamada. Agravo desprovido" (TST – AIRR 3.652 – 4ª T. – Rel. Min. Ives Gandra Martins Filho – DJU 09.05.2003).
"PASTOR DE IGREJA EVANGÉLICA – MISSÃO EVANGELIZADORA – AUSÊNCIA DE LIAME EMPREGATÍCIO – Diante da natureza missionária e evangelizadora não há como se reconhecer relação de trabalho subordinado entre pastores e sua igreja, pois padre e pastor não são empregados da igreja e sim a voz da própria igreja que chega ao povo" (TRT 20ª R. – RO 01172-2002-920-20-00-0 – (1729/02) – Proc. 01.03-1547/01 – Red. Juiz Carlos Alberto Pedreira Cardoso – J. 27.08.2002).
(17) "RELAÇÃO DE EMPREGO – PASTOR EVANGÉLICO – Na atualidade, em que a expansão da religiosidade não se limita a um fim exclusivo, a função do pastor supera essa fronteira natural, pela necessidade de verdadeiro espírito empreendedor, dentro de uma organização empresarial moderna em que as igrejas pentecostais transformam-se, com exigência constante de lucro e produtividade dos pastores que ajudam a construir verdadeiros impérios, circunstância que retira, a mais não poder, o espírito de gratuidade que norteava essas relações, anteriormente. Recebendo o pastor pelos serviços prestados, inclusive aqueles que escapam aos limites da religiosidade, é razoável concluir que as relações entre pastor e igrejas às quais serve configuram, ao exato teor do art. 3º da CLT, vínculo de emprego, que resta, nesta oportunidade, reconhecido" (TRT 9ª R. – RO 6939/2001 – (12514/2002) – Rel. p/o Ac. Juiz Ney Jose de Freitas – DJPR 03.06.2002).

judicialmente a rescisão indireta do contrato de trabalho (art. 483, *b*, CLT), além de outras providências que possam e devam ser adotadas com o fim de salvaguardar a garantia fundamental dos trabalhadores à liberdade religiosa;

À exceção de cultos ecumênicos, que funcionam como elemento integrativo das confissões religiosas, qualquer outra celebração na empresa está vedada pelo sistema constitucional, competindo precipuamente ao Ministério Público do Trabalho, por conta da sua vocação institucional, atuar no sentido de impedir a realização dos eventos, instando, para isso, o Judiciário Trabalhista para a proteção do interesse transindividual;

Se a empresa não pode ter religião – exceção às entidades confessionais ou de tendência –, acena-se para a proibição quanto a ser construído na unidade empresarial templo representativo de confissão religiosa, pois a edificação seria paradigmática do envolvimento da pessoa jurídica com certa seita;

A liberdade de ensinar não alcança o elevado grau de permitir ao docente a reprovação, em sala de aula, de princípios religiosos do estabelecimento, substituindo-os pelos próprios, porque isso reconduziria à insólita situação mediante a qual o direito fundamental à liberdade de religião do laborista receberia, na balança da ponderação, peso muito maior do que idêntico direito que a entidade de tendência institucionalmente busca realizar. Haveria, assim, uma colisão entre o direito *individual* à liberdade religiosa do empregado e o direito *institucional* à liberdade religiosa da organização;

Se a ideia de acomodação razoável se dirige a celebrar o princípio da proporcionalidade no recinto de relações de trabalho, dentre outras, buscando a ponderação dos direitos fundamentais em colisão por meio da aplicação do raciocínio de que a empresa está obrigada a acolher a crença ou a descrença do empregado, desde que seja razoável, não parece adequado concluir que organização de tendência que foi criada com o objetivo de sedimentar específicos preceitos religiosos esteja juridicamente obrigada a tolerar, nos seus quadros, docentes que se contrapõem à diretiva de ensino do estabelecimento mediante a disseminação de dogmas religiosos contrapostos;

O âmbito material de proteção ao direito individual à liberdade religiosa do professor crente ou mesmo o direito a expressar seu agnosticismo em sala de aula se encontra circunstancial e consistentemente mais restringido quando presta trabalho a ente confessional;

Diante do atavismo docente quanto à sistemática formação do educando, pouco importa qual seja a disciplina que ministrará no estabelecimento: português, ciências, matemática, desenho, língua estrangeira, história ou geografia. Decisivo para concluir acerca da legítima restrição a ser oposta pelo empregador quanto à contratação de docentes é reconhecer que professores sempre *formam* alunos, e que a liberdade de religião conferida de modo absoluto ao profissional de ensino produziria o deletério efeito de tornar pó a iniciativa empresarial para o fim de alcançar os objetivos confessionais;

Essa legitimidade alcança apenas professores e educadores de um modo geral que mantêm contato direto e pessoal com educandos. Não é razoável compreender que outros tantos profissionais que realizam *atividade-meio* igualmente devam ser escolhidos do conjunto dos crentes que professam a mesma religião incorporada aos fins institucionais da entidade. Portanto, faxineiros, seguranças e outros profissionais que não se ligam à *atividade-fim* da escola confessional estão fora da exigência que alcança os docentes e qualquer limitação no ato de contratar seguramente configura discriminação ilegítima;

A legitimidade para exigir exclusivamente profissionais vinculados ao segmento religioso patrocinador da pessoa jurídica confessional se atém apenas àqueles que integram a *atividade-fim* da entidade confessional. Todos os demais que se inserem no âmbito da *atividade-meio* devem ser contratados sem as exigências e formalidades antes previstas;

É possível admitir o exercício do direito individual à liberdade religiosa do trabalhador adventista através de compensação de jornada, aumentando-se a duração diária do trabalho em duas horas, por exemplo, permitindo-se-lhe, assim, que se ausente do estabelecimento no período compreendido entre as 18:00h da sexta-feira e as 18:00h do sábado;

Se perfeitamente possível a compensação, mas o empregador a recusa, parece-nos que a circunstância abre a possibilidade de duas soluções de cunho judicial: i) o empregado ingressa com ação trabalhista contra o empregador, argumentando a existência de rescisão indireta do contrato de trabalho, fundamentando-a no tratamento com rigor excessivo, ditado no art. 483, alínea *c*, da Consolidação das Leis do Trabalho; ii) o empregado formula denúncia ao Ministério Público do Trabalho (que poderá ser *anônima*), com o que o órgão deverá iniciar investigação e, na hipótese de o empregador não subscrever termo de ajustamento de conduta, deverá o *Parquet* ingressar com ação civil pública, com pedido específico de tutela de urgência e/ou preceito cominatório, a fim de impedir o empresário de prosseguir com o comportamento francamente ofensivo à cláusula constitucional da não discriminação e ao direito individual à liberdade de religião do laborista;

Embora os religiosos assumam obrigações para com as entidades às quais se relacionam, não nos parece que, diante do regular exercício da atividade na instituição, possa subsistir liame empregatício;

O desconto a título de dízimo é ofensivo ao princípio da intangibilidade salarial, porque quatro são as exceções firmadas pela CLT: i) adiantamentos feitos ao empregado pelo empregador; ii) expressa previsão legal para o desconto; iii) acordo ou convenção coletiva de trabalho; iv) indenização por dano causado ao empregador.

6. REFERÊNCIAS

ARISTÓTELES. Política, Brasília: Editora Universidade de Brasília. 3. ed. 1997, tradução, introdução e notas de Mário da Gama Cury.

BANDEIRA DE MELLO, Celso Antônio. *Conteúdo jurídico do princípio da igualdade*. 3. ed. São Paulo: Malheiros Editores, 1993.

DUGUIT, Leon. *Traité du Droit Constitutionnel*, Paris: Ancienne Librairie Fontemoing & Cie., Éditeurs, 1925. v. 5.

MIRANDA, Jorge. *Manual de direito constitucional*. 2. ed. Coimbra: Coimbra Editora, 1993. t. 4.

SANTOS JÚNIOR, Aloisio Cristovam. *Liberdade religiosa e contrato de trabalho* – A dogmática dos direitos fundamentais e a construção de respostas constitucionalmente adequadas aos conflitos religiosos no ambiente de trabalho. Niterói: Editora Impetus, 2013.

SILVA NETO, Manoel Jorge e. *Curso de direito constitucional*. 9. ed. Rio de Janeiro: Editora Ed. Lumen Juris, 2018.

_____. *Proteção constitucional à liberdade religiosa*. 2. ed. São Paulo: Editora Saraiva, 2013.

CIÊNCIA DA JURISPRUDÊNCIA

Vitor Salino de Moura Eça[1]

1. INTRODUÇÃO

O mundo ocidental utiliza-se, basicamente, de dois sistemas de decidibilidade, um inspirado na *civil law* e outro na *common law*, onde o primeiro se vale preferencialmente da norma como critério para a tomada de decisão, enquanto o segundo atribui marcante importância aos julgados anteriores como referencial para decisões harmônicas.

Considerando-se que o Brasil se alicerçou originalmente com inspiração romano-germânica, a lei sempre ostentou proeminência nos julgados nacionais, propiciando decisões de largo espectro, ainda que em casos semelhantes. Ocorre que o crescente número de demandas judiciais tem inspirado os tribunais a buscar soluções capazes de tornar a justiça mais ágil, cuja solução mais imediata indica o sistema dos precedentes judiciais como uma boa opção.

Sendo assim, o Conselho Nacional de Justiça – CNJ e os tribunais superiores passaram a entabular uma política judiciária de culto aos precedentes, o que redundou nas primeiras leis que admitem este critério de julgamento. E o interessante nisso é que, apesar da *Teoria da Argumentação* ser de extraordinária importância na construção dos precedentes, com largo diálogo entre os interessados, a opção levada a efeito entre nós afigura-se autocrática, com formação dos precedentes basicamente a partir dos verbetes sumulados, deixando os demais atores sociojurídicos de fora da construção dos precedentes.

A doutrina nacional ainda se ressente disso, e luta para explicar o sistema híbrido que nossas Cortes têm agasalhado, daí porque é de todo oportuno estabelecer bases teóricas que descrevem e explicam os institutos, bem como os critérios de aplicação do regime de precedentes em matéria processual do trabalho.

A Constituição Federal dispõe do assunto, assim como a legislação infraconstitucional, esta a partir do advento do CPC atual de modo mais pormenorizado, o que motivou imediato pronunciamento do TST no tocante às regras aplicáveis perante a Justiça do Trabalho no tocante à construção jurisprudencial.

2. CONCEITO DE JURISPRUDÊNCIA

Historicamente o conceito de jurisprudência se circunscreve ao conjunto de decisões de cada tribunal, mas quando o país estabelece como verdadeira política pública o dever dos tribunais em uniformizar sua jurisprudência e mantê-la estável, íntegra e coerente, o assunto ganha nova dimensão doutrinária e precisa ser sistematizado.

A sua funcionalidade nos interessa mais e, destarte, convindo com Daniel Mitidiero, e tratando especificamente do modelo brasileiro, o conceito pragmático de jurisprudência surge como um método de trabalho destinado a facilitar a tarefa de controle então exercido pelo Supremo Tribunal Federal, a exemplo dos assentos portugueses e das máximas italianas, vincados pela busca de uniformidade do direito mediante técnicas repressivas; pela busca pela uniformidade do direito mediante técnicas repressivas e preventivas; e, por fim, a busca pela unidade do direito mediante técnicas preventivas e repressivas (MITIDIERO, 2017, p. 71).

3. PRECEDENTE JUDICIAL

O precedente judicial é uma decisão proferida anteriormente por uma Corte integrante do Poder Judiciário e é considerado para a decidibilidade de feitos judiciais posteriores. No entanto, há de se considerar alguns elementos para a utilização válida do precedente, a saber: aspectos fáticos que caracterizam a controvérsia originária; a tese jurídica firmada na decisão originária, e a argumentação lançada pela parte, pois somente com a coincidência

---

[1] Pós-doutor em Direito Processual Comparado pela Universidade Castilla-La Mancha, na Espanha. Pós-doutor em Direito Processual Internacional na Universidade de Talca – Chile. Juiz do Trabalho no TRT/3. Professor Adjunto IV da PUC-Minas (CAPES 6), lecionando nos cursos de mestrado e doutorado em Direito. Professor visitante em diversas universidades nacionais e estrangeiras. Professor conferencista na Escola Nacional de Magistratura do Trabalho – ENAMAT e ENAMATRA, bem como na Escola Superior de Advocacia da Ordem dos Advogados do Brasil. Pesquisador junto ao Centro Europeo y Latinoamericano para el Diálogo Social – CELDS – España e ao Centro de Estudios de Derecho del Trabajo y de la Seguridad Social – CENTRASS – Chile. Membro efetivo, dentre outras, das seguintes sociedades: Academia Brasileira de Direito do Trabalho – ABDT; Instituto Brasileiro de Direito Processual – IBDP; Asociación Iberoamericana de Derecho del Trabajo y de la Seguridad Social – AIDTSS, e da Societé Internationale de Droit du Travail et de la Sécurité Sociale.

desses componentes é que estaremos diante de escorreita subsunção, apta a motivar as decisões subsequentes[2].

Os precedentes judiciais se classificam em obrigatórios ou persuasivos. No primeiro grupo estão: as súmulas e as decisões vinculantes, enquanto no derradeiro os julgados que servem apenas para inspirar os decisores subsequentes, assim como a sociedade em geral acerca da compreensão de determinado instituto jurídico.

Nesse sentido, são precedentes judiciais obrigatórios:

a) Súmula Vinculante do STF;
b) Súmulas do STF em matéria constitucional;
c) Súmulas do TST em matéria infraconstitucional[3];
d) Julgados do STF em controle concentrado de constitucionalidade;
e) Julgados em recursos repetitivos[4]: extraordinário, especial e de revista;
f) Julgados em incidente de assunção de competência – IAC e em incidente de resolução de demanda repetitiva – IRDR[5].

Nada obstante, é muito importante que se perceba que, o fato de existir uma súmula vinculante ou um precedente obrigatório sobre determinado assunto não significa que sua aplicação está livre de qualquer análise. A investigação percuciente se impõe, pois no caso em julgamento pode haver distinções, com suporte fático substancialmente diverso, a desaconselhar a aplicação do precedente. Lado outro, havendo a perfeita subsunção, a sua aplicação deve se dar sem contrariedades.

Os demais julgados se inserem residualmente no conjunto dos precedentes persuasivos, que como centelhas iluminam as decisões judiciais vindouras, mas que não vinculam os magistrados ou se de observância obrigatória. Nada obstante, face ao expressivo número de demandas, é crescente na aplicação processual a veiculação de precedentes como fator de motivação. Ademais, em seara trabalhista, há de se considerar o extraordinário valor das *orientações jurisprudenciais* – OJ, comuns aos órgãos fracionários de nossa jurisdição, que atuam efetiva e eficientemente como indicadores de tendências dos tribunais, e são de larga utilização pelos juízes do trabalho.

Além disso, um dos fundamentos do recurso de revista é justamente a divergência jurisprudencial, daí porque o precedente persuasivo tem, no campo do Direito Processual do Trabalho, uma fabulosa relevância.

Registra-se ainda que os precedentes não se prestam exclusivamente a promover ou construir direitos, mas também servem como fatores de improcedência liminar, na forma do art. 332/CPC[6], bem como impeditivos de admissibilidade recursal, nos recursos repetitivos, no IAC, no recurso que contrariar súmula, dentre outros.

Convém explicitar que *Súmula Vinculante* é a decisão do Supremo Tribunal Federal, conforme o art. 103-A/CF, que de ofício ou por provocação, mediante decisão de dois terços dos seus membros, após reiteradas decisões sobre matéria constitucional, aprova verbete que, a partir de sua publicação na imprensa oficial, terá efeito vinculante em relação aos demais órgãos do Poder Judiciário e à administração pública direta e indireta, nas esferas federal, estadual e municipal, bem como proceder à sua revisão ou cancelamento, na forma estabelecida em lei.

---

(2) Esta a razão pela qual nem todos admitem as súmulas como *precedentes*, pois elas não consideraram todos os elementos de constituição dos precedentes, sobretudo a argumentação teórico normativa das partes que serviram como suporte para a decisão originária. São construções autocráticas dos tribunais, mas que, inegavelmente, no sistema brasileiro, vinculam ou inspiram os demais julgadores, significando numa acepção mais ampla também um precedente.

(3) A norma civil consubstanciada no art. 332/CPC, aplicável ao Direito Processual do Trabalho, afirma como precedentes obrigatórios as Súmulas do STJ em matéria infraconstitucional, razão pela qual entendemos que, em matéria trabalhista, a possibilidade se estende à matéria infraconstitucional sumulada pelo TST.

(4) Anotamos, porquanto a matéria ainda está em assimilação, que o julgamento de recursos repetitivos por amostragem é de competência exclusiva dos Tribunais Superiores, enquanto o julgamento dos IRDR ocorre nas Cortes intermediárias, no caso, nos TRT.

(5) Seguem transcritas normas que dispõem do IRDR, porquanto o instituto ainda carece de assimilação. *Legem habemus*. Art. 976. É cabível a instauração do incidente de resolução de demandas repetitivas quando houver, simultaneamente: I – efetiva repetição de processos que contenham controvérsia sobre a mesma questão unicamente de direito; II – risco de ofensa à isonomia e à segurança jurídica. § 1º A desistência ou o abandono do processo não impede o exame de mérito do incidente. § 2º Se não for o requerente, o Ministério Público intervirá obrigatoriamente no incidente e deverá assumir sua titularidade em caso de desistência ou de abandono. § 3º A inadmissão do incidente de resolução de demandas repetitivas por ausência de qualquer de seus pressupostos de admissibilidade não impede que, uma vez satisfeito o requisito, seja o incidente novamente suscitado. § 4º É incabível o incidente de resolução de demandas repetitivas quando um dos tribunais superiores, no âmbito de sua respectiva competência, já tiver afetado recurso para definição de tese sobre questão de direito material ou processual repetitiva. Art. 1.039. Decididos os recursos afetados, os órgãos colegiados declararão prejudicados os demais recursos versando sobre idêntica controvérsia ou os decidirão aplicando a tese firmada.

(6) Art. 332/CPC. Nas causas que dispensem a fase instrutória, o juiz, independentemente da citação do réu, julgará liminarmente improcedente o pedido que contrariar: I – enunciado de súmula do Supremo Tribunal Federal ou do Tribunal Superior do Trabalho; II – acórdão proferido pelo Supremo Tribunal Federal ou pelo Tribunal Superior do Trabalho em julgamento de recursos repetitivos; III – entendimento firmado em incidente de resolução de demandas repetitivas ou de assunção de competência; IV – enunciado de súmula de Tribunal Regional do Trabalho sobre direito local. * Este artigo foi *adaptado* à realidade trabalhista.

Pontue-se que a matéria está regulamentada na Lei n. 11.417/2006, estando assentado que edição, a revisão e o cancelamento de enunciado de súmula com efeito vinculante depende de decisão tomada por 2/3 (dois terços) dos membros do Supremo Tribunal Federal, em sessão plenária.

A súmula vinculante tem por objetivo a validade, a interpretação e a eficácia de normas determinadas, acerca das quais haja controvérsia atual entre órgãos judiciários ou entre esses e a administração pública que acarrete grave insegurança jurídica e relevante multiplicação de processos sobre questão idêntica. É importante notar que, a despeito da índole de estabilização, ela pode, sem prejuízo do que vier a ser estabelecido em lei, contar com aprovação, revisão ou cancelamento por provocação daqueles que podem propor a ação direta de inconstitucionalidade.

São legitimados a propor a edição, a revisão ou o cancelamento de enunciado de súmula vinculante: I – o Presidente da República; II – a Mesa do Senado Federal; III – a Mesa da Câmara dos Deputados; IV – o Procurador-Geral da República; V – o Conselho Federal da Ordem dos Advogados do Brasil; VI – o Defensor Público-Geral da União; VII – partido político com representação no Congresso Nacional; VIII – confederação sindical ou entidade de classe de âmbito nacional; IX – a Mesa de Assembleia Legislativa ou da Câmara Legislativa do Distrito Federal; X – o Governador de Estado ou do Distrito Federal; XI – os Tribunais Superiores, os Tribunais de Justiça de Estados ou do Distrito Federal e Territórios, os Tribunais Regionais Federais, os Tribunais Regionais do Trabalho, os Tribunais Regionais Eleitorais e os Tribunais Militares.

4. MÉTODOS DE CRIAÇÃO

O sistema de precedentes está constituindo um vasto acervo de normas, cuja enumeração é imprescindível para o domínio da técnica de sua utilização.

Segundo o § 2º, do art. 102/CF, temos que as decisões definitivas de mérito, proferidas pelo Supremo Tribunal Federal, nas ações diretas de inconstitucionalidade e nas ações declaratórias de constitucionalidade produzirão eficácia contra todos e efeito vinculante, relativamente aos demais órgãos do Poder Judiciário e à administração pública direta e indireta, nas esferas federal, estadual e municipal.

Na legislação infraconstitucional há arrimo no art. 927/CPC, cuja aplicação na Justiça do Trabalho é apenas parcial, conforme manifestação expressa constante da IN n. 39/TST, estabelece alguns precedentes *obrigatórios*, isto é, decisões anteriores que concitam os demais magistrados à fiel observância.

A realidade processual civil[7] foi ajustada ao Direito Processual do Trabalho, pelo art. 15 da IN n. 39/TST, onde está assentado que o atendimento à exigência legal de fundamentação das decisões judiciais, de que trata o § 1º do art. 489/CPC, em jurisdição trabalhista, deve-se observar que por força dos arts. 332 e 927/CPC, com regulagem laboral, para efeito dos incisos V e VI do § 1º do art. 489/CPC, considera-se *precedente*:

a) acórdão proferido pelo Supremo Tribunal Federal ou pelo Tribunal Superior do Trabalho em julgamento de recursos repetitivos (CLT, art. 896-B; CPC, art. 1.046, § 4º);

b) entendimento firmado em incidente de resolução de demandas repetitivas[8] ou de assunção de competência;

c) decisão do Supremo Tribunal Federal em controle concentrado de constitucionalidade;

d) tese jurídica prevalecente em Tribunal Regional do Trabalho e não conflitante com súmula ou orientação jurisprudencial do Tribunal Superior do Trabalho (CLT, art. 896, § 6º);

e) decisão do plenário, do órgão especial ou de seção especializada competente para uniformizar a jurisprudência do tribunal a que o Juiz do Trabalho estiver vinculado ou do Tribunal Superior do Trabalho[9].

---

(7) Art. 927/CPC. Os juízes e os tribunais observarão: I – as decisões do Supremo Tribunal Federal em controle concentrado de constitucionalidade; II – os enunciados de súmula vinculante; III – os acórdãos em incidente de assunção de competência ou de resolução de demandas repetitivas e em julgamento de recursos extraordinário e especial repetitivos; IV – os enunciados das súmulas do Supremo Tribunal Federal em matéria constitucional e do Superior Tribunal de Justiça em matéria infraconstitucional; V – a orientação do plenário ou do órgão especial aos quais estiverem vinculados.

(8) No modelo processual do trabalho há uma hipótese remanescente, posto que além do IRDR, há também a previsão contida no § 11, do art. 896-C/CLT, assim expresso: Art. 896-C. Quando houver multiplicidade de recursos de revista fundados em idêntica questão de direito, a questão poderá ser afetada à Seção Especializada em Dissídios Individuais ou ao Tribunal Pleno, por decisão da maioria simples de seus membros, mediante requerimento de um dos Ministros que compõem a Seção Especializada, considerando a relevância da matéria ou a existência de entendimentos divergentes entre os Ministros dessa Seção ou das Turmas do Tribunal. Omissis [...] § 11. Publicado o acórdão do Tribunal Superior do Trabalho, os recursos de revista sobrestados na origem: I – terão seguimento denegado na hipótese de o acórdão recorrido coincidir com a orientação a respeito da matéria no Tribunal Superior do Trabalho; ou II – serão novamente examinados pelo Tribunal de origem na hipótese de o acórdão recorrido divergir da orientação do Tribunal Superior do Trabalho a respeito da matéria.

(9) Nos moldes do abalizado entendimento de Élisson Miessa, com o qual concordamos, no processo do trabalho a interpretação deste dispositivo é facilitada, compreendendo as OJ da SDC, das SDI I e II, bem como do Pleno do TST, face ao estatuído na alínea e, do inciso I, do art. 15, da IN n. 39/TST, e finalmente as súmulas dos TRTs, as quais obrigam o próprio tribunal e os magistrados a ele vinculados (MIESSA, 2018, p. 794).

Convém anotar aqui que, para efeito de reconhecimento do *precedente* a decisão judicial passe a se calibrar de modo mais exauriente, alterando o próprio conceito de fundamentação.

Nessa ordem de ideias temos que, nos moldes do § 1º do art. 489/CPC, não se considera fundamentada qualquer decisão judicial, seja ela interlocutória, sentença ou acórdão, que se limitar a invocar precedente ou enunciado de súmula, sem identificar seus fundamentos determinantes nem demonstrar que o caso sob julgamento se ajusta àqueles fundamentos, e ainda, deixar de seguir enunciado de súmula, jurisprudência ou precedente invocado pela parte, sem demonstrar a existência de distinção no caso em julgamento ou a superação do entendimento.

O TST buscando a harmonização dos precedentes em seara trabalhista aduz, em sua referida IN n. 39, que para os fins dos incisos V e VI do § 1º do art. 489/CPC, considerar-se-ão unicamente os precedentes constantes das súmulas do Supremo Tribunal Federal, orientação jurisprudencial e súmula do Tribunal Superior do Trabalho, além de súmula de Tribunal Regional do Trabalho não conflitante com súmula ou orientação jurisprudencial do TST, que contenham explícita referência aos fundamentos determinantes da decisão – *ratio decidendi*.

Assentando a compreensão do instituto em destaque perante a jurisdição trabalhista, assevera ainda o TST que não ofende o inciso IV do § 1º do art. 489/CPC (não enfrentar todos os argumentos deduzidos no processo capazes de, em tese, infirmar a conclusão adotada pelo julgador), a decisão que deixar de apreciar questões cujo exame haja ficado prejudicado em razão da análise anterior de questão subordinante. Sendo assim, prossegue o nosso órgão de cúpula, a mencionada regra não obriga o magistrado singular ou o Tribunal a enfrentar os fundamentos jurídicos invocados pela parte, quando já tenham sido examinados na formação dos precedentes obrigatórios ou nos fundamentos determinantes de enunciado de súmula.

Diante disso, e uma vez mais convindo com o TST, a decisão que aplicar a tese jurídica firmada em precedente não precisa enfrentar os fundamentos já analisados na decisão paradigma, sendo suficiente, para fins de atendimento das exigências constantes do mencionado § 1º do art. 489/CPC a correlação fática e jurídica entre o caso concreto e aquele apreciado no incidente de solução concentrada, sendo ainda ônus da parte identificar os fundamentos determinantes ou demonstrar a existência de distinção no caso em julgamento ou a superação do entendimento, sempre que invocar precedente ou enunciado de súmula.

Note-se que estas decisões não são *vinculantes*, mas os juízes somente podem deixar de segui-las se demonstrarem que o caso em exame as distingue ou supera.

Convém ainda perceber que estes exemplos são de *precedentes obrigatórios*, repita-se, mas remanescem *precedentes persuasivos*, ou seja, os julgados anteriores que servem como mera inspiração para os juízes.

5. ESTABILIZAÇÃO JURISPRUDENCIAL

Está normatizado entre nós que compete ao Tribunal Pleno do TST, em única instância, estabelecer ou alterar súmulas e outros enunciados[10] de jurisprudência uniforme, pelo voto de, pelo menos, dois terços de seus membros, caso a mesma matéria já tenha sido decidida de forma idêntica por unanimidade em, no mínimo, dois terços das turmas em, pelo menos, dez sessões diferentes em cada uma delas, podendo, ainda, por maioria de dois terços de seus membros, restringir os efeitos daquela declaração ou decidir que ela só tenha eficácia a partir de sua publicação no DEJT, conforme a alínea *f*, do inciso I, do art. 702/CLT.

Inexiste discrepância metodológica para a fixação sumular no âmbito dos TRT, preceituando o § 4º do referido art. 702/CLT que o estabelecimento ou a alteração de súmulas e outros enunciados de jurisprudência pelos Tribunais Regionais do Trabalho deverão observar as mesmas disposições, com rol equivalente de legitimados para sustentação oral, observada a abrangência de sua circunscrição judiciária.

A voz a que se refere é norma é a de importantes atores sociojurídicos, a coadjuvar os julgadores para o firmamento da jurisprudência, com a consequente legitimação dos precedentes assentados por meio sumular. Nesse sentido, concreta o § 3º do art. 302/CLT que as sessões de julgamento sobre estabelecimento ou alteração de súmulas e outros enunciados de jurisprudência deverão ser públicas, divulgadas com, no mínimo, trinta dias de antecedência, e deverão possibilitar a sustentação oral pelo Procurador-Geral do Trabalho, pelo Conselho Federal da Ordem dos Advogados do Brasil, pelo Advogado-Geral da União e por confederações sindicais ou entidades de classe de âmbito nacional.

Esta norma verbera os seus efeitos no espaço dos TRTs, com a indispensável transmutação dos agentes apontados para o âmbito regional.

O nítido escopo dessas regras é a construção paulatina da jurisprudência, com o objetivo de gerar precedentes estáveis. No entanto, a alteração promovida pela *Reforma Trabalhista* no particular tem gerado ácidas críticas doutrinárias, na medida em que se avoluma o entendimento de que a restrição do modo de criação da jurisprudência no meio trabalhista deixa de atender aos comandos da Carta Magna, conforme posicionamento externado por

---

(10) Por *enunciados* devemos entender, a toda evidência, as *Orientações Jurisprudenciais* – OJ, que se distinguem das súmulas em sentido estrito, pois quando o legislador que se referir às súmulas expressamente o fez.

importantes processualistas[11], para os quais o procedimento estabelecido na retromencionada norma atenta contra a separação de poderes, de que trata do artigo 2º/CF, e por restringir ato de competência privativa dos tribunais, esta conforme a alínea *a*, do inciso I, do art. 96/CF.

6. ASSENTAMENTO VOCABULAR

Importamos do sistema da *common law* alguns institutos que servem de balizamento para a utilização dos precedentes, os quais estão se integrando rapidamente no direito processual brasileiro, porquanto se assentam perfeitamente no manejo do precedente como critério de julgamento.

Distinguishing é a técnica de análise do direito utilizada pelo julgador para, comparando o precedente com o caso em exame, definir se é caso sua aplicação total ou parcial, sendo que, nesta derradeira hipótese, a interpretação pode ser ampliativa ou restritiva.

Obter dictum é o argumento jurídico lançado por um dos atores processuais (partes e/ou julgadores), mas que não foi essencial para a decisão e, portanto, não serve de base para valer como precedente. São chamados de *elementos acidentais*.

Ratio decidendi é a motivação da decisão ordinária, ou seja, os fundamentos que permitem a indução para casos futuros coincidentes, sejam ou não recursos repetitivos. O importante é a conferência da reunião dos elementos que ensejam a utilização do precedente.

Convém anotar que a expressão latina *ratio decidendi* é usualmente empregada no sistema anglo-saxão como *holding*, portanto são expressões que se equivalem.

Overruling é o modo pelo qual um precedente perde a sua força vinculante, passando a ser sucedido por outro entendimento, o que se perfaz entre nós de modo expresso, face à exigência legal de fundamentação específica a fim de justificar a superação do precedente.

É importantíssimo anotar que a superação somente pode ser feita pelo próprio tribunal que criou o precedente ou por uma Corte hierarquicamente superior, situação diametralmente oposta ao *distinguishing* que pode ser feito por qualquer magistrado.

Antecipatory overrruling é a descontinuação do cumprimento do precedente, por parte dos tribunais ou juízes a ele vinculados, quando a Corte superior deixa de seguir o seu próprio precedente.

Overriding é a limitação do âmbito de incidência de um precedente, o que ocorre em função de uma nova norma, seja ela regra ou princípio.

Signaling é a modulação dos efeitos da superação do precedente, seja pela alteração do verbete sumular, seja pela evolução da compreensão do instituto pela Corte.

Stare decisis é a forma abreviada da máxima latina *stare decisis et non quieta movere*, que significa: mantenha-se o que foi decidido e não se perturbe a paz.

7. VANTAGENS METODOLÓGICAS

A recepção do regime de precedentes entre nós emergiu a partir da busca de eficiência na resolução do expressivo número de demandas judiciais que sobrecarregam os tribunais brasileiros. No entanto, o respeitável modelo de precedentes vai muito além do aspecto da mera gestão judiciária, pelo que convém considerar os papéis dos precedentes da ciência jurídica, não significando simplesmente uma técnica de repressão de litígios, mas de prevenção efetiva, não estimulando a tramitação de casos estéreis que, ao final, estão fadados ao insucesso diante da não aceitação da tese reiteradamente pelos tribunais superiores, gerando expectativas falaciosas nas partes.

Nesse sentido o magistério de Daniel Mitidiero, que afirma ao explicar a opção feita de código vigente, que o uso crescente dos precedentes decorre da percepção de que a interpretação do direito não é simples declaração de uma norma preexistente ou mesmo extração de seu conteúdo normativo, pois trata-se de preponderância oriunda da adoção de uma perspectiva adscritivista da interpretação. Sendo assim, pondera ele, se a norma é resultado da interpretação, dada a indeterminação do direito, então é imprescindível que a jurisdição colabore com a legislação a fim de que o significado do direito seja densificado, precisado e devidamente comunicado aos seus destinatários (MITIDIERO, 2017, p. 74).

8. CONSEQUÊNCIAS DA INOBSERVÂNCIA DOS PRECEDENTES

A Justiça do Trabalho tem o dever de uniformizar a sua jurisprudência, em virtude do que os seus órgãos fracionários ficam com o encargo de superar as divergências internas, sumulando os seus entendimentos. E além disso, cabe-lhes também manter a jurisprudência estável, acenando para a comunidade jurídica qualquer transmutação no tino de seu posicionamento.

A consequência do descumprimento dos precedentes está assentada na Constituição Federal, nos moldes do § 3º do art. 103-A/CF pelo qual o ato administrativo ou decisão judicial que contrariar a súmula aplicável ou que indevidamente a aplicar, caberá reclamação ao Supremo Tribunal Federal que, julgando-a procedente, anulará o ato

---

(11) Nesse sentido o magistério de Flávia Pessoa. In: Súmulas na Justiça do Trabalho: novo tratamento jurídico a partir da Lei n. 13.467/2017, no livro intitulado *A reforma trabalhista, na visão da Academia Brasileira de Direito do Trabalho*, por mim organizado, em conjunto com Luciano Martinez e Jorge Boucinhas Filho, editado pela *Lex Magister*. Igualmente se inclina pela inconstitucionalidade Élisson Miessa na obra já referida.

administrativo ou cassará a decisão judicial reclamada, e determinará que outra seja proferida com ou sem a aplicação da súmula, conforme o caso.

A competência para o julgamento da reclamação constitucional é do Supremo Tribunal Federal, conforme a alínea *l* do inciso I do art. 102/CF a fim de preservar de sua competência e garantir da autoridade de suas decisões.

No plano trabalhista o § 3º do art. 111-A/CF inclui na competência do Tribunal Superior do Trabalho o processamento e o julgamento, originariamente, de reclamação para a preservação de sua competência e garantia da autoridade de suas decisões.

Esta norma constitucional agasalha os precedentes obrigatórios em matéria trabalhista, mas, naturalmente, sendo o questionamento atinente às questões constitucionais a competência do STF permanece incólume.

A reclamação constitucional não é a única forma de impugnação à decisão que descumpre ou aplica mal o precedente, pois a decisão vergastada por ser objeto de recurso ordinariamente previsto, abrindo a chance do tribunal *ad quem* deliberar sobre a matéria, modificando ou cassando a decisão originária. Aliás, nada impede que a parte promova ambas as providências simultaneamente, isto é, recorra e reclame constitucionalmente[12].

Não é só o descumprimento do precedente que enseja a invalidação do provimento em desacordo, vez que a sua aplicação despropositada também a torna passível de nulidade, caracterizando um *error in judicando*.

9. CONCLUSÃO

O ordenamento jurídico preceitua ser dever dos tribunais a uniformização das respectivas jurisprudências, sem embargo do ônus de mantê-las estáveis, íntegras e coerentes. E para tanto precisam editar verbetes de súmula correspondentes a jurisprudência dominante em seu âmbito, se atendo às circunstâncias fáticas dos precedentes que motivaram sua criação.

Sabemos que as decisões definitivas de mérito, proferidas pelo Supremo Tribunal Federal, nas ações diretas de inconstitucionalidade e nas ações declaratórias de constitucionalidade produzem eficácia contra todos e efeito vinculante, relativamente aos demais órgãos do Poder Judiciário e à administração pública direta e indireta, nas esferas federal, estadual e municipal, mas interessou-nos, sobremaneira, o modelo de produção dos precedentes. Daí porque assentamos que são valores a considerar: os aspectos fáticos que caracterizam a controvérsia originária; a tese jurídica firmada na decisão originária, e a argumentação lançada pela parte, pois somente com a coincidência desses componentes é que estaremos diante de escorreita subsunção, apta a motivar o estabelecimento de precedentes.

Nessa ordem de ideias, são precedentes judiciais obrigatórios: a Súmula Vinculante do STF; as Súmulas do STF em matéria constitucional; as Súmulas do TST em matéria infraconstitucional; os julgados do STF em controle concentrado de constitucionalidade; os julgados em recursos repetitivos: extraordinário, especial e de revista; e ainda os julgados em incidente de assunção de competência – IAC e em incidente de resolução de demanda repetitiva – IRDR. E é importante que se distinga, que os demais julgados se inserem no conjunto de precedentes persuasivos, aptos apenas a inspirar os julgadores.

10. REFERÊNCIAS

EÇA, Vitor Salino de Moura *et alli*. (Coord.) *Teoria crítica da reforma trabalhista*. Belo Horizonte: RTM, 2018.

MARTINEZ, Luciano; BOUCINHAS FILHO, Jorge; EÇA, Vitor Salino de Moura. (Org.) *A reforma trabalhista na visão da Academia Brasileira de Direito do Trabalho*. Porto Alegre: Lex Magister, 2018.

METIDIERO, Daniel. *Precedentes: da persuasão à vinculação*. 2. ed. São Paulo: RT, 2017.

MIESSA, Élisson. *Processo do trabalho para concurso*. 5. ed. Salvador: JusPodivm, 2018.

---

(12) Além dos recursos, pode ainda remanescer a possibilidade da veiculação da competente ação rescisória, nos moldes do § 5º do art. 966/CPC segundo o qual: "cabe ação rescisória, com fundamento no inciso V do *caput* deste artigo, contra decisão baseada em enunciado de súmula ou acórdão proferido em julgamento de casos repetitivos que não tenha considerado a existência de distinção entre a questão discutida no processo e o padrão decisório que lhe deu fundamento.

Parte II
Direito do Trabalho

PERFIS CONTRATUAIS DE PRESTAÇÃO DE SERVIÇOS APARTADOS DO REGIME CELETISTA

Carolina Tupinambá[1]

A contratação de prestador terceirizado, "pejotizado" ou de trabalhador autônomo" pressupõe a inexistência de vínculo empregatício e, como se sabe, para que seja caracterizada a relação de emprego é necessário que estejam presentes os requisitos essenciais elencados nos arts. 2º e 3º da CLT, sendo os principais deles a pessoalidade, onerosidade, habitualidade, alteridade e subordinação.

Caso verificada a presença dos elementos acima destacados, a relação empregatícia será reconhecida, em detrimento dos modelos a seguir apresentados. É dizer, este estudo que homenageia Armando Casimiro Costa Filho, benfeitor perpétuo do estudo e reflexões sobre o Direito do Trabalho se volta à parametrização dos perfis contratuais de gestão de pessoas distintos da relação de emprego e externos ao regramento estabelecido pela Consolidação das Leis do Trabalho mais comuns, quais sejam: (i) contratos de terceirização; (ii) contratos de prestação de serviços com tomada de serviços unipessoais, "pejotização"; e (iii) contratos de prestação de serviços com trabalhadores autônomos.

1. CONTRATAÇÃO DE EMPRESA TERCEIRIZADA – TERCEIRIZAÇÃO

A ampliação do mercado de consumo e da concorrência tem exigido ao longo dos anos a modernização do processo produtivo, indispensável à redução dos custos e dos preços e ao aumento da qualidade dos produtos e serviços disponibilizados. Se antes as empresas tinham estrutura verticalizada, realizando, por seus sócios, dirigentes e empregados, todas as etapas do processo produtivo, bem como a totalidade das atividades necessárias a sua existência, hoje as exigências de mercado revelam ser inexorável a arquitetura de nova organização empresarial.

No Brasil, o fenômeno que consubstancia solução comumente hábil para prover maior eficiência, produtividade e competitividade na prestação de serviços, objetivos fartamente almejados pela globalização, tem sido basicamente a terceirização derivada da desverticalização das formas de produção.

A prestação de serviços indireta por empresa terceirizada é modalidade de contrato há algum tempo prevista de forma específica em certos cenários e arranjos tais como a empreitada (art. 455 da CLT), o contrato de vigilante (Lei n. 7.102/1983), a intermediação via cooperativa (art. 442 da CLT) e o contrato de trabalhador temporário (Lei n. 6.019/1974).

Entretanto, foi somente a partir das Leis ns. 13.429 e 13.467, ambas de 2017, que restou expressamente regulamentada a terceirização em geral, para qualquer tipo de perfil contratual, de acordo com os arts. 4º-A e 5º-A da Lei n. 6.019/1974, os quais permitem a adoção do modelo terceirizado para **execução de todas as atividades desenvolvidas**, inclusive a principal, permitida, ademais, a subcontratação dos serviços, ou seja, a "quarteirização".

Em relação ao tema, a reforma havida em 2017 veio para sanar dilemas antigos... Isto porque, há quase meio século se verificava um intenso debate na Justiça do Trabalho, máxime em razão da inexistência de legislação sobre o tema, quanto à legalidade da contratação de empresas ditas terceirizadas para prestação dos serviços necessários ou, em muitos casos, indispensáveis à consecução dos objetivos de outras empresas.

Em um primeiro estágio, a Justiça do Trabalho percebia a terceirização como hipótese inexorável de precarização das condições de trabalho, tratamento injustificadamente diferente dos empregados das prestadoras de serviço, redução salarial, ausência de garantias idôneas para o cumprimento das obrigações trabalhistas etc. Nesse quadro, delineado em inúmeras ações e recursos versando sobre o tema, o posicionamento inicialmente adotado pelo Tribunal Superior do Trabalho, há quase 30 anos, foi

---

[1] Mestre em Direito Processual pela Universidade do Estado do Rio de Janeiro. Doutora em Direito Processual pela Universidade do Estado do Rio de Janeiro. Doutora em Direito do Trabalho e Seguridade Social pela Universidade de São Paulo. Pós-Doutora no Programa de Pós-Doutoramento em Democracia e Direitos Humanos – Direito, Política, História e Comunicação da Faculdade de Direito da Universidade de Coimbra. Professora Adjunta de Processo do Trabalho e Prática Trabalhista da Universidade do Estado do Rio de Janeiro. Professora Assistente de Direito do Trabalho da Universidade Federal do Estado do Rio de Janeiro. Membro da Academia Brasileira de Direito do Trabalho, ocupante da Cadeira n.47. Membro do Instituto Brasileiro de Direito Processual. Membro do *Instituto Iberoamericano de Derecho Procesal*. Membro do Instituto dos Advogados Brasileiros. Membro do Centro de Estudos Avançados de Processo. Membro da *American Bar Association*.

extremamente rígido: em 1986, o TST editava a Súmula n. 256, admitindo a terceirização apenas para os casos expressamente previstos em lei, que seriam exclusivamente as hipóteses de trabalho temporário (Lei n. 6.019/1974) e de vigilância (Lei n. 7.102/1983).

Aliás, antes da Constituição de 1988, a referida súmula, que reconhecia o vínculo empregatício direto com a tomadora dos serviços em casos de terceirização fora das hipóteses legais, era aplicada, inclusive, em relação às empresas estatais. Foi somente após o advento da Carta, com a exigência de concurso público para o ingresso na Administração Pública, Direta e Indireta, consoante o comando do art. 37, referendado pelo STF em 1992, no MS 21.322/1, que o entendimento se alterou.

É que, como as empresas públicas e sociedades de economia mista não realizavam concursos públicos para contratar serviços de limpeza, conservação, copa, cozinha e similares, via de regra, respondiam incontáveis inquéritos civis públicos abertos pelo Ministério Público do Trabalho para o cumprimento da referida súmula do TST. Diante do quadro, o próprio MPT postulou a revisão da Súmula n. 256 do TST para equacionar o problema, provocando, em 19.12.1993, a aprovação da Súmula n. 331 pelo TST, enunciado que passou a se constituir marco regulatório por excelência da terceirização, introduzindo-se a distinção entre atividade-fim e atividade-meio para efeito de fixação da licitude da prática, já que vedada a intermediação de mão de obra no caso de atividade-fim da empresa tomadora dos serviços.

Originalmente, a Súmula n. 331 ampliou o rol das hipóteses em que a terceirização poderia ser considerada lícita, nele incluindo a prestação de serviços de conservação e limpeza e outros não específicos ligados à atividade-meio do tomador de serviços. Em setembro de 2000, o Tribunal Superior do Trabalho alterou a redação do enunciado, reconhecendo, em seu inciso IV, a responsabilidade subsidiária da Administração Pública pelos encargos trabalhistas não adimplidos por empresas terceirizadas e adotando a teoria da responsabilidade objetiva do Estado, que assumiria os encargos, independentemente da existência de culpa na contratação ou fiscalização dos serviços terceirizados.

Em suma, a corte trabalhista de terceiro grau ignorava por completo o art. 71, § 1º, da Lei n. 8.666/1993, postura repudiada pelo Supremo Tribunal Federal na ADC n. 16, julgada em 2010. No referido julgamento, o Supremo afastou a responsabilidade subsidiária da Administração Pública, admitindo-a apenas excepcionalmente, no caso de culpa comprovada da Administração na contratação ou fiscalização da prestação dos serviços. Assim, em maio de 2011, o TST novamente reviu a Súmula n. 331, para adequar especialmente o inciso IV do verbete deixando explícito que a responsabilidade subsidiária da Administração Pública apenas se daria no caso de *culpa in elegendo* ou *in vigilando* da Administração[2].

Em resumo, como se pode inferir do referido enunciado, as sociedades que contratavam serviços por intermédio de contratos de terceirização viam-se sujeitas, via de regra, (i) à desconsideração dos efeitos dos contratos firmados; (ii) à proibição de contratar, em absoluto, tais serviços; (iii) à provável condenação ao pagamento de danos morais coletivos; (iv) ao reconhecimento do vínculo de emprego diretamente com o trabalhador terceirizado; (v) a responder de forma direta, solidária ou subsidiária em relação a eventuais créditos trabalhistas.

Em outubro de 2011, o TST realizou sua primeira audiência pública para coleta de elementos técnicos necessários a uma melhor compreensão socioeconômica do fenômeno da terceirização, oportunidade em que colhidos mais de 50 depoimentos de especialistas na matéria. Infelizmente, nada se alterou apesar da oportunidade de esclarecimento. Ao revés, a Súmula n. 331 continuou sendo aplicada, inclusive com maiores restrições às hipóteses de

---

(2) Foi então que se chegou à redação atual do enunciado:
Súmula n. 331 do TST
CONTRATO DE PRESTAÇÃO DE SERVIÇOS. LEGALIDADE (nova redação do item IV e inseridos os itens V e VI à redação) – Res. 174/2011, DEJT divulgado em 27, 30 e 31.05.2011
I – A contratação de trabalhadores por empresa interposta é ilegal, formando-se o vínculo diretamente com o tomador dos serviços, salvo no caso de trabalho temporário (Lei n. 6.019, de 03.01.1974).
II – A contratação irregular de trabalhador, mediante empresa interposta, não gera vínculo de emprego com os órgãos da Administração Pública direta, indireta ou fundacional (art. 37, II, da CF/1988).
III – Não forma vínculo de emprego com o tomador a contratação de serviços de vigilância (Lei n. 7.102, de 20.06.1983) e de conservação e limpeza, bem como a de serviços especializados ligados à atividade-meio do tomador, desde que inexistente a pessoalidade e a subordinação direta.
IV – O inadimplemento das obrigações trabalhistas, por parte do empregador, implica a responsabilidade subsidiária do tomador dos serviços quanto àquelas obrigações, desde que haja participado da relação processual e conste também do título executivo judicial.
V – Os entes integrantes da Administração Pública direta e indireta respondem subsidiariamente, nas mesmas condições do item IV, caso evidenciada a sua conduta culposa no cumprimento das obrigações da Lei n. 8.666, de 21.06.1993, especialmente na fiscalização do cumprimento das obrigações contratuais e legais da prestadora de serviço como empregadora. A aludida responsabilidade não decorre de mero inadimplemento das obrigações trabalhistas assumidas pela empresa regularmente contratada.
VI – A responsabilidade subsidiária do tomador de serviços abrange todas as verbas decorrentes da condenação referentes ao período da prestação laboral.

terceirização lícita, entendendo-se ilegal a terceirização de *call centers* para empresas de telecomunicações, cabeamento e manutenção de linhas telefônicas, assim como, com destaques, as hipóteses de terceirização de serviços havidas no setor bancário[3].

A constância de tais decisões levou o STF a reconhecer a repercussão da questão constitucional nos temas de ns. 725 e 739 constantes da Tabela de Temas de Repercussão Geral, definidas as seguintes teses jurídicas:

> **Acórdão:** é lícita a terceirização ou qualquer outra forma de divisão do trabalho entre pessoas jurídicas distintas, independentemente do objeto social das empresas envolvidas, mantida a responsabilidade subsidiária da empresa contratante. (STF. Tese de Repercussão Geral n. 725. RE 958252, 30.08.2018)

> **Acórdão:** É nula a decisão de órgão fracionário que se recusa a aplicar o art. 94, II, da Lei n. 9.472/1997, sem observar a cláusula de reserva de Plenário (CF, art. 97), observado o art. 949 do Código de Processo Civil. (STF. Tese de Repercussão Geral n. 739. ARE 791932, 11.10.2018)

A definição das teses derivou do ajuizamento da Arguição de Descumprimento de Preceito Fundamental n. 324 distribuída para o Ministro Luis Roberto Barroso, a qual foi julgada em conjunto o Recurso Extraordinário com Agravo n. 713.211, sob a relatoria do Min. Luiz Fux[4]. O Ministro Luis Roberto Barroso destacou em seu voto:

> Em um mundo globalizado e cada vez mais integrado tecnologicamente, os países que resistem a tal lógica de estruturação da produção e que rejeitam a terceirização encontram-se em indiscutível desvantagem competitiva. A terceirização tornou-se um fenômeno global.
> (...)
> A terceirização é muito mais do que uma forma de reduzir custos trabalhistas por meio de uma suposta precarização do trabalho, tal como alegado pelos que a ela se opõem. (...) constituir uma estratégia sofisticada e, eventualmente, imprescindível para aumentar a eficiência econômica, promover a competitividade das empresas brasileiras e, portanto, manter e ampliar postos de trabalho.

Barroso embasou seu voto, resumidamente, nos argumentos de que: (i) a terceirização implica muitas vezes aumento da mão de obra, assim seria incremento para a criação de empregos e estímulo à livre-iniciativa; (ii) a terceirização não significa que o trabalho do empregado será precarizado, vez que há instrumentos jurídicos específicos a coibir atos ilícitos praticados contra empregados.

Com o pronunciamento da Corte, o Tribunal Superior do Trabalho se curvou ao entendimento do STF conforme o julgado transcrito, com destaques:

> AGRAVO. AGRAVO DE INSTRUMENTO EM RECURSO DE REVISTA. ACÓRDÃO PUBLICADO NA VIGÊNCIA DA LEI N. 13.015/2014. TERCEIRIZAÇÃO. ATIVIDADE-MEIO E ATIVIDADE-FIM. LICITUDE. DECISÃO PROFERIDA PELO SUPREMO TRIBUNAL FEDERAL NA ADPF N. 324 E NO RE N. 958.252, COM REPERCUSSÃO GERAL RECONHECIDA (TEMA 725). Agravo a que se dá provimento para examinar o agravo de instrumento em recurso de revista. Agravo provido. AGRAVO DE INSTRUMENTO EM RECURSO DE REVISTA. ACÓRDÃO PUBLICADO NA VIGÊNCIA DA LEI N. 13.015/2014. TERCEIRIZAÇÃO. ATIVIDADE-MEIO E ATIVIDADE-FIM. LICITUDE. DECISÃO PROFERIDA PELO SUPREMO TRIBUNAL FEDERAL NA ADPF N. 324 E NO RE N. 958.252, COM REPERCUSSÃO GERAL RECONHECIDA (TEMA 725). Em razão de provável caracterização de ofensa ao art. 170 da Constituição Federal (utilizado como fundamentos pelo STF) c/c o art. 25, § 1º, da Lei n. 8.987/1995, dá-se provimento ao agravo de

---

(3) Apesar da redação dos arts. 25 da Lei n. 8.987/1995 e 94, II, da Lei n. 9.472/1997, confira-se, respectivamente:
Art. 25. Incumbe à concessionária a execução do serviço concedido, cabendo-lhe responder por todos os prejuízos causados ao poder concedente, aos usuários ou a terceiros, sem que a fiscalização exercida pelo órgão competente exclua ou atenue essa responsabilidade.
§ 1º Sem prejuízo da responsabilidade a que se refere este artigo, a concessionária poderá contratar com terceiros o desenvolvimento de atividades inerentes, acessórias ou complementares ao serviço concedido, bem como a implementação de projetos associados.
§ 2º Os contratos celebrados entre a concessionária e os terceiros a que se refere o parágrafo anterior reger-se-ão pelo direito privado, não se estabelecendo qualquer relação jurídica entre os terceiros e o poder concedente.
§ 3º A execução das atividades contratadas com terceiros pressupõe o cumprimento das normas regulamentares da modalidade do serviço concedido.
Art. 94. No cumprimento de seus deveres, a concessionária poderá, observadas as condições e limites estabelecidos pela Agência: (...)
II – Contratar com terceiros o desenvolvimento de atividades inerentes, acessórias ou complementares ao serviço, bem como a implementação de projetos associados.
(...)
(4) Julgada nos seguintes termos: Decisão: O Tribunal, no mérito, por maioria e nos termos do voto do Relator, julgou procedente o pedido e firmou a seguinte tese: 1. É lícita a terceirização de toda e qualquer atividade, meio ou fim, não se configurando relação de emprego entre a contratante e o empregado da contratada. 2. Na terceirização, compete à contratante: i) verificar a idoneidade e a capacidade econômica da terceirizada; e ii) responder subsidiariamente pelo descumprimento das normas trabalhistas, bem como por obrigações previdenciárias, na forma do art. 31 da Lei n. 8.212/1993, vencidos os Ministros Edson Fachin, Rosa Weber, Ricardo Lewandowski e Marco Aurélio. Nesta assentada, o Relator esclareceu que a presente decisão não afeta automaticamente os processos em relação aos quais tenha havido coisa julgada. Presidiu o julgamento a Ministra Cármen Lúcia. Plenário, 30.08.2018.

instrumento para determinar o prosseguimento do recurso de revista. Agravo de instrumento provido. RECURSO DE REVISTA. ACÓRDÃO PUBLICADO NA VIGÊNCIA DA LEI N. 13.015/2014. TERCEIRIZAÇÃO. ATIVIDADE-MEIO E ATIVIDADE-FIM. LICITUDE. DECISÃO PROFERIDA PELO SUPREMO TRIBUNAL FEDERAL NA ADPF N. 324 E NO RE N. 958.252, COM REPERCUSSÃO GERAL RECONHECIDA (TEMA 725). O Plenário do Supremo Tribunal Federal, no dia 30.8.2018, ao julgar a Arguição de Descumprimento de Preceito Fundamental (ADPF) n. 324 e o Recurso Extraordinário (RE) n. 958.252, com repercussão geral reconhecida, decidiu que é lícita a terceirização em todas as etapas do processo produtivo, ou seja, na atividade-meio e na atividade-fim das empresas. A tese de repercussão geral aprovada no RE n. 958.252 (Rel. Min. Luiz Fux), com efeito vinculante para todo o Poder Judiciário, assim restou redigida: "É lícita a terceirização ou qualquer outra forma de divisão do trabalho entre pessoas jurídicas distintas, independentemente do objeto social das empresas envolvidas, mantida a responsabilidade subsidiária da empresa contratante" destacamos. Do mesmo modo, no julgamento da ADPF n. 324, o eminente Relator, Min. Roberto Barroso, ao proceder a leitura da ementa de seu voto, assim se manifestou: "I. É lícita a terceirização de toda e qualquer atividade, meio ou fim, não se configurando relação de emprego entre a contratante e o empregado da contratada. 2. Na terceirização, compete à tomadora do serviço: I) zelar pelo cumprimento de todas as normas trabalhistas, de seguridade social e de proteção à saúde e segurança do trabalho incidentes na relação entre a empresa terceirizada e o trabalhador terceirizado; II) assumir a responsabilidade subsidiária pelo descumprimento de obrigações trabalhistas e pela indenização por acidente de trabalho, bem como a responsabilidade previdenciária, nos termos do art. 31 da Lei n. 8.212/1993" grifamos. Assim ficou assentado na certidão de julgamento: "Decisão: O Tribunal, no mérito, por maioria e nos termos do voto do Relator, julgou procedente a arguição de descumprimento de preceito fundamental, vencidos os Ministros Edson Fachin, Rosa Weber, Ricardo Lewandowski e Marco Aurélio" (g.n). Prevaleceu, em breve síntese, como fundamento o entendimento no sentido de que os postulados da livre concorrência (art. 170, IV) e da livre-iniciativa (art. 170), expressamente assentados na Constituição Federal de 1988, asseguram às empresas liberdade em busca de melhores resultados e maior competitividade. Quanto à possível modulação dos efeitos da decisão exarada, resultou firmado, conforme decisão de julgamento da ADPF n. 324 (Rel. Min. Roberto Barroso), que: "(...) o Relator prestou esclarecimentos no sentido de que a decisão deste julgamento não afeta os processos em relação aos quais tenha havido coisa julgada. Presidiu o julgamento a Ministra Cármen Lúcia. Plenário, 30.08.2018". Nesse contexto, a partir de 30.08.2018, é de observância obrigatória aos processos judiciais em curso ou pendente de julgamento a tese jurídica firmada pelo e. STF no RE n. 958.252 e na ADPF n. 324. No caso concreto, conforme se depreende do acórdão regional, a parte reclamante foi contratada pela primeira reclamada para prestar serviços para a ora recorrente, mediante terceirização, para o desempenho de atividades que, segundo concluiu o e. TRT, enquadram-se nas atividades finalísticas da tomadora. Sucede, porém, que a diferenciação entre o conceito do que seria atividade-fim ou atividade-meio e seus respectivos efeitos no caso prático, após a citada decisão do e. STF no julgamento do RE n. 958.252 e na ADPF n. 324, deixou de ter relevância. Isso porque, em se tratando de terceirização, seja ela de atividade-meio ou fim, a sua licitude deve ser sempre reconhecida. Assim, não há mais espaço para o reconhecimento do vínculo empregatício com o tomador de serviços sob o fundamento de que houve terceirização ilícita (ou seja, terceirização de atividade essencial, fim ou finalística), ou, ainda, para a aplicação dos direitos previstos em legislação específica ou em normas coletivas da categoria profissional dos empregados da empresa contratante, porque o e. STF, consoante exposto, firmou entendimento de que toda terceirização é sempre lícita, inclusive, repita-se, registrando a impossibilidade de reconhecimento de vínculo empregatício do empregado da prestadora de serviços com o tomador. Recurso de revista conhecido e provido." (RR – 21072-95.2014.5.04.0202, Relator Ministro: Breno Medeiros, Data de Julgamento: 26.09.2018, 5ª Turma, Data de Publicação: DEJT 05.10.2018)

Portanto, é possível se afirmar que, pela majoritária jurisprudência, atualmente, não há qualquer impedimento em se terceirizar, tanto a atividade-meio quanto a atividade-fim de uma empresa.

E no plano legal? A legislação reformada embalou a evolução verificada nos tribunais.

A aprovação do projeto de Lei n. 4.302-E na Câmara, com seu posterior sancionamento pelo Presidente da República, levou à entrada em vigor da primeira grande alteração legal já destacada, qual seja, a Lei Federal n. 13.429, de 31 de março de 2017, servil a instituir um padrão para terceirizações em geral, aprimorando o modelo já existente e específico para a terceirização de trabalhadores temporários. Em outras palavras, a referida lei estabeleceu de maneira inédita dois tipos de regimes jurídicos de terceirização, transformando a Lei n. 6.019/1974, no que se convencionou chamar de Lei Geral de Terceirização – LGT do trabalho no Brasil, conferindo um pouco mais de segurança jurídica e estabilidade aos principais protagonistas das relações de trabalho, empregados e empregadores.

Logo em seguida, a LGT foi alterada pela Lei Federal n. 13.467, de 13 de julho de 2017, a qual implementou a reforma trabalhista, detalhando e aprimorando as regras da terceirização em geral, sem modificar o que restara definido em relação ao regime de trabalho temporário.

O fato é que foi somente a partir das Leis ns. 13.429 e 13.467, que restou normatizada a terceirização em geral, para qualquer tipo de perfil contratual, de acordo com os arts. 4º-A e 5º-A da Lei n. 6.019/1974, os quais permitem a adoção do modelo terceirizado para execução de todas as atividades desenvolvidas, inclusive a principal[5].

---

(5) Confira-se a redação dos dispositivos: Art. 4º-A. Considera-se prestação de serviços a terceiros a transferência feita pela contratante da execução de quaisquer de suas atividades, inclusive sua atividade principal, à pessoa jurídica de direito privado prestadora de serviços que possua capacidade econômica compatível com a sua execução. (Redação dada pela Lei n. 13.467, de 2017)

A novel legislação define a terceirização como a transferência feita pela contratante (tomadora) da execução de quaisquer de suas atividades à pessoa jurídica de direito privado prestadora de serviços que possua capacidade econômica compatível com a sua execução.

Os fluxos do modelo contratual de terceirização são singelos.

A empresa prestadora de serviços deverá contratar, remunerar e dirigir o trabalho realizado por seus trabalhadores.

De forma facultativa, na terceirização, o tomador de serviços pode prever a extensão do atendimento médico, ambulatorial e de refeição destinado aos empregados diretos, o salário equivalente ao pago aos empregados da contratante, além de outros direitos. Os serviços contratados poderão ser executados nas instalações físicas da empresa contratante ou em outro local.

De forma obrigatória, deve-se garantir as condições de segurança, higiene e salubridade e, quando e enquanto os serviços forem executados nas dependências da tomadora, as mesmas condições dos empregados da contratante em relação à alimentação em refeitórios; serviços de transporte; atendimento médico ou ambulatorial; medidas de saúde no trabalho e instalações adequadas à prestação dos serviços.

Ou seja, é possível que uma empresa terceirize toda e qualquer atividade que seja de seu interesse, desde que se responsabilizando pelas obrigações destacadas.

2. CONTRATAÇÃO DE PRESTADOR VIA CONTRATO COM PESSOA JURÍDICA – "PEJOTIZAÇÃO"

A chamada "pejotização" pode ser considerada como um recorte específico do fenômeno terceirização. O modelo da "pejotização" pressupõe a inexistência de um intermediário contratado para prestar serviços por meio de seus empregados. Na "pejotização", o trabalhador é contratado diretamente por meio da pessoa jurídica por ele próprio constituída.

De fato, a terceirização no Brasil tem alcançado espaços para muito além do arranjo tradicional apresentado, máxime em contingentes crescentes os quais abarcam executivos em geral e profissionais liberais.

Em resumo, o trabalho é prestado por conta de uma relação empresarial estabelecida por contrato. Na grande maioria dos casos, as atividades são desempenhadas em caráter individual, por um trabalhador qualificado. Esse profissional, sugestionado pelo tomador de serviços, ou mesmo espontaneamente, abre uma empresa individual, podendo, eventualmente, até constituí-la com outros profissionais do ramo, ou mesmo um "sócio laranja", sendo que tal pessoa jurídica firmará contrato(s) de prestação de serviços o(s) qual(is) embasará(ão) o trabalho pessoal do profissional em prol da empresa tomadora.

Portanto, o modelo de "pejotização" – pode ser entendido como um arranjo em que pessoas físicas se transformam em jurídicas e, via de regra, individuais. Para a Receita Federal:

> (...) a possibilidade jurídica de a empresa contratante flexibilizar uma relação típica de emprego, reduzindo os encargos sociais e direitos trabalhistas, desloca para outro ponto o equilíbrio da relação econômica com o profissional da atividade regulamentada. Reduzindo-se o imposto sobre a renda e a contribuição previdenciária e excluindo-se a parcela do Fundo de Garantia por Tempo de Serviço (FGTS) e os direitos como décimo terceiro salário, férias, horas extras etc., há uma significativa alteração para menos no custo final do serviço contratado.[6]

Muito embora o gênero terceirização seja permitido no atual ordenamento jurídico, já anunciada a posição do

---

§ 1º A empresa prestadora de serviços contrata, remunera e dirige o trabalho realizado por seus trabalhadores, ou subcontrata outras empresas para realização desses serviços.

§ 2º Não se configura vínculo empregatício entre os trabalhadores, ou sócios das empresas prestadoras de serviços, qualquer que seja o seu ramo, e a empresa contratante.

Art. 5º-A. Contratante é a pessoa física ou jurídica que celebra contrato com empresa de prestação de serviços relacionados a quaisquer de suas atividades, inclusive sua atividade principal. (Redação dada pela Lei n. 13.467, de 2017)

§ 1º É vedada à contratante a utilização dos trabalhadores em atividades distintas daquelas que foram objeto do contrato com a empresa prestadora de serviços.

§ 2º Os serviços contratados poderão ser executados nas instalações físicas da empresa contratante ou em outro local, de comum acordo entre as partes.

§ 3º É responsabilidade da contratante garantir as condições de segurança, higiene e salubridade dos trabalhadores, quando o trabalho for realizado em suas dependências ou local previamente convencionado em contrato.

§ 4º A contratante poderá estender ao trabalhador da empresa de prestação de serviços o mesmo atendimento médico, ambulatorial e de refeição destinado aos seus empregados, existente nas dependências da contratante, ou local por ela designado.

§ 5º A empresa contratante é subsidiariamente responsável pelas obrigações trabalhistas referentes ao período em que ocorrer a prestação de serviços, e o recolhimento das contribuições previdenciárias observará o disposto no art. 31 da Lei n. 8.212, de 24 de julho de 1991.

(6) BRASIL. Receita Federal. *O fenômeno da "pejotização" e a motivação tributária*. Centro de Estudos Tributários e Aduaneiros, abr. 2016.

Supremo Tribunal Federal a respeito, a questão da "pejotização" é um pouco mais sensível. Isso porque, a singularidade do profissional envolvido acaba por sugerir a presença dos requisitos da relação empregatícia, quais sejam, a subordinação, onerosidade, pessoalidade e não eventualidade.

Portanto, esse tipo de contratação certamente gerará risco de criação de passivos trabalhistas o qual será intensificado a depender de práticas corriqueiras verificadas nesses tipos de arranjos, a saber: (i) notas fiscais emitidas sequencialmente; (ii) pagamentos habituais e pouco variáveis em favor de pessoas físicas em contas bancárias usuais; (iii) uso de uniformes, ramais, e-mails e cartões corporativos pelo prestador de serviços "pejotizado"; (iv) desempenho de atividades em local fixo, como salas e mesas dentro das dependências do tomador; (v) concessão de benefícios típicos de relações de emprego como alimentação, assistência de saúde e transporte; (vi) reconhecimento de prerrogativas típicas das relações de emprego como férias remuneradas, 13º salário, participação em lucros etc.

Nesse contexto, a jurisprudência vacila em relação aos fundamentos permissivos do gênero terceirização, sendo que os tribunais trabalhistas, mesmo após a reforma implementada pela Lei n. 13.467/2017, majoritariamente reputam o arranjo como uma fraude, tendo por consequência o reconhecimento do vínculo empregatício tido como simulado diretamente com o tomador. Confiram-se alguns julgados, com destaques:

RECURSO DA RECLAMADA. "PEJOTIZAÇÃO". VÍNCULO EMPREGATÍCIO. ART. 9º DA CLT. A atitude da empresa de substituir empregados com carteira assinada por pessoas jurídicas, formalizando contratos de prestação de serviços através dos quais esses continuam a prestar para aquela os mesmos serviços de quando celetistas, constitui artifício fraudulento, conhecido como "pejotização", para se furtar da legislação trabalhista e dos deveres dela decorrentes. Logo, de se confirmar a nulidade declarada pelo juízo "a quo" dos contratos de prestação de serviços acostados aos autos (art. 9º da CLT), mantendo-se o "decisum" que reconheceu a existência do vínculo de emprego entre as partes e as parcelas daí decorrentes. Recurso conhecido e improvido. (TRT-7 – RO: 00013158220155070013, Relator: Jose Antonio Parente da Silva, Data de Julgamento: 01.02.2018, Data de Publicação: 15.02.2018)

(...) VÍNCULO DE EMPREGO. PEJOTIZAÇÃO. MATÉRIA FÁTICA. FRAUDE. O Tribunal Regional concluiu, com amparo no conjunto fático-probatório dos autos, notadamente na prova testemunhal, que a primeira reclamada, ora recorrente, utilizou-se de artifícios, com intuito claro de impedir a aplicação das disposições celetistas. Com efeito, consta do acórdão regional que o preposto da primeira ré declarou que a empresa firmou com o Sr. Patrice contratos de prestação de serviços que vigeram durante todos os meses entre os anos de 2004 a 2013. Além disso, o Regional constatou estarem presentes os requisitos configuradores da relação de emprego, previstos no art. 3º da CLT, durante todo o período de prestação de serviços para a reclamada. O Regional, após analisar o contexto em que se deu a relação entre as partes, concluiu estar diante da figura conhecida como pejotização, fenômeno em que, na realidade, existe a contratação de serviços pessoais, exercidos por pessoa física, mediante subordinação, de forma não eventual e onerosa, realizada por meio de pessoa jurídica constituída especialmente para esse fim, na tentativa de mascarar a efetiva relação de emprego, com o intuito de burlar os direitos trabalhistas. Nesse contexto, o trabalhador, que é a parte hipossuficiente na relação de trabalho, é compelido a constituir a pessoa jurídica para se garantir economicamente, ainda que sejam sucumbidos os direitos previstos no sistema trabalhista, a exemplo da limitação da carga horária de trabalho, DSR, horas extras, férias, 13º salário, verbas rescisórias, entre outros. Tendo em vista que, no Direito do Trabalho, vigora o princípio da primazia da realidade, tem-se que, independentemente da forma de contratação do empregado e de qualquer instrumento escrito, prevalece a realidade fática de que o trabalhador, encoberto sob o manto da pessoa jurídica, formou típica relação de emprego com o "tomador de serviços", nos moldes dos arts. 2º e 3º da CLT. Dessa forma, não prospera a alegação da reclamada de que o acórdão regional violou o art. 3º da CLT, por reconhecer a existência de vínculo empregatício entre duas pessoas jurídicas, porquanto foi constatado que a contratação do autor como pessoa jurídica tinha o intuito de mascarar a continuidade da relação empregatícia. Para se chegar a conclusão diversa, de que era válido o contrato de prestação de serviços pactuado entre as partes e de que não foram preenchidos os requisitos da relação de emprego, seria necessário revolver a valoração do conjunto fático-probatório dos autos, procedimento vedado nesta instância recursal de natureza extraordinária, nos termos da Súmula n. 126 do Tribunal Superior do Trabalho. Recurso de revista não conhecido. (...) (TST – RR: 1607006720135170010, Relator: José Roberto Freire Pimenta, Data de Julgamento: 18.04.2018, 2ª Turma, Data de Publicação: DEJT 20.04.2018)

A despeito dos riscos evidentes de invalidação do modelo no Poder Judiciário, é crescente a opção pelo formato. É que as vantagens tributárias são deveras sedutoras. Diante da crise econômica, dos altos encargos derivados do custo Brasil, de fato, é cada vez menor o contingente de trabalhadores de alta renda, em especial com remuneração superior ao teto previdenciário.... Ou seja, o modelo acaba por constituir atraente alternativa de planejamento tributário a enquadrar rendas do trabalho de profissionais liberais à sistemática de tributação das pessoas jurídicas, com o deslocamento da base tributária para uma incidência muito menos gravosa.

Isto porque, no plano econômico, a prevalência da forma jurídica transforma uma única pessoa, o profissional que exerce a atividade regulamentada, em um ente jurídico que exerce atividade de empresa, profissionalmente realizando atividade econômica organizada para produção ou circulação de serviços. O modelo de tributos que incide sobre uma sociedade empresária passa a equivaler àquele destinado a pessoa jurídica cujo único ou principal sócio seja o próprio prestador do serviço. Em trabalho produzido no âmbito da Receita Federal intitulado "O fenômeno da 'pejotização' e a motivação tributária" se ilustra, a título de exemplo, os encargos incidentes sobre um total anual de contraprestação equivalente a R$ 360.000,00. Sobre o valor, se projeta a incidência dos tributos considerando-se uma pessoa física e uma empresa "pejotizada", tributada pelo lucro presumido com único empregado que exerça a atividade regulamentada. O impactante resultado que se pode extrair do gráfico é o seguinte:

T	PESSOA FÍSICA	PROFISSIONAL PEJOTIZADO
Total	23,60%	17,34%
IRPF/IRPJ	19,76%	4,80%
CSLL	0,00%	2,88%
PIS	0,00%	0,65%
Cofins	0,00%	3,00%
ISS	0,00%	5,00%
Previd.	3,84%	1,01%

(7)

A empresa tomadora dos serviços que opta por contratar a pessoa jurídica constituída pelo profissional para prestar serviços igualmente auferirá vantagem, já que desincumbida dos encargos trabalhistas na ordem de 31%, aproximadamente. Isto porque, quando opta por contratar um trabalhador com vínculo de emprego, o empregador suporta o pagamento da contribuição previdenciária patronal, dos encargos de Sistema S e do RAT, do depósito para o FGTS, além dos custos da própria relação trabalhista como décimo terceiro salário, férias, horas extras, vale-transporte, vale-alimentação etc.

Certamente, também se alia ao sucesso do modelo, o fato de que o perfil do trabalhador inserido nesse tipo de arranjo, em geral, não ilustra um cliente corriqueiro dos fóruns trabalhistas. Executivos e profissionais liberais tendem a resolver os dilemas e conflitos do lado de fora dos muros da Justiça do Trabalho, mesmo porque, a decisão que, eventualmente, reconheça o vínculo empregatício representará prejuízo para ambos os lados, já que potencialmente despertará a voracidade tributária em face do prestador e do tomador de serviços, cúmplices no que diga respeito ao formato de planejamento tributário tido como ilegítimo.

Não obstante os riscos e as eventuais deturpações sinalizadas, em termos legais, a prática da "pejotização" restou viabilizada pelo art. 129 da Lei n. 11.196/2005, *in verbis*:

> Art. 129. Para fins fiscais e previdenciários, a prestação de serviços intelectuais, inclusive os de natureza científica, artística ou cultural, em caráter personalíssimo ou não, com ou sem a designação de quaisquer obrigações a sócios ou empregados da sociedade prestadora de serviços, quando por esta realizada, se sujeita tão-somente à legislação aplicável às pessoas jurídicas, sem prejuízo da observância do disposto no art. 50 da Lei n. 10.406, de 10 de janeiro de 2002 – Código Civil.

A previsão normativa, ao estabelecer que a legislação aplicável às pessoas jurídicas seja também aplicável às prestadoras de serviços intelectuais, operou como permissivo legal a autorizar a utilização não usual da pessoa jurídica para verdadeiramente se estabelecer uma relação de trabalho sob a forma de contrato de prestação de serviços entre sociedades empresárias.

Seja no plano doutrinário ou jurisprudencial, a resistência maior ao dispositivo acima destacado, baseia-se, eminentemente, no campo trabalhista, no chamado "princípio da realidade", assim definido Américo Plá Rodrigues:

> Princípio da Primazia da Realidade: Significa que em caso de discordância entre o que ocorre na prática e o que surge de documentos e acordos se deve dar preferência ao primeiro, isto é, ao que sucede no terreno dos fatos[8].

---

(7) O trabalho adverte que "Aos rendimentos brutos da Pessoa Física foram aplicados os percentuais de redução correspondentes à média das deduções sobre os rendimentos tributáveis, de acordo com as respectivas faixas de renda.
O item "Previdência" da empresa do lucro presumido (LP-Empresa) inclui, para fins de demonstração, contribuição patronal (20%), FGTS (8%), Sistema S e RAT (3%), incidentes sobre a massa salarial de seus empregados.
Para a empresa do lucro presumido de "Profissionais" (LP-Profissionais), considerou-se que será pago um salário mínimo vigente (R$ 880,00) e a seu dirigente. Sobre esse salário incide: contribuição patronal (20%), FGTS (8%), Sistema S e RAT (3%).
NOTA:
Esta simulação considera parâmetros gerais, não se aplicando a todas as situações verificáveis na realidade. A demonstração tem a finalidade exclusiva de estimar a incidência potencial comparativa dos modelos, sendo vedada sua utilização como mecanismo de apuração dos impostos e contribuições aqui mencionados."
Nessa simulação, foi considerada a incidência do Imposto sobre a Renda da Pessoa Jurídica (IRPF/IRPJ, da Contribuição Social sobre o Lucro Líquido (CSLL), da Contribuição para o PIS e da Confins, do Imposto sobre Serviços de Qualquer Natureza (ISS) e dos encargos Sociais do empregador: contribuição previdenciária patronal, depósito para o FGTS e encargos do Sistema S (Terceiros) e do Risco Ambiental do Trabalho (RAT).
Na faixa de renda equivalente a R$ 30.000 mensais, o peso dos tributos federais corresponde a 23,6% da renda bruta auferida pela pessoa física, na condição de empregado regularmente contratado. Caso esse profissional constitua uma pessoa jurídica (pejotização) e estabeleça um contrato de prestação de serviços com a empresa tomadora, a incidência tributária é reduzida para 17,34% (redução de 6,26%)."
(8) RODRIGUEZ, Américo Plá. *Princípios de direito do trabalho*. 3. ed. São Paulo: LTr, 2000. 71 BRASIL.

O princípio da realidade se relaciona com o art. 9º da CLT, segundo o qual "serão nulos de pleno direito os atos praticados com o objetivo de desvirtuar, impedir ou fraudar a aplicação dos preceitos contidos na presente Consolidação." Daí o princípio da primazia da realidade compreende a preferência da verdade real, fática da prestação de serviço, àquela que possa surgir através de um contrato, ou seja, de um mero documento. É dizer, na discordância entre contrato e realidade, prevalecerá a última.

Outro aporte argumentativo que se identifica contra o modelo é o chamado "princípio da irrenunciabilidade", o qual se voltaria a proteger o trabalhador, na medida em que não reconheceria eventual renúncia de seus próprios direitos. Portanto, o empregado não poderia abrir mão da proteção das leis trabalhistas como forma de receber aumento de remuneração.

Nessa linha de raciocínio, o art. 129 da Lei n. 11.196/2005 estaria restrito aos casos de prestação de serviço não habitual e/ou sem subordinação.

Portanto, apesar do risco trabalhista envolvido, fato é que existe aporte normativo para defender que a prestação de serviços se dê via contratação de pessoas jurídicas, principalmente nas hipóteses em que a mão de obra se identifique com profissionais intelectuais.

Por uma rasteira análise em abstrato, a partir dos tipos de empresa, levando-se em consideração que o profissional "pejotizado" seja uma pessoa física, o melhor enquadramento societário a ser realizado seria o de EIRELI – Empresário Individual de Responsabilidade Limitada.

É que, como é cediço, a pessoa física não deverá se constituir na forma de empresário individual se sua profissão for regulamentada, como a grande maioria dos casos de profissionais liberais, administradores e outras funções intelectuais, de acordo com o art. 162 do Regulamento do Imposto de Renda[9] e o art. 966[10] do Código Civil.

A opção restante, portanto, seria justamente a EIRELI, regulada pela Lei n. 12.441, de 11 de julho de 2011. Para esse tipo de configuração societária não haverá impedimento em relação às profissões regulamentadas. Destaque-se, entretanto, que, para a constituição desse tipo societário, mister a integralização do capital social da empresa no valor correspondente a cem vezes o salário mínimo vigente, de acordo com o art. 980-A do Código Civil[11].

---

(9) Retrata o Art. 162 do RIR, Decreto n. 9.580/2018, com destaques:
Art. 162. As empresas individuais são equiparadas às pessoas jurídicas (Decreto-Lei n. 1.706, de 23 de outubro de 1979, art. 2º).
§ 1º São empresas individuais:
I – os empresários constituídos na forma estabelecida no art. 966 ao art. 969 da Lei n. 10.406, de 2002 – Código Civil;
II – as pessoas físicas que, em nome individual, explorem, habitual e profissionalmente, qualquer atividade econômica de natureza civil ou comercial, com o fim especulativo de lucro, por meio da venda a terceiros de bens ou serviços (Lei n. 4.506, de 1964, art. 41, § 1º, *b*; e Decreto-Lei n. 5.844, de 1943, art. 27, § 1º); e
(...)
§ 2º O disposto no inciso II do § 1º não se aplica às pessoas físicas que, individualmente, exerçam as profissões ou explorem as atividades de:
I – médico, engenheiro, advogado, dentista, veterinário, professor, economista, contador, jornalista, pintor, escritor, escultor e de outras que lhes possam ser assemelhadas (Decreto-Lei n. 5.844, de 1943, art. 6º, *caput*, *a*; Lei n. 4.480, de 14 de novembro de 1964, art. 3º; e Lei n. 10.406, de 2002 – Código Civil, art. 966, parágrafo único);
II – profissões, ocupações e prestação de serviços não comerciais (Decreto-Lei n. 5.844, de 1943, art. 6º, *caput*, *b*);
III – agentes, representantes e outras pessoas sem vínculo empregatício que, ao tomar parte em atos de comércio, não os pratiquem, todavia, por conta própria (Decreto-Lei n. 5.844, de 1943, art. 6º, *caput*, alínea *c*); (...)
(10) Art. 966. Considera-se empresário quem exerce profissionalmente atividade econômica organizada para a produção ou a circulação de bens ou de serviços.
Parágrafo único. Não se considera empresário quem exerce profissão intelectual, de natureza científica, literária ou artística, ainda com o concurso de auxiliares ou colaboradores, salvo se o exercício da profissão constituir elemento de empresa.
(11) Art. 980-A. A empresa individual de responsabilidade limitada será constituída por uma única pessoa titular da totalidade do capital social, devidamente integralizado, que não será inferior a 100 (cem) vezes o maior salário-mínimo vigente no País.
§ 1º O nome empresarial deverá ser formado pela inclusão da expressão EIRELI após a firma ou a denominação social da empresa individual de responsabilidade limitada.
§ 2º A pessoa natural que constituir empresa individual de responsabilidade limitada somente poderá figurar em uma única empresa dessa modalidade.
§ 3º A empresa individual de responsabilidade limitada também poderá resultar da concentração das quotas de outra modalidade societária num único sócio, independentemente das razões que motivaram tal concentração.
§ 4º (VETADO).
§ 5º Poderá ser atribuída à empresa individual de responsabilidade limitada constituída para a prestação de serviços de qualquer natureza a remuneração decorrente da cessão de direitos patrimoniais de autor ou de imagem, nome, marca ou voz de que seja detentor o titular da pessoa jurídica, vinculados à atividade profissional.
§ 6º Aplicam-se à empresa individual de responsabilidade limitada, no que couber, as regras previstas para as sociedades limitadas.

3. CONTRATAÇÃO DE PROFISSIONAL AUTÔNOMO

Outro modelo possível de tomadora de serviços sem vínculo empregatício pode se dar mediante a contratação direta de trabalhadores autônomos.

A CLT não se aplica aos trabalhadores autônomos, razão pela qual não se encontra sequer a definição desse tipo de contrato no referido diploma legal a despeito de o art. 442-B introduzido pela Lei n. 13.467/2017 reconhecer que "a contratação do autônomo, cumpridas por este todas as formalidades legais, com ou sem exclusividade, de forma contínua ou não, afasta a qualidade de empregado prevista no art. 3º desta Consolidação".

A definição de trabalhador autônomo pode ser verificada na legislação previdenciária, como a pessoa física que exerce, por conta própria, atividade econômica de natureza urbana, com fins lucrativos ou não, tal qual disposto na Lei n. 8.212/1991, art. 12, V, *a*.

Em maio de 2018, o governo editou Portaria regulamentando o modelo, com destaques:

PORTARIA N. 349, DE 23 DE MAIO DE 2018

Art. 1º A contratação do autônomo, cumpridas por este todas as formalidades legais, com ou sem exclusividade, de forma contínua ou não, *AFASTA A QUALIDADE DE EMPREGADO* prevista no art. 3º do Decreto-Lei n. 5.452, de 1º de maio de 1943, que aprova a Consolidação das Leis do Trabalho.

§ 1º Não caracteriza a qualidade de empregado prevista no art. 3º da Consolidação das Leis do Trabalho o fato de o autônomo prestar serviços a apenas um tomador de serviços.

§ 2º O autônomo poderá prestar serviços de *qualquer natureza a outros tomadores de serviços que exerçam ou não a mesma atividade econômica, sob qualquer modalidade de contrato de trabalho, inclusive como autônomo.*

§ 3º Fica garantida ao autônomo a possibilidade de recusa de realizar atividade demandada pelo contratante, garantida a aplicação de cláusula de penalidade, caso prevista em contrato.

§ 4º Motoristas, representantes comerciais, corretores de imóveis, parceiros, e trabalhadores de outras categorias profissionais reguladas por leis específicas relacionadas a atividades compatíveis com o contrato autônomo, desde que cumpridos os requisitos do *caput*, não possuirão a qualidade de empregado prevista o art. 3º da Consolidação das Leis do Trabalho.

§ 5º Presente a subordinação jurídica, será reconhecido o vínculo empregatício.

A principal diferença entre o trabalhador autônomo e o empregado será a circunstância de que o autônomo não é subordinado àquele que contrata sua prestação de serviços, não estando sujeito ao poder diretivo do empregador, podendo exercer livremente sua atividade de acordo com sua conveniência. Além disso, o autônomo trabalha por conta própria e não alheia, detendo todos os riscos do negócio.

Assim, se eventualmente os trabalhadores tidos como tais, em verdade, prestarem serviços habituais, submetidos às normas da empresa, tendo horário a cumprir e, especialmente, se reportando a determinado preposto do tomador, o contexto muda de figura, com inauguração de passivo trabalhista para o contratante, uma vez que a subordinação revela-se nota característica do contrato de emprego, em diametral oposição aos desígnios da contratação de um trabalhador autônomo.

O trabalhador autônomo tem o contrato de prestação de serviços regido pelo Código Civil nos arts. 593 e seguintes. As regras são singelas. Quaisquer espécies de serviços não ilícitos podem ser contratadas nesta modalidade. Sem acordo entre as partes, caso resulte indefinido o montante a ser quitado, a solução derivará da composição bilateral, negocial ou arbitral, observado o costume do lugar, o tempo de serviço e a qualificação profissional do trabalhador. A contraprestação financeira, ou melhor, o pagamento dos honorários pode dar-se ao final dos trabalhos, de forma adiantada ou através de pagamento em parcelas ajustadas, entre as quais, comumente as mensais.

As possibilidades de extinção do vínculo com o autônomo são múltiplas, dentre as quais se destacam: (i) falecimento do contratado; (ii) ultimação do prazo convencionado; (iii) descumprimento das obrigações de uma das partes; (iv) rescisão do contrato; (v) encerramento das atividades do contratante etc. Haverá necessidade de pré-avisar a extinção do contrato na véspera, em anterioridade de quatro dias, ou de oito, a depender da periodicidade do pagamento.

Quando se tratar de profissão regulamentada, os respectivos contratos de prestação de serviços deverão exigir que os trabalhadores autônomos estejam registrados no órgão de fiscalização profissional de sua categoria e regularmente inscritos no INSS.

4. A SUBORDINAÇÃO COMO MARCO DISTINTIVO

A solução para o dilema empregado *versus* trabalhador sem vínculo empregatício tem como palavra-chave a SUBORDINAÇÃO. A subordinação, sem sombra de dúvidas, é o requisito de maior relevância para a definição da relação de emprego. Ou seja, em que pese a necessidade de cumulação de todos os requisitos para a caracterização do vínculo empregatício, é a subordinação o elemento que ganha maior proeminência para sua configuração.

Mauricio Godinho Delgado explica que a subordinação se caracteriza pela situação de o empregado ter sua autonomia da vontade limitada por um contrato no qual entrega ao empregador a direção de suas atividades[12].

---

(12) DELGADO, Mauricio Godinho. *Curso de direito do trabalho*. 5. ed. São Paulo: LTr, 2006.

A doutrina costuma, em geral, explicar tal elemento em torno de duas teorias principais, quais sejam: a teoria da dependência econômica, que pressupõe que o empregado dependa do salário para viver; e a teoria da dependência técnica, que justifica o vínculo de subordinação, uma vez que o empregado não possa trabalhar de acordo com suas preferências e métodos.

O fato é que, atualmente, especialmente em razão do surgimento de novas formas de trabalho, o conceito de subordinação tem se mostrado capenga para diferenciar a relação de emprego das demais formas de trabalho autônomo. Que tipo de subordinação seria suficiente para caracterizar o vínculo empregatício? A clássica tríplice vertente da subordinação jurídica, técnica e econômica se mantém viva e eficiente?

Uma coisa é certa: é cada vez mais evidente a necessidade de reconstrução do elemento "subordinação".

Pela visão clássica do conteúdo da subordinação, sua caracterização se bastaria apenas quando o empregado prestasse serviços ao empregador, sob o rígido poder de direção deste.

Partindo-se da premissa de que a subordinação se caracterize com a presença constante e forte de ordens específicas do empregador ou de seus prepostos, com fiscalização assídua destes, podendo o empregado eventualmente sofrer sanções disciplinares, os limites de incidência da proteção celetista teriam sido bastante estreitados.

De qualquer modo, com a quebra conceitual do paradigma, ou melhor, com a insegurança sobre os limites de configuração de uma relação subordinada, se identificam dois movimentos díspares em busca da reinterpretação do conceito de subordinação.

O primeiro se presta a ampliá-lo. O processo de renovação e ampliação do conceito de subordinação promove a abrangência de determinadas categorias de trabalhadores, em tese, excluídas da incidência da CLT, como os trabalhadores em domicílio, os altos empregados e os trabalhadores intelectuais, a pretexto de lhes oferecer maior proteção. Ou seja, a primeira tendência seria o alargamento do campo de incidência do Direito do Trabalho via nova roupagem ou novo enfoque para a subordinação. Nesse contexto, alguns afirmam existir o que vem sendo referido como "subordinação estrutural", no sentido de "subordinação que se manifesta pela inserção do trabalhador na dinâmica do tomador de serviços, independentemente de receber ordens diretas, mas acolhendo, estruturalmente, sua dinâmica de organização"[13].

Outros ainda, inspirados em recentes precedentes[14], anunciam a subordinação por algoritmos, cenário em que as empresas substituiriam ordens humanas por ordens realizadas através de algoritmos, de forma ainda mais apurada.

A readequação do conceito de subordinação vem sendo tratada como "teoria da subordinação objetiva" ou "teoria da subordinação integrativa". Independentemente da nomenclatura utilizada, o conceito se volta para a caracterização da subordinação com base na atividade desempenhada pelo trabalhador, bem como na natureza da mesma, se essencial ou não ao funcionamento da estrutura organizacional do tomador de serviços. Godinho resume o enfoque, com destaques:

> A ideia de subordinação estrutural supera as dificuldades de enquadramento de situações fáticas que o conceito clássico de subordinação tem demonstrado. Dificuldades estas que se exacerbam em face, especialmente, do fenômeno da terceirização trabalhista. Nesta medida ela viabiliza não apenas alargar o campo de incidência do Direito do Trabalho, como também conferir resposta normativa eficaz a alguns de seus mais recentes instrumentos desestabilizadores – em especial, a terceirização.

À concepção estruturalista da subordinação contrapõe-se perspectiva inversa, qual seja, no sentido de reconhecimento do estreitamento das possibilidades de configuração de relação de trabalho efetivamente subordinada, restando restrito apenas a essas hipóteses de configuração clássica, o reconhecimento da relação de emprego.

Em verdade, a aplicação da teoria da subordinação estrutural tem levado à conclusão de que toda e qualquer prestação de serviços, em tese, seria subordinada e, portanto, estaria a simular uma relação de emprego ao arrepio da lei. Daí o Direito do Trabalho seria disciplina exclusiva a regular as relações de trabalho, sendo que toda relação de trabalho seria efetivamente um emprego. Não parece razoável.

Fabio Ulhoa Coelho desenvolveu um estudo interessante sobre o tema no qual ponderou, com destaques:

> Este artigo tem por objetivo discutir as fronteiras entre o direito comercial e o direito do trabalho, em vista do aparecimento, neste último, do que tem sido chamado de "teoria da subordinação estrutural". Incipiente e provocadora, esta formulação de ser devidamente aprofundada, antes que se espraie como solução fácil e superficial para problemas de elevada complexidade.
>
> (...) A teoria da subordinação estrutural, contudo, encontra-se sintetizada em fórmula (a difundida pelos julgados que a aplicam) um tanto imprecisa. O elemento "inserção na dinâmica da atividade econômica" levado às últimas implicações alcançaria um universo

---

(13) DELGADO, Mauricio Godinho. *Curso de direito do trabalho*. 10. ed. São Paulo: LTr, 2011. p. 294.

(14) Processo n. 0011359-34.2016.5.03.0112 33ª Vara do Trabalho de Belo Horizonte. Disponível em: <https://www.conjur.com.br/dl/juiz-reconhece-vinculo-emprego-uber.pdf>.

de trabalhadores e de agente econômicos extraordinariamente largos[15].

Luiz Carlos Amorim Robortella, outrossim, teceu críticas contundentes ao conceito, com destaques:

> A subordinação estrutural, em verdade, flexibiliza o conceito de subordinação jurídica, instalando um rigoroso e fechado tratamento homogêneo para situações heterógenas.
>
> Um só modelo contratual para empregados próprios e de terceiros; para trabalho contínuo e descontínuo; para trabalho oneroso e gratuito; para trabalho com ou sem pessoalidade.
>
> A todos o mesmo tratamento jurídico por obra e graça da subordinação estrutural ao tomador de serviço.
>
> Ao se admitir tal subversão dogmática, poder-se-ia alterar o sentido dos demais elementos do contrato de trabalho simplesmente aplicando-lhes o adjetivo estrutural.
>
> Assim teríamos a onerosidade estrutural, a pessoalidade estrutural, a não eventualidade estrutural, de modo a não restar vestígio sequer dos pressupostos legais de formação do contrato de trabalho[16].

O segundo movimento, qual seja, de contenção do conceito de subordinação ao conteúdo clássico parece mais afinado com o ordenamento legal, ou seja, com o Direito do Trabalho reformado. O legislador, de fato, deu maior vigor e consideração ao pactuado, privilegiando a autonomia da vontade e a presunção de boa-fé. Sem ignorar o princípio da realidade, elevou a força de um contrato formal assinado por partes capazes.

5. CONCLUSÃO

Os modelos de prestação de serviço são múltiplos e o contrato de emprego é apenas uma espécie do gênero.

O mero fato de inserir-se o trabalhador na estrutura empresarial, exercendo serviço ligado à atividade-fim de uma empresa não basta à caracterização da subordinação pertinente ao contrato de emprego. A adotar-se o difuso e etéreo conceito de "subordinação estrutural" será possível o reconhecimento de vínculo empregatício em quaisquer relações econômicas que tenham objetivo produtivo em um contexto empresarial.

Diante de um contrato civil presumidamente válido que tenha por objeto a prestação de serviços, para reconhecimento de eventual vínculo de emprego e superação de uma relação jurídica formalizada haverá, primeiramente, a necessidade de anulação do negócio pactuado, cumprido o ônus de a parte que pretenda a sua invalidade comprovar eventuais defeitos daquele acordo.

---

(15) COELHO, Fábio Ulhoa. Subordinação empresarial e subordinação estrutural. In: *A valorização do trabalho autônomo e a livre-iniciativa*. Porto Alegre: *Lex Magister*, 2015.

(16) ROBORTELLA, Luiz Carlos Amorim; PERES, Antônio Galvão. Subordinação estrutural na terceirização de serviços. Subversão. In: *A valorização do trabalho autônomo e a livre-iniciativa*. Porto Alegre: *Lex Magister*, 2015.

A ATUAÇÃO DO CONSELHO NACIONAL DE JUSTIÇA PELA EFETIVAÇÃO DO DIREITO FUNDAMENTAL AO TRABALHO DECENTE

FLÁVIA MOREIRA GUIMARÃES PESSOA[1]

1. INTRODUÇÃO

O presente artigo visa analisar a atuação do Conselho Nacional de Justiça com o objetivo de promover a concretização de Direitos Fundamentais previstos na Constituição de 1988, e, em especial, na promoção de políticas públicas judiciárias que propiciem o trabalho decente.

Para atender ao objetivo proposto, o artigo se divide em três partes. Na primeira, é exposta a previsão constitucional e regimental de atuação do CNJ e competência das comissões, enquanto órgãos que integram o CNJ. Na segunda, analisa-se o referencial teórico do trabalho decente. Na terceira, aborda-se um tema selecionado como emblemático da atuação das comissões: o combate ao trabalho escravo. Ao final, são formuladas indicações conclusivas do tema.

2. CONSELHO NACIONAL DE JUSTIÇA – COMPETÊNCIA E ORGANIZAÇÃO ESTRUTURAL

A Constituição Federal prevê, em seu art. 103-B, § 4º que Compete ao Conselho Nacional de Justiça o controle da atuação administrativa e financeira do Poder Judiciário e do cumprimento dos deveres funcionais dos juízes. Dentre suas atribuições, está a de zelar pela autonomia do Poder Judiciário e pelo cumprimento do Estatuto da Magistratura, além de zelar pela observância dos princípios da administração pública dentro do Judiciário.

O Regimento Interno do CNJ, por sua vez, prevê, em seu art. 2º que integram o CNJ: I – o Plenário; II – a Presidência; III – a Corregedoria Nacional de Justiça; IV – os Conselheiros; V – as Comissões; VI – a Secretaria-Geral; VII – o Departamento de Pesquisas Judiciárias – DPJ.

Já em seu art. 27, o Regimento prevê que o Plenário poderá criar Comissões permanentes ou temporárias, compostas por, no mínimo, três Conselheiros, para o estudo de temas e o desenvolvimento de atividades específicas do interesse respectivo ou relacionadas com suas competências. As Comissões, na forma do art. 28 do Regimento, serão constituídas na forma e com as atribuições previstas no ato de que resultar a sua criação, cabendo-lhes, entre outras, as seguintes atribuições: I – discutir e votar as proposições sujeitas à deliberação que lhes forem distribuídas; II – realizar audiências públicas com órgãos públicos, entidades da sociedade civil ou especialistas; III – receber requerimentos e sugestões de qualquer pessoa sobre tema em estudo ou debate em seu âmbito de atuação; IV – estudar qualquer assunto compreendido no respectivo campo temático ou área de atividade, podendo propor, no âmbito das atribuições para as quais foram criadas, a realização de conferência, exposições, palestras ou seminários.

Eis o referencial normativo básico para a atuação das comissões dentro do Conselho Nacional de Justiça, pressuposto para análise da atuação dos microcolegiados no tocante ao trabalho decente e combate ao trabalho escravo, o que se passará a analisar após a exposição do referencial teórico e normativo nacional e internacional do trabalho decente, o que será feito a partir do estudo sobre o tema publicado em Pessoa; Santos (2017).

3. O REFERENCIAL TEÓRICO E NORMATIVO NACIONAL E INTERNACIONAL DO TRABALHO DECENTE

A Constituição Federal de 1988, estipula como fundamentos da República Federativa do Brasil, em seu art. 1º, III e IV, a "dignidade da pessoa humana" e "os valores sociais do trabalho e da livre-iniciativa" (BRASIL, 1998). Já em seu art. 170, fixa a ordem econômica fundada na valorização do trabalho humano e na livre-iniciativa, assim como elenca o trabalho como direito social, em seu art. 6º. O trabalho é alçado, então, a posição importante no ordenamento jurídico pátrio, não só no âmbito econômico, como também para a República como um todo, que o toma como fundamento.

---

[1] Juíza Titular da 4 VT de Aracaju. Professora do Mestrado em Direitos Humanos da Universidade Tiradentes e do Mestrado em Direito da Universidade Federal de Sergipe. Doutora em Direito Público. Membro do Comitê Nacional Judicial de Enfrentamento a Exploração do Trabalho em Condições Análogas à de Escravo do Conselho Nacional de Justiça. Acadêmica da Academia Brasileira de Direito do Trabalho e da Academia Sergipana de Letras Jurídicas.

Por sua vez, no âmbito internacional, a tutela deste direito também se verifica. É possível vislumbrar uma constante aproximação entre os direitos humanos e as garantias mínimas de direito do trabalho, de modo a resguardar a dignidade do empregado e o valor social do trabalho. Este fato pode ser confirmado por meio das normas internacionais ratificadas pelo Brasil, em algumas das quais há a tutela dos direitos dos trabalhadores, numa dimensão social. Também, confirma a tutela e proteção deste direito, o lançamento pelo Brasil da Agenda Nacional do Trabalho Decente, cujos moldes veremos adiante.

O Direito Internacional dos Direitos Humanos, cujo objetivo é garantir o exercício dos direitos da pessoa humana (PIOVESAN, 2015, p. 81), abrange, também, o direito ao trabalho, por conseguinte. Nesta medida, é possível afirmar que, numa concepção contemporânea de direitos humanos, na qual eles "são concebidos como unidade indivisível, interdependente e inter-relacionada" (PIOVESAN, 2015, p. 79), o direito ao trabalho encontra-se inserido. Podendo-se falar, então, numa proteção internacional aos direitos humanos do trabalho.

O direito ao trabalho, embrião do hoje chamado direito humano ao trabalho decente, insere-se, juntamente com os direitos econômicos, sociais e culturais, nos direitos humanos de segunda dimensão, que revelam garantias obrigacionais por parte do Estado (AZEVEDO NETO, 2015, p. 52). Esta dimensão inclui, ainda, outros direitos ligados ao trabalho, mais relacionados às liberdades sociais, tais como o direito à greve, à liberdade de sindicalização e a alguns direitos fundamentais dos trabalhadores, como o salário mínimo, férias e repouso semanal remunerado. Abrangendo muito mais do que direitos de cunho prestacional e que se reportam, especificamente, à pessoa individual. (SARLET, 2015a, p. 48).

É possível dizer, então, que a proteção internacional aos direitos humanos do trabalho vai muito além da mera tutela do direito ao trabalho, estendendo-se aos direitos e garantias que possibilitam a promoção da dignidade do trabalhador, dentre elas as liberdades sociais acima citadas e alguns outros direitos que compõem o arcabouço protetivo mínimo decorrente do trabalho decente, que delinearemos adiante.

O direito ao trabalho e tanto direito humano, quanto fundamental, tendo em vista que conta com proteção internacional bastante consolidada, assim como detém previsão constitucional em nosso ordenamento jurídico. Destarte, por já termos demonstrado, aqui, a existência de previsão do direito ao trabalho tanto na CF/88, quanto em normas internacionais, nos utilizaremos das referidas expressões como sinônimas, fazendo uso da distinção, quando for necessário, de forma expressa e clara, a fim de facilitar a leitura e a redação da presente pesquisa.

A proteção dos direitos humanos do trabalho, no âmbito internacional, tem sido objeto de normatização há muito tempo, mormente quanto às normas internacionais de proteção do trabalho. Foi relevante, neste particular, para o processo de internacionalização dos direitos humanos, a Organização Internacional do Trabalho – OIT. A OIT foi criada após a Primeira Guerra Mundial, em 1919, e tinha como objetivo criar padrões internacionais de condições de trabalho e bem-estar (PIOVESAN, 2015, p. 191), o que está diretamente relacionado com os fins pretendidos por meio do trabalho decente, como será esclarecido a seguir.

Ainda em 1919, a Constituição do Weimar previu direitos trabalhistas no texto constitucional, com caráter de direitos fundamentais. Esta Constituição sucedeu a Constituição do México, de 1917, que assegurou a liberdade de trabalho e o direito a um trabalho digno e socialmente útil. A Carta Mexicana foi pioneira na atribuição da qualidade de direitos fundamentais aos direitos trabalhistas, o que foi bastante emblemático, na medida em que, na Europa, a consciência de que existe também uma dimensão social dos direitos humanos só veio a se firmar após a 1ª Guerra Mundial. (COMPARATO, 2015, p. 190).

Estas Cartas marcam a fase de constitucionalização dos direitos trabalhistas, mas também são o prenúncio do que viria a ser delineado, posteriormente, como trabalho decente. Foi somente com a Declaração Universal dos Direitos Humanos, de 1948, que o direito ao trabalho foi alçado, de forma clara e inconteste, à categoria de direito humano, apesar dos indícios acerca da sua natureza, aqui já retratados. A Declaração Universal, em seu art. XXIII, 1, preleciona que "todo ser humano tem direito ao trabalho, à livre escolha de emprego, a condições justas e favoráveis de trabalho e à proteção contra o desemprego", além de assegurar uma existência compatível com a dignidade possibilitada pela remuneração justa e satisfatória a que tem direito todo trabalhador[2] (ONU, 1948).

A Declaração é o texto mais importante a tratar do assunto e a fornecer a ideia básica do mínimo de direitos

---

(2) Declaração Universal dos Direitos Humanos (ONU, 1948)
Art. XXIII
1. Todo ser humano tem direito ao trabalho, à livre escolha de emprego, a condições justas e favoráveis de trabalho e à proteção contra o desemprego.
2. Todo ser humano, sem qualquer distinção, tem direito a igual remuneração por igual trabalho.
3. Todo ser humano que trabalha tem direito a uma remuneração justa e satisfatória, que lhe assegure, assim como à sua família, uma existência compatível com a dignidade humana e a que se acrescentarão, se necessário, outros meios de proteção social.
4. Todo ser humano tem direito a organizar sindicatos e a neles ingressar para proteção de seus interesses.
Art. XXIV
Todo ser humano tem direito a repouso e lazer, inclusive a limitação razoável das horas de trabalho e a férias remuneradas periódicas.

do homem-trabalhador, tanto no plano individual, quanto no coletivo e na seguridade social. O substrato mínimo de direitos humanos do trabalhador ali elencados é de primordial importância e constitui a gênese do que hoje se entende por trabalho decente.

O trabalho decente, enquanto bandeira de ação da OIT, teve seus contornos delineados, inicialmente e de forma indireta, na Declaração sobre os princípios e direitos fundamentais do trabalho, de 1998.

A OIT publicou a Declaração sobre os princípios e direitos fundamentais do trabalho (OIT, 1998), listando como primordiais à consecução dos seus objetivos os seguintes pontos: a) a liberdade sindical e o reconhecimento efetivo do direito de negociação coletiva; b) a eliminação de todas as formas de trabalho forçado ou obrigatório; c) a abolição efetiva do trabalho infantil; e d) a eliminação da discriminação em matéria de emprego e ocupação. Trazendo uma compilação de suas mais importantes Convenções até aquela data, obrigando todos os países participantes da Organização a cumpri-las e a envidar esforços, constitucionais e financeiros, para alcançar estes objetivos.

Em 1999, na 87ª Conferência Internacional do Trabalho, foi adotado, de forma oficial, pelo então Diretor-Geral da OIT, Juan Somavía, o termo Trabalho Decente (em inglês, *Decent Work*), a significar o ponto de convergências dos 4 objetivos básicos supracitados (AZEVEDO NETO, 2015, p. 59). Passando, então, a ser o trabalho decente o principal objetivo da OIT, no processo de renovação e modernização que tem empreendido (BRITO FILHO, 2013, p. 47).

Nesta medida, já é possível melhor definir o trabalho decente, como sendo um "trabalho produtivo e adequadamente remunerado, exercido em condições de liberdade, equidade e segurança, sem quaisquer formas de discriminação e capaz de garantir uma vida digna a todas as pessoas que dele vivem" (BERG; RIBEIRO, 2010, p. 17).

Platon de Azevedo Neto (2015, p. 60) também sintetiza como pode ser compreendido, de forma teórica, o trabalho decente, como a manifestação de uma prestação de serviços baseada na consecução do bem, sem qualquer exploração selvagem, na qual, tanto o trabalhador, quanto o empregador, contribuem, direta ou indiretamente, para o bem-estar recíproco, objetivando a plena harmonia.

Entretanto, há quem acredite que o elenco mínimo de direitos básicos apontado pela OIT não é suficiente, na medida em que "não há trabalho decente sem condições adequadas à preservação da vida e da saúde do trabalhador. Não há trabalho decente sem justas condições para o trabalho, principalmente no que toca às horas de trabalho e aos períodos de repouso" (BRITO FILHO, 2013, p. 55).

Para Brito Filho (2013, p. 55), o rol mínimo de direitos dos trabalhadores deve corresponder: ao direito ao trabalho, à liberdade de trabalho; à igualdade no trabalho; ao trabalho em condições justas, inclusive quanto à remuneração e à preservação da saúde e segurança do trabalhador; bem como à proibição do trabalho infantil, à liberdade sindical e à proteção dos riscos sociais.

O trabalho decente se coaduna com as afirmações de Flávia Piovesan (2012, p. 189/190), acerca do que ela denomina de "mínimo ético irredutível", tendo em vista que o sistema de proteção internacional dos direitos humanos acabou por fomentar e invocar um consenso internacional sobre alguns temas centrais aos direitos humanos, com o objetivo de salvaguardar parâmetros protetivos mínimos. É, justamente, a finalidade da teoria em volta do trabalho decente: fixar alguns parâmetros, que valham em todo mundo, para um trabalho que garanta condições dignas ao homem trabalhador. Há, em verdade, um processo de universalização dos direitos humanos do trabalhador.

Transpondo o tema para o âmbito interno, é possível dizer, a partir de uma análise sistêmica da Constituição Federal de 1988, mormente do seu Título II, o qual trata dos Direitos e Garantias Fundamentais, consagrando os Direitos Sociais (Capítulo II), que os direitos trabalhistas são reconhecidos, em nosso ordenamento jurídico, como integrantes dos direitos humanos, tendo sido o valor social do trabalho alçado a um dos fundamentos da República (BRITO FILHO, 2013, p. 57).

Há, então, uma relação entre o trabalho decente e os direitos sociais garantidos na Constituição brasileira de 1988, na medida em que aquele deve ser buscado como um instrumento para a proteção dos direitos fundamentais sociais, que podem ser resumidos no princípio da dignidade da pessoa humana no âmbito das relações de trabalho e encarados como essenciais ao exercício mais amplo da cidadania no Estado Democrático de Direito. (GARCIA, 2017, p. 7). Assim, não se trata apenas de garantir os direitos sociais, mas também de uma medida de democracia e cidadania.

Ademais, a justiça social também é objetivo do Estado Democrático de Direito brasileiro, tendo a CF/88 fixado que compete ao Estado construir uma sociedade justa e solidária. Esta obrigação na persecução da justiça social não incumbe, no caso das relações laborais, somente às partes envolvidas na relação de trabalho, mas também é um objetivo fundamental do Estado, o qual deve estabelecer normas para assegurar esse direito, além do desenvolvimento de políticas públicas que garantam a aplicação dessas leis. Nesta medida, é preciso haver um equilíbrio entre a ordem econômica e a ordem social, por meio da valorização do trabalho humano, com o fito de assegurar ao trabalhador uma existência digna. (STUCHI, 2014, p. 09).

Destarte, é possível dizer que o trabalho decente, enquanto meio de garantia dos direitos humanos e constitucionais do trabalhador, intenta à promoção do progresso social, à redução da pobreza e, por conseguinte, a um desenvolvimento equitativo e integrador, frente ao aumento na interdependência entre diferentes países, atualmente. (GOSDAL, 2006, p. 151).

Em 02 de junho de 2003, o Brasil assinou com a OIT o Memorando de entendimento "para o estabelecimento de um programa de Cooperação Técnica para a Promoção de uma Agenda de Trabalho Decente." Assim, a Agenda foi lançada em maio/2006 e, em junho/2009 foi estabelecido o marco de cooperação para o desenvolvimento do Plano Nacional do Trabalho Decente, por meio de uma declaração conjunta assinada pelo Brasil e a OIT. (BRITO FILHO, 2013, p. 61).

O trabalho decente tem, como visto, uma definição muito abrangente e dotada de certa subjetividade. O que, algumas vezes, pode dificultar a sua efetividade, principalmente a depender do ator social que deve aplicá-la e do seu interesse. Pode haver, então, uma divergência de interpretações e de formas de garantir o trabalho decente.

Atenta a essas possibilidades e a fim de monitorar o desenvolvimento do trabalho decente, a OIT desenvolveu uma metodologia, através de indicadores que se agrupam sob as dez dimensões fundamentais do trabalho decente, quais sejam, oportunidades de emprego; rendimentos adequados e trabalho produtivo; jornada de trabalho decente; combinação entre trabalho, vida pessoal e familiar; tipo de trabalho a ser abolido; estabilidade e segurança no trabalho; igualdade de oportunidade e de tratamento no emprego; ambiente de trabalho seguro; seguridade social; diálogo social e representação de trabalhadores e empregadores. (BERG; RIBEIRO, 2010, p. 17).

Nada obstante, o trabalho decente estará sempre carregado de certa subjetividade, na medida em que não está vinculado, unicamente, às regras de labor, mas também à posição deste trabalhador na sociedade, reconhecido como membro desta e capaz de aprimorar suas potencialidades, o que está diretamente relacionado a sua dignidade e a sua condição de cidadão. Trabalho decente vai muito além do trabalho em si, também é democracia e medida de justiça social. É meio de garantia dos direitos humanos do trabalhador.

Outrossim, o conceito de trabalho decente, em que pese sua amplitude, tem por escopo o enfrentamento à precarização e à deterioração dos instrumentos de proteção e inclusão social que, há mais de três décadas, se veem em âmbito mundial, sendo aprofundados no Brasil, na década de 1990, sob o ideário neoliberal. É, ainda, um esforço para a superação do desenvolvimento desigual decorrente da globalização e que atinge, de forma direta, as condições de vida dos trabalhadores, em escala global. (JACQUES, 2017, p. 63/64).

A OIT tem traçado uma linha entre o trabalho decente e a ideia de desenvolvimento humano, numa perspectiva muito equivalente à noção de desenvolvimento econômico adotada por Amartya Sen (2010, p. 16), porquanto adota uma visão mais abrangente do desenvolvimento, compreendendo-o como um processo de expansão das liberdades reais que as pessoas desfrutam, e não como uma relação com o crescimento do Produto Interno Bruto (PIB). Relacionando-o, particularmente com a liberdade de desfrutar uma qualidade de vida em níveis razoáveis, o que passa, necessariamente, pelo trabalho em condições dignas, que garante não só subsistência, como inclusão social e erradicação das desigualdades, em consonância com os parâmetros defendidos pela OIT e aqui já destacados.

A OIT (2013) fixou as quatro bases estratégicas, nas quais se baseia a noção de trabalho decente: o respeito às normas internacionais de proteção ao trabalho; promoção do emprego de qualidade; a ampliação da proteção social; e o diálogo social. Indicando, mais uma vez, que não basta o trabalho, é preciso que sejam garantidos alguns requisitos mínimos em matéria de direitos humanos. Relacionando, ainda, o trabalho decente com a missão histórica da própria OIT.

Arrematando toda a preocupação com o tema, Platon de Azevedo Neto (2015, p. 119), aponta, de forma didática, qual seria a "fórmula do trabalho decente": "Trabalho decente = dignidade + liberdade + igualdade + saúde + segurança + remuneração justa + atividade lícita + equidade + lazer + aposentadoria digna + liberdade sindical – trabalho infantil".

Com a finalidade de evitar visões maniqueístas de bem e mal acerca do trabalho decente, bem como assumindo que dificilmente um trabalho será completamente decente, mesmo nos países desenvolvidos, nos quais são comuns trabalhadores sujeitos a grande stress emocional, por exemplo, Azevedo Neto (2015, p.119) aponta ser preferível encarar, verdadeiramente, o trabalho decente como um mandado de otimização, na busca pelo trabalho o mais decente possível. Encarando a realidade de que não há como existir, nesse mundo, um trabalho livre de qualquer mácula ou imperfeição. O trabalho decente como um mandado de otimização será melhor delineado no tópico a seguir, com base na aclamada teoria de Robert Alexy.

Deste modo, encarando o trabalho decente da forma mais palpável possível, é lícito deduzir que, por mais hostil que seja o meio ambiente de trabalho, sempre há como buscar a consagração do arcabouço mínimo de direitos humanos do trabalhador no habitat laboral. Para tanto, cumpre que sejam somados esforços governamentais e, também, empresariais, aliados aos representantes dos trabalhadores, de modo a prestigiar a sua dignidade, conferindo-lhes condições mínimas de labor, que é o que representa, em suma, o trabalho decente.

Dentro deste esforço conjunto, entra a atuação do Conselho Nacional de Justiça dentro do Fórum Nacional do Poder Judiciário para Monitoramento e Efetividade das demandas relacionadas a exploração do trabalho em condições análogas à de escravo e ao tráfico de pessoas.

4. A ATUAÇÃO DOS MICRO COLEGIADOS NO ÂMBITO DO CONSELHO NACIONAL DE JUSTIÇA PARA A PROMOÇÃO DO TRABALHO DECENTE E COMBATE AO TRABALHO ESCRAVO

O Conselho Nacional de Justiça possui quatro comissões permanentes. A Comissão Permanente de Eficiência

Operacional e Gestão de Pessoas, a Comissão Permanente de Acesso à Justiça e Cidadania, a Comissão Permanente de Gestão Estratégica, Estatística e Orçamento e a Comissão Permanente de Tecnologia da Informação e Infraestrutura.

Além destas comissões permanentes, diversos micro colegiados, com diferentes denominações. Temos, assim, Fóruns, Comitês e Grupos de Trabalho. Entre os Fóruns, podemos destacar, entre outros, o Fórum da Infância e Juventude, o Fórum da Liberdade de Imprensa, do Fórum Nacional do Poder judiciário para Monitoramento e Efetividade das demandas relacionadas a exploração do trabalho em condições análogas à de escravo e ao tráfico de pessoas e o Fórum de Precatórios. No que se refere aos Comitês, há o Comitê de Justiça Restaurativa, de atenção a Saúde de Servidores e Magistrados, de atenção prioritária ao primeiro grau, etc. E quanto a Grupos de Trabalho, estabelecidos por portarias especificas, há o de participação feminina no judiciário, Judicialização de benefícios previdenciários, dentre outros.

Neste artigo, selecionamos um exemplo de atuação emblemática do CNJ relativa ao Fórum Nacional do Poder judiciário para Monitoramento e Efetividade das demandas relacionadas a exploração do trabalho em condições análogas à de escravo e ao tráfico de pessoas. Trata-se de Fórum criado pelo Plenário do CNJ, por meio da Res. n. 212/2015 e tem por objetivo promover intercâmbios, elaborar estudos e propor medidas concretas de aperfeiçoamento do sistema de justiça quanto ao enfrentamento à exploração do trabalho em condição análoga à de escravo e ao tráfico de pessoas.

Na forma do art. 2º da Resolução 212/2015, caberá ao FONTET, dentre outras atribuições: promover o levantamento de dados, monitorar o andamento e a solução das ações judiciais por Juízes ou Tribunais; propor medidas concretas e normativas para o aperfeiçoamento de procedimentos e o reforço à efetividade dos processos judiciais, manter intercâmbio, dentro dos limites de sua finalidade, com entes de natureza judicial, acadêmica e social do país e do exterior, que atuem na referida temática etc.

O FONTET é composto pelo Comitê Nacional Judicial e por Comitês Estaduais Judiciais de Enfrentamento à Exploração do Trabalho em Condição Análoga à de Escravo e ao Tráfico de Pessoas.

Em 2016, o Fórum foi instalado em solenidade realizada no Plenário da 1ª Turma do STF, evento que contou com a presença do ativista indiano Kailash Satyarth, premiado em 2014 com o prêmio Nobel da Paz por sua atuação na defesa dos direitos das crianças. Na mesma data, realizou-se a primeira reunião ordinária, que elegeu prioridades.

Foi assinado, em 13 de dezembro de 2016, o Pacto Federativo para Erradicação do Trabalho Escravo no país entre quinze estados e o Distrito Federal com a Secretaria Especial de Direitos Humanos do Ministério da Justiça e Cidadania. O acordo tem por objetivo promover a articulação entre os estados nas ações contra o trabalho escravo e aperfeiçoar as estratégias de enfrentamento a esse tipo de crime, definido no art. 149 do Código Penal.

Em 2018 as ações do Comitê nacional foram retomadas, a partir da edição da Portaria n. 135, de 24 de outubro de 2018, sendo planejadas diversas medidas para a concretização do Trabalho Decente, dentro da perspectiva de enfrentamento a exploração do Trabalho em Condição Análoga à de Escravo e ao Tráfico de Pessoas.

As atividades do Comitê então passaram a ser estruturadas em quatro eixos básicos de atuação. O primeiro eixo é o de fortalecimento do sistema jurídico por meio da construção de ferramentas tecnológicas ou de propostas de normativos que viabilizem o compartilhamento de informações a respeito de investigações realizadas nos âmbitos trabalhista e criminal, decorrentes da prática dos ilícitos de trabalho escravo e de tráfico de pessoas.

O segundo é o de monitoramento do fluxo de ações civis, trabalhistas e criminais relacionadas com os temas de trabalho escravo e tráfico de pessoas, objetivando identificar a origem geográfica e as causas principais dos ilícitos, bem como detectar eventuais gargalos processuais, de modo a propor soluções para agilizar as soluções de demandas pendentes e, assim, minimizar a sensação de impunidade.

O terceiro eixo e da difusão de conhecimentos na área de direitos humanos, mais especificamente no que tange às temáticas de trabalho escravo e de tráfico de pessoas, para uma maior sensibilização dos magistrados em relação a essas questões.

Finalmente, o ultimo eixo é do acompanhamento de projetos de leis em tramitação nas Casas Legislativas sobre temas relacionados com trabalho escravo e tráfico de pessoas.

5. CONSIDERAÇÕES FINAIS

Após as análises empreendidas neste artigo, pode-se verificar a importância da atuação do CNJ por meio de suas comissões, com vistas a concretizar direitos fundamentais previstos na Constituição Federal.

De forma específica, o artigo fez um resumo do referencial teórico e normativo sobre o trabalho decente e das ações desempenhadas pelo CNJ no âmbito da promoção do trabalho decente e enfrentamento ao trabalho escravo e tráfico de pessoas, demonstrando a multiplicidade de ações a serem empreendidas em todo o país, sob a liderança do conselho neste ponto.

Muito foi feito, mas muito mais pende de realização. Em razão disto, o Conselho Nacional de Justiça vem, diuturnamente, colaborando com a efetivação de direitos fundamentais, através de políticas públicas empreendidas pelo Poder Judiciário nacional.

6. REFERÊNCIAS

AZEVEDO NETO, Platon Teixeira de. *O trabalho decente como um direito humano*. São Paulo: LTr, 2015.

BALERA, Wagner; SAYEG, Ricardo Hasson. *O capitalismo humanista*: filosofia humanista de direito econômico. Petrópolis: KBR, 2011.

BRASIL. *Constituição da República Federativa do Brasil*. Brasília: Senado Federal, 1988.

BRITTO, Carlos Augusto Ayres. *Constitucionalismo fraterno e o Direito do Trabalho*. São Paulo: LTr, 2004.

BRITO FILHO, José Cláudio Monteiro. *Trabalho decente*: Análise jurídica da exploração, trabalho escravo e outras formas de trabalho indigno. 3. ed. São Paulo: LTr, 2013.

CASTELLS, Manuel. *O poder da identidade*. São Paulo: Paz e Terra, 1996. p. 174.

PIOVESAN, Flávia. *Temas de direitos humanos*. 10. ed. São Paulo: Saraiva, 2017.

SANTOS. Boaventura de Souza (Org.). *Reconhecer para libertar*. Os caminhos do cosmopolitismo multicultural. Rio de Janeiro: Civilização Brasileira, 2003.

ORGANIZAÇÃO DAS NAÇÕES UNIDAS. *Declaração Universal dos Direitos Humanos*. Disponível em: <http://www.dudh.org.br/wp-content/uploads/2014/12/dudh.pdf>. Acesso em: 25 nov. 2018

ORGANIZAÇÃO INTERNACIONAL DO TRABALHO. *As boas práticas da inspeção do trabalho no Brasil*: a inspeção do trabalho no Brasil: pela promoção do trabalho decente. Brasília: OIT, 2010. Disponível em: <http://www.oit.org.br/sites/default/files/topic/labour_inspection/pub/trabalho_decente_inspecao_280.pdf>. Acesso em: 24 jan. 2018.

PESSOA, Flávia Moreira Guimarães; SANTOS, Mariana Farias. O capitalismo humanista como um elemento para o desenvolvimento: um regime econômico em consonância com os direitos humanos. *Revista de direito, economia e desenvolvimento sustentável*, v. 2, p. 204-220, n. 2, 2016.

_____. O trabalho no call center: Um olhar através do trabalho decente. In: FARIAS, James Magno Araujo (Org.); GOMES, Maria Beatriz Theodoro; LEIRIA, Maria de Lourdes (Coord.). *Trabalho Decente*. São Paulo: LTr, 2017.

PESSOA, Flávia Moreira Guimarães. *Relações de trabalho na sociedade contemporânea*. São Paulo: LTr, 2009.

SARLET, Ingo Wolfgang. *A eficácia dos direitos fundamentais*: uma teoria geral dos direitos fundamentais na perspectiva constitucional. 12. ed., rev., atual. e ampl. Porto Alegre: Livraria do Advogado, 2015a.

SARLET, Ingo Wolfgang. *Dignidade (da pessoa) humana e direitos fundamentais na Constituição Federal de 1988*. 10. ed., rev., atual. e ampl. Porto Alegre: Livraria do Advogado, 2015b.

SEN, Amartya. *Desenvolvimento como liberdade*. Tradução Laura Teixeira Mota. São Paulo: Companhia das Letras, 2010.

APLICA-SE A REFORMA TRABALHISTA AOS CONTRATOS EM CURSO OU APENAS AOS NOVOS EMPREGADOS?

Maria Cristina Irigoyen Peduzzi[1]

1. INTRODUÇÃO

A reforma promovida pela Lei n. 13.467/2017 tem suscitado debates a respeito de sua aplicabilidade às relações de trabalho já constituídas. A lei alterou e acresceu dispositivos à CLT, trazendo mudanças substantivas às relações trabalhistas.

Contudo, a lei foi omissa no estabelecimento de normas de direito intertemporal. Buscando suprir a lacuna legislativa, o art. 2º da Medida Provisória n. 808, de 14 de novembro de 2017, expressamente previa a aplicação imediata da reforma aos contratos de trabalho vigentes.[2] Ainda que o texto da Medida Provisória deixasse dúvidas passíveis de ser progressivamente solucionadas pela jurisprudência no exame de casos concretos, ao menos definia um critério claro de aplicabilidade da reforma. Todavia, a Medida Provisória não foi convertida em lei e, em consequência, perdeu sua eficácia (art. 62, § 3º, da Constituição).

Com isso, permanece a questão: a reforma trabalhista é aplicável aos contratos em curso no momento da entrada em vigor da Lei n. 13.467/2017 ou apenas aos novos contratos, firmados após a vigência do texto legal?

Na presente exposição, examinarei a questão sob dois prismas distintos. Em primeiro lugar, é importante ponderar a incidência da nova lei sob o prisma da modificação do contrato de trabalho pela via da alteração legislativa. Trata-se de uma abordagem que discute as alterações sob o prisma da própria natureza do contrato de trabalho. A questão que orienta essa perspectiva é a seguinte: pode a lei alterar o conteúdo normativo de um contrato firmado anteriormente a sua vigência?

Provavelmente, talvez a segunda perspectiva a respeito da discussão seja mais evidente, por examinar a incidência da nova legislação sob a perspectiva da eficácia das normas no tempo. Sob essa ótica, questões alusivas à preservação do direito adquirido e do ato jurídico perfeito ganham proeminência quando interpretadas a partir da incidência da lei nova.

2. PODE A LEI NOVA ALTERAR O CONTRATO DE TRABALHO FIRMADO ANTERIORMENTE A SUA VIGÊNCIA?

A alteração do contrato de trabalho é um dos temas mais sensíveis da doutrina e jurisprudência justrabalhista, já que coloca em questão duas das premissas fundantes do sistema do direito do trabalho. Por um lado, a alteração do contrato é uma das expressões máximas da autonomia da vontade das partes. Por outro, os limites impostos pela natureza cogente das normas regentes das relações de trabalho deixam pouca margem para que a vontade das partes contratantes promova alterações substantivas ao contrato de trabalho.

Não por menos, o saudoso professor Hugo Gueiros Bernardes sustentou a semelhança entre o contrato juslaboral e os contratos de adesão, uma vez que, por se assentar "numa precária autonomia de vontade", "o contrato de trabalho suscita graves problemas na área do consentimento, da interpretação da vontade contratual das partes e da integração das lacunas".[3] Daí porque o jurista já sustentava a necessidade de uma interpretação das alterações contratuais que equilibre as exigências de proteção do trabalhador e de respeito à autonomia da vontade, uma vez que levar "a proteção do fraco até a anulação de sua vontade, no mundo jurídico, não é defendê-lo, mas bani-lo da sociedade dos homens livres".[4] E conclui pela necessidade de que, no exame da alteração contratual, o intérprete deixe de lado as premissas de "absoluta boa-fé do empregado e inarredável má-fé do empregador", buscando averiguar se, concretamente, há fraude, má-fé ou abuso de direito.[5]

---

(1) Ministra do TST. Mestre em Direito, Estado e Constituição pela UnB. Ex-Conselheira do CNJ. Ex-Diretora da ENAMAT. Presidente Honorária da ABDT.

(2) Essa, a redação do dispositivo: Art. 2º O disposto na Lei n. 13.467, de 13 de julho de 2017, se aplica, na integralidade, aos contratos de trabalho vigentes.

(3) BERNARDES, Hugo Gueiros *et. al.* *O contrato de trabalho e sua alteração.* 2. ed. São Paulo: LTr, 1986. p. 19.

(4) BERNARDES, Hugo Gueiros *et. al.* *O contrato de trabalho e sua alteração.* 2. ed. São Paulo: LTr, 1986. p. 20.

(5) BERNARDES, Hugo Gueiros *et. al.* *O contrato de trabalho e sua alteração.* 2. ed. São Paulo: LTr, 1986. p. 20-21.

Assim, o estudo da alterabilidade do contrato de trabalho pressupõe, desde o início, a análise da incidência simultânea de uma multiplicidade de interesses jurídico-normativos. É preciso investigar não apenas a regência legal da alteração contratual, mas também as demandas da autonomia da vontade e dos princípios de ordem pública que orientam o direito material do trabalho.

2.1. O princípio da irrenunciabilidade dos direitos trabalhistas e a alteração do contrato de trabalho

É certo que a disciplina da alteração contratual nas relações do trabalho demanda um profundo exame de seu núcleo jurídico-normativo, regido pelo Capítulo III (Da Alteração) do Título IV (Do Contrato Individual do Trabalho) da CLT e, mais especificamente, pelo art. 468 do diploma legal.

Em obra clássica sobre a principiologia no Direito do Trabalho, Américo Plá Rodriguez afirma o *status* do *princípio da irrenunciabilidade* para compreender a deontologia do sistema normativo juslaboral. De acordo com o autor, esclarecendo o conteúdo jurídico do princípio, o da irrenunciabilidade consiste na "impossibilidade jurídica de privar-se voluntariamente de uma ou mais vantagens concedidas pelo direito trabalhista em benefício próprio".[6] Recorrendo à obra de Helios Sarthou, Américo Plá Rodriguez ainda destaca a inversão entre a relação autonomia-heteronomia no Direito do Trabalho, afirmando que "[n]o direito comum, a autonomia é a regra, e a heteronomia, a exceção. No Direito do Trabalho a regra é a regulamentação heterônoma e a exceção, o acordo autônomo".[7]

O princípio da irrenunciabilidade constitui axioma lógico-normativo basilar que reflete a inversão da relação entre autonomia e heteronomia nas relações de trabalho. A partir dessa compreensão metodológica, torna-se possível compreender os parâmetros normativos instituídos no art. 468 da CLT, que tem a seguinte redação:

> Art. 468. Nos contratos individuais de trabalho só é lícita a alteração das respectivas condições por mútuo consentimento, e ainda assim desde que não resultem, direta ou indiretamente, prejuízos ao empregado, sob pena de nulidade da cláusula infringente desta garantia.

Como se verifica, o dispositivo orienta-se pelo princípio da irrenunciabilidade, sujeitando a prerrogativa de alteração do contrato de trabalho a duas regras: (i) a *alterabilidade bilateral* do contrato de trabalho *desde que não acarrete prejuízo ao trabalhador*; e (ii) a *inalterabilidade unilateral* do contrato de trabalho. São nulas de pleno direito as alterações *unilaterais* e as que, embora estabelecidas bilateralmente, acarretem prejuízos *diretos ou indiretos* ao empregado. É certo que as alterações unilaterais benéficas podem ser consideradas válidas *a posteriori*, assumindo-se como pressuposto a aceitação tácita do empregado e, como consequência, a bilateralidade da alteração.[8]

À luz da regra da alterabilidade bilateral do contrato de trabalho, pode ele ser inovado, no curso de sua vigência, desde que os contratantes estejam de acordo quanto à modificação de suas cláusulas. A licitude da alteração é condicionada por dois fatores.

Em primeiro lugar, impõe-se o *respeito ao direito positivo*, em razão da imperatividade da legislação trabalhista. É nula, ante o princípio republicano da legalidade e mesmo em virtude do princípio protetivo que rege as relações do trabalho, a alteração do contrato de trabalho contrária a norma legal e/ou constitucional.

Em segundo lugar, deve-se observar o *impacto da alteração na condição do trabalhador*. Ainda que bilateralmente ajustadas, *somente são admissíveis as alterações contratuais benéficas ao trabalhador*. Sob esse prisma, mesmo que consentidas, alterações direta ou indiretamente prejudiciais ao empregado são nulas, presumindo-se a existência de vício de consentimento (*iure et de iure*). Essa consequência deriva do princípio mais geral da irrenunciabilidade dos direitos trabalhistas; sendo irrenunciáveis, os empregados não poderiam negociar alterações contratuais que transigissem a respeito de direitos fixados contratualmente ou por força da legislação.

É certo que as convenções e acordos coletivos de trabalho podem alterar as condições contratuais mesmo em termos prejudiciais ao empregado. A Constituição de 1988, desde sua origem, já previa no art. 7º hipóteses em que o contrato de trabalho poderia ser alterado inclusive em prejuízo do empregado, por norma resultante de negociação coletiva, quanto a diversos aspectos: valor do salário, regime de compensação e ampliação da jornada de 6 horas em turnos ininterruptos de revezamento.

Parte da doutrina entendia que as demais circunstâncias do contrato só poderiam ser negociadas coletivamente para melhorar as condições de trabalho. Entretanto, a Lei n. 13.467/2017 incluiu na CLT o art. 611-A, dispositivo que trata dos casos em que o contrato de trabalho pode ser

---

(6) RODRIGUEZ, Américo Plá. *Princípios de direito do trabalho*. 3. ed. São Paulo: LTr, 2015. p 144.

(7) RODRIGUEZ, Américo Plá. *Princípios de direito do trabalho*. 3. ed. São Paulo: LTr, 2015. p 161.

(8) Nesse sentido, a posição de Hugo Gueiros Bernardes no tocante às alterações unilaterais benéficas decorrentes da habitualidade: "Efetivamente, o art. 468 da CLT não exige mais que o 'mútuo consentimento' e a inocuidade, para fazer válida uma alteração contratual. Como o art. 442 da mesma Consolidação admite o ajuste tácito inicial, a mesma possibilidade é de ser reconhecida às alterações desse primitivo ajuste. Ora, a 'habitualidade' pode ser favorável ou desfavorável ao empregado. Quando a reiteração do fato alterativo tem sentido favorável, não temos dificuldade alguma em reconhecer-lhe eficácia." In: BERNARDES, Hugo Gueiros *et. al. O contrato de trabalho e sua alteração*. 2. ed. São Paulo: LTr, 1986. p. 46.

alterado por norma coletiva em prevalência sobre a lei, sem ressalvar o teor benéfico da alteração para o empregado.

O *caput* do art. 468 permaneceu incólume após as recentes alterações promovidas pela Lei n. 13.467/2017 (reforma trabalhista). Embora a reforma legislativa tenha instituído um novo § 2º, a regra geral atinente às condições de validade das alterações ao contrato de trabalho permaneceu a mesma. Assim, a alteração do contrato de trabalho é lícita desde que instituída favoravelmente ao empregado.

2.2. Alteração legislativa do contrato de trabalho

Permanece, contudo, uma dúvida: o art. 468 constitui obstáculo a alterações prejudiciais ao empregado derivadas de inovação legislativa?

Parte da doutrina tem sustentado a inaplicabilidade do texto da reforma trabalhista aos contratos de trabalho vigentes no momento da entrada em vigor da Lei n. 13.467/2017.[9]

Todavia, as alterações decorrentes de mudanças legislativas são aplicáveis imediatamente, inclusive quanto aos contratos de trabalho vigentes. Mesmo alterações legislativas potencialmente prejudiciais ao empregado se aplicam aos contratos em vigor.

Tal conclusão se sustenta na própria legislação ordinária.

O art. 912 da própria CLT já previa, nas disposições finais e transitórias, a aplicação imediata do diploma trabalhista, inclusive "às relações iniciadas, mas não consumadas, antes da vigência desta Consolidação". Mais recentemente, o art. 2.035 do Código Civil de 2002 estatuiu que "[a] validade dos negócios e demais atos jurídicos, constituídos antes da entrada em vigor deste Código, obedece ao disposto nas leis anteriores, referidas no art. 2.045, *mas os seus efeitos, produzidos após a vigência deste Código, aos preceitos dele se subordinam*".

Em sintonia com esse entendimento, Gustavo Filipe Barbosa Garcia sustenta que "as modificações decorrentes da Lei n. 13.467/2017 não tratam de alteração contratual imposta pelo empregador ou oriunda da vontade das partes, pois decorrem de nova determinação legislativa, o que, a rigor, afasta a incidência dos requisitos do art. 468 da CLT a respeito".[10]

No mesmo sentido, é o entendimento de Vólia Bomfim Cassar, à luz do qual "a lei pode autorizar a alteração *in pejus* do contrato, criar ou retirar direitos, repercutindo imediatamente nos contratos vigentes, podendo impactar mudança que cause prejuízo ao empregado. (...) Entendemos que a regra contida no artigo 468 da CLT não se aplica ao caso porque dirigida às partes e não ao legislador".[11]

Nesses termos, a vedação imposta pelo art. 468 da CLT diz respeito apenas à alteração do contrato de trabalho promovida individualmente pelas próprias partes, devendo ser preservados os direitos instituídos originalmente. Alterações decorrentes de negociação coletiva, em sintonia com as normas constitucionais de regência e com o novo art. 611-A, ainda que prejudiciais, podem ser consideradas válidas e não estão sujeitas às restrições do art. 468 da CLT. Por fim, o dispositivo também não se presta a regular alterações promovidas pelo próprio legislador, que pode modificar as normas contratuais, ainda prejudicialmente ao empregado.

Assim, sob o prisma da alteração do contrato de trabalho, inexiste qualquer vedação à aplicabilidade da reforma trabalhista aos contratos em curso. Do ponto de vista da relação contratual, não há princípio ou regra que impeça a incidência da lei aos contratos já em vigor.

3. DIREITO INTERTEMPORAL, VIGÊNCIA E APLICABILIDADE DA NOVA NORMA LEGAL AOS CONTRATOS DE TRABALHO EM VIGOR

Não é outra a conclusão decorrente do exame da matéria sob o prisma da aplicação das leis no tempo. Como estabelece o art. 6º da Lei de Introdução às Normas do Direito Brasileiro,[12] "[a] Lei em vigor terá efeito imediato e geral, respeitados o ato jurídico perfeito, o direito adquirido e a coisa julgada".

Ressalto, inicialmente, que o respeito ao ato jurídico perfeito, ao direito adquirido e à coisa julgada instituem uma proteção geral contra a aplicação retroativa das leis, com o intuito de preservar a segurança jurídica. Assim, em face do ato jurídico perfeito, ficam resguardados os atos *já consumados* à época da lei anterior; por força do direito adquirido, preservam-se aqueles integrados *definitivamente* ao patrimônio jurídico do titular; e as questões definitivamente decididas judicialmente (coisa julgada).[13]

---

(9) Na visão de Carlos Eduardo Oliveira Dias, "as alterações promovidas na CLT pela Lei n. 13.467/2017 não podem atingir os contratos em vigor quando do início da vigência da norma. Esses contratos estão protegidos pela cláusula constitucional de intangibilidade dos atos jurídicos perfeitos, e não poderiam sofrer mutações decorrentes de alterações legislativas, especialmente as prejudiciais aos trabalhadores (art. 5º, XXXVI, da Constituição). Por isso, o dispositivo da MP n. 808 deve ser desconsiderado, por nítida violação constitucional". In: DIAS, Carlos Eduardo Oliveira. (et al.). *Comentários à lei da reforma trabalhista: dogmática, visão crítica e interpretação constitucional*. São Paulo: LTr, 2018. p. 111.

(10) GARCIA, Gustavo Filipe Barbosa. Eficácia no tempo das normas de direito do trabalho. In: MANNRICH, Nelson (Coordenador). *Reforma trabalhista: reflexões e críticas*. São Paulo: LTr, livro eletrônico. p. 196.

(11) CASSAR, Vólia Bomfim; BORGES, Leonardo Dias. *Comentários à reforma trabalhista*. 2. ed. rev. atual. ampl. São Paulo: Método, 2017. p. 4.

(12) Decreto-Lei n. 4.657/1942, alterado pela Lei n. 12.376/2010.

(13) Cf. LINDB, art. 6º, §§ 1º a 3º.

Nesse sentido, por exemplo, o Ministro Mauricio Godinho Delgado e a professora Gabriela Delgado sustentam, em obra sobre a reforma trabalhista, que "as repercussões da Lei n. 13.467/2017, atingiriam, essencialmente, *apenas relações sociojurídicas realmente novas*, deflagradas a partir de 11 de novembro de 2017 (contratos efetivamente novos, dessa maneira)". Em reforço a essa tese, invocam a Súmula n. 191 do TST, à luz da qual a alteração da base de cálculo do adicional de periculosidade do eletricitário promovida por alteração legislativa atinge apenas os contratos de trabalho novos, firmados a partir da vigência da nova lei.[14]

Com a vênia das posições em sentido contrário, o ato jurídico perfeito ou o direito adquirido não constituem objeção à aplicação imediata da Lei n. 13.467/2017 aos contratos em curso. Se é certo que a Súmula n. 191 adotou a posição indicada, também é certo que, em outras oportunidades, aplicou-se imediatamente a lei nova aos contratos firmados anteriormente a sua vigência, na forma preconizada pela Lei de Introdução às Normas do Direito Brasileiro. Mencione-se, por exemplo, a Lei Complementar n. 150/2015, que dispõe sobre o contrato de trabalho doméstico, e a própria CLT (art. 912). Ambos os diplomas foram aplicados incontestável e imediatamente aos contratos de trabalho celebrados anteriormente a sua vigência.[15]

Outra vertente doutrinária sustenta a aplicabilidade imediata apenas das "regras da Reforma que não colidam com os Princípios do Direito do Trabalho, especialmente o da Proteção, e que observem o Princípio da Proibição do Retrocesso Social".[16] Essa posição, contudo, encontra dificuldade na impossibilidade de delimitação, de antemão, de quais mudanças legislativas seriam prejudiciais ao empregado, considerando-se a multiplicidade de interesses em questão – incluindo-se, aí, a circunstância de que diversas medidas têm grande potencial de gerar novos empregos e permitir maior acesso ao mercado de trabalho. Além disso, com Jeremy Waldron, é possível dizer que essa posição supõe que o Poder Judiciário teria maior condição que o Poder Legislativo de aferir que regras se amoldam ao princípio da proibição do retrocesso social, postulado que afronta a legitimidade democrática atribuída constitucionalmente ao legislador.[17]

A aplicabilidade da legislação aos contratos de trabalho em curso no momento de sua entrada em vigor demanda um exame à luz dos postulados de regência do direito intertemporal. Nesse sentido, é importante distinguir entre eficácia imediata e eficácia retroativa. Ao passo que a eficácia *retroativa* é vedada pela proteção ao direito adquirido e o ato jurídico perfeito, com vistas a preservar a segurança jurídica, a eficácia imediata de uma norma leva sua incidência a atingir apenas *fatos futuros* e *situações ainda não consumadas*, em plena sintonia com o ordenamento jurídico e as garantias constitucionais.[18]

Os negócios jurídicos de trato sucessivo configuram relações jurídicas continuadas, de forma que a relação jurídica produz efeitos sucessivos e contínuos. A fundamentação de validade do negócio jurídico deve ser aferida a cada momento em que os efeitos são produzidos, reconstruindo-se a base normativa que lhe dá fundamento conforme a legislação em vigor.

Nessa perspectiva, sendo de trato sucessivo, o conteúdo jurídico de contrato de trabalho firmado anteriormente à Lei n. 13.467/2017 deve conformar-se às disposições instituídas pelo novo diploma legal. Evidentemente, devem ser respeitadas as disposições anteriores que tenham gerado direito adquirido ou consolidado ato jurídico perfeito, estabilizando-se a segurança jurídica. Todavia, as normas novas que estipulem efeitos concretos, sucessivos e contínuos incidem de forma imediata, alcançando todos os atos praticados a partir de sua incidência. Nesse sentido, cumpre citar Luiz Alberto David Araujo e Vidal Serrano Nunes Júnior: "no caso de normas de ordem aplicáveis a contratos de execução continuada, *a regra tem incidência imediata, infligindo alteração no teor do contrato*."[19]

4. CONCLUSÕES

Nos termos da presente exposição, é possível pontuar as seguintes conclusões.

É evidente que os dispositivos de direito material instituídos pela reforma são inaplicáveis aos contratos encerrados anteriormente a sua vigência. Tais contratos estão cobertos pelas disposições constitucionais relativas aos princípios da legalidade, irretroatividade, ato jurídico perfeito e direito adquirido. Em respeito à segurança jurídica, o conteúdo material da Lei n. 13.467/2017 não pode se

---

(14) DELGADO, Mauricio Godinho; DELGADO, Gabriela Neves. *A reforma trabalhista no Brasil*: com os comentários à Lei n. 13.467/2017. 2. ed. São Paulo: LTr, 2018. p. 408.

(15) Cf., a propósito, o Parecer n. 00248/2018/CONJUR-MTB/CGU/AGU, aprovado pelo Ministro do Trabalho e publicado no Diário Oficial da União de 15.05.2018 (Edição n. 92, Seção 1. p. 59).

(16) KROST, Oscar. Direito Intertemporal Material – Medida Provisória n. 808, de 14 de novembro de 2017 – Art. 2º. LISBÔA, Daniel; MUNHOZ, José Lucio. *Reforma trabalhista comentada por juízes do trabalho*: artigo por artigo. São Paulo: LTr, 2018. p. 523.

(17) Cf., a propósito, WALDRON, Jeremy. *A dignidade da legislação*. Trad. Luís Carlos Borges. São Paulo: Martins Fontes, 2003.

(18) GARCIA, Gustavo Filipe Barbosa. Eficácia no tempo das normas de direito do trabalho. In: MANNRICH, Nelson (Coordenador). *Reforma trabalhista*: reflexões e críticas. São Paulo: LTr, livro eletrônico. p. 197.

(19) ARAUJO, Luiz Alberto David; NUNES JÚNIOR, Vidal Serrano. *Curso de direito constitucional*. 10. ed. São Paulo: Saraiva, 2006. p. 181. Destaques acrescidos.

aplicar aos fatos passados, ainda que relativos a contratos em curso.

No entanto, como assinalado, a lei possui efeito *imediato*, sendo aplicável a todos os fatos posteriores ao início de sua vigência. Daí se segue a sua aplicabilidade tanto aos contratos de trabalho *novos*, firmados após a entrada em vigor do diploma, quanto aos atos fundados nos contratos em curso no momento em que a nova lei passou a produzir efeitos jurídicos.

Tais conclusões foram extraídas não apenas a partir de uma análise fundamentada nos princípios de regência da alteração contratual, mas também considerando os princípios constitucionais, a lei de introdução às normas do direito brasileiro, a normatização de regência da aplicação das normas de direito material no tempo, que foram desenvolvidas a fim de preservar a segurança jurídica de todos os potenciais alcançados pelas alterações legislativas e a letra expressa do art. 912 da CLT.

DA HIPOSSUFICIÊNCIA NAS RELAÇÕES DE EMPREGO À MITIGAÇÃO DA DEPENDÊNCIA ECONÔMICA E DA SUBORDINAÇÃO JURÍDICA À LUZ DAS MUDANÇAS TRAZIDAS PELA LEI N. 13.467/2017

GILBERTO STÜRMER[1]
DIEGO MARTIGNONI[2]

1. INTRODUÇÃO

O presente artigo é parte da coletânea organizada pelo Professor Vitor Salino de Moura Eça, confrade da Academia Brasileira de Direito do Trabalho, com o objetivo de homenagear o querido Armando Casimiro Costa Filho, o nosso "Armandinho" da Editora LTr, que no final de 2018 nos deixou.

O "Armandinho" sempre foi uma referência para todos nós. Ele e a sua (nossa) LTr se confundem com a Academia Brasileira de Direito do Trabalho. É uma honra poder homenageá-lo da forma que melhor fazemos: discutindo o Direito do Trabalho.

A Lei n. 13.467/2017 trouxe como uma das alterações a questão do trabalhador hipersuficiente – denominação cunhada por parte da doutrina – por meio da inclusão do parágrafo único ao art. 444 da Consolidação das Leis do Trabalho (CLT).

Com base nessa nova disposição legal, entende-se que o trabalhador que aufere salário mensal igual ou superior a duas vezes o limite máximo dos benefícios do Regime Geral de Previdência Social e possui diploma de nível superior encontra-se numa situação de maior liberdade de negociação, cujas condições tenham a eficácia do que comumente se estabelece apenas mediante negociação coletiva.

Não obstante, a referida lei também incluiu na CLT o art. 507-A, no intuito de viabilizar cláusula compromissória de arbitragem para solucionar controvérsias decorrentes do contrato de trabalho, desde que seja de iniciativa do empregado ou por sua expressa concordância, sem, todavia, repetir o requisito da formação em nível superior, adotando apenas o critério da remuneração.

Essa alteração legislativa impacta diretamente na estrutura da relação de emprego, que se pauta na vulnerabilidade do empregado frente ao empregador, manifestada pela dependência listada, inclusive, no art. 3º, *caput*, da CLT, como um dos pressupostos do vínculo de emprego.

Todavia, antes de adentrar nos novos conceitos trazidos pela Lei n. 13.467/2017, revela-se importante tecer algumas manifestações a respeito da hipossuficiência do empregado e alguns dos seus desdobramentos.

2. HIPOSSUFICIÊNCIA NO DIREITO DO TRABALHO

O direito do trabalho, com suas regras e seus institutos próprios, busca a proteção do trabalhador na relação de emprego com o intuito de amenizar o desequilíbrio

---

(1) Advogado e Parecerista. Conselheiro Seccional da OAB/RS (2013/2015). Membro do Instituto dos Advogados do Rio Grande do Sul (IARGS). Membro da Associação dos Advogados Trabalhistas de Empresas no Rio Grande do Sul (SATERGS). Titular da Cadeira n. 100 da Academia Brasileira de Direito do Trabalho. Titular da Cadeira n. 4 e Fundador da Academia Sul-Riograndense de Direito do Trabalho. Presidente da Academia Sul-Riograndense de Direito do Trabalho (2018/2020). Bacharel em Direito pela Pontifícia Universidade Católica do Rio Grande do Sul (1989), Mestre em Direito pela Pontifícia Universidade Católica do Rio Grande do Sul (2000), Doutor em Direito do Trabalho pela Universidade Federal de Santa Catarina (2005) e Pós-Doutor em Direito pela Universidade de Sevilla (Espanha) (2014). Coordenador dos Cursos de Pós-Graduação – Especialização em Direito do Trabalho e Direito Processual do Trabalho da Escola de Direito da Pontifícia Universidade Católica do Rio Grande do Sul. Coordenador dos Núcleos de Direito Público e Social da Escola de Direito da Pontifícia Universidade Católica do Rio Grande do Sul. Professor Titular de Direito do Trabalho nos Cursos de Graduação e Pós-Graduação (Especialização, Mestrado e Doutorado) na mesma Escola. Tem como principais áreas de atuação, o Direito Individual do Trabalho e o Direito Coletivo do Trabalho, e como principal linha de pesquisa, a Eficácia e Efetividade da Constituição e dos Direitos Fundamentais no Direito do Trabalho.

(2) Advogado. Pós-Graduado em Direito e Processo do Trabalho. Mestrando em Direito pela Pontifícia Universidade Católica do Rio Grande do Sul. Área de Concentração: Fundamentos Constitucionais do Direito Público e do Direito Privado.

existente no contrato de trabalho entre empregador e empregado.

Nesse aspecto, cumpre destacar que a hipossuficiência do empregado é relacionada à sua dependência em relação ao empregador que, para a Teoria Clássica, consiste numa dependência de viés econômico[3].

Nos primórdios do Direito do Trabalho, foi justamente essa dependência econômica um aspecto fundamental ao desenvolvimento desse ramo jurídico[4].

Nesse sentido, a hipossuficiência é a base sobre a qual se constrói o fundamento fático e ou justificativa para a existência de normas de ordem pública protetivas do empregado frente ao empregador. Trata-se da própria justificativa da existência do direito do trabalho.

Um aspecto essencial para compreensão do direito do trabalho é a determinação dos fatores que tornam um indivíduo hipossuficiente, portanto, destinatário das ações supletiva e imperativa da lei.

Na lição de Cesarino Junior, os absolutamente hipossuficientes seriam tão somente os não proprietários, que dependam diretamente, para sua sobrevivência e de sua família, do produto do seu trabalho[5].

Ainda, de acordo com o referido autor, a proteção ao trabalhador só deve incidir sobre aqueles que sejam absolutamente hipossuficientes, ou seja, tão somente em relação àqueles em que a desigualdade material existente entre as partes seja flagrante[6].

Em sentido oposto, Carmen Camino adentra no conceito de vulnerabilidade, referindo que a tutela estatal não é destinada somente aos pobres, que tem no trabalho a sua única fonte de subsistência[7].

Esclarece a autora que a necessidade do emprego existe tanto para o hipossuficiente quanto para o autossuficiente, pois é justamente esta autossuficiência – a partir de um alto salário – que lhe permite um bom padrão de vida[8].

3. CONTORNOS HISTÓRICOS DA RELAÇÃO DE EMPREGO E DO CONTRATO DE TRABALHO

Para o professor espanhol Antonio Ojeda Avilés pode-se deduzir que o atual contrato de trabalho deriva do contrato de arrendamento de serviços romano, sendo essa uma variante da *locatio conductio*, e sua tripartição em coisa, obra e serviço, cuja difusão somente veio ocorrer no século XIX[9].

O referido autor complementa afirmando que o contrato de arrendamento de serviços foi a veste contratual do trabalho subordinado até que inúmeras leis sociais de proteção do trabalho forçaram o nascimento de um tipo contratual diferenciado, o que veio a ocorrer no final do século XIX, o que significa referir que o arrendamento de serviços foi o hangar natural do trabalho subordinado durante todo o século XIX[10].

Para Manoel Alonso Olea, a *locacio conductio* dos romanos constitui o modelo da organização do trabalho subordinado do homem livre[11].

Em sentido oposto, a professora portuguesa Maria do Rosário Palma Ramalho, afirma que *"o fenômeno do trabalho subordinado de que o direito do trabalho se ocupa é, efetivamente, um fenômeno moderno, projetado pela Revolução Industrial".*[12] Não negando a existência de trabalho livre subordinado anteriormente, mas por questionar, na época pré-industrial, a liberdade do prestador, que não tinha *"o significado axiológico pleno e irrestrito que lhe reconhecemos".*[13]

Visando trazer mais elementos sobre a origem do contrato de trabalho, Avilés afirma que se pode falar em contrato de trabalho antes e depois da Revolução Industrial, sendo necessário averiguar, ao menos, três situações.

Na primeira, o contrato de trabalho nasce com a Revolução Industrial para tipificar as relações laborais na grande indústria. Não havia antes uma referência similar de contrato livre assalariado. O poder das grandes máquinas e construções se sobressaía a qualquer outra realidade

---

(3) PORTO, Lorena Vasconcelos. A subordinação no contrato de emprego: desconstrução, reconstrução e universalização do conceito jurídico. 2008. 355 f. Dissertação (Mestrado) – Curso de Direito, Pontifícia Universidade Católica de Minas Gerais, Belo Horizonte, 2008, p. 66.

(4) *Ibidem*, p. 66.

(5) CESARINO JUNIOR, Antônio Ferreira. *Direito social brasileiro*. 6. ed. São Paulo: Saraiva, 1970. p. 25.

(6) *Ibidem*, p. 25.

(7) CAMINO, Carmen. *Autonomia da vontade no direito do trabalho* (do chão de fábrica ao serviço público). 2011. 120 f. Tese (Doutorado em Direito) – Universidade Federal do Rio Grande do Sul, Porto Alegre, 2011. p. 69.

(8) *Ibidem*, p. 69.

(9) OJEDA AVILÉS, Antonio. *Las cien almas del contrato de trabajo*. Navarra: Aranzadi, 2017. p. 845.

(10) OJEDA AVILÉS, *op. cit.*, p. 140.

(11) OLEA ALONSO, Manoel. *Iniciação ao Direito do Trabalho*. São Paulo: LTr, 1984. p. 80.

(12) RAMALHO, Maria do Rosário Palma. *Direito do Trabalho*: Parte I – Dogmática Geral. 2. ed. Coimbra: Almedina, 2009. p. 46.

(13) RAMALHO, *op. cit.*, p. 46.

daquela época. Em outras palavras, o fenômeno da Revolução Industrial criou um tipo contratual específico para atender as suas próprias necessidades, tipo este que era desconhecido antes e que se impõe a figura do arrendamento de serviços graças a uma legislação expansiva[14].

Já na segunda situação, o contrato de trabalho existe antes mesmo da Revolução Industrial, porém passa por uma profunda transformação durante ela graças à massificação das grandes fábricas, diante da necessidade urgente de negociação coletiva e legislação social, cujo composto será o Direito do Trabalho em sua acepção moderna[15].

Por último, na terceira situação, o contrato de trabalho existe antes da Revolução Industrial, com modalidades simultâneas e muito similares ao contrato de indústria.

Dentre as três possibilidades o autor considera como a mais realista a terceira, pois há diversas modalidades de contratos laborais anteriores à Revolução Industrial. Todavia, quando eclode a revolução das máquinas, há uma clarificação dos seus elementos típicos[16].

4. DEPENDÊNCIA ECONÔMICA E SUBORDINAÇÃO JURÍDICA

Cumpre recordar que o liberalismo do século XVIII pregava um Estado alheio à economia que, quando muito, seria árbitro nas disputas sociais, no bojo de *laissez faire, laisse passer, laissez aller*. Porém, com a Revolução Industrial, o trabalho foi transformado em emprego, e os trabalhadores passaram a laborar em troca de salário, com uma nova cultura a ser aprendida. Num primeiro momento dessa nova etapa, o contrato de trabalho era estipulado mediante livre acordo entre as partes, mas o empregador ainda figurava como senhor da relação, extinguindo-a a qualquer momento, inclusive sem responsabilização por isso[17].

Com o surgimento da máquina a vapor, a indústria do carvão prosperou, porém, os trabalhadores foram submetidos a condições abusivas, insalubres, sujeitos a incêndios, explosões, e afins, de modo que, enquanto o trabalhador pudesse prestar serviços, encontrava-se numa verdadeira condição de servidão[18].

Assim, surge a necessidade de intervenção do Estado na relação de trabalho, no sentido de proteger o trabalhador inserido desigualmente nessa relação jurídica, inclusive contra a possibilidade de cessação abrupta do contrato de trabalho. Nessa época, o empregador era proprietário dos meios de produção, exercendo, também, o poder diretivo sobre o empregado.

Foi em decorrência dessa necessidade de intervencionismo do Estado, que deveria prestar a devida proteção ao trabalhador, tanto jurídica quanto econômica, que se desenvolveu o Direito do Trabalho. Nesse contexto, Sergio Pinto Martins menciona a lição de Galart Folch, no sentido de que se deve assegurar a superioridade jurídica do empregado em função da inferioridade econômica, estabelecendo mínimas condições a serem respeitadas pelo empregador[19].

É nesse aspecto que se pode inserir a dependência econômica do trabalhador, a qual servia para a situação em que o trabalhador era desprovido dos meios de produção, encontrando na remuneração advinda do trabalho a alternativa para garantir a sua subsistência. Remuneração esta que deveria ser suficiente para assegurar a sua sobrevivência e de sua família. Essa garantia não era proporcionada exclusivamente pelas leis do mercado, momento em que se fez necessária a intervenção estatal, através da legislação trabalhista.

Para a Teoria Clássica do Direito, a dependência econômica é o que permite entender que o trabalhador é a parte hipossuficiente da relação, diferenciando-a da subordinação jurídica.

Nas primeiras décadas do século XX, de acordo com Lorena Porto Vasconcelos, essa dependência econômica chegou a disputar com a subordinação qual critério poderia definir a relação de trabalho, sendo que os propagadores do conceito de dependência econômica objetivavam, justamente, a expansão da proteção trabalhista para outros trabalhadores que não se enquadravam no conceito de subordinação jurídica clássica, embora dependentes economicamente da prestação de serviços. Mas, de mecanismo de expansão da tutela justrabalhista, o conceito passou a ampliar a subordinação jurídica em si[20].

---

(14) OJEDA AVILÉS, *op. cit.*, p. 49.

(15) *Ibidem*, p. 49

(16) OJEDA AVILÉS, Antonio. *Las cien almas del contrato de trabajo*. Navarra: Aranzadi, 2017. p. 49.

(17) MARTINS, Sérgio Pinto. Breve histórico a respeito do trabalho. *Revista da Faculdade de Direito, Universidade de São Paulo*, [s.l.], v. 95, p.167-176, 1 jan. 2000. Universidade de São Paulo Sistema Integrado de Bibliotecas – SIBiUSP. Disponível em: <http://dx.doi.org/10.11606/issn.2318-8235.v95i0>.

(18) *Ibidem*, p. 167-176.

(19) MARTINS, Sergio Pinto. Breve histórico a respeito do trabalho. *Revista da Faculdade de Direito, Universidade de São Paulo*, [s.l.], v. 95, p.167-176, 1 jan. 2000. Universidade de São Paulo Sistema Integrado de Bibliotecas – SIBiUSP. Disponível em: <http://dx.doi.org/10.11606/issn.2318-8235.v95i0>.

(20) PORTO, Lorena Vasconcelos. *A subordinação no contrato de emprego: desconstrução, reconstrução e universalização do conceito jurídico*. 2008. 355 f. Dissertação (Mestrado) – Curso de Direito, Pontifícia Universidade Católica de Minas Gerais, Belo Horizonte, 2008. p. 66.

Nesse aspecto, Lorena recorda a lição de Paul Cuche em um famoso artigo intitulado "Le rapport de dépendance, élément constitutif du contrat de travail" ao propor que a subordinação jurídica não poderia ser o único critério para identificação da relação de trabalho, mas que deveria ser aliado à dependência econômica do empregado em relação ao empregador, sugerindo inicialmente que se identificasse a relação de trabalho quando também existisse dependência econômica por parte do prestador dos serviços em relação ao tomador[21].

Afirma, ainda, a autora, que anos mais tarde à posição defendida por Cuche, Francesco Santoro-Passareli também propôs que a relação de trabalho pudesse ser identificada quando se percebesse, de forma sucessiva, a subordinação jurídica e a dependência econômica.

Em seguida, Lorena esclarece que, juntamente com Henri Capitan, Cuche – consciente da dificuldade que a adoção do conceito impreciso e fluido de dependência econômica representava – delineou que, para ser empregado, o trabalhador deveria ter na remuneração seu único ou principal meio de subsistência, e a prestação laborativa deveria ser usada integral e regularmente pelo empregador.

Finalizando as considerações sobre a dependência econômica, Lorena refere que o conceito de dependência econômica revelou-se interessante à época porque se relacionava à ideia de justiça social, mas não era dotado da coerência jurídica, não podendo ser escolhido como definidor da aplicação, ou não, das leis sociais[22].

Conforme referido acima, para a Teoria Clássica do Direito do trabalho, era nessa dependência que residia a vulnerabilidade do empregado. Enquanto o empregado extrai do trabalho a sua única ou principal fonte de subsistência, quem emprega absorve o trabalho prestado, revelando-se a dependência e, consequentemente, a vulnerabilidade do trabalhador. Por isso, para se falar em hipossuficiência do empregado, parte-se da noção de dependência econômica, que, como visto, cedeu espaço à subordinação jurídica[23].

A corroborar, para Ojeda Avilés, o contrato de trabalho como tipo requerer a presença de um elemento definidor, um traço substancial que o identifique frente aos demais contratos típicos, um elemento individualizador.

Atualmente, há um amplo consenso ao entender que este elemento individualizador do contrato de trabalho é a prestação de trabalho subordinado, superando-se a fascinação ideológica pela dependência econômica. É a submissão do empregado a instruções, ou mais propriamente, ao poder de direção do empregador, o elemento realmente significativo[24].

Já Vilhena, ao tratar do tema, refere que a doutrina francesa, intimamente assentada na ideia de disparidade econômica das partes no contrato de trabalho, eleva a subordinação econômica a um caráter de principalidade, ao ponto de tratar a subordinação jurídica como símbolo da subordinação econômica, nas palavras de Ollier[25].

Todavia, a dependência econômica não pode ser confundida com a subordinação, pois esta última tem caráter pessoal e a primeira econômico. Para Vilhena, o econômico se revela como um aspecto não acolhido pelo direito, uma vez que a posição econômica do indivíduo na sociedade somente passa a ter relevância jurídica no momento em que este indivíduo é parte de relação jurídica a que a legislação, diante de princípios de tutela, concede direitos tais que o fazem supor economicamente fraco, como no caso do empregado.

Situação diversa ocorre com a subordinação jurídica, pois, nesse caso, se revela um ponto de encontro do fato com o direito e de sua transformação em fato-jurídico[26].

Ojeda Avilés, ainda tratando da subordinação como elemento identificador do contrato de trabalho, refere que o problema dos tipos contratuais consiste na possibilidade de sua flexibilização, como sendo algo que permite acompanhar as mudanças da realidade social a que se aplicam.

No caso da subordinação laboral, esse traço vem se acentuando profundamente de diversas formas. Como exemplo, pode-se referir a jurisprudência e a legislação, que vêm modificando o critério analítico utilizado para ampliá-la na medida em que o trabalho evolui para uma forma mais sofisticada[27].

Nesse sentido, a subordinação vem passando por significativas transformações, e, no decorrer do tempo, a acepção clássica tornou-se limitada para valoração da existência, ou não, da relação empregatícia. Assim, ao contrário da dependência econômica, a tendência justrabalhista deu-se no sentido da expansão da subordinação jurídica, com a consequente ampliação do campo de incidência das normas trabalhistas através da expansão do conceito de subordinação clássica ou tradicional.

---

(21) PORTO, Lorena Vasconcelos. *A subordinação no contrato de emprego: desconstrução, reconstrução e universalização do conceito jurídico*. 2008. 355 f. Dissertação (Mestrado) – Curso de Direito, Pontifícia Universidade Católica de Minas Gerais, Belo Horizonte, 2008. p. 66.
(22) *Ibidem*, p. 66.
(23) PORTO, *op. cit.*, p. 70.
(24) OJEDA AVILÉS, Antonio. *Las cien almas del contrato de trabajo*. Navarra: Aranzadi, 2017. p. 66-67.
(25) VILHENA, Paulo Emílio Ribeiro de. *Relação de emprego: estrutura legal e pressupostos*. 3. ed. São Paulo: LTr, 2005. p. 516-517.
(26) *Ibidem*, p. 516-517.
(27) OJEDA AVILÉS, Antonio. *Las cien almas del contrato de trabajo*. Navarra: Aranzadi, 2017. p. 68.

Nesse processo de evolução da subordinação, não da dependência econômica (frise-se), incluiu-se os altos empregados, definidos como ocupantes de cargos de gestão e direção dentro da empresa, assumindo, segundo Lorena, "as próprias vestes do empregador". Esclarece que essa figura tornou-se cada vez mais imprescindível às empresas, processo este que foi denominado, por alguns autores, como a revolução dos gerentes[28].

Como decorrência da posição hierárquica e das funções desempenhadas, o trabalhador não está submetido à direção e ao controle do empregador na mesma intensidade que os demais empregados, atenuando-se a subordinação.

Assim, já antes da Lei n. 13.467/2017, os empregados fracamente subordinados e melhor remunerados não deveriam dispor de idêntica proteção legal, pois é a condição oposta que atrai a proteção ao trabalhador.

Diante dessas dificuldades há tempo impostas por novas realidades de trabalho, o conceito de subordinação jurídica clássico pode ceder espaço ao que Murilo de Oliveira Sampaio, em sua tese, aborda como ressignificação da dependência econômica[29].

5. MITIGAÇÃO DA DEPENDÊNCIA ECONÔMICA E DA SUBORDINAÇÃO JURÍDICA

É nesse processo que, ao que tudo indica, inserem-se as disposições trazidas pela Lei n. 13.467/2017, que passa a adotar o critério da remuneração para atenuar a proteção assegurada ao trabalhador que não está no mesmo nível de dependência econômica perante o empregador, nem subordinado da mesma forma.

Neste aspecto, desde logo, é necessário referir que não se coaduna com a expressão "trabalhador hipersuficiente" – atualmente utilizada pela doutrina para diferenciar o trabalhador "hipossuficiente" do "autossuficiente". Isso porque, como visto anteriormente, o trabalhador é considerado hipossuficiente por depender economicamente do empregador. Tal condição não se altera quando estamos diante de um empregado com alto salário e curso superior, pois, ainda que ele tenha uma boa condição financeira e ascensão social, sempre dependerá do emprego para mantê-la, evidenciando-se a dependência econômica. O que muda, nesses casos, é o grau de dependência e capacidade de entendimento das questões sociais, financeiras e jurídicas pelo empregado, por isso a preferência pela expressão "mitigação da dependência econômica e da subordinação jurídica", para se referir as alterações trazidas pela lei que modernizou as relações de trabalho.

Contudo, antes mesmo das alterações trazidas pela Lei n. 13.467/2017, já era possível identificar uma mudança – ainda que incipiente – na jurisprudência trabalhista quando da análise da hipossuficiência do empregado, de modo a permitir a sua relativização em determinados casos.

Tal alteração pode ser observada nos julgamentos proferidos no Processo n. 0001921-14.2015.5.02.0090[30]. Tanto a sentença proferida pelo juízo da 90ª Vara do Trabalho de São Paulo/SP, quanto o acórdão proferido pela 14ª Turma do Tribunal Regional do Trabalho da 2ª Região, entenderam não estar presente a hipossuficiência do empregado no referido caso. Explica-se: trata-se de reclamação trabalhista ajuizada pelo Ex-Presidente de um dos maiores bancos do mundo, o JP Morgan S/A. Na ação, o ex-empregado postula o reconhecimento dos títulos recebidos durante o contrato de trabalho (*cash* bônus e *stock* bônus) como verbas de natureza salarial, com a integração nas demais verbas trabalhistas; diferenças de FGTS; reconhecimento das utilidades fornecidas como salário.

Todavia, quando da rescisão contratual, o empregado, devidamente acompanhado por seu advogado, firmou transação extrajudicial com banco e deu quitação total, irrevogável e irretratável, referente ao período que prestou serviços ao banco. Em razão da quitação outorgada, o ex-empregado do banco recebeu mais de quatro milhões de reais, a título de indenização, além dos valores referentes verbas rescisórias.

Ao analisar o caso, a juíza de primeiro grau, Ana Lucia de Oliveira, por não verificar nenhum elemento de coação, nenhum vício de consentimento, nada que pudesse ser declarado nulo no acordo extrajudicial celebrado pelas partes, acolheu a preliminar arguida pelo banco, no sentido da extinção do feito com resolução de mérito, nos termos do art. 269, incisos I e III, do Código de Processo Civil.

Ao fundamentar sua decisão, a magistrada assim referiu:

> Pois bem. No caso dos autos, o acordo efetuado entre o autor e seu empregador está longe de ser caracterizado como fraudulento. Não se verifica, ainda, vício de consentimento quanto aos termos do acordo assinado.
>
> **Com efeito, conforme depoimento pessoal, o autor não só tinha plena consciência do acordo que**

---

(28) PORTO, Lorena Vasconcelos. *A subordinação no contrato de emprego*: desconstrução, reconstrução e universalização do conceito jurídico. 2008. 355 f. Dissertação (Mestrado) – Curso de Direito, Pontifícia Universidade Católica de Minas Gerais, Belo Horizonte, 2008. p. 63.

(29) SAMPAIO, Murilo de Oliveira. *A (re)significação do critério da dependência econômica*: Uma compreensão interdisciplinar do assalariamento em crítica à dogmática trabalhista. 2011. 263 f. Tese (Doutorado) – Curso de Direito, Universidade Federal do Paraná, Curitiba, 2011. Disponível em: <https://acervodigital.ufpr.br/bitstream/handle/1884/26169/Murilo%20S.Oliveira.pdf?sequence=1>. Acesso em: 07 fev. 2019.

(30) Disponível em: <http://aplicacoes1.trtsp.jus.br/vdoc/TrtApp.action?viewPdf=&id=5098170>. Acesso em: 07 fev. 2019.

estava realizando com seu empregador, como também, consultou o seu patrono quanto aos termos ali constantes.

A **hipossuficiência do trabalhador**, como mais um dos requisitos para que se pudesse cogitar da ilegalidade no acordo entabulado entre as partes, também, **não ocorre no caso dos autos**. Veja que o acordo foi realizado após a dispensa do reclamante, **que já havia recebido suas verbas rescisórias**, e atingiu quantia superior a cinco milhões de reais. Outrossim, não se pode deixar de mencionar que o autor, além de ter consultado um especialista a respeito do assunto (seu patrono), **tinha condições de saber se efetivamente aquele acordo seria ou não prejudicial ao seu interesse**. O autor alto executivo da empresa ré, com a prestação de serviços em várias localidades, com certeza, não podia dizer que foi "induzido" a assinar os termos ali constantes.

Ao fazê-lo sabia exatamente das consequências e, em decorrência das vantagens ali constantes, achou por bem em aceitá-lo.

Porém, o que não se pode permitir é tentar utilizar a jurisprudência acerca do tema, e construída com base na maioria das reclamações trabalhistas, onde a simplicidade e a hipossuficiência da maioria dos trabalhadores predomina, para ignorar os termos ali constantes e reclamar verbas de um contrato que considerou quitado após a assinatura do termo. (destacou-se)

Observa-se do conteúdo da decisão acima que a hipossuficiência do trabalhador não foi reconhecida, seja porque o trabalhador era um alto executivo, com expressiva remuneração, seja porque a transação judicial foi elaborada com sua participação e de seu advogado.

Desta sentença, ambas as partes recorreram para o Tribunal Regional do Trabalho da 2ª Região, que proferiu acórdão no sentido de manter a decisão de primeira instância que reconheceu a validade do acordo extrajudicial firmado pelas partes e deu provimento ao recurso do banco para reconhecer a litigância de má-fé do empregado – em razão de não ter informado na peça inicial a existência do acordo extrajudicial – bem como o condenou ao pagamento em dobro da quantia postulada indevidamente, aplicando ao caso o art. 940 do Código Civil.

Em que pese as decisões acima tenham ocorrido anteriormente à entrada em vigor da legislação que visou a modernização das leis trabalhistas, já era possível identificar uma mudança de paradigma em relação à hipossuficiência do trabalhador, sobretudo em situações de mitigação da dependência econômica e da subordinação jurídica.

Tal mudança foi ainda mais significativa após as mudanças trazidas pela Lei n. 13.467/2017, em especial, o disposto no parágrafo único do art. 444 da CLT[31], a saber:

> Art. 444 – As relações contratuais de trabalho podem ser objeto de livre estipulação das partes interessadas em tudo quanto não contravenha às disposições de proteção ao trabalho, aos contratos coletivos que lhes sejam aplicáveis e às decisões das autoridades competentes.
>
> **Parágrafo único. A livre estipulação a que se refere o caput deste artigo aplica-se às hipóteses previstas no art. 611-A desta Consolidação, com a mesma eficácia legal e preponderância sobre os instrumentos coletivos, no caso de empregado portador de diploma de nível superior e que perceba salário mensal igual ou superior a duas vezes o limite máximo dos benefícios do Regime Geral de Previdência Social.** (grifou-se)

O dispositivo acima reproduzido inova ao permitir que os empregados portadores de diploma de nível superior, com remuneração superior a R$ 11.291,60[32], possam estabelecer, por acordo individual, com o seu empregador, condições de trabalho que versam sobre, por exemplo, jornada de trabalho, banco de horas anual, intervalo intrajornada, teletrabalho, remuneração por produtividade, participação nos lucros e resultados, entre outros direitos elencados no novo art. 611-A da CLT.

Para além do acima referido, importante destacar também a previsão contida no art. 507-A da CLT[33]:

> Art. 507-A. Nos contratos individuais de trabalho cuja remuneração seja superior a duas vezes o limite máximo estabelecido para os benefícios do Regime Geral de Previdência Social, poderá ser pactuada cláusula compromissória de arbitragem, desde que por iniciativa do empregado ou mediante a sua concordância expressa, nos termos previstos na Lei n. 9.307, de 23 de setembro de 1996.

O artigo referido possibilita aos trabalhadores – preenchidos os requisitos necessários – estabelecer cláusula compromissória de arbitragem para resolver os eventuais litígios, decorrentes do contrato de trabalho, com seu empregador longe da Justiça do Trabalho.

Portanto, a lei, ao possibilitar que o empregado negocie diretamente com o empregador matérias que antes deveriam estar previstas em instrumentos coletivos ou que

---

(31) BRASIL. *Consolidação das Leis do Trabalho*. Decreto-Lei n. 5.452, de 1º de maio de 1943. Disponível em: <http://www.planalto.gov.br/ccivil_03/decreto-lei/Del5452.htm>. Acesso em: 07 fev. 2019.

(32) Disponível em: <http://pesquisa.in.gov.br/imprensa/jsp/visualiza/index.jsp?data=17/01/2018&jornal=515&pagina=28&totalArquivos=168>. Acesso em: 07 fev. 2019.

(33) BRASIL. *Consolidação das Leis do Trabalho*. Decreto-Lei n. 5.452, de 1º de maio de 1943. Disponível em: <http://www.planalto.gov.br/ccivil_03/decreto-lei/Del5452.htm>. Acesso em: 07 fev. 2019.

sequer eram passíveis de negociação no âmbito da relação de emprego, prioriza a autonomia da vontade individual e relativiza a hipossuficiência do trabalhador.

Como analisado, na reclamação trabalhista analisada alhures, nem todos os trabalhadores são iguais e, por esta razão, não devem ser tratados da mesma forma, tal como se presumia em relação ao empregado, hipossuficiente.

É justamente com esta finalidade, lembrando aqui as célebres palavras cunhadas por Rui Barbosa[34], em sua ilustre Oração aos Moços: *"A regra de igualdade não consiste senão em quinhoar desigualmente aos desiguais, na medida em que se desigualam"* – que a alteração legislativa em comento vem ao encontro da evolução das relações humanas e de trabalho, elevando o empregado a uma condição que não podia ser imaginada até pouco tempo atrás.

6. CONCLUSÃO

Como ponderado, nos últimos anos, ocorreram mudanças, do ponto de vista legal e jurisprudencial, que alteraram o tratamento até então dado ao trabalhador.

Até pouco tempo atrás, era inconcebível a ideia de relativização da hipossuficiência do empregado, centrado na ideia de que este sempre era o lado mais fraco na relação e, como tal, destinatário da proteção imperativa da lei.

Não se desconhece que o trabalhador continua sendo a parte mais frágil na relação de emprego. Todavia, propõe-se que a hipossuficiência do empregado não seja entendida de maneira absoluta e aplicável a todos trabalhadores, sem qualquer distinção.

Nesse viés, o presente artigo buscou identificar situações de mitigação da dependência econômica e da subordinação jurídica do empregado, diante de uma análise jurisprudencial e das alterações promovidas na Consolidação das Leis do Trabalho pela Lei n. 13.467 de 2017.

Do exame jurisprudencial se verificou que é possível sim, diante de algumas circunstâncias, que o trabalhador não seja considerado hipossuficiente na sua relação com o empregador, sobretudo quando o empregado ocupa um cargo de alto escalão, recebe altos salários, e tem a total capacidade de entendimento das questões atinentes à relação que mantém com o empregador.

Já no que concerne ao exame legal, destacou-se as inovações dispostas nos arts. 444, parágrafo único e 507-A, ambos da CLT, que permitem ao empregado com diploma de curso superior e com salário igual ou superior a duas vezes o limite máximo dos benefícios do Regime Geral de Previdência Social negociar, direta e individualmente, com o seu empregador questões que antes deveriam constar obrigatoriamente em instrumento coletivo, com a devida assistência da entidade sindical.

Por fim, considerando que tais alterações são recentes, não se tem ainda maiores exemplos práticos de aplicação e repercussão no mundo jurídico. No entanto, não se tem dúvidas que tais modificações contribuirão para evolução das relações de trabalho, acompanhando assim as transformações da sociedade.

7. REFERÊNCIAS

BARBOSA, Rui. Trecho do discurso de paraninfo *Oração aos Moços*. Disponível em: <http://www.casaruibarbosa.gov.br/dados/DOC/artigos/rui_barbosa/FCRB_RuiBarbosa_Oracao_aos_mocos.pdf>. Acesso em: 08 jul. 2018.

BARROS, Alice Monteiro de. *Curso de direito do trabalho*. São Paulo: LTr, 2010.

BRASIL. *Consolidação das Leis do Trabalho*. Decreto-Lei n. 5.452, de 1º de maio de 1943. Disponível em: <http://www.planalto.gov.br/ccivil_03/decreto-lei/Del5452.htm>. Acesso em: 08 jul. 2018.

BRASIL. *Constituição da República Federativa do Brasil de 1988*. Disponível em: <http://www.planalto.gov.br/ccivil_03/constituicao/constituicao.htm>. Acesso em: 8 jul. 2017.

CAMINO, Carmen. *Autonomia da vontade no direito do trabalho (do chão de fábrica ao serviço público)*. 2011. 120 f. Tese (Doutorado em Direito) – Universidade Federal do Rio Grande do Sul, Porto Alegre, 2011.

CATHARINO, José Martins. *Compêndio de direito do trabalho*. 3. ed. rev., atual. e aum. São Paulo: Saraiva, 1982. v. 1.

CAVALCANTE, Jouberto de Quadros Pessoa; JORGE NETO, Francisco Ferreira. *Curso de direito do trabalho*. 3. ed. São Paulo: Atlas, 2015.

CESARINO JUNIOR, Antônio Ferreira. *Direito social brasileiro*. 6. ed. São Paulo: Saraiva, 1970.

DELGADO, Mauricio Godinho. *Curso de direito do trabalho*. 8. ed. São Paulo: LTr, 2009.

GOMES, Orlando; GOTTSCHALK, Elson. *Curso de direito do trabalho*. 19. ed. Rio de Janeiro: Forense, 2011. Livro eletrônico disponível na base de dados denominada minha biblioteca, com acesso restrito aos usuários com vínculo com a Pontifícia Universidade Católica do Rio Grande do Sul. Acesso em: 08 jul. 2017.

MAGANO, Octavio Bueno. *Manual de direito do trabalho*. 4. ed. rev. e atual. São Paulo: LTr, 1993. v. 2.

MARTINS, Sergio Pinto. Breve histórico a respeito do trabalho. *Revista da Faculdade de Direito*, Universidade de São Paulo, [s.l.], v. 95, p. 167-176, 1 jan. 2000. Universidade de São Paulo Sistema Integrado de Bibliotecas – SIBiUSP. Disponível em: <http://dx.doi.org/10.11606/issn.2318-8235.v95i0>.

OJEDA AVILÉS, Antonio. *Las cien almas del contrato de trabajo*. Navarra: Aranzadi, 2017.

OLEA ALONSO, Manoel. *Da escravidão ao contrato de trabalho* (tradução de Sebastião Antunes Furtado). Curitiba: Juruá, 1990.

_____. *Iniciação ao direito do trabalho*. São Paulo: LTr, 1984.

PORTO, Lorena Vasconcelos. *A subordinação no contrato de emprego: desconstrução, reconstrução e universalização do conceito*

---

(34) BARBOSA, Rui. Trecho do discurso de paraninfo *Oração aos Moços*. Disponível em: <http://www.casaruibarbosa.gov.br/dados/DOC/artigos/rui_barbosa/FCRB_RuiBarbosa_Oracao_aos_mocos.pdf>. Acesso em: 07 fev. 2019.

jurídico. 2008. 355 f. Dissertação (Mestrado) – Curso de Direito, Pontifícia Universidade Católica de Minas Gerais, Belo Horizonte, 2008.

RAMALHO, Maria do Rosário Palma. *Direito do trabalho*: Parte I – Dogmática Geral. 2. ed. Coimbra: Almedina, 2009.

RODRIGUEZ, Américo Plá. *Princípios de direito do trabalho*. São Paulo: LTr, 1996.

SAMPAIO, Murilo de Oliveira. A *(re)significação do critério da dependência econômica*: Uma compreensão interdisciplinar do assalariamento em crítica à dogmática trabalhista. 2011. 263 f. Tese (Doutorado) – Curso de Direito, Universidade Federal do Paraná, Curitiba, 2011. Disponível em: <https://acervodigital.ufpr.br/bitstream/handle/1884/26169/Murilo%20S.Oliveira.pdf?sequence=1>. Acesso em: 8 jul. 2018.

SUPIOT, Alan. *Crítica do direito do trabalho*. Tradução Antonio Monteiro Fernandes. Lisboa: Fundação Calouste Gulbenkian.

VILHENA, Paulo Emílio Ribeiro de. *Relação de emprego*: estrutura legal e pressupostos. 3. ed. São Paulo: LTr, 2005.

DIVERGÊNCIA ENTRE INSS E SETOR MÉDICO DO EMPREGADOR: EMPREGADO CONSIDERADO APTO PELA PREVIDÊNCIA SOCIAL E INCAPACIDADE PARA O TRABALHO ATESTADA POR MÉDICO DA EMPRESA

Gustavo Filipe Barbosa Garcia[1]

1. INTRODUÇÃO

A doença que acarreta a incapacidade do empregado para prestação dos serviços gera importantes consequências no contrato de trabalho, com destaque à interrupção e à suspensão de seus efeitos.

Quando o empregador, por seu setor médico, entende que o empregado está incapacitado para exercer as atividades laborativas, mas o Instituto Nacional do Seguro Social o considera apto, negando a continuidade do pagamento de auxílio-doença, discute-se se a remuneração é devida nesse período.

A matéria envolve, assim, tanto aspectos do Direito do Trabalho, como do Direito Previdenciário, mesmo porque o empregado é segurado obrigatório da Previdência Social (art. 11, inciso I, da Lei n. 8.213/1991).

Para a sua devida compreensão, deve-se analisar o auxílio-doença, os conceitos de suspensão e de interrupção do contrato de trabalho, verificando-se, ainda, como a jurisprudência tem decidido a respeito da questão.

2. AUXÍLIO-DOENÇA

Conforme o art. 476 da CLT, em caso de "seguro-doença ou auxílio-enfermidade", o empregado é considerado em licença não remunerada durante o prazo desse benefício.

Na atualidade, o mencionado benefício previdenciário é o *auxílio-doença*.

Mesmo para fins de férias, conforme o art. 131, inciso III, da CLT, não se considera falta ao serviço a ausência do empregado por motivo de acidente do trabalho ou enfermidade atestada pelo Instituto Nacional do Seguro Social, excetuada a hipótese do art. 133, inciso IV, da CLT. Não tem direito a férias o empregado que, no curso do período aquisitivo, tiver percebido da Previdência Social prestações de acidente de trabalho ou de auxílio-doença por mais de seis meses, embora descontínuos (art. 133, inciso IV, da CLT)[2].

O art. 201, inciso I, da Constituição da República, determina que a Previdência Social deve ser organizada sob a forma de Regime Geral, de caráter contributivo e de filiação obrigatória, observados critérios que preservem o equilíbrio financeiro e atuarial, e atenderá, nos termos da lei, a cobertura, entre outros eventos, da doença[3].

Atendendo ao preceito constitucional, o art. 59 da Lei n. 8.213/1991 dispõe que o auxílio-doença é devido ao segurado que, havendo cumprido, quando for o caso, o período de carência exigido em lei, ficar *incapacitado* para o seu trabalho ou para a sua atividade habitual por mais de 15 dias consecutivos.

Cabe esclarecer que o auxílio-doença é devido ao segurado empregado a contar do 16º dia do afastamento da atividade, enquanto ele permanecer incapaz (art. 60 da Lei n. 8.213/1991)[4].

Desse modo, durante os primeiros 15 dias consecutivos ao do afastamento da atividade por motivo de doença (ou acidente), incumbe à empresa pagar ao segurado empregado o seu salário integral (art. 60, § 3º, da Lei n. 8.213/1991)[5].

---

[1] Livre-Docente pela Faculdade de Direito da Universidade de São Paulo. Doutor em Direito pela Faculdade de Direito da Universidade de São Paulo. Especialista em Direito pela Universidade de Sevilla. Pós-Doutorado em Direito pela Universidade de Sevilla. Membro Pesquisador do IBDSCJ. Membro da Academia Brasileira de Direito do Trabalho, Titular da Cadeira 27. Professor Universitário em Cursos de Graduação e Pós-Graduação em Direito. Advogado. Foi Juiz do Trabalho das 2ª, 8ª e 24ª Regiões, ex-Procurador do Trabalho do Ministério Público da União e ex-Auditor-Fiscal do Trabalho.

[2] Cf. MARTINS, Sergio Pinto. *Direito do trabalho*. 28. ed. São Paulo: Atlas, 2012. p. 350.

[3] Cf. SANTOS, Marisa Ferreira dos. *Direito previdenciário esquematizado*. 5. ed. São Paulo: Saraiva, 2015. p. 306.

[4] Cf. GARCIA, Gustavo Filipe Barbosa. *Curso de direito da seguridade social*. 4. ed. São Paulo: Saraiva, 2018. p. 468-469.

[5] Cf. FRANCO FILHO, Georgenor de Sousa. *Curso de direito do trabalho*. São Paulo: LTr, 2015. p. 184.

A empresa que dispuser de serviço médico, próprio ou em convênio, tem a seu cargo o exame médico e o abono das faltas correspondentes ao período acima, somente devendo encaminhar o segurado à perícia médica da Previdência Social quando a incapacidade ultrapassar 15 dias (art. 60, § 4º, da Lei n. 8.213/1991).

A Súmula n. 282 do Tribunal Superior do Trabalho também prevê que ao "serviço médico da empresa ou ao mantido por esta última mediante convênio compete abonar os primeiros 15 dias de ausência ao trabalho".

Sendo assim, nos termos da Súmula n. 15 do TST, ao versar sobre atestado médico, a "justificação da ausência do empregado motivada por doença, para a percepção do salário-enfermidade e da remuneração do repouso semanal, deve observar a ordem preferencial dos atestados médicos estabelecida em lei".

Cabe esclarecer que se concedido novo benefício decorrente da mesma doença dentro de 60 dias contados da cessação do benefício anterior, a empresa fica desobrigada do pagamento relativo aos 15 primeiros dias de afastamento, prorrogando-se o benefício anterior e descontando-se os dias trabalhados, se for o caso (art. 75, § 3º, do Regulamento da Previdência Social, aprovado pelo Decreto n. 3.048/1999)[6].

Se o segurado empregado, por motivo de doença, afastar-se do trabalho durante 15 dias, retornando à atividade no 16º dia, e se dela voltar a se afastar dentro de 60 dias desse retorno, em decorrência da mesma doença, fará jus ao auxílio-doença a partir da data do novo afastamento. Nessa hipótese, se o retorno à atividade tiver ocorrido antes de 15 dias do afastamento, o segurado fará jus ao auxílio-doença a partir do dia seguinte ao que completar aquele período (art. 75, §§ 4º e 5º, do Regulamento da Previdência Social)[7].

3. SUSPENSÃO E INTERRUPÇÃO DO CONTRATO DE TRABALHO

No curso do contrato de trabalho, podem ocorrer certos eventos que signifiquem a ausência de prestação de serviços, mas sem acarretar a cessação do vínculo de emprego.

São as hipóteses de *suspensão* e *interrupção* do contrato de trabalho, conforme terminologia adotada no Capítulo IV, do Título IV, da Consolidação das Leis do Trabalho.

Na realidade, o que fica suspenso não é o contrato de emprego em si (que permanece em vigor), mas sim os seus efeitos principais, especialmente quanto à prestação do trabalho[8].

A suspensão e a interrupção do contrato de trabalho apresentam como elemento comum o fato de não haver a prestação dos serviços pelo empregado[9]. Em ambos os casos, a execução do contrato de trabalho fica paralisada, mas de forma temporária, ou seja, não definitiva, não ocorrendo o término da relação jurídica de emprego.

Em termos conceituais, a suspensão se distingue da interrupção, pois enquanto na primeira não são devidos salários, nem há o cômputo do período de paralisação no tempo de serviço do empregado, na interrupção os salários são devidos, e o respectivo período é considerado como tempo de serviço.

Assim, o conceito de suspensão do contrato de trabalho é no sentido da ausência provisória da prestação do serviço, sem que o salário seja devido, nem se compute o respectivo período no tempo de serviço do empregado. Já a interrupção do contrato de trabalho é conceituada pela ausência provisória da prestação do serviço, mas é devido o salário, bem como é computado o período no tempo de serviço do empregado[10].

Tendo em vista as disposições legais em estudo, entende-se que os primeiros 15 dias de afastamento do empregado (por motivo de doença ou acidente) correspondem a período de *interrupção do contrato de trabalho*[11], uma vez que o empregado não presta serviço, mas o empregador tem o dever de pagar o salário, havendo o cômputo do tempo de serviço para fins trabalhistas.

Diversamente, a partir do 16º dia de afastamento, com o recebimento do auxílio-doença, ocorre a *suspensão do contrato de trabalho*[12].

Portanto, o segurado empregado, inclusive o doméstico, em gozo de auxílio-doença deve ser considerado pela empresa e pelo empregador doméstico como *licenciado* (art. 63 da Lei n. 8.213/1991)[13].

---

(6) Cf. LEITÃO, André Studart; MEIRINHO, Augusto Grieco Sant'Anna. *Manual de direito previdenciário*. 4. ed. São Paulo: Saraiva, 2016. p. 323-324.
(7) Cf. IBRAHIM, Fábio Zambitte. *Curso de direito previdenciário*. 21. ed. Rio de Janeiro: Impetus, 2015. p. 650.
(8) Cf. MARTINS, Sergio Pinto. *Direito do trabalho*. 28. ed. São Paulo: Atlas, 2012. p. 348-349.
(9) Cf. NASCIMENTO, Amauri Mascaro. *Curso de direito do trabalho*. 26. ed. São Paulo: Saraiva, 2011. p. 1120.
(10) Cf. GARCIA, Gustavo Filipe Barbosa. *Curso de direito do trabalho*. 13. ed. Rio de Janeiro: Forense, 2018. p. 611-612.
(11) Cf. DELGADO, Mauricio Godinho. *Curso de direito do trabalho*. 17. ed. São Paulo: LTr, 2018. p. 1.268.
(12) Cf. DELGADO, Mauricio Godinho. *Curso de direito do trabalho*. 17. ed. São Paulo: LTr, 2018. p. 1.261-1.262.
(13) Cf. ainda a Súmula n. 371 do TST: "Aviso-prévio indenizado. Efeitos. Superveniência de auxílio-doença no curso deste. A projeção do contrato de trabalho para o futuro, pela concessão do aviso-prévio indenizado, tem efeitos limitados às vantagens econômicas obtidas no período de pré-aviso, ou seja, salários, reflexos e verbas rescisórias. No caso de concessão de auxílio-doença no curso do aviso prévio, todavia, só se concretizam os efeitos da dispensa depois de expirado o benefício previdenciário".

Ainda quanto ao tema, a Súmula n. 440 do Tribunal Superior do Trabalho assim prevê:

"Auxílio-doença acidentário. Aposentadoria por invalidez. Suspensão do contrato de trabalho. Reconhecimento do direito à manutenção de plano de saúde ou de assistência médica. Assegura-se o direito à manutenção de plano de saúde ou de assistência médica oferecido pela empresa ao empregado, não obstante suspenso o contrato de trabalho em virtude de auxílio-doença acidentário ou de aposentadoria por invalidez".

Ademais, a empresa que garantir ao segurado licença remunerada fica obrigada a pagar-lhe durante o período de auxílio-doença a eventual diferença entre o valor deste e a importância garantida pela licença (art. 63, parágrafo único, da Lei n. 8.213/1991)[14].

Frise-se ainda que o segurado em gozo de auxílio-doença, insuscetível de recuperação para sua atividade habitual, deve se submeter a processo de *reabilitação profissional* para o exercício de outra atividade (art. 62 da Lei n. 8.213/1991). O referido benefício deve ser mantido até que o segurado seja considerado reabilitado para o desempenho de atividade que lhe garanta a subsistência ou, quando considerado não recuperável, seja aposentado por invalidez.

4. EMPREGADO CONSIDERADO APTO PELA PREVIDÊNCIA SOCIAL E DIVERGÊNCIA DO MÉDICO DA EMPRESA

A legislação não disciplina, de forma expressa, a hipótese em que o empregado é considerado apto pela Previdência Social, mas o setor médico da empresa entende que ele ainda está incapacitado para retornar ao exercício das funções.

Logo, a questão deve ser solucionada por meio da interpretação sistemática e teleológica do ordenamento jurídico, em consonância com os seus princípios fundantes.

Deve-se salientar que o empregador "assume os riscos da atividade econômica", bem como "admite, assalaria e dirige a prestação pessoal de serviço" (art. 2º da CLT)[15].

O empregado, assim, trabalha de forma subordinada ao empregador, sendo deste o dever de pagar os salários, os quais são devidos não apenas quando há efetiva prestação do serviço, mas também quando o empregado está à disposição do empregador, aguardando ou executando ordens (art. 4º da CLT) e nos períodos de interrupção do contrato de trabalho.

Em verdade, se o empregador considera o empregado incapacitado para o serviço, deve assumir as consequências dessa sua conclusão. Com isso, havendo divergência entre a deliberação adotada pelo setor médico da empresa e a posição na esfera previdenciária, não pode o empregado ser prejudicado, mesmo porque a sua condição é de parte mais vulnerável e juridicamente subordinada ao empregador, devendo ter a sua subsistência com dignidade preservada.

Vale dizer, na hipótese em estudo, cabe ao empregador remunerar o empregado durante o período em que não há o recebimento de benefício previdenciário, tratando-se de hipótese de *interrupção do contrato de trabalho*, com o cômputo do tempo de serviço e o pagamento dos salários[16], inclusive em respeito à dignidade da pessoa humana, entendida como fundamento nuclear do sistema jurídico (art. 1º, inciso III, da Constituição Federal de 1988)[17].

---

(14) Cf. MARTINS, Sergio Pinto. *Direito da seguridade social*. 35. ed. São Paulo: Atlas, 2015. p. 344.

(15) Cf. COSTA FILHO, Armando Casimiro; COSTA, Manoel Casimiro; MARTINS, Melchíades Rodrigues; CLARO, Sonia Regina da Silva. *Consolidação das Leis do Trabalho*. Homenagem ao centenário de Armando Casimiro Costa (1918-2014). Homenagem a Armando Casimiro Costa Filho (1950-2018). 50. ed. São Paulo: LTr, 2019. p. 95.

(16) "I – Agravo de instrumento em recurso de revista interposto sob a égide da Lei n. 13.015/2014 e do NCPC. Dano moral. Alta previdenciária. Recusa de retorno da empregada ao trabalho pela empregadora. Limbo jurídico trabalhista-previdenciário. Não pagamento de salários. Configuração. A jurisprudência desta Eg. Corte reconhece a configuração de dano moral na hipótese em que o empregado, ao comparecer ao trabalho após alta previdenciária, é impedido de desempenhar suas atividades laborais e privado do recebimento de sua remuneração, sob a justificativa patronal de que permanece incapacitado para o trabalho. Precedentes. Alta previdenciária e recusa de retorno ao trabalho pelo empregador. Tempo à disposição. Pagamento das verbas do período correspondente. Após a alta previdenciária, e consequente fim do período de suspensão do contrato de trabalho, a regra impositiva de pagamento de salários volta a ter eficácia, ainda que a empresa, contrariando as conclusões da Previdência Social, considere o empregado inapto ao trabalho. Deve o empregador responder pelo pagamento dos salários devidos no período em que a empregada esteve à disposição da empresa (art. 4º da CLT), sobretudo diante do seu comparecimento para retorno ao trabalho. Julgados. Dano moral. *Quantum* indenizatório. Vislumbrada possível ofensa ao art. 944, parágrafo único, do Código Civil, dá-se provimento ao Agravo de Instrumento para mandar processar o Recurso de Revista. Agravo de Instrumento conhecido e parcialmente provido. II – Recurso de revista interposto sob a égide da Lei n. 13.015/2014 e do NCPC. Dano moral. *Quantum* indenizatório. Na fixação do *quantum* indenizatório, deve o juiz adotar critério de razoabilidade e proporcionalidade entre a lesão de ordem imaterial sofrida, seus efeitos extrapatrimoniais porventura perceptíveis, o grau da culpa do lesante e a capacidade econômica do réu. *In casu*, o valor da condenação a título de indenização por dano moral foi excessivo, comportando redução. Recurso de Revista conhecido e provido" (TST, 8ª T., ARR – 1595-92.2015.5.17.0007, Rel. Min. Maria Cristina Irigoyen Peduzzi, DEJT 10.09.2018).

(17) "Recurso de revista. Doença não relacionada ao trabalho. Contrato de trabalho vigente sem o pagamento de salários. Impossibilidade. O TRT registrou que o reclamante, durante o pacto laboral, sofreu acidente vascular cerebral (AVC), doença não relacionada ao

Ademais, o princípio da proteção, inerente ao Direito do Trabalho, engloba o chamado *in dubio pro operario*[18]. Desse modo, havendo dúvida quanto ao sentido e ao alcance das normas jurídicas aplicáveis, estas devem ser interpretadas de modo favorável ao empregado.

A respeito do tema, cabe fazer referência ao seguinte julgado:

> "Recurso de revista. 1 – Cessação do benefício previdenciário. Permanência da incapacidade laboral. Impossibilidade de retorno ao trabalho. Responsabilidade da empresa pelo pagamento dos salários. O entendimento adotado pela Corte de origem está de acordo com a iterativa, notória e atual jurisprudência desta Corte, a qual se firmou no sentido de que a recusa do empregador em aceitar o retorno do empregado após a alta previdenciária, em razão de considerá-la inapta ao trabalho, não afasta o dever de pagamento dos salários correspondentes, pois diante da presunção de veracidade do ato administrativo do INSS que atesta a aptidão do empregado para o labor, cessando o benefício previdenciário, cabe ao empregador receber o obreiro, realocando-o em atividades compatíveis com sua limitação funcional, até eventual revisão da decisão tomada pelo órgão previdenciário. Precedentes. Recurso de revista não conhecido." (TST, 2ª T., RR – 1375-72.2012.5.02.0442, Rel. Min. Delaíde Miranda Arantes, DEJT 31.08.2018)

Desse modo, há entendimento de que a ausência de pagamento dos salários pelo empregador na hipótese em estudo pode configurar dano moral[19], ou mesmo o descumprimento das obrigações do contrato de trabalho pela empresa, ou seja, falta grave patronal, autorizando a rescisão indireta do contrato de trabalho (art. 483, *d*, da CLT)[20].

Ainda assim, o mais adequado seria que a referida questão fosse disciplinada de forma expressa pela lei, ou mesmo por meio de acordo coletivo ou convenção coletiva de trabalho, decorrentes de negociação coletiva, trazendo maior segurança jurídica aos sujeitos da relação de emprego.

---

trabalho. Consignou que a Autarquia previdenciária lhe concedeu alta médica e que o serviço médico da empresa o considerou inapto para o exercício da função para a qual foi contratado (motorista), mas habilitado para cumprir outras atividades. Por fim, ressaltou ainda que a reclamada '... optou por manter o Contrato de Trabalho vigente, porém, sem o pagamento dos salários'. No caso dos autos, a reclamada, por liberalidade, preferiu deixar o reclamante sem trabalhar. Entretanto, essa opção não a exime de pagar os salários devidos. Nesse sentido, o art. 459, § 1º, da CLT. A Constituição Federal fundamenta-se na dignidade da pessoa humana e no valor social do trabalho (arts. 1º, III e IV). O atraso, por vários meses, no pagamento de salários compromete a regularidade das obrigações do trabalhador, sem falar no próprio sustento e da sua família, criando estado de permanente apreensão, que, por óbvio, prejudica toda a vida do empregado, muito mais no caso dos autos em que o reclamante havia sofrido um AVC. Portanto, correta a decisão do Tribunal Regional que condenou a reclamada ao pagamento dos salários não pagos até a concessão da aposentadoria por invalidez. Recurso de revista de que não se conhece" (TST, 6ª T., RR – 378-44.2011.5.09.0567, Rel. Min. Kátia Magalhães Arruda, DEJT 04.12.2015). Cf. ainda "[...] Por outro lado, a conduta da ré em não readmitir o empregado, mesmo após a alta pelo INSS, por não considerá-lo apto para o trabalho, é ilícita, sujeitando-o ao desamparo trabalhista e previdenciário e fere a dignidade da pessoa humana (art. 1º, III, da Constituição Federal), configurando abuso de direito e ensejando o pagamento de indenização pelo ato ilícito perpetrado, nos termos dos arts. 186 e 187 do Código Civil. Note-se que a empresa sequer viabilizou o retorno do autor a uma atividade condizente com a sua nova realidade física, de acordo com o que dispõe o art. 89 da Lei n. 8.213/1991, por meio da readaptação do trabalhador. Nesse cenário, resta evidente a gravidade dos danos impostos ao empregado, de modo que o *quantum* indenizatório firmado pelas instâncias ordinárias não se revela exorbitante, mormente em face da capacidade financeira do agravante. Agravo conhecido e desprovido" (TST, 3ª T., Ag-AIRR – 472-48.2013.5.05.0012, Rel. Min. Alexandre de Souza Agra Belmonte, DEJT 15.06.2018).

(18) Cf. PLÁ RODRIGUEZ, Américo. *Princípios de direito do trabalho*. 3. ed. Tradução e revisão técnica: Wagner D. Giglio. Tradução das atualizações: Edilson Alkmim Cunha. São Paulo: LTr, 2004. p. 110-111.

(19) "Agravo de instrumento em recurso de revista regido pela Lei n. 13.015/2014. Indenização por dano moral. Ausência de pagamento dos salários. Configuração. O Tribunal Regional condenou a Reclamada ao pagamento de indenização por danos morais em face do não pagamento de salários relativos a sete meses. Esclareceu que restou evidenciado nos autos que, apesar de o INSS considerar a Reclamante apta para o trabalho, a Reclamada não aceitou o retorno da obreira, a qual permaneceu sete meses sem trabalhar e sem auferir salários em razão da oposição da Demandada. A ausência de adimplemento das verbas salariais acarreta dificuldades financeiras e sofrimento psíquico ao trabalhador, de forma a configurar o dano moral. Consignado no acórdão regional aspecto fático relativo à ausência de pagamento de salários resulta claro o dano sofrido pela Reclamante. Precedentes. Incidência da Súmula n. 333/TST. Agravo de instrumento a que se nega provimento" (TST, 5ª T., AIRR – 921-41.2015.5.05.0010, Rel. Min. Douglas Alencar Rodrigues, DEJT 19.10.2018).

(20) "Agravo de instrumento. Recurso de revista. Descabimento. 1. Recusa da empresa em readmitir o empregado considerado apto para o retorno ao trabalho pelo INSS. Ato ilícito. Rescisão indireta do contrato de trabalho. 1.1. O contumaz atraso no pagamento de salários enseja a rescisão indireta do contrato individual de trabalho (CLT, art. 483, *d*). Não há que se cogitar, na hipótese, de chancela do trabalhador (pela sua inércia) ou de ausência de imediatidade, de vez que o comportamento faltoso patronal se agrave pela reiteração. 1.2. Tendo o órgão previdenciário considerado o reclamante apto para o retorno ao trabalho, cabia à reclamada, julgando que o empregado não reunia condições para retornar às atividades antes exercidas, zelar pela sua readaptação no local de trabalho em função compatível com seu atual estado de saúde. No entanto, ao não readmitir o autor, deixando de pagar os salários a partir da alta médica dada pelo INSS, a ré agiu de forma ilícita, o que motiva o reconhecimento da rescisão indireta" (TST, 3ª T., AIRR – 59-31.2012.5.06.0145, Rel. Min. Alberto Luiz Bresciani de Fontan Pereira, DEJT 30.05.2014).

5. CONCLUSÃO

O auxílio-doença é benefício previdenciário devido ao segurado que ficar incapacitado para o seu trabalho ou para a sua atividade habitual por mais de 15 dias consecutivos.

Durante os primeiros 15 dias consecutivos ao do afastamento da atividade por motivo de doença (ou acidente), incumbe à empresa pagar ao segurado empregado o seu salário integral.

Os primeiros 15 dias de afastamento do empregado correspondem a período de interrupção do contrato de trabalho, pois o empregado não presta serviço, mas tem o direito de receber o salário, havendo o cômputo do tempo de serviço para fins trabalhistas. A partir do 16º dia de afastamento, com o recebimento do auxílio-doença, tem-se a suspensão do contrato de trabalho.

Na hipótese em que o empregado é considerado apto pela Previdência Social, mas o setor médico da empresa entende que ele ainda está incapacitado para retornar ao exercício das suas funções, prevalece o entendimento de que cabe ao empregador remunerar o empregado durante o período em que não há o recebimento do auxílio-doença, com o cômputo do tempo de serviço e o pagamento dos salários, para que o trabalhador tenha a sua subsistência com dignidade preservada.

6. REFERÊNCIAS

COSTA FILHO, Armando Casimiro; COSTA, Manoel Casimiro; MARTINS, Melchíades Rodrigues; CLARO, Sonia Regina da Silva. *Consolidação das Leis do Trabalho*. Homenagem ao centenário de Armando Casimiro Costa (1918-2014). Homenagem a Armando Casimiro Costa Filho (1950-2018). 50. ed. São Paulo: LTr, 2019.

DELGADO, Mauricio Godinho. *Curso de direito do trabalho*. 17. ed. São Paulo: LTr, 2018.

FRANCO FILHO, Georgenor de Sousa. *Curso de direito do trabalho*. São Paulo: LTr, 2015.

GARCIA, Gustavo Filipe Barbosa. *Curso de direito da seguridade social*. 4. ed. São Paulo: Saraiva, 2018.

_____. *Curso de direito do trabalho*. 13. ed. Rio de Janeiro: Forense, 2018.

IBRAHIM, Fábio Zambitte. *Curso de direito previdenciário*. 21. ed. Rio de Janeiro: Impetus, 2015.

LEITÃO, André Studart; MEIRINHO, Augusto Grieco Sant'Anna. *Manual de direito previdenciário*. 4. ed. São Paulo: Saraiva, 2016.

MARTINS, Sergio Pinto. *Direito da seguridade social*. 35. ed. São Paulo: Atlas, 2015.

_____. *Direito do trabalho*. 28. ed. São Paulo: Atlas, 2012.

NASCIMENTO, Amauri Mascaro. *Curso de direito do trabalho*. 26. ed. São Paulo: Saraiva, 2011.

PLÁ RODRIGUEZ, Américo. *Princípios de direito do trabalho*. 3. ed. Tradução e revisão técnica: Wagner D. Giglio. Tradução das atualizações: Edilson Alkmim Cunha. São Paulo: LTr, 2004.

SANTOS, Marisa Ferreira dos. *Direito previdenciário esquematizado*. 5. ed. São Paulo: Saraiva, 2015.

DESEMPREGO E GARANTIA NO EMPREGO

José Alberto Couto Maciel[1]

1. INTRODUÇÃO

A globalização é um processo de internacionalização da economia, objetivando unificar mundialmente os mercados. É ela válida, desde que respeitados os direitos sociais e a soberania de cada Estado.

Com a aceleração dessa internacionalização em maior velocidade do que os pactos internacionais, articulam-se, nesse vácuo as empresas multinacionais, com evidente risco para a soberania dos países.

Visa a globalização a unificar os mercados mundiais, mediante uma desregulamentação cambial e financeira, imposta pela política neoliberal, dirigida por países mais estáveis e de maior desenvolvimento, pretendendo um domínio de mercado, com a consequente intervenção política e, com reflexos no direito, especialmente sobre o direito do trabalho que nos países menos desenvolvidos é resguardado por uma proteção aos economicamente mais fracos.

Seria possível falar-se em uma ditadura da economia, através dessa política neoliberal, ditadura essa que possa ter reflexos diretos em uma limitação aos direitos dos trabalhadores

Poderia haver um liberalismo totalitário?

Interessante tese sobre essa utopia liberal tem sido defendida por alguns doutrinadores, segundo a qual o sistema liberal nada mais é do que uma utopia que entra agora em sua fase totalitária.

Estaria o Brasil incluído nessa rota do liberalismo totalitário, podendo se falar de um novo sistema político-ideológico de vocação global e totalitária? Decorre dessa globalização o atual desemprego no país?

Parece-me que, em nome da economia, estão sendo quebradas as tradições e a solidariedade do país, com o sucateamento do patrimônio público, a destruição dos direitos sociais e dos salários, a precarização das relações de trabalho e o corte de gastos públicos, principalmente na área social, como se os direitos trabalhistas fossem os culpados pelo desemprego e não garantias que possam, inclusive, evitá-lo.

É necessário que se preste atenção a uma reforma flagrante nesses últimos anos do Poder Judiciário Trabalhista, em especial do Tribunal Superior do Trabalho, no qual se vê uma reação de Ministros do mais alto conhecimento na área do trabalho, objetivando resguardar os direitos dos empregados, de forma mais evidente do que nunca antes o fizeram, o que é compreensível em decorrência dessa mentalidade globalizada em que o econômico prevalece sobre o social, e o empresariado internacional tenta tomar as rédeas do país no oferecimento de produtos a baixo custo, reduzindo-se a pó as empresas nacionais, com a redução de salários e benefícios dos trabalhadores brasileiros.

Mas esse freio fixado pela Justiça do Trabalho pendeu o balanço judiciário a um desequilíbrio entre a lei que deve proteger o mais fraco e a jurisprudência que deve seguir a lei e não ativar medidas judiciais que superem em muito essa proteção, daí uma reação contrária do Congresso Nacional estabelecendo uma desregulamentação do direito do trabalho, através da Lei n. 13.467/2017, cuja modernidade vai muito além do que deveria ser atualizado com o objetivo claro de possibilitar a redução de direitos e o predomínio do econômico sobre o social.

2. DA CORRELAÇÃO ENTRE ECONOMIA E DIREITO

Sempre houve uma correlação histórica entre economia e direito, mas a experiência comprovou que a predominância da primeira leva a um liberalismo que escraviza, como demonstra a história, ou seja, tudo começou com o trabalho escravo, evoluindo para o empregador dominante com a consequente união dos empregados buscando direitos e o equilíbrio desses direitos decorrentes de uma justiça especializada, protetora por lei dos direitos sociais.

Assim, do século XVI até o início do século XX, a partir da sociedade mercantilista, a economia, baseada no livre mercado predominava sobre o direito, sendo que as garantias e liberdades individuais eram defendidas contra a ingerência estatal. Era a liberdade total em nome da economia, com a consequente escravização do mais fraco pelo economicamente mais forte.

Surgiu o Estado intervencionista com a falência do liberalismo econômico e a crise do capital que deu origem à depressão de 1929. O Estado passa a garantir o direito social, especialmente em defesa dos direitos trabalhistas e previdenciários.

---

[1] Da Academia Brasileira de Direito do Trabalho.

O Judiciário garante eficácia à intervenção estatal e o direito passa a se sobrepor à política econômica no interesse do social acima dos interesses mercantilistas e a liberdade total que escraviza, passa a ser objeto de intervenção estatal.

Novamente agora floresce outra vez, com outra roupagem, e com termos novos, como globalização e neoliberalismo, a retomada do Estado liberal, como se fosse uma desejada novidade. Aparece então a economia predominando sobre o direito, objetiva-se a redução de custos, o aumento da produtividade, e em nome desse movimento pretende-se desregulamentar o direito, enfraquecer os Tribunais e flexibilizar a própria Constituição, reduzindo garantias fundamentais e direitos básicos do trabalhador brasileiro e nessa sequência extingue-se o Ministério do Trabalho havendo inclusive um movimento para extinguir o Ministério Público do Trabalho.

Não defendo nenhuma tese radical pois tudo me parece estar no equilíbrio trabalhando a elevação da economia para o bem-estar social, não devendo, entretanto, predominar um ou outro, pois o radicalismo sempre foi a pior solução em tudo.

3. O DESEMPREGO E AS PRETENSAS MEDIDAS NACIONAIS EM SEU DESFAVOR

Não há dúvidas que a globalização é um processo amplo e irreversível, devendo ser benéfica para o país suas consequências desde que respeitados os direitos sociais e a soberania nacional.

Dúvidas não há, porém, que tal processo deve ser acompanhado com as defesas necessárias para que trabalhador não passe a ser um mero instrumento dele, ou mesmo supérfluo quando visto como mercadoria descartável.

No direito do trabalho duas são as principais consequências da globalização em países do terceiro mundo, especialmente no Brasil.

A primeira delas é o desemprego e a segunda a desregulamentação do direito do trabalho.

O desemprego, por mais paradoxal que seja, não é o grande problema para os partidários do neoliberalismo, que pretendem a globalização sem reservas. Ao contrário, parece-me que ele surge como uma consequência lógica e normal do processo.

Exemplificando, se o interesse é a maior produção com baixo custo, admitindo-se a importação sem reservas, o produto é concebido pelos países do primeiro mundo, com mão de obra desregulamentada de países do terceiro mundo, e vendido no Brasil por preço inferior ao fabricado por trabalhadores brasileiros.

É mais fácil gravar a globalização com exemplos, como o de se admitir a concepção de um avião nos Estados Unidos, sua fabricação na China, financiamento na Alemanha e comercialização na América Latina.

O que se vê é que as mudanças na forma de produzir e comercializar são bem mais rápidas do que as regras internacionais de garantias da própria soberania de cada Estado, e, nessa defasagem entre o fato, (produção e comercialização) e o pacto (regras internacionais de regulamentação), surge o grande interessado, que não possui identidade nacional: a multinacional, empresa que se apodera dos mercados mundiais não importando o interesse social, mas apenas o lucro.

A consequência lógica dessa globalização desenfreada, da qual se aproveitam as grandes corporações multinacionais e não o próprio Estado em favor de seus cidadãos, é o enfraquecimento das empresas nacionais, com o correspondente desemprego dos que nela trabalham, ou seja, aumenta-se o emprego no exterior e desemprega-se dentro do país, em nome da globalização.

Ora, como o desemprego aparece como um dos fatores preponderantes dessa globalização desenfreada, sem o controle de regras de direito internacional, parece, em princípio, que o fenômeno, por paradoxal que seja, é aceito por determinados governantes, especialmente por uma área dirigida por economistas, e, poderíamos dizer, no entender deles até saudável.

Creio que todos ficaram atônitos quando um Ministro do Trabalho, faz algum tempo, afirmava que o objetivo principal de seu Ministério era o de amenizar o desemprego no Brasil, dizendo que considerava não haver desemprego mas sim tendências preocupantes.

É como se dizer que não há fome, mas um vácuo estomacal significativo.

Ora, desemprego todos sabemos que há, e não só no Brasil, hoje com mais de doze milhões de desempregados, e que o grande vilão dessa globalização fantasiada de neoliberal, através da qual a produção chega ao país com baixo custo, quebrando as empresas nacionais, com uma celeridade nunca vista, amplia-se o mercado de trabalho no exterior com a consequente ampliação desse desemprego. Surgem grandes empresas, com figuração nacional que de nacional nada têm e o Governo volta a dizer, a cada mês, que a taxa de emprego aumenta, como se com esses dizeres empregasse todos os trabalhadores brasileiros.

Creio que existe uma forma globalizada, na qual várias entidades de capital se movimentam, cada uma no seu campo de interesse, impondo nova forma social de exploração do trabalho em todos os países com menor desenvolvimento, e, certamente, o desemprego não deixa de ser uma fase prevista dessa técnica multinacional.

Nem se diga que o desemprego decorre somente de fatores tais como novas tecnologias, computação, cibernética e outros avanços que, se efetivamente, trazem como decorrência uma redução de mão de obra em alguns setores, não chegam a causar propriamente uma crise grave de desemprego como a que vivemos, podendo, inclusive, ser objetos de adaptações dos trabalhadores com novos cursos e viabilidades de crescimento, embora este progresso traga consigo um desaparecimento de postos de trabalho que não temos ainda como dimensionar seu volume.

Certamente, porém, a OIT preocupa-se com a atual e precária situação do emprego no mundo, considerando que os rápidos progressos tecnológicos estão trazendo consigo um crescimento que não cria empregos.

Cresce a existência de outras formas de trabalho tais como o trabalho autônomo, o trabalho em tempo parcial, o intermitente, teletrabalho e autônomo, com níveis inferiores de segurança social e erosão dos direitos trabalhistas clássicos, acompanhados de salários mais baixos.

Mas toda essa problemática é contornável, compensando-se com novos postos de trabalho em outros setores da economia e com a criação de outras formas de emprego, inclusive a nível de microempresas, de pequenas sociedades e de trabalhos comunitários, além de outras medidas que vêm sendo tomadas por países mais responsáveis.

O desemprego mais grave, ao meu ver, surge como algo previsto em uma política neoliberal que se preocupa apenas com o capital, reduzindo custos para ampliar a produção e o consequente consumo, mas esquecendo que o consumidor é o próprio empregado que, sem emprego, nada consumirá.

Não é novidade essa forma de desemprego vista agora. No início do século as pessoas trabalhavam com o objetivo de ganhar o suficiente para seu sustento, procurando ter mais horas livres para o lazer. Com as novas tecnologias, surgiu a preocupação dos empresários, cujos estoques de produtos se acumulavam nas fábricas, de garantir sua colocação, mediante o desejo de consumo, daí começar os empregadores a dirigir seu desejo não mais na produção, mas no interesse pelo consumidor.

Estímulos através de anúncios, apelos de vendas, enfim, criou-se a psicologia do consumismo, o aumento crescente da produção, crescendo também o nível de desemprego, decorrente das novas tecnologias.

A consequência, sem dúvida, foi a perda do consumidor pela inexistência de emprego, formando-se o paradoxo atualmente existente entre o crescimento da mercadoria com o aumento da produção e a redução do consumo, em razão do desemprego, uma das origens da crise de 1929.

Os anos passaram e situação semelhante estamos vivendo. De outra forma, mas com consequências idênticas, os avanços econômicos trazem em decorrência o sofrimento para aqueles que deles deveria usufruir.

4. COMO EVITAR O DESEMPREGO?

Mas o que se faz atualmente em favor do emprego no Brasil? Qual a política de emprego adotada para conter os desvios da globalização desenfreada?

Creio que, na verdade, nada se faz, ou melhor, o que se faz é contrário ao objetivo de dar e garantir emprego ao trabalhador, exatamente naquela ideia já apresentada de que, talvez, o desemprego, de alguma forma, faça parte de uma ideologia política que tem como meta social a desregulamentação dos direitos trabalhistas.

Verificando a ação de diversos países com relação a minorar a crise do desemprego, vemos medidas como a redistribuição do trabalho, com a criação de novos empregos já esgotados no setor manufatureiro, dirigindo-se para o setor de serviços, amplia-se o trabalho no setor da saúde, abrangendo crianças e idosos, a esfera da ecologia e a transferência de dinheiro pago com subsídios a desempregados para o pagamento de subsídios à criação de empregos em áreas específicas, dentre outras.

Existem estratégias para se distribuir o trabalho disponível pela população mediante redução de carga semanal de trabalho, do que é exemplo a experiência alemã. O trabalho de meio expediente, conjugando obrigações profissionais e familiares, como se vê do que vem sendo adotado nos Países Baixos, programas de pré-aposentadoria, outros para jovens, mulheres, portadores de deficiência e aumento da empregabilidade através do treinamento.

Mas o que temos no Brasil no sentido de resolver a questão do desemprego?

Creio que começamos nesse início do ano de 2019 um novo governo, extremamente liberal e que objetiva uma maior desregulamentação do direito dos trabalhadores entendendo que essa é uma das formas de ampliar o mercado de trabalho, mediante trabalhos informais, com uma carteira de trabalho chamada de verde/amarelo, com contrato no qual o empregado opta por não receber qualquer outra garantia, a não ser aquelas estabelecidas na Constituição Federal, sendo que, com a redução de impostos, seus benefícios terão vantagens e os empregadores poderão contratar um número elevado de empregados reduzida a carga tributária consequente.

Na verdade, há mesmo uma carga tributária que onera por demais as empresas e os trabalhadores e que seria um avanço alterações econômicas nesse sentido. Mas essas alterações devem vir acompanhadas de outras garantias, especialmente com a garantia no emprego que está em vigor desde a Constituição de 1988, em seu art. 7º, I, com a consequente ratificação pelo Brasil sobre término da relação de trabalho por iniciativa do empregador, despedida arbitrária.

Recentemente o Supremo Tribunal Federal entendeu – entendimento limitado à empresa dos Correios e Telégrafos, que seus empregados não poderiam ser demitidos sem que constasse a razão dessa demissão, pois se as empresas públicas e o governo, ao contratarem exigem concurso, não podem demitir arbitrariamente quem assim não foi contratado. É certo que embargos de declaração que aguarda acórdão limitou essa decisão à referida Empresa dos Correios e Telégrafos mas deixou claro que poderá ser estendida às demais empresas estatais.

Entretanto já tive a oportunidade de, em livro que publiquei em 1994 (Garantia no Emprego Já em Vigor), demonstrar que a despedida arbitrária citada no referido art. 7º da Constituição não depende de Lei para ser aplicada, ou seja, o princípio constitucional na demissão de qualquer empregado é o da não arbitrariedade.

E isso afirmo porque, de acordo com o saudoso Ministro Eloy da Rocha, que foi Presidente do Supremo Tribunal Federal e já era professor de Direito do Trabalho em 1938, quando o empregado trabalha em uma empresa, deixa lá uma força de trabalho que se integra na referida empresa, dela fazendo parte, daí ter um direito parcial conquistado em sua criação, juntamente com o empresário.

Sabe-se que a dispensa arbitrária e imotivada leva a uma quebra de direitos do trabalhador, que normalmente não é reciclado, ficando sem mercado e sem dinheiro para consumir. Por outro lado, a empresa perde empregado conhecedor do trabalho necessário e que pode ser aproveitado diante de uma qualificação de mão de obra interna, como fazem, aliás, empresas de linha internacional, pois as grandes multinacionais não demitem arbitrariamente pois querem a eficiência em seus quadros.

Perde, porém, o próprio Governo, pois tem com a demissão quebrado seus planos econômicos, decorrentes de poupanças como a do FGTS, levantado seus valores milhares de vezes pela viabilidade destemperada do empregador de despedir arbitrariamente.

Não é, logicamente, como visto, pela desregulamentação da despedida, que vamos minorar a crise de emprego, mas é esse um dos reflexos da globalização desenfreada quebrando garantias decorrentes até mesmo de princípios constitucionais.

Como vemos, não há, efetivamente, leis, projetos de leis e iniciativas governamentais no sentido de minorar o desemprego, embora haja muito alarde político nesse sentido, mas estamos começando um novo ano, um novo governo e temos de confiar em um Brasil com melhores condições, em que o econômico sirva em favor do social, em que o robô sirva para o homem, pois se contrário for, adeus liberdade, adeus humanidade.

ESTABILIDADE NO EMPREGO[1]

RENATO RUA DE ALMEIDA[2]

O conceito da estabilidade no emprego surgiu na fase do desenvolvimento histórico do direito do trabalho chamada de intervencionismo jurídico. Tal fato ocorreu entre a segunda metade do século XIX e meados do século XX, ao término da Segunda Guerra Mundial.

Esse intervencionismo jurídico caracterizou-se por uma legislação protecionista dos direitos trabalhistas dos empregados no contrato de trabalho celebrado quase exclusivamente por prazo indeterminado.

O intervencionismo jurídico da fase do desenvolvimento histórico do direito do trabalho surgiu após o encerramento da primeira fase histórica denominada de liberalismo jurídico, quando a relação de emprego era regulada pela autonomia da vontade individual das partes.

O liberalismo jurídico, desde o final do século XVIII até meados do século XIX, tinha por objetivo garantir o princípio da liberdade de trabalho, após as restrições para trabalhar nas corporações de ofício durante o absolutismo do antigo regime francês, ao passo que o intervencionismo jurídico, por sua vez, tinha por objetivo proteger o novo princípio do direito ao trabalho que surgia em razão dos excessos do liberalismo jurídico.

A propósito, tornou-se célebre nessa fase histórica do intervencionismo jurídico a frase "*entre fortes e fracos, entre ricos e pobres, entre senhor e servo, é a liberdade que oprime e a lei que liberta*" do frade dominicano francês Henri Dominique Lacordaire.

Ora, o instrumento jurídico por excelência para garantir o princípio do direito ao trabalho foi o instituto da estabilidade no emprego, concebido como verdadeira propriedade do emprego, pois, uma vez admitido o empregado na empresa, nela deveria permanecer até a aposentadoria, salvo se cometesse falta grave disciplinar, quando então seria justificada sua despedida por justa causa (cf. Renato Rua de Almeida. A estabilidade no emprego num sistema de economia de mercado. *Revista LTr – Legislação do Trabalho*, São Paulo, 63-12/1600-1604).

Já a despedida sem justa causa do empregado implicaria judicialmente a declaração de nulidade e o direito à reintegração no emprego sem possibilidade de ser convertida pelo empregador essa obrigação de fazer em obrigação de dar com o pagamento de indenização por tempo de serviço, na hipótese de o empregado completar dez anos de prestação de trabalho subordinado, quando adquiriria a estabilidade no emprego, como então prescrito no direito brasileiro pelo capítulo VII sobre a estabilidade no emprego na Consolidação das Leis do Trabalho, aprovada pelo Decreto-lei n. 5.452, de 1º de maio de 1943.

Como se verá mais à frente, vigora hoje no Brasil o regime de proteção da relação de emprego contra a despedida arbitrária ou sem justa causa, na conformidade do art. 7º, inciso I, da Constituição Federal de 1988, garantido em princípio por um sistema indenizatório relacionado ao chamado fundo de garantia do tempo de serviço, previsto pelo mesmo art. 7º, inciso III, do texto constitucional.

Após o término da Segunda Guerra Mundial em meados do século XX, a ideia da garantia do emprego adaptou-se melhor à da estabilidade no emprego para a proteção do novo princípio do direito ao emprego surgido em substituição ao princípio do direito ao trabalho que adquiriu maior amplitude.

Com efeito, esta distinção entre o princípio do direito ao emprego e o princípio do direito ao trabalho significou dizer que a proteção do direito ao emprego estaria assegurada no contrato de trabalho com a ideia da garantia do emprego em substituição à ideia da estabilidade no emprego, ao passo que a proteção do princípio do direito ao trabalho compreenderia as várias formas de trabalho que passaram a existir nas legislações ao lado do trabalho subordinado promovidas pelo desenvolvimento econômico.

Portanto, para viabilizar o princípio do direito ao emprego no contrato de trabalho, abandonou-se a concepção estática da estabilidade no emprego até a aposentadoria, passando a ser adotada uma concepção dinâmica, traduzida na ideia da garantia do emprego, que assegurasse ao empregado certa proteção no emprego por ele ocupado, e, não sendo possível mantê-lo no mesmo emprego, por algum motivo justificável (não mais apenas a falta disciplinar, mas também por motivos econômicos e tecnológicos atribuídos à performance da empresa), ser-lhe-ia garantida a continuidade do emprego em outra empresa num processo de recolocação profissional que implicasse o direito

---

(1) Texto publicado pela Enciclopédia Jurídica da Faculdade de Direito da PUC-SP.
(2) Advogado trabalhista em São Paulo, professor aposentado de direito do trabalho da Faculdade de Direito da PUC-SP, doutor em direito pela Faculdade de Direito da Universidade de Paris I (Panthéon-Sorbonne), membro do IBDT, do IBDSCJ e da UJUCASP, presidente do Instituto Jacques Maritain do Brasil.

à reclassificação profissional, se necessária, e o direito ao recebimento de seguro-desemprego, que, na verdade, seriam medidas de políticas públicas de empregabilidade transcendentes aos limites da própria relação de emprego.

Entre as principais características jurídicas da ideia da garantia do emprego como nova roupagem da ideia da estabilidade no emprego é de se ressaltar a indispensável distinção entre a despedida individual e a despedida coletiva.

Essa distinção está consagrada na Recomendação n. 166 e na Convenção n. 158, ambas de 1982, editadas pela Organização Internacional do Trabalho.

Ela é também prevista em diretivas da União Europeia, tendo em vista a harmonização legislativa dos países membros, pelo que adotada por todos eles (cf. Renato Rua de Almeida. O regime geral do direito do trabalho contemporâneo sobre a proteção da relação de emprego contra a despedida individual sem justa causa. Estudo comparado entre a legislação brasileira e as legislações portuguesa, espanhola e francesa. *Revista LTr – Legislação do Trabalho*, São Paulo, 71-03/336-345.

A despedida individual só se justificaria por motivo disciplinar atribuído ao empregado ou por sua inaptidão profissional às mudanças técnicas da empresa.

O ato do empregador de despedir individualmente o empregado sofreria controle *a priori*, como a comunicação escrita e o procedimento que garanta ao empregado despedido o direito ao contraditório, e, *a posteriori*, quando, se mantida pelo empregador a decisão de despedir o empregado, ela estaria sujeita à apreciação por órgão neutro, judicial ou extrajudicial, podendo resultar na declaração de sua nulidade ou ilicitude, com a consequente reintegração do empregado no emprego ou a sua conversão em indenização compensatória.

Já a despedida coletiva relaciona-se a uma causa objetiva da empresa, de ordem econômico-conjuntural ou técnico-estrutural, e é tida como ato complexo e procedimental condicionado normalmente ao crivo da participação da representação eleita dos empregados na empresa.

Fica evidente que a concepção da garantia do emprego, como nova forma da estabilidade no emprego, para assegurar o princípio do direito ao emprego, só se aplica aos empregados contratados por prazo indeterminado.

É preciso, no entanto, ressaltar que, modernamente, mesmo nos países da União Europeia e também no Brasil, existem inúmeras formas de contratos por prazo determinado, além de outras formas menos clássicas, como, por exemplo, o contrato a tempo parcial e o contrato de trabalho intermitente, às quais não se aplicam as regras de proteção do emprego nos contratos por prazo indeterminado, mas, nem por isso, todas essas formas diferentes e alternativas de celebração do contrato de trabalho deixam de atender, de certa maneira – pelas circunstâncias em que são celebradas – ao princípio do direito ao emprego, como formas contratuais dentro da concepção da garantia do emprego.

No direito do trabalho brasileiro, a ideia da garantia do emprego que assegura o princípio do direito ao emprego, nos contratos de trabalho celebrados por prazo indeterminado, está consagrada no art. 7º, inciso I, da Constituição Federal de 1988, como direito fundamental, ao prever que a relação de emprego está protegida contra a despedida arbitrária ou sem justa causa.

Para o exame do sentido e do alcance da classificação da proteção da relação de emprego contra a despedida arbitrária ou sem justa causa como direito fundamental no texto constitucional brasileiro e as modificações trazidas a respeito pela Lei n. 13.467, de 13 de julho de 2017, para se verificar inclusive se ocorreram inconstitucionalidades a respeito nesta legislação sobre a chamada Reforma Trabalhista, é preciso fazer antes breve digressão sobre a teoria da aplicação dos direitos fundamentais previstos constitucionalmente nas relações privadas e, em especial, nas relações de trabalho.

O estudo da eficácia dos direitos fundamentais nas relações de trabalho exige a sua contextualização histórica e conceitual.

Para tanto, é preciso distinguir o fenômeno da constitucionalização dos direitos sociais interpretados como princípio do positivismo jurídico do fenômeno da constitucionalização dos direitos humanos como direitos fundamentais, cuja eficácia é assegurada, já no contexto do pós-positivismo jurídico, pela força normativa das constituições e pelos princípios normativos, com aplicação direta e vinculante às entidades públicas e privadas.

As Constituições alemã de 1949, a portuguesa de 1976, a espanhola de 1978 e a brasileira de 1988, são exemplos de consagração dos direitos humanos como direitos fundamentais.

Esses direitos fundamentais de primeira geração (direitos da cidadania), de segunda geração (direitos econômicos, sociais, trabalhistas), de terceira geração (direitos da solidariedade e da fraternidade) são formulados constitucionalmente como princípios normativos numa visão pós-positivista a serem aplicados diretamente vinculando as entidades públicas e privadas, conforme previsto pelos arts. 18, I, da Constituição da República Portuguesa, e 5º, § 1º, da Constituição da República Federativa do Brasil (cf. Renato Rua de Almeida. Eficácia dos direitos fundamentais nas relações de trabalho. *Revista LTr – Legislação do Trabalho*, São Paulo, 76-06/647-650).

Portanto, o art. 5º, § 1º, da Constituição Federal prescreve que as normas definidoras dos direitos e garantias fundamentais têm aplicação imediata.

Significa dizer que os direitos fundamentais, previstos constitucionalmente, devem ser aplicados de forma irradiada em todo o ordenamento jurídico infraconstitucional com a máxima efetividade.

É a dimensão objetiva dos direitos fundamentais que promove sua irradiação no ordenamento jurídico infraconstitucional, vinculando as entidades públicas e privadas.

Desta maneira, o direito fundamental social da relação de emprego protegida contra a despedida arbitrária ou sem justa causa, prescrito pelo art. 7º, I, da Constituição Federal de 1988, como expressão da ideia da garantia do emprego que consagra o princípio do direito ao emprego na legislação brasileira, deve ter a máxima efetividade assegurada no ordenamento jurídico com a vinculação das entidades públicas e privadas (cf. Renato Rua de Almeida. Proteção contra a despedida arbitrária ou sem justa causa. *Revista LTr – Legislação do Trabalho*, 75-02/156-158)

A proteção contra a despedida sem justa causa – correspondente à hipótese da despedida individual – é garantida pelo pagamento de indenização compensatória, nos termos dos arts. 7º, inciso I, da Constituição Federal de 1988, 10, inciso I, do Ato das Disposições Constitucionais Transitórias da mesma Constituição Federal de 1988, e 18, § 1º, da Lei n. 8.036, de 11 de maio de 1990, correspondente ao pagamento de quarenta por cento do montante de todos os depósitos do FGTS realizados na conta vinculada do empregado, até que lei complementar venha a regulamentar em definitivo o valor dessa indenização compensatória.

A opção pela reparação indenizatória adotada pelo legislador constituinte tanto nas despedidas sem justa causa (individuais) quanto nas despedidas coletivas (arbitrárias) afastou definitivamente a possibilidade de a lei complementar estabelecer a reintegração no emprego como hipótese dentre outros direitos, conforme dicção do art. 7º, inciso I, da Constituição Federal de 1988.

No entanto, a despedida individual sem justa causa poderá ser revestida de ilicitude por abuso de direito, tal qual prevista pelo art. 187 do Código Civil, isto é, quando a despedida violar a boa-fé objetiva, já, que, na conformidade dos arts. 422 e 472 do Código Civil, compete às partes, no caso o empregador, guardar os princípios da boa-fé objetiva, tanto na conclusão e na execução do contrato, quanto na extinção.

A despedida abusiva ocorre nas hipóteses da violação pelo empregador da boa-fé objetiva consubstanciada, por exemplo, na figura do *venire contra factum proprium* (cf. Valton Doria Pessoa. *A incidência da boa-fé objetiva e do venire contra factum proprium nas relações de trabalho*. Salvador: Editora JusPodivm, 2016. 228 p.)

Portanto, ocorrendo a despedida sem justa causa de forma abusiva, além da indenização compensatória prevista pela despedida sem justa causa, o empregador arcará também com outra indenização a ser arbitrada em função do abuso de direito cometido, nos termos dos arts. 927 e 944, ambos do Código Civil.

Ainda em relação à proteção constitucional da relação de emprego contra a despedida individual sem justa causa, poderá ocorrer abuso de direito do empregador, nos termos dos arts. 187 e 422 do Código Civil, quando, na hipótese de alegação de justa causa, não for assegurado ao empregado, antes da consumação da despedida, o direito à informação do motivo alegado, bem como o direito ao contraditório e à ampla defesa, uma vez que o trabalhador goza do direito da cidadania da presunção de inocência (art. 5º, inciso XIV, da Constituição Federal de 1988) mesmo na relação de emprego.

Aliás, assim como o direito à presunção de inocência, são também direitos fundamentais do trabalhador-cidadão, isto é, são direitos fundamentais do cidadão-trabalhador na relação de emprego, o direito à informação (art. 5º, inciso XIV, da Constituição Federal de 1988) e o direito ao contraditório e à ampla defesa (art. 5º, inciso LV, da Constituição Federal de 1988) (direitos inespecíficos dos trabalhadores na relação de emprego que os exerce enquanto "trabalhador-cidadão" desenvolvida pelo professor Palomeque Lopes da Universidade de Salamanca), que vinculam as entidades públicas e privadas.

Portanto, a despedida sob a alegação de justa causa, se não precedida do direito do empregado à informação do motivo alegado, bem como do direito ao contraditório e à ampla defesa, em razão do direito à presunção de inocência de que também goza o trabalhador enquanto empregado, implicará a caracterização de despedida abusiva, a ser reparada por indenização arbitrada.

É equivocado dizer, por outro lado, de forma um tanto quanto açodada, que, com o advento da Lei n. 13.467, de 13 de julho de 2017, sobre a Reforma Trabalhista, houve rompimento com os princípios fundamentais de proteção do direito do trabalho nas relações individuais do trabalho, com a plena consagração da autonomia da vontade individual.

Ao menos em relação aos direitos fundamentais e, em particular, em relação à proteção contra a despedida individual sem justa causa, amparada como visto acima pelo art. 7º, inciso I, da Constituição Federal, seria inconstitucional toda e qualquer interpretação sobre a ampla autonomia da vontade individual do empregador de despedir sem justa causa, em que todo o ato da despedida pudesse eventualmente ser escoimado de abuso de direito, até porque, pela leitura do art. 444, *caput*, da Consolidação das Leis do Trabalho, sobre a liberdade contratual do trabalho, após o advento da legislação sobre a Reforma Trabalhista, não é permitida essa interpretação, que, de resto, como dito, seria inconstitucional.

No tocante à proteção constitucional da relação de emprego contra a despedida arbitrária, que se refere à despedida coletiva, implica dizer que ela só é admitida, sob pena de ilicitude por abuso de direito prevista pelos arts. 187 e 422, ambos do Código Civil, quando precedida do cumprimento pelo empregador dos deveres anexos da boa-fé objetiva.

Esses deveres anexos da boa-fé na despedida coletiva compreendem o dever de informação ao conjunto dos trabalhadores e seus representantes (eleitos na empresa ou, na sua falta, sindicais), da causa objetiva da empresa, de ordem econômico-conjuntural ou técnico estrutural a justificar a despedida coletiva, (o direito à informação é direito fundamental do conjunto dos trabalhadores, conforme o art. 5º, inciso XIV, da Constituição Federal de 1988), bem como o dever da tentativa da negociação coletiva (é direito fundamental dos trabalhadores participarem da negociação coletiva, conforme o art. 7º, inciso XXVI, da Constituição Federal de 1988 e Convenções ns. 98 e 157 da OIT, ratificadas pelo Brasil), visando à substituição da extinção do contrato por mecanismos encontrados no ordenamento jurídico brasileiro, como, por exemplo, a suspensão dos contratos de trabalho para a participação dos trabalhadores em programa ou curso de qualificação profissional, com recebimento do empregador de ajuda compensatória mensal de recursos provenientes do FAT, nos termos do art. 476-A e seguintes da CLT, e, também, os institutos das férias coletivas, do trabalho a tempo parcial, da redução da jornada e do salário, sendo esta última hipótese, a teor do art. 7º, inciso V, da Constituição Federal de 1988 e Lei n. 4.923, de 23 de dezembro de 1965 (cf. Renato Rua de Almeida. Subsite no Brasil o direito potestativo do empregador nas despedidas em massa?, *Revista LTr – Legislação do Trabalho*, 73-04/391-393).

Em relação à proteção contra a despedida arbitrária, entendida como despedida coletiva, pode-se dizer que está eivada de inconstitucionalidade a nova redação do art. 447-A da Consolidação das Leis do Trabalho, dada pela Lei n. 13.467, de 13 de julho de 2017, sobre a Reforma Trabalhista, quando prescreve que as dispensas imotivadas individuais, plúrimas ou coletivas equiparam-se para todos os fins, não havendo necessidade de autorização prévia de entidade sindical ou de celebração de convenção coletiva ou acordo coletivo para sua efetivação, a regulamentar, de certa forma, a proteção da relação de emprego contra a despedida arbitrária ou sem justa causa, sendo certo que o texto expresso a respeito do art. 7º, inciso I, da Constituição Federal, prevê que a tal regulamentação ocorrerá por lei complementar e não por lei ordinária, como o foi pela legislação sobre a Reforma Trabalhista.

Desta forma, esta nova lei ordinária sobre a Reforma Trabalhista conflita com os dispositivos constitucionais acima elencados e representa um retrocesso social em relação à máxima efetividade dos direitos fundamentais, a teor do art. 5º, § 1º, e em relação à melhoria das condições sociais dos trabalhadores, na conformidade do disposto no *caput* do art. 7º, ambos da Constituição Federal de 1988, tendo em vista o posicionamento doutrinário e jurisprudencial que se formara em sentido contrário em relação à diferença a respeito do conceito da proteção contra a despedida sem justa causa (individual) e arbitrária (coletiva) e suas consequências jurídicas (cf. Renato Rua de Almeida. Eficácia dos direitos fundamentais sociais e seus impactos teóricos e práticos nas relações de trabalho à luz de questões trazidas pela Lei n. 13.467, de 13 de julho de 2017 sobre a Reforma Trabalhista. *Revista LTr – Legislação do Trabalho*, 81-08/909-914).

Com efeito, a despedida coletiva ou em massa sem a prévia informação e negociação implica ilicitude por abuso de direito ao violar a boa-fé objetiva e seus deveres anexos, previstos pelos arts. 187 e 422 do Código Civil, daí resultando a obrigação do empregador de pagar indenização complementar à indenização já prevista no ordenamento jurídico.

Assim decidiu o Tribunal da 15ª Região, em decisão paradigmática no caso Embraer (processo de dissídio coletivo jurídico n. 00309200900015004-DC), o que levou o TST (processo de dissídio coletivo jurídico n. TST-ES-207660/2009-000-00-7) a decidir que as despedidas coletivas doravante devem ser precedidas de negociações entre a empresa e os trabalhadores e seus representantes.

E por todas essas razões acima expostas, sobretudo as de ordem constitucional relacionadas aos direitos fundamentais, espera-se que o Supremo Tribunal Federal, em decisão a ser proferida com repercussão geral, julgue improvido o RE 999435 interposto pela Embraer, que pretende a reforma da decisão do Tribunal Superior do Trabalho, acima mencionada, por entender dispensável a negociação coletiva prévia para a despedida coletiva dos trabalhadores, sob o fundamento de que a regulamentação do art. 7º, inciso I, da Constituição Federal de 1988 ainda depende de lei complementar.

Vê-se, portanto, que a efetividade da aplicação imediata do direito fundamental social da proteção da relação de emprego contra a despedida arbitrária ou sem justa causa e da vinculação das entidades públicas e privadas passa pela aplicação dos institutos das cláusulas gerais (boa-fé objetiva e função social do contrato), em razão da força irradiante e da dimensão objetiva dos direitos fundamentais.

Essa é, portanto, a forma atual do direito brasileiro, de fundamento constitucional e infraconstitucional, para que a ideia da garantia do emprego – versão renovada da concepção da estabilidade no emprego – possa assegurar o princípio do direito ao emprego na figura do instituto da proteção da relação de emprego contra a despedida arbitrária e sem justa causa, tal qual prevista pelo art. 7º, inciso I, da Constituição Federal de 1988.

A PRESTAÇÃO DE HORAS EXTRAS HABITUAIS E A AUSÊNCIA DE DESCARACTERIZAÇÃO DO ACORDO DE COMPENSAÇÃO DE JORNADA OU DO BANCO DE HORAS

Marcelo Rodrigues Prata[1]

1. INTRODUÇÃO

A Reforma Trabalhista trouxe consigo muita controvérsia pela rapidez de sua tramitação e pela consequente ausência de debate amplo com a comunidade interessada pela matéria, bem assim em virtude da normatização de temas muitas vezes ao arrepio da jurisprudência e da doutrina já assentadas.[2] Aliás, o assunto que trataremos neste artigo, como seu próprio título deixa claro, tem a ver com a não invalidade do acordo de compensação de jornada ou do banco de horas por força da prestação de horas extras habituais.

A propósito, muitos defendem a não aplicação *tout court* da inovação referida em virtude de sua suposta inconstitucionalidade, considerando que o parágrafo único do art. 59-B vai de encontro ao Enunciado da Súmula n. 85 do TST, mais precisamente no que toca à primeira parte de seu item IV. Nada obstante, sabemos que a Reforma Trabalhista alterou diversos pontos da CLT e declarar a inconstitucionalidade de todos os artigos que supostamente contrariem interesses do trabalhador, em nome do princípio protetivo, trará muito mais insegurança jurídica do que a já provocada pelo atropelo da mencionada Reforma.

Por outras palavras, na medida do possível, nosso propósito é aproveitar o máximo do que a Reforma inovou, em nome da segurança jurídica, bem como da modernização das relações de trabalho, imposta pela realidade das transformações econômicas e tecnológicas, sem que isso implique, óbvio, aniquilamento da proteção do trabalhador, insofismavelmente a parte mais fraca do contrato de trabalho.

2. PRINCÍPIO DA PREVALÊNCIA DA LEI

A propósito do *princípio da prevalência da lei*, trazemos à baila o ensino de Karl Larenz:

> Onde o princípio deixe em aberto diferentes possibilidades de concretização, os tribunais estão vinculados à escolhida pelo legislador ordinário, não lhes sendo, portanto, lícito substituí-la por outra – porventura, por via de uma interpretação "conforme a Constituição" ou de uma correção da lei – que em sua opinião seja de preferir.[3]

Na mesma linha, Robert Alexy advoga que "... o juiz cível está sujeito *prima facie* ao Direito Civil vigente, tal como se apresenta sob a forma de leis...".[4] Por sua vez, José Joaquim Gomes Canotilho defende:

> O princípio da legalidade postula dois princípios fundamentais: o *princípio da supremacia ou prevalência da lei* (*Vorrang des Gesetzes*) e o *princípio da reserva de lei* (*Vorbehalt des Gesetzes*). Estes princípios permanecem válidos, pois num Estado democrático-constitucional a lei parlamentar é, ainda, a expressão privilegiada

---

[1] Membro da Academia Brasileira de Direito do Trabalho. Possui graduação em Direito pela Universidade Católica do Salvador. É Mestre em Direito das Relações Sociais pela PUC/SP. Aprovado no Curso de Especialização em Processo – Pós-Graduação *Lato Sensu*, promovido pela Fundação Faculdade de Direito da Bahia. É Doutorando em Direito do Trabalho e da Seguridade Social pela USP. Atualmente é Juiz Titular da 29ª Vara do Trabalho de Salvador do TRT da 5ª Região. É autor dos livros: *A prova testemunhal no processo civil e trabalhista*. São Paulo: LTr, 2005; *Anatomia do assédio moral no trabalho*. São Paulo: LTr, 2008; *O direito ambiental do trabalho numa perspectiva sistêmica*. São Paulo: LTr, 2013 e *Assédio moral no trabalho sob novo enfoque*: cyberbullying, "indústria do dano moral", carga dinâmica da prova e o futuro CPC. Juruá: Curitiba, 2014.

[2] MANNRICH, Nelson. Reforma trabalhista. Que reforma? In: AGUIAR, Antonio Carlos. (Coord.). *Reforma trabalhista*: aspectos jurídicos. Quartier Latin do Brasil, 2017. p. 229-255.

[3] LARENZ, Karl. *Metodologia da ciência do direito*. Tradução de José Lamego. 4. ed. Lisboa: Fundação Calouste Gulbenkian, 2005. p. 482.

[4] ALEXY, Robert. *Teoria de los derechos fundamentales*. Tradução de Ernesto Garzón Valdés. Madri: Centro de Estudios Políticos y Constitucionales, 2001. p. 514-524.

do princípio democrático (daí a sua supremacia) e o instrumento mais apropriado e seguro para definir os regimes de certas matérias, sobretudo dos direitos fundamentais e da vertebração democrática do Estado (daí a reserva de lei).[5]-[6]

Por seu turno, Gustavo Zagrebelsky sustenta que:

Toda construção conceitual que não reconheça às razões do legislador um lugar adequado e independente deve temer-se como um perigo para o equilíbrio constitucional. A legislação tem um fundamento constitucional próprio. É expressão de direitos políticos que, em virtude da Constituição, estão no mesmo plano que outros direitos e princípios de justiça. No caso de contradição, cede a lei, como exige a Constituição rígida. Mas isso não autoriza em absoluto a negar à legislação seu caráter originário e espontâneo, quer dizer a "despolitizá-la", degradando-a a mera função técnica para a atuação dos conteúdos constitucionais, por mais elevados e sedutores que estes possam ser.[7]

André-Jean Arnaud, por seu turno, ensina que "... ao se arrogar o direito de julgar *contra legem*, é o próprio paradigma que é contestado; é toda uma tradição que é prejudicada". Tal atitude poderia servir de pretexto para justificar "... posturas politicamente opostas, em nome dessa mesma equidade que cada um, no fim das contas, pode definir a seu talante".[8] Assim, com fincas nos escólios acima trazidos à baila, sustentamos que, apenas em situações excepcionalíssimas, em casos-limite – quando a aplicação de uma lei expressa, por seu obsoletismo ou iniquidade, venha agredir frontalmente a consciência jurídica dos jurisdicionados – deva o juiz (lançando mão, conforme o caso, da jurisprudência, da analogia, da equidade, dos princípios e das normas gerais de direito) decidir de forma contrária à letra expressa da lei, mas nunca, é óbvio, contra os princípios e valores que emanam dos sistema jurídico.

3. O ENUNCIADO DA SÚMULA N. 85 DO TST E O NOVO ART. 59-B DA CLT

O Tribunal Superior do Trabalho cuida da matéria da compensação de jornada por intermédio da Enunciado da Súmula n. 85.[9] Por sua vez, diz a Consolidação das Leis do Trabalho com a redação da Reforma Trabalhista, em vigor a partir de 11.11.2017:

Art. 59-B. O não atendimento das exigências legais para compensação de jornada, inclusive quando estabelecida mediante acordo tácito, não implica a repetição do pagamento das horas excedentes à jornada normal diária *se não ultrapassada a duração máxima semanal, sendo devido apenas o respectivo adicional.*

Parágrafo único. *A prestação de horas extras habituais* não descaracteriza *o acordo de compensação de jornada e o banco de horas.* (Grifos nossos.).

---

(5) CANOTILHO, José Joaquim Gomes. *Direito constitucional e teoria da Constituição.* 7. ed. Coimbra: Almedina, 2003. p. 256.

(6) E continua Canotilho: "Em termos práticos, a articulação das duas dimensões aponta: (I) para a exigência da aplicação da lei pela administração e pelos tribunais (cfr. CRP arts. 203, 266/2), pois o cumprimento concretizador das normas legais não fica à disposição do juiz (a não ser que as 'julgue' inconstitucionais) ou dos órgãos e agentes da administração (mesmo na hipótese de serem inconstitucionais); (II) a proibição de a administração e os tribunais actuarem ou decidirem contra lei, dado que esta constitui um limite ('função limite', 'princípio da legalidade negativa') que impede não só as violações ostensivas das normas legais, mas também os "desvios" ou "fraudes" à lei através da via interpretativa; [...] Neste sentido pôde um autor afirmar recentemente que o princípio da legalidade era um 'verdadeiro polícia na ordem jurídica' (J. Chevallier)". (CANOTILHO, José Joaquim Gomes. *Direito constitucional e teoria...* Ob. cit., p. 722-723.).

(7) E continua Zagrebelsky: "Por isso, enquanto que expressão de direitos democráticos, à lei se deve reconhecer um valor em si mesma, com independência de seus conteúdos e de seus vínculos de derivação a partir dos preceitos constitucionais. A lei, para valer, não requer nenhuma legitimação de conteúdo ou substantiva, ainda quando possa se deslegitimar por contradizer à Constituição. Por outras palavras, a lei vale em linha de princípio porque é lei, não pelo que disponha". Assim conclui: "Os juízes não são senhores do direito no mesmo sentido em que o era o legislador no século XIX. São mais exatamente os garantes da complexidade estrutural do direito no Estado constitucional, ou seja, os garantes da necessária e dúctil coexistência entre lei, direitos e justiça". (ZAGREBELSKY, Gustavo. *El derecho dúctil. Ley, derechos, justicia.* Tradução de Marina Gascón. 7. ed. Madri: Editorial Trotta, 2007. p. 151-152.).

(8) ARNAUD, André-Jean. *Governar sem fronteiras*: entre globalização e pós-globalização. Crítica da razão jurídica (vol. 2). Rio de Janeiro: Lumen Juris, 2007. p. 205-206.

(9) "SUM-85 COMPENSAÇÃO DE JORNADA (inserido o item VI) – Res. 209/2016, DEJT divulgado em 01, 02 e 03.06.2016. I. A compensação de jornada de trabalho deve ser ajustada por acordo individual escrito, acordo coletivo ou convenção coletiva. II. O acordo individual para compensação de horas é válido, salvo se houver norma coletiva em sentido contrário. III. O mero não atendimento das exigências legais para a compensação de jornada, inclusive quando encetada mediante acordo tácito, não implica a repetição do pagamento das horas excedentes à jornada normal diária, se não dilatada a jornada máxima semanal, sendo devido apenas o respectivo adicional. IV. *A prestação de horas extras habituais* descaracteriza *o acordo de compensação de jornada.* Nesta hipótese, as horas que ultrapassarem a jornada semanal normal deverão ser pagas como horas extraordinárias e, quanto àquelas destinadas à compensação, deverá ser pago a mais apenas o adicional por trabalho extraordinário. V. As disposições contidas nesta súmula não se aplicam ao regime compensatório na modalidade "banco de horas", que somente pode ser instituído por negociação coletiva." (Grifamos.).

Por outras palavras, quando não obedecidos os requisitos formais para a compensação de jornada isso não implica a repetição do pagamento das horas extras, dês que não extrapolado o limite do *módulo semanal*.[10] Vale dizer, positivou-se a jurisprudência do item III da Súmula n. 85. Nada obstante, o labor extraordinário rotineiro não acarreta nulidade do acordo de compensação de jornada ou do banco de horas, ao revés do que já estava assentado na primeira parte do item IV da Súmula n. 85.[11]

4. CONSEQUÊNCIAS PRÁTICAS DA AUSÊNCIA DE NULIDADE

Considerando o que foi dito no tópico anterior, qual seria a consequência prática da declaração de inexistência de nulidade da compensação ou do banco de horas em virtude da sobrejornada habitual – prevista no parágrafo único do art. 59-B? A propósito, o Ministério Público do Trabalho apresentou ao presidente da República pedido de veto total ou parcial do Projeto de Lei da Câmara n. 38/2017, após aprovação pelo Senado Federal, diante de sua suposta inconstitucionalidade, ao se permitir, segundo ele, a duração ilimitada da jornada.[12]-[13]

Nada obstante, não se pode confundir a suposta injustiça da inovação em comento com inconstitucionalidade. De fato, não parece justo que o empregador acorde com o empregado que trabalhe além de 8 horas diárias de segunda a quinta-feira, sob a promessa de folga no sábado, mas, na prática termine por convocá-lo habitualmente para trabalhar aos sábados, ao arrepio do instituto da boa-fé objetiva.[14]-[15] Todavia, a própria Constituição de 1988 já estabelece que a sobrejornada deve ser remunerada com adicional de 50%. Além disso, o critério de justiça é por sua própria natureza subjetivo, não sendo, *ipso facto*, suficiente para se declarar a inconstitucionalidade de uma lei, salvo situações excepcionalíssimas, o que não parece ser o caso.[16]

---

(10) "O vocábulo *giornata*, que em italiano significa dia, tem diversos sentidos, próximos, mas não coincidentes, em seu núcleo, sempre indicando uma relação de tempo que pode ser examinada sob diversos aspectos, *como a medida da duração desse tempo*, a sua distribuição em módulos de repartição diário, semanal, mensal ou anual, a *contagem desse tempo* para distinguir o que é incluído ou excluído dela, o horário de começo e fim desse tempo, a classificação dos tipos como o período noturno, diurno, normal, extraordinário, sobreaviso e assim por diante." (NASCIMENTO, Amauri Mascaro. *Curso de direito do trabalho*. 24. ed. São Paulo: Saraiva, 2009. p. 1135.).

(11) PAULA, Gáudio Ribeiro de. *Lei n. 13.467/17*: uma análise didática da reforma trabalhista. São Paulo: LTr, 2018. *e-book*. p. 65.

(12) "O regime de compensação pressupõe que o empregado trabalha um maior número de horas em um dia e tenha sua carga horária reduzida em outro, de modo a manter-se dentro dos limites da jornada semanal de trabalho, o que é logicamente incompatível com a prestação de horas extras habituais, conforme previsto no parágrafo único do art. 59 B, pois trabalhando habitualmente em horas extras a redução da carga horária não acontecerá. Quando o art. 7º, XIII, da Constituição admite a compensação de jornada por negociação coletiva, faz em caráter excepcional, o que automaticamente afasta o regime de horas extras, previsto no inciso XVI do mesmo dispositivo, somente aplicável à jornada normal de 8 (oito) horas. Essa sobreposição de regimes de extrapolação de jornada de trabalho, permitida pela norma do projeto, corresponde, na prática, à instituição de jornada ilimitada de trabalho, em violação a direito previsto no artigo XXIV da Declaração Universal dos Direitos do Homem, de 1948, segundo o qual, "todo homem tem direito a repouso e lazer, inclusive a limitação razoável das horas de trabalho e férias remuneradas periódicas". (BRASIL. MINISTÉRIO PÚBLICO DO TRABALHO. *Pedido de veto total ou parcial do Projeto de Lei da Câmara n. 38/2017*. Disponível em: <http://portal.mpt.mp.br/wps/wcm/connect/portal_mpt/1557d36c-eb77-4186-a472-b77782027895/PEDIDO+DE+VETO_FINAL_1.pdf?MOD=AJPERES&attachment=true&id=1499871332213>. Acesso em: 15 dez. 2018.).

(13) Nesse diapasão, Cirlene Luiza Zimmermann exemplifica: "Vamos a um exemplo prático do que parece que quis ser autorizado pela reforma: se o empregador quisesse, poderia exigir que o empregado trabalhasse as 44 (quarenta e quatro) horas semanais seguidas, pagando apenas o adicional de 50% sobre as horas que ultrapassassem a oitava diária". E continua: "Considerando a teoria especial das nulidades aplicável no Direito do Trabalho, para o empregado, a vantagem da declaração de nulidade será financeira, pois receberá as horas excedentes à jornada normal diária acrescidas de, no mínimo, cinquenta por cento, e não apenas o respectivo adicional. Já o empregador, apesar da excêntrica autorização legal, irrefutavelmente inconstitucional, poderá sofrer as punições administrativas decorrentes do uso irregular da sobrejornada (art. 75 da CLT), além de eventuais punições na esfera coletiva, a partir da atuação do Ministério Público do Trabalho. (ZIMMERMANN, Cirlene Luiza. Duração do trabalho e o banco de horas: alterações decorrentes da reforma trabalhista. *Jota*, 30 maio 2018. Disponível em: <https://www.jota.info/opiniao-e-analise/colunas/reforma-trabalhista/duracao-do-trabalho-e-o-banco-de-horas-30052018>. Acesso em: 15 dez. 2018.).

(14) MARTINS, Sergio Pinto. *Comentários à CLT*. 21. ed. São Paulo: Saraiva Educação, 2018. p. 120.

(15) NEGREIROS, Teresa. *Teoria do contrato*: novos paradigmas. 2. ed. Rio de Janeiro: Renovar, 2006. p. 115 e ss.

(16) "A norma fundamental determina somente o fundamento de validade, não o conteúdo de validade. A norma fundamental abandona a determinação do conteúdo do direito positivo ao processo determinado pela constituição, da criação positiva do direito. A determinação do conteúdo do direito positivo é função originária e própria deste mesmo direito. A questão de saber se o conteúdo jurídico definido através do processo de direito positivo é justo ou injusto nada importa para sua validade." (KELSEN, Hans. *O problema da justiça*. Tradução de João Baptista Machado. 3. ed. São Paulo: Martins Fontes, 1998. p. 116-117.). Por sua vez, Karl Engisch ensina que o Tribunal Constitucional Federal da Alemanha – após o fim da Segunda Grande Guerra, com o fito de solucionar a questão das leis injustas implementadas pelo regime nazista – se apoiou no seguinte ensinamento Radbruch: "O Direito positivo, o Direito feito

Aliás, não seria paradoxalmente injusto que em situações como a ora analisada os empregadores ficassem ao alvedrio de milhares de juízes cada um com sua própria convicção do que lhe parece justo ou injusto (constitucional ou inconstitucional), quando a própria lei já rege a matéria?[17]-[18] A propósito, é preciso uma leitura serena da Constituição de 1988.[19]

Daí se pode concluir que a Constituição estabeleceu *duplo critério* quanto aos limites da duração do trabalho, *id est*, (1) jornada de 8 horas ou (2) módulo semanal de 44 horas. Não fora isso o bastante, facultou a compensação, via acordo ou convenção coletiva de trabalho. No mais, deixou ao legislador ordinário regular a matéria em detalhe.[20] Aliás, o sistema de compensação pode ser entendido como aquele que permite a substituição do pagamento do adicional de horas extras por horas de descanso. Vale dizer, posto que o pagamento do adicional em comento seja a regra, é viável que, embora tenha trabalhado além do turno normal, não seja devido ao empregado adicional de hora extra, porquanto as horas respectivas serão somadas para futura compensação.[21]

Aliás, a CLT reformada – com redação idêntica à do art. 10 da LC n. 150/2015 – acolheu o que já havia sido consagrado pela jurisprudência quanto aos empregados em instituições hospitalares ou no setor de vigilância, v.g., ou seja, o sistema turnos de *12 horas de trabalho por 36 horas de descanso*.[22]-[23] Além disso, temos a *semana inglesa* (com as 4 horas do sábado antecipadas entre segunda e quinta-feira) e a *semana espanhola* (com semanas alternadas de 48 e 40 horas de trabalho).[24] Não fora isso o bastante, há hipóteses de força maior que impõem a extensão da jornada.[25]

Ora, *interpretatio facienda est, ut ne sequatur absurdum*, ou seja, a interpretação da lei não pode conduzir ao

---

seguro através do ato de estatuição e do poder, prevalecerá mesmo quando seja injusto e inconveniente o seu conteúdo, a não ser que a contradição da lei positiva com a justiça atinja um grau tal e seja de tal maneira insuportável que a lei, como 'Direito injusto', tenha de ceder o passo à justiça". (ENGISCH, Karl. *Introdução ao pensamento jurídico*. Tradução de João Baptista Machado. 9. ed. Lisboa: Fundação Calouste Gulbenkian, 2004. p. 332-334.).

(17) STRECK, Lenio Luiz. *O que é isto – decido conforme minha consciência?* 4. ed. Livraria do advogado. Porto Alegre: 2013. p. 69.

(18) "La justicia puede relacionarse ahora de una manera distinta con la forma de la igualdad: en la forma de reglas que deciden casos iguales de manera igual (y por lo tanto; casos desiguales de manera desigual). En una versión compacta: la justicia se puede designar como consistencia de la toma de decisión. [...] Toda decisión sobre cuestiones jurídicas [...] tiene que ubicarse a sí misma en el contexto de otras decisiones; es decir, tiene que observar cómo el derecho es observado por otros observadores." (In: LUHMANN, Niklas. *El derecho de la sociedad*. Tradução de Javier Torres Nafarrate. México: Herder e Universidad Iberoamericana, 2005. p. 288 e 298.).

(19) Art. 7º São direitos dos trabalhadores urbanos e rurais, além de outros que visem à melhoria de sua condição social: [...] XIII – duração do trabalho normal não superior a oito horas diárias e quarenta e quatro semanais, facultada a compensação de horários e a redução da jornada, mediante acordo ou convenção coletiva de trabalho; ...

(20) KATIUSCA, Lilian. Horas suplementares e sistema de compensação de jornada: as mudanças com a Reforma Trabalhista – 1ª parte. *Jota*, 22 nov. 2017. Disponível em: <https://www.jota.info/opiniao-e-analise/colunas/reforma-trabalhista/horas-suplementares-e-sistema-de-compensacao-de-jornada-22112017>. Acesso em: 15 dez. 2018.

(21) KATIUSCA, Lilian. Horas suplementares e sistema de compensação de jornada: as mudanças com a Reforma Trabalhista – 2ª parte. *Jota*, 29 nov. 2017. Disponível em: <https://www.jota.info/opiniao-e-analise/colunas/reforma-trabalhista/horas-suplementares-e-sistema-de-compensacao-de-jornada-2-29112017>. Acesso em: 15 dez. 2018.

(22) Prevê a CLT: Art. 59-A. Em exceção ao disposto no art. 59 desta Consolidação, é facultado às partes, mediante acordo individual escrito, convenção coletiva ou acordo coletivo de trabalho, estabelecer horário de trabalho de doze horas seguidas por trinta e seis horas ininterruptas de descanso, observados ou indenizados os intervalos para repouso e alimentação. Parágrafo único. A remuneração mensal pactuada pelo horário previsto no caput deste artigo abrange os pagamentos devidos pelo descanso semanal remunerado e pelo descanso em feriados, e serão considerados compensados os feriados e as prorrogações de trabalho noturno, quando houver, de que tratam o art. 70 e o § 5º do art. 73 desta Consolidação.

(23) BARROS, Alice Monteiro de. *Curso de direito do trabalho*. Atualizada por Jessé Claudio Franco de Alencar. 10. ed. São Paulo: LTr, 2016. e-book. p. 447-448.

(24) MARTINEZ, Luciano. *Curso de direito do trabalho*. 4. ed. São Paulo: Saraiva, 2013. p. 358.

(25) Dispõe a CLT: Art. 61. Ocorrendo necessidade imperiosa, poderá a duração do trabalho exceder do limite legal ou convencionado, seja para fazer face a motivo de força maior, seja para atender à realização ou conclusão de serviços inadiáveis ou cuja inexecução possa acarretar prejuízo manifesto. § 1º O excesso, nos casos deste artigo, pode ser exigido independentemente de convenção coletiva ou acordo coletivo de trabalho. § 2º Nos casos de excesso de horário por motivo de força maior, a remuneração da hora excedente não será inferior à da hora normal. Nos demais casos de excesso previstos neste artigo, a remuneração será, [...] superior à da hora normal, e o trabalho não poderá exceder de 12 (doze) horas, desde que a lei não fixe expressamente outro limite. § 3º Sempre que ocorrer interrupção do trabalho, resultante de causas acidentais, ou de força maior, que determinem a impossibilidade de sua realização, a duração do trabalho poderá ser prorrogada pelo tempo necessário até o máximo de 2 (duas) horas, durante o número de dias indispensáveis à recuperação do tempo perdido, desde que não exceda de 10 (dez) horas diárias, em período não superior a 45 (quarenta e cinco) dias por ano, sujeita essa recuperação à prévia autorização da autoridade competente.

absurdo. Explica-se: não se pode inferir do parágrafo único do art. 59-B que o empregador, ao arrepio da Constituição de 1988, possa exigir do empregado continuamente jornada superior a dez horas.[26] Até mesmo porque a própria CLT reformada, em seu art. 59, *caput* e § 2º admite tão somente o trabalho por 2 horas extras diárias, com a compensação em outro dia ou o pagamento de adicional de 50%.[27] Além disso, o empregado faz jus a intervalos intrajornadas e interjornadas.[28]

Noutro giro, a prestação rotineira de jornada extenuante pode configurar *dano existencial*. A propósito, a doutrina e a jurisprudência da Itália, com escopo de preencher lacuna existente entre *dano biológico* e *dano moral*, formulou o *conceito de dano existencial*, qual seja, a modificação prejudicial da atividade realizadora da pessoa, a alteração de seu universo de ação, costumes, amizades, por meio dos quais o indivíduo constrói sua própria identidade, a existência pessoal, comprometendo sua qualidade de vida.[29]-[30] Trata-se seguramente de dano qualificável como não patrimonial. O dano existencial pretende oferecer tutela a todas as hipóteses nas quais a pessoa seja ofendida em direito de categoria constitucional diverso do direito à saúde.

Nessa linha, a doutrina e a jurisprudência pátrias têm entendido o dano existencial como aquele ato ilícito que não representa um prejuízo material imediato, mas *compromete um projeto de vida*, bem assim *a integração familiar e social do trabalhador*. O que pode, v.g., ocorrer com constantes e abusivas transferências do empregado ou sua submissão a jornadas absolutamente extenuantes.[31]-[32]

Aliás, do ponto de vista do Direito Ambiental do Trabalho, a exigência de cumprimento rotineiro de jornadas exaustivas fere o *princípio da prevenção*, porquanto isso

---

(26) A propósito, prevê a Constituição de 1988: Art. 6º São direitos sociais a educação, a saúde, a alimentação, o trabalho, a moradia, o lazer, a segurança, a previdência social, a proteção à maternidade e à infância, a assistência aos desamparados, na forma desta Constituição. Art. 7º São direitos dos trabalhadores urbanos e rurais, além de outros que visem à melhoria de sua condição social: [...] XIII – duração do trabalho normal não superior a oito horas diárias e quarenta e quatro semanais, facultada a compensação de horários e a redução da jornada, mediante acordo ou convenção coletiva de trabalho; XIV – jornada de seis horas para o trabalho realizado em turnos ininterruptos de revezamento, salvo negociação coletiva; XV – repouso semanal remunerado, preferencialmente aos domingos; [...] XVI – remuneração do serviço extraordinário superior, no mínimo, em cinquenta por cento à do normal; ...

(27) Prescreve a CLT: Art. 59. A duração diária do trabalho poderá ser acrescida de horas extras, em número não excedente de duas, por acordo individual, convenção coletiva ou acordo coletivo de trabalho. § 1º A remuneração da hora extra será, pelo menos, 50% (cinquenta por cento) superior à da hora normal. § 2º Poderá ser dispensado o acréscimo de salário se, por força de acordo ou convenção coletiva de trabalho, o excesso de horas em um dia for compensado pela correspondente diminuição em outro dia, de maneira que não exceda, no período máximo de um ano, à soma das jornadas semanais de trabalho previstas, nem seja ultrapassado o limite máximo de dez horas diárias.

(28) Reza a CLT: Art. 66. Entre 2 (duas) jornadas de trabalho haverá um período mínimo de 11 (onze) horas consecutivas para descanso. E ainda: Art. 71. Em qualquer trabalho contínuo, cuja duração exceda de 6 (seis) horas, é obrigatória a concessão de um intervalo para repouso ou alimentação, o qual será, no mínimo, de 1 (uma) hora e, salvo acordo escrito ou contrato coletivo em contrário, não poderá exceder de 2 (duas) horas. § 1º Não excedendo de 6 (seis) horas o trabalho, será, entretanto, obrigatório um intervalo de 15 (quinze) minutos quando a duração ultrapassar 4 (quatro) horas. § 2º Os intervalos de descanso não serão computados na duração do trabalho.

(29) AMATO, Fabrizio et al. *Il mobbing*: aspetti lavoristici. Milão: Giuffrè Editore, 2002. p. 131.

(30) CARINCI, Franco et al. *Diritto del lavoro*: 2. Il raporto di lavoro subordinato. 6. ed. Torino: 2005. p. 233.

(31) A propósito, para Amaro Alves de Almeida Neto o dano existencial é "... um ato, doloso ou culposo, que cause uma mudança de perspectiva no cotidiano do ser humano, provocando uma alteração danosa no modo de ser do indivíduo ou nas atividades por ele executadas com vistas ao seu projeto de vida pessoal, prescindindo de qualquer repercussão financeira ou econômica que do fato da lesão possa decorrer, deve ser indenizado, como um dano existencial, um dano à existência do ser humano". (ALMEIDA NETO, Amaro Alves de. *Dano existencial*: a tutela da dignidade da pessoa humana. Disponível em: <www.mpsp.mp.br/portal/page/portal/.../DANO%20EXISTENCIAL.doc>. Acesso em: 27 ago. 2014.).

(32) Por sua vez, a jurisprudência do C. Tribunal Superior do Trabalho tem dado a seguinte acepção ao dano existencial: "[...] II – RECURSO DE REVISTA. INDENIZAÇÃO POR DANO MORAL. DANO EXISTENCIAL. EXIGÊNCIA DO CUMPRIMENTO DE JORNADAS EXTENUANTES. Extrai-se do trecho transcrito pela parte que o autor laborou em jornada excessiva exigida pela Ré. A realização de jornada exaustiva, sem concessão regular dos intervalos intrajornada e interjornadas mínimos e repouso semanal remunerado, exercida em atividade de risco, obriga o trabalhador a permanecer muito tempo longe de sua residência, prejudicando-lhe o direito ao lazer, à convivência familiar e ao descanso efetivo. Nesse contexto, o quadro fático delineado pelo TRT revela a ocorrência de dano à esfera íntima do empregado, nos moldes do art. 5º, X, da Constituição Federal. Ora, a higidez física, mental e emocional do ser humano é bem fundamental de sua vida privada e pública, de sua intimidade, de sua autoestima e afirmação social e, nessa medida, também de sua honra. Frise-se que não foi a exigência do cumprimento de horas extraordinárias que acarretou a condenação da empresa em indenizar o autor pelo abalo moral sofrido, mas sim a imposição de jornada excessivamente exaustiva, por um longo período de tempo, que impediu o autor de realizar seus projetos de vida. Assim sendo, correta a decisão regional que condenou a empresa ao pagamento de indenização por danos morais. Recurso de revista não conhecido. CONCLUSÃO: Agravo de instrumento conhecido e desprovido. Recurso de revista não conhecido. (ARR – 10148-33.2014.5.03.0079, Relator Ministro: Alexandre de Souza Agra Belmonte, Data de Julgamento: 12.12.2018, 3ª Turma, Data de Publicação: DEJT 14.12.2018.)".

implica risco de fadiga crônica, perda de vigor mental, insônia, depressão e de doenças cardiovasculares. Por sinal, no Japão, o receio do desemprego tem conduzido assalariados a trabalhar literalmente até a morte em virtude de *fadiga crônica* (*karoshi*). A propósito, os arts. 225, 200, VIII, e 225, § 3º, da Constituição de 1988 c/c o art. 14, § 1º, da Lei n. 6.938/1981, garantem um *meio ambiente do trabalho com sadia qualidade de vida*, bem assim a *responsabilidade objetiva* do causador de lesão à ambiência laboral.[33]

Em suma, a vedação de se declarar nulidade de acordo de compensação de jornada ou de banco de horas em virtude da prestação rotineira de horas extras não implica obviamente salvo-conduto para que o empregador possa exigir do empregado cumprimento habitual de jornadas extenuantes, porquanto isso contraria o princípio da prevenção e pode causar dano existencial, sujeitando-o à indenização por dano individual ou, conforme o caso, coletivo.

De qualquer sorte, ressalte-se que em Direito do Trabalho as nulidades têm efeito diverso do que ocorre no Direito Civil, pois que impossível a restituição da força de trabalho já despendida pelo empregado. A consequência prática do desrespeito sistemático aos limites da duração do trabalho seria a eventual imposição de multa administrativa.[34]-[35]

5. APLICAÇÃO ANALÓGICA DA LC N. 150/2015 E O DIÁLOGO ENTRE AS FONTES

Pode-se objetar que a Lei Complementar n. 150/2015, em vigor desde 02.06.2015 – na esteira da aprovação da Emenda Constitucional n. 72, de 02.04.2013 – cuida tão somente do Direito do Trabalho Doméstico, ou seja, de segmento do Direito do Trabalho cujas normas, *ipso facto*, não seriam aplicáveis aos trabalhadores celetistas em geral.[36]

Aliás, este dispositivo sempre foi manejado no momento de se denegar direitos aos domésticos. Porém, isso, atualmente, não pode mais se dar de maneira tão simples e categórica, haja vista que EC n. 72/2013 foi criada "... para estabelecer a igualdade de direitos trabalhistas entre os trabalhadores domésticos e os demais trabalhadores urbanos e rurais", como diz a respectiva Ementa. Por sinal, a LC n. 150/2015 não criou um microssistema hermeticamente fechado aplicável apenas aos domésticos.[37]-[38]

Noutro giro, pela própria abertura conferida pela CLT, é conatural ao Direito do Trabalho sua *transdisciplinariedade*.[39] Saliente-se que um instrumento interessante para auxiliar a superar a dificuldade ora enfrentada se encontra na *teoria do diálogo das fontes* ou *da comunicação*, criada por Erik Jayme e trazida ao Brasil por Claudia Lima Marques.[40] Por sinal, a *pós-modernidade* é caracterizada pela *acelerada*

---

(33) PRATA, Marcelo Rodrigues. *O direito ambiental do trabalho numa perspectiva sistêmica*: as causas da inefetividade da proteção à ambiência laboral e o que podemos fazer para combatê-la. São Paulo: LTr, 2013. p. 88 e ss. e 129-130.

(34) Deve-se admitir em toda extensão o princípio segundo o qual trabalho feito é salário ganho. Pouco importa que a prestação de serviço tenha por fundamento uma convenção nula. Em direito do trabalho, a regra geral há de ser a irretroatividade das nulidades. O contrato nulo produz efeitos até a data em que for decretada a nulidade. Subverte-se, desse modo, um dos princípios cardeais da teoria civilista das nulidades. A distinção entre os efeitos do ato nulo e do ato anulável, se permanece para alguns, não subsiste em relação a este contrato. (GOMES, Orlando; GOTTSCHALK, Elson. *Curso de direito do trabalho*. 11. ed. Rio de Janeiro: Forense, 1990. p. 137.).

(35) Pela *teoria das nulidades* prevalecente no Direito do Trabalho, *as prorrogações administrativamente irregulares produzem os mesmos efeitos jurídicos das prorrogações lícitas* – sem prejuízo da punição administrativa aplicável ao empregador faltoso. A inviabilidade da devolução ao obreiro de sua força de trabalho transferida em prol do empregador – que, ademais, enriquecer-se-ia sem fundamento válido se não fosse compelido a também sobrerremunerar as horas extras irregulares – tudo leva a que se aplique à presente situação fática a teoria justrabalhistas especial de nulidades contratuais. (DELGADO, Mauricio Godinho. Curso de direito do trabalho. 17. ed. São Paulo: LTr, 2018. e-book. p. 1086.).

(36) A propósito, diz a CLT: Art. 7º Os preceitos constantes da presente Consolidação salvo quando for em cada caso, expressamente determinado em contrário, não se aplicam: a) aos empregados domésticos, assim considerados, de um modo geral, os que prestam serviços de natureza não econômica à pessoa ou à família, no âmbito residencial destas; ...

(37) V. PRATA, Marcelo Rodrigues. *O direito ambiental do trabalho numa perspectiva sistêmica*: as causas da inefetividade da proteção à ambiência laboral e o que podemos fazer para combatê-la. São Paulo: LTr, 2013. p. 19-23 e 234.

(38) Aliás, diz expressamente a LC n. 150/2015: Art. 19. Observadas as peculiaridades do trabalho doméstico, a ele também se aplicam as Leis ns. 605, de 5 de janeiro de 1949, 4.090, de 13 de julho de 1962, 4.749, de 12 de agosto de 1965, e 7.418, de 16 de dezembro de 1985, e, subsidiariamente, a Consolidação das Leis do Trabalho (CLT), aprovada pelo Decreto-Lei n. 5.452, de 1º de maio de 1943.

(39) Se não, vejamos: Art. 8º As autoridades administrativas e a Justiça do Trabalho, na falta de disposições legais ou contratuais, decidirão, conforme o caso, pela jurisprudência, por analogia, por equidade e outros princípios e normas gerais de direito, principalmente do direito do trabalho, e, ainda, de acordo com os usos e costumes, o direito comparado, mas sempre de maneira que nenhum interesse de classe ou particular prevaleça sobre o interesse público.

(40) A propósito, segundo o próprio Erik Jayme: O 'diálogo das fontes' significa, que decisões de casos da vida complexos são hoje o somar, o aplicar conjuntamente, de várias fontes (Constituição, Direitos Humanos, direito supranacional e direito nacional). Hoje não mais existe uma fixa determinação de ordem entre as fontes, mas uma cumulação destas, um aplicar lado a lado. Os direitos humanos são direitos fundamentais, mas somente às vezes é possível deles retirar efeitos jurídicos precisos. (RTDC. Entrevista com o prof. Erik Jayme. *Revista Trimestral de Direito Civil* – RTDC, ano 1, vol. 3, jul./set. 2000, p.289-293. Disponível em: <http://seer.ufrgs.br/index.php/ppgdir/article/view/43484/27363>. Acesso em: 26 ago. 2015.).

evolução da tecnologia, das comunicações, da economia e dos valores. A propósito, a *teoria da estrutura tridimensional do direito* ensina que o Direito se transforma à proporção que evoluem os *fatos*, os *valores* e as *normas*.⁽⁴¹⁾ Aliás, a *complexidade* da atual conjuntura deu azo a uma *hiperinflação de diplomas jurídicos*, muitas vezes regulando uma mesma matéria em sobreposição, num aparente conflito normativo.

Por sua vez, a *teoria do diálogo das fontes* rejeita a ideia de que o *conflito de leis* deva ser sempre solucionado observando-se os tradicionais *critérios de superação de antinomias*.⁽⁴²⁾ **Segundo a teoria em comento, as normas – posto que pertencentes a países, graus hierárquicos ou a ramos jurídicos distintos – não devem conflitar entre si, mas, ao revés,** *dialogarem*. Isso em busca de uma *solução mais justa e racional* para o caso concreto, tendo em mira sempre a *prevalência dos direitos fundamentais*.⁽⁴³⁾ Nessa linha, Renato Rua de Almeida entende plenamente aplicável ao Direito do Trabalho a teoria *sub examine*.⁽⁴⁴⁾

Em suma, na medida do possível, tentaremos encontrar soluções jurídicas para a *efetividade* dos limites normativos à duração do trabalho com o recurso da *teoria do diálogo entre as fontes*. Aliás, repita-se, em consonância com o caráter eminentemente transdisciplinar do Direito do Trabalho, que exsurge do art. 8º da CLT.

Por sinal, com fincas no aludido *princípio da prevalência da lei*, é preciso resistir à tentação de se superar aligeiradamente o problema criado pela Reforma Trabalhista com a declaração de inconstitucionalidade do parágrafo único do art. 59-B da CLT – considerando que a Constituição de 1988 limita a jornada em 8 horas diárias e 44 horas de módulo semanal.⁽⁴⁵⁾⁻⁽⁴⁶⁾⁻⁽⁴⁷⁾ Aliás, forte na *teoria do diálogo entre as fontes*, não se pode relegar ao oblívio que o legislador já admitiu o regime misto de horas extras compensadas ou remuneradas para os domésticos ("acumulação de acordos") sem que isso provocasse questionamentos junto ao STF quanto à constitucionalidade da inovação mencionada.⁽⁴⁸⁾ Até mesmo porque isso privilegia o *comum acordo entre as partes*, considerando que estas estão muito mais rentes à realidade das relações de trabalho do que o Estado.⁽⁴⁹⁾

---

(41) REALE, Miguel. *Lições preliminares de direito*. 17. ed. São Paulo: Saraiva, 1990. p. 64-67.

(42) (a) hierarquia (a lei superior derroga a inferior); (b) cronologia (a lei mais nova revoga a mais antiga); (c) especialidade (a lei especial derroga a geral); e (d) espacialidade entre as leis (arts. 7º a 19 da LINDB), de forma que uma lei deva ser aplicada em detrimento de outra. (BOBBIO, Norberto. *Teoria geral do direito*. Tradução de Denise Agostinetti e revisão da tradução de Silvana Cobucci Leite. 3. ed. São Paulo: Martins Fontes, 2010. p. 249-254.).

(43) JAYME, Erik. Visões para uma teoria pós-moderna do direito comparado (1997). *Cadernos do programa de pós-graduação em direito – PPGDir./UFRGS*, Porto Alegre, v. 1, n. 1, nov. 2013. Disponível em: <http://seer.ufrgs.br/index.php/ppgdir/article/view/43489/27367>. Acesso em: 26 ago. 2015. JAYME, Erik. Direito internacional privado e cultura pós-moderna (1996). *Cadernos do Programa de Pós-Graduação em Direito – PPGDir./UFRGS*, Porto Alegre, v. 1, n. 1, nov. 2013. Disponível em: <http://seer.ufrgs.br/index.php/ppgdir/article/view/43487/27366>. Acesso em: 25 ago. 2015.

(44) É de se dizer, assim, que o método do diálogo das fontes vem completar a teoria da eficácia dos direitos fundamentais, em especial a eficácia horizontal dos direitos fundamentais e mais especificamente a eficácia horizontal dos direitos fundamentais nas relações de trabalho [...]. A máxima efetividade dos direitos fundamentais nas relações de trabalho, vinculando sobretudo as empresas privadas, é decorrência da prescrição contida no texto constitucional brasileiro em seu art. 5º, § 1º. (ALMEIDA, Renato Rua de. Diálogo das fontes e eficácia dos direitos fundamentais: síntese para uma nova hermenêutica das relações de trabalho. In: ALMEIDA, Renato Rua de; CALVO, Adriana. (Coord.). *Aplicação da teoria do diálogo das fontes no direito do trabalho*. São Paulo: LTr, 2015. p. 59.

(45) Por sinal, leia-se o seguinte Enunciado 22, aprovado na 2ª Jornada de Direito Material e Processual, promovida pela Anamatra, nos dias 9 e 10 de outubro de 2017: PRESTAÇÃO DE HORAS EXTRAS: DESCARACTERIZAÇÃO DO ACORDO DE COMPENSAÇÃO E BANCO DE HORAS. HORAS EXTRAS. DESCARACTERIZAÇÃO DO ACORDO DE COMPENSAÇÃO E BANCO DE HORAS. A prestação de horas extras habituais ou, ainda que eventuais, em número superior a duas horas diárias, implica descaracterização do acordo de compensação e do acordo de banco de horas, conforme arts. 7º, XIII e XVI, da Constituição Federal, e 59 da CLT.

(46) SILVA, Homero Batista Mateus da. *Comentários à reforma trabalhista*. 2. ed. São Paulo: Revista dos Tribunais, 2017. p. 50.

(47) MARTINEZ, Luciano. *Curso de direito do trabalho*. Ob. cit., p. 359.

(48) CORTEZ, Julpiano Chaves. *Direito do trabalho – reforma trabalhista*: com as alterações da Medida Provisória n. 808 de novembro de 2017. São Paulo: LTr, 2018. *e-book*. p. 49.

(49) A propósito, vejamos o que diz a LC n. 150/2015: Art. 2º A duração normal do trabalho doméstico não excederá 8 (oito) horas diárias e 44 (quarenta e quatro) semanais, observado o disposto nesta Lei. § 1º A remuneração da hora extraordinária será, no mínimo, 50% (cinquenta por cento) superior ao valor da hora normal. [...] § 4º Poderá ser dispensado o acréscimo de salário e instituído regime de compensação de horas, mediante acordo escrito entre empregador e empregado, se o excesso de horas de um dia for compensado em outro dia. § 5º No regime de compensação previsto no § 4º: I – será devido o pagamento, como horas extraordinárias, na forma do § 1º, das primeiras 40 (quarenta) horas mensais excedentes ao horário normal de trabalho; II – das 40 (quarenta) horas referidas no inciso I, poderão ser deduzidas, sem o correspondente pagamento, as horas não trabalhadas, em função de redução do horário normal de trabalho ou de dia útil não trabalhado, durante o mês; III – o saldo de horas que excederem as 40 (quarenta) primeiras horas mensais de que trata o inciso I, com a dedução prevista no inciso II, quando for o caso, será compensado no período máximo de 1 (um)

6. CONCLUSÃO

A Reforma Trabalhista merece, sim, as críticas que tem recebido pelo atropelo em sua tramitação e, por conseguinte, pela falta de amplo debate com a comunidade dedicada ao Direito do Trabalho. Por outro lado, ao *princípio da prevalência da lei* repugna a ideia de declaração de inconstitucionalidade de lei ordinária simplesmente por esta se parecer injusta aos tribunais. Impõe-se o respeito à lei produzida pelo Poder Legislativo, a quem cabe regulamentar a Constituição, em homenagem ao princípio da harmonia e independência dos Poderes no Estado Democrático de Direito (art. 2º da Constituição de 1988). Noutros termos, a declaração de inconstitucionalidade de lei ordinária é medida que só deve ser adotada como *ultima ratio*, diante de sua absoluta incompatibilidade com a Constituição.

Aliás, o art. 2º, § 5º, da LC n. 150/2015, forte na *teoria do diálogo entre as fontes*, deixa clara a possibilidade de adoção do regime misto de horas extras compensadas ou remuneradas para os domésticos, o que pode ser analogicamente aproveitado para a interpretação do parágrafo único do art. 59-B da CLT sem que isso represente desrespeito sistemático às normas de duração do trabalho. De qualquer sorte, ressalte-se que a nulidade do acordo de compensação de jornada ou do banco de horas, ressalvada eventual punição administrativa, não produziria efeito prático, considerando que o trabalho já prestado evidentemente não poderia ser restituído.

Por outro lado, a leitura conjunta dos dispositivos da Constituição de 1988 e da CLT a respeito dos limites da duração do trabalho não deixa dúvidas de que a Reforma Trabalhista não autorizou o empregador a exigir do empregado trabalho exaustivo habitualmente, porquanto cabe ao primeiro garantir ao segundo ambiente do trabalho com sadia qualidade de vida – arts. 225, 200, VIII e 225, § 3º, da Constituição.

7. REFERÊNCIAS

ALEXY, Robert. *Teoria de los derechos fundamentales*. Tradução de Ernesto Garzón Valdés. Madri: Centro de Estudios Políticos y Constitucionales, 2001.

ALMEIDA, Renato Rua de. Diálogo das fontes e eficácia dos direitos fundamentais: síntese para uma nova hermenêutica das relações de trabalho. In: ALMEIDA, Renato Rua de; CALVO, Adriana (Coord.). *Aplicação da teoria do diálogo das fontes no direito do trabalho*. São Paulo: LTr, 2015.

ALMEIDA NETO, Amaro Alves de. *Dano existencial*: a tutela da dignidade da pessoa humana. Disponível em: <www.mpsp.mp.br/portal/page/portal/.../DANO%20EXISTENCIAL.doc>. Acesso em: 27 ago. 2014.

AMATO, Fabrizio et al. *Il mobbing*: aspetti lavoristici. Milão: Giuffrè Editore, 2002.

ARNAUD, André-Jean. *Governar sem fronteiras*: entre globalização e pós-globalização. Crítica da razão jurídica (vol. 2). Rio de Janeiro: Lumen Juris, 2007.

BARROS, Alice Monteiro de. *Curso de direito do trabalho*. Atualizada por Jessé Claudio Franco de Alencar. 10. ed. São Paulo: LTr, 2016. e-book.

BOBBIO, Norberto. *Teoria geral do direito*. Tradução de Denise Agostinetti e revisão da tradução de Silvana Cobucci Leite. 3. ed. São Paulo: Martins Fontes, 2010.

BRASIL. MINISTÉRIO PÚBLICO DO TRABALHO. *Pedido de veto total ou parcial do Projeto de Lei da Câmara n. 38/2017*. Disponível em: <http://portal.mpt.mp.br/wps/wcm/connect/portal_mpt/1557d36c-eb77-4186-a472-b77782027895/PEDIDO+DE+VETO_FINAL_1.pdf?MOD=AJPERES&attachment=true&id=1499871332213>. Acesso em: 15 dez. 2018.

CANOTILHO, José Joaquim Gomes. *Direito constitucional e teoria da Constituição*. 7. ed. Coimbra: Almedina, 2003.

CARINCI, Franco et al. *Diritto del lavoro*: 2. Il raporto di lavoro subordinato. 6. ed. Torino: 2005.

CORTEZ, Julpiano Chaves. *Direito do trabalho – reforma trabalhista*: com as alterações da Medida Provisória n. 808 de novembro de 2017. São Paulo: LTr, 2018. e-book.

DELGADO, Mauricio Godinho. *Curso de direito do trabalho*. 17. ed. São Paulo: LTr, 2018. e-book.

_____; DELGADO, Gabriela Neves. *A reforma trabalhista no Brasil*: com os comentários à Lei n. 13.467/2017. 2. ed. São Paulo: LTr, 2018.

ENGISCH, Karl. *Introdução ao pensamento jurídico*. Tradução de João Baptista Machado. 9. ed. Lisboa: Fundação Calouste Gulbenkian, 2004.

GOMES, Orlando; GOTTSCHALK, Elson. *Curso de direito do trabalho*. 11. ed. Rio de Janeiro: Forense, 1990.

JAYME, Erik. Visões para uma teoria pós-moderna do direito comparado (1997). *Cadernos do programa de pós-graduação em direito – PPGDir./UFRGS*, Porto Alegre, v. 1, n. 1, nov. 2013. Disponível em: <http://seer.ufrgs.br/index.php/ppgdir/article/view/43489/27367>. Acesso em: 26 ago. 2015.

_____. Direito internacional privado e cultura pós-moderna (1996). *Cadernos do Programa de Pós-Graduação em Direito – PPGDir./UFRGS*, Porto Alegre, v. 1, n. 1, nov. 2013. Disponível em: <http://seer.ufrgs.br/index.php/ppgdir/article/view/43487/27366>. Acesso em: 25 ago. 2015.

KATIUSCA, Lilian. Horas suplementares e sistema de compensação de jornada: as mudanças com a Reforma Trabalhista – 2ª parte. *Jota*, 29 nov. 2017. Disponível em: <https://www.jota.info/opiniao-e-analise/colunas/reforma-trabalhista/horas-suplementares-e-sistema-de-compensacao-de-jornada-2-29112017>. Acesso em: 15 dez. 2018.

_____. Horas suplementares e sistema de compensação de jornada: as mudanças com a Reforma Trabalhista – 1ª parte. *Jota*,

---

ano. § 6º Na hipótese de rescisão do contrato de trabalho sem que tenha havido a compensação integral da jornada extraordinária, na forma do § 5º, o empregado fará jus ao pagamento das horas extras não compensadas, calculadas sobre o valor da remuneração na data de rescisão.

22 nov. 2017. Disponível em: <https://www.jota.info/opiniao-e-analise/colunas/reforma-trabalhista/horas-suplementares-e-sistema-de-compensacao-de-jornada-22112017>. Acesso em: 15 dez. 2018.

KELSEN, Hans. *O problema da justiça*. Tradução de João Baptista Machado. 3. ed. São Paulo: Martins Fontes, 1998.

LARENZ, Karl. *Metodologia da ciência do direito*. Tradução de José Lamego. 4. ed. Lisboa: Fundação Calouste Gulbenkian, 2005.

LEITE, Carlos Henrique Bezerra. Os direitos da personalidade na perspectiva dos direitos humanos e do direito constitucional do trabalho. In: BRAMANTE, Ivani Contini; CALVO, Adriana (Org.). *Aspectos polêmicos e atuais do direito do trabalho*: homenagem ao professor Renato Rua de Almeida. São Paulo: LTr, 2007.

LUHMANN, Niklas. *El derecho de la sociedad*. Tradução de Javier Torres Nafarrate. México: Herder e Universidad Iberoamericana, 2005.

MANNRICH, Nelson. Reforma trabalhista. Que reforma? In: AGUIAR, Antonio Carlos. (Coord.). *Reforma trabalhista*: aspectos jurídicos. Quartier Latin do Brasil, 2017.

MARTINEZ, Luciano. *Curso de direito do trabalho*. 4. ed. São Paulo: Saraiva, 2013.

MARTINS, Sergio Pinto. *Comentários à CLT*. 21. ed. São Paulo: Saraiva Educação, 2018.

NASCIMENTO, Amauri Mascaro. *Curso de direito do trabalho*. 24. ed. São Paulo: Saraiva, 2009.

NEGREIROS, Teresa. *Teoria do contrato*: novos paradigmas. 2. ed. Rio de Janeiro: Renovar, 2006.

OLIVEIRA NETO, Célio Pereira. Lei n. 13.467/2017: flexibilidade, simplificação e outras repercussões na jornada de trabalho. In: AGUIAR, Antonio Carlos. (Coord.). *Reforma trabalhista*: aspectos jurídicos. Quartier Latin do Brasil, 2017.

PRATA, Marcelo Rodrigues. *O direito ambiental do trabalho numa perspectiva sistêmica*: as causas da inefetividade da proteção à ambiência laboral e o que podemos fazer para combatê-la. São Paulo: LTr, 2013.

PAULA, Gáudio Ribeiro de. *Lei n. 13.467/2017*: uma análise didática da reforma trabalhista. São Paulo: LTr, 2018. e-book.

REALE, Miguel. *Lições preliminares de direito*. 17. ed. São Paulo: Saraiva, 1990.

RTDC. Entrevista com o prof. Erik Jayme. *Revista Trimestral de Direito Civil* – RTDC, ano 1, vol. 3, jul./set. 2000, p. 289-293. Disponível em: <http://seer.ufrgs.br/index.php/ppgdir/article/view/43484/27363>. Acesso em: 26 ago. 2015.

SILVA, Homero Batista Mateus da. *Comentários à reforma trabalhista*. 2. ed. São Paulo: Revista dos Tribunais, 2017.

STRECK, Lenio Luiz. *O que é isto – decido conforme minha consciência?* 4. ed. Livraria do advogado. Porto Alegre: 2013.

ZAGREBELSKY, Gustavo. *El derecho dúctil. Ley, derechos, justicia*. Tradução de Marina Gascón. 7. ed. Madri: Editorial Trotta, 2007.

ZIMMERMANN, Cirlene Luiza. Duração do trabalho e o banco de horas: alterações decorrentes da reforma trabalhista. *Jota*, 30 maio 2018. Disponível em: <https://www.jota.info/opiniao-e-analise/colunas/reforma-trabalhista/duracao-do-trabalho-e-o-banco-de-horas-30052018>. Acesso em: 15 dez. 2018.

FLEXIBILIZAÇÃO DA JORNADA DE TRABALHO – 12X36

Sônia A. C. Mascaro Nascimento[1]

1. INTRODUÇÃO

A partir do início da década de 1990, o Brasil passou por um processo de abertura econômica, que apresentou uma nova realidade à estrutura produtiva e ao mercado de trabalho brasileiro. A necessidade de competir com produtos e serviços estrangeiros obrigou as empresas nacionais à reestruturação do seu parque de produção. Ao mesmo tempo, passou-se a questionar o antigo modelo de nosso direito do trabalho, concebido no seio do paternalismo do Estado Novo.

Nesse novo contexto, ideias flexibilizadoras do direito do trabalho surgem, por um lado, como forma de criação e garantia de empregos e, de outro, como reflexo das profundas mudanças ocorridas na sociedade, em especial em seu modo de produção e de vida.

Observa-se, porém, que antes mesmo da abertura econômica, já se podia notar algumas medidas flexibilizadoras no direito do trabalho pátrio. São os casos, por exemplo, das previsões do art. 7º, VI (redução de salário mediante acordo ou convenção coletiva), XIII (flexibilização de horário) e IV (turno ininterrupto de revezamento), da Constituição Federal.

Nesse sentido, a jornada e o horário de trabalho são uma das matérias de maior relevância no propósito de adaptar o direito do trabalho à nova realidade. Com esse propósito, a Lei n. 13.467/2017, a reforma trabalhista, trouxe algumas alterações que podem ser consideradas como formas flexibilizadoras da jornada de trabalho.

Neste artigo, iremos abordar a compensação de horas e a jornada 12x36. No primeiro, o empregado trabalha além de sua jornada normal em um dia e compensa essas horas em outro, de modo que a média de horas trabalhadas não ultrapassa sua jornada normal. Já no segundo, o empregado trabalha 12 horas em um dia, descansa no dia seguinte e no próximo trabalha mais 12 horas, repetindo-se o ciclo. Ambas se tratam apenas de uma das possíveis formas de flexibilização do horário de trabalho.

2. A EVOLUÇÃO HISTÓRICA DA COMPENSAÇÃO DE JORNADA E A CONSTITUIÇÃO FEDERAL DE 1988

A compensação constitui um sistema de flexibilização da jornada de trabalho pela implementação de uma relação débito-crédito das horas prestadas pelo trabalhador ao empregador, sobre um período mais amplo que apenas um dia de trabalho, possibilitando transcender a rigidez de uma jornada de trabalho com limites apenas diários.

A CLT, desde sua edição em 1943, já previa, em seu art. 59, § 2º, a possibilidade de o excesso de horas trabalhadas em um dia ser compensado pela correspondente diminuição em outro, desde que não excedesse o horário normal da semana nem seja ultrapassado o limite máximo de dez horas diárias. Tratava-se da compensação semanal, que poderia ser prevista por acordo individual ou norma coletiva.

A Constituição Federal de 1988, por sua vez, também passou a prever em seu art. 7º, XIII, a possibilidade de compensação de horários e redução da jornada, mediante acordo ou convenção coletiva de trabalho.

Muito se discutiu se a expressão "acordo ou convenção coletiva de trabalho" abrangia apenas acordos coletivos ou também individuais. O dispositivo constitucional, em uma análise primária, permite a interpretação nos dois sentidos.

Apesar disso, entendemos que há autorização constitucional para a compensação de horas mediante acordo individual pelos seguintes motivos: 1) a palavra "coletiva" no feminino não possui concordância com a palavra "acordo" no masculino; 2) o art. 7º, VI, da Constituição Federal, ao dispor sobre a redução de salários, utiliza a expressão "acordo coletivo" ao lado de "convenção"; 3) o acordo individual facilita a compensação de horas principalmente nas pequenas e microempresas; 4) a compensação de horas beneficia o empregado e 5) o texto constitucional faz menção somente a "acordo", sem especificar se é individual ou coletivo, de modo que ele deve ser interpretado em seu sentido lato, abrangendo qualquer espécie de acordo.

---

(1) Membro da Academia Brasileira de Direito do Trabalho. Mestre e Doutora em Direito do Trabalho USP. Desembargadora Federal do Trabalho – TRT 02

O Tribunal Superior do Trabalho, por sua vez, dirimiu essa questão ao editar a Orientação Jurisprudencial SBDI-1 n 182, em 08.11.2000, que entendia ser o acordo individual apto para estabelecer regime de compensação de horas. Posteriormente, em 21.11.2003, o conteúdo dessa OJ foi inserido na Súmula n. 85 do mesmo Tribunal.

Ainda no tocante à evolução legislativa do regime de compensação, em 1998, foi editada a Lei n. 9.601, que instituiu a compensação de horas dentro do período de 120 dias. Porém, a compensação de horário quadrimestral se mostrou pouco eficaz, havendo necessidade de sua revisão, o que foi feito com a edição da Medida Provisória n. 1.709/1998, seguida de suas reedições, que fixou o prazo de um ano para a compensação.

Assim, o § 2º, do art. 59, da CLT, que inicialmente previa a compensação semanal, em um primeiro momento permitiu a quadrimestral e, depois, a anual. Em qualquer dos casos, não se permitia que a jornada diária excedesse a dez horas.

No âmbito da jurisprudência, inicialmente, o Tribunal Superior do Trabalho editou as Orientações Jurisprudenciais ns. 182, 220 e 223 tratando de alguns aspectos específicos da compensação semanal, que foram consolidadas no ano de 2005 na Súmula n. 85. Já em 2011, esse Tribunal inseriu o item V à súmula, que entende que o "banco de horas" somente pode ser instituído por negociação coletiva e não por acordo individual. Diante disso, a jurisprudência passou a chamar a compensação semanal simplesmente de compensação e a anual de banco de horas.

Em suma, o entendimento prevalecente era de que a compensação de jornada poderia ser ajustada por convenção ou acordo coletivo ou acordo individual escrito se, nesse último caso, não houvesse norma coletiva em sentido contrário. Além disso, ainda que realizado mediante uma dessas formas, a compensação restava descaracterizada se fossem prestadas horas extras de modo habitual. Já o banco de horas somente poderia ser firmado mediante negociação coletiva.

Caso não fossem cumpridos os requisitos de validade para o acordo de compensação, as horas que ultrapassassem o módulo semanal de 44 horas deveriam ser pagas como horas extras, já àquelas que não extrapolavam esse módulo, mas que excediam o limite diário era devido somente o respectivo adicional.

Ainda, embora o texto constitucional se refira somente ao termo compensação, criou-se, na jurisprudência, uma diferenciação entre compensação e banco de horas. A primeira se referia à compensação de horas dentro do módulo semanal. Já o banco de horas corresponde à compensação de horas realizada no prazo de um ano. Entendemos, porém, que essa diferença de nomenclatura não se justificava, uma vez que não havia previsão legal ou constitucional nesse sentido, sendo a compensação semanal e o banco de horas espécies de uma categoria mais ampla de compensação. Observa-se, também, que a jurisprudência admitia a compensação mensal mediante os mesmos requisitos da semanal.

Em geral não há limitação quanto ao tipo de empregado ou de função para a aplicação do regime de compensação, podendo, inclusive, ser efetivada em relação ao empregado com menos de 18 anos de idade. A única ressalva diz respeito às atividades em ambientes insalubres. Nesses casos, a partir da interpretação do art. 60 da CLT, a jurisprudência entendia que a compensação de jornada em atividades insalubres, mesmo que realizada mediante negociação coletiva, somente teria validade se houvesse inspeção prévia e permissão da autoridade competente.

Além do regime de compensação descrito acima, outra forma de flexibilização do horário de trabalho é a jornada 12x36. Nela, o empregado não só ultrapassa o limite de trabalho normal de 8 horas, como também o teto de 10 horas diárias no regime de compensação, previsto no art. 59, § 2º, da CLT. Em contrapartida, o trabalhador possui um período de descanso maior e, ao final do mês, terá trabalhado menos horas em comparação à jornada normal.

Assim, apesar de a jornada 12x36 também poder ser considerada uma espécie de compensação de horário, ela possui diferenças fundamentais em relação ao regime exposto acima. A primeira é que ela permite exceder as 10 horas diárias. A segunda é que a média de horas trabalhadas é menor que a jornada normal.

Embora não se enquadre nos termos do art. 59, § 2º, da CLT, o regime de jornada 12x36 nasceu da necessidade de alguns setores específicos, como o ramo hospitalar e de segurança, adotá-lo e foi acolhido pela jurisprudência com fundamento no art. 7º, XIII, da Constituição Federal, que prevê a "duração do trabalho normal não superior a oito horas diárias e quarenta e quatro semanais, facultada a compensação de horários e a redução da jornada, mediante acordo ou convenção coletiva de trabalho". Contudo, a jurisprudência sempre considerou que esse regime somente poderia ser instituído mediante negociação coletiva e não por acordo individual.

No plano do ordenamento jurídico, a Lei n. 11.901/2009 passou a prever de forma expressa a jornada 12x36 ao dispor, no art. 5º que "a jornada do Bombeiro Civil é de 12 (doze) horas de trabalho por 36 (trinta e seis) horas de descanso, num total de 36 (trinta e seis) horas semanais". Nesse caso, o regime 12x36 é a própria jornada legal do bombeiro civil, dispensando qualquer forma de acordo para ser instituída.

No ano seguinte, em 2010, o Tribunal Superior do Trabalho editou a Orientação Jurisprudencial n. 338, que entendia que "o empregado submetido à jornada de 12 horas de trabalho por 36 de descanso, que compreenda a totalidade do período noturno, tem direito ao adicional noturno, relativo às horas trabalhadas após as 5 horas da manhã".

Em 2012, por sua vez, a Lei n. 12.619 acrescentou o art. 235-F à CLT que, em relação aos motoristas profissionais previu expressamente a possibilidade de se instituir a jornada 12x36 por acordo coletivo ou convenção coletiva em razão da especificidade do transporte, de sazonalidade ou de característica que o justifique. Assim, condicionou-se a validade desse regime à existência de uma dessas três situações: especificidade do transporte, sazonalidade ou característica que justifique o regime. Essas condições, contudo, foram suprimidas pela Lei n. 13.103/2015, que alterou a redação do art. 235-F da CLT e passou a dispor que "convenção e acordo coletivo poderão prever jornada especial de 12 (doze) horas de trabalho por 36 (trinta e seis) horas de descanso para o trabalho do motorista profissional empregado em regime de compensação".

Ainda no ano de 2012, o Tribunal Superior do Trabalho editou a Súmula n. 444, com a seguinte redação:

"JORNADA DE TRABALHO. NORMA COLETIVA. LEI. ESCALA DE 12 POR 36. VALIDADE. – É válida, em caráter excepcional, a jornada de doze horas de trabalho por trinta e seis de descanso, prevista em lei ou ajustada exclusivamente mediante acordo coletivo de trabalho ou convenção coletiva de trabalho, assegurada a remuneração em dobro dos feriados trabalhados. O empregado não tem direito ao pagamento de adicional referente ao labor prestado na décima primeira e décima segunda horas".

Com ela estabeleceu-se os seguintes parâmetros para a instituição da jornada 12x36: 1) ela deve ser instituída de forma excepcional, 2) ela pode originar de previsão em lei ou acordo coletivo ou convenção coletiva, 3) os feriados trabalhados nessa forma de jornada devem ser remunerados em dobro e 4) o trabalho realizado dentro das 12 horas não gera direito a hora extra.

3. O REGIME DE COMPENSAÇÃO DE HORAS E DE 12X36 NO DIREITO ESTRANGEIRO

As mudanças estruturais das últimas décadas no processo produtivo têm exigido que a legislação laboral se adapte à nova realidade. A análise da legislação trabalhista estrangeira comprova esse fato. Nesse sentido, podemos observar institutos semelhantes ao regime de compensação de horas e de 12x36 em alguns países. Vejamos.

Em Portugal, onde a jornada semanal legal é de 40 horas semanais, o Código de Trabalho prevê, no art. 209, o regime de trabalho concentrado. Nele, o período diário normal de trabalho, que é de 8 horas, pode ser aumentado para até 12 horas em duas hipóteses: 1) por acordo individual ou negociação coletiva, para concentrar o período normal de trabalho semanal no máximo em quatro dias de trabalho ou 2) somente por negociação coletiva para estabelecer um horário de trabalho que contenha, no máximo, três dias de trabalho consecutivos, seguidos no mínimo de dois dias de descanso, devendo a duração do período normal de trabalho semanal ser respeitada, em média, num período de referência de 45 dias.

Na França, a jornada semanal de trabalho é de 35 horas, mas o código de trabalho francês permite bastante liberdade para que negociação coletiva fixe formas de compensação, conforme seu art. L-3121-33, podendo, inclusive, o trabalho diário chegar a 12 horas, desde que haja a compensação.

O código de trabalho espanhol, por sua vez, estabelece uma jornada semanal de 40 horas e permite, em seu art. 34, a compensação anual por negociação coletiva, desde que seja respeitado o intervalo entre jornadas de no mínimo 12 horas.

Assim, observamos que, embora essas legislações não tenham previsão expressa do regime de compensação 12x36, elas permitem a adoção de formas bastante semelhantes, inclusive, com o trabalho diário de 12 horas, desde que compensadas.

4. A COMPENSAÇÃO DE JORNADA A PARTIR DA LEI N. 13.467/2017

A Lei n. 13.467/2017 trouxe para a CLT significativas mudanças na regulação da compensação de jornada. Nesse sentido, a nova lei, ao lado da compensação anual, acrescentou a semestral e a mensal, conforme os §§ 5º e 6º introduzidos ao art. 59 da CLT.

A compensação de jornada semestral, denominada pela lei de banco de horas, passa a ser admitida mediante acordo individual escrito ou negociação coletiva. Já a compensação mensal, além de negociação coletiva, pode ser pactuada mediante acordo individual tácito ou escrito. Além disso, embora já admitido pela jurisprudência, o art. 611-A, II, também prevê a possibilidade de convenção coletiva ou acordo coletivo estabelecer o banco de horas anual. Ainda, passou a ser previsto expressamente que o regime de compensação e o banco de horas não são descaracterizados pela existência de horas extras habituais.

Em relação ao banco de horas anual, previsto no art. 59, § 2º, da CLT, não há nenhuma previsão no dispositivo que determine que ele apenas possa ser firmado mediante negociação coletiva. Em realidade manteve-se a mesma redação precedente à reforma trabalhista, não havendo nesse aspecto qualquer modificação. Assim, conforme já exposto anteriormente, defendemos a possibilidade de banco de horas anual mediante acordo individual, além de negociação coletiva, pelos mesmos fundamentos já levantados. Apenas não há possibilidade de sua celebração por acordo individual se norma coletiva a excluir, em razão do disposto no art. 611-A, II, da CLT.

Além disso, a Lei n. 13.467/2017 expressamente passou a autorizar a compensação de horas semestral mediante acordo individual, não havendo justificativa para diferenciá-la da anual quanto aos requisitos de validade. Reconhece-se, no entanto, corrente doutrinária e jurisprudencial em sentido contrário.

Assim, atualmente há as seguintes possibilidades de compensação de jornada:

Período	Forma	Fundamento legal
Mensal	Acordo individual (tácito ou expresso) ou negociação coletiva	Art. 59, § 6º, da CLT, e Art. 611-A, II, da CLT
Semestral	Acordo individual escrito ou negociação coletiva	Art. 59, § 5º, da CLT, e Art. 611-A, II, da CLT
Anual	Acordo individual escrito ou negociação coletiva	Art. 611-A, II, da CLT, e Art. 59, § 2º da CLT

Ademais, destaca-se que a compensação mensal não possui o limite de 10 horas diárias. Enquanto os §§ 2º e 5º (esse último ao remeter ao primeiro), do art. 59, da CLT, estabelecem o limite máximo de 10 horas diárias para a compensação semestral e anual, o § 6º do mesmo dispositivo não faz referência a qualquer limite, de modo que a jornada diária, na compensação mensal, pode ultrapassar 10 horas em um mesmo dia.

Também, embora o *caput* do art. 59, da CLT, verse sobre a prorrogação de jornada e seus parágrafos dispõem sobre a compensação, é importante observar que se tratam de institutos jurídicos distintos. A compensação é um sistema de flexibilização da jornada, no qual há uma relação débito-crédito das horas prestadas pelo trabalhador, sobre um período mais amplo que apenas um dia de trabalho, possibilitando transcender a rigidez de uma jornada com limites apenas diários. A prorrogação, por sua vez, é a prestação, em um dia, de horas suplementares à jornada normal, sem a correspondente diminuição de horas em outro dia.

Assim, sendo institutos jurídicos diferentes, a previsão legal sobre prorrogação presente no *caput*, do art. 59, da CLT, não se aplica ao regime de compensação de seus parágrafos.

Por fim, a Súmula n. 85 do TST merece algumas alterações. Primeiramente, entendemos não haver razão para a manutenção do entendimento de seu item V, que autoriza a celebração de banco de horas somente por negociação coletiva, uma vez que há autorização constitucional e legal para sua instituição por acordo individual.

Além disso, também deve ser alterado o item IV da súmula, já que o art. 59-B, parágrafo único, da CLT, agora dispõe que as horas extras habituais não descaracterizam o acordo de compensação.

5. A JORNADA 12X36 E A CONSTITUIÇÃO FEDERAL

No tocante ao regime 12x36, a Lei n. 13.467/2017 acrescentou à CLT o art. 59-A, *caput* e parágrafo único, a seguir transcrito:

"Art. 59-A. Em exceção ao disposto no art. 59 desta Consolidação, é facultado às partes, mediante acordo individual escrito, convenção coletiva ou acordo coletivo de trabalho, estabelecer horário de trabalho de doze horas seguidas por trinta e seis horas ininterruptas de descanso, observados ou indenizados os intervalos para repouso e alimentação.

Parágrafo único. A remuneração mensal pactuada pelo horário previsto no *caput* deste artigo abrange os pagamentos devidos pelo descanso semanal remunerado e pelo descanso em feriados, e serão considerados compensados os feriados e as prorrogações de trabalho noturno, quando houver, de que tratam o art. 70 e o § 5º do art. 73 desta Consolidação."

Apesar disso, antes mesmo da entrada em vigor da nova lei a jurisprudência já admitia o regime de jornada 12x36, com fundamento no art. 7º, XIII e XXVI, da Constituição Federal.

O entendimento que prevalecia antes da Lei n. 13.467/2017 era de que o inciso XIII do art. 7º, da Constituição Federal, ao dispor que é "facultada a compensação de horários e a redução da jornada, mediante acordo ou convenção coletiva de trabalho", não impunha um limite às horas excedentes à oitava diária, ao contrário do art. 59, § 2º, da CLT, que sempre autorizou somente duas horas além da jornada normal.

Assim, a compensação fundamentada no art. 59, § 2º, da CLT, seja em sua redação anterior, seja na atual, estaria limitada ao máximo de 10 horas diárias de trabalho, enquanto que aquela com base no art. 7º, XIII, da Constituição Federal, não estaria sujeita a esse limite. Nesse sentido, até a entrada em vigor da Lei n. 13.467/2017, a compensação em que se trabalha até 10 horas diárias poderia ser estabelecida por acordo individual ou norma coletiva e o regime de 12x36 somente por negociação coletiva.

A Lei n. 13.467/2017 mudou esse cenário ao autorizar, no art. 59-A da CLT, que o regime 12x36 seja instituído por acordo individual, além de norma coletiva.

Dessa forma, duas normas de hierarquia idêntica convivem entre si. O atual art. 59, § 2º, da CLT, prevendo o limite de 10 horas diárias para a compensação instituída por acordo individual ou negociação coletiva e outra norma, qual seja, o art. 59-A do mesmo diploma, permitindo uma forma de compensação específica, que é o regime 12x36, que pode ser estabelecido por acordo individual ou norma coletiva. Essa última forma permite que a jornada diária ultrapasse 10 horas.

Não vislumbramos qualquer antinomia entre as normas, pois tratam de formas distintas de compensação. Ademais, o próprio art. 59-A da CLT prevê que as regras concernentes ao regime de 12x36 são uma exceção às determinações do art. 59 da CLT. Assim, o regime 12x36 é uma das espécies de compensação de horas.

Também sob o aspecto da constitucionalidade da norma, não identificamos nenhuma inconstitucionalidade quanto à possibilidade de a compensação de 12x36 ser instituída por acordo individual. A jurisprudência consolidou o entendimento de que a compensação por acordo individual do art. 59 da CLT foi recepcionada pela Constituição Federal de 1988, em especial, pelo art. 7º, XIII, de modo que a previsão constitucional é no sentido de a compensação poder se dar por negociação coletiva ou acordo individual. Do mesmo modo, a previsão por lei ordinária que permite a instituição de regime 12x36 mediante acordo individual está em perfeita harmonia com o disposto na Constituição.

6. INTERVALOS PARA REPOUSO E ALIMENTAÇÃO NA JORNADA 12X36

Até o advento da Lei n. 13.467/2017, o regime 12x36 não excluía o direito do empregado a usufruir do intervalo intrajornada de no mínimo uma hora, conforme entendimento da jurisprudência do Tribunal Superior do Trabalho[2].

A nova lei, por sua vez, dispõe que os intervalos para repouso e alimentação serão observados ou indenizados. Assim, a lei autoriza a supressão do intervalo intrajornada, no regime 12x36, mediante o pagamento de uma indenização correspondente. Essa indenização está prevista na nova redação do art. 71, § 4º, da CLT, que prevê que:

"A não concessão ou a concessão parcial do intervalo intrajornada mínimo, para repouso e alimentação, a empregados urbanos e rurais, implica o pagamento, de natureza indenizatória, apenas do período suprimido, com acréscimo de 50% (cinquenta por cento) sobre o valor da remuneração da hora normal de trabalho".

Assim, o empregado submetido ao regime 12x36 que não usufrui de intervalo intrajornada deve receber, a título de indenização, o valor da hora do período suprimido acrescido de 50%. O não gozo do intervalo, porém, não descaracteriza o regime de compensação.

A jurisprudência já vinha entendendo que a mera supressão do intervalo intrajornada, quando não fosse acompanhada de aumento da jornada, no regime 12x36, não descaracterizava a compensação. A diferença desse entendimento jurisprudencial em relação à nova lei diz respeito a dois pontos. O primeiro é que essa supressão deixa de ser considerada ilegal. A segunda é que o valor devido em razão da não concessão do intervalo passa a ter natureza indenizatória.

7. O TRABALHO NOTURNO NA JORNADA 12X36

De modo geral, conforme o art. 73, § 1º, da CLT, o trabalho realizado no período noturno deve ser contabilizado da seguinte forma: a cada 52 minutos e 30 segundos de trabalho noturno será computada uma hora na jornada. Trata-se da chamada hora noturna reduzida.

A nova redação da CLT prevê que serão consideradas compensadas as prorrogações de trabalho noturno, quando houver, de que trata o § 5º do art. 73. O mencionado dispositivo, por sua vez, dispõe que se aplica a hora noturna reduzida e o adicional noturno às prorrogações do trabalho noturno.

A lei, porém, não parece ser clara o suficiente ao dizer que as prorrogações do trabalho noturno serão compensadas. Em uma jornada, por exemplo, das 19 horas às 07 horas do dia seguinte, em que não há intervalo intrajornada, o empregado, sem contabilizar a hora noturna reduzida, trabalharia 12 horas. Considerando, porém, somente as horas noturnas das 22 horas às 05 horas, ele trabalharia 13 horas. Ademais, se ainda considerarmos as horas após as 05 horas como prorrogação da hora noturna e, portanto, reduzida, ele trabalharia 13 horas e 17 minutos.

Primeiramente, cabe destacar que a lei nada dispõe a respeito da hora reduzida entre as 22 horas e às 05 horas, de modo que ela permanece sendo aplicada ao regime de 12x36. A questão que surge, porém, diz respeito à sua prorrogação, já que é previsto que ela será compensada. Parece-nos que a lei buscou excluir as horas noturnas prorrogadas da incidência da hora reduzida, criando uma exceção ao art. 73, § 5º, da CLT. No exemplo, acima, as horas laboradas das 05 horas às 07 horas seriam computadas normalmente.

Ademais, considerando que a norma que estabelece a prorrogação da hora noturna possui natureza de lei ordinária, não há nenhum impedimento a que outra norma de idêntica natureza estabeleça exceção a essa regra. Principalmente, em razão de a Constituição Federal prever no art. 7º, IX, somente a "remuneração do trabalho noturno superior à do diurno", mas nada se referir à prorrogação além desse período.

8. O DESCANSO SEMANAL REMUNERADO E OS FERIADOS TRABALHADOS NA JORNADA 12X36

O art. 7º, XV, da Constituição Federal, assegura ao trabalhador o "repouso semanal remunerado, preferencialmente aos domingos". Esse descanso, contudo, nem sempre deverá obrigatoriamente ocorrer aos domingos. O

---

(2) "EMBARGOS EM RECURSO DE REVISTA. INTERPOSIÇÃO NA VIGÊNCIA DA LEI N. 13.015/2014. HORAS EXTRAORDINÁRIAS. REGIME 12X36. PREVISÃO EM NORMA COLETIVA. HORA FICTA NOTURNA. INTERVALO INTRAJORNADA. DESCARACTERIZAÇÃO. NÃO OCORRÊNCIA. NÃO CONHECIMENTO. 1. Segundo a jurisprudência desta Corte Superior, a não concessão do intervalo intrajornada e da hora noturna reduzida impõe que seja sanada essa ilegalidade, mas não descaracteriza, por si só, o regime de compensação de jornada por escala 12 x 36 quando devidamente observada a carga de 12 horas de trabalho por 36 horas de descanso prevista em norma coletiva. 2. Assim, não havendo notícia de horas extraordinárias habituais a descaracterizar o acordo de compensação, permanece hígido o ajuste coletivo. Precedentes oriundos desta egrégia SBDI-1 e da maioria das Turmas. 3. Considerando, pois, que o v. acórdão turmário está em conformidade com a iterativa e notória jurisprudência deste Tribunal Superior, o conhecimento do recurso de embargos encontra óbice no art. 894, § 2º, da CLT. 4. Recurso de embargos de que se não se conhece. (TST-E-ED-ARR-102-46.2011.5.05.0010, Rel. Min. Guilherme Augusto Caputo Bastos, SBDI-1, DEJT 28.07.2017)"

próprio texto constitucional permite exceções ao utilizar o termo "preferencialmente". Nesse sentido, a legislação infraconstitucional estabelece algumas hipóteses em que o descanso pode ser usufruído em outro dia da semana, especialmente em razão da natureza da atividade afetada.

No caso da jornada 12x36, em uma semana o empregado trabalha 4 dias e descansa 3, totalizando 48 horas e na semana seguinte trabalha 3 dias e descansa 4, em um total de 36 horas. Na média das duas semanas são trabalhadas 42 horas. Assim, considerando os dias de descanso durante a semana, que pode ser três ou quatro, e o fato que, na média, não se ultrapassa o limite máximo de horas trabalhadas semanais previsto na Constituição Federal, tem-se que o descanso semanal remunerado está contemplado no regime de 12x36.

A nova lei, por sua vez, tornou isso expresso ao prever que a remuneração mensal do empregado abrange os pagamentos devidos pelo descanso semanal remunerado. Nesse aspecto, porém, o legislador acompanhou o entendimento que já predominava na jurisprudência.

Da mesma forma, também estipulou que os feriados trabalhados serão considerados compensados e o dia trabalhado está abrangido pela remuneração mensal. Já nesse caso, a nova regra da CLT vai de encontro ao entendimento jurisprudencial prevalecente até então no Tribunal Superior do Trabalho e consubstanciada em sua Súmula n. 444, que entendia pela remuneração em dobro dos feriados trabalhados.

Agora, a CLT passa a prever hipótese de exceção ao gozo dos feriados. Isso significa que o trabalhador sujeito à jornada 12x36 não tem direito a usufruir de feriado quando ele coincidir com seu dia de trabalho.

Trata-se de situação distinta daquela prevista no art. 9º da Lei n. 605/1949. Nos termos desse dispositivo "nas atividades em que não for possível, em virtude das exigências técnicas das empresas, a suspensão do trabalho, nos dias feriados civis e religiosos, a remuneração será paga em dobro, salvo se o empregador determinar outro dia de folga". Ao contrário, no caso de trabalhador sujeito à jornada 12x36 não haverá nem o pagamento em dobro e nem o direito a usufruir de folga em outro dia. Entende-se que, uma vez que o empregado já usufrui de três ou quatro folgas na semana, o trabalho em feriado já seria compensado por umas dessas folgas.

9. CONCLUSÃO

A compensação de horas e a jornada 12x36 são formas de flexibilização do horário de trabalho. A regulação dela pela Lei n. 13.467/2017 a essas formas é medida necessária diante da realidade da estrutura produtiva e do mercado de trabalho brasileiro.

Embora a jurisprudência já admitisse em casos excepcionais a implementação do regime 12x36, a nova lei trará maior segurança jurídica, além de ampliar a possibilidade de utilização da forma de jornada para qualquer empregado, independentemente da atividade exercida.

Apesar disso, a lei veio acompanhada de algumas polêmicas. Uma delas diz respeito à previsão da Lei n. 13.467/2017 de que a jornada 12x36 pode ser estipulada por acordo individual. Entendemos, porém, que a instituição desse regime por acordo individual está em consonância com o art. 7º, XIII, da Constituição Federal.

Outra questão debatida é quanto ao intervalo intrajornada no regime 12x36. A nova lei trouxe duas importantes modificações a esse respeito. Uma que o intervalo intrajornada não é obrigatório. Outra, que caso ele seja suprimido deve-se pagar ao trabalhador, a título de indenização, o valor da hora não usufruída acrescida de 50%.

Ainda, no tocante às horas noturnas, aplicam-se as horas reduzidas àquelas trabalhadas entre as 22 horas e as 05 horas, devendo, também, serem pagas com o acréscimo do adicional noturno. Já as horas prorrogadas a essas, serão pagas normalmente, sem acréscimo e sem incidência da hora reduzida. Nesse sentido, a lei deverá alterar o entendimento jurisprudencial prevalecente até então.

Em relação ao descanso semanal remunerado, não há alteração significativa. A lei tornou expressa a previsão de que a remuneração mensal do empregado abrange o descanso semanal remunerado.

Outra importante mudança diz respeito aos feriados trabalhados. Ao contrário do entendimento presente na Súmula n. 444 do Tribunal Superior do Trabalho, a CLT passou a prever que os dias de feriados trabalhados não dão o direito ao trabalhador recebe-los em dobro.

Já no que diz respeito à compensação de horas, a Lei n. 13.467/2017 ampliou suas possibilidades mediante a previsão dos módulos mensal, semestral e anual, podendo, em qualquer caso, além de negociação coletiva, ser estipulada por acordo individual escrito, ressalvando-se a existência de corrente em sentido contrário, e também por acordo individual tácito na hipótese de compensação mensal.

Por fim, as horas extras habituais não descaracterizam mais o acordo de compensação, conforme era previsto no item IV da Súmula n. 85 do TST.

# ASSÉDIO VIRTUAL: A VIOLAÇÃO DOS DIREITOS FUNDAMENTAIS DOS TRABALHADORES E A FRAGILIDADE DA PROVA NA SOCIEDADE TECNOLÓGICA[1]

Marco Antônio César Villatore[2]
Miriam Olivia Knopik Ferraz[3]

1. INTRODUÇÃO

A inserção da tecnológica na sociedade modifica diversas estruturas e formas como a sociedade atual se desenvolve. Os postos de emprego, os métodos de produção e de gestão se modificam. Mas principalmente, novas formas de assédio se consolidam e proliferam. O objetivo deste estudo é demonstrar a existência do assédio virtual, caracterizá-lo e enfocar na fragilidade da sua prova em um processo judicial. Para a realização desse estudo, subdividiu-se em três tópicos principais: demonstram-se alguns parâmetros iniciais sobre o assédio moral e o seu desenvolvimento para o assédio virtual nas relações de trabalho, com o advento e a consolidação da sociedade tecnológica. Demonstram-se os objetivos, meios e casos paradigmáticos de sua ocorrência. Após, adentra-se no estudo da fragilidade da prova nos casos de assédio virtual, partindo-se de dois estudos realizados: primeiramente no Tribunal Superior do Trabalho, coletando quantitativamente as decisões sobre a possibilidade da utilização da "gravação" como prova do dano moral, e, em um segundo momento, no Tribunal Regional do Trabalho da 9ª Região, Paraná, de forma qualitativa como se desenvolve a temática das provas digitais. Demonstra-se nesse tópico também as formas de fraude a essas provas digitais. Ao fim, adentra-se nos mecanismos atuais de garantia e de aperfeiçoamento da autenticidade da prova do dano extrapatrimonial na sociedade tecnológica. Demonstrando a possibilidade da realização da ata notarial pela própria parte, com o intuito de acostá-la aos autos juntamente com sua prova, para tentar garantir a autenticidade, e, após, elencar a necessária valorização da perícia virtual, como um mecanismo essencial para a garantia da seriedade dos processos trabalhistas.

2. ASSÉDIO VIRTUAL

A existência do assédio moral caminha a muito pelas pesquisas das relações laborais. Para Marie-France Hirigoyen[4] o assédio moral causa diversos danos a personalidade dos indivíduos e para a integridade psíquica e física. Segundo ela, a conduta do assédio moral laboral se caracteriza pela abusividade manifestada de diversas formas, como comportamentos inadequados, palavras, gestos e escritos que possam ocasionar danos. Assim, inicia-se o presente estudo já estipulando a primeira premissa: o assédio moral não necessita de contato físico, e a presença no mesmo ambiente. Parte da doutrina se posiciona no sentido de que para a configuração do assédio moral é necessária que a conduta abusiva seja realizada de forma reiterada, um único ato não seria suficiente.[5] Por isso, é possível

---

[1] O presente trabalho foi realizado com apoio da Coordenação de Aperfeiçoamento de Pessoal de Nível Superior – Brasil (CAPES) – Código de Financiamento 001.

[2] Advogado, Mestre em Direito pela Pontifícia Universidade Católica de São Paulo, Doutor em Direito pela Universidade de Roma I, "Sapienza", Pós-Doutor em Direito Econômico pela Universidade de Roma II, "Tor Vergata". Professor Titular da Pontifícia Universidade Católica do Paraná, Graduação, Especialização, Mestrado e Doutorado em Direito. Professor do UNINTER. Professor Adjunto III da Universidade Federal de Santa Catarina. Titular da Cadeira 73 da Academia Brasileira de Direito do Trabalho.

[3] Doutoranda em Direito pela PUC/PR, Mestre e Graduada em Direito pela PUC/PR. Pós-graduanda em Direito Constitucional pela Academia Brasileira de Direito Constitucional. Editora Adjunta da Constituição, Economia e Desenvolvimento: Revista da Academia Brasileira de Direito Constitucional. Coordenadora Adjunta de Pesquisa da Academia Brasileira de Direito Constitucional. Membro Núcleo de Estudos de Pesquisas em Tributação, Complexidade e Desenvolvimento, do Núcleo de Estudos Avançados em Direito do Trabalho e Socioeconômico. Diretora de pesquisa do Instituto Nexus Law & Society. Advogada.

[4] HIRIGOYEN, Marie France. *Assédio moral a violência perversa no cotidiano*. Bertrand Brasil. Rio de Janeiro, 2009. p. 40.

[5] MARTINS, Sérgio Pinto. *Assédio moral no emprego*. 4. ed. São Paulo: Atlas, 2015. p. 20; NASCIMENTO, Sônia Mascaro. *Assédio moral*. 2. ed. São Paulo: Saraiva, 2011. p. 36.

diferenciar o assédio do dano moral, pois o dano moral é o resultado da ação de uma forma geral, ou reiterada ou em ato único. Coaduna-se com este entendimento, estipulando-se a segunda premissa: há a necessidade da conduta reiterada para a configuração do assédio.

Ressalta-se algumas formas de configuração desse assédio, pode se dar por críticas abusivas e ofensivas, ou advir do sentimento de inveja, inimizades, constrangimentos, humilhações, práticas de competição sem limites por metas, exposições desnecessárias, limitação do uso do banheiro, determinação de execução de tarefas inúteis, menosprezar, inferiorizar etc.[6] Sendo possível a realização em relações verticais, com um superior hierárquico e um inferior, e horizontais, entre colegas de trabalho da mesma posição.[7] As tarefas desempenhadas na relação laboral devem ser em conformidade com o contrato de trabalho, observando a legalidade, não é admissível que o empregador abuse do poder diretivo, ou ainda, que permita que outros empregados realizem abusos.[8]

Atualmente, vivencia uma revolução, com diversas denominações: quarta revolução industrial, quarta revolução tecnológica, indústria 4.0[9] etc. As suas características propulsionaram uma transformação em diversos aspectos, como o desenvolvimento da internet, sensores menores e mais potentes com preços mais acessíveis, *software* e *hardware* com níveis maiores de sofisticação, a possibilidade de as máquinas aprenderem, colaborarem e desenvolverem processos, dentre outros.[10] Principalmente, a indústria se transforma, mas também impacta nas relações sociais.[11]

As transformações da 4ª revolução tecnológica irão transformar a forma como se entende a sociedade e como ela se organiza.[12] Uma vez que há transformações de modelos de negócio, padrões de consumo, formas de produção, formas de trabalho, e, ainda, diversos trabalhos, formas de produção e produtos perderão a funcionalidade.[13]

Em estudo realizado por Volkmar Koch, Simon Kuge, Reinhard Geissbauer e Stefan Schrauf constataram que a revolução irá garantir um processo mais eficiente. A análise dos autores observou 235 empresas, e segundo eles, em 5 anos haverá uma média de 18% no aumento da eficiência, e 14% na redução de custos das indústrias.[14] Mario Hermann, Tobias Pentek e Boris Otto elencam os "princípios" da indústria 4.0: i. interoperabilidade, se referindo a internet das coisas; ii. transparência de informações; iii. assistência técnica: os aparelhos eletrônicos com funcionalidades para resolver problemas humanos; iv. decisões descentralizadas realizadas com o auxílio da inteligência artificial.[15]

Em específico as relações laborais, tem-se as afirmações de Alfredo J. Ruprech, que afirma que as tecnologias ocasionarão a diminuição das tarefas manuais, a valorização do trabalho mais complexo e científico, a maior dependência, controle e modificação periódica das relações laborais, a modificação da noção de responsabilidade e a "especialização começa a desaparecer, o homem se torna apenas engrenagem da máquina".[16]

As transformações no ambiente laboral são iminentes, inclusive nas possibilidades de assédio moral. Os meios virtuais se tornaram parte da vida de boa parte dos indivíduos, e os problemas não deixaram de surgir, apesar de a tutela jurídica não conseguir acompanhar as transformações com a mesma rapidez.[17] Wasen Galia utiliza a nomeação de *ciberbullying*, que consiste em "praticar o *bullying* por meio de novas tecnologias no qual permite o livre e simultâneo fluxo de informações, propagando

---

(6) MARTINS, Sérgio Pinto. *Assédio moral no emprego*. 4. ed. São Paulo: Atlas, 2015. p. 13.
(7) HIRIGOYEN, Marie France. *Assédio moral a violência perversa no cotidiano*. Bertrand Brasil. Rio de Janeiro, 2009. p. 45.
(8) NASCIMENTO, Sônia Mascaro. *Assédio moral*. 2. ed. São Paulo: Saraiva, 2011. p. 34.
(9) BRYNJOLFSSON, Erik; MCAFEE, Andrew. *The second machine age:* work, progress, and prosperity in a time of brilliant technologies. New York. W.W. Norton & Company, 2014. p. 20.
(10) SCHWAB, Klaus. *A quarta revolução industrial*. Tradução Daniel Moreira Miranda. São Paulo: Edipro, 2016. p. 7.
(11) FERRAZ, Miriam Olivia Knopik. *A condição de agente livre e o bloco de constitucionalidade como critério de defesa dos direitos sociais dos trabalhadores diante da sociedade tecnológica*. Monografia de Especialização em Direito Constitucional pela Academia Brasileira de Direito Constitucional. Orientador: Prof. Dr. Flávio Pansieri. 2018. p. 30.
(12) SCHWAB, Klaus. *A quarta revolução industrial*. Tradução Daniel Moreira Miranda. São Paulo: Edipro, 2016. p. 18.
(13) SCHWAB, Klaus. *A quarta revolução industrial*. Tradução Daniel Moreira Miranda. São Paulo: Edipro, 2016. p. 18.
(14) GEISSBAUER, Reinhard; SCHRAUF, Stefan; KOCH, Volkmar; e KUGE, Simon. *Industrie 4.0 – Chancen und erausforderungen der vierten industriellen Revolution*. Price Waterhouse Coopers Aktiengesellschaft, 2014.
(15) HERMANN, Mario; PENTEK, Tobias; OTTO, Boris. Design principles for Industrie 4.0 scenarios: a literature review. *49th Hawaii International Conference on System Sciences*, 2016, 5-8 jan., Kauai, US. p. 3928-3937. Disponível em: <https://www.researchgate.net/publication/3 07864150_Design_Principles_for_Industrie_40_Scenarios_A_Literature_Review>. Acesso em: 3 fev. 2019.
(16) RUPRECH, Alfredo J. *Relações coletivas de trabalho*. Tradução de Edilson Alkimin Cunha. São Paulo: LTr, 1995. p. 253.
(17) GALIA, Wasem. *Ciberbullying*: conceito, caracterização e consequências jurídicas. Disponível em: <http://emporiododireito.com.br/tag/assedio-moral-virtual/>. Acesso em: 3 fev. 2019.

notícias e informações muito rapidamente".[18] Além disso, os agressores se colocam em uma posição de anonimato real, ou ao menos se sentem protegidos por esse manto.

O assédio moral virtual no ambiente de trabalho é facilitado pela utilização de meios eletrônicos que, possibilita ao agressor difamar, caluniar colegas de trabalho, mas também sendo realizado pelo superior hierárquico. Essa conduta ofende a honra, intimidade, privacidade, e também, a paz de espirito e a tranquilidade espiritual.[19]

O foco desse artigo é o assédio moral virtual, o qual se caracterizará pela utilização de meios tecnológicos para a sua realização, ou seja: e-mail, redes sociais como *facebook, whatsapp, twitter*, grupos; e também programas organizacionais da própria empresa etc. Constrói-se a terceira premissa desse trabalho: para a caracterização do assédio virtual há a necessidade da utilização de meios digitais como intermediário.

A realização de assédio virtual já vem sendo recorrente em diversas realidades laborais. O Tribunal Regional do Trabalho da 3ª Região, de Minas Gerais no Brasil, recentemente condenou uma empresa para indenizar um empregado por assédio moral virtual. No caso em tela, houve a utilização de um programa de computador da própria empresa, utilizado originalmente para monitorar os empregados. Se as metas fossem cumpridas, recebiam alertas positivos nos seus computadores, caso não alcançassem recebiam ofensas como "perdedores da ilha", "burros" e "incompetentes".[20]

Ressalta-se inclusive, que esta conduta de assédio virtual, pode ir além do assédio moral, e a comunicação, conduta ou expressão que se realiza por meio de "telecomunicação" ou meios "computadorizados", que possam ocasionar um ambiente de trabalho hostil, relacionado a uma conduta sexual.[21]

Destacam-se alguns casos da realização dessa conduta, evidenciados por Fredrick Veja Lozada, como o Miller v. U.S.F. & G., no qual uma empregada recebeu uma série de e-mails com códigos numéricos que juntos incorporavam uma lista de 75 palavras sexuais ou, ainda, o caso Strauss *versus* Microsoft, em que uma trabalhadora recebeu pelo *e-mail* do grupo de trabalho, mensagens hostis de seu superior, que segundo o tribunal, faziam "referências sexuais vulgares e se referiam ao órgão sexual masculino". No Estado de Nova Jersey – Estados Unidos, um servidor público encaminhou páginas de sites de natureza sexual a todos os integrantes de seu departamento, no caso, foi considerado como assédio sexual. No caso Barber *versus* Calsonic International, julgado pelo Tribunal do estado de Tennessee, Estados Unidos, uma trabalhadora recebeu diversos e-mails do supervisor, com observações referentes ao seu corpo. Por fim, os Bancos de Investimentos R. R. Donnelly, Morgan Stanley e City Corp foram demandados por permitirem a utilização de sua plataforma de internet para o encaminhamento de e-mails ofensivos.[22]

Dessa forma, observou-se diversas possibilidades de realização do assédio virtual, seja ele no âmbito moral, seja no sexual. Entretanto, mesmo o assédio moral "tradicional" traz consigo dificuldades probatórias, e esse reflexo aparentemente se estende para os casos em que ocorre virtualmente.

3. PARADIGMAS E A FRAGILIDADE DA PROVA VIRTUAL EM MATÉRIA DE DANO EXTRAPATRIMONIAL

No âmbito processual as dificuldades probatórias em matéria de dano moral e sexual são inerentes a esses danos. A função da prova no desenvolvimento processual, é tida como elemento essencial para a composição da decisão do Magistrado, atuando em seu convencimento e convicção[23]: "é um conjunto de atividades de verificação e demonstração, mediante os quais se procura chegar à verdade quanto aos fatos relevantes para o julgamento".[24]

Ademais, do estudo integrativo sobre o tema, é possível elencar as principais divergências doutrinárias sobre o tema, como elenca principalmente Wladimir Valler.[25]

---

(18) GALIA, Wasem. *Ciberbullying*: conceito, caracterização e consequências jurídicas. Disponível em: <http://emporiododireito.com.br/tag/assedio-moral-virtual/>. Acesso em: 3 fev. 2019.

(19) CASADO, Aline Gabriela Pescaroli. *Ciberbullying*: violência virtual e o enquadramento penal no Brasil. Disponível em: <http://www.ambitojuridico.com.br/site/index.php?n_link=revista _artigos_leitura&artigo_id=10882>. Acesso em: 3 fev. 2019.

(20) BRASIL, Tribunal Regional do Trabalho da 3ª Região. AIRR 0001260-82.2011.5.03.0143.

(21) LOZADA, Fredrick Vega. Hostigamiento sexual virtual: perspectivas del ordenamiento jurídico de Estados Unidos de Norteamérica. *Forum Empresarial*. vol. 7, núm. 1, mayo, 2002, p. 53-64. Centro de Investigaciones Comerciales e Iniciativas Académicas San Juan, Puerto Rico.

(22) LOZADA, Fredrick Vega. Hostigamiento sexual virtual: perspectivas del ordenamiento jurídico de Estados Unidos de Norteamérica. *Forum Empresarial*. vol. 7, núm. 1, mayo, 2002. p. 53-64. Centro de Investigaciones Comerciales e Iniciativas Académicas San Juan, Puerto Rico.

(23) CHIOVENDA, Giuseppe. *Instituições de direito processual civil*. Vol. 3. 3. ed. Campinas: Editora Bookseller, 2002. p. 109.

(24) DINAMARCO, Cândido Rangel. *Instituições de direito processual civil*. vol. III. São Paulo: Malheiros/Brasil, 2010. p. 42.

(25) VALLER, Wladimir: *A reparação do dano moral no direito brasileiro*. 3. ed. Campinas-SP: E. V. Editora Ltda., 1995. p. 45; PAMPLONA FILHO, Rodolfo. *O dano moral na relação de emprego*. São Paulo: LTr, 1998. p. 54.

Primeiramente, afirma-se ser necessária uma idêntica atividade probatória da utilizada para os casos de dano material, esta é descartada por grande parte da doutrina, uma vez que afirma não são ser possível a exigência de prova direta para o dano moral, pois este dano não se comprova com "atestados" ou "depoimentos". Ressalta a dificuldade da comprovação da dor e o sofrimento.[26] A segunda corrente defende que o "dano moral se prova por si mesmo". As críticas se fundam na impossibilidade da aceitação de presunções absolutas, sendo necessária a possibilidade da abertura do contraditório, uma vez que haveria o cerceamento do "direito do réu de tentar produzir prova da inexistência do dano alegado".[27] A terceira afirma que a prova será construída pela presunção do julgador. Nesta última, o réu deverá apresentar os elementos que impossibilitariam a presunção.[28] Destaca-se entretanto, a posição de Carlos Alberto Bittar que afirma que há realidades e fatos que são "sabidamente hábeis a produzir danos de ordem moral, que à sensibilidade do juiz logo se evidenciam"[29], como por exemplo o acidente de trabalho. Essa posição é vislumbrada na jurisprudência do Tribunal Superior do Trabalho do Brasil, que diante de um acidente do trabalho na Bunge Fertilizantes, em 1994, que ocasionou traumatismo crânio-encefálico com necessidade de reconstrução do pavilhão auditivo, foi considerado esse fato ensejador do dano moral.[30]

Destaca-se a posição do relator do processo, Ministro Mauricio Godinho Delgado, que, para a configuração do dano moral, considerou três aspectos: Só o fato da ocorrência do dano seria suficiente para a configuração; além disso, o nexo causal foi evidenciado pelas condições de trabalho na empresa e pela própria ocorrência do acidente; e por fim, a culpa empresarial, esta que não pode ser presumida em todos os casos, mas "tratando-se de doença ocupacional, profissional ou de acidente do trabalho, essa culpa é presumida". A fundamentação nesse último tópico é o fato de o empregador possuir o controle dos meios, direção etc. e ainda, apontou a necessidade da responsabilização objetiva do empregador.

Como ressaltado anteriormente, das diversas alterações nas legislações, tanto no Brasil, como em outros países, não se observa inovações em maquinismos de eliminação da fragilidade das provas digitais. No caso do Brasil, amplia-se as possibilidades de configuração do dano moral, na Lei n. 13.467/2017, mas nada se formula para o tema da prova.

Em estudo realizado no Tribunal Superior do Trabalho do Brasil com o termo "gravação", e com o objetivo de realizar uma pesquisa mais ampla, utilizou-se o marco temporal de 2000 a 2017. Ao todo foram encontradas 112 decisões.[31] Na presente pesquisa, observou-se que a maioria, cerca de 56% (63 decisões) utilizava o recurso da "gravação" como prova de outros direitos trabalhistas, como intervalos, jornada etc.; ademais, 25% (28 decisões) resultaram na utilização permitida da gravação como prova do dano moral. A grande questão que carece de evidência é que em nenhum caso se contestou a forma como a gravação se deu, não considerando a possibilidade da sua falsificação.

Em segunda pesquisa realizada por amostragem, destaca-se alguns casos que tratam sobre o tema em específico, todos do Tribunal Regional do Trabalho da 9ª Região do Paraná.

O primeiro caso analisado[32] foi julgado em 2005, e os julgadores consideraram que o *e-mail* não era um meio fidedigno de prova, uma vez que "não há assinaturas, há a possibilidade de alteração, e a facilidade de cadastramento de dados pessoais sem comprovação", e, assim, foi entendido que só teria serventia como "indício de prova". Observa-se que a predominância desse entendimento nos dias atuais impossibilita a comprovação da grande maioria dos assédios virtuais. A grande importância dessa decisão está no fato de que a mera juntada aos autos do processo de uma "impressão do e-mail" não garante a sua autenticidade. Observa-se que essa atenção não é regra atualmente quando se trata de provas digitais.[33]

Após um garimpo das decisões do Tribunal em questão, encontrou-se uma que se exigiu algum tipo de comprovação da veracidade da prova. Para os julgadores, as mensagens do aplicativo *whatsapp* deveriam ser transcritas

---

(26) VALLER, Wladimir: *A reparação do dano moral no direito brasileiro*. 3. ed. Campinas-SP: E. V. Editora Ltda., 1995. p. 309.

(27) PAMPLONA FILHO, Rodolfo. *O dano moral na relação de emprego*. São Paulo: LTr, 1998. p. 117.

(28) PAMPLONA FILHO, Rodolfo. *O dano moral na relação de emprego*. São Paulo: LTr, 1998. p. 117.

(29) BITTAR, Carlos Alberto. *Reparação civil por danos morais*. São Paulo: Editora Revista dos Tribunais, 1993. p. 204.

(30) BRASIL, Tribunal Superior do Trabalho. *Recurso de Revista n. 1060-91.2010.5.02.0255*. Relator: Mauricio Godinho Delgado. 3ª Turma. Publicado: 24 de maio de 2014.

(31) Os resultados totais da pesquisa poderão ser vislumbrados no seguinte trabalho: FERRAZ, Miriam Olivia Knopik; VILLATORE, Marco Antônio César. A prova do dano moral no processo do trabalho: o entendimento dos tribunais sobre a possibilidade da utilização da gravação e as novas tecnologias de comunicação. *Revista Jurídica da UNI7 (UNI7 Law Review)*. Fortaleza, v. 15, n. 2, p. 85-107, jul./dez. 2001.

(32) BRASIL, Tribunal Regional da 9ª Região, Paraná. Processo n. 00990-2004-660-09-00-1-ACO-28662-2005. Relatora: Desembargadora Marlene T. Fuverki Suguimatsu. Julgamento: 8 de novembro de 2005.

(33) GICO JÚNIOR, Ivo Teixeira. *O documento eletrônico como meio de prova no Brasil. Novas fronteiras do direito na informática e telemática (2001)*. Disponível em: <http://works.bepress.com/ivo_teixeira_gico_junior/14/>. Acesso em: 3 fev. 2019.

por ata notarial, uma vez que "a mera juntada unilateral por uma das partes não serve como prova, haja vista ausência de autenticação da veracidade do seu conteúdo, em face da possível manipulação das informações".[34]

Destaca-se então, o julgado em que cumulou-se a prova por vídeo, mensagem e testemunhal, e que o seu conjunto foi utilizado para a comprovação do dano moral.[35] No caso em tela, a trabalhadora recebia mensagens "com textos bastantes fortes sob o ponto de vista sexual" e ainda, a testemunha confirmou as gravações da empresa: "imagens do sistema de monitoriamento, onde aparece o Sr. Ayrton tentando beijar a autora a força".[36]

Do exposto, observa-se que mesmo na jurisprudência é incomum a utilização de mecanismos que possam garantir a autenticidade das provas realizadas por meios digitais e telemáticos. O efetivamente ocorre atualmente é a utilização de CD's, *pen-drives*, cópias simples de *e-mail, whatsapp, facebook,* sistemas das próprias empresas, são apenas capturados e acostados aos processos. Não se realiza na maioria dos casos a verificação da sua autenticidade. Apesar da falsa impressão de que estes meios não possam ser fraudados, demonstrar se há algumas formas em que a modificação pode ser realizada por profissionais e não profissionais.

Dois engenheiros da computação, Jaime Sánchez e Pablo San Emeterio, que são especializados em segurança cibernética, realizaram um experimento sobre o próprio código do *Whatsapp*. Os engenheiros conseguiram quebrar o código do aplicativo, e assim, modificaram o remetente de uma mensagem, simulando então que este "falso remetente" havia encaminhado algo para outra pessoa.[37] Além disso, um grupo de pesquisadores suíços da École Polytechnique Fédérale de Lausanne estudaram a criptografia do *Whatsapp*, e conseguiram incluir pessoas em grupos sem que houvesse a autorização dos administradores, e assim possibilitando a captação de informações.[38]

Destaca-se que é possível, de forma muito mais simples, forjar de diversas formas as provas digitais.[39] Há várias formas de alterações, como a simples edição de foto, conversas ou áudios por aplicativos de celulares.[40] Inclusive, na própria "pesquisa do google" há diversos "tutoriais" (receitas) de como "forjar um e-mail",[41] ou criar conversas falsas no *facebook*.[42]

Com relação ao *whatsapp,* é possível duas formas de apagar alguma fala em uma conversa: a primeira opção apaga a mensagem somente para o usuário, não deixando (para o dispositivo dele) nenhuma sinalização de que algo foi apagado. A segunda opção apaga para todos da conversa, mas deixa o rastro "mensagem apagada"[43]. Importante a ressalva de que são as próprias partes que realizam o pedido do dano moral que colocam as conversas no processo como prova, e ainda, a Empresa *Whatsapp* não entrega os dados de histórico de conversa[44], abre-se uma

---

(34) BRASIL, Tribunal Regional da 9ª Região. *Processo n. 09172-2014-872-09-00-2-ACO-29267-2016.* Relator: Sergio Guimarães Sampaio. Julgamento: 23 de agosto de 2016.

(35) Expressão utilizada pelos Julgadores.

(36) BRASIL, Tribunal Regional da 9ª Região. *Processo n. 40096-2009-010-09-00-3-ACO-07946-2014.* Relator: Ubirajara Carlos Mendes. Julgamento: 14 de março de 2014.

(37) Ressalta-se que os dois profissionais conseguiram encontrar diversas formas de infiltrar na segurança do aplicativo: espionaram conversas, decifraram senhas e códigos pessoais, fabricaram mensagens. Todas essas foram solucionadas pela empresa, exceto a mais recente apresentada: a modificação de remetente. GOSÁLVEZ, Patrícia. *O whatsapp, uma duvidosa testemunha de acusação. Dois hackers espanhóis conseguem falsificar remetentes no popular serviço de mensagens instantâneas.* El País. 4 de julho de 2014. Disponível em: <https://brasil.elpais.com/brasil/2014/06/27/tecnologia/1403886630_918603.html>. Acesso em: 3 fev. 2019.

(38) GARIMELLA, Kiran; TYSON, Gareth. *WhatsApp, Doc? A First Look at WhatsApp Public Group Data.* Association for the Advancement of Artificial Intelligence (www.aaai.org). Disponível em: <https://github.com/gvrkiran/whatsapp-public-groups>. Acesso em: 3 fev. 2019.

(39) Textos, imagens ou sons, são facilmente modificados pelos próprios programas de computador que os produziram, ou ainda, por programas que permitem a sua edição "byte por byte". LEAL, Sheila do Rocio Cercal Santos. *Contratos eletrônicos:* validade jurídica dos contratos via *Internet.* São Paulo: Atlas, 2007. p. 155.

(40) COSTA, Marvin. *Veja como editar arquivos de áudio usando o aplicativo gravador do iOS.* TechTudo. 08.08.2013 – Atualizado em 17.03.2015. Disponível em: <http://www.techtudo.com.br/dicas-e-tutoriais/noticia/2013/08/veja-como-editar-arquivos-de-audio-usando-o-aplicativo-gravador-do-ios.html>. Acesso em: 3 fev. 2019.

(41) WIKIHOW, *Como forjar um* e-mail. Disponível em: <https://pt.wikihow.com/Forjar-um-E-Mail>. Acesso em: 3 fev. 2019.

(42) RIBEIRO, Daniel. *Como criar conversas* fakes *no* Facebook. Techtudo. Disponível em: <http://www.techtudo.com.br/dicas-e-tutoriais/noticia/2013/06/como-criar-conversas-fakes-no-facebook.html>. Acesso em: 3 fev. 2019.

(43) CABRAL, Isabela. *Como apagar uma mensagem enviada no whatsapp depois do tempo limite.* Techtudo. 04.02.2018. Atualizado 15.03.2018. Disponível em: <https://www.techtudo.com.br/dicas-e-tutoriais/2018/02/como-apagar-uma-mensagem-enviada-no-whatsapp-depois-do-tempo-limite.ghtml>. Acesso em: 3 fev. 2019.

(44) A empresa afirma que absolutamente ninguém (nem ela mesma) consegue acessar o conteúdo dos usuários e para disponibilizar tal conteúdo ela teria que alterar todo o seu sistema de criptografia. GAZETA DO POVO. *WhatsApp explica por que não pode quebrar o sigilo dos usuários. STF julga ação que questiona a possibilidade de juízes de primeiro grau ordenarem o bloqueio do aplicativo.*

possibilidade. Ainda existem aplicativos para celular que possuem a única função de simular conversas completamente falsas, como o "Whatsfake", o slogan no site do aplicativo é "Crie conversas falsas" e "Com o WhatsFake você rapidamente simula conversas bem realistas e envia a todos os seus amigos".[45]

Dessa forma, observou-se que o problema da prova do assédio não foi superado com a inserção de novas tecnologias, e sim possibilitou novas formas de assédio virtual e ainda, com uma ampla gama de possibilidade a qualquer pessoa, de falsificação. Resta então, a necessidade do estudo dos mecanismos para a garantia e aperfeiçoamento da autenticidade da prova do dano extrapatrimonial na sociedade tecnológica.

4. MECANISMOS PARA A GARANTIA E APERFEIÇOAMENTO DA AUTENTICIDADE DA PROVA DO DANO EXTRAPATRIMONIAL NA SOCIEDADE TECNOLÓGICA

Como observado há inúmeras formas de falsificação dos meios digitais que cada vez mais são utilizados como meios de prova nos processos para assédio virtual. Apesar da aparente novidade do tema, há diversos meios que podem ser utilizados para comprovar a autenticidade das provas, como a biometria que identifica padrões de voz, exame de retina, impressões digitais etc.[46]; a assinatura digital[47], segundo Sérgio Iglesias Nunes de Souza esta é a única forma de garantir a autenticidade de um *e-mail*[48]; a própria "computação forense"[49], seriam os peritos técnicos; e o recurso da ata notarial, demonstrado anteriormente.

Em um primeiro momento, destaca-se a possibilidade da realização da ata notarial em cartório, prevista no art. 384 do CPC. Neste dispositivo, permite-se que um cartório ateste determinada áudio ou imagem por meio de uma certidão. Assim, áudios, vídeos, e-mails, dentre outros seriam transcritos e poderiam efetivamente serem utilizados como meios de prova. Entretanto, não foi encontrada a forma como a autenticidade da prova é verificada no próprio cartório, sendo possível a realização de fraudes anteriores, que seriam "autenticadas como verdadeiras".

Ademais, destaca-se a possibilidade da perícia digital, como um mecanismo judicial para a comprovação da autenticidade das provas digitais. A ideia do laudo pericial tem como objetivo o auxílio da resolução do conflito judicial, e por isso, o perito deve ser "rigoroso e meticuloso" reforçando ou demonstrando outro caminho para o convencimento do Juiz.[50]

O perito computacional ou virtual realiza a sua atuação na área tecnológica, buscando pistas que irão solucionar determinados casos[51], no caos da esfera trabalhista, eles teriam sua atuação voltada a autenticidade das provas trazidas ao processo. Souza elenca que não há procedimentos rígidos para a análise da perícia forense, mas é desejável o seguimento das 4 etapas: a coleta ou identificação das informações, um exame ou extração das informações, análise das informações, e por fim o encontro das evidências buscadas.[52]

Os objetivos da perícia virtual é garantir a segurança, transparência e validade das provas digitais, podendo-se citar diversas técnicas investigativas, como espelhamento e de imagens, equipamentos para bloqueio de escrita e duplicação forense[53], ferramentas para coleta de dados voláteis etc.[54] Ademais, ela é essencialmente útil quando

---

21/11/2017. Disponível em: <http://www.gazetadopovo.com.br/justica/whatsapp-explica-por-que-nao-pode-quebrar-o-sigilo-dos-usuarios-0g80vg7d3ygramgv1y60cq2bv>. Acesso em: 3 fev. 2019.

(45) WHATSFAKE, *WhatsFake- recursos*. Disponível em: <http://www.whatsfakeapp.com/pt_BR/>. Acesso em: 3 fev. 2019.

(46) LEAL, Sheila do Rocio Cercal Santos. *Contratos eletrônicos*: validade jurídica dos contratos via *internet*. São Paulo: Atlas, 2007. p. 159.

(47) A Medida Provisória n. 2.200-2/01 que instituiu uma Infraestrutura de Chaves Públicas para o Brasil, buscou ampliar a utilização da assinatura digital. BRASIL, *Medida Provisória n. 2.200-2/ 2001*. Institui a Infraestrutura de Chaves Públicas Brasileira – ICP-Brasil.

(48) SOUZA, Sérgio Iglesias Nunes de. *Lesão nos contratos eletrônicos na sociedade da informação*. São Paulo: Saraiva, 2009. p. 83.

(49) "A computação forense consiste no uso de métodos científicos na preservação, coleta, validação, identificação, análise, interpretação, documentação e apresentação de evidências digitais". PINHEIRO, Patrícia Peck. *Direito digital*. 3. ed. São Paulo: Saraiva, 2009. p. 171.

(50) MILANI, Maria Paula. Meios de prova no direito processual civil. *Rev. Eletrônica Jusbrasil,* 2016. Disponível em: <https://mpmilani.jusbrasil.com.br/artigos/333328234/meiosde-prova-no-direito-processual-civil>. Acesso em: 3 fev. 2019.

(51) FRANCO, Deivison Pinheiro. A atuação do perito forense computacional na investigação de crimes cibernéticos. *Rev. eletrônica Crypto ID,* 2016. Disponível em: <https://cryptoid.com.br/banco-de-noticias/atuacao-do-perito-forense-computacional-nainvestigacao-de-crimes-ciberneticos/>. Acesso em: 3 fev. 2019.

(52) SOUZA, Paulo Francisco Cruz de. *Perícia forense computacional: procedimentos, ferramentas disponíveis e estudo de caso*. Trabalho de conclusão de curso apresentado à Universidade Federal de Santa Maria, 2015.

(53) SILVA, João Alessandro Gomes. *Uso das provas e suas limitações na área digital*. Monografia apresentada à pós-graduação polícia e segurança pública, 2018.

(54) SOUZA, Paulo Francisco Cruz de. *Perícia forense computacional: procedimentos, ferramentas disponíveis e estudo de caso*. Trabalho de conclusão de curso apresentado à Universidade Federal de Santa Maria, 2015.

se percebe que o meio virtual está atuando como um facilitador de delitos.[55]

Destaca-se então a normativa regulamentadora sobre o processo de investigação forense, presente na NBR ISO/IEC 27037[56], que elenca o processo a ser desenvolvido: as evidências digitais serão representadas na forma física e lógica, sendo a primeira tangível e a segunda refere-se a "apresentação virtual de 7 dados dentro de um dispositivo", assim a identificação começará pelo reconhecimento dessas características. Após, no procedimento de coleta, o perito deve observar as potenciais evidências a serem identificadas. Na Aquisição o perito realizará uma cópia do que foi encontrado, sendo que o método utilizado deve estar em consonância com a situação, os custos e o tempo. Ressalta-se ainda, que no caso de alterações inevitáveis nos dados digitais, estas devem ser documentadas, a original e a cópia deverão ser verificadas "com uma unção de verificação comprovada (*hash*). Por fim, o perito será responsável por demonstrar que a prova não foi modificada entre o percurso de aquisição e apresentação, devendo garantir o sigilo durante todo o processo.[57]

Observa-se que esse modelo ideal estipulado pela norma se encaixa perfeitamente nos processos de cunho penal. Entretanto, uma adaptação desse sistema poderia ser realizada, de forma simplificada, para os processos trabalhistas. A princípio, pode-se incorrer no erro de considerar que somente com a arguição da parte contrária seria viável a realização desse estudo. Entretanto, do momento em que a prova foi acostada aos autos, como uma simples impressão de um e-mail, por exemplo, até o momento da contestação ou da audiência de instrução, a prova original (o *e-mail*) poderia ser eletronicamente modificada.

Por esse motivo, a cadeia de custódia é de extrema importância, principalmente em casos de alegação de assédios virtuais sexuais, por exemplo. A cadeia de registro de custódia se trata de um documento que tem por objetivo identificar a movimentação e o "manuseio da prova digital potencial". Assim, ela descreve a história da prova, desde o momento de sua identificação, recolhimento.[58] "A cadeia de custódia é um material que possui um alto poder de convencimento, [...] visto que possui idoneidade, imparcialidade e embasamento técnico e/ou científico".[59]

Observa-se o contraste nesse trabalho: na realidade dos tribunais observada não há um predomínio da atenção e perícia nas provas digitais apresentadas, enquanto que há mecanismos construídos para a estruturação de um trabalho sério e que efetivamente possa trazer essa garantia para o processo do trabalho.

A prova do assédio virtual não precisa ser *necessariamente* difícil, e somente com a utilização de testemunhas. Como este assédio é realizado *necessariamente* por meios digitais e telemáticos, a saída para a sua comprovação está na correta captação desses meios.

Essa captação, como visto, não pode ser feita unilateralmente pela parte acusadora, e sim, como o intuito dela é *compor a lide*, ela deve passar por um procedimento de análise séria e comprometida. Somente entendendo o processo do trabalho como algo a ser aperfeiçoado, se entenderá a necessidade do desenvolvimento destes, e a forma com que se lida com o conjunto probatório deve ser reformulada.

Dessa forma, observa-se que a fragilidade das provas digitais não é uma premissa desse trabalho, e os tribunais não vêm acompanhando a evolução dessas tecnologias, não sendo exigido a comprovação da sua autenticidade e veracidade.

Tanto no caso de apenas protocolo sem impugnação, quanto nos casos de impugnação pela parte contrária, não se utilizam meios existentes para a sua possível verificação. Sendo assim, para o aperfeiçoamento do processo do trabalho e do sistema de garantias no caso do assédio virtual, há três caminhos a serem percorridos: primeiramente a possibilidade já "comum" da utilização da ata notarial, certificando então a nível de cartório, a autenticidade das provas; após esse reconhecimento, é necessária a compreensão de que o procedimento dentro dos cartórios deve ser aperfeiçoado e regulamentado; e por fim, advogasse nesse trabalho pela formalização e valorização da perícia virtual nos processos do trabalho, realizando todo o procedimento para averiguação da autenticidade e permanência da prova intacta, por meio da cadeia de custódia. O assédio virtual deve ser tratado efetivamente como ele se desenvolve, não ignorando o seu meio de propagação.

5. CONSIDERAÇÕES FINAIS

O assédio virtual já é uma realidade tanto nas vivências laborais, como já enseja indenizações na esfera processual. A importância que se dá a ele é essencial para a própria

---

(55) GRINGS, Eduardo. *As limitações ao poder judicial de valoração das provas e os crimes virtuais*. Monografia apresentada à Universidade Regional do Noroeste do Estado do Rio Grande do Sul, 2014.

(56) ASSOCIAÇÃO BRASILEIRA DE NORMAS TÉCNICAS. *Tecnologia da informação*: técnicas de segurança: Diretrizes para identificação, coleta, aquisição e preservação de evidências digitais NBR ISO/IEC 27037. 2012.

(57) ASSOCIAÇÃO BRASILEIRA DE NORMAS TÉCNICAS. *Tecnologia da informação*: técnicas de segurança: Diretrizes para identificação, coleta, aquisição e preservação de evidências digitais NBR ISO/IEC 27037. 2012.

(58) ASSOCIAÇÃO BRASILEIRA DE NORMAS TÉCNICAS. *Tecnologia da informação*: técnicas de segurança: Diretrizes para identificação, coleta, aquisição e preservação de evidências digitais NBR ISO/IEC 27037. 2012.

(59) FTDK. *FTDK-Wiki*: Cadeia de custódia. Centro de consulta sobre ferramentas de Forense Digital. 2015. Disponível em: <fdtk.com.br/wiki/tiki-index.php?page=formulario>. Acesso em: 3 fev. 2019.

confiabilidade da justiça e a seriedade do processo laboral. O presente estudo buscou demonstrar que a sua aparente fragilidade pode ser superada por meios processuais de garantia de sua veracidade.

Dessa forma se concluiu que o assédio virtual, se caracteriza pela utilização de meios tecnológicos para a sua realização, ou seja: e-mail, redes sociais como *facebook, whatsapp, twitter*, grupos; e também programas organizacionais da própria empresa etc. Para a sua realização há o intermédio desses mecanismos.

Dá analise da jurisprudência se observou que a maioria dos casos não entrava na discussão da autenticidade da prova, e, assim, não se consolidou mecanismos para a sua verificação, sendo eminente a possibilidade da sua falsificação. Demonstrou-se diversas formas em que profissionais e leigos poderiam falsificar, adulterar e simular provas, das maneiras mais simples as mais complexas, com quebras de criptografias.

Observou-se que a inclusão das tecnologias nas relações sociais não alcançou o processo do trabalho no que tange a verificação da autenticidade das provas.

Dessa forma, propôs-se três caminhos iniciais para o aperfeiçoamento do Processo do Trabalho e adequação às necessidades da sociedade tecnológica, primeiramente a possibilidade da utilização da ata notarial realizada em cartório e em conjunto a necessidade do estabelecimento de uma padronização de procedimentos para os cartórios. Por fim, defende-se nesse trabalho a necessidade da incorporação ao processo do trabalho de mecanismo judicias de manejo de provas, o qual elenca-se a perícia virtual. Esta já possui procedimentos regulamentados, com necessária adaptação ao processo laboral, mas que se demonstram um caminho para a formalização e a seriedade do manejo probatório, possibilitando a averiguação da autenticidade e permanência da prova intacta, por meio da cadeia de custódia.

SAÚDE E SEGURANÇA DO TRABALHADOR MARÍTIMO, NA PERSPECTIVA DO DIREITO BRASILEIRO: EXAMES MÉDICOS E OUTRAS CONDIÇÕES DE TRABALHO

Luciano Martinez[1]

1. INTRODUÇÃO

Os mares sempre fascinaram e intimidaram a humanidade. Em toda a sua dualidade, eles trouxeram em si as contraditórias ideias de **força** e **mansidão**, de **atração** e **repulsa**. Navegar no sentido contrário ao da terra firme era algo como caminhar em direção à morte. Para o homem europeu, aliás, como bem lembrou João Silva de Sousa, "o oceano era um lugar perturbador, onde o reino da água excluía a vida humana. O homem podia percorrer os rios, navegar nos mares interiores, mas quando as águas se estendiam a perder de vista, até distâncias completamente desconhecidas, como o caso do oceano Atlântico, então o mar transformava-se no reino de todos os monstros"[2], entre os quais podem ser citados o bíblico Leviatã, a grega Cila, a Isonade do imaginário japonês ou o Kraken da mitologia nórdica.

A ousadia, porém, fez com que os antigos navegadores disfarçassem o medo e se valessem da gloriosa frase eternizada na poesia de Fernando Pessoa: "navegar é preciso; viver não é preciso". Pois bem. Justamente com fundamento no espírito dessa frase, que fez triunfar o desafio aceito por austronésios, polinésios, mesopotâmios, cartagineses, vikings ou portugueses, é que este artigo tem início e se constrói como uma homenagem à chamada "gente do mar", que, para honrar os contratos a que se vincularam, desafiaram o isolamento a que naturalmente são submetidos, e se dispuseram a, literalmente, embarcar nos planos e viagens dos seus empregadores. Essa "gente do mar", tão presente no cotidiano das sociedades humanas, não apenas são os pescadores, como soem revelar as mais fantásticas histórias, mas também aqueles que labutam no extrativismo mineral, no transporte de mercadorias e pessoas e até mesmo aqueles que proporcionam conforto e lazer em atividades turísticas ou de contemplação.

2. O TRABALHADOR MARÍTIMO E SUA REGULAMENTAÇÃO NORMATIVA

Como bem destacaram Zanotelli e Moschen, o trabalho dos marítimos sempre foi, em regra, marcado pela disciplina e pelo respeito ao Comandante, chefe superior, responsável pela segurança da embarcação, da carga, dos tripulantes e das demais pessoas a bordo do navio: "as relações de hierarquia, as regras de convivência a bordo, bem como os direitos da tripulação foram durante séculos regulamentados tão somente por meio de regras costumeiras, fruto da própria vivência no mar"[3]. Os ordenamentos jurídicos trabalhistas tinham como limite de aplicação os confins dos territórios nacionais, não estando o alto mar ao alcance de nenhuma norma senão aquela criada por quem comandava o destino das embarcações. Isso teve fim. A Convenção de direito internacional privado, adotada pela Sexta Conferência internacional americana, reunida em Havana, e assinada em 20 de fevereiro de 1928, passou a prever, nos arts. 279 e 281, que se sujeitam à chamada lei do pavilhão, ou lei da bandeira, os poderes e obrigações do capitão e a responsabilidade dos proprietários e armadores por seus atos, bem assim as obrigações dos oficiais e dos marítimos de um modo geral.

Como disseram as referidas Zanotelli e Moschen, "a bandeira hasteada pelo navio deixou de ser tida como uma mera declaração de lealdade política ou símbolo de

---

(1) Doutor em Direito do Trabalho e da Seguridade Social pela Universidade de São Paulo (USP). Pós-Doutorando em Direito do Trabalho pela Pontifícia Universidade Católica do Rio Grande do Sul (PUC-RS). Professor Adjunto de Direito do Trabalho e da Seguridade Social da UFBA. Juiz do Trabalho. Titular da Cadeira n. 52 da Academia Brasileira de Direito do Trabalho.

(2) SOUSA, João Silva de. *A expansão portuguesa no século XV*: o Medo do Mar. Disponível em: <http://www.arqnet.pt/portal/artigos/jss_expansao2.html>. Acesso em: 27 mar. 2018.

(3) ZANOTELLI, Ana Gabriela Camatta; MOSCHEN, Valesca Raizer Borges. A efetivação dos direitos dos trabalhadores marítimos no contexto dos navios de bandeira de conveniência. In: *Revista Jurídica da Presidência Brasília Edição Comemorativa 17 anos*. Brasília: Centro de Estudos Jurídicos da Presidência, 2016. p. 91-118.

proteção estatal e passou a carregar consigo a jurisdição da nação que representa"[4]. Nesse particular, o art. 94 da Convenção das Nações Unidas sobre o Direito do Mar, de 1982, é bem claro no sentido de que, entre os deveres do Estado de bandeira, está o de exercer, de modo efetivo, a sua jurisdição e o controle em questões administrativas, técnicas e sociais sobre navios que arvorem a sua bandeira. No que diz respeito às relações de trabalho, cabe-lhe tomar, para os navios que arvorem a sua bandeira, as medidas necessárias para garantir a segurança no mar, no que se refere à composição, às condições de trabalho e à formação das tripulações, tendo em conta os instrumentos internacionais aplicáveis.

A Lei do pavilhão, entretanto, apesar de ter-se constituído em avanço na determinação de responsabilidades, sofreu relativizações, tal qual circunstancialmente se vê nas hipóteses de confronto ou de concorrência de leis no espaço. Em casos tais, com bem analisou Savigny na sua *teoria da "sede do fato"*, caberá determinar qual seria a "sede" ou o "centro de gravidade" da problemática para que seja possível a identificação do ordenamento jurídico mais apto a ser reconhecido como o solucionador. Emerge, assim, o chamado princípio do *most significant relationship*, consoante o qual as regras de Direito Internacional Privado cederão espaço à legislação que tenha uma ligação mais forte ou um relacionamento mais significativo com o problema jurídico que precisa de uma fonte normativa para regê-lo.

Em artigo intitulado "Lei do pavilhão e princípio do centro da gravidade"[5], Fabiano Coelho de Souza oferece exemplo a partir de ilustração segundo a qual um navio estrangeiro presente em águas brasileiras com a finalidade de desenvolver atividades comerciais (de turismo, por exemplo) contrata trabalhadores brasileiros. Neste caso, o autor posiciona-se no sentido de que não seria razoável excluir o critério da territorialidade apenas pelo fato de a embarcação estar registrada em outro país, quando o trabalhador tivesse sido admitido no Brasil, e aqui tivesse prestado serviços, ainda que posteriormente viesse a desenvolver atividades em águas internacionais. Para ele, com muita razoabilidade, "a regra do pavilhão foi consagrada como forma justamente de beneficiar o trabalhador, não podendo ser, assim, invocada para frustrar as proteções legais mínimas que conferem dignidade ao trabalho".

Diante desse conjunto de regras e de posicionamentos, cabe a conclusão no sentido de que o direito do trabalho brasileiro, e todo o sistema que ele recepcionou, pode ser invocado e aplicado para reger contratações realizadas no território nacional, independentemente de, posteriormente, deslocar-se para navegação em mares de outros países.

3. A SISTEMÁTICA INTERNACIONAL DE PROTEÇÃO À SAÚDE E À SEGURANÇA DO TRABALHADOR MARÍTIMO: A CONVENÇÃO SOBRE TRABALHO MARÍTIMO, DE 2006

Antes de falar-se sobre o direito do trabalho brasileiro é importante destacar as normas supralegais que o ordenamento nacional adota como premissa. Nesse âmbito não se pode deixar de considerar o texto da Convenção n. 186 da OIT, a chamada "Convenção sobre Trabalho Marítimo" de 2006, cujo encaminhamento para ratificação pelo governo brasileiro foi feito, mediante ato do Presidente da República, em 08 de maio de 2017, na forma de Mensagem n. 140 dirigida aos membros do Congresso Nacional.

Para falar sobre a citada "Convenção sobre Trabalho Marítimo", de 2006, necessária se faz a lembrança de que a Conferência Geral da Organização Internacional do Trabalho, em sua Nonagésima Quarta Sessão ocorrida em 7 de fevereiro de 2006 – *pelo desejo de criar um documento único e coerente que incorporasse tanto quanto possível todas as normas atualizadas das Convenções e Recomendações internacionais existentes sobre Trabalho Marítimo, bem como todos os princípios fundamentais de outras Convenções internacionais sobre trabalho*[6] *e referentes às proteções especiais destinadas à gente do mar*[7] – determinou que um novo

---

(4) ZANOTELLI, Ana Gabriela Camatta; MOSCHEN, Valesca Raizer Borges. Op. Cit.

(5) SOUZA, Fabiano Coelho de. Lei do pavilhão e princípio do centro da gravidade. Disponível em: <http://www.magistradotrabalhista.com.br/2015/11/lei-do-pavilhao-e-principio-do-centro.html>. Acesso em: 01 abr. 2018.

(6) Particularmente: – a Convenção sobre o Trabalho Forçado, 1930 (n. 29), – a Convenção sobre a Liberdade Sindical e a Proteção do Direito Sindical, 1948 (n. 87), – Convenção sobre o Direito de Sindicalização e de Negociação Coletiva, 1949 (n. 98), – a Convenção sobre Igualdade de Remuneração, 1951 (n. 100), – a Convenção sobre a Abolição do Trabalho Forçado, 1957 (n. 105), a Convenção sobre a Discriminação (Emprego e Profissão), 1958 (n. 111) – a Convenção sobre a Idade Mínima, 1973 (n. 138), e a Convenção sobre as Piores Formas de Trabalho Infantil, 1999 (n. 182);

(7) E também relembrando que:

a) os padrões internacionais referentes a segurança em navios, segurança humana e qualidade da gestão de embarcações foram estipulados na Convenção Internacional para a Salvaguarda da Vida Humana no Mar, 1974, revisada; na Convenção sobre o Regulamento Internacional para evitar abalroamentos no Mar, 1972, revisada; e os requisitos de formação e competência de marítimos, estipulados na Convenção Internacional de Treinamento, Certificação e Serviço de Quarto e Certificação para Marítimos, 1978, revisada;

b) a Convenção das Nações Unidas sobre o Direito do Mar, 1982, estabelece um marco jurídico dentro do qual todas as atividades nos mares e oceanos devem ser empreendidas e que é de importância estratégica como base para a ação nacional, regional e global e para a cooperação no setor marítimo, e cuja integridade deve ser mantida;

instrumento de fácil atualização fosse concebido de forma a assegurar a mais ampla aceitação possível.

Entre as suas disposições, a Convenção n. 186 da OIT, destacou, no seu art. IV, itens 1 *usque* 4, que "toda gente do mar tem direito a um local de trabalho seguro e protegido no qual se cumpram as normas de segurança" e também "direito a condições decentes de trabalho e de vida a bordo", inclusive, e especialmente, "direito a proteção da saúde, assistência médica, medidas de bem-estar e outras formas de proteção social".

Entre as medidas que visam garantir os direitos ora assinalados estão as inspeções periódicas, os relatórios, o monitoramento e o recurso a processos judiciais, mas, de modo especial, há referência à asseguração de que os navios que arvorarem sua bandeira tenham a bordo um **certificado de trabalho marítimo** e uma **declaração de conformidade do trabalho marítimo**. Esses documentos, nos moldes da Regra 5.1.1, § 4º, da Convenção ora em exame, serão entendidos como prova *prima facie,* salvo demonstração em sentido contrário, de que o navio foi devidamente inspecionado pelo país membro da OIT cuja bandeira ele ostenta e que os dispositivos da citada Convenção, relativos às condições de trabalho e de vida da gente do mar, foram satisfeitos.

As condições de trabalho e vida a bordo da gente do mar que devem ser inspecionadas e aprovadas pelo Estado da bandeira antes de expedir um certificado, conforme o § 1º da norma A5.1.3, são as que dizem respeito à idade mínima; atestados médicos; qualificações da gente do mar; seus acordos de emprego ou contratos de trabalho; utilização de serviço privado de contratação e colocação autorizado, certificado ou regulamentado; horas de trabalho e de descanso; níveis de tripulação do navio; alojamento; serviços de lazer a bordo; alimentação e serviço de mesa a bordo; saúde e segurança e prevenção de acidentes; assistência médica a bordo; procedimentos de tramitação de queixas a bordo; e pagamento dos salários.

Esses direitos são disciplinados segundo uma metodologia que inter-relaciona "Artigos", "Regras" e o "Código". Os artigos e as regras estabelecem os direitos e princípios fundamentais e as obrigações básicas dos membros ratificantes da Convenção n. 186 da OIT. O Código, por outro lado, contém os pormenores da implementação das Regras, mediante duas partes, a Parte A (com normas obrigatórias) e a Parte B (com diretrizes não obrigatórias). A Convenção, em rigor, tem três finalidades principais, quais sejam, a de estabelecer um conjunto sólido de direitos e princípios; a de permitir, mediante o Código, um grau considerável de flexibilidade na forma de implementação desses direitos e princípios; e, finalmente, a de assegurar que o cumprimento e o controle da aplicação dos direitos e princípios ocorram de maneira devidamente apropriada.

Entre as disposições contidas na Convenção n. 186 da OIT, destacam-se, para os fins deste artigo, aquelas que tratam dos exames médicos, dos atestados médicos, da assistência médica a bordo e em terra e à educação de jovens marítimos sobre segurança e saúde. Pela relevância, tais temas mereceram registro para fins de conhecimento e de reflexão.

3.1. Dos exames médicos

A autoridade competente, os profissionais médicos, examinadores, representantes de armadores e todas as demais pessoas envolvidas na realização de exames de aptidão médica de candidatos a gente do mar e de gente do mar na ativa devem seguir as Diretrizes da OIT/OMS para a *realização de exames pré-embarque e periódicos de aptidão médica de gente do mar*, inclusive eventuais versões subsequentes, bem como quaisquer outras diretrizes internacionais aplicáveis, publicadas pela Organização Internacional do Trabalho, pela Organização Marítima Internacional, ou pela Organização Mundial da Saúde.

Nesse ponto, parece exigível e plenamente aplicável a Convenção Internacional sobre Normas de Formação, Certificação e Serviço de Quartos para Marítimos (*International Conventionon Standards of Training, Certification and Watchkeeping for Seafarers*), também conhecida como Convenção STCW 2010, ratificada por mais de uma centena e meia de países, inclusive o Brasil mediante o Decreto n 6.846, de 11 de maio de 2009, é um instrumento fundamental para a promoção da segurança marítima, da preservação do meio ambiente e da salvaguarda da vida humana, navios e carga no transporte marítimo.

A Seção B-I/9 da referida Convenção STCW 2010 oferece diretrizes relacionadas aos padrões de saúde, e especificamente à realização de exames médicos e à correspondente emissão e registro de certificados. Consta do referido texto que os padrões desenvolvidos deverão levar em conta o ponto de vista de médicos experientes em medicina aplicada ao meio ambiente marítimo, podendo-se admitir critérios diferenciados entre aquelas pessoas que procuram iniciar uma carreira no mar e aqueles marítimos que já servem a bordo de navios. No primeiro caso, por

---

c) o Art. 94 da Convenção das Nações Unidas sobre o Direito do Mar, 1982, estabelece os deveres e obrigações do país da bandeira com relação, dentre outras coisas, às condições de trabalho, tripulação e questões sociais em navios que arvoram a bandeira do país; e que

d) o § 8º do Art. 19 da Constituição da Organização Internacional do Trabalho, que determina que, de modo algum a adoção de qualquer Convenção ou Recomendação pela Conferência ou a ratificação de qualquer Convenção por qualquer Membro poderá afetar lei, decisão, costume ou acordo que assegure condições mais favoráveis aos trabalhadores do que as condições previstas pela Convenção ou Recomendação;

exemplo, pode ser adequado indicar padrões mais elevados em certas áreas, enquanto que, no último, pode ser feita alguma redução em razão da idade.

Os padrões devem, tanto quanto possível, definir critérios objetivos em relação à aptidão física para o serviço marítimo, levando em conta o acesso aos recursos médicos e à perícia médica a bordo do navio. Eles devem, em particular, especificar as condições de marítimos que sofrem de algum problema médico que, apesar de potencialmente arriscado, esteja controlado por medicação a ponto de permitir a continuidade do serviço a bordo. Os padrões médicos devem também identificar condições médicas particulares, tais como o daltonismo, que possam desqualificar um marítimo para assumir determinadas funções.

3.2. Atestados médicos

Os atestados médicos, na óptica da Convenção sobre Trabalho Marítimo, de 2006, visam assegurar que toda a gente do mar esteja apta do ponto de vista médico para executar suas tarefas a bordo de embarcação.

Os atestados médicos, como o próprio qualificativo sugere, deverão ser emitidos por profissional médico qualificado, dotado de completa independência no exercício de seu juízo ao realizar exames. Gente do mar a quem for negado um atestado ou que for sujeita a alguma limitação de sua capacidade de trabalhar, especialmente no que respeita a horário, campo de trabalho ou esfera de atividade, terá oportunidade de submeter-se a novo exame por outro profissional médico independente ou por um árbitro médico independente.

No atestado médico deverá constar referência particularizada sobre a audição e a visão do trabalhador; e sobre a ausência de condição suscetível de se agravar com o serviço a bordo ou de torna-lo inapto para tal serviço ou ainda de colocar em perigo a saúde de outras pessoas a bordo.

3.3. Da assistência médica a bordo e em terra

Com a finalidade de proteger a saúde da gente do mar e de assegurar-lhes pronto acesso a assistência médica a bordo e em terra, a Convenção n. 186 da OIT sustenta que todo membro assegurará que a gente do mar de navios que arvoram sua bandeira seja coberta por medidas adequadas de proteção à sua saúde e tenha pronto acesso a assistência médica adequada enquanto estiver trabalhando a bordo.

A proteção e a assistência, inclusive odontológica, deverão, em princípio, ser propiciadas gratuitamente e de modo a garantir acesso aos medicamentos necessários, equipamentos médicos e instalações para diagnóstico e tratamento, bem como a informação e perícia médica. As garantias devem assegurar à gente do mar o direito de consultar sem demora a um médico ou a um dentista qualificado nos portos de escala, caso isso seja viável.

A autoridade competente deverá adotar um formulário padronizado de laudo médico a ser utilizado pelos capitães de navio e pelo pessoal médico pertinente em terra e a bordo de navio. Depois de preenchidos, esses formulários serão mantidos em caráter confidencial e serão utilizados somente para facilitar o tratamento dos marítimos. A legislação nacional disporá no sentido de que todos os navios tenham uma farmácia de bordo, equipamentos médicos e um guia médico, observados o tipo de navio, o número de pessoas a bordo e a natureza, destino e duração das viagens, bem como os padrões médicos nacionais e internacionais recomendados.

Os navios que transportarem 100 ou mais pessoas a bordo e que normalmente fizerem viagens internacionais de mais de três dias de duração, por outro lado, deverão ter a bordo um médico qualificado que seja responsável pela prestação de assistência médica.

Os navios que não tiverem um médico a bordo deverão ter pelo menos um marítimo a bordo que se encarregue de assistência médica e provisão de remédios como parte de suas funções normais ou pelo menos que seja competente para prestar primeiros socorros; as pessoas encarregadas de prestar assistência médica a bordo e que não forem médicos, deverão ter concluído satisfatoriamente um curso de treinamento em assistência médica, que satisfaça os requisitos da Convenção Internacional sobre Normas de Treinamento, Certificação e Serviço de Quarto e Certificação para Marítimos, 1978, emendada (STCW).

3.4. Da educação de jovens marítimos sobre segurança e saúde

Entre as medidas protetivas que são tomadas pela Convenção n. 186 da OIT, cabe destacar aquelas contidas na Diretriz B4.3.10, segundo as quais os regulamentos de segurança e de saúde deverão referir-se às disposições gerais sobre exames médicos antes e durante o emprego e sobre a prevenção de acidentes e a proteção da saúde no trabalho, aplicáveis ao trabalho marítimo. Esses regulamentos deverão especificar as medidas para minimizar os perigos ocupacionais para os jovens marítimos no desempenho de suas tarefas.

A não ser que um jovem marítimo seja considerado plenamente qualificado pela autoridade competente para levar a cabo uma tarefa, é bom salientar que os regulamentos deverão estipular restrições à realização por estes, sem a devida supervisão e instrução, de certos tipos de trabalho que oferecem riscos especiais de acidente ou suscetíveis de prejudicar sua saúde ou desenvolvimento físico, ou ainda que exigem um certo grau de maturidade, experiência, ou habilidade.

Ao determinar os tipos de trabalho a serem restringidos pelos regulamentos, a autoridade competente deverá pensar particularmente em trabalhos que envolvam atividades que impliquem: a) levantar, mover, ou carregar cargas ou objetos pesados; b) entrar nas caldeiras, tanques e compartimentos estanques; c) operar máquinas de içar ou outras máquinas e ferramentas elétricas ou servir de sinaleiros para operadores desse tipo de equipamento; e) manipular cabos de amarração ou de reboque ou equipamento de ancoragem; f) mastreação e aparelhamento; g) trabalho de borda acima ou no convés em tempo carregado; h) serviço noturno de quarto; i) manutenção de equipamento elétrico; j) exposição a materiais potencialmente nocivos ou a agentes físicos nocivos, tais como substâncias perigosas ou tóxicas e radiação ionizante; k) limpeza de equipamentos de cozinha e de serviço de mesa de bordo; e l) manejo dos botes do navio ou assumir responsabilidade por eles.

Medidas práticas deverão ser tomadas pela autoridade competente ou pelas entidades apropriadas, para chamar a atenção dos marítimos jovens para informações a respeito de prevenção de acidentes e proteção da sua saúde a bordo dos navios. Tais medidas poderão incluir instrução adequada, por meio de cursos, publicidade oficial sobre prevenção de acidentes destinada a pessoas jovens, e instrução e supervisão profissional de jovens marítimos. A formação e treinamento desses jovens marítimos em terra e a bordo dos navios deverá incluir também orientação sobre os efeitos prejudiciais exercidos sobre sua saúde pelo abuso de álcool, drogas e outras substâncias potencialmente nocivas e sobre os riscos e preocupações relacionados com HIV/AIDS e outras atividades que impliquem em riscos para a saúde.

4. A SISTEMÁTICA BRASILEIRA DE PROTEÇÃO À SAÚDE E À SEGURANÇA: A POSIÇÃO DA CLT E DE OUTRAS NORMAS TRABALHISTAS EM MATÉRIA DE EXAMES MÉDICOS

Em conformidade com as mencionadas normas internacionais que cuidam da saúde e da segurança laboral, a Consolidação das Leis do Trabalho – CLT – refere no seu art. 168, com redação dada pela Lei n. 7.855/1989, ser "obrigatório exame médico, por conta do empregador", na admissão, no desligamento e periodicamente, havendo previsão de outros exames complementares, que poderão ser exigidos, a critério médico, para apuração da capacidade ou aptidão física e mental do empregado para a função que deva exercer. Há previsão, inclusive, de que o resultado desses exames médicos, inclusive dos exames complementares, devem ser comunicados ao trabalhador, observados os preceitos da ética médica.

As regras brasileiras dispõem também que o Ministério do Trabalho estabelecerá, de acordo com o risco da atividade e o tempo de exposição, a periodicidade dos exames médicos e que o empregador manterá, no estabelecimento, o material necessário à prestação de primeiros socorros médicos, de acordo com os referidos riscos da atividade.

Assim, caso um estrangeiro presente em águas brasileiras contrate no território nacional, estará assumindo a obrigação, independentemente de a embarcação estar registrada em outro país, de cumprir o normativo interno em matéria de saúde e segurança do trabalho. Como se disse antes, a regra do pavilhão não foi consagrada para prejudicar o marítimo, mas para lhe conferir maior proteção e mais elevada dignidade no trabalho, especialmente porque a realização dos exames médicos objetiva o oferecimento de um descritivo da sanidade do trabalhador no momento da contratação e visam detalhar, periodicamente, a evolução da sua condição de saúde até mesmo para permitir a melhor avaliação da responsabilidade patronal diante de eventual adoecimento ocupacional. Sabe-se ser essencial ao julgamento de demandas relacionadas ao adoecimento ocupacional a comparação entre os exames médicos realizados no instante da admissão e aqueles produzidos no instante do desligamento. Por comparação, o julgador terá parâmetro mínimo da situação e, consequentemente, melhor condição de oferecer decisão mais justa.

Nunca será demasiada a lembrança de que a sistemática de realização dos exames médicos está contida, no âmbito nacional, na Norma Regulamentadora – NR7, do Ministério do Trabalho, que, entre outras medidas, prevê a exigibilidade patronal de exames médicos admissional (antes que o trabalhador assuma suas atividades), periódicos (de acordo com os intervalos mínimos de tempo, observados os agentes insalubres com os quais tenham contato e a idade do trabalhador), de retorno ao trabalho (realizado obrigatoriamente no primeiro dia da volta ao trabalho), de mudança de função e demissional. É certo que os referidos exames compreendem avaliação clínica, abrangendo anamnese ocupacional e exame físico e mental e exames complementares, de acordo com a especificidade do serviço prestado.

Trabalhadores expostos a agentes químicos e biológicos poderão ser monitorados, dependendo de estudo prévio dos aspectos de validade toxicológica, analítica e de interpretação desses indicadores. Outros exames complementares usados normalmente em patologia clínica para avaliar o funcionamento de órgãos e sistemas orgânicos podem ser realizados, a critério do médico coordenador ou encarregado, ou por notificação do médico agente da inspeção do trabalho, ou ainda decorrente de negociação coletiva de trabalho. As exigências que regulam as dimensões dos exames são, portanto, variáveis, sendo muitas vezes importante o detalhamento para aumentar o nível de segurança das contratações e, especialmente, como se disse, para evitar discussões sobre a origem (ocupacional ou não ocupacional) do eventual adoecimento.

Ressalte-se que os exames periódicos se repetirão de acordo com os intervalos mínimos de tempo que levam em conta, entre outros fatores, *a exposição do trabalhador a riscos ou a situações de trabalho* que impliquem o desencadeamento ou agravamento de eventual doença ocupacional, ou, ainda, *a preexistência de doenças crônicas*. Nesses casos, os exames periódicos hão de ser repetidos a cada ano ou em intervalos menores, a critério do médico encarregado, ou se notificado pelo médico agente da inspeção do trabalho, ou, ainda, como resultado de negociação coletiva de trabalho. A regra geral, porém, é a de que os exames periódicos realizem-se anualmente para trabalhadores menores de 18 (dezoito) anos e maiores de 45 (quarenta e cinco) anos de idade e a cada dois anos, para os trabalhadores entre 18 (dezoito) anos e 45 (quarenta e cinco) anos de idade.

O exame médico de retorno ao trabalho deverá ser realizado obrigatoriamente no primeiro dia da volta ao trabalho de trabalhador ausente por período igual ou superior a 30 (trinta) dias por motivo de doença ou acidente, de natureza ocupacional ou não, ou parto. O exame médico de mudança de função, entendida como tal toda e qualquer alteração de atividade, posto de trabalho ou de setor que implique a exposição do trabalhador à risco diferente daquele a que estava exposto antes da mudança, será obrigatoriamente realizado antes da data da mudança

O exame médico demissional, por fim, será obrigatoriamente realizado até a data da homologação, desde que o último exame médico ocupacional tenha sido realizado há mais de 135 (cento e trinta e cinco) dias para as empresas de grau de risco 1 e 2, segundo o Quadro I da NR-4 ou há mais de 90 (noventa) dias para as empresas de grau de risco 3 e 4, segundo o Quadro I da NR-4.

Para cada exame médico realizado o médico emitirá o Atestado de Saúde Ocupacional – ASO, em 2 (duas) vias. A primeira via ficará arquivada no local de trabalho do trabalhador à disposição da fiscalização do trabalho. A segunda via será obrigatoriamente entregue ao trabalhador, mediante recibo na primeira via. O referido ASO deverá conter, no mínimo, o nome completo do trabalhador, o número de registro de sua identidade e sua função; os riscos ocupacionais específicos existentes, ou a ausência deles, na atividade do empregado; a indicação dos procedimentos médicos a que foi submetido o trabalhador, incluindo os exames complementares e a data em que foram realizados; o nome do médico coordenador, quando houver; a definição de apto ou inapto para a função específica que o trabalhador vai exercer, exerce ou exerceu; o nome do médico encarregado do exame e endereço ou forma de contato; a data e assinatura do médico encarregado do exame e carimbo contendo seu número de inscrição no Conselho Regional de Medicina.

Os dados obtidos nos exames médicos, incluindo avaliação clínica e exames complementares, as conclusões e as medidas aplicadas deverão ser registrados em prontuário clínico individual, que ficará sob a responsabilidade do médico-coordenador. Os registros deverão ser mantidos por período mínimo de 20 (vinte) anos após o desligamento do trabalhador.

Sendo verificada, através da avaliação clínica do trabalhador e/ou dos exames a exposição excessiva ao risco, mesmo sem qualquer sintomatologia ou sinal clínico, deverá o trabalhador ser afastado do local de trabalho, ou do risco, até que esteja normalizado o indicador biológico de exposição e as medidas de controle nos ambientes de trabalho tenham sido adotadas. Sendo constatada a ocorrência ou agravamento de doenças profissionais, mediante os exames médicos, ou sendo verificadas alterações que revelem qualquer tipo de disfunção de órgão ou sistema biológico, mesmo sem sintomatologia, caberá ao médico-coordenador ou encarregado solicitar à empresa a emissão da Comunicação de Acidente do Trabalho – CAT; indicar, quando necessário, o afastamento do trabalhador da exposição ao risco, ou do trabalho; encaminhar o trabalhador à Previdência Social que o abriga para estabelecimento de nexo causal, avaliação de incapacidade e definição da conduta previdenciária em relação ao trabalho; orientar o empregador quanto à necessidade de adoção de medidas de controle no ambiente de trabalho.

5. AS PARTICULARIDADES – CONDIÇÕES DE VIDA DOS TRABALHADORES MARÍTIMOS E O ISOLAMENTO COM CAUSA DE ADOECIMENTO OCUPACIONAL

Em vetusta obra datada de 1700 e intitulada "As doenças dos trabalhadores" ou, em seu original, De Morbis Artificum Diatriba[8], o médico italiano Bernardino Ramazzini, já evidenciava que os marítimos estavam expostos" às influências do céu, do mar e dos ventos, aos mil inconvenientes que traz consigo a navegação" e, por isso, "acham-se facilmente propensos [...] a doenças agudas, sobretudo às febres malignas e inflamatórias, que não suportam muito tempo e são resolvidas bem ou mal, não dando lugar a prescrições médicas, ainda mais [...] porque tomam os remédios com certa temeridade". Observou também o famoso escritor que "não raro acontece que alguma doença epidêmica invada o navio, seja por causa extrínseca ou pela má alimentação comum e, sobretudo, pelas águas poluídas; ou então suceda que a variada e grande multidão dos navegantes, não habituada ao mar, contraia febres pestilentas e malignas devido ao frequente terror de alguns às grandes tempestades, cujo germe se difunde e ataca os demais com a mesma doença. Em tais casos não existe fuga possível, pois todos, como soem dizer, estão no mesmo barco e todos devem ver os moribundos ficarem a seu lado, tendo diante dos olhos o sepulcro comum".

Tomadas as devidas proporções, e evidenciada a evolução nas medidas de saúde e segurança dos marítimos, não há negar-se que, em linhas gerais, todos, efetivamente, ainda se encontram no mesmo barco, sendo de reconhecer-se a possível difusão de eventuais males infectocontagiosos. As inclemências do mar permanecem vívidas, trazendo não apenas o desconforto das mudanças climáticas, mas

---

(8) RAMAZZINI, Bernardino. *As doenças dos trabalhadores*. Tradução de Raimundo Estrêla do original De Morbisartificum diatribe, de 17004. ed. São Paulo: Fundacentro, 2016.

também, e muito fortemente, as insatisfações da solidão que perturbam o seu espírito. Isso mesmo. Em artigo intitulado "Solidão e Confinamento", a Revista da Associação Nacional dos Magistrados da Justiça do Trabalho (2017), trouxe à luz uma das principais causas do adoecimento ocupacional daqueles que trabalham embarcados. Segundo o texto, "os longos períodos a bordo da embarcação contribuem para o aparecimento de uma série de doenças psicológicas".

"Solidão, sentimento de inadequação na sociedade, estranhamento por parte da própria família na volta ao lar, falta de reconhecimento pelo trabalho são alguns motivos que levam as tripulações a estados de fadiga e depressão". O texto refere, aliás, pesquisa realizada pela FUNDACENTRO, que apontou serem o confinamento e o anonimato social os principais agentes agressores do equilíbrio psíquico do trabalhador marítimo, tornando-o suscetível a adoecimentos de origem psicossomática.

O estudo, desenvolvido por meio da colheita de informações cedidas pela tripulação de seis navios em rota de cabotagem ofereceu a percepção do tripulante sobre seu trabalho, sobre o ambiente laboral e sobre si mesmo, e ainda identificou os agentes causadores de sofrimento psicológico. De acordo com o estudo, "muitos marítimos não se sentem reconhecidos pelo trabalho que realizam e essa falta de valorização transforma-se em fonte de agressão e sofrimento"[9].

Não há duvidar-se, portanto, da importância do fiel cumprimento patronal de todas as medidas que visem a mais adequada proteção da saúde, assistência médica, medidas de bem-estar e outras formas de proteção social oferecidas aos trabalhadores marítimos.

6. CONCLUSÃO

O risco é um quantificador de obstáculos para o sucesso de qualquer empreitada. Diante da impossibilidade de sua eliminação, todos os esforços tendentes à minimização devem ser realizados. E é nesse sentido que a Convenção do Trabalho Marítimo, 2006, também conhecida como MLC 2006 ou como Convenção n. 186 da Organização Internacional do Trabalho aparece como documento indispensável à difusão dos padrões internacionais referentes à segurança em navios, à segurança humana e à qualidade da gestão de embarcações.

Concebida de forma a assegurar a mais ampla aceitação possível entre governos, armadores e gente do mar comprometidos com os princípios de trabalho decente, a referida MLC 2006 manifesta-se como um referencial seguro de procedimentos capazes de reduzir os riscos inerentes ao trabalho dos marítimos e a organizar a pletora de dispositivos normativos difusos que muitas vezes causam dúvida quanto à sua hierarquia e preferencial aplicação. Respeitando os padrões locais e pugnado pelos mais elevados referenciais de saúde e segurança, a multicitada Convenção n. 186 da Organização Internacional do Trabalho afigura-se, independentemente da sua formal ratificação, como o mais seguro elemento normativo, haja vista a sua conformidade com os mais exigentes ordenamentos locais.

7. REFERÊNCIAS

ANAMATRA. Solidão e confinamento. In: *Revista da ANAMATRA*, 2007. Disponível em: <https://www.anamatra.org.br/attachments/article/24325/00000454.pdf>. Acesso em: 16 jun. 2018.

MARTINEZ, Luciano. *Curso de Direito do Trabalho*. 9. ed. São Paulo: Saraiva, 2018.

RAMAZZINI, Bernardino. *As doenças dos trabalhadores*. Tradução de Raimundo Estrêla a partir do original De morbisartificum diatribe, de 17004. ed. São Paulo: Fundacentro, 2016.

SOUSA, João Silva de. *A expansão portuguesa no século xv: o medo do mar*. Disponível em: <http://www.arqnet.pt/portal/artigos/jss_expansao2.html>. Acesso em: 16 jun. 2018.

SOUZA, Fabiano Coelho de. *Lei do pavilhão e princípio do centro da gravidade*. Disponível em: <http://www.magistradotrabalhista.com.br/2015/11/lei-do-pavilhao-e-principio-do-centro.html>. Acesso em: 16 jun. 2018.

ZANOTELLI, Ana Gabriela Camatta; MOSCHEN, Valesca Raizer Borges. A efetivação dos direitos dos trabalhadores marítimos no contexto dos navios de bandeira de conveniência. In: *Revista Jurídica da Presidência Brasília Edição Comemorativa 17 anos*. Brasília: Centro de Estudos Jurídicos da Presidência, 2016. p. 91-118.

---

(9) ANAMATRA. Solidão e Confinamento. In: *Revista da ANAMATRA*, 2007. Disponível em: <https://www.anamatra.org.br/attachments/article/24325/00000454.pdf>. Acesso em: 16 jun. 2018.

OS CONTORNOS CONCEITUAIS DO ASSÉDIO MORAL ORGANIZACIONAL

Rodolfo Pamplona Filho[1]

1. INTRODUÇÃO

O século XXI marca uma nova sociedade e uma nova organização do trabalho. O desenvolvimento da tecnologia da informação transformou as relações sociais e também o modo de execução do labor. Por meio da robótica e da informática, tornou-se possível o aumento da produção e a melhoria da qualidade dos produtos e serviços.

A nova organização do trabalho, balizada pelo desenvolvimento tecnológico e informacional, todavia, conquanto tenha ampliado a produtividade, não melhorou as condições laborais. Ao mesmo tempo em que as inovações tecnológicas permitiram que homens e mulheres aumentassem a produção de mercadorias com mais qualidade e menos esforço, houve a intensificação das exclusões e discriminações que ocorrem dentro e em torno da força de trabalho.

Os trabalhadores, submetidos a acelerados ritmos de produção, sofrem cada vez mais com o estresse, com as exigências de metas abusivas, com o controle do modo, forma e método de trabalho, com o comprometimento das relações interpessoais e, inclusive, com o desrespeito à diversidade. Pressão para atingir metas, sobrecarga e ritmo excessivo de trabalho, segregação dos funcionários, sistema de premiações, divisão de tarefas, estratégias de controle e extrapolação da jornada de trabalho são alguns traços característicos dessa nova organização do trabalho. É nesse contexto que emerge o assédio moral organizacional.

Nesse sentido, o presente artigo objetiva estudar o assédio moral organizacional, nova modalidade assediadora que acarreta inúmeras e graves consequências para a saúde mental do trabalhador, apresentando os seus contornos conceituais, bem como identificando os seus elementos caracterizadores.

2. ASSÉDIO MORAL LABORAL

O assédio moral é um fenômeno enraizado no mundo do trabalho desde os primórdios da sociedade. Entretanto, somente a partir da década de 1980, ampliaram-se as discussões e pesquisas acadêmicas, em especial por juristas, médicos, psicólogos e estudiosos da saúde do trabalhador.

A figura do assédio moral foi utilizada pela primeira vez na área da Biologia, mediante pesquisas realizadas por *Konrad Lorez*, na década de 1960, acerca do comportamento de um grupo de animais de pequeno porte físico em face da ameaça de um único animal de grande porte (ÁVILA, 2009, p. 17). Na sua obra *Sobre la agresión: el pretendido mal*, Konrad Lorez aborda o instinto da agressão, comum entre os animais e os homens[2]. O comportamento adotado pelo grupo de animais, através de intimidações e atitudes agressivas coletivas, principalmente fazendo de presa os animais que os ameaçam, Konrad Lorez denominou de *mobbing*, traduzido por ele como *hostigamiento* ou *acosamiento*, que significa perseguição.[3]

Posteriormente, na década de 1970, o médico sueco *Peter Paul Heinemann* utilizou os estudos de Lorez para descrever o comportamento agressivo de crianças com relação a outras dentro das escolas. Para tanto, tomou emprestado da etologia a denominação *mobbing*, vocábulo inglês que significa maltratar, atacar, perseguir (CASTRO, 2012, p. 20).

Na seara laboral, os estudos sobre assédio moral iniciaram-se com as investigações de *Heinz Leymann*, doutor em psicologia do trabalho, alemão, radicado na Suécia, que, em 1984, publicou um pequeno ensaio científico intitulado *National Board of Occupational Safety and Health in Stockholm* sobre as consequências do *mobbing* na esfera neuropsíquica de pessoas expostas a humilhações no ambiente de trabalho (GUEDES, 2003, p. 27).

No Brasil, os debates em torno do assédio moral desenvolveram-se a partir do ano 2000, com a tradução do livro de *Marie-France Hirigoyen*, psiquiatra francesa, e com

---

(1) Doutor e Mestre em Direito (PUC/SP). Professor Associado II da Graduação e Pós-Graduação *Stricto Sensu* (Mestrado e Doutorado) da UFBA. Membro da Academia Brasileira de Direito do Trabalho.

(2) Segundo Konrad Lorez, "si uno pudiera ver sin prejuicios al hombre contemporáneo, en una mano la bomba de hidrógeno y en el corazón el instinto de agresión herdado de sus antepasados los antropoides, producto aquélla de su inteligencia e incontrolable éste por su razón, no le auguraría larga vida". (LORENZ, 2005, p. 60)

(3) "Son sobre todo los animales que vivem en sociedade los que doquiera lo encuentren atacan al animal de presa que los ameaza. Los ingleses llama a eso mobbing, que se puede traducir por hostigamiento o, mejor, acosamiento. Aí se agrupan las cornejas y otras aves para acosar al buho, el gato o cualquier otro carnicero nocturno cuando lo ven de día." (LORENZ, 2005, p. 34)

a defesa da dissertação de mestrado da médica *Margarida Barreto*, na área de psicologia social. Ressalta-se que o sítio eletrônico <www.assediomoral.org.br>, fundado em 2001, foi um importante marco no processo de divulgação e conscientização (SOBOLL, 2008, p. 18).

Marie-France Hirigoyen (2002, p. 17) conceitua o assédio moral como "qualquer conduta abusiva (gesto, palavra, comportamento, atitude...) que atente, por sua repetição ou sistematização, contra a dignidade ou integridade psíquica ou física de uma pessoa, ameaçando seu emprego ou degradando o clima de trabalho".

Márcia Novaes Guedes (2003, p. 33), por sua vez, assinala que o assédio moral corresponde a "atitudes humilhantes, repetidas, que vão desde o isolamento, passam pela desqualificação profissional e terminam na fase de terror, em que se verifica a destruição psicológica da vítima".

Rodolfo Pamplona Filho, Adriana Wyzykowski e Renato Barros (2014, p. 117) conceituam o assédio moral como "um conjunto de condutas abusivas e intencionais, reiteradas e prolongadas no tempo, que visam a exclusão de um empregado específico, ou de um grupo determinado destes, do ambiente de trabalho por meio do ataque à sua dignidade, podendo ser comprometidos, em decorrência de seu caráter multiofensivo, outros direitos fundamentais, a saber: o direito à integridade física e moral, o direito à intimidade, o direito ao tratamento não discriminatório, dentre outros".

Lis Soboll e Roberto Heloani (2008, p. 21), por seu turno, entendem por assédio moral "uma situação extrema de agressividade no trabalho, marcada por comportamentos ou omissões, repetitivos e duradouros. Tem como propósito destruir, prejudicar, anular ou excluir e é direcionado a alvos escolhidos (uma ou mais pessoas em especial). Caracteriza-se por sua natureza agressiva, processual, pessoal e mal-intencionada".

Nesse sentido, a partir das contribuições doutrinárias e acadêmicas, pode-se conceituar o assédio moral laboral como: *a tortura psicológica perpetrada por um conjunto de ações ou omissões, abusivas e intencionais, praticadas por meio de palavras, gestos e atitudes, de forma reiterada e prolongada, que atingem a dignidade, a integridade física e mental, além de outros direitos fundamentais do trabalhador, comprometendo o exercício do labor e, até mesmo, a convivência social e familiar.*

3. MODALIDADES DE ASSÉDIO MORAL

A tortura psicológica intentada por meio de condutas abusivas e intencionais, praticada de forma habitual contra a dignidade e integridade do trabalhador, apresenta as mais diversas motivações e classificações. Nessa senda, o presente capítulo objetiva identificar algumas modalidades de assédio moral, com especial enfoque para o assédio moral discriminatório, assédio moral individual e coletivo, assédio moral estratégico e perverso, assim como assédio moral interpessoal e organizacional.

3.1. Assédio moral discriminatório

O vocábulo discriminação tem suas raízes etimológicas extraídas do termo anglo-americano *discrimination*, que significa "caráter infundado de uma distinção" (BARROS, 2010, p. 1128). Como bem ensina Rodolfo Pamplona Filho (2005, p. 87), no âmbito do ordenamento jurídico brasileiro, o constituinte consagrou, no *caput* do art. 5º da Constituição Federal, como pilar da ordem jurídica positiva, a isonomia de tratamento entre os indivíduos, o que, por sua vez, não é de fácil observância, tendo em vista as evidentes desigualdades fáticas ocorrentes na realidade prática.

De acordo com o art. 1º da Convenção n. 111 da Organização Internacional do Trabalho – OIT, o termo discriminação compreende "toda a distinção, exclusão ou preferência fundada na raça, cor, sexo, religião, opinião política, ascendência nacional ou origem social, que tenha por efeito destruir ou alterar a igualdade de oportunidades ou de tratamento em matéria de emprego ou profissão".

A discriminação no trabalho, como bem preleciona José Cláudio Monteiro de Brito Filho (2002, p. 40-43), é a negativa ao trabalhador da igualdade necessária para a aquisição ou manutenção do emprego pela adoção de atitudes discriminatórias por parte do empregador, sendo estas entendidas como a forma de exteriorização do preconceito ou, em outras palavras, como o preconceito em sua forma ativa.

Ademais, a discriminação no trabalho pode ser classificada quanto ao momento, quanto à forma, quanto aos efeitos e quanto aos motivos da discriminação. No concernente ao momento, ela pode ocorrer no ato da contratação, como a não admissão de trabalhadores negros, bem como no curso do contrato, através, por exemplo, da delegação de tarefas inferiores, ou, até mesmo, no seu término, como a dispensa de trabalhadores do sexo feminino sob a justificativa de "conter gastos".

Quanto à forma, a discriminação pode ser direta, através, *v.g.*, da exigência para os candidatos a emprego de certidão de distribuição de ação trabalhista na Justiça do Trabalho, ou indireta, mediante a adoção de medidas ou práticas, como exigências de altura, peso ou provas físicas, que excluem, por exemplo, um maior número de mulheres.

Com relação aos efeitos, antes da contratação eles podem ser a não contratação ou contratação para cargo de nível inferior e durante a contratação os efeitos da discriminação se revestem na extinção do contrato, na preterição do trabalhador à ascensão funcional ou na designação para funções mais penosas ou inferiores (BRITO FILHO, 2002, p. 48-49).

No tocante às razões motivadoras, identificam-se, dentre outras, discriminações por gênero, raça, etnia, orientação sexual, religião, posição política, procedência nacional, procedência regional, origem social, idade, deficiência física, intelectual, sensorial ou mental (BRITO FILHO, 2002, p. 49) e estética[4].

Nesse contexto de discriminação no trabalho, emerge o *assédio moral discriminatório*, que consiste na tortura psicológica perpetrada por um conjunto de condutas abusivas, intencionais, repetidas e prolongadas que tem como motivação circunstâncias raciais ou étnica, religiosas, etárias, estéticas, de gênero, de orientação sexual, dentre outras diferenças ou particularidades do trabalhador.

O assédio moral discriminatório surge, desse modo, como uma repulsa a determinada peculiaridade da pessoa, apresentando-se geralmente de forma dissimulada, haja vista que a discriminação é proibida legal e constitucionalmente.

3.2. Assédio moral individual e assédio moral coletivo

O *assédio moral individual* é a violência cometida contra o trabalhador individualmente considerado. Delimita-se, assim, perfeitamente as figuras de agressor e agredido. O assédio moral coletivo *lato sensu*, por sua vez, compreende o assédio moral individual homogêneo, o assédio moral coletivo em sentido estrito e o assédio moral difuso.

O *assédio moral individual homogêneo* viola, de maneira reiterada, os direitos fundamentais de mais de uma pessoa simultaneamente, direitos estes, no entanto, que em sua essência são individuais (MUÇOUÇAH, 2011, p. 191). Trata-se, assim, de perseguições a alguns trabalhadores, individualizados por suas características comuns, que se contraponham aos interesses do empregador (MUÇOUÇAH, 2011, p. 191).

Como exemplo do assédio moral individual homogêneo, Renato Muçouçah descreve a situação na qual existe um número considerável de empregados prestes a se aposentar, mas o empregador não mais os deseja na empresa e, a fim de forçá-los a pedir demissão, passa a persegui-los ou esvaziar as suas funções (MUÇOUÇAH, 2011, p. 191).

O *assédio moral coletivo em sentido estrito* consiste na utilização abusiva do poder diretivo do empregador dirigida indistintamente a todos os empregados, os quais estão ligados com a parte contrária por uma relação jurídica base, qual seja, laborarem na mesma empresa (MUÇOUÇAH, 2011, p. 196). Assim, a conduta assediante atinge o ambiente de trabalho, tornando insuportável o convívio social na empresa. Trata-se, dessa forma, de uma afronta sistemática e reiterada à dignidade, à integridade e aos direitos fundamentais do grupo.

O *assédio moral difuso*, consoante lição de Renato Muçouçah (2011, p. 201), corresponde a lesão reiterada à saúde psicofísica e ao próprio meio ambiente de trabalho em si mesmo considerado, haja vista que as lesões criadas pelo empregador que assedia seus trabalhadores e deles retira a saúde, atinge pessoas indeterminadas, como familiares, amigos e vizinhos de cada trabalhador assediado. O assédio moral coletivo *lato sensu* pode ser tutelado mediante Ação Civil Pública, ressaltando-se que no tocante ao assédio perpetrado contra direitos individuais homogêneos também podem ser manejadas ações coletivas e ações plúrimas.

3.3. Assédio moral perverso e assédio moral estratégico

O *assédio moral estratégico ou motivado* é aquele que objetiva uma finalidade específica, como, v. g., expulsar o trabalhador da empresa ou impedir que ele seja promovido ou ocupe cargos de comando, ou, ainda, impedir que o trabalhador atinja as metas estabelecidas pela organização (LIMA FILHO, 2009, p. 69). O assédio moral estratégico diferencia-se do *assédio moral perverso ou imotivado*, que, por seu turno, não apresenta uma razão ou causa específica.

Marie-France Hirigoyen (2002, p. 112) pontua que o assédio perverso é praticado para eliminar o outro e, até mesmo, valorizar o próprio poder do assediador, ao passo em que o assédio estratégico objetiva forçar o empregado a pedir demissão, reduzindo-se, assim, os custos da despedida. O assédio moral perverso visa, nesse diapasão, degradar o meio ambiente de trabalho e destruir o trabalhador, por meio de condutas abusivas e hostis. A maior diferença reside, portanto, na motivação da tortura psicológica intentada, uma vez que no assédio moral perverso não existe uma finalidade específica e pré-estabelecida.

3.4. Assédio moral interpessoal e assédio moral organizacional

Consoante conceituação proposta por Lis Soboll (2008, p. 21) o assédio moral é uma situação extrema de agressividade no trabalho, marcada por comportamentos ou omissões, repetitivos e duradouros, que objetivam destruir, prejudicar, anular ou excluir uma ou mais pessoas. O *assédio moral interpessoal*, nessa senda, é um processo repetitivo e prolongado de hostilidade ou isolamento, direcionado para alvos específicos, geralmente uma ou poucas pessoas, mas sempre as mesmas, com o objetivo de

---

[4] A discriminação estética pode ser conceituada como toda a distinção, exclusão ou preferência fundada em fatores de estética como peso, altura, tipo de cabelo, tonalidade de cabelo, manchas e cicatrizes, bem como pela utilização por parte do trabalhador de tatuagem, piercings, barba, maquiagem, brincos, determinadas vestimentas, dentre outras adereços. A proibição do uso de barba, bigode, cavanhaque ou costeleta configura-se, na maioria dos casos, como uma modalidade de discriminação estética, tendo em vista que além de impor ao trabalhador um padrão de aparência, acarreta, em muitos casos, grave violação a sua intimidade e imagem. (SANTOS, 2012, p. 118-119.)

prejudicar, além de ocasionar descompensações na saúde do trabalhador, alterações nas condições de trabalho, desligamento, afastamento, transferência do trabalho ou mudanças na função (SOBOLL; EBERLE, 2009, p. 19).

O *assédio moral organizacional*, por seu turno, refere-se a manifestação coletiva do assédio, constituindo um processo de hostilidades, estruturado via política organizacional ou gerencial da empresa, sendo direcionado para todos os trabalhadores indistintamente ou para alvos determinados a partir de um perfil, como, por exemplo, todas as gestantes ou todos os trabalhadores que a empresa objetiva despedir (SOBOLL; EBERLE, 2009, p. 19). O assédio é utilizado dessa forma como instrumento de gestão e controle dos empregados (GOSDAL; SOBOLL, 2009, p. 35). O assédio moral organizacional será melhor explorado no tópico posterior.

Como elementos diferenciadores do assédio moral interpessoal e do assédio moral organizacional, cumpre evidenciar primeiramente a figura do agressor, tendo em vista que no assédio moral organizacional o agressor será quase sempre o empregador, seus prepostos ou pessoas que tenham poder hierárquico e de organização na empresa, ao passo em que o assédio interpessoal pode ser intentado por superiores hierárquicos ou colegas de trabalho. Em segundo lugar, o assédio organizacional independe da intenção de degradar o ambiente laboral ou destruir o trabalhador, diferentemente do assédio interpessoal, representando, em verdade, uma estratégia de administração pautada na redução de custos, estimulação da produtividade ou obtenção de maior controle sobre os empregados (GOSDAL; SOBOLL, 2009, p. 38).

Outra distinção diz respeito ao caráter dos atos assediadores. No assédio moral interpessoal os ataques são mais velados ou dissimulados, em especial quando se trata de assédio discriminatório, enquanto no assédio organizacional os atos são mais visíveis, sendo percebidos, geralmente, pela coletividade de empregados, como estratégia ou característica da empresa. Além disso, no assédio organizacional, também denominado de institucional, a maior parte dos trabalhadores ou, até mesmo, a sua totalidade, pode ser alvo de ameaças (GOSDAL; SOBOLL, 2009, p. 38-39).

Nesse sentido, com base nas distinções adrede apresentadas, pode-se concluir que o assédio moral organizacional, assim como o assédio moral interpessoal, constitui uma tortura psicológica perpetrada por um conjunto sistemático, repetitivo e prolongado de ações ou omissões de hostilização, que provoca graves intimidações e humilhações aos trabalhadores, atingindo sua dignidade e integridade física e mental.

A diferença reside na finalidade, no alvo, no sujeito ativo, na forma de participação da empresa e no contexto em que as condutas estão inseridas, haja vista que no assédio moral organizacional: busca-se alcançar objetivos institucionais da empresa, como aumento da produtividade, redução dos custos ou controle dos trabalhadores; o alvo das práticas não são trabalhadores específicos, mas sim grande parte dos trabalhadores da empresa ou determinados setores; os assediadores são, via de regra, superiores hierárquicos, prepostos ou gestores; a empresa participa de forma ativa, promovendo e estimulando as práticas de assédio; e as práticas estão inseridas nas políticas e métodos de gestão da empresa.

Dessa forma, podem ser identificadas as seguintes modalidades de assédio moral: assédio moral discriminatório; assédio moral individual e assédio moral coletivo; assédio moral perverso ou imotivado e assédio moral estratégico ou motivado; e, por fim, assédio moral interpessoal e assédio moral organizacional. Convém, nesse diapasão, realizar um estudo mais aprofundado sobre o assédio moral organizacional.

4. ASSÉDIO MORAL ORGANIZACIONAL: UMA PROPOSTA DE CONCEITUAÇÃO

O assédio moral, conforme anteriormente conceituado, é a tortura psicológica perpetrada por um conjunto de ações ou omissões, abusivas e intencionais, praticadas por meio de palavras, gestos e atitudes, de forma reiterada e prolongada, que atingem a dignidade, a integridade física e mental, além de outros direitos fundamentais do trabalhador.

Nos últimos anos, entretanto, foi detectada uma nova forma de assédio moral. Trata-se do assédio moral organizacional, que está relacionado com práticas de gestão e que alcança um grande número de trabalhadores. Esse tipo de assédio tem como principal objetivo extrair o máximo de produtividade dos empregados, estimulando o isolamento, o egoísmo e a desunião, além de impedir a instituição da solidariedade entre os mesmos.

Conforme conceito proposto por Adriane Reis de Araújo, configura o assédio moral organizacional:

> O conjunto de condutas abusivas, de qualquer natureza, exercido de forma sistemática durante certo tempo, em decorrência de uma relação de trabalho, e que resulte no vexame, humilhação ou constrangimento de uma ou mais vítimas com a finalidade de se obter o engajamento subjetivo de todo o grupo às políticas e metas da administração, por meio da ofensa a seus direitos fundamentais, podendo resultar em danos morais, físicos e psíquicos (ARAÚJO, 2012, p. 76).

Desse modo, segundo a autora, o assédio moral organizacional funciona como um instrumento de gestão e de normatização da conduta dos trabalhadores, possibilitando o engajamento e controle de todo o pessoal, a fim de implementar o ritmo e a qualidade da produção, sem que qualquer reivindicação das condições de trabalho seja intentada (ARAÚJO, 2012, p. 78).

Lis Soboll e Thereza Gosdal conceituam o assédio moral organizacional como:

> Um conjunto sistemático de práticas reiteradas, inseridas nas estratégias e métodos de gestão, por meio de pressões, humilhações e constrangimentos, para que sejam alcançados determinados objetivos empresariais ou institucionais, relativos ao controle do trabalhador (aqui incluído o corpo, o comportamento e o tempo de trabalho), ou ao custo do trabalho, ou ao aumento de produtividade e resultados, ou à exclusão ou prejuízo de indivíduos ou grupos com fundamentos discriminatórios (GOSDAL; SOBOLL, 2009, p. 37).

O assédio organizacional, consoante lição de Lis Soboll (2008, p. 21), corresponde a um processo no qual a violência está inserida nos aparatos, nas estruturas e nas políticas organizacionais ou gerenciais da empresa, políticas estas que são abusivas e inadequadas e que possuem o propósito de exercer o gerenciamento do trabalho e do grupo, visando produtividade e controle organizacional.

Nesse sentido, com base nas definições acima apresentadas, formula-se a seguinte proposta de conceituação: *o assédio moral organizacional consiste na tortura psicológica perpetrada por um conjunto de condutas abusivas e hostis, reiteradas e prolongadas, que estão inseridas na política organizacional e gerencial da empresa, dirigidas a todos os trabalhadores indistintamente ou a um determinado setor ou perfil de trabalhadores, cuja finalidade é exercer o controle sobre a coletividade e garantir o alcance dos objetivos institucionais, atingindo gravemente a dignidade, a integridade física e mental, além de outros direitos fundamentais do trabalhador.*

5. ELEMENTOS CARACTERIZADORES DO ASSÉDIO MORAL ORGANIZACIONAL

O assédio moral organizacional apresenta os seguintes elementos caracterizadores: abusividade da conduta, habitualidade, contexto organizacional ou gerencial, natureza coletiva do público alvo, finalidade institucional e ataque à dignidade e aos direitos fundamentais do trabalhador.

A *abusividade* reside na extrapolação dos limites do poder diretivo patronal e na forma perversa e agressiva com que as condutas são praticadas. A título de exemplo, Lis Soboll e Thereza Gosdal identificam as seguintes práticas abusivas: a) cumprimento de metas exageradas; b) tempo de banheiro controlado; c) imposição e controle do que deve ser dito ao cliente; d) impossibilidade de apresentação de atestados médicos; e) desqualificação do trabalhador, do seu discurso e das suas ações; f) utilização de técnicas de humilhação e perseguição como estratégia para o estímulo de vendas, em especial através da ridicularização pública dos empregados ou equipes que vendem menos ou não alcançam as metas (GOSDAL; SOBOLL, 2009, p. 38).

Ressalta-se que o mecanismo assediador mais peculiar do assédio moral organizacional consiste na imposição de metas exageradas ou, até mesmo, inatingíveis ao trabalhador e na consequente imposição de "prendas" diante do inadimplemento dessas metas.

Além da abusividade da conduta, para que o assédio moral organizacional seja configurado, faz-se necessária a *habitualidade*, ou seja, a reiteração e prolongamento no tempo dos atos assediadores. A violência psicológica organizacional deve ser, portanto, regular, sistemática e perdurar no tempo.

Outro elemento caracterizador do assédio moral organizacional consiste no *contexto institucional ou geracional* em que as atitudes assediadoras estão inseridas. Assim, figura-se imprescindível que tais práticas estejam inseridas nas estratégias e métodos de gestão, nos aparatos e políticas gerenciais e na divisão do trabalho da empresa.

A *natureza coletiva do público alvo* também caracteriza o assédio moral organizacional, tendo em vista que essa modalidade de assédio sempre é coletiva *lato sensu*, pois atinge os trabalhadores na perspectiva individual homogênea, coletiva e difusa.

Verifica-se a dimensão individual homogênea do assédio moral organizacional quando as condutas agressivas, estruturadas via política organizacional da empresa, são direcionadas para alvos determinados a partir de um perfil, como, por exemplo, todas as gestantes da empresa, todos os trabalhadores acidentados, todos os trabalhadores que a empresa deseja despedir, mas não quer arcar com os custos da dispensa sem justa causa (SOBOLL; EBERLE, 2009, p. 19).

A dimensão coletiva em sentido estrito do assédio moral organizacional se configura no momento em que todos os trabalhadores de determinada empresa são agredidos indistintamente pelas condutas abusivas ligadas à política empresarial. O mesmo raciocínio vale para determinados grupos ou setores que passam a ser perseguidos pela gestão da empresa.

No que se refere à dimensão difusa, deve-se compreender além de todos os trabalhadores indiscriminadamente atingidos pelas condutas assediantes, os seus amigos, vizinhos e familiares, cujos laços sociais, diante do assédio, restam seriamente comprometidos, assim como os trabalhadores que venham a ser admitidos futuramente pela empresa.

Outro traço característico dessa modalidade assediadora diz respeito à sua *finalidade institucional*, qual seja, promover atitudes gerenciais abusivas oriundas de uma organização que estimula a competitividade e que está estruturada sobre uma dose significativa de perversidade, além de envolver exigências desmedidas, como o cumprimento de metas inatingíveis (SOBOLL, 2008, p. 23).

Podem ser apontadas como finalidades institucionais: a) aumento da produtividade; b) diminuição ou redução dos custos; c) controle dos empregados; d) exclusão de trabalhadores que a empresa não deseja manter em seus quadros, forçando pedidos de demissão e desoneração de verbas rescisórias; e) coibição da formação de demandas individuais e coletivas; f) controle do tempo e dos métodos de trabalho; entre outros (GOSDAL; SOBOLL, 2009, p. 37).

Por fim, outro componente essencial do assédio moral organizacional consiste na *agressão à dignidade da pessoa humana e à integridade física e mental do trabalhador*. Além disso, essa modalidade assediadora atinge, também, outros direitos fundamentais e sociais, dentre os quais se destaca: o direito ao trabalho; o direito à imagem, vida privada, intimidade e honra; o direito ao meio ambiente de trabalho saudável e seguro; o direito à igualdade nas relações de emprego, direito este, inclusive, que impede a prática de atitudes discriminatórias; o direito à saúde; o direito ao lazer; o direito à liberdade de manifestação do pensamento; o direito à liberdade religiosa; e o direito à liberdade de associação profissional ou sindical.

6. A INFLUÊNCIA DA TECNOLOGIA NA NOVA ORGANIZAÇÃO DO TRABALHO

Com o advento das novas tecnologias, relacionadas principalmente à robótica e à informática, bem como à introdução de novas formas de organização e gestão do trabalho, esperava-se que houvesse um desenvolvimento nas relações laborais e uma melhoria nas condições de trabalho, elevando-se a qualidade de vida do trabalhador. Todavia, não foi isso o que ocorreu.

A organização do trabalho, como bem explica João Batista Ferreira (2008, p. 116, se desdobra em duas dimensões, quais sejam: a divisão do trabalho e a divisão dos homens. A divisão do trabalho corresponde à divisão de tarefas e à repartição do modo operatório prescrito. A divisão dos homens, por sua vez, consiste na divisão das relações de poder e no desenho do sistema hierárquico. A organização do trabalho engloba, assim, uma organização horizontal, representada pela divisão de tarefas, e uma organização vertical, relacionada com o escalonamento hierárquico de poder.

Pressão para atingir metas, sobrecarga e ritmo acelerado e excessivo de trabalho, segregação dos funcionários, desconsideração de aspectos éticos e de segurança, sistema de premiações, divisão de tarefas, divisão do tempo, desenho da estrutura hierárquica, estratégias de controle e extrapolação da jornada de trabalho são algumas formas da atual organização do trabalho.

Marie-France Hirigoyen (2002, p. 188-190) aponta como principais características dessa nova organização laboral o estresse, a má comunicação, a padronização e a falta de reconhecimento. Com relação ao estresse, pontua a autora que o excesso de trabalho não é o responsável pelo assédio moral, mas sim o ambiente de trabalho no qual não existem regras internas, nem para comportamentos nem para métodos, e o poder dos chefes não tem limites. Além disso, a evolução das novas tecnologias obriga os trabalhadores a se enquadrarem constante e rapidamente às inovações informacionais, levando "a uma robotização das pessoas".

A má comunicação, por sua vez, interfere negativamente nas relações entre os trabalhadores. Seja na comunicação verbal, seja através de e-mails, fala-se depressa e vai-se direto ao essencial. Ademais, as novas tecnologias pressupõem a utilização de uma linguagem "técnica" e "codificada", que exclui os não iniciados. A comunicação mais rápida, em verdade, disfarça a incapacidade desses novos métodos de melhorar as relações interpessoais (HIRIGOYEN, 2002, p. 192). A padronização e a falta de reconhecimento, por outro lado, violam a liberdade de manifestação do pensamento do trabalhador, forçando-o, muitas vezes, a perder sua identidade (HIRIGOYEN, 2002, p. 198-199). As diferenças não são aceitas e as diversidades cada vez menos toleradas.

Exige-se da pessoa uma personalidade resiliente, ou seja, que resiste às adversidades, adaptando-se a um meio ambiente de trabalho perverso, haja vista que "mesmo depois de 'queimada', tal como no mito de fênix, é capaz de renascer das próprias cinzas, como se nada tivesse ocorrido, e continuar colaborando para a produção" (HELOANI, 2011, p. 261).

Nessa senda, infere-se que as inovações tecnológicas e informacionais transformaram a sociedade e a organização do trabalho. Por meio da robótica e da informática, tornou-se possível o aumento da produção e a melhoria da qualidade dos produtos e serviços. A nova organização laboral, todavia, conquanto tenha ampliado a produtividade, não melhorou as condições de trabalho. Os trabalhadores, submetidos a acelerados ritmos, sofrem cada vez mais com o estresse, com o controle do modo, forma e método de trabalho, com o comprometimento das relações interpessoais e, inclusive, com o desrespeito à diversidade. O assédio moral encontra no sujeito pós-moderno perverso e na estrutura empresarial desumana terreno fértil para o seu desenvolvimento, consolidando-se a cada dia nessa nova organização laboral.

7. CONCLUSÕES

Evidenciou-se, no presente artigo, que:

1. O assédio moral laboral consiste na tortura psicológica perpetrada por um conjunto de ações ou omissões, abusivas e intencionais, praticadas por meio de palavras, gestos e atitudes, de forma reiterada e prolongada, que atingem a dignidade, a integridade física e mental, além de outros direitos fundamentais do trabalhador, comprometendo o exercício do labor e, até mesmo, a convivência social e familiar.

2. Podem ser identificadas as seguintes modalidades de assédio moral: assédio moral discriminatório; assédio moral individual e assédio moral coletivo; assédio moral perverso ou imotivado e assédio moral estratégico ou motivado; e, por fim, assédio moral interpessoal e assédio moral organizacional.

3. O assédio moral organizacional consiste na tortura psicológica perpetrada por um conjunto de condutas abusivas e hostis, reiteradas e prolongadas, que estão inseridas na política organizacional e gerencial da empresa, dirigidas a todos os trabalhadores indistintamente ou a um determinado setor ou perfil de trabalhadores, cuja finalidade é exercer o controle sobre a coletividade e garantir o alcance dos objetivos institucionais, atingindo gravemente a dignidade, a integridade física e mental, além de outros direitos fundamentais do trabalhador.

4. O assédio moral organizacional é caracterizado pelos seguintes elementos: abusividade da conduta, habitualidade, contexto organizacional ou gerencial, natureza coletiva do público alvo, finalidade institucional e ataque à dignidade e aos direitos fundamentais do trabalhador.

5. As inovações tecnológicas e informacionais transformaram a sociedade e a organização do trabalho. Por meio da robótica e da informática, tornou-se possível o aumento da produção e a melhoria da qualidade dos produtos e serviços. A nova organização laboral, todavia, conquanto tenha ampliado a produtividade, não melhorou as condições de trabalho. Os trabalhadores, submetidos a acelerados ritmos, sofrem cada vez mais com o estresse, com o controle do modo, forma e método de trabalho, com o comprometimento das relações interpessoais e, inclusive, com o desrespeito à diversidade. O assédio moral encontra no sujeito pós-moderno perverso e na estrutura empresarial desumana terreno fértil para o seu desenvolvimento, consolidando-se a cada dia nessa nova organização laboral

8. REFERÊNCIAS

ARAÚJO, Adriane Reis de. *O assédio moral organizacional*. São Paulo: LTr, 2012.

AULER, Sabrina. Sob pressão: cobrança excessiva e metas de produção podem estar adoecendo os bancários. *Proteção: Revista Mensal de Saúde e Segurança do Trabalho*, Novo Hamburgo/RS, ano XXIII, jan./2010.

ÁVILA, Rosemari Pedrotti de. *As consequências do assédio moral no ambiente de trabalho*. São Paulo: LTr, 2009.

BARROS, Alice Monteiro de. *Curso de direito do trabalho*. São Paulo: LTr, 2010.

BRITO FILHO, José Cláudio Monteiro de. *Discriminação no trabalho*. São Paulo: LTr, 2002.

CASTRO, Cláudio Roberto Carneiro de. *O que você precisa saber sobre o assédio moral nas relações de emprego*. São Paulo: LTr, 2012.

FERREIRA, João Batista. Violência e assédio moral no trabalho: patologias da solidão e do silêncio. In: SOBOLL, Lis Andréa Pereira (org.). *Violência psicológica no trabalho e assédio moral*. São Paulo: Casa do Psicólogo, 2008.

GOSDAL, Thereza Cristina; SOBOLL, Lis Andrea Pereira, et al. Assédio moral organizacional: esclarecimentos conceituais e repercussões. In: SOBOLL, Lis Andrea Pereira; GOSDAL, Thereza Cristina. *Assédio moral interpessoal e organizacional*. São Paulo: LTr, 2009.

GUEDES, Márcia Novaes. *Terror psicológico no trabalho*. São Paulo: LTr, 2003.

HELOANI, Roberto. Quando alguém se mata no trabalho, o que está querendo dizer? In: BARRETO, Margarida; NETTO, Nilson Berenchtein; PEREIRA, Lourival Batista. *Do assédio moral à morte em si*: significados do suicídio no trabalho. São Paulo: Matsunaga, 2011.

HIRIGOYEN, Marie-France. *Mal-estar no trabalho*: redefinindo o assédio moral. Rio de Janeiro: Bertrand Brasil, 2002.

LIMA FILHO, Francisco das Chagas. *O assédio moral nas relações laborais e a tutela da dignidade humana do trabalhador*. São Paulo: LTr, 2009.

LORENZ, Konrad. *Sobre la agresión*: el pretendido mal. 8. ed. Madrid: Siglo XXI Editores, 2005.

MINISTÉRIO PÚBLICO DO TRABALHO. *Assédio moral em estabelecimentos bancários* (Cartilha). Brasília: Coordigualdade, 2013.

MUÇOUÇAH, Renato de Almeida Oliveira. *Assédio moral coletivo nas relações de trabalho*. São Paulo: LTr, 2011.

ORGANIZAÇÃO INTERNACIONAL DO TRABALHO. *Convenção n. 111 da OIT, sobre a discriminação em matéria de emprego e profissão*. Disponível em: <http://www.oitbrasil.org.br/node/472>. Acesso em: 26 jun. 2017.

PAMPLONA FILHO, Rodolfo. *Coleção temas atuais*: direito civil & direito do trabalho. Belo Horizonte: Leiditathi Editora Jurídica, 2005.

PRATA, Marcelo Rodrigues. *Anatomia do assédio moral no trabalho*: uma abordagem transdisciplinar. São Paulo: LTr, 2008.

SANTOS, Claiz Maria Pereira Gunça dos. A proibição do uso de barba no meio ambiente laboral: uma modalidade de discriminação estética. In: SILVA, Wanise Cabral; MISAILIDIS, Mirta Gladys Lerena Manzo de; BARBATO, Maria Rosaria (Org.). *Direito do trabalho*. Florianópolis: FUNJAB, 2012.

SINDICATO DOS BANCÁRIOS DA BAHIA. *Desrespeito no HSBC de Camaçari*. Disponível em: <http://www.bancariosbahia.org.br/2012/index.php?menu=noticia&cod=11574>. Acesso em: 4 maio 2014.

SOBOLL, Lis Andréa Pereira. *Assédio moral/organizacional*: uma análise da organização do trabalho. São Paulo: Casa do Psicólogo, 2008.

_____; EBERLE, André Davi et al. Situações distintas do assédio moral. In: SOBOLL, Lis Andrea Pereira; GOSDAL, Thereza Cristina. *Assédio moral interpessoal e organizacional*. São Paulo: Ltr, 2009.

WYZYKOWSKI, Adriana; BARROS, Renato da Costa Lino de Goes; PAMPLONA FILHO, Rodolfo. *Assédio moral laboral e direito fundamentais*. São Paulo: LTr, 2014.

DESPEDIDA POR MOTIVO DISCRIMINATÓRIO E DIGNIDADE DA PESSOA HUMANA DO TRABALHADOR[1]

Sergio Torres Teixeira[2]

1. CONTEXTUALIZAÇÃO

No ano de 1995, o legislador pátrio inovou na seara do ordenamento jurídico brasileiro, inserindo no sistema normativo uma lei que, pela primeira vez, teve por finalidade disciplinar a vedação à prática de condutas discriminatórias no âmbito das relações de emprego, especificamente na contratação e na dispensa de empregados.

A Lei n. 9.029, de 13 de abril de 1995[3], assim, além de conter regras proibindo atitudes de discriminação de um empregado, igualmente expôs modalidades novas de proteção à relação de emprego mediante dois instrumentos distintos. Um, destinado a promover a inibição da prática da dispensa discriminatória mediante a imposição de uma indenização pecuniária. Outro, com o objetivo de efetivamente vedar a despedida fundada em motivo discriminatório.

Ambos os institutos, assim, almejam atingir o ato resilitório quando a respectiva despedida implica na violação ao dever de não discriminar, esculpido na Constituição de 1988 como objetivo fundamental da República Federativa do Brasil no inciso IV do seu art. 3º (promover o bem de todos, sem preconceitos de origem, raça, sexo, cor, idade e quaisquer outras formas de discriminação) e como direito social dos trabalhadores no inciso XXX do seu art. 7º (proibição de diferenças de salários, de exercício de funções e de critério de admissão por motivo de sexo, idade, cor ou estado civil).

Enquanto o art. 1º da Lei n. 9.029/1995 estabeleceu que "fica proibida a adoção de qualquer prática discriminatória e limitativa para efeito de acesso a relação de emprego, ou sua manutenção, por motivo de sexo, origem, raça, cor, estado civil, situação familiar ou idade ..." o seu art. 4º assegurou ao empregado, na hipótese de despedida provocada por motivo discriminatório a faculdade de optar entre o restabelecimento do vínculo empregatício ou a percepção de uma indenização reparatória correspondente à dobra da remuneração do período de afastamento, corrigida monetariamente e acrescida de juros legais.

Em 2010, a Lei n. 12.288 alterou a redação do *caput* do art. 4º, fixando o texto atualmente em vigor:

Art. 4º O rompimento da relação de trabalho por ato discriminatório, nos moldes desta Lei, além do direito à reparação pelo dano moral, faculta ao empregado optar entre:

I – a readmissão com ressarcimento integral de todo o período de afastamento, mediante pagamento das remunerações devidas, corrigidas monetariamente, acrescidas dos juros legais;

II – a percepção, em dobro, da remuneração do período de afastamento, corrigida monetariamente e acrescida dos juros legais.

Caracterizada a dispensa por ato discriminatório (usualmente por meio de processo judicial ajuizado pelo obreiro mediante ação trabalhista), a Lei n. 9.029, de 1995 assegura ao empregado o direito de optar pela invalidação da despedida, com o consequente retorno do obreiro ao seu antigo posto empregatício, sem prejuízo da percepção de uma indenização em face aos danos extrapatrimoniais sofridos em face ao respectivo ato abusivo.

Caso escolhida a segunda opção, entretanto, além da indenização compensatória prevista na Lei n. 8.036/1990 e eventual indenização por danos morais, o empregado vítima da discriminação fará jus a uma indenização especial, correspondente a duas vezes a remuneração devida durante o período compreendido entre a dispensa e a declaração judicial da prática discriminatória, devidamente atualizada[4].

---

(1) Texto em homenagem *in memoriam* ao querido amigo Armando Casimiro Costa Filho, *gentleman* de qualidade ímpar que, pouco mais de vinte anos atrás, estendeu a mão a um jovem pernambucano e o ajudou a publicar o seu primeiro livro na renomada LTr Editora. Saudades, Armandinho!

(2) Doutor e Mestre em Direito pela UFPE. Professor adjunto da FDR/UFPEP. Professor, Coordenador científico e Diretor da Escola Superior da Magistratura do Trabalho - ESMATRA. Desembargador do Tribunal Regional do Trabalho da 6ª Região. Ocupa a cadeira n. 33 da Academia Nacional de Direito do Trabalho.

(3) Vigência a partir de 14 de abril de 1995.

(4) Há controvérsia acerca do *dies ad quem* do período a ser levado em consideração para efeito de cálculo do montante devido a título de indenização reparatória. O art. 4º da Lei n. 9.029, lamentavelmente, não definiu a respectiva questão. Para uma corrente, o

Tal indenização especial, destarte, revela uma finalidade igualmente especial, destinando-se a coibir a dispensa abusiva, praticada com fundamento em motivo discriminatório.

Por ser a despedida discriminatória uma dispensa especialmente abusiva, contrária aos mais elementares princípios sociais, os prejuízos provocados por sua prática transcendem à relação de emprego, atingindo interesses de toda a coletividade. Com a sua prática, não apenas o empregado discriminado, mas igualmente o Estado e a própria sociedade se tornam vítimas de ato contrário aos bons costumes e aos postulados básicos da vida em comum.

Almejando inibir ao máximo a concretização de atos de tal natureza, o legislador pátrio criou uma medida inibitória específica, destinada a obstacularizar a sua efetivação, punir a violação ao dever de todo cidadão de não discriminar, e, ainda, reparar os danos decorrentes de uma conduta nociva ao ideal da vida em sociedade.

O novo instituto corresponde, portanto, a uma medida cujo conteúdo difere da causa que enseja o direito à indenização compensatória típica da legislação atualmente em vigor (a multa fundiária prevista na Lei n. 8.036, de 1990), que a sua presença não exclui a percepção desta última.

Ambas as modalidades coexistem em perfeita harmonia, sem se confundirem, por revelarem causas e finalidades semelhantes, mas não idênticas.

A espécie de indenização especial prevista no inciso II do art. 4º, entretanto, apenas inibe a prática da dispensa discriminatória mediante imposição de uma reparação pecuniária.

A outra medida criada pela Lei n. 9.029, de 1995, por sua vez, corresponde a um instituto efetivamente apto a resguardar a dignidade humana do trabalhador ao impedir a prática da despedida fundada em motivo discriminatório, ou, ao menos, permitir a invalidação de uma dispensa abusiva em tais moldes, ensejando a restituição do vínculo de emprego ilicitamente desfeito de forma abusiva.

A morfologia de tal medida de proibição de dispensa discriminatória, por sua vez, será o objeto nuclear do presente trabalho.

2. DIGNIDADE HUMANA DO TRABALHADOR E PRINCÍPIOS DA IGUALDADE E DA NÃO DISCRIMINAÇÃO

A Constituição da República Federativa do Brasil, no seu art. 1º, ao relacionar os fundamentos do seu Estado Democrático de Direito, inclui no respectivo elenco "a dignidade da pessoa humana", acrescentando ainda no inciso IV de tal dispositivo da Carta Política o valor social do trabalho como alicerce da sua sociedade.

A dignidade humana do trabalhador, destarte, se apresenta como um dos pilares do direito constitucional do trabalho, gerando para o empregador um dever absoluto de respeitar a dignidade humana do seu empregado.

E inclusa em tal dever se encontra a necessidade de seguir os princípios da igualdade e da não discriminação no âmbito da relação de emprego.

O legislador constituinte, entretanto, não "positivou" de forma nominal estes princípios, transformando-os em preceitos legais explícitos, como fez com os postulados orientadores da Administração Pública no art. 37 da Constituição. Preferiu estipular tais cânones indiretamente, no espírito das suas letras, estabelecendo objetivos e fixando regras, que, na realidade, tornam obrigatória a obediência aos princípios da igualdade e da não discriminação.

Não há no texto constitucional, assim, dispositivo afirmando explicitamente que "todos devem necessariamente se submeter aos postulados da igualdade e da não discriminação". Mas existe na Carta Política, por outro lado, preceitos estabelecendo normas nos quais se extrai a exigência de seguir as respectivas diretrizes.

Nesse sentido, estabelecem os arts. 3º e 5º da Constituição de 1988, respectivamente, que "Constituem objetivos fundamentais da República Federativa do Brasil: ... IV – promover o bem de todos, sem preconceitos de origem, raça, sexo, cor, idade e quaisquer outras formas de discriminação" e que "Todos são iguais perante a lei, sem distinção de qualquer natureza ...".

Em que consistem, contudo, tais postulados da igualdade e de não discriminação?

O vocábulo igualdade, oriunda do latim *aequalitate*, etimologicamente significa paridade, uniformidade, identidade. Também representa "a relação entre os indivíduos em virtude da qual todos eles são portadores dos mesmos direitos fundamentais que provêm da humanidade e definem a dignidade da pessoa humana"[5].

O princípio da igualdade (ou da isonomia) representa um dos cânones de mais difícil tratamento jurídico dentro da seara da moderna jurisprudência. Segundo Alice Monteiro de Barros[6], "atribui-se a inserção do princípio da igualdade entre os homens ora aos estóicos, ora ao

---

período corresponde ao espaço de tempo entre a dispensa discriminatória e o ingresso em juízo postulando a respectiva verba. Para outros juristas, é devida a remuneração em dobro até a data da prolação da sentença de 1º grau, reconhecendo a discriminação do empregador. E, por fim, uma terceira corrente entende que o período se encerra apenas com o trânsito em julgado da sentença. A mais razoável, de acordo com o entendimento majoritário, é o da segundo corrente (remuneração em dobro do período entre a dispensa e a prolação da sentença).

(5) *Novo dicionário Aurélio*, p. 743.

(6) *A mulher e o direito do trabalho*, 1995. p. 130. Na mesma obra, a professora Alice Monteiro apresenta um breve resumo histórico acerca do princípio da igualdade no contexto da Revolução Francesa, revelando um dado curioso, em que pese ser lamentável. À

cristianismo, cabendo a Rousseau admitir a igualdade jurídica na filosofia do séc. XVIII, que triunfou com a Revolução Francesa de 1789". Nesta, o postulado representou a reação do povo francês à desigualdade traduzida pelos privilégios e regalias desfrutadas pela nobreza e o clero. À luz da Declaração dos Direitos do Homem e do Cidadão, assim, restou consagrada a ideia de que todos os seres humanos nascem e permanecem iguais em direito.

O conceito de igualdade, entretanto, envolve uma concepção relacional, uma vez que exige uma interpretação comparativa entre os agentes em relação aos quais se almeja aplicar a respectiva regra de isonomia, bem como uma conscientização histórica, já que não pode ser entendido em caráter absoluto, dado à sua estreita vinculação com o momento pelo qual passa a sociedade que o promove. O sentido da isonomia, pois, extrapola a visão simplista de tratamento igualitário, de um homem perante outro ou deste perante a lei.

Não se pode afirmar, com base nas lições de Aristóteles acerca do significado de justiça, que o princípio em tela se resume a tratar igualmente os iguais e desigualmente os desiguais. Em tal caso, qual o elemento capaz de distinguir um do outro? O cerne do problema, definir quem são os iguais e quem são os desiguais, continua sem solução em tal contexto. A concepção aristotélica não se revela errônea, merece ser esclarecido, revelando grande valor histórico, mas na prática se demonstra insuficiente para permitir uma visão completa do princípio. Dela não surge um critério definidor da distinção entre o igual e o desigual, tornando necessário procurar outras fórmulas para visualizar a correta manifestação do princípio.

Dentro do campo do constitucionalismo clássico, a professora Alice Monteiro de Barros aponta a existência de uma clara distinção entre a ideia de igualdade perante a lei e igualdade na lei:

> Entendia-se como *igualdade perante a lei* a exigência de igualdade na sua aplicação, que se deveria verificar em caráter geral, sem abstração das pessoas por ela atingidas; seria, portanto, uma exigência aos que aplicam a lei ao caso concreto. Como a aplicação da lei não era suficiente, tornou-se necessário que fosse 'criado um direito igual para todos os cidadãos'. Vista sob esse ângulo, a *igualdade na lei* dirige-se não só aos aplicadores, mas também aos que criam as normas jurídicas.[7]

Ao cumprir sua tarefa legislativa, assim, o órgão legiferante igualmente se submete às diretrizes da isonomia. O legislador, entretanto, tem como função exatamente discriminar situações mediante a criação de normas legais. Ao legislar, formula hipóteses abstratas visando atingir determinada finalidade, e, neste processo, alimenta a inclusão de umas e a exclusão de outras pessoas. Quando uma norma impõe, para o exercício de determinada profissão como a de um salva-vidas, por exemplo, que o empregado esteja em perfeitas condições físicas e seja capaz de nadar em determinado nível, naturalmente ocorre a exclusão de um grupo de pessoas menos capacitadas fisicamente. Aqueles que não sabem nadar e os que, mesmo sabendo, não gozam de boa saúde, não estariam aptos a seguir a respectiva profissão. Não há na hipótese, entretanto, ofensa ao postulado da igualdade, pois a respectiva norma não se revela ofensiva ou, tampouco, ilegítima. Pelo contrário, se revela salutar e lícita, visando atingir uma finalidade social.

É o fim almejado pelo legislador e refletido no conteúdo de uma norma, pois, que a posiciona em consonância ou em dissonância com o princípio da igualdade.

O postulado da isonomia, assim, se manifesta no ordenamento jurídico de duas maneiras. Primeiro, de modo formal, com a submissão de todos os atos aos ditames da lei. Segundo, no plano material, pela vedação a qualquer conduta de natureza discriminatória, seja criadora, seja executora, exigência formal quanto ao respeito à legalidade não se limita às fronteiras do campo da isonomia. É inerente a todo o direito positivo, sendo um princípio universal da Ciência Jurídica.

A proibição à discriminação, entretanto, se revela peculiar, sendo a própria essência substancial do postulado da igualdade. É na imposição da regra de não discriminação que se especifica o princípio da igualdade. Tanto que a respectiva diretriz antidiscriminatória é tradicionalmente elevada à categoria de postulado geral, ou seja, de verdadeiro princípio norteador, ainda que como fruto do cânone da isonomia. Em virtude da sua relevância, assim, assume postura de verdadeiro princípio, o postulado da não

---

época da Declaração dos Direitos do Homem e do Cidadão, uma francesa de nome Olympe de Gouges apresentou um projeto de Declaração dos Direitos da Mulher, em cujo texto se estabelecia que "A mulher nasce livre e mantém-se igual ao homem no direito. O princípio da soberania reside na nação, ou seja, na reunião dos homens e das mulheres. Todas as cidadãs – iguais diante da lei – devem ser igualmente admitidas em todos os cargos, em todos os postos e empregos públicos, segundo a sua capacidade, sem outra distinção sem ser a sua virtude ou o seu talento". No espírito da revolução, assim, surgia um movimento feminino na busca pela concretização da regra da igualdade. Ocorre que, no dia 3 de novembro de 1793, Olympe de Gouges foi silenciada pela guilhotina, ficando vedada as organizações de mulheres. Resta evidenciada, leciona Alice Monteiro de Barros, que o princípio consagrado na revolução "traduzia uma reação contra os privilégios da nobreza e do clero oriundos do regime feudal, mas não impediu que outras desigualdades se instalassem no novo regime". O doutrinador colombiano Augusto Conti (*Discriminación en el empleo*, 1996. p. 19), ao tratar da importância do princípio da igualdade, leciona que "la idea de la igualdad nació con el hombre, constituye preocupación fundamental de su pensamiento, ha presidido sus más importantes realizaciones y projectos, y por relacionarse con la libertad, la justicia y otras categorias esenciales pude ser considerada como un motor de la historia".

(7) *A mulher e o direito do trabalho*, 1995. p. 132.

discriminação, embora vinculado e englobado pelo mais abrangente princípio da igualdade.

O vocábulo discriminação, de origem anglo-americana (*discrimination*), segundo o *Black's law dictionary*, apresenta o seguinte significado:

> *the effect of a statute or established practice which confers particular privileges on a class arbitrarily selected from a large number of persons, all of whom stand in the same relation to the privileges granted and between whom and those favored no reasonable distinction can be found. Unfair treatment or denial of normal privileges to persons because or their race, age, sex, nationality or religion. A failure to treat all persons equally where no reasonable distinction can be found between those favored and those not favored.*[8]

Significa, assim, uma distinção ilegítima ou uma diferenciação injusta[9].

É dentro do âmbito das relações de trabalho, por sua vez, que se encontra uma das mais ricas fontes de discriminação. Em virtude da liberdade desfrutada pelo empregador no exercício do seu poder diretivo empresarial, o respectivo terreno se revela fértil para o surgimento de casos de práticas discriminatórias

Em que pese tal realidade empírica, os princípios da igualdade e da não discriminação, consagrados no texto constitucional, incidem sobre a relação entre empregado e empregador, assumindo um relevante papel no contexto do Direito do Trabalho[10]. As diretrizes dos dois postulados incidem sobre todas as faces da conduta do homem, e, como consequência, alcançam as relações de trabalho existentes no seio da sociedade. Exige-se dos sujeitos da relação de emprego, portanto, uma postura em consonância com tais princípios.

A aplicação do princípio da igualdade, e, consequentemente, da regra da não discriminação, dentro do campo do Direito do Trabalho, merece ser ressaltado, não implica em afronta ao princípio da proteção, consagrado como postulado universal do juslaboralismo e estudado na primeira parte do presente trabalho. À primeira vista, pode parecer paradoxal que um ramo da Jurisprudência essencialmente tutelar, como é o caso do Direito do Trabalho, esteja em consonância com o princípio da igualdade.

Igualdade de tratamento na seara da relação de emprego, assim, não significa tratar de forma idêntica o empregado e o empregador. Os dois agentes do contrato individual de trabalho são, manifestamente, desiguais. Formal e materialmente. Conforme foi anteriormente examinado, à luz do princípio da proteção, o empregado recebe um tratamento especial por parte do legislador, sendo beneficiado por mecanismos visando compensar a sua inferioridade econômica diante do empregador. Com uma maior proteção jurídica ao sujeito hipossuficiente, assim, se busca equilibrar uma relação entre desiguais.

Tal forma de tratamento diferenciado, por sua vez, se revela legítimo, em virtude da sua finalidade, acolhida pelo ordenamento jurídico. Através de tal forma de intervenção legislativa, se almeja criar uma situação de igualdade proporcional entre as partes da relação de emprego, protegendo o lado mais fraco e permitindo o desenvolvimento do liame em condições ao menos aceitáveis, especialmente quando comparadas àquelas existentes à época da chamada Questão Social.

Como bem lecionou Rui Barbosa[11], na sua *Oração aos Moços*, o postulado da igualdade "não consiste senão em quinhoar desigualmente os desiguais, na medida em que se desigualam". (...) "Nesta desigualdade social, proporcionada à desigualdade natural, é que se acha a verdadeira lei da igualdade. O mais são desvarios da inveja, do orgulho, ou da loucura. Tratar com desigualdade a iguais, ou desiguais com igualdade, seria desigualdade flagrante, e não igualdade real."

Para corrigir uma desigualdade, enfim, tornou-se necessário criar outra.[12]

A aplicação do princípio da igualdade na esfera do Direito do Trabalho, entretanto, se revela mais marcante quando analisado sob o prisma da atuação do empregador perante os membros da classe operária. Ou seja, sob a ótica da imposição do postulado da não discriminação sobre toda a conduta patronal.

O empregado, antes de tudo, é um ser humano. Um ser humano que trabalha, colocando o seu suor para servir o empregador, e, em última análise, a própria sociedade. Como tal, está assegurado o direito a um tratamento isonômico pelo Estado e pelos seus pares. O postulado da igualdade entre os homens, portanto, não se limita a um aspecto da vida do homem, mas circunscreve toda a vida social. Inclusive o âmbito laboral. E, por via de consequência, os efeitos da violação dos seus preceitos extrapolam a relação individual entre o empregado e o empregador, alcançando interesses maiores do Estado e da sociedade.

A conduta discriminatória do empregador, em tais termos, tem por finalidade prejudicar de modo ilícito um empregado em particular ou um grupo de empregados, no

---

(8) 6. ed. 1990. p. 467.

(9) No *Novo dicionário Aurélio* (p. 480), discriminar, do latim *discriminare*, é definido como sinônimo de "diferenciar, distinguir, discernir".

(10) Alfredo J. Ruprecht (*Os princípios* ..., p. 101) inclui o "princípio da não-discriminação" no seu elenco de princípios orientadores do Direito do Trabalho.

(11) Elogios acadêmicos e orações de paraninfo. Ed. da *Revista de Língua Portuguesa*, 1924. p. 359.

(12) *Vide* Américo Plá Rodrigues (*Princípios* ..., p. 30).

tocante à contratação, ao desenvolvimento da relação ou ao próprio exercício da função laborativa. Na discriminação patronal, uma distinção ilegítima é feita pela entidade empregadora em relação a empregados, de forma a gerar uma diferença de tratamento sem justificativa, em prejuízo ao princípio da isonomia. Havendo uma diferenciação fundamentada em motivo legítimo, como aquele oriundo da exigência de determinada qualificação efetivamente necessária para o regular exercício de certa profissão, a distinção é considerada lícita, inexistindo discriminação[13]. Ocorrendo uma distinção ilegítima, entretanto, a discriminação se manifesta nos atos praticados pelo empregador em prejuízo aos empregados atingidos pela conduta nociva.

Os efeitos do comportamento discriminatório do empregador normalmente atingem empregados que já fazem parte do quadro funcional, mas podem inclusive alcançar candidatos a empregados. Ou seja, pessoas que ainda não haviam ingressado na empresa e tiveram a admissão prejudicada pela entidade patronal em virtude de distinção ilegítima. A discriminação do empregador pode atingir cláusulas isoladas do contrato individual de trabalho, como na discriminação no tocante a salários ou o exercício de funções, favorecendo uns e prejudicando outros por causas ilegítimas, ou, ainda, alcançar todo o contrato, como na terminação de um liame por motivo discriminatório.

A discriminação patronal, assim, não se restringe a apenas alguns aspectos da relação de emprego. É possível que venha a se alastrar para abranger todo o ser do contrato individual de trabalho, viciando por completo a base nuclear do Direito do Trabalho.

O comportamento discriminatório patronal, por sua vez, se manifesta através de duas formas distintas: direta e indiretamente.

Diretamente, se concretiza mediante imposições proibitivas, que tratam de modo menos favorável os membros de determinado grupo. Ocorre, por exemplo, quando o empregador simplesmente impede a contratação de mulheres, por puro e simples preconceito sexual. A adoção da postura discriminatória, portanto, ocorre de forma explícita, sem rodeios.

De forma indireta, por outro lado, a discriminação patronal se manifesta por meio de um tratamento formalmente neutro, mas que materialmente possui um efeito adverso sobre determinado grupo. Há, pois, uma conduta camuflada por parte da entidade patronal, que adota postura discriminatória, sem, contudo, revelar explicitamente tal posição. Para ser evidenciada, torna-se necessário averiguar as consequências adversas da conduta aparentemente neutra.

Na maioria das vezes, é tal espécie de comportamento dissimulado que caracteriza a discriminação no âmbito das relações de trabalho no Brasil. Quando adota uma posição contrária ao princípio da não discriminação, ao invés de assumir diretamente a postura, via de regra o empregador pátrio utiliza a via indireta para alcançar o seu objetivo.

Seja de modo direto ou de forma indireta, a manifestação de conduta discriminatória pelo empregador se encontra vedada à luz das diretrizes dos postulados em análise, acolhidos pelo legislador pátrio. Em que pese a sistemática transgressão aos princípios da igualdade e da não discriminação, evidenciada no dia a dia das relações do trabalho no país, ambos os cânones servem de diretrizes disciplinadoras da conduta do empregador. E a aplicação dos mesmos, se não for observado imediata e espontaneamente pela entidade patronal, poderá, caso haja a devida provocação, ser aplicado coercitivamente pelo Estado-Juiz. Inclusive no tocante ao exercício do direito de despedir.

3. MEDIDAS DE PROIBIÇÃO À DISCRIMINAÇÃO NO ÂMBITO DA RELAÇÃO DE EMPREGO

Ao lado dos princípios expostos de forma abstrata nos arts. 3º e 5º da Constituição Federal de 1988, o legislador constituinte igualmente consagrou preceitos específicos nos quais se manifestam os postulados da isonomia e da não discriminação dentro do campo das relações de trabalho.

Nesse sentido, por exemplo, estabelece o art. 7º constitucional, a "proibição de diferenças de salários, de exercício de funções e de critério de admissão por motivo de sexo, idade, cor ou estado civil" (inciso XXX) e a "proibição de qualquer discriminação no tocante a salário e a critério de admissão do trabalhador portador de deficiência" (inciso XXXI).[14]

---

(13) A segunda parte do art. 1º da Convenção n. 111 da OIT, por sua vez, esclarece que "As distinções, exclusões ou preferências fundadas em qualificações exigidas para um determinado emprego não são consideradas como discriminação". Em idêntico sentido, o inciso XIII do art. 5º da Constituição Federal de 1988 estabelece que "é livre o exercício de qualquer trabalho, ofício ou profissão, atendidas as qualificações profissionais que a lei estabelecer". A diferença oriunda de uma legítima norma profissional, exigindo determinada qualificação para o exercício de certo ofício, portanto, não se enquadra como conduta discriminatória.

(14) O inciso XXXII do art. 7º, por sua vez, igualmente estabelece a "proibição de distinção entre trabalho manual, técnica e intelectual ou entre os profissionais respectivos". Desde 1934 a incidência da regra da não discriminação, dentro do âmbito das relações de trabalho, encontra guarida nos textos constitucionais brasileiros, especialmente no tocante a questões salariais, consagrando o princípio da isonomia salarial. A Constituição de 1934, assim, estabelecia no seu art. 121, § 1º, a, a "proibição de diferença de salário para o mesmo trabalho por motivo de idade, sexo, nacionalidade ou estado civil". Enquanto a Carta Política de 1937 não tratou da questão, por outro lado, a de 1946 repetiu no seu art. 157, III, exatamente as mesmas letras da Constituição de 1930. A Carta de 1967, por seu turno, estabeleceu no seu art. 165, III, a "proibição de diferenças de salários e de critério de admissões por motivo de sexo,

De acordo com tais dispositivos, assim, o empregador não pode estabelecer medidas discriminatórias, em virtude de deficiência, sexo, idade, cor ou estado civil, quanto às contratações a serem realizadas e no tocante às contraprestações a serem percebidas pelos empregados admitidos. E, ainda, no tocante a distinções nas funções a serem desempenhadas, igualmente se veda a prática discriminatória em face de sexo, idade, cor ou estado civil do empregado.

Inicialmente, merece ser novamente ressaltado que o princípio da não discriminação, na sua aplicação no âmbito do Direito do Trabalho, não impõe uma identidade indiscriminada em relação aos empregados. Ou seja, não veda o tratamento diferenciado em situações diferenciadas.

O empregador pode, por outro lado, distinguir quando inexistir tal identidade. Revela-se lícita a conduta de estabelecer medidas de diferenciação para empregados que se apresentem em condições distintas, desde que tais medidas sejam legítimas, isto é, desde que tenham como fato gerador uma peculiaridade que, ao mesmo tempo em que caracteriza a respectiva situação, justifica a distinção promovida pelo empregador. Para assegurar tal legitimidade, assim, torna-se necessário apenas que a diferenciação seja fundamentada em critérios objetivos e razoáveis. A regularidade da diferenciação, portanto, pode ocorrer na forma autorizada pelo legislador, quando a legislação laboral impõe certas qualificações para a prática de determinado ofício (como o de advogado, por exemplo, cujo exercício no país exige, além do título de bacharel em direito, também a habilitação profissional perante a Ordem dos Advogados do Brasil), ou, por outro lado, pode se materializar numa forma não proibida por lei (mesmo sem expressa previsão legal quanto à autorização), mas que passa a ser considerada como válida pela sociedade.

De uma forma ou de outra, admite-se a diferenciação enquanto esta for considerada legítima, fundamentada em razões objetivas que a justificam. Veda-se, assim, apenas o tratamento desigual em situações fundamentalmente semelhantes, baseado em motivações condenáveis, como critérios patronais subjetivos vinculados à cor ou à raça do empregado.

Nesse sentido, é perfeitamente admissível que um empregado venha a perceber salário superior a um colega, quando aquele se encontra em posição empregatícia distinta e a sua contraprestação maior decorre de circunstâncias peculiares que justificam tal diferenciação. O art. 461 da CLT, que disciplina a questão da isonomia salarial entre empregados no âmbito da legislação trabalhista pátria, por exemplo, exige uma série de pressupostos para autorizar a equiparação salarial entre dois empregados, dentre os quais se incluem o exercício de idêntica função, com igual produtividade e perfeição técnica, para o mesmo empregador no mesmo local de trabalho[15]. Sem o preenchimento concomitante de tais requisitos, assim, prejudicada estará a pretensão à equiparação salarial em relação ao paradigma que percebe salário superior, uma vez que a diferença entre as contraprestações será considerada como resultante de uma distinção legítima.

De igual forma, não representa uma forma de discriminação contra o portador de deficiência física, por exemplo, a exigência de perfeitas condições físicas para a contratação de empregados, quando se trata de um empregador que atua no ramo da atividade esportiva com atletas profissionais. Não se pode qualificar como discriminatória, assim, a conduta de um clube de futebol que somente admite no seu quadro jogadores sem problemas físicos capazes de afetar o seu desempenho atlético, por ser tal qualidade algo indispensável ao exercício da respectiva atividade profissional.

Uma análise mais cuidadosa dos incisos XXX e XXXI em tela, após a compreensão do acima exposto, revela dois outros aspectos das normas proibitivas estabelecidas pelo legislador. Primeiro, uma aparente limitação aos motivos considerados como de cunho discriminatório. E, segundo, uma aparente restrição quanto aos atos que serão submetidos à disciplina antidiscriminatória.

As impressões oriundas de uma primeira leitura, contudo, podem ser superadas mediante uma reflexão mais profunda acerca do conteúdo dos respectivos institutos.

Quanto à primeira questão, os dispositivos constitucionais em exame tratam de forma explícita apenas a discriminação por motivo de sexo, idade, cor, estado civil ou deficiência. As letras do legislador, pois, apresentam um campo limitado. Não incluem outros fatores de discriminação como a raça, a preferência sexual, a origem familiar, a ideologia política, a fé religiosa, a naturalidade etc.

---

cor e estado civil", ampliando assim o âmbito de incidência da regra para questões admissionais. No atual âmbito da legislação trabalhista infraconstitucional, registrava-se antes da edição da Lei n. 9.029 (a ser analisada a seguir) uma presença tímida de dispositivos isolados, como o art. 5º da CLT, que estabelece a regra segundo o qual "A todo trabalho de igual valor corresponderá salário igual, sem distinção de sexo".

(15) À luz da legislação trabalhista pátria, são os seguintes os pressupostos necessários à configuração do direito à equiparação salarial entre dois empregados: a) que ambos empregados tenham o mesmo empregador; b) que ambos empregados laborem no mesmo local; c) que o empregado com maior salário não tenha, no exercício da função, mais de dois anos de experiência além do equiparando; d) que ambos os empregados exerçam a mesma função, com as mesmas atribuições e igual responsabilidade dentro da estrutura empresarial; e) que ambos os empregados tenham igual produtividade e perfeição técnica no exercício da mesma função; f) que haja ou tenha havido contemporaneidade no exercício da mesma função; g) que não haja na empresa quadro de carreira homologado pela DRT; h) que o empregado paradigma não seja um trabalhador readaptado; e i) que haja a diferença salarial mesmo em face da exclusão de verbas salariais de natureza personalíssima.

No tocante ao segundo aspecto, as letras dos mesmos preceitos constitucionais tratam apenas da discriminação referente a salários, exercício de funções e admissões de empregados, deixando à margem outras questões do contrato individual de trabalho. Como a terminação do pacto laboral (quanto ao exercício do direito de despedir pelo empregador, inclusive).

Um intérprete menos cuidadoso, assim, poderia afirmar que, de acordo com o texto da Constituição Federal de 1988, um empregado somente sofre discriminação do seu empregador quando este pratica distinção ilegítima quanto à sua admissão (contratação para ingresso no quadro de pessoal da entidade), quanto ao seu salário (contraprestação percebida do empregador em virtude dos serviços prestados) ou quanto à função exercida (conjunto de atribuições executadas pelo empregado), e, ainda, somente quando a respectiva diferenciação se encontra baseada no seu sexo (masculino ou feminino), na sua idade (número de anos de vida ou faixa etária[16]), na sua cor (feição da pele humana), no seu estado civil (solteiro, casado, viúvo, separado ou divorciado) ou em alguma deficiência (física ou mental) que o caracteriza.

Evidente seria o equívoco de uma afirmação de tal natureza. A vedação à discriminação não se sujeita a tais limites. E, para se chegar a tal constatação, suficiente é uma análise de outros dispositivos da própria Carta Magna[17].

O art. 3º, IV, da Constituição Federal, conforme analisado na seção anterior, estabelece como objetivo fundamental da República Federativa do Brasil, a promoção do bem de todos, "sem preconceitos de origem, **raça**, sexo, cor, idade e **quaisquer outras formas de discriminação**". O respectivo dispositivo, assim, após acrescentar ao elenco acima citado mais uma modalidade expressa de discriminação (a racial), assume uma posição antagônica a qualquer outra forma de distinção ilegítima, sem delimitar a aplicação de tal regra a este ou aquele tipo de ato.

O art. 5º da Carta Política, por sua vez, igualmente assegura a ampla incidência dos postulados da igualdade e da não discriminação. Primeiro, ao consagrar no seu *caput* que "**todos** são iguais perante a lei, **sem distinção de qualquer natureza**", abrangendo tanto "aos brasileiros como aos estrangeiros residentes no país". O dispositivo, assim, após expressamente vedar qualquer espécie de distinção ilegítima, implicitamente proíbe a discriminação em virtude de nacionalidade, ressalvado, logicamente, as exceções previstas na própria Constituição (como, por exemplo, a limitação de acesso a cargos, funções e empregos públicos aos brasileiros, nos termos do art. 37, I). Novamente, destaca-se, não são impostos limites quanto à espécie de atos incluídas na vedação à conduta discriminatória. Em seguida, no mesmo art. 5º, o legislador constituinte estipulou uma nova vedação genérica no seu inciso XLI: "a lei punirá **qualquer discriminação** atentatória dos **direitos e liberdades fundamentais**". Tal proibição punitiva, portanto, além de alcançar qualquer forma de manifestação de discriminação prevista explícita ou implicitamente na legislação, abrange todos os direitos e liberdades fundamentais do indivíduo.

Tais dispositivos de conteúdo abstrato, entretanto, não esgotam as normas proibitivas de discriminação, encontradas na legislação pátria. O próprio art. 5º estabelece a expressa vedação a outras modalidades específicas de discriminação, através do seu inciso VIII ("ninguém será privado de direitos por motivo de crença religiosa ou de convicção filosófica ou política") e do seu inciso XLII ("a prática do racismo constitui crime inafiançável e imprescritível"). Enquanto este reforça a proibição à discriminação racial, assim, aquele veda a discriminação de ordem religiosa, política ou filosófica. Com tais dispositivos, portanto, se constata a presença de outras modalidades de discriminação expressamente hostilizadas pelo legislador.

E, por outro lado, não pode ser ignorado que o § 1º do art. 5º deixa em clarividência a incidência direta e a autoaplicabilidade dos dispositivos constitucionais citados, ao estabelecer que "as normas definidoras dos direitos e garantias fundamentais têm aplicação imediata".

A presença de preceitos nos quais se veda genericamente qualquer forma de discriminação ao lado de diversos dispositivos nos quais são vedadas modalidades específicas de distinção ilegítima, assim, demonstra que o legislador pátrio não restringiu a proibição à discriminação a apenas algumas das suas formas de manifestação, expressamente relacionadas. A vedação à prática discriminatória atinge todas as formas de distinção ilegítima, fundamentadas em razões subjetivas condenáveis, previstas explícita ou implicitamente pelo legislador. Seja na Constituição, seja na legislação infraconstitucional.

Ao consagrar os princípios da igualdade e da não discriminação, portanto, o legislador pátrio não limitou as suas causas a um elenco pré-determinado de motivos, e, tampouco, restringiu a sua esfera de incidência a apenas determinado rol de atos. Não há uma relação exaustiva ou um rol taxativo quanto aos fatos geradores da discriminação ou quanto às atividades nas quais tal conduta nociva

---

(16) Merece ser salientado que as normas de proteção ao menor empregado, previstas na própria Constituição e na legislação infraconstitucional, não são consideradas medidas discriminatórias, em virtude da natureza protecionista que a caracterizam. A proibição da contratação de menor de quatorze anos, salvo na condição de aprendiz (inciso XXXIII do art. 7º da Carta Política), por exemplo, representa uma norma proibitiva perfeitamente válida, destinada a proteger tal classe de trabalhadores incapazes.

(17) Como leciona o professor Ivo Dantas (*Constituição Federal...*, p. 314), "primeira lei da Hermenêutica é no sentido de que nenhum artigo, inciso, parágrafo ou alínea, poderá ser entendido de forma isolada, devendo ser interpretado sob a ótica sistêmica, tanto *inter*, quanto *intra-sistemicamente*".

seria proibida. Os postulados da isonomia e da não discriminação orientam toda a conduta dos integrantes da sociedade brasileira, independentemente da espécie de discriminação praticada, seja quanto à causa geradora, seja quanto ao ato praticado.

Dentro da seara da relação de emprego, de igual forma, inexistem restrições quanto à abrangência das suas diretrizes. Aplica-se ao empregador a mesma disciplina imposta ao cidadão comum: veda-se qualquer forma de manifestação de discriminação. Se encontram submetidos às diretrizes dos postulados em tela, assim, todos os motivos que possam ensejar uma distinção ilegítima entre empregados, bem como todos os atos do empregador.

Sem exceção.

As letras dos incisos XXX e XXXI do art. 7º da Carta Política de 1988, destarte, devem ser interpretadas sob tal luz. As relações de fatos geradores da discriminação e os elencos de atos submetidos ao controle antidiscriminatório são meramente exemplificativos. De forma alguma esgotam a matéria ou limitam a aplicabilidade dos princípios da igualdade e da não discriminação. Como normas constitucionais, e, de igual forma, de cunho trabalhista, representam garantias mínimas asseguradas aos empregados, garantias individuais estas que devem ser interpretadas da forma mais ampla possível, como leciona Ivo Dantas[18].

Nesse contexto, assim, empregador desfruta de uma ampla liberdade na direção da sua empresa, inclusive quanto à escolha dos seus empregados, mas necessariamente deve se portar em consonância com os respectivos cânones em toda a sua atuação como entidade empregadora. A obediência aos postulados impõe uma conduta em consonância com as diretrizes da Constituição e da lei infraconstitucional, com a observação tanto das vedações específicas como das proibições extraídas implicitamente das letras do legislador, de acordo com o espírito da lei consagradora de tais princípios. Não importa a natureza da causa ou a espécie do ato viciado, qualquer forma de distinção ilegítima por parte do empregador que venha a violar as normas proibitivas, gera a repulsa dos respectivos postulados, e, assim, é igualmente hostilizada pelos institutos do juslaboralismo.

A discriminação patronal, assim, não se restringe às hipóteses de fatos geradores e tampouco às espécies de atos patronais definidos nominalmente nos incisos XXX e XXXI do art. 7º constitucional. A concessão de um aumento salarial exclusivamente para os empregados que adotam a crença religiosa do titular da empresa (exemplo de discriminação religiosa sobre o pagamento de salários) ou a definição do local de trabalho no estabelecimento empresarial de acordo com o sexo do empregado (exemplo de discriminação sexual sobre a fixação da localidade na qual o empregado prestará serviços), portanto, não se enquadram nos casos tipificados nos mencionados incisos, mas, logicamente, correspondem a condutas proibidas em face dos princípios da igualdade e da não discriminação aos quais se sujeita o empregador.

As normas proibitivas em pauta, assim, foram estipuladas de forma genérica e abstrata, com o intuito de vedar a distinção ilegítima nos mais diversos aspectos da relação de emprego. A proteção contra a discriminação patronal, destarte, corresponde a uma garantia individual da mais ampla abrangência.

Atinge, inclusive, o exercício do direito de despedir desfrutado pelo empregador.

Tradicionalmente, contudo, os juristas pátrios hesitam em estender a aplicabilidade dos princípios da igualdade e da não discriminação à seara da terminação do contrato individual de trabalho.

A leitura do texto da atual Constituição, bem como das Cartas anteriores, revela que o legislador constituinte pátrio jamais fez expressa menção à proibição de conduta discriminatória quando da dispensa de empregado. Os incisos XXX e XXXI, em análise, tratam da admissão de empregado, mas silenciam quanto à despedida do mesmo. A terminação do contrato individual de trabalho, pois, foi deixado à margem das regras contrárias à conduta discriminatória patronal, expressamente consagradas nas letras do texto constitucional, inexistindo na Carta Magna qualquer dispositivo explicitamente vedando a dispensa de empregado por motivo discriminatório.

Para muitos, tal silêncio foi intencional, revelando um propósito de excluir da proteção contra a discriminação patronal a resilição contratual pela via da despedida. O legislador constituinte teria considerado a dispensa por motivo discriminatório como uma simples espécie de despedida sem justa causa, sem gerar efeitos diversos desta última, e, assim, sem merecer um tratamento legal especial, estando sujeita às mesmas medidas inibitórias e, eventualmente, restritivas, aos quais se submete o gênero.

Mesmo em face da lacuna constitucional, entretanto, algumas vozes isoladas adotaram posição antagônica àquela. De uma forma ainda tímida, apontavam os motivos acima expostos, argumentando que independe de regulamentação infraconstitucional a ampla aplicação dos princípios da igualdade e da não discriminação no âmbito da relação de emprego, inclusive no tocante ao exercício do direito de despedir do empregador. Defendiam, assim, a possibilidade de se anular os atos resilitórios praticados em violação a tais postulados.

Os fundamentos que serviam de alicerce a esta última tese, por seu turno, são por demais óbvios. A dispensa discriminatória, indiscutivelmente, corresponde a uma forma de despedida peculiarmente abusiva. Não apenas por violar um direito trabalhista do empregado, mas igualmente por transgredir um direito individual fundamental

---

(18) *Vide* a obra, *Constituição Federal* – teoria e prática.

do obreiro enquanto cidadão. E, também, por representar uma ofensa a um interesse do Estado e da própria sociedade brasileira. É o seu ato motivador, pois, que enquadra a respectiva despedida como verdadeiro abuso de direito.

Ao dispensar o empregado por motivo discriminatório, o empregador está exercendo o seu direito de despedir de forma não apenas arbitrária (ou seja, sem causa econômica, financeira, disciplinar, técnica ou outra prevista em lei como justificadora), mas também de forma verdadeiramente abusiva. Há um evidente abuso de direito por parte do empregador, que exerce de modo ilegítimo um direito (abstratamente) legítimo. A resilição contratual se efetiva de modo contrário à sua finalidade, pois não se visa apenas por fim a uma relação de emprego, mas sim prejudicar um empregado por motivo discriminatório, punir o mesmo com o desemprego em virtude de visão preconceituosa da entidade patronal. Mesmo sendo, abstratamente, legítimo o direito de despedir, exercido em tais moldes o direito se revela irregular e anormal, em completo desvio da sua função social.

Há na sua realização, pois, uma feição excessivamente antissocial, contrária não apenas aos princípios do Direito do Trabalho, mas igualmente antagônico aos mais basilares interesses do Estado e de toda a sociedade.

Se é objetivo fundamental da República promover o bem de todos, sem preconceitos e quaisquer formas de discriminação (art. 3º, IV, da Constituição); se é direito de todos ser tratado igualmente perante a lei, sem distinção de qualquer natureza (art. 5º, *caput*); se a lei punirá qualquer discriminação atentatória aos direitos e liberdades fundamentais (art. 5º, XLI), não há como entender admissível a dispensa de empregado por motivo discriminatório, sob pena de tornar letra morta os respectivos dispositivos constitucionais.

Nada mais odioso de que encerrar uma relação de emprego por causa de algo que se revela irrelevante para o bom desempenho da função laboral, como a raça, sexo, origem ou crença religiosa do empregado. Este jamais deve ter o seu contrato individual de trabalho ameaçado pela visão discriminatória do empregador, ser dispensado em virtude de características que em nada afetam a sua atuação profissional, como, por exemplo, a cor da sua pele ou o seu estado civil.

Um motivo resilitório de tal ordem não pode ser qualificado como fútil ou banal. Pelo contrário. É por demais relevante. Mas a sua importância decorre do fato de representar tal causa um atentado contra uma série de direitos individuais do empregado despedido e, especialmente, uma violação a interesses estatais e sociais.

A despedida fundamentada em causa discriminatória de tal natureza, assim, se apresenta como um ato que transcende a relação de emprego entre o empregado e o empregador, atingindo frontalmente um complexo de interesses maiores, pertinentes ao Estado e à sociedade. A resilição unilateral em tais moldes não se restringe às fronteiras do contrato individual de trabalho, não se limita a prejudicar o empregado. Ingressa no âmbito dos interesses imediatos do Estado e de toda a sociedade. Estes, ao lado do empregado, se revelam vítimas da conduta patronal discriminatória.

O Estado e a sociedade, destarte, são igualmente sujeitos passivos do ato discriminatório praticado pelo empregador. Tanto quanto o próprio empregado, foram atingidos pelo ato resilitório, fruto do poder de comando do qual é titular o empregador, concretizado em transgressão às diretrizes dos princípios da igualdade e da não discriminação. E, consequentemente, o exercício do direito de despedir, quando fundamentado em causa discriminatória, enquadra-se como ato de abuso de direito.

Somente tal situação, portanto, seria suficiente para justificar a anulação da dispensa praticada por motivo discriminatório, mesmo sem a expressa previsão legal.

A respectiva tese, lamentavelmente, não encontrou boa acolhida nas obras doutrinárias, e, menos ainda, nos tribunais do trabalho. Existiram alguns raros escritos na literatura especializada, e, ocasionalmente, alguma decisão judicial isolada, tratando da temática. Mas quase sempre de forma meramente superficial, sem uma abordagem mais profunda.

Conservadores ou tímidos, os doutrinadores e magistrados na sua grande maioria preferiram adotar o caminho menos vulnerável a críticas, e, assim, argumentavam que, para anular uma dispensa discriminatória, seria imprescindível a existência de lei infraconstitucional expressamente estipulando a anulabilidade da despedida praticada em tais moldes.

A ideia de que "os preceitos constitucionais respeitantes aos direitos, liberdades e garantias são diretamente aplicáveis", como leciona o professor José Alfredo de Oliveira Baracho[19], não foi admitida como regra no tocante à aplicação direta e imediata dos princípios da igualdade e da não discriminação dentro da seara da terminação contratual e, especificamente, no âmbito da disciplina do exercício do direito de despedir.

Com a edição da Lei n. 9.029, de 13 de abril de 1995, entretanto, tal realidade foi alterada. E o estudo desta norma legal será realizado a seguir.

4. CONCRETIZAÇÃO DA DIGNIDADE HUMANA DO TRABALHADOR MEDIANTE A INVALIDAÇÃO DA DISPENSA DISCRIMINATÓRIA

O legislador pátrio de 1995 introduziu no ordenamento dogmático brasileiro uma lei infraconstitucional

---

(19) *Teoria geral da cidadania*, 1995. p. 8.

destinada a encerrar antigas polêmicas e fixar as diretrizes sobre a disciplina legal da dispensa abusiva, mas que, na realidade, após anos de vigência, se revela ainda subutilizada, ou, até, mesmo, desprezada pelos operadores do Direito do Trabalho no Brasil.

A Lei n. 9.029, de 13 de abril de 1995, editada com o intuito de, conforme sua ementa, "proibir a exigência de atestados de gravidez e esterilização, e outras práticas discriminatórias, para efeitos admissionais ou de permanência da relação jurídica de trabalho", representa uma medida proibitiva ainda não compreendida satisfatoriamente, mesmo com mais de vinte anos de vigência.

O "desconhecimento" é evidente. Na literatura especializada, escassas são as publicações tratando da respectiva norma. Na jurisprudência dos tribunais do trabalho, menor ainda é o número de decisões alicerçadas na mencionada lei. Os próprios empregados e suas entidades representativas, na sua maioria, se encontram em completa ignorância quanto ao conteúdo de tal lei.

Seja pela escassa divulgação quanto à sua existência ou falta de vontade política em tornar efetiva tal norma, seja pela dificuldade para por em prática o seu teor, a Lei n. 9.029 se apresenta como uma "Lei Esquecida[20]". Mas representa, na realidade, um marco histórico para o juslaboralismo brasileiro.

Em que pese o marasmo operacional que circunscreve a sua eficácia empírica, a respectiva norma legal é merecedora de toda a atenção dos operadores do Direito do Trabalho no país, por ser o primeiro instrumento legal no qual se encontra expressamente previsto pelo legislador a anulabilidade de uma dispensa operada com fundamento discriminatório, seja o empregado estável ou não. Constitui, pois, a primeira medida proibitiva de dispensa abusiva explicitamente consagrado na letra da lei, e, destarte, representa um passo importante em direção a um novo modelo de controle sobre o exercício do direito de despedir do empregador.

Com a Lei n. 9.029, assim, surgiu no horizonte legislativo brasileiro uma norma infraconstitucional que, de acordo com a sua ementa, se destina a proibir práticas discriminatórias por parte do empregador, inclusive no tocante a efeitos de permanência da relação de emprego. Em seu bojo, destarte, tal lei ordinária introduziu ao direito dogmático pátrio, de forma expressa e inequívoca, uma nova medida restritiva do exercício do direito de despedir, direcionada precisamente à vedação à despedida abusiva por motivo discriminatório.

Ao contrário do constatado em relação ao mecanismo de proibição de dispensa abusiva peculiar ao empregador público, o legislador decidiu editar norma infraconstitucional específica para disciplinar de forma pormenorizada a anulação da despedida praticada em violação aos princípios da igualdade e da não discriminação. A Lei n. 9.029, de 1995, portanto, corresponde à norma legal na qual se encontram estabelecidas as diretrizes de tal espécie de restrição ao exercício do direito de despedir.

Inicialmente, o seu art. 1º estabelece a seguinte diretriz:

> Fica proibida a adoção de qualquer prática discriminatória e limitativa para efeito de acesso a relação de emprego, ou sua manutenção, por motivo de sexo, origem, raça, cor, estado civil, situação familiar ou idade, ressalvadas, neste caso, as hipóteses de proteção ao menor previstas no inciso XXXIII do art. 7º da Constituição Federal.

Após o artigo introdutório, o legislador tipifica como crime certas práticas discriminatórias no seu art. 2º, estipulando como sanção para as respectivas condutas a pena de detenção de um a dois anos e multa pecuniária[21]. Em seguida, sem prejuízo da cominação criminal, estabelece no art. 3º que o empregador violador de tais diretrizes se torna suscetível a multa administrativa, e, ainda, a ter suspenso o direito de obter empréstimos ou financiamentos perante instituições financeiras oficiais[22].

É o art. 4º da Lei n. 9.029, entretanto, que apresenta o novo instrumento de disciplina legal sobre o exercício do direito de despedir.

A análise do art. 1º da Lei n. 9.029 revela que o legislador, com a sua instituição, almejou estabelecer normas destinadas a vedar práticas discriminatórias pela entidade patronal, tanto na admissão como na dispensa de empregados. Ao tratar das formas de discriminação, o legislador

---

(20) Nomenclatura atribuída pelo autor da presente obra, em palestra intitulada *Proibição de prática discriminatória pelo empregador*, proferida no Congresso Nacional de Direito Material, em Natal/RN, junho de 1996.

(21) Art. 2º Constituem crime as seguintes práticas discriminatórias: I – a exigência de teste, exame, perícia, laudo, atestado, declaração ou qualquer outro procedimento relativo à esterilização ou a estado de gravidez; II – a adoção de quaisquer medidas, de iniciativa do empregador, que configurem: a) indução ou instigamento à esterilização genética; b) promoção de controle de natalidade, assim não considerada o oferecimento de serviços e de aconselhamento ou planejamento familiar, realizados através de instituições públicas ou privadas, submetidas às normas do Sistema Único de Saúde – SUS. Pena: detenção de 1 (um) a 2 (dois) anos e multa. Parágrafo único: São sujeitos ativos dos crimes a que se refere este artigo: I – a pessoa física empregadora; II – o representante legal do empregador, como definido na legislação trabalhista; III – o dirigente, direto ou por delegação, de órgãos públicos e entidades das administrações públicas direta, indireta e fundacional de qualquer dos Poderes da União, dos Estados, do Distrito Federal e dos Municípios.

(22) Art. 3º Sem prejuízo do prescrito no artigo anterior, as infrações do dispositivo nesta Lei são passíveis das seguintes cominações: I – multa administrativa de dez vezes o valor do maior salário pago pelo empregador, elevado em 50% (cinquenta por cento) em caso de reincidência; II – proibição de obter empréstimo ou financiamento junto a instituições financeiras oficiais.

expressou a proibição em relação a sete motivos específicos, todos devidamente elencados.

A apresentação de um rol de motivos, por sua vez, novamente ressuscita a discussão acerca do âmbito material do preceito. Para alguns, a lei protege o empregado apenas em relação à discriminação por motivo de sexo (se homem ou mulher), origem (tendo em vista a nacionalidade, naturalidade, descendência familiar etc.), raça (se negro, oriental etc.), cor (se de pele escuro, clara etc.), estado civil (se casado, solteiro, divorciado etc.), situação familiar (tendo em vista o número de filhos, peculiaridades acerca dos membros da família etc.) ou idade (quantidade de anos de vida ou faixa etária). As demais formas de discriminação, como aquelas resultantes de perseguição religiosa, não estariam abrangidas pela norma.

Novamente merece ser rejeitada, *data venia*, a respectiva tese.

A Lei n. 9.029 se destina a vedar toda e qualquer forma de discriminação patronal hostilizada na legislação pátria, não sendo exaustivo o elenco apresentado nas suas letras. Se prevalecesse a interpretação favorável à limitação da proibição aos motivos expostos de forma taxativa na respectiva Lei, seria admissível, por exemplo, a despedida por motivo de discriminação em virtude da crença religiosa do empregado, ferindo expressamente o comando do art. 5º, VIII, da Constituição Federal de 1988. Admitindo-se a legalidade da dispensa por tal motivo, à luz de tal entendimento restritivo, o empregador apenas teria que arcar com as reparações pecuniárias decorrentes das medidas inibitórias previstas na legislação trabalhista (salvo na hipótese do empregado desfrutar de alguma modalidade de estabilidade jurídica no emprego), revelando-se letra morta o teor do citado dispositivo constitucional e do § 1º do mesmo art. 5º (este último o preceito assegurador da aplicabilidade imediata das normas constitucionais definidoras de direitos e garantias fundamentais).

Tal raciocínio, evidentemente, não pode prosperar. Uma despedida discriminatória em tais moldes (por motivo de crença religiosa, no exemplo apresentado) é inadmissível, exatamente por ser contrária ao ordenamento jurídico pátrio, implicando numa violação direta a preceito da Carta Magna. Sendo constitucionalmente vedada a discriminação por motivo de crença religiosa, não há como admitir lícita uma despedida efetivada com fundamento em tais fatores. O que leva, consequentemente, ao reconhecimento da fragilidade da tese restritiva.

Exige-se, assim, a interpretação da norma infraconstitucional com base no texto constitucional. E não vice-versa.

Deve prevalecer, destarte, como entendimento em harmonia com o ordenamento jurídico pátrio, o entendimento de que as regras protecionistas de Lei n. 9.029, de 1995 podem ser aplicadas, analogicamente, a outras situações nas quais se evidencia formas de discriminação, não tipificadas na letra da respectiva lei, mas vedada explícita ou implicitamente em outras normas legais nos planos constitucional e infraconstitucional.

Após a promulgação da Lei n. 9.029, por sua vez, muitos doutrinadores passaram a defender a ideia de que o elenco previsto no art. 1º não era exaustivo.

Uma visão mais flexível, em tal sentido, se revela mais adequada ao espírito dos postulados da igualdade e da não discriminação consagrados pelo legislador constituinte. Sendo uma norma trabalhista, destinada a proteger o empregado hipossuficiente e, ainda, o Estado e a própria sociedade, a Lei n. 9.029 deve ser interpretada à luz dos princípios maiores estabelecidos na Constituição Federal. Como o texto constitucional veda qualquer espécie de distinção ilegítima (art. 3º, IV; art. 5º, *caput*, e XLI), a abrangência da norma regulamentadora deve ser compreendida como sendo a mais ampla possível, englobando todas as espécies de motivos discriminatórios hostilizados explícita ou implicitamente pelo legislador constituinte, alcançando não apenas aquelas modalidades previstas expressamente nas letras do texto constitucional, mas igualmente as demais formas odiosas de discriminação, extraídas do seu espírito. Sendo a distinção ilegítima nos moldes da legislação pátria, proibida está a sua efetivação.

Da melhor interpretação do art. 1º da Lei n. 9.029, destarte, se extrai tal visão de ampla incidência da norma proibitiva em tela.

No tocante ao objeto do presente estudo, por sua vez, o dispositivo de maior relevância da Lei n. 9.029, de 1995, é o seu art. 4º.

Por meio das suas letras, o legislador conseguiu abrir um canal para a concretização da dignidade humana do trabalhador, estabelecendo em favor do empregado, quando despedido por motivo discriminatório, a escolha entre a sua reintegração no emprego e um ressarcimento especial, sem prejuízo de uma reparação pelos danos morais sofridos em face a tal conduta patronal abusiva.

A segunda opção concedida pelo legislador ao empregado vítima de dispensa discriminatória, a chamada "indenização reparatória", constitui mera medida inibitória, por não implicar na anulação da dispensa realizada. A respectiva temática, por sua vez, já foi objeto de análise em parte anterior da presente obra. É a primeira opção, esculpida no inciso I do art. 4º, por seu turno, que monopoliza o atual estudo, enquanto novo mecanismo de restrição ao direito de despedir.

Ocorrendo a dispensa de empregado por motivo discriminatório, o legislador pátrio expressamente concedeu ao obreiro o direito de postular a anulação do ato resilitório e obter, consequentemente, o restabelecimento do vínculo empregatício irregularmente rompido. Foi introduzido ao direito dogmático brasileiro, assim, um mecanismo específico, visando a proibição à despedida abusiva.

Surgiu no horizonte normativo, destarte, um modelo de expressa vedação ao exercício abusivo do direito de despedir, quando a causa da resilição for fundamentada em uma distinção ilegítima.

Ao tratar da problemática envolvendo o rompimento da relação de trabalho por ato discriminatório, por sua vez, o legislador pátrio, ao invés de prever como consequência automática a invalidade do respectivo ato resilitório abusivo, preferiu facultar ao empregado, sem prejuízo do direito a uma indenização por danos morais sofridos em face à abusividade da dispensa, a opção entre uma indenização reparatória especial, ou, então, a sua reintegração no emprego[23], com o pagamento, devidamente corrigido, da remuneração do período do afastamento.

Ao conceder ao empregado, vítima de discriminação no momento da sua dispensa, a escolha entre as alternativas de percepção de uma quantia a título de sanção pecuniária e de restabelecimento do vínculo rompido, o legislador criou um novo mecanismo limitador do exercício do direito de despedir, almejando vedar a resilição contratual unilateral por motivo de discriminação do empregador. Não há uma vedação genérica à prática resilitória, mas apenas uma proibição dirigida aos atos praticados com base em motivo de discriminação do empregador.

O instrumento previsto na Lei n. 9.029 é, evidentemente, uma medida proibitiva de dispensa abusiva. A possibilidade de se obter a anulação da dispensa e a reintegração do empregado, as consequências típicas dos mecanismos oriundos do sistema protecionista da estabilidade própria, a enquadram na categoria de medidas restritivas do direito de despedir. Há, pois, uma verdadeira limitação jurídica à prática da dispensa, vedando-se a sua efetivação em determinadas circunstâncias, e não apenas uma simples inibição à sua concretização mediante freios econômicos. Tais características, contudo, não levam o *novel* mecanismo a ser enquadrado como uma forma de estabilidade jurídica no emprego.

Não há, no instrumento previsto na Lei n. 9.029, de 1995, a estipulação de uma proteção restrita aos empregados que preenchem determinadas condições (como o estado gravídico ou a qualidade de dirigente sindical) e a vedação à dispensa mediante a tipificação de um número reduzido de causas que autorizam a resilição contratual. Ocorre no modelo em tela, exatamente o contrário: a estipulação da proibição à dispensa apenas quando esta for praticada por um fundamento específico (no caso, motivo discriminatório), por representar a despedida em tais moldes um abuso de direito por parte do empregador. Ao invés de estipular que está vedada a dispensa, salvo quando presente uma justa causa ou uma falta grave (e, em alguns casos, quando observado um procedimento solene), como ocorre nas normas assecuratórias de estabilidade jurídica no emprego, a Lei n. 9.029 não impõe restrições à dispensa arbitrária ou sem justa causa, quando esta não tiver por causa um motivo discriminatório.

Em princípio, assim, admite-se a dispensa, *desde que* a mesma não seja fundada em causa abusiva nos termos delineados pelo legislador.

O protecionismo da Lei n. 9.029, de 1995, assim, alcança os empregados de uma forma geral, não sendo possível enquadrar o respectivo instrumento como uma nova modalidade de estabilidade jurídica no emprego. Enquanto é reduzido o número de empregados "estabilitários" no país, a Lei em tela alcança a generalidade dos trabalhadores sujeitos à legislação trabalhista consolidada. Nesse sentido, portanto, à luz da Lei n. 9.029, de 1995, é perfeitamente admissível a despedida sem justa causa. Apenas se impõe que tal causa, mesmo não sendo tipificada como "justa" pelo legislador, não tenha índole discriminatória, pois neste caso se tornará anulável. Exige-se para a incidência da citada norma legal, pois, apenas a existência de despedida fundamentada em motivo discriminatório. Ocorrendo o exercício do direito de despedir em tais moldes, o ato resilitório se torna passível de anulação, incumbindo ao empregado formular a opção entre a indenização ressarcitória e a sua reintegração no emprego.

Suficiente é a caracterização de uma dispensa discriminatória, por conseguinte, para surgir em favor do empregado, independentemente de qualquer qualidade pessoal deste, o direito de tornar ineficaz o ato resilitório. E o caminho até a anulação da dispensa será, naturalmente, através da via judicial.

A Lei n. 9.029 não impõe ao empregado o ajuizamento de ação perante a Justiça do Trabalho, mas tal é o procedimento lógico a seguir para a solução do litígio gerado pela despedida irregular. Dificilmente o empregado conseguirá o seu retorno à empresa através de outra forma de composição de conflitos, como a negociação individual (com ou sem mediação) ou a arbitragem. A própria natureza da lide (dispensa em virtude de discriminação), cria embaraços à uma solução extrajudicial. Via de regra, o empregado terá que ingressar em juízo e postular a tutela jurisdicional do Estado, para afinal obter, caso sua pretensão seja acolhida pela Justiça do Trabalho[24], a sua reintegração no emprego.

---

(23) Apesar de constar no texto legal a expressão "readmissão", o vocábulo "reintegração" se revela mais adequado, pois se trata de restabelecimento do vínculo empregatício, com o pagamento da remuneração do período compreendido entre a dispensa e o retorno do empregado, alcançado quase que necessariamente pela via judicial, mediante o ajuizamento de ação perante a Justiça do Trabalho. Dificilmente um empregador vai atender a um pleito extrajudicial, reconhecendo que cometeu ato de discriminação e espontaneamente permitindo o reingresso do empregado despedido em seu quadro de pessoal. A regra é o retorno pela execução forçada, mediante decisão judicial.

(24) A questão acerca do ônus da prova acerca dos fatos litigiosos, em demandas envolvendo pedidos de anulação da dispensa discriminatória, se define de acordo com o teor da resposta do empregador/reclamado. Se este simplesmente negar a existência do motivo discriminatório apontado na exordial, sem indicar outra causa para dispensar, o ônus recairá sobre o empregado/reclamante.

Mediante a aplicação da medida prevista no primeiro inciso do art. 4º da Lei n. 9.029, de 1995, assim, a dispensa discriminatória não é meramente inibida, mas sim proibida, restringindo-se de fato o respectivo direito patronal de resilir o contrato. A possibilidade de se anular o ato resilitório e determinar o retorno do empregado ao seu posto empregatício, portanto, eleva o instituto ao plano de medida restritiva do exercício do direito de despedir.

5. CONCLUSÕES

Por meio do mecanismo disciplinado no art. 4º da Lei n. 9.029, de 1995, destarte, o controle do exercício de tal direito é inicialmente realizado pelo legislador, de forma abstrata. Caso ocorra a inobservância espontânea dos ditames da lei em tela, o controle é efetivado coercitivamente no plano empírico mediante a sua imposição pelo Estado, pela via da atividade concretizadora dos órgãos jurisdicionais, quando o empregado ingressa em juízo com uma ação postulando a sua reintegração. A Justiça do Trabalho, por conseguinte, após invalidar a dispensa praticada por motivo discriminatório, deverá expedir o adequado mandado de reintegração forçada, restabelecendo a relação de emprego irregularmente rompida em violação aos princípios da igualdade e da não discriminação, consagrados no texto constitucional e na própria lei em tela.

Por meio de tal operação, consequentemente, promove o Estado-Juiz a concretização do ideal de Acesso à Justiça mediante a materialização de uma tutela jurisdicional assecuratória do fundamento constitucional da dignidade humana do trabalhador.

A sua finalidade primordial, assim, é vedar tal espécie de prática discriminatória. Os beneficiados pela nova norma não são apenas os empregados. O Estado e a sociedade brasileira, em última análise, formam o alvo principal da ação do legislador.

A proteção concedida ao empregado em face da Lei n. 9.029, portanto, decorre de uma nova intervenção do Estado-legislador no âmbito das relações de trabalho, destinada especificamente a proibir a discriminação quando da efetivação da dispensa. O objetivo imediato da ação estatal, pois, é a proibição da conduta discriminatória. A consequência de tal vedação, por sua vez, é que gera a proteção ao empregado. O Estado e a sociedade, assim, são os principais sujeitos passíveis da dispensa discriminatória.

A necessidade de fazer prevalecer os princípios da igualdade e da não discriminação, destarte, gerou um novo modo de disciplinar o exercício do direito de despedir, e, consequentemente, uma nova forma de proteção à relação de emprego.

Foi, principalmente, a preocupação em proteger tais interesses maiores, assim, que levou o legislador a introduzir a novel medida ao campo da legislação trabalhista pátria. Mas as suas repercussões imediatas, como é de fácil percepção, ecoam intensamente no campo do Direito do Trabalho. Especialmente como forma de estimular a continuidade da relação de emprego.

A luz de tais constatações, portanto, constitui a medida proibitiva do art. 4º, *caput* c/c inciso I, da Lei n. 9.029, de 1995, um modelo normativo de expressa vedação à dispensa discriminatória, representando o primeiro mecanismo criado pelo legislador ordinário pátrio com a explícita finalidade de proibir o exercício abusivo do direito de despedir.

A medida restritiva prevista na Lei n. 9.029, de 1995, por outro lado, igualmente revela o primeiro passo concreto do legislador brasileiro em direção a uma nova forma de disciplina do direito de despedir, chamada por alguns de "dispensa sob controle", no caminho a um variante moderno do clássico sistema de estabilidade própria.

Enquadrando-se como medida restritiva do direito de despedir, dentro do sistema protecionista da estabilidade própria, o instrumento previsto na Lei n. 9.029, de 1995 representa uma nova forma de manifestação do controle legislativo sobre a prática da dispensa, distinta das modalidades clássicas de estabilidade jurídica no emprego. Não há no novo modelo, assim, uma interferência minuciosa do legislador na seara da motivação do ato resilitório, através de uma tipificação prévia das causas autorizadoras da resilição contratual. Ao invés de proibir a dispensa como regra, admitindo-se a sua prática apenas como exceção (para tanto, exigindo um motivo legítimo tipificado em lei e, em algumas hipóteses, a observância de um prévio procedimento formal como um inquérito judicial), no novo mecanismo admite-se a dispensa mesmo sem justa causa, desde que o motivo não seja abusivo, ou seja, desde que o exercício do direito de despedir não venha a constituir abuso de direito.

Continua a existir, pois, um controle sobre a prática da dispensa, mas sem uma intervenção excessiva do Estado quanto à exigência de uma ou outra causa específica, minuciosamente descrita pelo legislador, para lhe servir de fundamento. Há apenas a estipulação de motivos específicos que não poderão servir de causa para a dispensa, por representarem uma agressão direta a interesses maiores do Estado e da própria sociedade, e, assim, levarem a despedida a ser enquadrada como antissocial. Um verdadeiro abuso de direito.

O direito de despedir desfrutado pelo empregador, por conseguinte, encontra uma nova forma de limitação, sujeitando-se a uma disciplina legal destinada a evitar o abuso de tal direito, potestativo mas não absoluto.

Se, por outro lado, o empregador/reclamado utiliza uma defesa de mérito indireta (objeção ou exceção substancial), apontando fato obstativo do direito do autor mediante a indicação de outra causa justificadora de resilição, assumirá o encargo probatório acerca do respectivo fato.

Ao menos no plano abstrato da lei, destarte, o empregado encontra uma via de acesso à justiça mediante instrumentos capazes de proibir a despedida abusiva e permitir que a Justiça do Trabalho, quando devidamente provada por um empregado despojado do seu emprego por motivo discriminatório, possa concretizar a regra esculpida no art. 8º da Lei n. 13.105, de 2015 (Código de Processo Civil), que de forma enfática estabelece que a função maior do magistrado é, ao aplicar o ordenamento jurídico, é exatamente resguardar a promover a dignidade da pessoa humana.

E a prevalência de tal valor, merece ser repetido, é um dos objetivos fundamentais da República, conforme estabelecido pelo legislador constituinte no art. 1º, III, da Carta Política de 1988.

A dignidade da pessoa humana do trabalhador e a vedação à dispensa por motivo discriminatório, como consequência, são elementos intrinsicamente vinculados.

6. REFERÊNCIAS

BARACHO, José Alfredo de Oliveira. *Teoria geral da cidadania*: a plenitude da cidadania e as garantias constitucionais e processuais. São Paulo: Saraiva, 1995.

BARROS, Alice Monteiro de. *A mulher e o direito do trabalho*. São Paulo: LTr, 1995.

BLACK, Henry Campbell. *Black's law dictionary*. 6. ed. St. Paulo, Minn.: West Publishing, 1990.

DANTAS, Ivo. *Constituição Federal* – teoria e prática. Rio de Janeiro: Renovar: 1994.

FERREIRA, Aurélio Buarque de Holanda. *Aurélio século XXI* – o dicionário da língua portuguesa. 3. ed. Rio de Janeiro: Nova Fronteira, 1999.

RODRIGUEZ, Américo Plá. *Princípios de direito do trabalho*. 4. ed. São Paulo: LTr, 1996.

RUPRECHT, Alfredo J. *Os princípios de direito do trabalho*. São Paulo: LTr, 1995.

TEIXEIRA, Sergio Torres. *Proteção à relação de emprego*. São Paulo: LTr, 1997.

A GARANTIA DE TRABALHO DECENTE À PESSOA COM DEFICIÊNCIA E A REFORMA TRABALHISTA: A IMPOSSIBILIDADE DE NEGOCIAR COLETIVAMENTE O DIREITO FUNDAMENTAL À INCLUSÃO EFETIVA

Tereza Aparecida Asta Gemignani[1]

Daniel Gemignani[2]

> "... os deveres de proteção têm natureza de princípio; eles exigem uma proteção a mais ampla possível, dentro das possibilidades fáticas e jurídicas existentes."
> Robert Alexy

> "A dignidade é indivisível."
> Ronald Dworkin

1. INTRODUÇÃO

Ao promover a Reforma Trabalhista, a Lei n. 13.467/2017 trouxe modificações significativas ao ordenamento jurídico laboral, as quais vêm provocando diversas controvérsias, especialmente quando se trata de interpretar a extensão do art. 611-A da CLT, que prevê a prevalência da convenção coletiva e do acordo coletivo de trabalho "sobre a lei".

Entre as discussões decorrentes da interpretação deste dispositivo legal, toma corpo a que se refere à possibilidade de negociação coletiva sobre critérios para a caracterização de pessoas com deficiência e reabilitados pelo Instituto Nacional do Seguro Social (INSS), assim como a base de cálculo do sistema de cotas, sob o argumento de que o art. 611-A da CLT teria elencado apenas um rol exemplificativo.

Este artigo se propõe a analisar a matéria tendo como norte os direitos fundamentais das pessoas com deficiência e, em especial, as razões que impedem a negociação coletiva sobre aspectos essenciais da política de inclusão das pessoas com deficiência[3], assim como medidas voltadas à adoção de postura inclusiva por parte dos empregadores.

2. A IMPOSSIBILIDADE DE NEGOCIAR COLETIVAMENTE ASPECTOS ESSENCIAIS DA POLÍTICA DE INCLUSÃO EFETIVA DAS PESSOAS COM DEFICIÊNCIA

2.1. A caracterização da deficiência

A Constituição Federal estabelece como fundamentos do Estado Democrático de Direito a cidadania, a dignidade da pessoa humana e os valores sociais do trabalho em correlação com a livre-iniciativa (art. 1º, incisos II a IV), fixando a redução das desigualdades sociais e o combate a todas as formas de discriminação como objetivos da República Brasileira (art. 3º, incisos III e IV).

Lastreado nesta matriz principiológica, o inciso XXXI do art. 7º da Constituição Federal vedou expressamente "qualquer discriminação no tocante a salário e critérios de admissão do trabalhador portador de deficiência".

---

(1) Desembargadora do TRT 15. Doutora em Direito do Trabalho pela Universidade de São Paulo (USP). Membro da Academia Brasileira de Direito do Trabalho (ANDT), cadeira n. 70.

(2) Procurador do Ministério Público do Trabalho. Especialista em Auditoria Fiscal em Saúde e Segurança no Trabalho pela Universidade Federal do Rio Grande do Sul – UFRGS e bacharel em Direito pela Pontifícia Universidade Católica de São Paulo – PUCSP.

(3) Ressalte-se, aqui, a edição do Protocolo de Ação Conjunta n. 001/2018, celebrado entre o Ministério Público do Trabalho e o Ministério do Trabalho, no sentido de que "ambos os órgãos [assumem o compromisso] de combater, cada qual em sua área de atuação, a alteração da base de cálculo da cota de aprendizes e de pessoas com deficiência ou reabilitadas por meio de instrumentos de negociação coletiva.". Disponível em: <http://portal.mpt.mp.br/wps/wcm/connect/portal_mpt/9fc89c44-687c-416b-ab66-83a13613e960/PROTOCOLO_MT_MPT.pdf?MOD=AJPERES&CVID=mdGCyin>. Acesso em: 14 jul. 2018.

Na seara internacional, a *Declaração dos Direitos das Pessoas Deficientes*[4] *(ONU – 1975)* chamou atenção para a importância da proteção. Em relação a este trabalho, merecem destaque, também, as normas da *Organização Internacional do Trabalho (OIT)*, em especial a *Convenção n. 159* aprovado pelo Brasil por meio do Decreto Legislativo n. 51/1989, e promulgada por meio do Decreto n. 129/1991, assim como a *Recomendação n. 168*, que vieram assegurar às pessoas com deficiência o direito de não sofrer discriminação, abrindo caminhos para a inclusão.

A União Europeia seguiu esta senda em seus atos normativos, tendo a Diretiva n. 2.000/78 estabelecido expressamente a igualdade no que se refere ao trabalho, combate à discriminação por idade, sexo, religião e deficiência, em questões que envolvem formação e educação profissional, assim como acesso, manutenção e proteção ao emprego.[5]

Importante acrescentar que, pelo Decreto Legislativo n. 186/2008, o Brasil aprovou, com quorum qualificado, a *Convenção Internacional sobre os Direitos das Pessoas com Deficiência (CDPD)*, assinada em Nova Iorque, em 30 de março de 2007, assim conferindo-lhe *status* de Emenda Constitucional nos termos do art. 5º, §3º, da Constituição Federal. Referida Convenção foi promulgada pelo Decreto n. 6.949/2009.

Dentre suas disposições, releva-se a contida no art. 4º, item 4, que fixa de forma clara a necessária progressividade dos direitos sociais:

> "Art. 4º
> Obrigações gerais
> 1.Os Estados Partes se comprometem a assegurar e promover o pleno exercício de todos os direitos humanos e liberdades fundamentais por todas as pessoas com deficiência, sem qualquer tipo de discriminação por causa de sua deficiência. Para tanto, os Estados Partes se comprometem a:
> *4. Nenhum dispositivo da presente Convenção afetará quaisquer disposições mais propícias à realização dos direitos das pessoas com deficiência, as quais possam estar contidas na legislação do Estado Parte ou no direito internacional em vigor para esse Estado. Não haverá nenhuma restrição ou derrogação de qualquer dos direitos humanos e liberdades fundamentais reconhecidos ou vigentes em qualquer Estado Parte da presente Convenção, em conformidade com leis, convenções, regulamentos ou costumes, sob a alegação de que a presente Convenção não reconhece tais direitos e liberdades ou que os reconhece em menor grau."* (marcas nossas)

Referida disposição vem ao encontro do quanto disposto no art. 19, item 8, da *Constituição da Organização Internacional do Trabalho (OIT)*, bem como com o contido no item 2, alínea "d", de sua *Declaração de Princípios e Direitos Fundamentais no Trabalho*:

> "8. *Em caso algum, a adoção, pela Conferência, de uma convenção ou recomendação, ou a ratificação, por um Estado-Membro, de uma convenção, deverão ser consideradas como afetando qualquer lei, sentença, costumes ou acordos que assegurem aos trabalhadores interessados condições mais favoráveis que as previstas pela convenção ou recomendação.*" (marcas nossas)

> "2. Declara que todos os Membros, ainda que não tenham ratificado as convenções aludidas, têm um compromisso derivado do fato de pertencer à Organização de respeitar, promover e tornar realidade, de boa-fé e de conformidade com a Constituição, os princípios relativos aos direitos fundamentais que são objeto dessas convenções, isto é:
> (...)
> d) *a eliminação da discriminação em matéria de emprego e ocupação.*" (marcas nossas)

Vê-se, assim, que existe, em nosso ordenamento jurídico, amplo estuário normativo a sustentar a adequada proteção das pessoas com deficiência, não havendo, portanto, questionamentos com relação a essa orientação.

Dúvidas, contudo, começam a surgir quando passamos a analisar como deve ser identificada a pessoa com deficiência e como deve se dar essa proteção.

No que se refere à caracterização de pessoa com deficiência, a Convenção Internacional sobre os Direitos das Pessoas com Deficiência (CDPD) estabelece:

> "Art. 1º
> Propósito
> O propósito da presente Convenção é promover, proteger e assegurar o exercício pleno e equitativo de todos os direitos humanos e liberdades fundamentais por todas as pessoas com deficiência e promover o respeito pela sua dignidade inerente.
> *Pessoas com deficiência são aquelas que têm impedimentos de longo prazo de natureza física, mental, intelectual ou sensorial, os quais, em interação com diversas barreiras, podem obstruir sua participação plena e efetiva na sociedade em igualdades de condições com as demais pessoas.*" (marcas nossas)

Explica Ricardo Tadeu Marques da Fonseca[6] que o direito ao trabalho das pessoas com deficiência está disciplinado no art. 27 desta Convenção, o qual assegura:

> "a liberdade de escolha de trabalho, adaptação física e atitudinal dos locais de trabalho, formação profissional, justo salário em condição de igualdade com qualquer outro cidadão, condições seguras e saudáveis de trabalho, sindicalização,

---

(4) Disponível em: <www.un.org/fr/rights/overview/themes/handicap.shtml>.

(5) UNIÃO EUROPEIA. *Manual sobre a legislação europeia antidiscriminação*. Luxemburgo: Serviço das publicações da União Europeia, 2011, p. 28/29. Disponível em: <http://fra.europa.eu/sites/default/files/fra_uploads/1510-FRA_CASE_LAW_HANDBOOK_PT.pdf>. Acesso em: 20 jul. 2018.

(6) FONSECA, Ricardo Tadeu Marques. *Os efeitos da 8ª Convenção Internacional da ONU e o acesso ao mercado de trabalho para as pessoas com deficiência*. São Paulo: RT. Revista de Direito do Trabalho, vol. 128/2007, p. 390-396, out.-dez./2007.

garantia de livre-iniciativa no trabalho autônomo, empresarial ou cooperativado, ações afirmativas de promoção de acesso ao emprego privado ou público, garantia de progressão profissional e preservação do emprego, habilitação e reabilitação profissional"

Com efeito, as normas postas pela referida Convenção Internacional, que integram, como emenda constitucional, a Constituição Federal, abriram nova perspectiva ao considerar que as supostas limitações da pessoa com deficiência devem, na verdade, ser avaliadas em interação com o meio ambiente em que atua, superando, assim, o entendimento anterior de que a deficiência seria um fator pessoal, *portado* pela pessoa, e que, por isso, poderia lhe conferir a qualificação de incapaz.

Assim, formatou a nova diretriz constitucional o conceito de que na pessoa com deficiência inexiste incapacidade ou limitação *de per si*, intrínseca, mas pessoa que sofre restrições à plenitude de sua vida quando exposta às limitações de um meio ambiente hostil a inadaptado, que dificulta sua interação social e seu acesso ao trabalho, necessários para garantir não só sua subsistência física, mas também sua atuação como cidadão.

Em um regime republicano, o exercício da cidadania está atrelado ao princípio da igualdade, o que implica assegurar ampla inclusão social da pessoa com deficiência, levando à superação do entendimento daqueles[7] que circunscreviam o princípio da igualdade apenas à 2ª geração/dimensão dos direitos humanos, para reconhecer que integra, na realidade, a espinha dorsal dos direitos fundamentais e, assim, permeia todas as dimensões dos direitos humanos.

Como bem pondera Dworkin[8], em uma "comunidade verdadeiramente democrática, cada cidadão é um parceiro em igualdade de condições, o que vai muito além de seu voto valer o mesmo que os outros. Significa que ele tem a mesma voz e igual interesse nos resultados.".

Nesta esteira, Carmen Lúcia Antunes Rocha[9] chama atenção para a conotação substantiva conferida pela Constituição ao princípio da igualdade, ao asseverar que "deixou de ser diretriz exclusiva destinada ao legislador, deixou de ser limite negativo de atuação do poder público; antes tornou-se uma obrigação positiva do governante em face do indivíduo (...) uma obrigação que vincula (...) no sentido de igualar, por uma ficção jurídica, as condições de vida para que cada qual possa buscar o seu desenvolvimento pessoal em consonância com suas peculiaridades, a sua forma singular, única e distinta de ser.".

Por isso, ressalta Robert Alexy[10], o modelo de solução deve levar "em consideração tanto a igualdade jurídica quanto a fática", deixando espaço "para um amplo espectro de distintas concepções.".

Assim, sob o pressuposto da igualdade, teve-se a necessária mudança na forma de caracterização da pessoa com deficiência encetada pela Convenção de Nova Iorque, a qual ampara a substituição do denominado *critério médico*, que vislumbrava, de forma estática, a deficiência como uma limitação do indivíduo, pelo *critério biopsicossocial*, que propõe uma caracterização funcional da deficiência, a qual se dá quando as limitações decorrem de barreiras ambientais.

Com esta nova perspectiva, tem-se respaldo às políticas públicas destinadas a garantir igualdade de oportunidades às pessoas com deficiência, por considerar que o respeito à sua dignidade e à sua igualdade implicam, e pressupõe, garantir seu direito à autonomia, ou seja, sem depender dos "favores" de outrem.

De outra banda, a existência de uma política pública inclusiva não se restringe apenas à pessoa com deficiência, uma vez que a verdadeira inclusão envolve a participação de todos aqueles que com ela interagem. Tal perspectiva – isto é, daqueles que irão interagir com as pessoas com deficiência –, traz consigo a oportunidade de um convívio com as diferenças, próprio de uma sociedade plural.

Sob tal conceito foi o "critério biopsicossocial" incorporado pelo ordenamento infraconstitucional, passando a ser adotado pela Lei Brasileira de Inclusão da Pessoa com Deficiência, Lei n. 13.146/2015 (Estatuto da Pessoa com Deficiência), ao estabelecer em seu art. 2º:

"Art. 2º *Considera-se pessoa com deficiência aquela que tem impedimento de longo prazo de natureza física, mental, intelectual ou sensorial, o qual, em interação com uma ou mais barreiras, pode obstruir sua participação plena e efetiva na sociedade em igualdade de condições com as demais pessoas.*

§ 1º *A avaliação da deficiência, quando necessária, será biopsicossocial, realizada por equipe multiprofissional e interdisciplinar* e considerará:

I – os impedimentos nas funções e nas estruturas do corpo;

II – os fatores socioambientais, psicológicos e pessoais;

III – a limitação no desempenho de atividades; e

IV – a restrição de participação.

§ 2º O Poder Executivo criará instrumentos para avaliação da deficiência." (marcas nossas)

---

(7) BONAVIDES, Paulo. Curso de direito constitucional. 8. ed. São Paulo: Malheiros, 1999. p. 525.
(8) DWORKIN, Ronald. *A raposa e o porco-espinho: justiça e valor.* Tradução Marcelo Brandão Cipolla. São Paulo: Editora WMF Martins Fontes, 2014. p. 9.
(9) ROCHA, Carmen Lúcia Antunes. *Ação afirmativa: o conteúdo democrático do princípio da igualdade jurídica.* São Paulo: Malheiros, 1996. p. 13-14.
(10) ALEXY, Robert. *Teoria dos direitos fundamentais.* Tradução Virgílio Afonso da Silva. 2. ed. 4. tirag. São Paulo: Malheiros Editores. p. 421.

Importante ressaltar que esta lei também alterou o Código Civil, ao excluir a pessoa com deficiência do rol constante do art. 3º, restringindo a incapacidade absoluta apenas aos menores de 16 anos, além de alterar o art. 1.767 do mesmo Código que, ao tratar da curatela, passou a reconhecer que a deficiência, por si só, não configura incapacidade e, portanto, não tira a autonomia da pessoa dirigir sua própria vida.

Ocorre, contudo, que passados anos desde a sanção da Lei Brasileira de Inclusão da Pessoa com Deficiência, não foi editado pelo Poder Executivo qualquer regramento específico para a avaliação da deficiência sob o *critério biopsicossocial*[11], em claro descumprimento ao disposto nos arts. 2º, § 2º, e 124[12], de referida Lei.

Assim, ainda remanesce em nosso ordenamento jurídico as disposições do Decreto n. 3.298/1999, que não disciplina a caraterização da deficiência com base no critério biopsicossocial, mas sim, no critério médico, fixando disposições não só restritivas, mas contrárias ao atual regime jurídico.

Exemplo dessa situação são as discussões envolvendo a caracterização de pessoas com visão monocular como deficientes, conforme se denota da Súmula n. 377 do Superior Tribunal de Justiça (STJ), que dispõe:

> "Súmula n. 377 – O portador de visão monocular tem direito de concorrer, em concurso público, às vagas reservadas aos deficientes. (Súmula n. 377, TERCEIRA SEÇÃO, julgado em 22.04.2009, DJe 05.05.2009)"

A insegurança decorrente da existência, concomitante, de um regime jurídico que prescreve determinado critério para a caracterização da pessoa como deficiente (critério biopsicossocial), e de um decreto regulamentador que prescreve critério diverso (critério médico), não pode significar a possibilidade de que, pela via da negociação coletiva, se busque solução restritiva e, até mesmo, discriminatória, pois nosso ordenamento jurídico estabelece de forma clara e expressa o dever de inclusão das pessoas com deficiência.

Assim, a caracterização da pessoa com deficiência é matéria alheia à autonomia da vontade coletiva, pois está pautada por critérios constitucionais e legais, traçados por uma tônica inclusiva.

Portanto, diversamente da conclusão que admite, na esteira da euforia criada pelo art. 611-A da CLT, a possibilidade de ampla negociação coletiva trabalhista, há que se recordar que existem no ordenamento jurídico laboral determinações que, conquanto se refiram a relação laboral, não se submetem à autonomia da vontade coletiva, vez que constituem verdadeira política de Estado.

2.2. A estipulação de cotas

Aspecto central na identificação do quanto desenvolvida é uma sociedade, encontra-se na maneira como ela reconhece a dignidade daqueles que integram grupos sociais mais vulneráveis, sob as perspectivas histórica, cultural, social e econômica.

A partir deste pressuposto é que vamos analisar o caso das pessoas com deficiência, que são desafiadas, diuturnamente, pelas limitações biopsicossociais que encontram no caminho.

Como bem ressalta Luiz Alberto David Araújo[13], neste caso as limitações "formam um conjunto de dificuldades, que desafiam toda a sociedade, exigindo, de toda a comunidade, uma postura de inclusão, colaborando, nos

---

(11) Importantes, pois, as observações de GUGEL, Maria Aparecida. O mundo do trabalho e as pessoas com deficiência. In: Ministério público, sociedade e a lei brasileira de inclusão da pessoa com deficiência / André de Carvalho Ramos [et al.]; GONZAGA, Eugênia Augusta, MEDEIROS, Jorge Luiz Ribeiro de (Orgs.). – Brasília: ESMPU, 2018, p. 288-289: *"Para a composição da reserva de cargos concorrem todas as naturezas de deficiência já conhecidas como a física, a sensorial (cegos e surdos) e a intelectual (relacionada ao déficit cognitivo), acrescida da deficiência mental, associada à saúde mental. A avaliação da deficiência, necessária para a reserva de cargos, para não gerar desigualdade entre as pessoas com deficiência, será biopsicossocial e feita por equipe multiprofissional. A avaliação será baseada em instrumento de avaliação nos moldes e parâmetros da Classificação Internacional de Funcionalidade, Incapacidade e Saúde (CIF) conforme a classificação indicada nos itens I-IV, § 1º, do art. 2º da LBI, isto é, os impedimentos nas funções e nas estruturas do corpo; os fatores socioambientais, psicológicos e pessoais; a limitação no desempenho de atividades e a restrição de participação. Para tanto, deverão ser criados instrumentos específicos que, espera-se, sejam uniformes para todas áreas que necessitem adotá-los como a previdência, a assistência social, a saúde e a reabilitação, o trabalho, entre outros. Daí porque afirmar-se que a designação das deficiências, baseada no padrão médico dos Decretos n. 3.298/1999 e n. 5.296/2004, está revogada. No entanto, até a edição do instrumento de avaliação a que se refere o art. 2º, § 2º, da LBI e diante da lacuna legal, entende-se que as designações dos referidos decretos servem somente como balizas* para identificar as naturezas das deficiências a serem aplicadas em conjunto com os parâmetros de avaliação levados a efeito pelo Ministério do Desenvolvimento Social e Combate à Fome para a concessão do benefício da prestação continuada e que resultou na Avaliação Médico-Pericial e Social da Incapacidade para Vida Independente e para o Trabalho (AMES/BPC), além daqueles concernentes à concessão da aposentadoria especial da Previdência Social previstos no Decreto n. 8.145/2013, visto que ambos foram concebidos seguindo o conceito de pessoa com deficiência da CDPD e algumas das regras da Classificação Internacional de Funcionalidade (CIF)." (marcas nossas).

(12) "Art. 124. O § 1º do art. 2º desta Lei deverá entrar em vigor em até 2 (dois) anos, contados da entrada em vigor desta Lei.".

(13) ARAÚJO, Luiz Alberto David. *Temas relevantes de direito material e processual do trabalho*: estudos em homenagem ao Professor Pedro Paulo Teixeira Manus. São Paulo: LTr, 2000. p. 82.

termos do art. 3º da Constituição Federal, para sua integração social. Um portador de deficiência não integrado socialmente é a constatação da existência de baixo grau de democracia de um país.".

Tal constatação enseja a necessidade de políticas públicas permanentes, além da implementação de instrumentos legais concretos e efetivos de inclusão, pois configuram conquistas civilizatórias em relação às quais a Constituição Federal não só estabeleceu a vedação de retrocesso (ou proibição de proteção insuficiente), como abriu caminhos para ampliar a inclusão das pessoas com deficiência, assim garantindo o direito das minorias, naquilo que se pode ter como uma progressiva proteção.

A importância dessas conquistas se torna patente quando se constata que as pessoas com deficiência enfrentam todos os dias, e por toda a sua vida, reiterados desestímulos à inclusão social e laboral, sob o falso argumento de que as adaptações exigidas implicam em custos.

Trata-se de afirmação baseada em falsas premissas, pois os valores despendidos para as adaptações, na realidade, constituem-se em investimento inerente não só ao cumprimento da função social da propriedade, mas também necessário para impulsionar o desenvolvimento sustentável do país, ao possibilitar que pessoas com deficiência atuem como cidadãos produtivos e participativos.

Neste sentido as percucientes reflexões de Amartya Sen, ao ressaltar que o respeito à diversidade possibilita a expansão da liberdade, como o principal fim e o principal meio de assegurar o desenvolvimento de uma sociedade[14]:

"O desenvolvimento consiste na eliminação de privações de liberdade que limitam as escolhas e as oportunidades das pessoas de exercer preponderantemente sua condição de agente (...). Indivíduos concebidos como agentes ativos das mudanças e não meros recebedores passivos de benefícios."

Portanto, o verdadeiro desafio consiste em promover mudanças culturais e de mentalidade para fazer valer o direito fundamental a não-discriminação, conforme disposto nos arts. 3º, inciso IV, 5º, *caput* e incisos XIII e XLI, e 7º, inciso XXXI, todos da Constituição Federal, ao disporem que:

"Art. 3º Constituem objetivos fundamentais da República Federativa do Brasil:

IV – promover o bem de todos, sem preconceitos de origem, raça, sexo, cor, idade e *quaisquer outras formas de discriminação*.

Art. 5º *Todos são iguais perante a lei, sem distinção de qualquer natureza*, garantindo-se aos brasileiros e aos estrangeiros residentes no País a inviolabilidade do direito à vida, à liberdade, à igualdade, à segurança e à propriedade, nos termos seguintes:

XIII – é livre o exercício de qualquer trabalho, ofício ou profissão, *atendidas as qualificações profissionais que a lei estabelecer*;

XLI – *a lei punirá qualquer discriminação atentatória dos direitos e liberdades fundamentais*;

Art. 7º São direitos dos trabalhadores urbanos e rurais, além de outros que visem à melhoria de sua condição social:

XXXI – *proibição de qualquer discriminação no tocante a salário e critérios de admissão do trabalhador portador de deficiência*;" (marcas nossas)

Assim, estas diretrizes devem nortear as políticas públicas e a aplicação da lei que, no interesse de toda a sociedade, veda condutas (inclusive aquelas praticadas no exercício da autonomia privada coletiva) que impossibilitem a inclusão das pessoas com deficiência, as quais, inclusive, podem vir a ser consideradas como discriminatórias.

Em nosso sistema jurídico, um dos critérios concretizadores desta política de inclusão foi a instituição de um sistema de cotas, nos termos do art. 93 da Lei n. 8.213/1991, que assim dispõe:

"Art. 93. *A empresa com 100 (cem) ou mais empregados* está obrigada a preencher de 2% (dois por cento) a 5% (cinco por cento) dos seus cargos com beneficiários reabilitados ou pessoas portadoras de deficiência, habilitadas, na seguinte proporção:

I – até 200 empregados.............................2%;

II – de 201 a 500.......................................3%;

III – de 501 a 1.000...................................4%;

IV – de 1.001 em diante............................5%.

V – (vetado)[15]" (marcas nossas)

---

(14) SEN, Amartya. Desenvolvimento como liberdade. Trad.: Laura Teixeira Motta. Rev. Tec. Ricardo Doninelli Mendes. São Paulo: Companhia das Letras, 2010. p. 10.

(15) Vale a observação de que o dispositivo do Estatuto da Pessoa com Deficiência (Lei n. 13.146/2015), que previa a reformulação do art. 93 da Lei n. 8.213/1991, foi vetado, conforme Mensagem n. 246: *"O Ministério do Desenvolvimento, Indústria e Comércio Exterior solicitou veto aos dispositivos a seguir transcritos:*
Caput, incisos e § 4º do art. 93 da Lei n. 8.213, de 24 de julho de 1991, alterados pelo art. 101 do projeto de lei
"Art. 93. As empresas com 50 (cinquenta) ou mais empregados são obrigadas a preencher seus cargos com pessoas com deficiência e com beneficiários reabilitados da Previdência Social, na seguinte proporção:
I – de 50 (cinquenta) a 99 (noventa e nove) empregados, 1 (um) empregado;
II – de 100 (cem) a 200 (duzentos) empregados, 2% (dois por cento) do total de empregados;
III – de 201 (duzentos e um) a 500 (quinhentos) empregados, 3% (três por cento) do total de empregados;
IV – de 501 (quinhentos e um) a 1.000 (mil) empregados, 4% (quatro por cento) do total de empregados;

Imperioso destacar, ainda, que a Lei n. 8.213/1991 expressamente protege de forma integral o regime de cotas, tendo o § 1º do art. 93 previsto que:

> "A dispensa de pessoa com deficiência ou de beneficiário reabilitado da Previdência Social ao final de contrato por prazo determinado de mais de 90 (noventa) dias e a dispensa imotivada em contrato por prazo indeterminado somente poderão ocorrer após a contratação de outro trabalhador com deficiência ou beneficiário reabilitado da Previdência Social"

Vê-se, assim, a existência de política pública específica para essas pessoas, a qual fixa, de forma clara, o dever de os empregadores contratarem pessoas com deficiência e reabilitados pelo INSS[16]. A cota tem, ainda, delineamentos bem claros, vez que estipula que deve ser considerado (i) o total de empregados, independentemente de função ou posição na empresa; e, (ii) o total de empregados na empresa, ou seja, deve ser considerado o total de empregados em todos os estabelecimentos da empresa.

A interpretação que decorre do texto legal deve, portanto, se pautar por uma tônica inclusiva, de verdadeira promoção da efetiva inserção das pessoas com deficiência no ambiente laboral.

Assim, pode-se concluir que, por se tratar de política pública, com fundamento constitucional, não só a caracterização da pessoa com deficiência, como a existência de cota para a sua contratação, não se mostra sujeita à autonomia da vontade coletiva, vez que não é dado aos atores privados da relação laboral dispor sobre questão que, ao fim e ao cabo, não lhes compete negociar.

2.3. A pessoa com deficiência e a aprendizagem

Outra política de inclusão de pessoas com deficiência no mercado de trabalho pode ser identificada nas especificidades do aprendiz com deficiência.

Ao tratar da aprendizagem, o art. 428 da CLT veio caracterizá-la como:

> "Art. 428. Contrato de trabalho especial, ajustado por escrito e por prazo determinado, em que o empregador se compromete a assegurar ao maior de 14 (quatorze) e menor de 24 (vinte e quatro) anos inscrito em programa de aprendizagem formação técnico-profissional metódica, compatível com o seu desenvolvimento físico, moral e psicológico, e o aprendiz, a executar com zelo e diligência as tarefas necessárias a essa formação"[17]

Importante ressaltar que, ao assegurar trabalho protegido ao adolescente com deficiência, o art. 66 do ECA (Lei n. 8.069/1990) "o faz com acerto, posto que duplas são as peculiaridades do adolescente portador de deficiência, as quais suscitam necessidade mais intensa de proteção, para que se lhes possibilite a integração adequada na sociedade, afastando-o da política de caridade meramente assistencial, que o impelirá inexoravelmente à marginalidade",

---

V – mais de 1.000 (mil) empregados, 5% (cinco por cento) do total de empregados."
"§ 4º O cumprimento da reserva de cargos nas empresas entre 50 (cinquenta) e 99 (noventa e nove) empregados passará a ser fiscalizado no prazo de 3 (três) anos."
Razões dos vetos
'Apesar do mérito da proposta, a medida poderia gerar impacto relevante no setor produtivo, especialmente para empresas de mão de obra intensiva de pequeno e médio porte, acarretando dificuldades no seu cumprimento e aplicação de multas que podem inviabilizar empreendimentos de ampla relevância social.'" (marcas nossas).

(16) GUGEL, Maria Aparecida. O mundo do trabalho e as pessoas com deficiência. In: *Ministério público, sociedade e a lei brasileira de inclusão da pessoa com deficiência*/André de Carvalho Ramos [et al.]; GONZAGA, Eugênia Augusta; MEDEIROS, Jorge Luiz Ribeiro de (Orgs.). – Brasília: ESMPU, 2018. p. 227: "Não se iluda, no mundo do trabalho, não fosse a lei de ordem pública (Lei n. 8.213/1991) obrigando ao cumprimento de reserva de postos de trabalho para trabalhadores com deficiência em empresas com cem ou mais empregados, não haveria lugar nem vez para trabalhadores com deficiência, seja por preconceito explícito em relação às suas capacidades laborativas, seja em relação aos argumentos de eventuais custos a serem arcados pelo empregador para tornar o ambiente de trabalho acessível.".

(17) Diversas são as possibilidades para o cumprimento da cota de aprendizes. Pode-se, pois, empregar e matricular o aprendiz, seja em programas oferecidos pelo Sistema "S", seja em Escolas Técnicas de Educação ou em entidades sem fins lucrativos, que tenham por objetivo a assistência ao adolescente e à educação profissional, registradas no Conselho Municipal dos Direitos da Criança e do Adolescente, ou em entidades de prática desportiva das diversas modalidades filiadas ao Sistema Nacional do Desporto e aos Sistemas de Desporto dos Estados, do Distrito Federal e dos Municípios.

Pode, ademais, realizar as aulas práticas exclusivamente nas entidades qualificadas em formação técnico profissional (ambiente simulado) ou cumprir a cota em entidade concedente da experiência prática do aprendiz – como órgãos públicos, organizações da sociedade civil, nos termos do art. 2º da Lei n. 13.019, de 31 de julho de 2014 e unidades do Sistema Nacional de Atendimento Socioeducativo – Sinase (cota social).

Por fim, pode-se cumprir a cota através das entidades mencionadas nos incisos II e III do art. 430, ou seja, por meio de entidades sem fins lucrativos, que tenham por objetivo a assistência ao adolescente e à educação profissional, registradas no Conselho Municipal dos Direitos da Criança e do Adolescente ou de entidades de prática desportiva das diversas modalidades filiadas ao Sistema Nacional do Desporto e aos Sistemas de Desporto dos Estados, do Distrito Federal e dos Municípios.

como observou com maestria Ricardo Tadeu Marques da Fonseca[18], tendo a Lei n. 11.180/2005 ampliado a proteção ao alterar o §5º do art. 428 da CLT, para estabelecer que a idade máxima prevista no *caput* não se aplica a aprendizes com deficiência.

A Lei n. 13.146/2015 também conferiu nova redação ao § 6º do art. 428 da CLT, prevendo que "para os fins do contrato de aprendizagem, a comprovação da escolaridade do aprendiz com deficiência deve considerar, sobretudo, as habilidades e competências relacionadas com a profissionalização"[19]. Ou seja, não se deve exigir, singelamente, comprovação de escolaridade do aprendiz com deficiência, mas sim, aferir se ele possui disposição para a atividade que irá desenvolver.

Isto porque, é notório que as pessoas com deficiência enfrentam diversas dificuldades para sua formação, em especial no que se refere ao acesso à escola[20][21] – existência de transporte adequado, salas de aula inclusiva, material didático adaptado, compreensão e aptidão do corpo docente e técnico para lidar com uma pessoa com deficiência, a reiterada subestimação das capacidades e prática constante de desestimulo aos deficientes. Assim, desde de tenra idade, é o deficiente desestimulado à inserção social. Não pode, pois, ser essa prática reproduzida como mais um fator a impedir o acesso do deficiente, desta feita, à aprendizagem.

Basta, portanto, que o aprendiz com deficiência demonstre potencial, isto é, interesse no desempenho da atividade, para que desenvolva de forma adequada suas habilidades e competências, a fim de que possa ser tratado com igualdade em sociedade.

Essa postura inclusiva, ainda, encontra outros delineamentos no ordenamento jurídico. Cabe ressaltar, nesse contexto, que o § 2º do art. 21-A, da Lei n. 8.742/1993 (LOAS – Lei Orgânica da Assistência Social), inserido pela Lei n. 12.470/2011, dispõe que a contratação de aprendiz com deficiência não ensejará, de imediato, a interrupção ou suspensão no pagamento do Benefício de Prestação Continuada (BPC)[22]:

---

(18) FONSECA, Ricardo Tadeu Marques. *O trabalho protegido do portador de deficiência*. São Bernardo do Campo: Revista da Faculdade de Direito de São Bernardo do Campo, 2001. p. 267 a 275.

(19) Nesse sentido, é o novel art. 45, parágrafo único, do Decreto n. 9.579/2018, que estabelece: "Art. 45. Contrato de aprendizagem é o contrato de trabalho especial, ajustado por escrito e por prazo determinado não superior a dois anos, em que o empregador se compromete a assegurar ao aprendiz, inscrito em programa de aprendizagem, formação técnico-profissional metódica compatível com o seu desenvolvimento físico, moral e psicológico, e o aprendiz se compromete a executar, com zelo e diligência, as tarefas necessárias a essa formação.
Parágrafo único. *A comprovação da escolaridade de aprendiz com deficiência psicossocial deverá considerar, sobretudo, as habilidades e as competências relacionadas com a profissionalização.*" (marcas nossas)

(20) Como bem observa Ricardo Tadeu Marques da Fonseca "a escola que não aceita as crianças e os jovens surdos, cegos ou com deficiências mentais nega cidadania não só a eles, mas a todos os seus alunos, que perdem assim, a oportunidade de aprender com as diferenças". FONSECA, Ricardo Tadeu Marques da. *Lapidação dos direitos humanos*: o direito do trabalho, uma ação afirmativa. São Paulo: LTr, 2007, p. 154.

(21) MENDES, Rodrigo Hübner. Ciladas da dicotomia entre inclusão e aprendizagem. In: *Ministério público, sociedade e a lei brasileira de inclusão da pessoa com deficiência*/RAMOS, André de Carvalho [et al.]; GONZAGA, Eugênia Augusta; MEDEIROS, Jorge Luiz Ribeiro de (Orgs.). – Brasília: ESMPU, 2018, p. 231: "Não há dúvida de que a construção de redes de ensino inclusivas é extremamente desafiadora. Entre outras coisas, demanda comprometimento e disposição para mudanças estruturais. Contudo, escolas como a *Clarisse Fecury* e a *Henderson School* transcendem a teoria e oferecem respostas objetivas ao cômodo discurso do despreparo. É bom lembrar que a exclusão das pessoas com deficiência do mercado de trabalho é, quase sempre, fruto de uma baixa escolaridade e da inexperiência de convívio da maioria da população com esse segmento.
Não bastasse ser um direito, a educação inclusiva é uma resposta mais inteligente às demandas do mundo contemporâneo. Incentiva uma pedagogia não homogeneizadora e desenvolve competências interpessoais. A sala de aula deveria espelhar a diversidade humana, não escondê-la. Claro que isso gera novas tensões e conflitos, mas também estimula as habilidades morais para a convivência democrática. O resultado final é uma educação melhor para todos.".

(22) Outros incentivos também constam do ordenamento jurídico, conforme GUGEL, Maria Aparecida. O mundo do trabalho e as pessoas com deficiência. In: *Ministério público, sociedade e a lei brasileira de inclusão da pessoa com deficiência* / RAMOS, André de Carvalho [et al.]; GONZAGA, Eugênia Augusta; MEDEIROS, Jorge Luiz Ribeiro de (Orgs.). – Brasília: ESMPU, 2018, p. 292-2933: "O art. 40 da LBI assegura à pessoa com deficiência que não possua meios para prover sua subsistência nem de tê-la provida por sua família o benefício mensal de um salário-mínimo, nos termos da Lei n. 8.742/1993 (LOAS), o que significa afirmar que não mais prevalecem as concepções de incapacidade para o trabalho para o recebimento do benefício assistencial. Essa nova proposição está mais consentânea com as alterações ocorridas na LOAS por força da Lei n. 12.470/2011, ou seja, a possibilidade de o jovem aprendiz acumular o benefício da prestação continuada (BPC) com a remuneração do contrato de aprendizagem pelo período de dois anos (arts. 20, § 9º, e 21-A, § 2º). Igualmente quanto à possibilidade de a pessoa com deficiência ter seu benefício suspenso se exercer atividade remunerada, inclusive na condição de microempreendedor individual (art. 21-A), e poder retornar à condição de beneficiário da assistência social. (...).
Outro critério inovador trazido pela LBI no art. 94 é o direito ao auxílio-inclusão para pessoas com deficiência moderada ou grave que recebem o BPC, ou o tenham recebido nos últimos cinco anos, e escolhem passar a exercer uma atividade remunerada, em qualquer

"A contratação de pessoa com deficiência como aprendiz não acarreta a suspensão do benefício de prestação continuada, limitado a 2 (dois) anos o recebimento concomitante da remuneração e do benefício".

Tal disposição legislativa visa evitar que o aprendiz com deficiência carente – que percebe, pois, benefício assistencial –, tenha o pagamento do Benefício de Prestação Continuada (BPC) interrompido ou suspenso caso inicie atividade remunerada, de modo a incentivar sua inserção social e econômica.

Com efeito, não raro são os aprendizes com deficiência carentes verdadeiros provedores de sua família, sendo o Benefício de Prestação Continuada (BPC) responsável por assegurar um mínimo de renda para essas pessoas.

A emancipação que se busca com a inserção das pessoas com deficiência carentes no mercado de trabalho, portanto, encontra incentivo na manutenção desse benefício, buscando, assim, estimular a formação profissional, como, também, para desatrelar o conceito de deficiência da ideia de incapacidade, assim possibilitando que a pessoa com deficiência atue na sociedade como cidadão produtivo, capaz de prover sua subsistência com a realização de um trabalho digno e decente.

Ao discorrer sobre o tema, Romeu Kazumi Sassaki[23] ressalta a importância desta nova mentalidade, que conceitua a inclusão social como um "processo pelo qual a sociedade se adapta para poder incluir, em seus sistemas sociais gerais, pessoas com necessidades especiais e, simultaneamente, estas se preparam para assumir seus papéis na sociedade.".

Não é incomum a constatação de que a inclusão da pessoa com deficiência melhora muito o relacionamento no ambiente de trabalho, por demonstrar que o convívio com o diferente é enriquecedor e estimula maior empenho e comprometimento de todos.

Ademais, importante pontuar que não pode haver sobreposição de cotas, pois as situações jurídicas são distintas[24].

Com efeito, enquanto a aprendizagem tem por objetivo a capacitação, a fixação de cota para a pessoa com deficiência tem por escopo vedar a discriminação e assegurar

---

modalidade (contrato de trabalho, microempreendedor, trabalhador autônomo, por exemplo), e desde que sejam enquadradas como segurados obrigatórios do Regime Geral da Previdência Social. Nesse caso, segue-se a regra da suspensão do BPC. Enquanto a pessoa com deficiência "moderada ou grave" permanecer na atividade remunerada, poderá acumular o salário com o auxílio-inclusão (salário + auxílio-inclusão). Essa acumulação, em vista dos atributos dos regimes assistenciais e do celetista, só é possível se o auxílio-inclusão não for considerado benefício assistencial.

A natureza desse auxílio-inclusão é retributiva e pretende-se que funcione como um incentivo, um estímulo, um prêmio pago à pessoa com deficiência que ingresse no mundo do trabalho. Espera-se a regulamentação do auxílio-inclusão da pessoa com deficiência o mais breve possível, visto que seu objetivo principal é incentivar a pessoa com deficiência moderada ou grave a se lançar no mundo do trabalho, mantendo o recebimento do valor do auxílio-inclusão para as despesas decorrentes de manutenção e necessidades da natureza da deficiência. Com isso, o receio (justo) de perda do BPC é compensado pelo auxílio-inclusão, acrescido da remuneração decorrente do contrato de trabalho, o que irá contribuir para a sua plena participação da vida em sociedade.".

(23) SASSAKI, Romeu Kazumi. *Inclusão*: construindo uma sociedade para todos. Rio de janeiro: WVA, 1997. p. 39.

(24) Observa-se, aqui, a existência da Instrução Normativa n. 98/2012, da Secretaria e Inspeção do Trabalho do Ministério do Trabalho (SIT/MTb), que, em seus arts. 16 e 17: "Art. 16. Constatados motivos relevantes que impossibilitam ou dificultam o cumprimento da reserva legal de cargos para pessoas com deficiência ou reabilitadas, poderá ser instaurado o procedimento especial para ação fiscal, por empresa ou setor econômico, *previsto no art. 627-A da CLT e nos arts. 27 a 29 do Decreto n. 4.552, de 27 de dezembro de 2002, observadas as disposições desta Instrução Normativa e da Instrução Normativa n. 23, de 23 de maio de 2001.*

Parágrafo único. O procedimento especial para a ação fiscal da inclusão de pessoa com deficiência ou reabilitada será instaurado pelo AFT, com anuência do coordenador do Projeto e da chefia imediata.

Art. 17. O procedimento especial para a ação fiscal poderá resultar na lavratura de termo de compromisso, no qual serão estipuladas as obrigações assumidas pelas empresas ou setores econômicos compromissados e os prazos para seu cumprimento.

§1º Nas reuniões concernentes ao processo de discussão e elaboração do termo de compromisso é permitida a participação de entidades e instituições atuantes na inclusão das pessoas com deficiência, bem como entidades representativas das categorias dos segmentos econômicos e profissionais.

§2º O termo de compromisso deve conter, no mínimo, as seguintes obrigações por parte dos compromissados:

I – proibição de discriminação baseada na deficiência, com respeito às questões relacionadas com as formas de emprego, de acordo com o especificado no art. 11;

II – identificação das barreiras porventura existentes e promoção da acessibilidade em suas diversas formas, respeitadas as necessidades de cada pessoa;

III – promoção de campanhas internas de valorização da diversidade humana e de combate à discriminação e ao assédio;

IV – promoção de qualificação profissional da pessoa com deficiência ou reabilitada, preferencialmente na modalidade de aprendizagem; e

V – impossibilidade de dispensa de trabalhador reabilitado ou com deficiência, sem a prévia contratação de substituto de condição semelhante, na hipótese de término de contrato por prazo determinado de mais de noventa dias, ou dispensa imotivada em contrato por prazo indeterminado.

a inclusão destes trabalhadores, tendo sido expressamente fixado pelo § 3º do art. 93 da Lei n. 8.213/1991 que:

> "Para a reserva de cargos será considerada somente a contratação direta de pessoa com deficiência, excluído o aprendiz com deficiência de que trata a Consolidação das Leis do Trabalho (CLT), aprovada pelo Decreto-Lei n. 5.452, de 1º de maio de 1943."

Conclui-se, aqui também, pela impossibilidade de negociar a forma de contratação de pessoas com deficiência, seja com a utilização da cota de contratação de aprendizes para tanto, seja através da fixação de parâmetros outros, que não aqueles já fixados pelo ordenamento jurídico, e que constituem verdadeira política pública de inclusão.

3. A INCLUSÃO DA PESSOA COM DEFICIÊNCIA NO LOCAL DE TRABALHO: DO DEVER ATIVO DE VERDADEIRAMENTE INCLUIR

A contra face da vedação da adoção de critérios limitativos e, até mesmo, discriminatórios para a contratação de pessoas com deficiência é o dever de promover medidas voltadas à sua inclusão[25].

É o que se busca com a concretização da Convenção Internacional sobre os Direitos das Pessoas com Deficiência e seu Protocolo Facultativo – assim como com o Estatuto da Pessoa com Deficiência (Lei n. 13.146/2015) e diversos Decretos regulamentadores –, ao se buscar eliminar qualquer barreira, entrave, "obstáculo, atitude ou comportamento que limite ou impeça a participação social da pessoa, bem como o gozo, a fruição e o exercício de seus direitos à acessibilidade, à liberdade de movimento e de expressão, à comunicação, ao acesso à informação e compreensão às novas tecnologias, à circulação com segurança", "(...) a fim de assegurar que a pessoa com deficiência possa gozar ou exercer, em igualdade de condições e oportunidades com as demais pessoas, todos os direitos e liberdades fundamentais;".

Neste contexto cabe registrar o Decreto n. 9.405/2018 que, ao regulamentar o art. 122 da Lei n. 13.146/2015, consigna que para transpor obstáculos e barreiras, à pessoa com deficiência devem ser asseguradas condições de acessibilidade, adaptação razoável e tecnologia assistiva no local de trabalho, nos seguintes termos:

> "– acessibilidade – possibilidade e condição de alcance para utilização, com segurança e autonomia, de espaços, mobiliários, equipamentos urbanos, edificações, transportes, informação e comunicação, inclusive seus sistemas e tecnologias, e outros serviços e instalações abertos ao público, de uso público ou privado de uso coletivo, tanto na zona urbana como na rural, por pessoa com deficiência ou com mobilidade reduzida;
>
> – adaptações razoáveis – adaptações, modificações e ajustes necessários e adequados que não acarretem ônus desproporcional e indevido, quando requeridos em cada caso, a fim de assegurar que a pessoa com deficiência possa gozar ou exercer, em igualdade de condições e oportunidades com as demais pessoas, todos os direitos e liberdades fundamentais.
>
> – tecnologia assistiva – produtos, equipamentos, dispositivos, recursos, metodologias, estratégias, práticas e serviços que objetivem promover a funcionalidade, relacionada à atividade e à participação da pessoa com deficiência ou com

---

§ 3º O prazo máximo do termo de compromisso será de doze meses, excetuado o caso em que o cumprimento da reserva legal esteja condicionado ao desenvolvimento de programas de aprendizagem profissional de pessoas com deficiência, nos termos do art. 429 da CLT, caso em que o prazo máximo será de vinte e quatro meses.

§ 4º Em caráter excepcional, e em face de projetos específicos de inclusão e qualificação profissional ou dificuldades comprovadamente justificadas, os prazos estipulados no § 3º poderão ser ampliados, com observância aos procedimentos estabelecidos pelas normas de regência.

§ 5º O termo de compromisso deve estabelecer metas e cronogramas para o cumprimento da reserva legal de forma gradativa, devendo a empresa, a cada etapa estipulada, apresentar variação positiva do percentual de preenchimento e, ao final do prazo, comprovar o cumprimento integral da reserva legal estipulada no art. 93 da Lei n. 8.213, de 1991, e dos demais compromissos assumidos.

§ 6º Durante o prazo fixado no termo de compromisso, devem ser feitas fiscalizações nas empresas, a fim de ser verificado o seu cumprimento, sem prejuízo da ação fiscal relativa a atributos não contemplados no referido termo.

§ 7º Frustrado o procedimento especial para a ação em face de não atendimento da convocação, recusa de firmar termo de compromisso, descumprimento de qualquer cláusula compromissada, devem ser lavrados, de imediato, os respectivos autos de infração, e poderá ser encaminhado relatório circunstanciado ao Ministério Público do Trabalho e demais órgãos competentes." (marcas nossas).

(25) A despeito de toda a sistemática legal inclusive, vale o registro do veto a dispositivo do Estatuto da Pessoa com Deficiência (Lei n. 13.146/2015), que assim previa, conforme Mensagem de Veto n. 246: "O Ministério das Cidades manifestou-se pelo veto aos seguintes dispositivos:

Inciso II do art. 32

"II – definição de projetos e adoção de tipologias construtivas que considerem os princípios do desenho universal;"

Razões do veto

'*Da forma ampla como prevista, a medida poderia resultar em aumento significativo dos custos de unidades habitacionais do Programa Minha Casa, Minha Vida, além de inviabilizar alguns empreendimentos, sem levar em conta as reais necessidades da população beneficiada pelo Programa. Além disso, no âmbito do próprio Minha Casa, Minha Vida, é previsto mecanismo para garantia da acessibilidade das unidades habitacionais, inclusive com as devidas adaptações ao uso por pessoas com deficiência.*'" (marcas nossas)

mobilidade reduzida, visando à autonomia, à independência, à qualidade de vida e à inclusão social."

Nesta senda, registre-se o constante do inciso I do art. 433 da CLT, ao prever a impossibilidade de rescisão antecipada do contrato de aprendizagem quando a pessoa com deficiência estiver desprovida "de recursos de acessibilidade, de tecnologias assistivas e de apoio necessário ao desempenho de suas atividades".

Ainda, vale menção ao disposto no capítulo 9 do Anexo II da Norma Regulamentadora n. 17 do Ministério do Trabalho, que trata de ergonomia:

"9. PESSOAS COM DEFICIÊNCIA

9.1. Para as pessoas com deficiência e aquelas cujas medidas antropométricas não sejam atendidas pelas especificações deste Anexo, o mobiliário dos postos de trabalho deve ser adaptado para atender às suas necessidades, e devem estar disponíveis ajudas técnicas necessárias em seu respectivo posto de trabalho para facilitar sua integração ao trabalho, levando em consideração as repercussões sobre a saúde destes trabalhadores.

9.2. As condições de trabalho, incluindo o acesso às instalações, mobiliário, equipamentos, condições ambientais, organização do trabalho, capacitação, condições sanitárias, programas de prevenção e cuidados para segurança pessoal devem levar em conta as necessidades dos trabalhadores com deficiência." (marcas nossas)

Tais critérios de proteção constituem preceitos de ordem pública, que visam a evitar a supressão ou a redução dos direitos das pessoas com deficiência e que o ordenamento jurídico trabalhista reconhece como fundamentais.

4. A VEDAÇÃO DA ADOÇÃO DE CRITÉRIOS DISCRIMINATÓRIOS À CONTRATAÇÃO DE PESSOAS COM DEFICIÊNCIA

A Convenção n. 111 da OIT[26], que trata da discriminação em matéria de emprego e profissão, ratificada pelo Brasil por meio do Decreto Legislativo n. 104/1964 e promulgada pelo Decreto n. 62.150/1968, estabeleceu em seus arts. 1º, item 3, 2º e 3º, alínea *a*, que:

"Art. 1º

3. Para os fins da presente convenção as palavras 'emprego' e 'profissão' *incluem o acesso à formação profissional, ao emprego e às diferentes profissões, bem como as condições de emprego.*

Art. 2º

Qualquer Membro para o qual a presente convenção se encontre em vigor compromete-se a formular e aplicar uma política nacional que tenha por fim promover, por métodos adequados às circunstâncias e aos usos nacionais, *a igualdade de oportunidade e de tratamento em matéria de emprego e profissão, com objetivo de eliminar toda discriminação nessa matéria.*

Art. 3º

Qualquer Membro para o qual a presente convenção se encontre em vigor deve, por métodos adequados às circunstâncias e os usos nacionais:

a) Esforçar-se por obter a colaboração das organização de empregadores e Trabalhadores e de outros organismos apropriados, com o fim de favorecer a aceitação e aplicação desta política;" (marcas nossas)

A Convenção Internacional sobre os Direitos das Pessoas com Deficiência e seu Protocolo Facultativo, assinados em Nova Iorque em 30 de março de 2007, e internalizados pelo Brasil como emenda constitucional, ampliaram esta proteção ao preconizar em seus arts. 5º e 27:

"Art. 5º – Igualdade e não-discriminação

1. Os Estados Partes reconhecem que todas as pessoas são iguais perante e sob a lei e que fazem jus, sem qualquer discriminação, a igual proteção e igual benefício da lei.

2. Os Estados Partes proibirão qualquer discriminação baseada na deficiência e garantirão às pessoas com deficiência igual e efetiva proteção legal contra a discriminação por qualquer motivo. (...)

Art. 27 – Trabalho e emprego

1. Os Estados Parte reconhecem o direito das pessoas com deficiência ao trabalho, em igualdade de oportunidades com as demais pessoas. Esse direito abrange o direito à oportunidade de se manter com um trabalho de sua livre escolha ou aceitação no mercado laboral, em ambiente de trabalho que seja aberto, inclusivo e acessível a pessoas com deficiência. Os Estados Partes salvaguardarão e promoverão a realização do direito ao trabalho, inclusive daqueles que tiverem adquirido uma deficiência no emprego, adotando medidas apropriadas, incluídas na legislação, com o fim de, entre outros:

h) Promover o emprego de pessoas com deficiência no setor privado, mediante políticas e medidas apropriadas, que poderão incluir programas de ação afirmativa, incentivos e outras medidas." (marcas nossas)

As disposições acima transcritas, que ingressaram no ordenamento jurídico, respectivamente, com *status* supralegal, conforme o paradigmático Acórdão proferido pelo Supremo Tribunal Federal (STF) quando do julgamento do Recurso Extraordinário (RE) n. 466.343[27], ou com força de emenda constitucional, em conformidade com o

---

(26) A Convenção n. 111 da OIT trata da "discriminação em matéria de emprêgo e profissão", tendo sido aprovada pelo Decreto Legislativo n. 104/1964 e promulgada pelo Decreto n. 62.150/1968.

(27) Referida posição vem sendo reafirmada pelo E. STF, conforme se nota da seguinte decisão: *"Esse caráter supralegal do tratado devidamente ratificado e internalizado na ordem jurídica brasileira – porém não submetido ao processo legislativo estipulado pelo art. 5º, § 3º, da Constituição Federal – foi reafirmado pela edição da Súmula Vinculante n. 25, segundo a qual 'é ilícita a prisão civil de*

disposto no § 3º do art. 5º da Constituição Federal, devem ser interpretadas conjuntamente com outros preceitos, visto que há um verdadeiro sistema normativo constitucional estabelecendo uma rede de proteção às pessoas com deficiência.

Nesse sentido tem-se o inciso XIV do art. 24, o inciso IV do art. 203, o inciso III do art. 208 e o art. 227 da Constituição Federal, *in verbis*:

> "Art. 24. Compete à União, aos Estados e ao Distrito Federal legislar concorrentemente sobre:
>
> XIV – proteção e integração social das pessoas portadoras de deficiência;
>
> Art. 203. A assistência social será prestada a quem dela necessitar, independentemente de contribuição à seguridade social, e tem por objetivos:
>
> IV – *a habilitação e reabilitação das pessoas portadoras de deficiência e a promoção de sua integração à vida comunitária;*
>
> Art. 208. O dever do Estado com a educação será efetivado mediante a garantia de:
>
> III – atendimento educacional especializado aos portadores de deficiência, preferencialmente na rede regular de ensino;
>
> Art. 227. É dever da família, da sociedade e do Estado assegurar à criança, ao adolescente e ao jovem, com absoluta prioridade, o direito à vida, à saúde, à alimentação, à educação, ao lazer, *à profissionalização*, à cultura, à dignidade, ao respeito, à liberdade e à convivência familiar e comunitária, além de colocá-los a salvo de toda forma de negligência, discriminação, exploração, violência, crueldade e opressão.
>
> II – criação de programas de prevenção e atendimento especializado para as pessoas portadoras de deficiência física, sensorial ou mental, bem como de integração social do adolescente e do jovem portador de deficiência, mediante o treinamento para o trabalho e a convivência, e a facilitação do acesso aos bens e serviços coletivos, com a eliminação de obstáculos arquitetônicos e de todas as formas de discriminação." (marcas nossas)

Em consonância com este sistema protetivo, o inciso XXXI do art. 7º da Constituição Federal prevê:

> "Art. 7º São direitos dos trabalhadores urbanos e rurais, além de outros que visem à melhoria de sua condição social:
>
> XXXI – *proibição de qualquer discriminação no tocante a salário e critérios de admissão do trabalhador portador de deficiência;*" (marcas nossas)

Neste contexto, oportuno trazer à colação o disposto no art. 170 da Constituição Federal, ao prever que a "ordem econômica, fundada na valorização do trabalho humano e na livre-iniciativa, tem por fim assegurar a todos existência digna, conforme os ditames da justiça social.

Destarte, tem-se mandamento constitucional a indicar vedação à proteção insuficiente, com determinação clara para que os particulares não só não busquem meios para deixar de cumprir o dever de inclusão das pessoas com deficiência, como adotem postura ativa no sentido de se promover essa inclusão.

Assim, acrescente-se ter a Lei n. 13.146/2015 alterado o art. 1º da Lei n. 9.029/1995 para constar, expressamente, a proibição de "adoção de qualquer prática discriminatória e limitativa" por motivo de deficiência não só para acesso, mas também para efeito de manutenção da relação de trabalho.

A Lei n. 13.146/2015 prescreve, ademais, de forma clara, em seus arts. 34, §3º, e 35, que:

> *"Art. 34. A pessoa com deficiência tem direito ao trabalho de sua livre escolha e aceitação, em ambiente acessível e inclusivo, em igualdade de oportunidades com as demais pessoas.*
>
> § 1º As pessoas jurídicas de direito público, privado ou de qualquer natureza são obrigadas a garantir ambientes de trabalho acessíveis e inclusivos.
>
> § 2º A pessoa com deficiência tem direito, em igualdade de oportunidades com as demais pessoas, a condições justas e favoráveis de trabalho, incluindo igual remuneração por trabalho de igual valor.
>
> *§ 3º É vedada restrição ao trabalho da pessoa com deficiência e qualquer discriminação em razão de sua condição, inclusive nas etapas de recrutamento, seleção, contratação, admissão, exames admissional e periódico, permanência no emprego, ascensão profissional e reabilitação profissional, bem como exigência de aptidão plena.*
>
> § 4º A pessoa com deficiência tem direito à participação e ao acesso a cursos, treinamentos, educação continuada, planos de carreira, promoções, bonificações e incentivos profissionais oferecidos pelo empregador, em igualdade de oportunidades com os demais empregados.
>
> § 5º É garantida aos trabalhadores com deficiência acessibilidade em cursos de formação e de capacitação.
>
> *Art. 35. É finalidade primordial das políticas públicas de trabalho e emprego promover e garantir condições de acesso e de permanência da pessoa com deficiência no campo de trabalho.*
>
> Parágrafo único. Os programas de estímulo ao empreendedorismo e ao trabalho autônomo, incluídos o cooperativismo e o associativismo, devem prever a participação da

---

depositário infiel, qualquer que seja a modalidade do depósito'. Tal verbete sumular consolidou o entendimento deste tribunal de que o art. 7º, item 7, da Convenção Americana de Direitos Humanos teria ingressado no sistema jurídico nacional com status supralegal, inferior à Constituição Federal, mas superior à legislação interna, a qual não mais produziria qualquer efeito naquilo que conflitasse com a sua disposição de vedar a prisão civil do depositário infiel. *Tratados e convenções internacionais com conteúdo de direitos humanos, uma vez ratificados e internalizados, ao mesmo passo em que criam diretamente direitos para os indivíduos, operam a supressão de efeitos de outros atos estatais infraconstitucionais que se contrapõem à sua plena efetivação.* (ADI 5.240, Relator Ministro Luiz Fux, Tribunal Pleno, julgamento em 20.08.2015, DJe de 01.02.2016)" (marcas nossas). Disponível em: <http://www.stf.jus.br/portal/jurisprudencia/menuSumario.asp?sumula=1268>. Acesso em: 12 jul. 2018.

pessoa com deficiência e a disponibilização de linhas de crédito, quando necessárias." (marcas nossas)

Isto porque não se trata de conceder um favor, mas de respeitar o direito fundamental da pessoa com deficiência a ter a possibilidade de garantir sua subsistência pelo trabalho.

Tem-se, portanto, de forma bem delineada, a fixação de que a adoção de critérios diversos, não inclusivos, poderá ensejar a caracterização da conduta como discriminatória, a atrair, dessa forma, as cominações legais respectivas.

Com efeito, dentre essas condutas que podem ser tidas como discriminatórias encontram-se aquelas praticadas no exercício da autonomia da vontade coletiva, em que os entes coletivos econômico e profissional buscam, sob o suposto permissivo do art. 611-A da CLT, fragilizar a inserção das pessoas com deficiência no mercado de trabalho.

Portanto, a negociação de critérios excludentes, sem amparo em fator de *discrimen*[28] legítimo e legalmente admitido, caracteriza-se em discriminação ilícita, vez que amparada em razões ilegais – mera exclusão de deficientes do mercado de trabalho –, o que enseja, por isso, a aplicação das sanções previstas no ordenamento jurídico.

5. AS SANÇÕES PREVISTAS EM LEI

Como bem pondera José Afonso da Silva[29] os "valores sociais do trabalho estão precisamente na função de criar riquezas, de prover a sociedade de bens e serviços e, enquanto atividade social, fornecer à pessoa humana bases de sua autonomia e condições de vida digna.".

A fim de conferir efetividade a este sistema protetivo, de matriz constitucional, a Lei n. 13.146, de 2015, alterou a Lei n. 9.029/1995, proibindo expressamente a prática de atos discriminatórios, assim considerados nos seguintes termos:

"Art. 1º *É proibida a adoção de qualquer prática discriminatória e limitativa para efeito de acesso à relação de trabalho, ou de sua manutenção, por motivo* de sexo, origem, raça, cor, estado civil, situação familiar, *deficiência,* reabilitação profissional, idade, entre outros, ressalvadas, nesse caso, as hipóteses de proteção à criança e ao adolescente previstas no inciso XXXIII do art. 7º da Constituição Federal." (marcas nossas)

Neste passo, alterou também o art. 3º para constar que, além da tipificação criminal das condutas lesivas, "resultantes de preconceito de etnia, raça, cor ou deficiência", as infrações ao disposto na referida lei acarretarão:

"II – *proibição de obter empréstimo ou financiamento junto a instituições financeiras oficiais."* (marcas nossas)

Trata-se de sanção louvável, destinada a compelir o empregador a cumprir o mandamento constitucional que lhe atribui o cumprimento de função social, bem como de punir aqueles que, utilizando-se de um suposto permissivo legal conferido pelo art. 611-A da CLT, buscam fragilizar política pública de inclusão de pessoas com deficiência no mercado de trabalho.

Assim, para além da punição que pode ser impingida ao empregador que atua de forma discriminatória, tem-se a possibilidade de que os entes sindicais também possam responder por sua conduta, ainda que no exercício de sua autonomia da vontade coletiva, quando esta se mostrar discriminatória.

Nestes termos, abre-se a possibilidade da imputação de sanção aos entes sindicais que, atuando de forma discriminatória, negociam para excluir determinada categoria econômica do cumprimento da responsabilidade legal de inclusão.

6. A NEGOCIAÇÃO COLETIVA SOBRE QUESTÕES ENVOLVENDO PESSOAS COM DEFICIÊNCIA: VEDAÇÃO CONSTITUCIONAL E LIMITES LEGAIS

Ao proceder a Reforma Trabalhista, a Lei n. 13.467/2017 inseriu o art. 611-A na CLT, que estabelece a prevalência das cláusulas convencionadas sobre a lei. Neste contexto, questiona-se: o rol exemplificativo, que elencou em seus incisos diversos temas passíveis de acordo coletivo ou convenção coletiva, permitiria a negociação em relação às normas protetivas e critérios legais previstos no sistema de cotas da pessoa com deficiência?

A questão se reveste de preocupante gravidade, porque o interesse demonstrado por alguns entes privados – sindicatos e empregadores – em negociar a redução da base de cálculo ou a restrição dos critérios caracterizadores das

---

(28) MELLO, Celso Antônio Bandeira de. *O conteúdo jurídico do princípio da igualdade*. 3. ed. 21. tirag. São Paulo: Malheiros Editores, 2012. p. 37: "30. *O ponto nodular para exame da correção de uma regra em face do princípio isonômico reside na existência ou não de correlação lógica entre o fator erigido em critério de discrímen e a discriminação legal decidida em função dele.*", e continua, na p. 38, "32. Então, no que atina ao ponto central da matéria abordada procede afirmar: é agredida a igualdade quando o fator diferencial adotado para qualificar os atingidos pela regra não guarda relação de pertinência lógica com a inclusão ou exclusão no benefício deferido ou com a inserção ou arrendamento do gravame imposto.", e, na p. 39, "34. Por derradeiro cumpre fazer uma importante averbação. A correlação lógica a que se aludiu, nem sempre é absoluta, 'pura', a dizer, isenta da penetração de ingredientes próprios das concepções da época, absorvidos na intelecção da época.". Por fim, na p. 46, tem-se importante observação: "41. Por último, registre-se que o respeito ao princípio da igualdade reclama do exegeta uma vigilante cautela, a saber: Não se podem interpretar como desigualdades legalmente certas situações, quando a lei não haja 'assumido' o fato tido como desequiparador. Isto é, circunstâncias ocasionais, que proponham fortuitas, acidentais, cerebrinas ou sutis distinções entre categorias de pessoas não são de considerar." (marcas nossas).

(29) SILVA, José Afonso da. *Comentário contextual à Constituição*. São Paulo: Malheiros, 2005. p. 39.

pessoas com deficiência, na verdade, traz consigo a assunção de que a autonomia privada coletiva pode afastar política pública fundamental, submetendo o interesse público primário existente na matéria aos interesses privados dos entes negociantes.

Restringir o acesso ao trabalho da pessoa com deficiência, viola, por certo, todo o ordenamento jurídico que assegura uma série de proteções, assim como a própria Lei n. 13.467/2017 que, ao tratar do tema, reproduziu previsão constitucional estabelecendo expressamente que:

> "Art. 611-B. *Constituem objeto ilícito* de convenção coletiva ou de acordo coletivo de trabalho, exclusivamente, *a supressão ou a redução dos seguintes direitos:*
>
> XXII – *proibição de qualquer discriminação no tocante a salário e critérios de admissão do trabalhador com deficiência;*" (marcas nossas)

Tal preceito indica que aos participantes de uma negociação coletiva não é dado restringir a inclusão das pessoas com deficiência no mercado de trabalho, cabendo-lhes, na realidade, função diametralmente oposta, consubstanciada em conferir efetividade ao dever constitucional de inclusão, vez que erigido como direito fundamental a ser oposto não só de forma vertical em face do Estado, mas também entre particulares, assim traçando limites ao exercício da autonomia privada coletiva (eficácia horizontal dos direitos fundamentais).

Ao discorrer sobre a eficácia dos direitos fundamentais nas relações entre particulares, Daniel Sarmento e Fábio Rodrigues Gomes[30] ressaltam que nossa "Constituição consagra um modelo de Estado Social, voltado para a promoção da igualdade substantiva" e, por isso, "a eficácia dos direitos fundamentais na esfera privada é direta e imediata". Neste contexto, a "incidência dos direitos fundamentais nas relações de trabalho é essencial para tornar estas relações mais humanizadas e justas, considerando o cenário de desigualdade e assimetria que as caracteriza.".

Vê-se, portanto, que qualquer cláusula que vise suprimir ou reduzir os direitos que impedem a discriminação e a exclusão da pessoa deficiente está eivada de nulidade, vez que ilegal e inconstitucional, assim ensejando, também em âmbito coletivo, o ajuizamento de ações anulatórias e ações civis públicas, por afronta ao inciso XXXI do art. 7º da Constituição Federal[31].

Destarte, inafastável a conclusão de que em nosso ordenamento jurídico o exercício da autonomia privada não pode violar os direitos fundamentais da pessoa com deficiência, garantidos expressamente pela Constituição Federal não só em face do Estado, mas também nas relações entre particulares, entre as quais estão incluídos os acordos coletivos e as convenções coletivas de trabalho.

7. AS POSSIBILIDADES DE IMPUGNAÇÃO DE ACORDOS COLETIVOS E CONVENÇÕES COLETIVAS: AÇÃO CIVIL PÚBLICA E AÇÃO ANULATÓRIA. MUDANÇAS NA DOUTRINA E NA JURISPRUDÊNCIA

As mudanças profundas empreendidas pela Reforma Trabalhista vêm suscitando discussões as mais diversas quanto ao cabimento da ação anulatória e da ação civil pública em relação à matéria ora em estudo.

A CLT não disciplina a ação anulatória no processo trabalhista, o que atrai a aplicação subsidiária do regramento previsto no § 4º do art. 966 do Código de Processo Civil (CPC/2015), *in verbis*:

> "§ 4º Os atos de disposição de direitos, praticados pelas partes ou por outros participantes do processo e homologados pelo juízo, bem como os atos homologatórios praticados no curso da execução, estão sujeitos à anulação, nos termos da lei."

As ações anulatórias, que visam desconstituir cláusulas previstas em acordos coletivos e convenções coletivas, são dotadas de natureza coletiva, por provocarem efeitos que atingem todos os integrantes da categoria. Por tal razão, são as ações anulatórias de competência dos Tribunais Regionais do Trabalho ou do Tribunal Superior do Trabalho.

Entretanto, se o pleito se referir ao afastamento da aplicação de determinada cláusula convencionada a um contrato individual de trabalho específico, a matéria pode ser apreciada de forma incidental em uma reclamação trabalhista. Com efeito, se o Juízo de 1º grau pode, em controle difuso, afastar a aplicação de lei que repute inconstitucional, nada impede que, de forma incidental, proceda ao controle da legalidade/convencionalidade/constitucionalidade da cláusula negociada, para afastar sua aplicação àquele contrato de trabalho, notadamente quando configurada violação aos direitos fundamentais trabalhistas, expressamente albergados no art. 7º da Constituição Federal, que em seu inciso XXXI proíbe expressamente qualquer discriminação ao trabalhador com deficiência.

A mesma lógica, pois, aplica-se às ações civis públicas, nas quais são admitidas pretensões que se lastreiam no reconhecimento incidental da inconstitucionalidade de leis e atos normativos.

Tradicionalmente, admite-se, com fundamento no inciso IV do art. 83 da Lei Complementar n. 75/1993, que o

---

(30) SARMENTO, Daniel; GOMES, Fábio Rodrigues. A eficácia dos direitos fundamentais nas relações entre particulares: o caso das relações de trabalho. São Paulo: Lex Magister. *Revista TST*. v. 77, n. 4, p. 82, 84 e 101, out./dez. 2011.

(31) TRT/SP- SDC 0297200500002001 – Ação anulatória. Art. 93 da Lei n. 8.213/1991.

Ministério Público do Trabalho[32] tem legitimidade ativa e interesse processual para propor ação anulatória de cláusulas negociadas em acordos coletivos e convenções coletivas de trabalho, quando violarem normas que estabelecem a inclusão de pessoas com deficiência, podendo pleitear, também, e por meio da ação civil pública, a imposição das penalidades previstas na Lei n. 9.029/1995, além de eventual condenação em danos morais coletivos.

A possibilidade de o Ministério Público ajuizar tanto ação anulatória, quanto ação civil pública, em relação a tal matéria, até então era admitida pela doutrina que, embora distinguisse seus diferentes objetos e efeitos, procedia à interpretação ampliativa:

"O entendimento de que apenas a ação anulatória é cabível na hipótese, e não a ação civil pública, é extremamente restritivo, pois não reflete os princípios constitucionais de proteção ao trabalho, tampouco a lógica das ações coletivas, estabelecida no art. 83 da Lei n. 8.078/1990, no sentido de que para a defesa dos interesses e direitos coletivos são admitidas todas as ações que propiciem sua adequada e efetiva tutela.

Como será visto em item próprio, a opção por uma ou outra possui reflexos na prática. Em termos de efetividade da decisão, a ação civil pública é bem mais apropriada. No tocante à amplitude da matéria a ser devolvida por ocasião da interposição de recurso para o Tribunal Superior do Trabalho, a ação anulatória se apresenta mais conveniente. Assim, é o Procurador que deverá avaliar, diante do caso concreto, qual e a ação mais adequada para impedir os efeitos da violação ao ordenamento jurídico trabalhista."[33]

A questão nestes termos já estava superada por Acórdão do próprio Supremo Tribunal Federal:

"*Ministério Público do Trabalho – Atribuições – Legitimação Ativa – Declaração de Nulidade de Contrato, Acordo Coletivo ou Convenção Coletiva – LC 75, de 20.05.1993, Art. 83, IV – CF, Arts. 128, § 5º, e 129, IX* I – A atribuição conferida ao Ministério Público do Trabalho, no art. 83, IV, da LC 75/1993 – propor as ações coletivas para a declaração de nulidade de cláusula de contrato, acordo coletivo ou convenção coletiva que viole as liberdades individuais ou coletivas ou os direitos individuais indisponíveis dos trabalhadores – compatibiliza-se com o que dispõe a CF no art. 128, § 5º, e art. 129, IX. II – Constitucionalidade do art. 83, IV, da LC 75, de 1993. ADIn julgada improcedente. STF – ADIn 1.852-1 – DF – TP – Rel. Min. Carlos Velloso – DJU 21.11.2003." ADIn 1.852-1 – DF –Rel. Min. Carlos Velloso – DJU 21.11.2003.

Entretanto, em recente alteração de entendimento, vem o Tribunal Superior do Trabalho (TST) ensaiando mudança em sua jurisprudência, ao entender pela rejeição da possibilidade de o Ministério Público ajuizar ação civil pública em relação à matéria. Neste sentido a decisão proferida pela Seção de Dissídios Individuais (SDI) do Tribunal Superior do Trabalho ao julgar embargos opostos em decorrência do não conhecimento de recurso de revista, tendo o Acórdão ressaltado as seguintes razões:

"*O Ministério Público sustenta que, ao contrário do entendimento do acórdão embargado, é a ação civil pública a apropriada para obter condenação de entes Sindicais de se absterem (obrigação de não fazer) de inserir determinadas cláusulas em futuros acordos e/ou convenções coletivas que vierem a celebrar, sob pena de multa.*

Salienta que a competência para o exame da ação esta diretamente vinculada ao ajuizamento de uma ou outra (ação civil pública ou ação anulatória). O pedido do MPT, portanto, é o de que os Sindicatos Réus se abstenham de inserir em acordos e/ou convenções coletivos que, no futuro, celebrem, cláusulas que contemplem excesso de jornada e que diluam ou reduzam o intervalo intrajornada.

Entende que a via estreita da Ação Anulatória, de caráter declaratório, não admite a tutela pretendida. Lembra que não pediu nulidade de cláusula já vigente, mas a condenação dos Réus a não mais inserirem cláusulas com o conteúdo discriminado na ACP em futuros instrumentos coletivos.

Pugna pela reforma do acórdão com base em dissenso de julgados. Transcreve arestos para o confronto de teses.

O aresto oriundo da 1ª Turma deste Tribunal, às fls. 417/418, que impulsionou o processamento do presente recurso carece de especificidade. Senão vejamos:

RECURSO DE REVISTA. AÇÃO CIVIL PÚBLICA. COMPETÊNCIA FUNCIONAL. LOCAL DO DANO. VARA DO TRABALHO. DECLARAÇÃO INCIDENTAL DE NULIDADE DE CLÁUSULA DE CONVENÇÃO COLETIVA DE TRABALHO. CONTRIBUIÇÃO ASSISTENCIAL DE FILIADOS E NÃO FILIADOS AO SINDICATO. OBRIGAÇÃO DE FAZER E NÃO FAZER. ADEQUAÇÃO. I – A ação civil pública poderá ter por objeto a condenação em dinheiro ou o cumprimento de obrigação de fazer ou não fazer, e será proposta no foro do local onde ocorrer o dano, cujo juízo terá competência funcional para processar e julgar a causa (n. 7.347/1985, arts. 2º e 3º; CDC, art. 93). Na Justiça do Trabalho, a delimitação da competência territorial da Vara do Trabalho é disciplinada pela Orientação Jurisprudencial n. 130 da SBDI-2 deste Tribunal, cuja *ratio decidendi* deixou de ser aplicada, na espécie. II – *É firme a jurisprudência no sentido de que a ilegalidade de determinada lei (formal ou material, caso da norma coletiva autônoma peculiar ao Direito Coletivo do Trabalho) pode ser alegada em ação civil pública, desde que a título de causa de pedir e, nesta hipótese, o controle de legalidade terá caráter incidental, sem efeito erga omnes* (art. 16 da Lei n. 7.347/1985). III – *Na ação anulatória de cláusula coletiva não é possível cumulação do pedido de condenação em dinheiro e o de cumprimento de obrigação de fazer ou não fazer (tutela inibitória), dada a sua natureza jurídica declaratória.* Recurso de revista conhecido e provido." (RR-800385-67.2005.5.12.0037, Relator Ministro Walmir Oliveira da Costa, 1ª Turma, DEJT de 29.05.2015).

---

(32) A legitimidade ativa e o interesse processual do *Parquet* constam, ainda, dos arts. 3º e 7º da Lei n. 7.853/1989.
(33) PEREIRA, Ricardo José Macedo de Britto. *Ação civil pública no processo do trabalho*. Salvador: Editora JusPodivm, 2015. p. 200.

Com efeito, como se pode observar da transcrição acima, o referido paradigma oriundo da 1ª Turma deste Tribunal, às fls. 417/418, acima transcrito, revela-se inespecífico, nos moldes da Súmula n. 296, I, desta Corte, pois não trata da hipótese destes autos, *em que a egrégia Turma considerou que o pedido formulado em ação civil pública – de que os requeridos se abstenham de fazer constar nos instrumentos coletivos futuros que celebrarem um com o outro, ou com quaisquer outras entidades sindicais e empregadores, cláusulas que exorbitem o limite máximo de labor* de dez horas diárias, conforme preconiza o art. 59, § 2º, da CLT ou que dilua ou reduza o intervalo intrajornada abaixo do mínimo fixado no art. 71 da CLT, exceto se houver prévia autorização do Ministério do Trabalho e Emprego – *equivale, de forma oblíqua, à declaração de nulidade das cláusulas coletivas que amparam as condutas da empresa em detrimento da legislação vigente, que desafia o ajuizamento de ação anulatória perante o Tribunal Regional.*

Incide, portanto, na espécie o óbice contido na Súmula n. 296, I, deste Tribunal.

Os outros dois arestos, transcritos às fls. 419/423, não se prestam ao fim pretendido, porque oriundo da SDC, órgão cujas decisões não está elencado no art. 894, II, da CLT, como capaz de propiciar o confronto de teses para estabelecer o dissenso jurisprudencial."

Processo: E-RR – 198000-54.2009.5.03.0152. Data de Julgamento:22.02.2018, Relator Ministro: Cláudio Mascarenhas Brandão, Subseção I Especializada em Dissídios Individuais, Data de Publicação: DEJT 02.03.2018".[34]

Porém, ao abrir um amplo leque de novas possibilidades de negociação coletiva no art. 611-A da CLT, conferindo-lhe prevalência sobre a norma estatal, a Lei n. 13.467/2017 certamente provocará mudanças, não só quanto à ampliação das hipóteses de cabimento da ação civil pública, mas também no que se refere à necessidade de conferir maior abrangência à ação anulatória, cada qual com seus efeitos próprios, que passam a revestir-se de notória relevância.

Neste novo cenário, a proteção dos interesses e direitos coletivos deveria implicar em ampliação dos meios disponíveis de acesso à justiça, admitindo-se, ao invés da restrição, maiores possibilidades de impugnação de acordos coletivos e convenções coletivas que se mostrem como contrárias ao ordenamento jurídico.

Nesse sentido, deve-se admitir o manejo da ação civil pública quando a impugnação à cláusula vigente está restrita apenas à causa de pedir, não se constituindo, portanto, em pedido, o qual, a seu turno, estará voltado à concessão de tutela inibitória (obrigação de fazer / não fazer) cujo escopo será o de evitar que em futuros acordos coletivos ou convenções coletivas sejam inseridas cláusulas que violem direitos fundamentais da pessoa com deficiência. A pretensão veiculada, portanto, busca garantir integridade do ordenamento jurídico, ao impedir que o ilícito se repita, muitas vezes com efeitos irreversíveis.

Por outro lado, a valorização da negociação coletiva vai exigir também nova configuração da ação anulatória que busca impugnar, no pedido, cláusula coletiva existente no momento presente, com o reconhecimento de que, além de declaratória, agora passa a ter também natureza cominatória, ante a previsão contida nos §§ 4º e 5º do art. 611-A da CLT, abrindo a possibilidade da imposição da obrigação de fazer/não fazer (tutela inibitória) em relação a determinada cláusula que está em vigor, tendo por escopo impedir a violação ao ordenamento jurídico trabalhista, assim garantindo a atividade satisfativa da jurisdição, com a solução efetiva do conflito.

Esta vertente ampliativa da ação anulatória já fora sinalizada por Carreira Alvim[35], ao prever a possibilidade do autor pleitear, com espeque no art. 303 do CPC, a concessão de "tutela antecipada em caráter antecedente, para invocar em seu favor uma tutela liminar, quando a urgência for contemporânea ao exercício da ação", questão que se reveste de notória importância na seara trabalhista, quando se tornar imperioso fazer cessar de imediato os efeitos nefastos, provocados por cláusula negociada ilegal, que viole direitos fundamentais.

Destarte, imperioso reconhecer que a Lei n. 13.467/2017 (Reforma Trabalhista) abriu novos debates nesta seara, o que certamente provocará a revisitação de conceitos, tanto

---

(34) No mesmo sentido, pode-se citar: *"AGRAVO. RECURSO DE EMBARGOS. INTERPOSIÇÃO SOB A ÉGIDE DA LEI N. 13.015/2014. AÇÃO CIVIL PÚBLICA. NULIDADE DE CLÁUSULA DE CONVENÇÃO COLETIVA. NÃO CABIMENTO.* Ante a demonstração de divergência jurisprudencial, merece ser admitido o recurso de embargos.
Agravo conhecido e provido.
RECURSO DE EMBARGOS. INTERPOSIÇÃO SOB A ÉGIDE DA LEI N. 13.015/2014. AÇÃO CIVIL PÚBLICA. NULIDADE DE CLÁUSULA DE CONVENÇÃO COLETIVA. EFICÁCIA ULTRA PARTES. NÃO CABIMENTO. 1. Hipótese em que a e. Turma entendeu pelo cabimento da ação civil pública, ao fundamento de que "quando o pedido de anulação de cláusula coletiva detiver caráter incidental, com a cumulação de pedido de condenação, é cabível a ação civil pública". 2. Entretanto, a teor do que prescreve o art. 3º da Lei n. 7.347/1985, a Ação Civil Pública ostenta natureza eminentemente cominatória – ou seja, visa à imposição de condenação pecuniária ou ao cumprimento de uma obrigação de fazer ou de não-fazer. Assim, na esteira de precedentes desta Corte, A Ação Civil Pública, *com eficácia ultra partes*, não constitui meio adequado para veicular a pretensão do *Parquet* de ver declarada a nulidade de cláusula de norma coletiva, que desafia o ajuizamento de ação própria perante o juízo competente. Precedentes." (marcas nossas). Processo: E-RR – 281-80.2014.5.01.0302. Data de Julgamento: 23.11.2017, Relator Ministro: Hugo Carlos Scheuermann, Subseção I Especializada em Dissídios Individuais, Data de Publicação: DEJT 01.12.2017.

(35) ALVIM, J. E. Carreira. Desvendando uma incógnita: a tutela antecipada antecedente e sua estabilização no novo Código de Processo Civil. São Paulo: Revista de Processo MP/SP. n. 41. v. 259/ set. 2016. p. 177-207

no que se refere à ação civil pública ajuizada com o escopo de inibir a inserção de cláusulas ilegais em negociações futuras, quanto à ampliação do objeto e efeitos da ação anulatória de cláusulas inseridas em acordos coletivos e convenções coletivas, a fim de evitar que a valorização da negociação coletiva seja utilizada de forma abusiva, em afronta à ordem jurídica justa e efetiva, posta pelo ordenamento constitucional, cenário em que a atuação fiscalizatória do Ministério Público se reveste de significativa importância[36], notadamente quando se trata de questão afeta à inclusão das pessoas com deficiência.

8. CONCLUSÃO

Assegurar trabalho decente à pessoa com deficiência, conferindo-lhe um grau maior de proteção para ter autonomia e acesso à inclusão social, significa reconhecer sua dignidade.

As alterações promovidas pela Lei n. 13.467/2017, ao inserir o art. 611-A na CLT estabelecendo a prevalência da convenção coletiva e do acordo coletivo de trabalho sobre a lei, devem ser interpretadas sob as balizas traçadas pelo sistema protetivo garantido pela Constituição Federal, explicitadas pelo inciso XXII do art. 611-B da CLT, que veda a adoção, por negociação coletiva, de qualquer postura discriminatória no tocante a salário e critérios de admissão do trabalhador com deficiência, assim mantendo incólume o sistema de cotas.

Portanto, o exercício da autonomia privada coletiva não pode violar os direitos fundamentais das pessoas com deficiência, que foram assegurados pela Constituição Federal de 1988 não só em face do Estado, mas também nas relações entre particulares.

Isto porque, o estímulo à inserção da pessoa com deficiência não pode ser considerado apenas sob a perspectiva privada. Possibilitar sua atuação como cidadão produtivo e capaz de prover sua própria subsistência traz benefícios para a própria sociedade, encerrando, assim, verdadeiro interesse público primário.

Ademais, equivocado o argumento dos que resistem à aplicação da lei sob a alegação de provocar custos, quando o cumprimento da norma legal representa um investimento, na medida em que otimiza o bom relacionamento no ambiente de trabalho e fortalece os laços de cidadania, lastreada no respeito às diferenças, o que resultará no reconhecimento do empregador que cumpre sua função social, o que gera efeitos relevantes ao atrelar seu nome a uma boa imagem.

Imperioso ressaltar que o sistema garantista de proteção à pessoa com deficiência milita não só em favor da solidez das instituições republicanas, mas também em prol do desenvolvimento sustentável do país, que deve ser lastreado em meio ambiente laboral saudável, o que necessariamente implica no convívio com a diferença, mediante a vedação de práticas discriminatórias.

9. REFERÊNCIAS

ALEXY, Robert. *Teoria dos direitos fundamentais*. Tradução Virgílio Afonso da Silva. 2. ed. 4. tirag. São Paulo: Malheiros Editores.

ARAÚJO, Luiz Alberto David. *Temas relevantes de direito material e processual do trabalho*: estudos em homenagem ao Professor Pedro Paulo Teixeira Manus. São Paulo: LTr, 2000.

ALVIM, J. E. Carreira. *Desvendando uma incógnita: a tutela antecipada antecedente e sua estabilização no novo Código de Processo Civil*. São Paulo: Revista de Processo MP/SP- ano 41. v. 259/ set. 2016.

BONAVIDES, Paulo. *Curso de Direito Constitucional*. 8. ed. São Paulo: Malheiros, 1999.

DWORKIN, Ronald. *A raposa e o porco-espinho*: justiça e valor. Tradução Marcelo Brandão Cipolla. São Paulo: Editora WMF Martins Fontes, 2014.

FONSECA, Ricardo Tadeu Marques da. *Lapidação dos direitos humanos*: o direito do trabalho, uma ação afirmativa. São Paulo: LTr, 2007.

---

(36) Sustentando posição ampliativa das pretensões deduzidas em Ação Civil Pública, cita-se OLIVEIRA NETO, Alberto Emiliano de. Boletim Científico ESMPU, Brasília, a. 12, n. 40, p. 11-30, jan./jun. 2013, p. 26: "Em regra, não se presta a ação anulatória à obtenção de tutela inibitória destinada a impedir a repetição da conduta contrária ao ordenamento jurídico. Quer dizer, a procedência da ação anulatória materializada mediante a supressão dos efeitos de cláusulas ilícitas inseridas em acordos e convenções coletivas de trabalho não impede que as entidades sindicais e empregadores signatários repitam redação idêntica em instrumentos normativos futuros. Para essa hipótese, tão somente a ação civil pública, cujo objeto é a obrigação de fazer ou não fazer, poderá obstar efetivamente a conduta contrária à ordem jurídica.
A ação civil pública representa o instrumento processual mais efetivo no combate a cláusulas inseridas em acordos e convenções coletivas de trabalho, cuja redação contrarie direitos fundamentais sociais dos trabalhadores. Somente a tutela inibitória concedida pela autoridade judicial será capaz de efetivamente preservar os interesses dos trabalhadores em face da conduta sindical que, inexplicavelmente, segue em rumo oposto. (...).
Buscando-se a efetiva tutela do bem jurídico violado, defende-se a possibilidade de cumulação da tutela inibitória (decisão condenatória) acrescida de provimento jurisdicional constitutivo negativo, com fundamento na amplitude de objeto da ação civil pública (Lei n. 8.078/1990, art. 83), para fins de supressão do mundo jurídico da cláusula inserida em acordo ou convenção coletiva de trabalho que seja atentatória aos direitos fundamentais sociais dos trabalhadores.
Propõe-se, portanto, a cumulação de pedido condenatório, veiculado mediante tutela inibitória destinada a impedir a repetição da cláusula impugnada em instrumentos normativos coletivos futuros, com pedido constitutivo negativo, próprio das ações anulatórias, para fins de afastar do mundo jurídico os efeitos jurídicos da cláusula normativa impugnada.".

_____. *O trabalho protegido do portador de deficiência*. São Bernardo do Campo: Revista da Faculdade de Direito de São Bernardo do Campo. 2001.

_____. *Os efeitos da 8ª Convenção Internacional da ONU e o acesso ao mercado de trabalho para as pessoas com deficiência*. São Paulo: RT. Revista de Direito do Trabalho, v. 128/2007, p. 390-396, out./dez. 2007.

GUGEL, Maria Aparecida. O mundo do trabalho e as pessoas com deficiência. In: *Ministério público, sociedade e a lei brasileira de inclusão da pessoa com deficiência* / RAMOS, André de Carvalho [et al.]; GONZAGA, Eugênia Augusta; MEDEIROS, Jorge Luiz Ribeiro de (Orgs.). Brasília: ESMPU, 2018. p. 227-302.

MELLO, Celso Antônio Bandeira de. *O conteúdo jurídico do princípio da igualdade*. 3. ed. 21. tirag. São Paulo: Malheiros editores, 2012.

MENDES, Rodrigo Hübner. Ciladas da dicotomia entre inclusão e aprendizagem. In: *Ministério público, sociedade e a lei brasileira de inclusão da pessoa com deficiência* / RAMOS, André de Carvalho [et al.]; GONZAGA, Eugênia Augusta; MEDEIROS, Jorge Luiz Ribeiro de (Orgs.). – Brasília: ESMPU, 2018. p. 221-234.

OLIVEIRA NETO, Alberto Emiliano de. Boletim Científico ESMPU, Brasília, a. 12, n. 40. p. 11-30, jan./jun. 2013.

PEREIRA, Ricardo José Macedo de Britto. *Ação Civil Pública no Processo do Trabalho*. Salvador: JusPodivm, 2015.

ROCHA, Carmen Lucia Antunes. *Ação afirmativa*: o conteúdo democrático do princípio da igualdade jurídica. São Paulo: Malheiros, 1996.

SARMENTO, Daniel; GOMES, Fábio Rodrigues. *A eficácia dos direitos fundamentais nas relações entre particulares*: o caso das relações de trabalho. São Paulo: Lex Magister. Revista TST.v. 77, n. 4, out./dez. 2011.

SASSAKI, Romeu Kazumi. *Inclusão*: construindo uma sociedade para todos. Rio de janeiro: WVA, 1997.

SEN, Amartya. *Desenvolvimento como liberdade*. Trad.: Laura Teixeira Motta. Rev. Tec. Ricardo Doninelli Mendes. São Paulo: Companhia das Letras, 2010.

SILVA, José Afonso da. *Comentário contextual à Constituição*. São Paulo: Malheiros, 2005.

A TUTELA DO TRABALHO EM PLATAFORMA DIGITAL[1]

Yone Frediani[2]
Luiz Cordovani Filho[3]

1. INTRODUÇÃO

A análise do tema proposto, necessita a abordagem ainda que sintética das transformações que ocorreram no mundo do trabalho a partir da *1ª Revolução Industrial*, entre 1760 a 1860, limitada, inicialmente à Inglaterra; posteriormente, França, Bélgica, Holanda, Rússia, Alemanha e Estados Unidos também ingressaram nesse novo modelo de produção industrial.

Neste período duas invenções importantes ocorreram e provocam inovações nos setores produtivo e de transportes, pois com a descoberta da utilidade do carvão como fonte de energia foram desenvolvidas a máquina a vapor e a locomotiva, determinantes na dinamização dos transportes de matéria-prima, pessoas e distribuição de mercadorias.

O primeiro segmento da indústria que utilizou a nova tecnologia da máquina a vapor foi a têxtil, antes desenvolvida de maneira artesanal.

A utilização da nova tecnologia acarretou aumento de produtividade na produção de bens e a indústria passou a ser uma alternativa de trabalho, provocando a migração de trabalhadores que deixaram o campo em direção às cidades com expressivo crescimento dos centros urbanos.

Nesta época, diante da produção sempre crescente e das exaustivas jornadas de trabalho, foi necessária a regulamentação do trabalho executado por homens, mulheres e crianças, surgindo, pois, o Direito do Trabalho.

A *2ª Revolução Industrial* ocorrida entre 1850 e 1950, nasceu através do progresso científico e tecnológico desenvolvido na Inglaterra, França e Estados Unidos na segunda metade do século XIX.

Neste período, a descoberta e o aproveitamento de novas fontes de energia, tais como o petróleo (no motor a combustão), a água (nas usinas hidrelétricas), o urânio (para a energia nuclear), foram responsáveis pelo desenvolvimento e aprimoramento da produção industrial e a especialização do trabalho foi responsável pela ampliação da produção de bens em série, circunstância que resultou no barateamento dos custos unitários.

Linhas de montagem e esteiras rolantes foram responsáveis pela dinamização do processo produtivo e, especialmente, na indústria automobilística, o empresário Henry Ford, foi o responsável pela utilização de esteiras que levavam o chassi de um carro a percorrer as dependências da fábrica, enquanto os operários montavam veículos com as peças que lhes chegavam às mãos por outra esteira, surgindo, daí a expressão fordismo como sistema de racionalização de produção.

Dentre as inúmeras descobertas e invenções deste período, pode-se citar: fabricação do aço com a ampliação das ferrovias e invenção do avião; produção de energia elétrica e a lâmpada incandescente; invenções do telégrafo, telefone, televisão e cinema; na indústria química com a descoberta de novas substâncias surgiram as múltiplas utilizações do petróleo e seus derivados; plásticos, desenvolvimento da indústria bélica (canhão, metralhadora e do poder explosivo da nitroglicerina), apenas para lembrar de alguns aspectos importantes da evolução tecnológica; na área médica surgiram os antibióticos, as vacinas e novos conhecimentos sobre as doenças, suas evoluções, possibilidades de cura e novas técnicas cirúrgicas.

---

(1) Trabalho apresentado no Seminário de Direito Eletrônico organizado pelo Centro de Investigação de Direito Privado da Faculdade de Direito da Universidade de Lisboa, no dia 21 de janeiro de 2019.

(2) Advogada militante, sócia fundadora de Frediani e Borba Sociedade de Advogados. Desembargadora do Tribunal Regional do Trabalho da 2ª Região (aposentada). Doutora em Direito do Trabalho PUC/SP. Mestre em Direito das Relações do Estado PUC/SP; Mestre em Diretos Fundamentais/UNIFIEO; Professora de Direito e Processo do Trabalho nos cursos de Graduação e Pós-Graduação da FAAP – Fundação Armando Álvares Penteado. Membro da Academia Brasileira de Direito do Trabalho; Membro do Conselho Superior de Relações do Trabalho da Federação das Indústrias de São Paulo – FIESP; Membro da Asociación Iberoamericana de Derecho del Trabajo y de la Seguridad Social. Professora Visitante da Universidade de Modena e Reggio Emilia, Itália e da Universitad Tecnológica del Peru. Autora de inúmeros artigos e livros nas áreas do Direito Individual, Coletivo e Processo do Trabalho.

(3) Médico pneumologista – SBPT. Médico do Trabalho – FUNDACENTRO. Perito Judicial e Medicina Legal – USP.

A *3ª Revolução Industrial*, inicia-se após o término da 2ª Guerra Mundial, ocasião em que incontáveis são os avanços tecnológicos e científicos na indústria, na agricultura e pecuária, no comércio, transportes e na prestação de serviços.

Importante realçar que a globalização foi fator determinante para a produção de bens e ampliação das relações comerciais entre os diversos países, proporcionando a massificação e barateamento de produtos, especialmente nas áreas da tecnologia da informação e da comunicação, computação, robótica e informatização com a utilização da internet e das plataformas digitais.

Outros aspectos de igual relevância merecem ser apontados ainda dentro do contexto da 3ª Revolução Industrial, como o desenvolvimento da robótica, da engenharia genética e biotecnologia, a conquista espacial com a utilização de foguetes, estações espaciais, satélites artificiais, sondas para estudo de planetas, a aceleração da economia capitalista e geração de empregos, utilização de outras fontes de energia menos poluentes em virtude do desenvolvimento da consciência ambiental, a terceirização da economia, a expansão das empresas multinacionais.

A partir de 1990-2000 inicia-se a *4ª Revolução Industrial*, também conhecida pela expressão *Revolução 4.0*, fase impulsionada por um conjunto de tecnologias disruptivas, ou seja, inovações tecnológicas que provocam uma ruptura com os padrões, modelos ou tecnologias existentes e estabelecidos no mercado como a robótica, inteligência artificial, realidade aumentada, big data (análise de volumes massivos de dados), nanotecnologia, impressão 3D, biologia sintética e a chamada internet das coisas, verificando-se que equipamentos e objetos são conectados uns aos outros por meio da internet.

Característica da revolução 4.0 consiste em não estar vinculada a cada uma destas tecnologias isoladamente, mas, pela conexão entre os mundos digital, físico e biológico. Exemplificando, na indústria, haverá uma cadeia produtiva totalmente conectada à manufatura avançada, por meio da qual os processos serão adaptáveis às necessidades de produção e produtos serão customizados de acordo com a necessidade do cliente.

2. MUDANÇAS NO MUNDO DO TRABALHO

Este contexto de mudanças vem provocando de forma rápida e irreversível a alteração de hábitos das pessoas, da forma de produzir e também, da forma de trabalhar, seja na agricultura, indústria, comércio, transportes e prestação de serviços.

Com efeito, na agricultura e pecuária as atividades manuais estão sendo substituídas com vantagem por equipamentos cada vez mais sofisticados, citando-se apenas para exemplificar, a colheita mecânica da cana com substituição do trabalho humano e a eliminação prejudicial das queimadas, preservando-se o meio ambiente.

Na pecuária, a pesquisa genérica alcançou resultados importantes na produção de carne de aves, suínos, bovinos e leite, avançando, significativamente no controle de pragas e doenças.

No comércio e na prestação de serviços, a todo momento surgem novas formas de atendimento do consumidor com preponderância das vendas *on-line* de produtos os mais variados e entrega via correios ou entregadores pessoais, o autoatendimento nos bancos para uma infinidade de atividades antes executadas pelo empregado do respectivo estabelecimento.

Nos transportes, a implantação de linhas de metrôs sem a presença física dos operadores de trem, o desenvolvimento do veículo autônomo, a compra de bilhetes de toda ordem via internet, são apenas pequenos exemplos das transformações que motivaram a alteração de hábitos e costumes praticados por longos períodos.

Porém, tais alterações não estão circunscritas apenas nas áreas tecnológicas, mas, também, nas mudanças climáticas e ambientais, surgindo os denominados empregos verdes e as energias renováveis; mudanças demográficas com o envelhecimento da população e as necessidades futuras com a saúde da população idosa, bem assim de serviços de cuidadores externos ou domésticos, lembrando-se, ainda, pela real importância e impacto, a multiplicação de fluxos migratórios dificilmente controláveis pelos países de maneira geral.

Assim sendo, todas essas transformações impactantes no mundo físico consumidor, também se fizeram sentir no mundo do trabalho e no mercado de trabalho, com a progressiva e irreversível substituição do modelo da relação de emprego tradicional, fundada na prestação de serviços na sede da empresa, usualmente marcadas por contratos de trabalho por prazo indefinido e uma série de direitos decorrentes da relação de emprego, ainda disciplinados por convenções ou acordos coletivos de trabalho.

Aponta-se, ainda, como consequência da nova era, a proliferação dos denominados contratos atípicos, que passaram a fazer parte dos inúmeros ordenamentos como modalidades usuais da prestação de serviços, tais como aprendizagem, estágio, contratos a tempo parcial e por prazo determinado, temporário, terceirizado e, especialmente, o trabalho autônomo e o denominado trabalhador *freelancer*, constatando-se que a maioria destes trabalhadores, senão sua totalidade encontram-se fora de qualquer regulamentação, sendo responsáveis pelo crescente *outside* de impostos, embora remunerados pelos serviços prestados.

Lembra-se, ainda, dos trabalhadores "a pedido" e outros recrutados por meio de plataformas digitais, os intermitentes, recentemente inseridos no ordenamento brasileiro e as centenas de trabalhadores informais que executam as mais variadas atividades, para os quais necessária a formulação de duas indagações, já que executam serviços fora do modelo tradicional ou mesmo dos contratos atípicos:

a) que tipo de proteção jurídica e previdenciária o ordenamento legal lhes oferece ou poderia oferecer?

b) como proteger o trabalhador independentemente do tipo de trabalho executado?

Na atual contingência, ao menos no que se refere ao Brasil, seria difícil e até impossível obterem-se respostas diretas, satisfatórias e eficientes para as demandas que necessitam ser solucionadas pelo ordenamento jurídico em curto espaço de tempo.

Ressalte-se, que os trabalhadores "a pedido", via apps integram, na atualidade, um grande exército de trabalhadores informais, notadamente para tarefas singelas, porém integradas no cotidiano das pessoas, como entrega de refeições ou mercadorias, documentos, transporte automotor, trabalho doméstico de diaristas, reparos domésticos, etc., apontando-se, como exemplo mais típico, o transporte de pessoas via Uber, constatando-se que a prestação de tais serviços vem se desenvolvendo fora de qualquer parâmetro ou proteção.

Recorde-se, também dos trabalhadores que operam *on-line* por meio de plataformas que funcionam a nível global, pelas quais são oferecidos um número infinito de trabalhadores e serviços a clientes espalhados em grandes distâncias, sem qualquer limite geográfico.

Para tais prestadores de serviços, a atividade executada não se encontra apta a lhes oferecer qualquer expectativa de segurança jurídica ou previdenciária em decorrência do serviço prestado, até porque a concorrência entre tais trabalhadores é extremamente alta, o que vale dizer que trabalhadores de países desenvolvidos e não desenvolvidos competem para a realização das mesmas tarefas e, não raras vezes, sequer têm ideia para quem trabalham na realidade.

Sob a análise empresarial, referido sistema gera oportunidades adicionais para contatos com trabalhadores especializados, em condições de menor segurança e proteção legal, especialmente no que se refere aos seus ganhos, comparativamente àqueles que se encontram vinculados a uma relação de emprego.

Relativamente aos aspectos sociais de atividades executadas informalmente, constata-se que os riscos e responsabilidades são assumidos inteiramente pelo prestador/trabalhador, inclusive quanto a aquisição de equipamentos, eventuais treinamentos necessários e cobertura de saúde, não sendo demais lembrar que a grande maioria destes sequer atenta para quaisquer perspectivas futuras nesse sentido.

Estas considerações também podem ser aplicadas ao trabalho à distância, por meio do qual o trabalhador conectado por meio das novas tecnologias da comunicação e da informação, já não necessita encontrar-se fisicamente na sede da empresa, já que muitas das atividades, senão a totalidade delas são realizadas à distância, citando-se como exemplos o teletrabalho e os *call centers*.

3. IMPACTOS DA INTELIGÊNCIA ARTIFICIAL E DA ROBOTIZAÇÃO

Pode-se conceituar a inteligência artificial como a inteligência "incorporada" às máquinas convertidas em equipamentos dotados de certa racionalidade e que praticam ações que aumentam suas possibilidades de êxito em determinado trabalho ou tarefa, ou seja, a máquina que desenvolve funções cognitivas semelhantes às da mente humana para aprender a resolver problemas, a partir das informações acumuladas.

O processo contínuo de disrupção, nos obriga a refletir sobre a extensão e o tempo necessário para que uma quantidade relevante dos postos de trabalho hoje existentes seja automatizada.

Sob o enfoque empresarial não existem dúvidas quanto à real utilidade dos robôs que não necessitam reivindicar melhores salários, menores jornadas ou benefícios, não participam de greves e, que no futuro serão mais capazes e mais baratos, otimizando as despesas fixas de uma empresa.

Importante realçar que se estas mudanças provocadas pelas novas tecnologias substituírem atividades nocivas e em ambientes insalubres ou perigosos, nada há a ser lamentado, não sendo demais lembrar que na indústria automobilística, inúmeras atividades altamente prejudiciais aos trabalhadores foram substituídas com vantagem por robôs, citando-se, como exemplos os pontos de solda nas carrocerias e a pintura dos veículos.

Porém, necessário atentar-se para a desocupação estrutural que poderá ser gerada com a automatização quase completa dos meios de produção, revelando-se, portanto, imprescindível a adaptação dos trabalhadores, para o exercício de tarefas remanescentes não cobertas ou executadas por robôs ou equipamentos mecanizados.

Acredita-se que não obstante os efeitos da revolução 4.0 e da disrupção tecnológica, não faltará trabalho para aqueles que tiverem oportunidade para adquirir novos conhecimentos para realização de atividades mais difíceis de serem automatizadas.

Acredita-se que a adaptação dos trabalhadores mais qualificados será mais fácil do que daqueles que não se encontram no mesmo patamar, para os quais a exclusão no mundo do trabalho será cada vez mais acentuada; porém, até mesmo os trabalhadores com menor capacitação terão, obrigatoriamente de se adaptar à nova realidade, embora não se desconsidere que pequenos trabalhos e atividades de menor significado fora da área técnica sempre serão necessárias.

4. TRABALHO E TECNOLOGIA

Preocupação de natureza universal tem se voltado para o alcance e eventuais efeitos indesejados da tecnologia, informatização e robotização em relação aos empregos e até mesmo na prestação de serviços informais.

Estudo realizado por Frey e Osborne da Universidade de Oxford revelou que 47% dos empregos atuais estão em risco, enquanto o McKinsey Global Institute concluiu que das 750 ocupações avaliadas, 45% poderiam ser automatizadas com as tecnologias atualmente conhecidas, estimando que até 2030 cerca de 375 milhões de trabalhadores em todo o mundo podem ser afetados pelas tecnologias emergentes.

Conclui-se, pois, que inúmeros empregos atuais serão destruídos e outros serão criados em face das mudanças tecnológicas na produção e no comportamento da sociedade com aumento da eficiência na produção de bens e serviços e redução dos custos respectivos.

As novas tecnologias digitais alteram a forma de produção das tarefas, pois enquanto as atividades usuais de um caixa bancário, por exemplo, foram vantajosamente substituídas pelo autoatendimento, outros serviços foram criados e destinados aos clientes do banco, valendo dizer que o posto de trabalho não desapareceu, alterou-se o seu conteúdo.

Com base nestas considerações acredita-se que o futuro das relações de trabalho será marcado por uma menor quantidade de empregos tradicionais e proliferação dos contratos atípicos e autônomos diante das mutações constantes no mercado de trabalho decorrentes das novas tecnologias.

Na atualidade, a utilização dos teletrabalhadores em sistema *home office* ou *home base* ainda caminha timidamente, subordinados a vínculo de emprego ou de autonomia com o tomador de serviços, o mesmo ocorrendo com o recrutamento e seleção de trabalhadores por meio de plataformas informáticas.

O maior problema que se verifica em relação aos trabalhadores digitais reside na preservação e conservação de sua saúde, pois como é notório, aquele que executa suas atividades no espaço físico da empresa, está sujeito à observância das regras específicas, tais como limitação da jornada diária, intervalos para repouso e alimentação e entre duas jornadas, bem como sujeitar-se às normas impostas pelo sistema de saúde ocupacional que cada atividade ou segmento específico exige, circunstância que não se acredita, possa ser objeto de preocupação do trabalhador à distância.

Com efeito, se o trabalhador à distância operando terminal próprio ou fornecido pelo empregador, utilizar-se do mesmo equipamento sem observância de critérios mínimos ligados à sua saúde, permanecendo horas infindáveis em frente à tela, ainda que para atividades de lazer após o término de suas atividades laborais, sem o necessário conforto ergonômico e desconexão, em pouco tempo será mais um dos portadores de doenças ocupacionais provocadas pelas novas tecnologias como se verificará a seguir.

5. SAÚDE OCUPACIONAL E OS TRABALHADORES DIGITAIS

A preocupação com a preservação da saúde física do trabalhador sempre esteve presente, podendo afirmar-se que desde Hipócrates sabe-se que muitas profissões ou atividades laborativas, paradoxalmente, podem afetar a saúde do trabalhador com maior ou menor impacto físico e social.

Os trabalhadores que desenvolviam suas atividades na produção de sal, costumavam usar vendas nos olhos para protege-los, considerados como provavelmente, os primeiros EPIs da história.

Ao longo da 1ª Revolução Industrial eram muito comuns acidentes graves e mesmo fatais pela falta de sistema eficiente que preservasse a saúde do trabalhador, citando-se, a surdez ocupacional no início da expansão das vias férreas.

Os exemplos são inúmeros e para cada região do globo e para cada tipo de atividade os casos se multiplicavam, motivo pelo qual foram criados a partir de estudos específicos sobre a matéria, os diversos sistemas de proteção e preservação da saúde do trabalhador.

Mais recentemente, são incontáveis os casos de LER (lesão por esforço repetitivo) que acometem trabalhadores cujas atividades consistem em tarefas repetitivas.

Não seria demais afirmar que a cada nova tecnologia implementada ao arsenal produtivo, novas agressões ao ser humano são descobertas.

Na prática, constata-se que o corpo humano não foi criado para essas novas atividades, sendo necessário tempo e técnicas para novas adaptações do homem às novas modalidades de trabalho.

Tome-se por referência os recordes olímpicos que, em cem anos variaram tanto, sendo, portanto, necessário tempo e técnicas em relação às novas tecnologias.

Há poucos anos seria impossível imaginar que a tecnologia chegasse ao ponto atual, asseverando-se que sequer pode-se imaginar o que nos reservará o futuro nesta área.

Atualmente, os jovens não conseguem conceber um mundo sem celular, Ipad, PC, Internet etc., esquecendo-se de que o uso exagerado de tais equipamentos vem causando distúrbios da saúde de modo preocupante.

Com efeito, diariamente os estudiosos em medicina e saúde ocupacional descrevem, por meio de artigos médicos, as inúmeras lesões que estão surgindo em particular sobre o aparelho ocular.

Muitas escolas médicas dispõem de departamentos específicos para o estudo destas lesões, bem como para seu tratamento e principalmente prevenção, citando-se como fatores agressivos: *pixels*, luminosidade local, ergonomia, adaptações individuais, dentre outros.

Sabe-se que ao se fixar o olhar sobre uma tela pisca-se menor quantidade de vezes do que se faria normalmente, fora do trabalho com computador, criando-se, portanto, a desidratação dos olhos.

Assim como um atleta não pode treinar indefinidamente sem cuidados como repouso, hidratação, alimentação adequada, da mesma maneira, o usuário de PC, *Ipad*, celular não pode e não deve ficar por muitas horas fixando sua visão na tela sem cuidados como: realização de pequenas pausas, piscar os olhos, usar colírios hidratantes, ter iluminação adequada, posição confortável etc.

Necessário se faz sejam instruídos e orientados em seu próprio benefício, pois, para o trabalhador digital que labora em seu domicílio, difícil será a missão de controle e observância das medidas preventivas em seu próprio benefício. Mal comparando, está-se diante da hipótese relativa à impossibilidade de obrigar o cidadão a participar de campanha de vacinação.

Os casos de doenças ocupacionais vêm aumentando, surgindo uma nova indagação: quem será responsabilizado?

6. CONCLUSÕES

Feitas estas rápidas considerações sobre as atividades dos trabalhadores digitais e eventual comprometimento de sua saúde pelo uso excessivo e, nem sempre trabalho excessivo diante da tela, assevera-se a necessidade de reiterada e contínua educação dos trabalhadores, especialmente em relação àqueles que trabalham à distância para observância das normas de segurança em benefício de sua saúde.

Caso contrário, as novas tecnologias embora propiciem maior segurança, eficiência e rapidez nas diversas formas de prestação dos serviços, também serão responsáveis pelo surgimento e novas doenças ocupacionais que poderiam ser evitadas com medidas simples e praticamente sem custos expressivos, preservando-se a saúde do trabalhador digital.

7. REFERÊNCIAS

DELGUE, Juan Raso. *As transformações do mercado de trabalho*: a experiência na América Latina. Direitos Fundamentais do trabalhador cidadão e transformações do mercado de trabalho: desafios. Porto Alegre: *Lex Magister*, 2018.

LEVI, Alberto. *Il lavoro e le piattaforme digitali*: l'esercizio dei poteri datoriali, il rischio economico di impresa e l'esigenza di um bilanciamento dele tutele.

LIRA, Sílvia Fidalgo. A relação de trabalho na era das máquinas [em linha]. [consult. 3 de abr. 2018]. Disponível em: <https://www.jota.info/opiniao-e-analise/colunas/coluna-do-levy-salomao/coluna-do-levysalomao-a-relacao-de-trabalho-na-era-das-maquinas-26112015>.

LOI, Piera. *Le tutele del crowdworking attraverso la prospettiva del rischio*.

LOPES, Octacílio de Carvalho. *História da medicina*. Rio de Janeiro: Freitas Bastos, 1955.

MENDES, René. *Medicina do trabalho e doenças ocupacionais*. São Paulo: Editora Sarvier, 1980.

MOREIRA, Teresa Coelho. *Novas tecnologias e a questão da privacidade do empregado*: experiência em Portugal e União Europeia. Direitos fundamentais do trabalhador cidadão e transformações do mercado de trabalho: desafios. Porto Alegre: *Lex Magister*, 2018.

SÁ, Eduardo Costa. *Síndrome da visão do computador e função visual em trabalhadores usuários de computador de um hospital público universitário de São Paulo*: prevalência e fatores associados. *Revista Saúde, Ética & Justiça*. 2016; 21(2):72-3.

SOARES, Matias Gonsales. *A Quarta Revolução Industrial e seus possíveis efeitos no direito, economia e política*. Disponível em: <https://www.migalhas.com.br/dePeso/16,MI279121,41046-A+Quarta+Revolucao+Industrial+e+seus+possiveis+efeitos+no+direito>. Acesso em: 17 abr. 2019.

WORLD ECONOMIC FORUM. *Annual Meeting Report – Davos-Klosters*: weforum. 20-23 jan. 2016 [em linha]. [consult. 24 de mar. 2018]. Disponível em: <https://www.weforum.org/events/world-economicforum-annual-meeting-2016>.

<https://www.oxfordmartin.ox.ac.uk/downloads/academic/The_Future_of_Employment.pdf>.

<https://www.brookings.edu/blog/techtank/2018/04/18/will-robots-and-ai-take-your-job-the-economic-and-political-consequences-of-automation/>.

UM NOVO SINDICATO[1]

José Carlos Arouca[2]

1. O "NOVO" E O "VELHO" SINDICATO

Novo seria a modalidade surgida em 1978 no ABC paulista a partir das greves comandadas pelo metalúrgico Lula que deram origem a criação de uma central – Central Única dos Trabalhadores – CUT e um partido – Partidos dos Trabalhadores – PT. Velho, o figurino antigo liderado pela aliança Partido Trabalhista Brasileiro – PTB varguista/nacionalista e Partido Comunista Brasileiro- PCB.[3] Simples eufemismo. A organização sindical brasileira desde pelo menos o início da "Era Vargas" em 1930 até hoje pode ser qualificada com inúmeros adjetivos: "oficialista/imobilista", "assistencialista", "pelega", "cartorária", autêntica. Certo que ao longo do tempo experimentou adversidades que reduziram sua expressão, sofrendo a ação do Estado sob a forma de tutela, mas, também, pela força com a intervenção, suspensão da atividade, destituição e prisão de seus dirigentes até o fechamento. Mas sempre conseguiu se reerguer e retomar seu papel institucional, como foi depois das ditaduras varguistas e militar.

Idealizar um novo modelo não bastam as greves historicamente mais antigas que o sindicalismo praticado no ABC, nem a atuação de seus dirigentes se comparados com os pioneiros, imigrantes expostos a repressão policial e outros mais recentes que criaram o Comando Geral dos Trabalhadores – CGT, sem dúvida a central mais destacada de nossa história e realizaram a Conclat, o congresso sindical mais importante desde 1906 quando os socialistas e anarquistas se reuniram no I Congresso Operário Brasileiro e fundaram a primeira central, Confederação Operária Brasileira – COB. Indispensável assim, antes de mais nada, conhecer o caminho trilhado no Brasil.

2. PASSANDO PELA HISTÓRIA

O povo brasileiro, oprimido pelo colonialismo português, ocupava papel secundário na sociedade. O país, conquistada sua independência, construiu sua economia no meio rural dando origem a classe dominante dos donos das terras, dos coronéis que assumiram o poder político. A eles coube elaborar as leis, aplicá-las e decidir os litígios, durante o império "foi o Brasil o pais de uma só classe, a aristocracia rural e latifundiária que votava, se elegia, legislava, executava e julgava em seu próprio proveito" nas palavras do historiador Leôncio Basbaum[4]. A abolição da escravidão veio com a primeira lei trabalhista, a chamada Lei Áurea de 1888, mas os homens livres não se uniram para conquistar um lugar na sociedade. As associações surgidas, como regra, tinham natureza religiosa. José Albertino Rodrigues aponta a fase embrionária de organização do trabalho assalariado, começando pelo período mutualista anterior a 1888[5]. Mutualismo, naturalmente com objetivo de solidariedade entre seus associados, de ajuda mútua, socorros. A chegada dos imigrantes, especialmente italianos e espanhóis no início do século passado trouxe com eles anarquistas e socialistas já experimentados na organização de classe[6]. Desde então as associações perderam o caráter assistencialista assumindo natureza de órgãos de resistência no enfrentamento com os empregadores, no caso industriais, e com o Estado. Mesmo assim, atendendo a igreja foi aprovada nossa primeira lei sindical, Decreto n. 797, de 1903 restrita à área rural. Na verdade uma disciplinação de fundo cooperativista. Seguiu-se o Decreto n. 1.637, em 1907 com a mesma origem, de feição paritária, nitidamente colaboracionista; para a solução dos litígios trabalhistas como estabelecia no art. 8º: "Os sindicatos que se constituírem com o espírito de harmonia entre patrões e operários, como sejam os ligados por conselhos permanentes de conciliação e arbitragem, destinados a dirimir as divergências e contestações entre o capital e o trabalho, serão considerados como representantes legais da classe integral dos homens do trabalho e, como tais, poderão ser consultados em todos os assuntos da profissão". Nem um nem outro tiveram aplicação regular.

---

(1) Na presente exposição considero apenas a organização sindical dos trabalhadores.

(2) Advogado. Autor de livros. Membro da Academia Brasileira de Direito do Trabalho.

(3) Para Davi Furtado Meirelles o processo que resultou na criação das centrais sindicais foi originado no chamado "novo sindicalismo, surgido no final dos anos setenta, do século passado, principalmente na região do ABC paulista". *Negociação coletiva no local de trabalho*. São Paulo: LTr, 2008. p. 101.

(4) *História sincera da República. Das origens a 1889*. São Paulo: Alfa Ômega, 1976. p. 178.

(5) *Sindicato e desenvolvimento no Brasil*. São Paulo: Difusão Europeia do Livro, 1965. p. 6.

(6) *A República velha*. I. Instituição e classes sociais (1889-1930). Rio de Janeiro: Difel, 197. p. 13.

Com a chegada ao poder, Getúlio Vargas cuidou de por em prática o programa da Aliança Liberal e resolver a questão social, antes uma "questão de polícia", nas palavras atribuídas a Washington Luiz, que derrubara com apoio militar, editando o Decreto n. 19.770, de 1931, escrito por dois socialistas o advogado carioca Evaristo de Morais, pai, defensor de João Cândido, que liderou a Revolta da Chibata e Joaquim Pimenta, professor de direito pernambucano, conhecido por sua atuação na defesa de grevistas. Consagrava a unicidade e o sindicato mais representativo, organização formada pelas classes patronais e operárias, permitia a criação de confederações, uma dos trabalhadores, outra dos empregadores. Porém impunha natureza de órgãos de colaboração com o Poder Público na conciliação e solução dos conflitos. Mas Vargas criou também o Ministério do Trabalho, Indústria e Comércio para administrar a organização de classe, melhor dizer, para exercer seu controle. Caiu a ditadura e uma nova Constituição foi aprovada, democrática o quanto possível naqueles tempos de domínio do capital. A igreja católica mais uma vez atuou e influiu decisivamente na redação da nova lei sindical, Decreto n. 24.694, de 1934, que foi nossa experiência pluralista. Porém, pluralismo mitigado já que exigia 1/3 dos empregados para a fundação de uma associação, de modo que no máximo três poderiam ser criadas. Ao invés de categoria referia-se a profissão no seu sentido amplo englobando todos os trabalhadores e empregadores. Manteve a natureza de órgão de colaboração com o Estado no estudo dos problemas relacionados com os interesses da profissão e também permitiu a criação de uma confederação nacional além de uniões. Outro golpe criou uma ditadura fascista, cruel e punitiva. A Carta dita constitucional escrita por uma só pessoa, o jurista mineiro Francisco Campos, que mais tarde escreveria o Ato Institucional n. 1 da ditadura de 1964, deu a organização sindical a seguinte conceituação: "A associação profissional ou sindical é livre. Somente, porém, o sindicato regularmente reconhecido pelo Estado tem o direito de representação legal dos que participarem da categoria de produção para que foi constituído e de defender-lhes os direitos perante o Estado e as outras associações profissionais, estipular contratos coletivos de trabalho obrigatórios para todos os seus associados, impor-lhes contribuições e exercer em relação a eles funções delegadas de Poder Público". Daí a lei sindical fascista, Decreto-lei n. 1.401, de 1939, que colocou o sindicato como órgão auxiliar da "Democracia autoritária", denominação criada para disfarçar o estado totalitário.[7] Oliveira Vianna, assumidamente corporativista, autor do diploma, criou o enquadramento sindical e o quadro de atividades e profissões onde alinhou as categorias profissionais e as econômicas correspondentes (Decreto-lei n. 2.281, de 1940) o imposto sindical fundado na delegação de função de Poder Público (Decreto-lei n. 2.177, de 1940) e o registro no Ministério do Trabalho, que lhe valeu a definição histórica do oficialismo sindical segundo a qual o sindicato nasceria, cresceria e morreria no Ministério do Trabalho.

A lei sindical da ditadura Varguista em 1943 foi incorporada à Consolidação das Leis do Trabalho figurando no Título V que o metalúrgico Lula, um dia deu-lhe equivalência ao Ato Institucional n. 5 da ditadura militar.

O modelo atravessou o regime semidemocrático do governo Dutra desafiando a democracia recém-instaurada em 1946 e a ditadura militar instalada dezoito anos depois. Outra vez a democracia e a nova Constituição adotaram a tardia autonomia conjugada com a unicidade de representação, fincada no art. 8º.

3. O SINDICATO HOJE

Da "velha" CLT, no que se refere à organização sindical, pouco restou diante da autonomia:

Art. 8º É livre a associação profissional ou sindical, observado o seguinte:

I – a lei não poderá exigir autorização do Estado para a fundação de sindicato, ressalvado o registro no órgão competente, vedadas ao Poder Público a interferência e a intervenção na organização sindical;

Regime unitário com base territorial equivalente a área mínima municipal:

II – é vedada a criação de mais de uma organização sindical, em qualquer grau, representativa de categoria profissional ou econômica, na mesma base territorial, que será definida pelos trabalhadores ou empregadores interessados, não podendo ser inferior à área de um Município.

Mantida a liberdade sindical negativa:

V – ninguém será obrigado a filiar-se ou a manter-se filiado a sindicato;

Deu-se ao sindicato profissional o monopólio na negociação coletiva:

VI – é obrigatória a participação dos sindicatos nas negociações coletivas de trabalho.

Custeio do sistema confederativo através de uma contribuição fixada pela assembleia geral, além da prevista em lei, no caso a sindical, única com este requisito:

IV – a assembleia geral fixará a contribuição que, em se tratando de categoria profissional, será descontada em folha, para custeio do sistema confederativo da representação sindical respectiva, independentemente da contribuição prevista em lei;

Representação da categoria para a defesa de direitos e interesses individuais e coletivos:

III – ao sindicato cabe a defesa dos direitos e interesses coletivos ou individuais da categoria, inclusive em questões judiciais ou administrativas;

Finalmente foram reconhecidas as centrais através da Lei n. 11.648, de 2008 já atuantes com força maior que as

---

(7) *Problemas de direito sindical*. Rio de Janeiro: Max Limonad, 1943. p. 9.

confederações imobilistas. Primeiro a CUT, seguida pela Confederação Geral dos Trabalhadores – CGT, depois a Força Sindical – FS a União Geral dos Trabalhadores – UGT, Nova Central Sindical dos Trabalhadores – NCST, Central Sindical dos Trabalhadores – CTB, Central dos Sindicatos Brasileiros – CSB e Central Sindical e Popular – Colutas além da Intersindical que dispensou seu registro no Ministério do Trabalho.

A lei procurou substituir as contribuições de custeio, confederativa, sindical e assistencial através da que denominou negocial, dependente de regulamentação com o que a sindical ficaria extinta:

> Art. 7º Os arts. 578 a 610 da Consolidação das Leis do Trabalho – CLT, aprovada pelo Decreto-Lei n. 5.452, de 1º de maio de 1943, vigorarão até que a lei venha a disciplinar a contribuição negocial, vinculada ao exercício efetivo da negociação coletiva e à aprovação em assembleia geral da categoria.

O metalúrgico Lula elegeu-se presidente da República, foi reeleito e elegeu sua sucessora Dilma Rousseff que foi afastada mediante impeachment, assumindo em seu lugar o advogado paulista Michel Temer (MDB-SP) de centro-direita que fez aprovar sua proposta de Reforma Sindical ampliada pelo substitutivo do economista Rogério Marinho (PSDB-RN) que resultou na Lei n. 13.462, de 2017. Seu propósito foi assumidamente favorecer a classe patronal e reduzir o tamanho e importância do sindicato; para tanto transformou a contribuição sindical em doação a ser manifestada individualmente junto aos empregadores. A reação foi imediata. Entidades sindicais demitiram seus empregados, reduziram o número de ativistas, fecharam as subsedes, as colônias de férias, abandonaram a assistência médico odontológica. Logo após o capitão reformado Jair Bolsonaro (PSL-RJ) de formação ideológica afinado com a direita, elegeu-se presidente da República e anunciou seu propósito de flexibilizar ainda mais a legislação trabalhista, extinguir a Justiça do Trabalho e o Ministério Público do Trabalho. Começou pondo fim ao Ministério do Trabalho, cujas atribuições foram repartidas entre os ministérios da economia, da justiça e da cidadania, ficando com o primeiro o registro e atribuições mais ligadas ao meio sindical.

4. ORGANIZAÇÃO SINDICAL. CRÍTICA

A organização sindical brasileira sofreu críticas partidas especialmente dos teorizadores e analistas do Direito do Trabalho, quer dizer, os chamados operadores do direito onde se situam professores, advogados, juízes e procuradores, no outro campo sociólogos, economistas, jornalistas. A crítica como regra dirigia-se para quatro elementos básicos de sua estrutura: 1) unicidade sindical; 2) representação por categorias, 3) custeio mediante contribuição compulsória; 4) solução dos conflitos coletivos através do Estado.

A unicidade historicamente significa o ideal classista seguindo a proclamação do Manifesto Comunista de Marx e Friedrih Engels: "trabalhadores de toda parte do mundo uni-vos"; se foi adotado na Itália fascista, nem por isto deixou de ser a bandeira socialista como demonstraram Evaristo de Moraes Filho e Arion Sayão Romita[8]. A Organização Internacional do Trabalho – OIT reconheceu a unicidade na pluralidade, ou seja, o sindicato mais representativo, conforme seus verbetes 346 e 347, além do que sua constituição, no § 5º do art. 2º consagra a noção de organizações profissionais mais representativas[9]. A pluralidade, por sua vez é consagrada na Convenção n. 87 da OIT e defendida pelos militantes católicos, A igreja preconizou a possibilidade de criação de sindicatos confessionais apoiada na Encíclica *Rerum Novarum* divulgada em 1891. Dentre as centrais, apenas a CUT defende a pluralidade, mas não abdica da unicidade em sua estrutura orgânica.

Categoria no regime da CLT significou a intervenção do Estado na organização de classe dos trabalhadores – e assim também dos empregadores, impondo a constituição dos sindicatos conforme o quadro de atividades e profissões constante do Anexo a que se refere o art. 577. Há manifesta incompatibilidade de categoria criada artificialmente com autonomia sindical, de modo que a representação das partes se faz por classes ou grupos e assim deve-se entender o significado do texto constitucional. Do contrário seria inadmissível a inclusão de atividades e profissões novas na representação sindical, como, exemplificativamente, apart-hotel, flat, transporte de valores, e tantas outros.

Quanto ao custeio, o Supremo Tribunal Federal leu as avessas o inciso IV do art. 8º para entender categoria como quadro associativo e assim liquidou com a chamada contribuição confederativa por meio da Súmula n. 40 a qual se deu efeito vinculativo. De outra parte a contribuição sindical, como se viu, foi transformada em mera liberalidade, a depender de autorização prévia e expressa do trabalhador como consignado na Reforma Sindical do governo Michel Temer.

No mais o poder normativo da Justiça do Trabalho ficou reduzido pela Emenda Constitucional n. 45, de 2004, só aplicado em se tratando de greve afetando atividade ou serviços essenciais e, fora disso, quando as partes de comum acordo sujeitarem-se transferir a solução do conflito para a esfera judicial, vale dizer, transmudou-se em nova forma de arbitragem.

---

[8] *O problema do sindicato único no Brasil*. São Paulo: Alfa-Ômega, 1978 e *O fascismo no direito do trabalho brasileiro*. São Paulo: LTr, 2001.

[9] Sandro Lunardi Nicoladeli e Tatyana Schila Friedrich. *O direito coletivo, a liberdade sindical e as normas internacionais, recopilação de decisões e princípios do Comitê de Liberdade Sindical do Conselho de Administração da OIT*. Vol. II/OIT, São Paulo: LTr, 2013. p. 96.

Seriam estes os fatores impeditivos da ratificação da Convenção n. 87.

5. PROJETOS DE REFORMA

Mal se iniciou a vigência da CLT e João Mangabeira se propôs no Senado reformá-la. Mais tarde Segadas Viana, um dos "consolidadores", apresentou um projeto completo de Código do Trabalho, seguindo-se a iniciativa de outro consolidador, Dorval de Lacerda, que escreveu o Projeto n. 429, de 1955, apresentado na Câmara dos Deputados por Carlos Lacerda. No tocante a organização sindical se o primeiro não se distanciava muito da CLT, o segundo adotava o sindicato mais representativo[10].

No governo João Goulart o Anteprojeto de Código do Trabalho de Evaristo de Moraes Filho contemplava o sindicato mais representativo, a formação de confederações gerais e extinguia a contribuição sindical. Na vigência da Constituição de 1988 destacam-se as propostas de reforma das chamadas "Comissões de Notáveis", uma no governo Fernando Collor de Mello, que não foi concluída em face do impedimento do presidente, outra no governo Fernando Henrique Cardoso, que ao invés de um anteprojeto de lei como o primeiro, era um conjunto de sugestões, mas foi atropelada pela Força-Tarefa instituída no âmbito do Ministério do Trabalho, responsável pela proposta de flexibilização da legislação trabalhista. E foi neste clima que veio a Proposta de Emenda Constitucional n. 623 adotando a pluralidade sindical, extinção da contribuição sindical e a transformação do poder normativo da Justiça do Trabalho em modalidade de arbitragem judicial. Já no governo Luiz Inácio Lula da Silva foi criado o Fórum Nacional do Trabalho, de formação paritária, sendo a bancada dos trabalhadores formada pelas centrais sindicais e a dos empregadores pelas confederações. Ao longo de nove meses o Fórum reuniu-se até a elaboração de um anteprojeto de lei sindical, atuando na coordenação técnica o professor José Francisco Siqueira Neto. De especial, a proposta seguia de perto a Convenção n. 87, mas mantinha as organizações já constituídas num regime temporal de unicidade condicionada, nomeada exclusividade. A representatividade poderia ser comprovada ou derivada, "quando transferida de central sindical, confederação ou federação possuidora de representatividade comprovada". A reforma foi sufocada em 2015 quando Luiz Marinho (PT-SP) ex-presidente da CUT assumiu o Ministério do Trabalho e anunciou uma minirreforma desprezando o trabalho do Fórum. Mesmo assim, foi mantida a Proposta de Emenda Constitucional n. 369 que não passou pelos componentes do Fórum. Resumidamente, seus pontos de destaque eram: 1) liberdade sindical, mas com personalidade sindical atribuída pelo Estado, 2) representação capaz de assegurar compatibilidade em todos os níveis e âmbitos da negociação, 3) pluralidade absoluta; 4) custeio por meio de contribuição compulsória fundada na negociação coletiva, 5) organização nos locais de trabalho; 6) substituição do poder normativo da Justiça do Trabalho pela arbitragem judicial.

6. OS FINS SINDICAIS

Para o Decreto de 1931 os fins sindicais consistiam na defesa dos interesses de classe de ordem econômica, jurídica, higiênica e cultural, mas por intermédio do Ministério do Trabalho. Já o Decreto de 1934 dava ao sindicato legitimidade para representar, perante autoridades administrativas e judiciárias, seus próprios interesses e também os de seus associados, de celebrar convenções coletivas de trabalho e "cooperar nas comissões e tribunais do trabalho para a solução dos dissídios entre empregados e empregadores". Para a lei do Estado Novo de Vargas, Decreto-lei n. 1.402, de 1939 os fins consistiam no "estudo, defesa e coordenação dos interesses profissionais de todos os que, como empregadores, empregados ou trabalhadores por conta própria, intelectuais, técnicos ou manuais, exerçam a mesma profissão ou profissões similares ou conexas". Finalmente a Constituição de 1946 foi mais sintética, copiada pela de 1967 que a substituiu: A CLT firmou seus fins no art. 511, § 2º, defesa e coordenação dos interesses econômicos ou profissionais:

> A similitude de condições de vida oriunda da profissão ou trabalho em comum, em situação de emprego na mesma atividade econômica ou em atividades econômicas similares ou conexas, compõe a expressão social elementar compreendida como categoria profissional.

Finalmente a Constituição vigente ampliou consideravelmente os fins institucionais da organização sindical no art. 8º já transcrito: defesa de direitos e interesses da categoria, logo interesses não apenas trabalhistas, mas também sociais e políticos, de modo que representando a categoria como um todo, defende filiados ou não, posto que categoria é o grupo formado não apenas pelos trabalhadores ativos, de modo que a representação vai muito além abrangendo os aposentados, as viúvas e dependentes, desempregados e entrantes no mercado de trabalho.

Os direitos sociais básicos foram constitucionalizados conforme o elenco do art. 6º da Constituição: educação, saúde, alimentação, trabalho, moradia, transporte, lazer, segurança, previdência social, proteção à maternidade e à infância, assistência aos desamparados.

A defesa de interesses como prerrogativa/dever implica em deixar a sede para chegar onde o trabalhador está, isto é, nos locais de trabalho ou em suas imediações, nas localidades onde moram, para aliar-se com as associações amigos de bairro e com elas agir para que tenham moradia e a mesma infraestrutura que os ricos tem: água, eletricidade, coleta de lixo, pavimentação, transporte, segurança.

---

(10) *Revista do Trabalho*, vol. XXIII, jul./ago. 1955.

A representação sindical deve ter presença efetiva quando se tratar de transporte coletivo, de escola e saúde públicas, proteção e formação da infância através de creches, do meio ambiente, enfim das questões fundamentais que interessam a população, participando da elaboração do orçamento, acompanhando e influindo no Poder Legislativo.

7. A "VELHA QUESTÃO SOCIAL"

O moderno direito sindical foi bem-posto por Luiz Carlos Robortella: "A ordem é só contratar trabalhadores quando e onde necessário (...) A globalização, a desindustrialização, a terceirização, a nova tecnologia e outros fatores desconcentram o processo produtivo, precarizam as condições de trabalho e geram desemprego. Estão em xeque três dados do mercado de trabalho clássico: homogeneidade, continuidade e concentração física. Estas, portanto, as bases ideológicas que deveria assentar a indispensável reforma da CLT. (...) A intocabilidade dos direitos adquiridos é incompatível com o dinamismo do mercado de trabalho (...) Não podemos mais aferrar-nos à estabilidade no emprego, às funções rígidas, a salários irreversíveis, à acumulação progressiva e permanente de conquistas. (...) O conceito de norma mais favorável e de direito adquirido deve ser relativizado afim de que se destaque a imperatividade da lei em face do contrato individual, mas não das normas coletivas. Através da negociação coletiva, envolvendo matérias antes impensáveis no campo das relações de trabalho, o sindicato pode contribuir para o desenvolvimento econômico e social"[11]. O professor da Faculdade de Economia Hélio Zylberstajn é profético e incisivo: o vínculo de empregado está desaparecendo, "daqui a 30 ou 40 anos, a aposentadoria como conhecemos vai desaparecer ou se reduzir muito, porque ninguém vai ter emprego"[12]. Nesta linha a reforma trabalhista do governo Michel Temer atingiu o sindicato de resistência em sua fonte de custeio. Seu sucessor, Jair Bolsonaro não se contentou com a flexibilização de direitos individuais e afirma que será inflexível em flexibilizar ainda mais. Promete "acabar" com a Justiça do Trabalho (em verdade sua incorporação à Justiça Federal) e com o Ministério Público do Trabalho e logo acabou com o Ministério do Trabalho retalhando-o em três pedaços. É o coroamento do sistema capitalista na sua face mais cruel.

Uma análise simplista da estatística oficial conduz à conclusão natural de a que o capitalismo não resolveu os problemas que inspiraram uma visão fincada no trinômio histórico: liberdade, igualdade, fraternidade. A miséria ainda é o retrato sem retoque de grande parte dos países da África, Ásia, América Latina, do Brasil também. Visto com seriedade destaca-se o seguinte quadro:

Miséria. A miséria é retratada pela legião de desempregados, pelo crescimento das favelas, não mais barracões de zinco, mas abrigos improvisados com pedaços de papelão e de madeira, com as palafitas a beira dos rios poluídos e mocambos no meio do mato, sem infraestrutura desmentindo a qualificação da moradia como direito de natureza social. No Brasil contrastam com mansões suntuosas, ilhas inteiras e favelas onde moram cerca de 11.420 milhões de pessoas, 6% da população do país[13]. A Fundação Getúlio Vargas estimou um déficit habitacional de 7,7 milhões de domicílios no Brasil. Sem contar os moradores de rua, mais de vinte mil só na cidade de São Paulo.

Nas localidades mais pobres não existem os serviços básicos, como postos de saúde, escolas, creches e policiamento.

De cada 10 crianças e jovens até 17 anos, 6 são pobres segundo informa o Fundo das Nações Unidas para a Infância (Unicef). Conforme o Pesquisa Nacional por Amostra de Domicílio – PNDA 18 milhões de crianças vivem em situação de extrema pobreza no país.

Desigualdade. A desigualdade não é fenômeno nacional, os 500 mais ricos do mudo ganharam em 2017 US$ 1 trilhão, um crescimento de 20,4%. 1% dos mais ricos ficou com 22% da renda mundial.

O mapa da desigualdade traçado pela OXFAM aponta que "no mundo oito milhões de pessoas detém o mesmo patrimônio que tem a metade mais pobre da população[14]. Ao mesmo tempo, mais de 700 milhões de pessoas vivem com menos de US$ 1,90 por dia. No Brasil, a situação é pior: os 5% mais ricos têm a mesma fatia de renda que os demais 95%"[15]. A concentração de renda deixa às claras a desigualdade social.

No Brasil, em 2016 a renda média mensal de 88,9 milhão de trabalhadores ficou abaixo do salário mínimo.

Desemprego. No ano 2018 o desemprego no Brasil chegou a 12,4%, 13.650 milhões de pessoas, ficando de fora da estatística oficial 4,8 milhões que desistiram de procurar um posto de trabalho, na maioria jovens, negros e pardos (73;1%). Na conceituação do IBGE desempregado é quem procura um lugar no mercado de trabalho, subocupados aqueles que só trabalham poucas horas recebendo menos do que precisam, subutilizados e mais os que desistiram de procurar trabalho por desalento. 1 em cada 4 desempregados brasileiros segundo o IBGE procura emprego há

---

(11) *A reforma trabalhista no Brasil*, 2016.
(12) *Folha de São Paulo*, 21.01.2019.
(13) Censo IBGE 2010.
(14) Organização internacional criada em 1942.
(15) *A distância que nos une. Um retrato das desigualdades no Brasil*. São Paulo, 2017. p. 6.

mais de 2 anos. No segundo trimestre de 2018, entre os 12,5 milhões de desempregados, 3,197 milhões estavam nesta condição. Segundo o IBGE nada menos do que 1.538 postos de trabalho foram extintos no primeiro trimestre de 2018.

A Reforma trabalhista legitimou o trabalho precário e o intermitente. O trabalho informal chegou a 40.8 milhões de pessoas. Tem ainda os trabalhadores "sem carteira assinada", que são os ambulantes, os "marreteiros" instalados em barracas improvisadas, antigos "camelôs", os motoristas "uberizados", os "biqueiros", somando cerca de 11,50% além de advogados rotulados como associados de grandes escritórios, trabalhadores comuns transformados em pessoas jurídicas.

Trabalho infantil. No mundo 152 milhões de crianças trabalham, 72 milhões em condições de risco, 71% na agricultura, conforme levantamento da ONU. No Brasil são 1.8 milhão de crianças e adolescentes, 190 mil com menos de 14 anos, 800 mil com idade entre 14 a 17 anos aponta o IBGE conforme levantamento do ano 2016. Muitas nada recebem, outras são a única fonte de sustento da casa, 65,3% são pretas e pardas. Apenas 29,2% são registradas. Sem contar os "flanelinhas", malabaristas de rua, vendedores de bala e água, pedintes. Crianças e jovens com idade entre 15 e 29 anos, 11,1 milhões não trabalham nem estudam tornando-se alvo fácil do assédio de traficantes.

Trabalho escravo. Dados da ONU acusam a existência de 45.8 milhões de pessoas no mundo vítimas de trabalho análogo ao de escravo. São 21,16 milhões na América Latina, principalmente na Bolívia, Guatemala, República Dominicana. 71% ou quase 29 milhões são mulheres e menores, 16% trabalha como domésticas. No Brasil, de acordo com o índice Global de Escravidão-2016, chegou a 161 mil pessoas. Só no ano 2016 foram resgatados 369 trabalhadores. Muitos sequer podiam se locomover além do local de trabalho na área rural por suposta dívida, tendo seus documentos retidos.

Acidentes do trabalho. O acidente do trabalho naturalmente tem a ver com o trabalho agressivo, insalubre ou perigoso, mas inseguro. A Constituição mencionou o trabalho penoso que aguarda trinta anos para sua efetivação. Segundo o Observatório Digital de Saúde e Segurança do Trabalho, no período 2017/2018 a estatística oficial registrou 675.925 comunicações de acidentes e/ou moléstias profissionais, 2.351 mortes. Fossem apuradas com rigor as ocorrências e os números seriam muito maiores. Ainda hoje insalubridade e periculosidade são apenas conceitos médico/jurídicos que em troca do comprometimento da saúde e risco de morte, o trabalhador é compensado com um adicional remuneratório.[16]

Saúde. 90 milhões de brasileiros são atendidos pelo Sistema Único de Saúde – SUS, número cada vez maior em razão do alto custo dos planos de saúde privada. No Brasil há um médico para cada 470 pessoas, 2.3 leitos hospitalares por 1.000 habitantes.

8. UM SINDICATO ÚNICO E GERAL

O quadro acima aponta para o fim do capitalismo, destruído pela miséria do povo. O sindicato que temos, num sistema capitalista globalizado mas sob controle dos Estados Unidos que determinam os rumos de nossa economia, de nossa cultura e enquanto tiver forças de nossa história, deve defender os direitos e interesses da classe trabalhadora, custe o que custar[17]. Mesmo assim o que se discute nos meios acadêmicos, na imprensa, é o tamanho da autonomia e seu desmonte para evitar que se repita a ameaça dos tempos que antecederam o golpe de 1964, de instalação de uma "República Sindicalista"; a salvação do sistema com a aprovação da Convenção n. 87 da OIT que poderá instaurar um modelo fundado na liberdade sindical – e naturalmente – admitido o divisionismo provocado pelo pluralismo exacerbado até a criação de sindicatos por empresa.

A fragilização do movimento sindical acentuou-se paradoxalmente a partir da Constituição vigente com a proliferação de sindicatos de pequeno porte e imobilistas além do pluralismo de centrais. Certo que foram quase trinta e três anos de ditadura. A liberdade sindical tem o mesmo tamanho da liberdade política. Foram 33 anos e 8 meses de ditadura.[18] No governo Dutra 220 sindicatos sofreram intervenção ministerial e foi fechada a central Confederação dos Trabalhadores do Brasil – CTB; na ditadura de 1964 as intervenções chegaram a 1.565 além do fechamento da central Confederação Geral dos Trabalhadores – CGT[19]. A Constituição atual deu início ao sistema de parceria capital/trabalho para a flexibilização de direitos, ampliada no governo Fernando Henrique Cardoso alcançando no governo Michel Temer dimensão não imaginada com a superação do legislado pelo negociado; completando as ameaças do governo Jair Bolsonaro de ampliar a flexibilização de direitos trabalhistas, no entanto, não motivaram os

---

(16) A exposição pede uma pesquisa mais completa, são números e dados encontrados principalmente nos informes do IBGE e do PNDA.

(17) Em seu discurso de posse o presidente americano Donald Trump disse estas palavras: "Nós, cidadãos da América (...) juntos, determinaremos o curso da América e do mundo por muitos anos à frente. Enfrentaremos desafios, enfrentaremos dificuldades, mas faremos com que o trabalho seja feito".

(18) *Anteprojeto de Código do Trabalho*. Rio de Janeiro: Imprensa Oficial, 1964.

(19) Kenneth Paul Ericksonm. *Sindicalismo no processo político no Brasil*. São Paulo: Brasiliense, 1979. p. 67; e Maria Helena Moreira Alves. *O Estado e oposição no Brasil – 1964-1984*. Rio de Janeiro: Vozes, 1984. p. 244.

trabalhadores e seus sindicatos que não foram às ruas[20]. A crítica, no entanto, defende que só serão autênticas as entidades que forem custeados por contribuições voluntárias apesar dos efeitos *erga omnes* da convenção coletiva que permite a omissão de 80% dos trabalhadores que se mantém fora do quadro de sócios. A contenção das greves está na penalização dos sindicatos que se valem dos piquetes, da ocupação, não das fábricas, das garagens, dos armazéns, mas das ruas, não bastasse sua negação pelo judiciário, pródigo na concessão do interdito proibitório; as convenções coletivas, a falta de penalização das práticas antissindicais, pouco avançam, e se prestam para flexibilizar direitos em função da prevalência do negociado sobre o legislado institucionalizado pela reforma trabalhista de 2017.

A Constituição brasileira diferenciou a associação comum da sindical firmando que esta só representa seus associados e ainda assim desde que por eles autorizada (CF, art. 5º, XXI) ao passo que a sindical, como estabelece o art. 8º, no inciso III, representa e defende direitos e interesses da categoria que na forma do art. 511, § 2º, da CLT, constitui a coletividade de trabalhadores que operam numa mesma atividade econômica ou atividades assemelhadas. E defende interesses que não são exclusivamente trabalhistas, mas também sociais que estão elencados no art. 6º da Constituição e políticos, sobrepondo-se aos partidos de "aluguel", sem programa nem ideologia, 35 por ora e muitos outros na fila, aguardando registro.

Se é assim, por que mais de dez mil sindicatos, mais de 500 federações, mais de 30 confederações?[21] e dezenas de classes ou categorias? Verdadeiramente existe uma pluralidade sindical em função da divisão dos grupos profissionais: metalúrgicos, tecelões, padeiros, trabalhadores da construção civil, da hotelaria etc.

A organização da classe trabalhadora começou mutualista, tornou-se meio de resistência, renunciou o assistencialismo, passou a associação permanente. Foi órgão de colaboração com o Estado que enquadrou os trabalhadores em categorias correspondentes às atividades econômicas e impôs seu financiamento a cargo de todos, independentemente de filiação, controlando com mão forte sua gestão financeira, quase que inteiramente voltada para fins assistenciais (CLT, art. 592, II). Assistencialista sim, mas só para os sócios, porquanto os demais, embora duplamente contribuintes (contribuições sindical e assistencial) não participavam dos serviços organizados, como departamento jurídico, ambulatório médico/odontológico, colônia de férias, clube de campo, esporte, escolas etc., e permanente, é claro, mas sua ação principal, como regra, renova-se uma vez a cada ano com a convocação da assembleia geral para aprovar as reivindicações da categoria e participar das negociações coletivas que repetem, quase sempre, as mesmas conquistas, priorizando a correção dos salários que nada mais é do que a recomposição de seu valor nominal corroído pela inflação. A contribuição sindical que nada exige em contrapartida para ser recebida, dirigida para custear o assistencialismo crescente, fez do dirigente sindical um burocrata que deve administrar uma instituição complexa que emprega profissionais qualificados e exige gastos expressivos. O alheamento dos trabalhadores em se filiar e participar dos movimentos reivindicatórios esvaziou o quadro associativo permitindo o continuísmo que cai no imobilismo[22].

O sindicato é em tudo uma organização especial da classe trabalhadora considerada como um todo, independentemente de filiação. Nas greves quem irá saber se o grevista é ou não sindicalizado de "carteirinha"? Quando é desfraldada uma bandeira social protestando contra a carestia, o desemprego, a negação da assistência médica, a falta de creches, contra o trabalho escravo, infantil, ninguém há de querer saber se quem protesta e quem se quer proteger é sindicalizado ou não.

Então porque um quadro de associados? melhor seria, por certo, um sindicato geral, de todos.

O Brasil possui extensão continental dividida em 26 estados mais o Distrito Federal, 5.570 municípios, uma população de mais de 11.807 milhões de trabalhadores[23]. Claro, portanto, que o sindicato terá de se projetar cobrindo todo o país através de sessões municipais, estaduais e nacional, eleitas diretamente por toda a coletividade do mundo do trabalho. Os trabalhadores de cada estado elegerão a unidade estadual e todos a nacional. As unidades poderão constituir sessões profissionais sem casuísmos, tendo presente as atividades básicas do sistema econômico: indústria, comércio, transporte, serviços, rural, além do trabalho intelectual, doméstico, serviço público. Quando

---

(20) A parceria implicou na negociação coletiva *in pejus* para reduzir salários e flexibiliza a jornada de trabalho, conforme art. 7º, VI, XIII e XIX, da Constituição, depois no governo Fernando Henrique Cardoso, com o banco de horas (CLT, art. 59 e § 1º), contrato por prazo determinado (Lei n. 9.601, de 21.01.1998), contrato de trabalho por tempo parcial (CLT, art. 58-A, Medida Provisória n. 2.164-41, de 2001, suspensão do contrato de trabalho, CLT, art. 467, Medida Provisória n. 2.164-41, de 2001) e no governo Michel Temer com quinze permissões para através do negociado alterar o legislado, portanto em desfavor dos trabalhadores (CLT, art. 611-A).

(21) Números crescentes, tal a facilidade de dissociação e desmembramento, apenas para criar uma associação de um grupo de oportunistas que surrupia a representação de trabalhadores já representados, quase nunca de trabalhadores ainda inorganizados.

(22) Segundo levantamento da Fundação Perseu Abramo, do Partido dos Trabalhadores, a média de sindicalização em 2011 era de 17% (Densidade sindical e recomposição da classe trabalhadora no Brasil, julho de 2013, p. 11).

(23) Disponível em <http://mundogeo.com/blog/2015/08/31/ibge-divulga-as-estimativas-populacionais-dos-municipios-em-2015/>, número de trabalhadores em 2014, segundo o IBGE: visto em 13.05.2016.

se vê uma cidade de pequeno porte com menos de 30 mil habitantes, mas com duas ou três dezenas de sindicatos minúsculos, incapazes de se transformar em um sindicato de ofícios vários já preconizado no 1º Congresso Operário de 1906, conclui-se que mesmo no sistema unitário reina o divisionismo.

A negociação coletiva há que ser permanente, de nível nacional, articulada, mas para ser ajustada nas diversas regiões, para mais ou para menos, conforme a capacidade econômica dos diferentes setores e empresas. O resultado, quer dizer, a convenção coletiva teria duração pelo tempo determinado conforme vontade das partes, podendo contemplar cláusulas transitórias e outras definitivas. Greve, vedada a ação policial em favor do empregador, admitido o piquete não violento, como existe em toda parte do mundo. Sem qualificação, greve apenas, que sendo direito, ainda que não absoluto como se diz, não será ilegal ou abusiva. A Justiça do Trabalho decidirá os conflitos de direito sem competência para determinar a interdição das vias públicas, do acesso às imediações das empresas e o retorno ao trabalho e entenderá que o interdito proibitório é uma prática antissindical. O atendimento das necessidades inadiáveis da comunidade caberá ao sindicato. Uma lição a ser aprendida com dirigentes do "velho sindicato": o movimento grevista deve sensibilizar a população e contar, pelo menos com sua simpatia. Para tanto, indispensável que leve ao povo as razões determinantes, as reivindicações e a postura dos empregadores; parar as avenidas, as rodovias, não atinge os adversários, mas a população que se coloca contra os grevistas. Fazer greve não é só cruzar os braços mas atuar para que as reivindicações cheguem forte a quem deva atendê-las, sem afetar os enfermos da rede de saúde pública, os estudantes das escolas oficiais, os desvalidos das filas da previdência social, dos trabalhadores que precisam se locomover de volta para suas casas depois da lida. Outros métodos conjugados pelo apoio popular melhor conduzirão à vitória.

Democracia acima de tudo, sob controle, melhor dizendo: autocontrole, através de um Conselho Nacional Sindical, eleito diretamente por toda a classe trabalhadora, que será a instância superior da estrutura sindical, ao qual caberá determinar princípios básicos a serem adotados como prazo máximo de duração dos mandatos, condicionamentos para a fixação da contraprestação remuneratória dos dirigentes, como proporcionalidade à receita e razoabilidade em face do salário médio praticado na localidade. O sindicato não comporta adjetivação negativista: "oficialista", "imobilista", "pelego", "corrupto", o que existe são dirigentes "oficialistas", "imobilistas", "pelegos", "corruptos". Os qualificativos comprometem o sindicato e atiçam a crise que qual uma nuvem negra se espalha maculando todos, até os autênticos, de resistência, "velhos" ou "novos". O procurador do trabalho Francisco Gérson Marques de Lima em seu texto revela que 251 sindicatos possuem mandatos iguais ou superiores a 6 anos, 5 deles, além de 10 anos, 14 federações, também com mais de 6 anos, conforme sua denúncia "5.984 entidades profissionais, mais da metade das registradas nunca celebraram qualquer instrumento coletivo de trabalho, seja acordo ou convenção coletiva de trabalho"[24].

O sindicato é a expressão maior da coletividade organizada, como associação de luta, de reivindicações, de resistência e solidariedade, por isto tem que se estruturar conforme a vontade da classe trabalhadora e agir politicamente para alcançar seus fins. E quais são? A resposta está em nossa Constituição: Em que pese o pensamento mais reacionário, vale ter presente que o sindicato compõe o pluralismo político destacado no inciso V do art. 1º da Constituição que constitui um dos pilares do Estado Democrático de Direito. Pode parecer um exercício poético, mas o Diploma coloca num mesmo plano o capital e o trabalho (art. 1º, II) e proclama que todo poder emana do povo (parágrafo único). A ordem econômica tem como fundamento a valorização não só da livre-iniciativa, mas também do trabalho humano, tendo por fim a busca do pleno emprego, devendo assegurar a todos existência digna, conforme os ditames da justiça social (CF, art. 170) enquanto a ordem social tem como base o primado do trabalho, e como objetivo o bem-estar e a justiça sociais (CF, art. 193). A saúde como a educação são direitos de todos e dever do Estado (CF, arts. 196 e 205). Está escrito no art. 3º:

> Constituem objetivos fundamentais da República Federativa do Brasil; I – construir uma sociedade livre, justa e solidária; (...) III – erradicar a pobreza e a marginalização e reduzir as desigualdades sociais e regionais; IV – promover o bem de todos, sem preconceitos de origem, raça, sexo, cor, idade e quaisquer outras formas de discriminação.

Por isto a ação sindical se desenvolve num caminho político/social. de modo que o sindicato tem como dever principal contribuir para a construção dessa sociedade livre, justa e solidária; sem pobreza e desigualdades, voltada para promover o bem de todos, sem preconceitos de origem, raça, sexo, cor, idade e quaisquer outras formas de discriminação. Quer dizer um sindicato único e geral, de luta e resistência.

---

(24) *Revista LTr*, vol. 79, n. 2, fevereiro, 2015, p. 154.

MODELO BRASILEIRO DE ORGANIZAÇÃO SINDICAL: PERSPECTIVAS PARA O FUTURO[1]

José Claudio Monteiro de Brito Filho[2]
Anna Marcella Mendes Garcia[3]
Elba Brito Maués[4]

1. CONSIDERAÇÕES INICIAIS

Os últimos meses, desde a entrada em vigor da Lei n. 13.467, de 2017, têm sido de grande inquietação no mundo sindical. Com efeito, com a lei citada, também conhecida como "reforma trabalhista", e posterior decisão do Supremo Tribunal Federal, como será visto mais adiante, ruiu um dos principais elementos de sustentação de um modelo de organização sindical autoritário e ultrapassado.

Esse elemento é a contribuição sindical, que passou de compulsória para voluntária, como veremos, o que pôs fim a uma fonte de receita importante para todas as organizações sindicais, e até para as centrais sindicais.

Tem havido reações e tentativas de superar essa perda, até da parte do Ministério Público do Trabalho, mas, é duvidosa a possibilidade de êxito de tais ações, e a expectativa que se tem é de quais são as perspectivas para o futuro de organizações indispensáveis para os integrantes da relação entre o capital e o trabalho, especialmente os trabalhadores, considerando um movimento sindical cada vez mais fragilizado e, seguramente, sem o instrumental minimamente necessário para dar conta de suas obrigações.

Essa é a questão que norteia este texto, sendo, ao mesmo tempo, seu objetivo geral. Sob o aspecto metodológico, trata-se de uma pesquisa teórico-normativa, que tem como base análise doutrinária e, quando for necessária, jurisprudencial, dos comandos normativos que interessam para a temática central do estudo.

Por fim, encerrando essas primeiras considerações, cabe registrarmos que na próxima seção faremos um panorama, até histórico, de como foi forjado o modelo brasileiro de organização sindical. Em seguida, mostraremos as alterações ocorridas em 2004 e 2017, e que influenciaram no sentido de um decréscimo nas atividades sindicais, fragilizando ainda mais um modelo que já era pouco adequado, além de discutir o que é possível prever a partir daí para a atuação das entidades que representam interesses profissionais ou econômicos. Encerraremos respondendo ao problema de pesquisa, apresentando as perspectivas para o futuro das organizações sindicais brasileiras.

2. O MODELO BRASILEIRO DE ORGANIZAÇÃO SINDICAL: EVOLUÇÃO

As organizações sindicais nasceram sob o signo da liberdade. Com efeito, aproveitando a ideia de Estado liberal, não houve, em primeiro momento, logo após a abolição da escravatura, e consequente uso da mão de obra livre em larga escala, regulamentação a respeito das organizações sindicais no Brasil[5], o que somente começou a acontecer na primeira década do século XX, com os Decretos ns. 979, de 1903, e 1.637, de 1907, sem afetar significativamente a ideia de atuação com liberdade.

Isso persistiu até o final da década de vinte, ainda no século XX, quando, sob a Presidência de Getúlio Vargas, a situação foi alterada.

---

(1) Texto especialmente escrito para obra em homenagem a Armando Casimiro Costa Filho, mais conhecido como Armandinho, Diretor da Editora LTr, e, além de uma figura humana ímpar, um dos maiores incentivadores do estudo do Direito Social, em todas as suas vertentes, no Brasil.

(2) Doutor em Direito das Relações Sociais pela PUC/SP. Professor do PPGD/CESUPA. Titular da Cadeira n. 26 da Academia Brasileira de Direito do Trabalho.

(3) Mestranda do Programa de Pós-Graduação em Direito da Universidade Federal do Pará – UFPA. Integrante do Grupo de Pesquisa Emprego, Subemprego e Políticas Públicas na Amazônia.

(4) Aluna do Curso de Graduação em Direito do Centro Universitário do Estado do Pará – CESUPA. Integrante do Grupo de Pesquisa Emprego, Subemprego e Políticas Públicas na Amazônia.

(5) A respeito desse momento é possível ler em *Liberalismo e sindicato no Brasil*, de Luiz Werneck Vianna (3. ed. Rio de Janeiro: Paz e Terra, 1989. p. 46-61).

O atual modelo de organização sindical no Brasil começou a ser construído em 1931, com o Decreto n. 19.770, com o início do que Amauri Mascaro Nascimento denominou de fase intervencionista da história do sindicalismo no Brasil[6], pois foi quando se passou de um modelo livre — ao menos do ponto de vista normativo — para um modelo de organização rigidamente controlado.

Nesse momento houve a implantação, conforme ensina Octavio Bueno Magano, das "bases de um tipo corporativista de organização sindical, que perdura até hoje"[7]. Essas bases, unicidade sindical e contribuição sindical compulsória, são completadas poucos anos após com a competência normativa da Justiça do Trabalho.

Tratando dessa última, afirma Raimundo Simão de Melo que, em 1934 foi instituída a competência normativa, por força da criação dos tribunais do trabalho pelo art. 122 da Constituição daquele ano, mas, foi em 1937, no Estado Novo, que a competência normativa foi intensificada, até pela proibição da greve e do locaute[8].

Fixou-se, então, e como dito acima, um modelo rígido, baseado em um tripé: unicidade sindical, contribuição sindical compulsória e competência normativa da Justiça do Trabalho.

E ele sobreviveu ao longo dos anos, não obstante tenhamos tido em todo esse período diversas constituições no Brasil, democráticas e não democráticas. Poderia ser espantosa essa sobrevivência, mas, quando pensamos que entidades sindicais fracas e de fácil controle interessam a quase todos os governos e, tanto quanto, a dirigentes sindicais sequiosos de manter o poder, é simples compreender a razão dessa duradoura situação.

A respeito da atual Constituição da República, de 5 de outubro de 1988, trouxe ela algumas alterações a respeito da liberdade sindical no Brasil, consagrando, no art. 8º, inciso I, o que se denomina de liberdade sindical coletiva de associação, que é a relativa à possibilidade de criação de entidades sindicais independentemente de autorização do Estado, bem como a liberdade sindical coletiva de administração, que garante às organizações sindicais o direito de estarem livres da interferência e da intervenção estatal, bem como o direito ao autorregramento[9].

Manteve, por outro lado, a unicidade sindical, conforme consta do art. 8º, inciso II, juntamente com a sindicalização por categoria e a base territorial mínima, pelo que subsistiu a falta de liberdade sindical coletiva de organização[10], além de permitir a cobrança de contribuição sindical prevista em lei (art. 8º, IV) e garantir a continuidade da competência normativa da Justiça do Trabalho (art. 114, § 2º).

Com isso, o tripé instituído ainda no período Vargas foi mantido. Por que isso ocorreu, novamente? Agora, por interesse do movimento sindical, como explicam diversos autores.

Começando com Ary Brandão de Oliveira, para quem foi mantida a unicidade sindical porque os constituintes aceitaram apelos nesse sentido de dirigentes sindicais de empregados e empregadores[11].

Já Maria Hermínia Tavares de Almeida, tratando do motivo para a manutenção do tripé, registra que, na constituinte, não era uma demanda prioritária a reforma sindical, da parte dos dirigentes sindicais, pois, em larga margem, havia interesse na manutenção da estrutura existente. A autora ressalva a CUT (Central Única dos Trabalhadores), defensora, embora sem grande empenho, do pluralismo sindical[12].

Somando a essa conclusão, afirma Armando Boito Jr., para quem "Nenhuma corrente sindical nacional representativa lutou de modo consistente pela destruição da estrutura sindical"[13].

E a razão é explicada de forma simples: manutenção de poder.

Com um sindicato único não há oposição aos dirigentes da entidade que exerce o monopólio, ao menos não oposição externa, sendo preferível até não ter muitos associados, para controlar uma possível oposição no plano interno.

Não era um problema, também, ter poucos associados, pois, ao contrário das associações em geral, as entidades sindicais não precisavam de receita de contribuições decorrentes da associação, ou seja, receita voluntária, e de sócios, pois a contribuição sindical compulsória devida por todos os integrantes da categoria, e não somente de

---

(6) NASCIMENTO, Amauri Mascaro. *Direito sindical*. São Paulo: Saraiva, 1989. p. 60.

(7) MAGANO, Octavio Bueno. *Manual de direito do trabalho*. 2. ed. São Paulo: LTr, 1990. p. 45, v. III: Direito Coletivo do Trabalho.

(8) MELO, Raimundo Simão de. *Dissídio coletivo de trabalho*. São Paulo: LTr, 2002. p. 42.

(9) Amauri Mascaro Nascimento denominava essas duas facetas da liberdade sindical coletiva de administração de, respectivamente, autarquia externa e democracia interna (*Direito sindical*. São Paulo: Saraiva, 1989. p. 119-120).

(10) A respeito da liberdade sindical, de suas dimensões: coletiva e individual, e de suas subdivisões, sugerimos ver o livro *Direito sindical*, de José Claudio Monteiro de Brito Filho, um dos autores deste texto (7. ed. São Paulo: LTr, 2018. p. 79-84).

(11) *A Constituição de 1988 e as repercussões na justiça do trabalho*. Belém: CEJUP, 1992. p. 129.

(12) *Crise econômica e interesses organizados*: o sindicalismo no Brasil dos anos 1980. São Paulo: Universidade de São Paulo, 1996. p. 179-187.

(13) Reforma e persistência da estrutura sindical. In: BOITO JR., Armando (Org.). *O sindicalismo brasileiro nos anos 1980*. Rio de Janeiro: Paz e Terra, 1991. p. 76.

associados, dava conta da maioria das despesas, e era em valor vultoso e mais do que suficiente[14].

De igual modo, não havia óbices em se ter entidades fracas e sem associados, porque, ainda que não tivessem poder de mobilização para as lutas sindicais, findavam por conseguir conquistas em favor da categoria por intermédio da competência normativa da Justiça do Trabalho.

O tripé do corporativismo, então, que serviu, no momento em que foi criado, para os interesses do governo, que controlava as entidades sindicais pela unicidade; que lhes transferia serviços públicos, dando como contrapartida a contribuição sindical compulsória; e lhes impedia de exteriorizar seus conflitos coletivos de trabalho, resolvendo-os pela competência normativa da Justiça do Trabalho, passou a sustentar entidades sindicais fracas e que não precisavam ter qualquer compromisso com as categorias por elas representadas.

Esse tripé está agora em boa parte solapado, e é disso que nos ocuparemos na seção seguinte.

3. OS ABALOS NO TRIPÉ DO CORPORATIVISMO

Como dito na seção anterior, o tripé do corporativismo, mantido na Constituição da República atualmente em vigor e por interesse direto dos dirigentes sindicais contra os interesses de seus representados, principalmente os trabalhadores, sofreu considerável abalo, o que deverá promover uma mudança dos rumos na organização sindical brasileira, a não ser que se pretenda ver minguar ainda mais a atuação das entidades sindicais.

O primeiro abalo veio com a Emenda Constitucional n. 45, de 2004 que, principalmente, alterou disposições relativas ao Poder Judiciário. Essa emenda modificou o art. 114, § 2º, da Constituição da República, instituindo o comum acordo para o ajuizamento da ação denominada de dissídio coletivo, por meio do que os tribunais trabalhistas podem regular condições de trabalho entre trabalhadores e empregadores, via sentença normativa.

Essa alteração, em boa medida, e como já dito, freou prática comum de sindicatos fracos que, incapazes de negociar em igualdade de condições, serviam-se da competência normativa da Justiça do Trabalho para simular uma capacidade de representação dos interesses da categoria que não possuíam.

Com efeito, há tempos que a negociação coletiva no Brasil perdeu importância no sentido de ser meio de, efetivamente, solucionar os conflitos coletivos entre trabalhadores e empregadores. É que, com entidades sindicais profissionais fracas e sem representatividade, a possibilidade de reivindicar a melhoria e até a manutenção das condições de vida e de trabalho dos empregados por meio da contratação coletiva reduziu-se de forma drástica.

De há muito então que, a única solução era tentar — ou simular essa tentativa — a negociação e, em não havendo êxito, ajuizar o dissídio coletivo, deixando que a Justiça do Trabalho fixasse as condições de trabalho pela via da sentença normativa.

O comum acordo, exigência para o ajuizamento, freou essa possibilidade, deixando as organizações sindicais, principalmente as que representam trabalhadores, sem muita alternativa que não a de moderar as reivindicações em favor destes, sob pena de não terem um contrato coletivo de trabalho assinado[15].

Assim é porque, agora, a única leitura possível do art. 114, § 2º, da Constituição da República é a de que só é possível instaurar o dissídio coletivo se todos os envolvidos no conflito coletivo de trabalho concordarem. Nesse sentido, por exemplo, as lições, com nuances distintas, de Otavio Brito Lopes[16], Francisco Meton Marques de Lima e Francisco Gérson Marques de Lima[17], e Marcos Neves Fava[18].

Foi uma solução ainda aquém do que era necessário, pois o correto teria sido extinguir, pura e simplesmente, a competência suprimida, eliminando essa via estranha ao embate entre as partes de um conflito coletivo de trabalho, e que tanto contribuiu — e ainda contribui — para o enfraquecimento das entidades sindicais brasileiras. O que deveria, repetimos, era "ter sido a competência normativa eliminada, restando à Justiça do Trabalho apenas a solução de conflitos jurídicos, aí incluídos os coletivos"[19].

---

(14) Reportagem de O Estado de São Paulo, usando dados do Ministério do Trabalho, informa queda de 86% da arrecadação com a contribuição sindical, de 1,98 bilhão em 2017, para 276 milhões em 2018, quando, como veremos mais adiante, deixou de ser compulsória para se tornar voluntária. Disponível em: <https://economia.estadao.com.br/noticias/geral,renda-com-imposto-sindical-tem-queda-de-86-em-um-ano,70002601911>. Acesso em: 28 dez. 2018.

(15) Cumpre esclarecer que usamos a expressão "contrato coletivo de trabalho" como gênero das duas espécies de contratação coletiva que são admitidas no Brasil, do ponto de vista normativo e prático: a convenção coletiva de trabalho e o acordo coletivo de trabalho — ver o art. 611 da CLT.

(16) O poder normativo da Justiça do Trabalho após a Emenda Constitucional n. 45. *Revista LTr*. São Paulo, v. 69, n. 2, p. 167, fev. 2005.

(17) *Reforma do Poder Judiciário*: comentários à EC n. 45/2004. São Paulo: Malheiros, 2005, p. 126.

(18) O esmorecimento do poder normativo — análise de um aspecto restritivo na ampliação da competência da justiça do trabalho. In: COUTINHO, Grijalbo Fernandes; FAVA, Marcos Neves (Coords.). *Nova competência da justiça do trabalho*. São Paulo: LTr, 2005. p. 277 e 291.

(19) BRITO FILHO, José Claudio Monteiro de. *Direito sindical*. 7. ed. São Paulo: LTr, 2018. p. 266.

De qualquer sorte, tornou mais difícil mascarar, aos olhos dos representados pelas entidades sindicais, a fraqueza destas.

O segundo e devastador abalo veio com a Lei n. 13.467, de 2017, já referida acima, também, da forma como é mais conhecida: "reforma trabalhista", que modificou diversas disposições em matéria de Direito Individual do Trabalho, Direito Sindical e Direito Processual do Trabalho e, no que nos interessa neste texto, alterou a sistemática de cobrança da contribuição sindical.

Esta deixou de ser compulsória para se tornar facultativa, conforme se verifica no art. 578, da Consolidação das Leis do Trabalho, reduzindo drasticamente a receita fácil das entidades sindicais[20].

A observar que essa alteração, que atingiu a principal fonte de receita das entidades sindicais — e também das centrais sindicais, desde a Lei n. 11.648, de 2008 —, já teve sua constitucionalidade reconhecida pelo Supremo Tribunal Federal no julgamento da ADI n. 5.794 e de quase outras duas dezenas de ações com idêntico objeto[21].

Ainda se tentou — e se ainda tenta — reverter ou atenuar, à margem da lei e da posição firmemente adotada pelo Supremo Tribunal Federal, o fim da compulsoriedade.

Houve, por exemplo, a decisão proferida pela juíza Patrícia Pereira de Santanna, da 1ª Vara do Trabalho de Lages, que considerou a contribuição sindical com natureza tributária e, por isso, que qualquer alteração em suas regras deveria ser feita por lei complementar, e não por uma lei ordinária, como é o caso da Lei n. 13.467/2017, além de, também conforme a juíza, o Código Tributário Nacional, no art. 3º, determinar que tributo sempre é compulsório, pelo que fixou em favor do sindicato autor o direito de continuar recebendo a contribuição sindical compulsoriamente[22]. Depois, toda essa argumentação caiu por terra com o que foi decidido pelo Supremo Tribunal Federal, conforme logo acima registrado.

No mesmo sentido, o ofício (SECHSEG n. 07/2017) dirigido em 19 de outubro de 2017 pelo Sindicato Intermunicipal dos Empregados no Comércio Hoteleiro e Similares no Estado de Goiás à empresa que tem empregados representados pela entidade sindical, afirmando que, com o fim da contribuição sindical obrigatória, só representava quem efetuasse o pagamento de uma contribuição negocial ajustada, e que a cláusula 8ª da convenção coletiva de trabalho celebrada com o sindicato da categoria econômica autorizaria a aplicação do contrato coletivo somente em favor dos pagantes, o que não é possível, considerando o modelo de representação que adotamos, quando o sindicato representa todos os integrantes da categoria, associados ou não.

Por fim, ainda no plano da exemplificação, e de forma mais recente, houve a Nota Técnica n. 2, de 26 de outubro de 2018, da CONALIS, coordenadoria do Ministério Público do Trabalho que cuida da liberdade sindical, nota esta denominada de "Contribuição estabelecida em acordo ou convenção coletiva de trabalho", e que, formando, no plano do entendimento, ao lado das entidades que querem continuar a ter receita garantida independentemente de representatividade, além de reconhecer uma assembleia geral formada por pessoas que não sejam associadas de entidade sindical, bem como ignorar o estado atual das organizações brasileiras, o que já foi mencionado neste texto, tenta justificar no plano jurídico o direito de as entidades instituírem cobrança em desfavor de todos mediante contrato coletivo de trabalho, com a ressalva de que seja dado razoável direito de oposição.

Ao assim entender, o que se fez foi ignorar a Súmula vinculante n. 40 do Supremo Tribunal Federal e o Precedente Normativo n. 119 do Tribunal Superior do Trabalho, claramente como forma de criar uma alternativa à decisão do Supremo nas ADI já mencionadas a respeito da contribuição sindical, permitindo que se institua nova forma de receita de difícil resistência daqueles que se recusam a contribuir para entidades que pouco ou nenhum serviço prestam.

E não se diga que é somente uma nota técnica, sem coercitividade, pois o que o entendimento pode, principalmente, fazer, é paralisar boa parte da atuação dos procuradores do trabalho, "desobrigados", agora, pelo entendimento da coordenadoria que cuida dessa matéria, de impedir que entidades sindicais cobrem, sem amparo legal, contribuições que não são devidas pelos trabalhadores não associados dos sindicatos.

A ver o nível de adesão dos membros do Ministério Público do Trabalho a esse posicionamento. Não obstante, surjam ou não essas e/ou outras alternativas, o certo é que não se poderá mais cobrar de forma compulsória a contribuição sindical prevista nos arts. 578 a 610 da CLT, nem se pode substituir essa cobrança por contribuições devidas por não associados, pois essa conduta fere a liberdade sindical individual destes, o que já foi reconhecido pelo Tribunal Superior do Trabalho e pelo Supremo Tribunal Federal.

Restou do tripé, ainda, a unicidade sindical, que é uma das restrições que temos, como dito acima, em nosso modelo, ao que é denominado de liberdade sindical coletiva

---

(20) Ver nota anterior a respeito, em que se observa a nítida redução da receita das organizações sindicais com a mudança na cobrança da contribuição, de obrigatória para facultativa.

(21) Disponível em: <www.stf.jus.br>.

(22) Notícia disponível em: <www.conjur.com.br/2017-dez-06/juiza-anula-fim-contribuicao-sindical-hierarquia-leis>. Acesso em: 8 dez. 2017.

de organização, e que significa, em síntese, a liberdade que têm trabalhadores e empregadores de criar todas as organizações sindicais que forem de seu interesse. A essa restrição somam-se outras três: a base territorial mínima, a sindicalização por categoria, e a existência do sistema confederativo, esta última prevista no art. 8º, IV, da Constituição da República.

Essas restrições todas, principalmente a unicidade, em cenário em que não há mais a facilidade que existia quando a competência normativa era utilizada mais facilmente, nem há recursos em abundância, mostram a dificuldade que terão os trabalhadores para se opor a modificações em suas condições de trabalho.

De fato, em ambiente normativo que permite a flexibilização ampla, bem como a fixação de condições de trabalho em condições mais precárias que as anteriormente existentes, é necessária a presença de entidades sindicais fortes e capazes de negociar com mínimas condições de igualdade.

E isso é exatamente o que não existe. No modelo de monopólio que se tem no Brasil, em que o sindicato único representa todos os trabalhadores de um segmento econômico ou profissão compulsoriamente, sem que se possa buscar outra entidade que possa representar interesses com mais competência, e/ou em formato que os trabalhadores julguem ser mais adequado, o que se tem é, de um lado, flexibilidade, e de outro, a combatê-la — quando é necessário —, rigidez.

E o que se pode concluir desse cenário?

4. CONCLUSÃO

Nosso modelo de organização sindical envelheceu e precisa ser reformado com urgência. Não há, todavia, algo nesse sentido no horizonte, pois o modelo vigente serve a muitos interesses: de dirigentes sindicais, que manejam entidades fechadas, pouco permeáveis a mudanças, até de liderança; dos empregadores, que negociam e convivem diariamente com entidades pouco capazes de lhes oferecer risco e/ou resistência; além de outros, alguns assumindo a posição também de defensores dos trabalhadores, quando o que estes realmente precisam é somente de lideranças autênticas e que possam ser escolhidas em um ambiente de liberdade.

Mais, a perspectiva, ao menos no curto prazo, é de puro e simples enfrentamento, como vimos em exemplos acima, às vezes com igual entendimento do que têm instituições do Estado — ver a breve discussão acima a respeito da Nota técnica n. 2, da CONALIS, na seção anterior —, mas, sem querer reconhecer que o que existe é, somente, um modelo autoritário, incapaz de gerar uma boa representação de trabalhadores e de empregadores, especialmente dos primeiros.

É que a disputa aqui, precisamos relembrar, não é pela representação dos trabalhadores. É, prioritariamente, pela manutenção de um modelo que garante poder a dirigentes sindicais e a outros, em detrimento dos interesses de trabalhadores, em especial, e de empregadores.

Nesse sentido, esperar de quem se serve de um modelo que somente a eles interessa um comportamento racional é esperar muito, pois houve mais de oitenta anos para que isso acontecesse, e não há exemplos que demonstrem que isso poderá ocorrer.

De qualquer sorte, como o conjunto normativo não favorece a manutenção do modelo, o que já foi decidido em última instância pelo Poder Judiciário, não nos parece que esse enfrentamento vá levar ao resultado pretendido pelas organizações sindicais, e isto abre duas possibilidades: as entidades quedam-se à tendência irreversível da implantação de um modelo plural e livre, típico de uma sociedade estabelecida em bases democráticas, ou se sujeitam ao desaparecimento.

Pelas razões acima apontadas, a primeira hipótese não se realizará, o que nos leva à conclusão de que a necessária reforma deverá ser feita, sob pena de extinção do sindicalismo no Brasil, à revelia dos que insistem no atraso, no autoritarismo e no monopólio, pelos representantes legitimamente eleitos não para sustentar e/ou abonar privilégios, mas para fazer valer o que foi definido como básico pelos integrantes da sociedade. Democracia e pluralismo são valores que compõem esse básico.

5. REFERÊNCIAS

ALMEIDA, Maria Hermínia Tavares de. *Crise econômica e interesses organizados:* o sindicalismo no Brasil dos anos 1980. São Paulo: Universidade de São Paulo, 1996.

BOITO JR., Armando (Org.). *O sindicalismo brasileiro nos anos 1980*. Rio de Janeiro: Paz e Terra, 1991.

BRITO FILHO, José Claudio Monteiro de. *Direito sindical*. 7. ed. São Paulo: LTr, 2018.

COUTINHO, Grijalbo Fernandes; FAVA, Marcos Neves (Coord.). *Nova competência da justiça do trabalho*. São Paulo: LTr, 2005.

LIMA, Francisco Meton Marques de e LIMA, Francisco Gérson Marques de. *Reforma do Poder Judiciário:* comentários à EC 45/2004. São Paulo: Malheiros, 2005.

LOPES, Otavio Brito. O poder normativo da Justiça do Trabalho após a Emenda Constitucional n. 45. *Revista LTr.* São Paulo, v. 69, n. 2, p. 166-170, fev. 2005.

MAGANO, Octavio Bueno. *Manual de direito do trabalho*. 2. ed. São Paulo: LTr, 1990. v. III: Direito Coletivo do Trabalho.

MELO, Raimundo Simão de. *Dissídio coletivo de trabalho*. São Paulo: LTr, 2002.

NASCIMENTO, Amauri Mascaro. *Direito sindical*. São Paulo: Saraiva, 1989.

OLIVEIRA, Ary Brandão de. *A Constituição de 1988 e as repercussões na justiça do trabalho*. Belém: CEJUP, 1992.

VIANNA, Luiz Werneck. *Liberalismo e sindicato no Brasil*. 3. ed. Rio de Janeiro: Paz e Terra, 1989.

AS RECEITAS SINDICAIS DEPOIS DA REFORMA TRABALHISTA

Luiz Eduardo Gunther[1]

HOMENAGEM A ARMANDO CASIMIRO COSTA FILHO

Louvável a iniciativa da Academia Brasileira de Direito do Trabalho, por sugestão dos confrades Carlos Henrique Bezerra Leite e Vítor Salino de Moura Eça, de prestar homenagem póstuma a Armando Casimiro Costa Filho. Seguindo os passos do seu pai, Armandinho, como carinhosamente o chamávamos, era a alma da Editora LTr. Tudo passava por uma conversa com ele: as organizações dos livros, as publicações, os eventos, as vendas das obras. Seu temperamento afável sempre permitia uma conversa em voz mansa, olhos nos olhos, o amor pelas publicações jurídicas trabalhistas sempre falando mais alto.

Graças a seu permanente e incansável apoio às iniciativas de professores, juízes, advogados, procuradores do trabalho e outros estudiosos, muitas obras de natureza trabalhista nasceram e enriqueceram o saber jurídico do País. Temos muito a agradecer pelo privilégio de ter conhecido, e convivido, com esse extraordinário ser humano que deixará muitas saudades.

1. A POLÊMICA SOBRE O RECOLHIMENTO FACULTATIVO DA CONTRIBUIÇÃO SINDICAL

A reforma trabalhista decretou a facultatividade do recolhimento da contribuição sindical. Antes compulsória, a dedução pelos empregadores de um dia de trabalho dos empregados, agora essa receita depende da concordância dos trabalhadores.

A partir de 11 de novembro de 2017, segundo os arts. 545, 578, 579, 582, 583, 587 e 602 da Consolidação das Leis do Trabalho – CLT, em suas novas redações, as contribuições devidas aos sindicatos dos trabalhadores (aqui fala-se, especialmente, da contribuição sindical) devem ser devidamente autorizadas para que sejam descontadas das folhas de pagamento dos empregados.

Questiona-se a oportunidade dessa mudança legal, pondo em risco a obtenção da principal receita sindical, que era a contribuição sindical obrigatória, transformando-a em voluntária. Quais as razões pelas quais se tornou facultativa?

Na dicção de Mauricio Godinho Delgado, essa transformação diminui, severamente, o custeio das entidades sindicais, ao eliminar, de pronto, "sem qualquer período mínimo de transição, a antiga contribuição sindical obrigatória, oriunda da década de 1940, originalmente apelidada de imposto sindical"[2]. Segundo esse autor, dentro desse mesmo assunto, a reforma trabalhista não trata da necessária regulação da contribuição assistencial/negocial (também conhecida pelo epíteto de "cláusula de solidariedade"), "que é inerente ao custeio sindical em decorrência da celebração dos documentos coletivos negociados (CCTs e ACTs)"[3].

Observe-se que no inciso IV, do art. 8º, da Constituição, consta que a assembleia geral fixará a contribuição (que, em se tratando de categoria profissional, será descontada em folha!) para custeio do sistema confederativo da representação sindical respectiva[4]. Está se falando, aí, da denominada contribuição confederativa, que, para o Supremo Tribunal Federal[5], só pode ser descontada dos associados. A última linha desse dispositivo, porém,

---

(1) Professor do Centro Universitário Curitiba – UNICURITIBA; Desembargador do Trabalho no TRT 9 PR; Pós-doutor pela PUC-PR; Membro da Academia Brasileira de Direito do Trabalho, do Instituto Histórico e Geográfico do Paraná e do Centro de Letras do Paraná. Orientador do Grupo de Pesquisa que edita a Revista Eletrônica do TRT9 (<http://www.mflip.com.br/pub/escolajudicial/>).

(2) DELGADO, Mauricio Godinho. *Capitalismo, trabalho e emprego*: entre o paradigma da destruição e os caminhos da reconstrução. 3. ed. rev. e ampl. São Paulo: LTr, 2017. p. 151.

(3) Idem.

(4) BRASIL. *Constituição da República Federativa do Brasil*. Art. 8º. (...) "a assembleia geral fixará a contribuição que, em se tratando de categoria profissional, será descontada em folha, para custeio do sistema confederativo da representação sindical respectiva, independentemente da contribuição prevista em lei". Disponível em: <http://www.planalto.gov.br/ccivil_03/constituicao/constituicao.htm>. Acesso em: 15 fev. 2019.

(5) BRASIL. *Supremo Tribunal Federal*. Súmula n. 666: "A contribuição confederativa de que trata o art. 8º, IV, da Constituição, só é exigível dos filiados ao sindicato respectivo". Disponível em: <http://www.stf.jus.br/portal/cms/verTexto.asp?servico=jurisprudenciaSumula>.

contém a afirmação "independentemente da contribuição prevista em lei". Essa contribuição prevista em lei é a contribuição sindical.

Tanto a contribuição confederativa quanto a contribuição sindical encontram respaldo na Constituição da República Federativa do Brasil. Questionável, portanto, que a reforma trabalhista, além de exigir a prévia e expressa autorização para esses descontos, considere o recolhimento objeto ilícito, porque suprimiria ou reduziria a liberdade de associação profissional do trabalhador qualquer cobrança, ou desconto salarial, estabelecidos em convenção coletiva ou acordo coletivo de trabalho, "sem sua expressa e prévia anuência"[6].

Por outro lado, deve-se indagar: se as duas contribuições, confederativa e sindical, têm assento constitucional, por que não poderiam ser objetivo de negociação coletiva quanto às suas fixações e descontos/cobranças?

Há quem entenda que "não pode a assembleia geral criar obrigações patrimoniais aos empregados ou às empresas automaticamente"[7]. Segundo esse pensamento:

> Toda e qualquer obrigação pecuniária ou patrimonial somente pode ser levada a efeito (desconto em folha ou emissão de boleto ou qualquer outra forma de cobrança) desde que ocorra a prévia e expressa anuência de quem vai pagar, seja empregado ou empregador.[8]

Também conhecida pela denominação de *imposto sindical*, a contribuição sindical constitui a mais importante fonte de custeio das organizações sindicais, na dicção de José Cairo Júnior. Assevera, ainda, que por se tratar de um tributo, observou-se "o princípio da reserva legal e foi instituído por um Decreto-lei, mais precisamente pelos arts. 578 e seguintes da Consolidação das Leis do Trabalho"[9].

O Supremo Tribunal Federal já decidiu sobre a constitucionalidade desse tributo, conforme o seguinte julgado:

> A recepção pela ordem constitucional vigente da contribuição sindical compulsória, prevista no art. 578, CLT, e exigível de todos os integrantes da categoria, independentemente de sua filiação ao sindicato, resulta do art. 8º, IV, *in fine*, da Constituição; não obsta à recepção a proclamação, no *caput* do art. 8º, do princípio da liberdade sindical, que há de ser compreendido a partir dos termos em que a Lei Fundamental a positivou, nos quais a unicidade (art. 8º, II) e a própria contribuição sindical de natureza tributária (art. 8º, IV) – marcas características do modelo corporativista resistente –, dão a medida da sua relatividade (cf. MI 144, Pertence, *RTJ* 147/868, 874); nem impede a recepção questionada a falta da lei complementar prevista no art. 146, III, CF, à qual alude o art. 149, à vista do disposto no art. 34, § 3º e § 4º, das Disposições Constitucionais Transitórias[10].

Segundo o disposto no art. 589 da CLT, com a redação dada pela Lei n. 11.648, de 31.03.2008, o valor arrecadado a título de imposto sindical é distribuído entre a central sindical, a confederação, a federação, o sindicato e a Conta Especial Emprego e Salário, sendo que esta última agrega-se aos recursos do Fundo de Amparo ao Trabalhador – FAT[11].

A Lei n. 6.386, de 09.12.1976, dispõe no art. 4º, *caput*, que a Caixa Econômica Federal abrirá uma conta corrente especial denominada "Conta Emprego e Salário", na qual será creditada a cota-parte da contribuição sindical prevista na Consolidação das Leis do Trabalho. O art. 3º desse dispositivo estabelece, por sua vez:

> Os recursos da cota-parte da contribuição sindical constituirão receita orçamentária vinculada a fundos especiais, para realização dos objetivos a cargo do "Serviço da Conta Emprego e Salário" e do "Fundo de Assistência ao Desempregado do Ministério do Trabalho", na forma da legislação específica.[12]

Como se vê, claramente, nos dispositivos legais mencionados, há receita orçamentária prevista por meio do recolhimento das contribuições sindicais compulsórias. Passando a ser voluntárias (ou deixando de ser obrigatórias), conforme a nova lei, representarão perda de receita, que deve ser prevista, conforme exige a Emenda Constitucional n. 95, de 15 de dezembro de 2016, especificamente por meio do art. 113 do Ato das Disposições Constitucionais Transitórias: "A proposição legislativa que crie ou altere despesa obrigatória ou renúncia de receita deverá ser

---

Súmula vinculante n. 40: "A contribuição confederativa de que trata o art. 8º, IV, da Constituição Federal, só é exigível dos filiados ao sindicato respectivo". Disponível em: <http://www.stf.jus.br/portal/cms/verTexto.asp?servico=jurisprudenciaSumulaVinculante>. Acesso em: 15 fev. 2019.

(6) MIESSA, Élisson; CORREIA, Henrique; MIZIARA, Raphael; LENZA, Breno. *CLT comparada*: com a reforma trabalhista. Salvador: JusPodivm, 2017. p. 193-195.

(7) MELEK, Marlos Augusto. *Trabalhista! O que mudou?* Reforma trabalhista 2017. Curitiba: Estudo Imediato Editora, 2017. p. 60.

(8) Idem.

(9) CAIRO JÚNIOR, José. *Curso de direito do trabalho*. 12. ed. rev. e atual. Salvador: JusPodivm, 2016. p. 1088.

(10) BRASIL. Supremo Tribunal Federal. RE n. 146.733, Rel. Min. Moreira Alves. *Revista Trimestral de Jurisprudência*, n. 146, p. 684-694.

(11) CAIRO JÚNIOR, 2016, p. 1089.

(12) BRASIL. *Lei n. 6.386, de 9 de dezembro de 1976*. Altera dispositivos da Consolidação das Leis do Trabalho e dá outras providências. Disponível em: <http://www.planalto.gov.br/ccivil_03/leis/L6386.htm>. Acesso em: 15 fev. 2019.

acompanhada da estimativa do seu impacto orçamentário e financeiro"[13].

Como a reforma trabalhista estabeleceu renúncia de receita, deveria, obrigatoriamente, fazer-se acompanhar da estimativa do seu impacto orçamentário e financeiro, o que não ocorreu.

Há, ainda, um aspecto importante, quanto à Organização Internacional do Trabalho, que é a Convenção n. 87, que trata da Liberdade Sindical e da Proteção ao Direito de Sindicalização. Esse tratado internacional de Direitos Humanos estabelece, no seu art. 3.2, que: "As autoridades públicas deverão abster-se de qualquer intervenção que possa limitar esse direito ou entravar o seu exercício legal"[14]. Esse dispositivo internacional deve ser lido consoante o verbete n. 808 do Comitê de Liberdade Sindical, pelo qual se entende estar contido, no princípio da liberdade sindical, a ideia de que as convenções coletivas possam "prever um sistema de dedução das contribuições sindicais, sem ingerências das autoridades"[15]. Quando a lei nova, por meio do inciso XXVI do art. 611-B, impede que a negociação coletiva de trabalho (CCT/ACT) possibilite cobrança ou desconto salarial dos trabalhadores, a título de contribuição para o custeio das atividades sindicais, está, sem dúvida, segundo o Comitê de Liberdade Sindical da OIT, interferindo na aplicabilidade do princípio da liberdade sindical.

2. O JULGAMENTO DO STF A RESPEITO DO TEMA

Das alterações produzidas pela reforma trabalhista, as mais questionadas perante o STF foram as relacionadas à contribuição sindical, tornada facultativa.

No dia 29 de junho de 2018, por 6 votos a 3, decidiu a Suprema Corte Brasileira pela constitucionalidade do aspecto da reforma trabalhista que extinguiu a obrigatoriedade da contribuição sindical. Os questionamentos foram feitos na ADIn 5.794 e em outras 18 ADIns ajuizadas contra as novas regras, e também na Ação Declaratória de Constitucionalidade n. 55, que buscava o reconhecimento da validade da mudança na legislação.

Para a corrente vencedora, o argumento central consistiu em não se poder admitir que a contribuição sindical seja imposta a trabalhadores e empregadores "quando a Constituição determina que ninguém é obrigado a se filiar ou a se manter filiado a uma entidade sindical"[16].

Os votos vencidos direcionaram-se ao entendimento de que a mudança legislativa seria inconstitucional. Para o Ministro Edson Fachin (relator, vencido), "a contribuição sindical tem natureza tributária, tanto do ponto de vista da Constituição quanto da doutrina e da jurisprudência do STF"[17].

Para o Ministro Fachin, ainda, a alteração de sua natureza jurídica de típico tributo para contribuição facultativa "importa inequívoca renúncia fiscal pela União"[18]. Observou que o art. 589 da CLT destina 10% do valor arrecadado à Conta Especial Emprego e Salário (FAT), constituindo, portanto, receita pública. Além disso, o art. 113 do Ato das Disposições Constitucionais Transitórias (ADCT) determina a obrigação de que se indicasse estimativa do seu impacto orçamentário e financeiro, o que, segundo entendimento do relator, não foi demonstrado nos autos.

A conclusão do voto (vencido) do Min. Fachin foi no sentido de declarar a inconstitucionalidade das expressões que fazem referência à autorização prévia dos trabalhadores constantes dos arts. 545, 578, 579, 582, 583, 587 e 602 da CLT, com a redação dada pelo art. 1º da Lei n. 13.467/2017.

Já a conclusão do voto do Ministro Luiz Fux (vencedor) direcionou-se pela improcedência das ADIs e pela procedência da ADC, pois, segundo sua visão, a Lei n. 13.467 de 2017 não contempla normas gerais de direito tributário e, portanto, a matéria tratada não reclama lei complementar.

Logicamente que nós, operadores do Direito, temos o dever de observar e cumprir a determinação emanada do julgamento do STF. Isso não quer dizer, contudo, que não se possa argumentar a respeito dos seus fundamentos.

3. O PROCEDIMENTO DA AUTORIZAÇÃO PARA O DESCONTO E SEUS EFEITOS

Concluído o julgamento sobre a constitucionalidade da reforma quanto à contribuição sindical, agora facultativa, resta saber o seguinte: como se dará essa autorização?

---

(13) BRASIL. *Emenda Constitucional n. 95, de 15 de dezembro de 2016*. Altera o Ato das Disposições Constitucionais e Transitórias, para instituir o Novo Regime Fiscal, e dá outras providências. Disponível em: <http://www.planalto.gov.br/ccivil_03/constituicao/emendas/emc/emc95.htm>. Acesso em: 14 fev. 2019.

(14) ORGANIZAÇÃO INTERNACIONAL DO TRABALHO. *C087 – Liberdade sindical e proteção ao direito de sindicalização*. Disponível em: <https://www.ilo.org/brasilia/temas/normas/WCMS_239608/lang--pt/index.htm>. Acesso em: 14 fev. 2019.

(15) SÜSSEKIND, Arnaldo. *Direito internacional do trabalho*. 3. ed. atual. São Paulo: LTr, 2000. p. 346.

(16) BRASIL. *Supremo Tribunal Federal*. Notícias STF. STF declara constitucionalidade do fim da contribuição sindical obrigatória. Disponível em: <http://www.stf.jus.br/portal/cms/verNoticiaDetalhe.asp?idConteudo=382819>. Acesso em: 14 fev. 2019.

(17) BRASIL. *Supremo Tribunal Federal*. Notícias STF. STF prossegue nesta sexta-feira (29) julgamento sobre fim da obrigatoriedade da contribuição sindical. Disponível em: <http://www.stf.jus.br/portal/cms/verNoticiaDetalhe.asp?idConteudo=382756>. Acesso em: 14 fev. 2019.

(18) Idem.

Individualmente, coletivamente? Em assembleia da categoria? Essa autorização coletiva pode abranger trabalhadores não associados ao sindicato?

O Ministério Público do Trabalho, por meio de sua Coordenadoria Nacional de Promoção da Liberdade sindical – CONALIS, posicionou-se a respeito do tema na Nota Técnica n. 1, de 27 de abril de 2018. Sustenta esse documento a inconstitucionalidade formal e material da Lei n. 13.467/2017; entretanto, já prevendo a possibilidade de a questão ser superada, manifestou-se sobre dois relevantes temas: como se deve dar a autorização para os descontos, e qual o papel das empresas nesse desiderato. Assevera a Nota, em primeiro lugar, que:

> 32. A autorização prévia e expressa para desconto em folha da contribuição sindical deverá ser extraída em assembleia, considerando-se a obrigação atribuída ao sindicato de fazer a defesa dos direitos e interesses individuais e coletivos da categoria e para estabelecer em negociação coletiva condições de trabalho em nome de toda a categoria (CF, art. 8º, III e VI, c/c CLT, art. 611 e Lei n. 5.584/1970, art. 14).[19]

Por intermédio da Nota Técnica n. 2, de 26.10.2018, reiterou a CONALIS, no item 37, que a "autorização prévia e expressa", para desconto em folha da contribuição devida ao sindicato poderá ser tanto coletiva, quanto individual, "nos termos deliberados em assembleia convocada pelo sindicato, assegurada a participação de todos os integrantes da categoria, associados ou não associados (CF, art. 8º, III e VI, e CLT, art. 462 e 611)"[20].

Outro ângulo, muito importante, quanto ao comportamento dos empregadores, no que diz respeito a essas autorizações, também mereceu análise do Ministério Público do Trabalho, na Nota Técnica n. 1:

> Toda e qualquer tentativa das empresas ou das entidades sindicais patronais em criar embaraços na cobrança da contribuição sindical pelas entidades sindicais das categorias profissionais constitui ato antissindical, nos termos dos arts. 1º e 2º da Convenção n. 98 da OIT, ratificada pelo Brasil em 29.06.1953.[21]

O primeiro aspecto das Notas Técnicas números 1 e 2 do CONALIS é respaldado pelo Enunciado n. 38 da II Jornada de Direito Material e Processual do Trabalho, promovida pela ANAMATRA, em outubro de 2017, pelo qual:

> É lícita a autorização coletiva prévia e expressa para o desconto das contribuições sindical e assistencial, mediante assembleia geral, nos termos do estatuto, se obtida mediante convocação de toda a categoria representada especificamente para esse fim, independentemente de associação e sindicalização.[22]

Quanto à facultatividade da contribuição sindical, e como fazer para obter a autorização, há entendimento no sentido de que é lícita a autorização coletiva do desconto da contribuição sindical feita prévia e expressamente por meio de assembleia geral da entidade sindical[23]. Esse desconto seria, então, de acordo com essa linha de pensamento, devido pelo integrante da categoria, ainda que não sindicalizado.

Relativamente ao segundo aspecto relacionado pelo CONALIS, quanto ao comportamento do empregador sobre esses descontos, registre-se a seguinte advertência:

> O empregador não deve ter qualquer envolvimento nas deliberações relacionadas às contribuições ao sindicato, pois qualquer tipo de interferência em favor ou desfavor das contribuições pode ser entendido como ato antissindical, ofensivo à autonomia preconizada na Constituição Federal e na Convenção n. 98 da OIT.[24]

O já referido Enunciado n. 38 da 2ª Jornada de Direito Material e Processual do Trabalho, em seu item III, também segue a mesma trilha, nesse aspecto, afirmando:

> O poder de controle do empregador sobre o desconto da contribuição sindical é incompatível com o *caput* do art. 8º da Constituição Federal e com o art. 1º da Convenção n. 98 da OIT, por violar os princípios da liberdade e da autonomia sindical e da coibição aos atos antissindicais.[25]

A última das questões, e talvez a mais polêmica, é saber se, não autorizado o desconto da contribuição sindical,

---

(19) MINISTÉRIO PÚBLICO DO TRABALHO. Coordenadoria Nacional de Promoção da Liberdade Sindical – CONALIS. *Nota Técnica n. 1, de 27 de abril de 2018*. Disponível em: <https://www.conjur.com.br/dl/mpt-afirma-reforma-trabalhista-nao.pdf>. Acesso em: 15 fev. 2019.

(20) MINISTÉRIO PÚBLICO DO TRABALHO. Coordenadoria Nacional de Promoção da Liberdade Sindical – CONALIS. *Nota Técnica n. 02, de 26 de outubro de 2018*. Disponível em: <https://www.conjur.com.br/dl/mpt-publica-nota-afronta-reforma.pdf>. Acesso em: 18 fev. 2019.

(21) Nota Técnica n. 01, de 27 de abril de 2018. *Op. cit.*

(22) 2ª Jornada de Direito Material e Processual do Trabalho. *Enunciados aprovados na 2ª jornada*. Disponível em: <http://www.jornadanacional.com.br/listagem-enunciados-aprovados-vis1.asp>. Acesso em: 14 fev. 2019.

(23) LISBÔA, Daniel; MUNHOZ, José Lúcio (Org.). *Reforma trabalhista comentada por juízes do trabalho*: artigo por artigo. São Paulo: LTr, 2018. p. 289.

(24) DIAS, Carlos Eduardo Oliveira et al. *Comentários à lei da reforma trabalhista*: dogmática, visão crítica e interpretação constitucional. São Paulo: LTr, 2018. p. 146.

(25) 2ª Jornada de Direito Material e Processual do Trabalho. *Op. cit.*

o trabalhador perde vantagens relacionadas à negociação coletiva, vale dizer, aos resultados obtidos em convenções e acordos coletivos.

A Nota Técnica n. 1, do CONALIS, em seu item 37, é enfática ao dizer que a convenção coletiva vincula todos os trabalhadores, pois cabe aos sindicatos a defesa dos interesses de toda a categoria[26].

Juntamente com a possibilidade de autorização coletiva (em assembleia), essa será a questão mais controversa: quem não paga a contribuição sindical pode receber as vantagens da negociação coletiva?

O Juiz Eduardo Rockenbach, da 30ª Vara do Trabalho de São Paulo, decidiu que apenas os trabalhadores sindicalizados podem receber os benefícios e reajustes dos acordos coletivos. Fundamentou sua sentença dizendo: "os trabalhadores que não contribuem com a entidade sindical não têm o direito de receber em sua folha de pagamento as conquistas garantidas pelo sindicato". Citou, como referência, a França, onde apenas o empregado sindicalizado recebe as conquistas garantidas em acordo coletivo. Salientou que o modelo francês valoriza e fortalece as entidades sindicais garantindo as conquistas dos trabalhadores e a qualidade nas condições de trabalho[27].

Em interessante análise sobre a reforma trabalhista, três Juízes do Trabalho construíram uma obra referindo teses interpretativas a respeito. Sobre o tema, elaboraram a seguinte pergunta: as normas coletivas continuam a se aplicar a todos os membros da categoria? Há uma resposta dizendo que sim, pois o imposto sindical não visa a remunerar especificamente as despesas decorrentes da negociação coletiva. Também há, para mostrar dialeticidade, uma resposta (tese) negativa:

> Tese 539. A partir da vigência da Lei n. 13.467/2017, as normas coletivas da categoria devem ser aplicadas apenas aos empregados que autorizam o desconto das contribuições sindicais, tendo em vista que estas são essenciais para a representação da categoria.[28]

Em interessante análise sobre a temática das receitas sindicais, Georgenor de Sousa Franco Filho considera razoável que, ante a ausência de compulsoriedade da contribuição sindical, seja fixada, em assembleia geral, uma contribuição negocial, "que será devida pelos não associados ao sindicato, fruto das cláusulas que forem obtidas como novas conquistas da categoria ou conservação das antigas, se delas forem beneficiárias"[29].

O articulista pondera, então, que, "por dever de justiça e equidade, os não sindicalizados que não participarem da assembleia geral não devem se beneficiar das conquistas negociais"[30]. Também não deveriam, os não associados, recolher qualquer contribuição decorrente, "salvo se expressamente anuírem e concordarem com o desconto"[31].

Com um texto que trouxe o questionamento "As conquistas dos sindicatos devem valer só para os filiados?", o jornal Gazeta do Povo, de Curitiba, ouviu dois especialistas. Segundo um dos advogados consultados, a lei é clara ao determinar que "os direitos e benefícios conquistados pelos sindicatos nas negociações devem ser aplicados a toda a categoria, não podendo ser limitada apenas aos associados ou contribuintes do sindicato"[32]. Em opinião contrária, o outro articulista afirmou que, "se todos os trabalhadores usufruem da norma coletiva, é legítimo que todos concorram para seu custeio; ou, usufruindo da liberdade de optar em não contribuir, entendam por consequência a renúncia aos eventuais benefícios dos associados"[33].

Pondere-se que, ante as dificuldades do sistema legal de resolver o impasse de aplicabilidade do resultado das negociações coletivas a toda a categoria, e não apenas aos associados, há que se encontrar uma solução para o impasse.

Esse paradoxo é bem ilustrado por Rafael E. Pugliese Ribeiro, em sua obra sobre a reforma trabalhista, ao asseverar:

> A fixação de pagamento facultativo da contribuição sindical não encontra coerência com a filiação obrigatória do membro da categoria ao sindicato, nem ambos se conciliam com a possibilidade de existirem normas coletivas aplicáveis somente aos associados ao sindicato, porque somente a esses haveria ato de vontade para a filiação ao conceito de categoria.[34]

---

(26) MINISTÉRIO PÚBLICO DO TRABALHO. *Op. cit.*

(27) CONFEDERAÇÃO DOS TRABALHADORES DO RAMO FINANCEIRO. *Só sindicalizados podem receber benefícios de acordo coletivo*. Disponível em: <http://contrafcut.org.br/noticias/so-sindicalizados-podem-receber-beneficios-de-acordo-coletivo-b100>. Acesso em: 18 fev. 2019.

(28) BERNARDES, Simone Soares et al. *Reforma trabalhista*: teses interpretativas. Salvador: JusPodivm, 2018. p. 297.

(29) FRANCO FILHO, Georgenor de Sousa. Contribuição sindical. *O liberal*. Vitória, 07.01.2018.

(30) *Idem*.

(31) *Idem*.

(32) BRANDALISE, André Luiz de Oliveira. As conquistas dos sindicatos devem valer só para os filiados? O sindicato negocia pela categoria toda. *Gazeta do Povo*, Curitiba, edição semanal de 16 a 22 de fevereiro de 2019. Sínteses, p. 3.

(33) CENTA, Bruno Milano. As conquistas dos sindicatos devem valer só para os filiados? O médico e o mostro. *Gazeta do Povo*, Curitiba, edição semanal de 16 a 22 de fevereiro de 2019. Sínteses, p. 3.

(34) RIBEIRO, Rafael E. Pugliese. *Reforma trabalhista comentada*: análise da lei e comentários aos artigos alterados da CLT e leis reformadas. Curitiba: Juruá, 2018. p. 191.

Com essa argumentação, pode-se afirmar que resta quebrado o conceito de categoria profissional por vínculo de solidariedade e similitude, previsto em lei.

Em palavras contundentes, Jorge Luiz Souto Maior analisa o tema das normas coletivas aplicáveis apenas aos associados:

> Ao se eliminar o imposto sindical obrigatório, resta afastada a representação automática dos sindicatos de uma categoria de trabalhadores legalmente definida. Não havendo vínculo jurídico entre o sindicato e os trabalhadores, primeiro, perde sentido a noção de categoria.[35]

Por essas digressões, conclui-se que não há, no horizonte, nenhuma luz que aponte para uma solução fácil quanto aos problemas relacionados à contribuição sindical e seu fim – ou recomeço.

4. REFERÊNCIAS

2ª Jornada de Direito Material e Processual do Trabalho. *Enunciados aprovados na 2ª jornada*. Disponível em: <http://www.jornadanacional.com.br/listagem-enunciados-aprovados-vis1.asp>. Acesso em: 14 fev. 2019.

BERNARDES, Simone Soares et al. *Reforma trabalhista*: teses interpretativas. Salvador: JusPodivm, 2018.

BRANDALISE, André Luiz de Oliveira. As conquistas dos sindicatos devem valer só para os filiados? O sindicato negocia pela categoria toda. *Gazeta do Povo*, Curitiba, edição semanal de 16 a 22 de fevereiro de 2019. Sínteses, p. 3.

BRASIL. *Constituição da República Federativa do Brasil*. Disponível em: <http://www.planalto.gov.br/ccivil_03/constituicao/constituicao.htm>. Acesso em: 15 fev. 2019.

BRASIL. *Emenda Constitucional n. 95, de 15 de dezembro de 2016*. Altera o Ato das Disposições Constitucionais e Transitórias, para instituir o Novo Regime Fiscal, e dá outras providências. Disponível em: <http://www.planalto.gov.br/ccivil_03/constituicao/emendas/emc/emc95.htm>. Acesso em: 14 fev. 2019.

BRASIL. *Lei n. 6.386, de 9 de dezembro de 1976*. Altera dispositivos da Consolidação das Leis do Trabalho e dá outras providências. Disponível em: <http://www.planalto.gov.br/ccivil_03/leis/L6386.htm>. Acesso em:15 fev. 2019.

BRASIL. *Supremo Tribunal Federal*. Notícias STF. STF declara constitucionalidade do fim da contribuição sindical obrigatória. Disponível em: <http://www.stf.jus.br/portal/cms/verNoticiaDetalhe.asp?idConteudo=382819>. Acesso em: 14 fev. 2019.

BRASIL. *Supremo Tribunal Federal*. Notícias STF. STF prossegue nesta sexta-feira (29) julgamento sobre fim da obrigatoriedade da contribuição sindical. Disponível em: <http://www.stf.jus.br/portal/cms/verNoticiaDetalhe.asp?idConteudo=382756>. Acesso em: 14 fev. 2019.

BRASIL. Supremo Tribunal Federal. RE n. 146.733, Rel. Min. Moreira Alves. *Revista Trimestral de Jurisprudência*, n. 146, p. 684-694.

BRASIL. *Supremo Tribunal Federal*. Súmula n. 666. Disponível em: <http://www.stf.jus.br/portal/cms/verTexto.asp?servico=jurisprudenciaSumula>. Acesso em: 15 fev. 2019.

BRASIL. *Supremo Tribunal Federal*. Súmula vinculante n. 40. Disponível em: <http://www.stf.jus.br/portal/cms/verTexto.asp?servico=jurisprudenciaSumulaVinculante>. Acesso em: 15 fev. 2019.

CAIRO JÚNIOR, José. *Curso de direito do trabalho*. 12. ed. rev. e atual. Salvador: JusPodivm, 2016.

CENTA, Bruno Milano. As conquistas dos sindicatos devem valer só para os filiados? O médico e o mostro. *Gazeta do Povo*, Curitiba, edição semanal de 16 a 22 de fevereiro de 2019. Sínteses, p. 3.

CONFEDERAÇÃO DOS TRABALHADORES DO RAMO FINANCEIRO. *Só sindicalizados podem receber benefícios de acordo coletivo*. Disponível em: <http://contrafcut.org.br/noticias/so-sindicalizados-podem-receber-beneficios-de-acordo-coletivo-b100>. Acesso em: 18 fev. 2019.

DELGADO, Mauricio Godinho. *Capitalismo, trabalho e emprego*: entre o paradigma da destruição e os caminhos da reconstrução. 3. ed. rev. e ampl. São Paulo: LTr, 2017.

DIAS, Carlos Eduardo Oliveira et al. *Comentários à lei da reforma trabalhista*: dogmática, visão crítica e interpretação constitucional. São Paulo: LTr, 2018.

FRANCO FILHO, Georgenor de Sousa. Contribuição sindical. *O liberal*. Vitória, 07.01.2018.

LISBÔA, Daniel; MUNHOZ, José Lúcio (Org.). *Reforma trabalhista comentada por juízes do trabalho*: artigo por artigo. São Paulo: LTr, 2018.

MAIOR, Jorge Luiz Souto. *Impactos do golpe trabalhista* (a Lei n. 13.467/2017). Disponível em: <https://www.jorgesoutomaior.com/blog/impactos-do-golpe-trabalhista-a-lei-n-1346717>. Acesso em: 15 fev. 2019.

MELEK, Marlos Augusto. *Trabalhista!* O que mudou? Reforma trabalhista 2017. Curitiba: Estudo Imediato Editora, 2017.

MIESSA, Élisson; CORREIA, Henrique; MIZIARA, Raphael; LENZA, Breno. *CLT comparada*: com a reforma trabalhista. Salvador: JusPodivm, 2017.

MINISTÉRIO PÚBLICO DO TRABALHO. Coordenadoria Nacional de Promoção da Liberdade Sindical – CONALIS. *Nota Técnica n. 1, de 27 de abril de 2018*. Disponível em: <https://www.conjur.com.br/dl/mpt-afirma-reforma-trabalhista-nao.pdf>. Acesso em: 15 fev. 2019.

MINISTÉRIO PÚBLICO DO TRABALHO. Coordenadoria Nacional de Promoção da Liberdade Sindical – CONALIS. *Nota Técnica n. 02, de 26 de outubro de 2018*. Disponível em: <https://www.conjur.com.br/dl/mpt-publica-nota-afronta-reforma.pdf>. Acesso em: 18 fev. 2019.

ORGANIZAÇÃO INTERNACIONAL DO TRABALHO. *C087 – Liberdade sindical e proteção ao direito de sindicalização*. Disponível em: <https://www.ilo.org/brasilia/temas/normas/WCMS_239608/lang--pt/index.htm>. Acesso em: 14 fev. 2019.

RIBEIRO, Rafael E. Pugliese. *Reforma trabalhista comentada*: análise da lei e comentários aos artigos alterados da CLT e leis reformadas. Curitiba: Juruá, 2018.

SÜSSEKIND, Arnaldo. *Direito internacional do trabalho*. 3. ed. atual. São Paulo: LTr, 2000.

---

(35) MAIOR, Jorge Luiz Souto. *Impactos do golpe trabalhista* (a Lei n. 13.467/2017). Disponível em: <https://www.jorgesoutomaior.com/blog/impactos-do-golpe-trabalhista-a-lei-n-1346717>. Acesso em: 15 fev. 2019.

Parte III
Direito Processual do Trabalho

ACESSO À JUSTIÇA DO TRABALHO NO CONTEXTO PÓS-REFORMA

Vicente José Malheiros da Fonseca[1]

"Toda pessoa tem direito de ser ouvida, com as devidas garantias e dentro de um prazo razoável, por um juiz ou tribunal competente, independente e imparcial, estabelecido anteriormente por lei, na apuração de qualquer acusação penal contra ela, ou para que se determinem seus direitos ou obrigações de natureza civil, trabalhista, fiscal ou de qualquer natureza" (Art. 8º, 1, da Convenção Interamericana sobre Direitos Humanos – São José da Costa Rica).

O art. 1º, XXXV, da Constituição Federal de 1988, dispõe que "a lei não excluirá da apreciação do Poder Judiciário lesão ou ameaça a direito".

É o princípio do acesso à justiça, assegurado no texto constitucional.

Desse princípio decorre outro princípio, assegurado no inciso LXXIV do 1º da Carta Magna, que garante a assistência jurídica gratuita e integral aos necessitados.

O acesso à justiça não fica reduzido ao ingresso no Judiciário e suas instituições, mas a uma ordem de valores e direitos fundamentais para o ser humano, não restritos ao sistema jurídico processual. Em suma, a uma ordem jurídica justa e eficaz, para o livre exercício da cidadania plena.

O acesso à justiça está intimamente ligado à justiça social. Pode-se até afirmar que é a ponte entre o processo e a justiça social.

Nos séculos XVIII e XIX só formalmente as pessoas tinham acesso à justiça, podiam propor ou contestar ação. A justiça, na prática, só era obtida por quem tivesse dinheiro para arcar com as despesas de um processo.

Atualmente, entretanto, ainda existem inúmeros obstáculos para o cidadão transpor a fim de obter efetivo acesso à justiça. Esses obstáculos se apresentam de forma ainda mais intensa quando se trata das classes menos favorecidas.

São obstáculos econômicos, socioculturais, psicológicos, jurídicos, judiciários etc.

Obstáculos econômicos: custas, honorários periciais e advocatícios, duração razoável do processo, inclusive o sistema recursal e o sistema de execução de sentença.

Obstáculos socioculturais: dificuldade de compreender as normas de direito material e processual e o baixo nível educacional, social e cultural.

Obstáculos psicológicos: o complexo aparato judicial (juízes, advogados, procuradores etc.) transparece distante do cidadão, daí os óbices ao pleno acesso à justiça.

Obstáculos jurídicos e judiciários: limitações quanto à implementação dos direitos coletivos, difusos e individuais homogêneos, direitos supraindividuais, e a exigência de advogados. Na Justiça do Trabalho, a falta de uma Defensoria Pública específica.

As três "ondas" de acesso à justiça, conforme Mauro Cappelletti e Bryant Garth (*Acesso à justiça*. Porto Alegre: Sergio Antonio Fabris Editor, 1988), podem ser assim resumidas:

1) proteção aos hipossuficientes econômicos;
2) proteção aos interesses transindividuais;
3) novas fórmulas de instrumentos de solução de litígios.

"Para Mauro Cappelletti e Bryant Garth, existe ainda a necessidade de reformar os procedimentos em geral, a fim de garantir maior simplificação dos feitos, com a aplicação dos princípios da oralidade, da livre apreciação das provas, da concentração dos procedimentos e o contato imediato entre juízes, partes e testemunhas. Necessário também imaginar métodos alternativos para decidir as causas judiciais, como o juízo arbitral, a conciliação e incentivos econômicos para que ela ocorra, tribunais de 'vizinhança' ou 'sociais' para solucionar divergências na comunidade, tribunais especiais para demandas de consumidores, entre muitos outros", para além de soluções meramente jurídicas, pois se trata de uma problemática multidisciplinar (cf. Ana Flavia Melo Torres. *Acesso à justiça*, no *site* Âmbito Jurídico).

A *Justiça Itinerante* (art. 115, § 1º, da Constituição Federal), mecanismo de elevado alcance social; e a *descentralização de câmaras regionais dos TRTs* (art. 115, § 2º, da Carta Magna), medida que visa tornar mais acessível os

---

(1) Desembargador do Trabalho, Decano e ex-Presidente do Tribunal Regional do Trabalho da 8ª Região (Belém-PA). Professor Emérito da Universidade da Amazônia (UNAMA). Compositor. Membro da Associação dos Magistrados Brasileiros, da Associação Nacional dos Magistrados da Justiça do Trabalho, da Academia Brasileira de Direito do Trabalho, da Academia Paraense de Música, da Academia de Letras e Artes de Santarém, do Instituto Histórico e Geográfico do Pará, do Instituto Histórico e Geográfico do Tapajós e da Academia Luminescência Brasileira.

órgãos judiciários à população – procedimentos que têm sido utilizados no âmbito do nosso TRT-8ª Região – contribuem bastante para o acesso à justiça.

Tal como a história de Maomé e a Montanha, a Justiça do Trabalho torna-se ainda mais acessível ao cidadão. Mas não só ao cidadão urbano ou ao escravizado no campo, como também a todos os trabalhadores e empresários da capital e do interior, desde os mais distantes lugares de nosso país, mediante um processo trabalhista célere, informal, praticamente gratuito, simples, equitativo, com prevalência da oralidade e sempre sujeito à conciliação.

O relevante papel social da Justiça do Trabalho não deve ser medido apenas pelo valor das causas julgadas ou pelo volume dos processos apreciados. Enquanto existirem cidadãos brasileiros carentes das mínimas condições de dignidade, escravizados pelo capital selvagem, menores explorados pelo descaso de uma sociedade egoísta, violentados em sua inocência pelas drogas, pela miséria e pela fome, mulheres discriminadas e arrastadas à prostituição e ao desemprego, não se pode falar em extinção ou redução da competência da Justiça do Trabalho, como órgão especializado e sensível aos direitos humanos fundamentais.

A Justiça do Trabalho é um segmento da própria história do Brasil. Não há discurso maior em sua defesa que as páginas dessa mesma história. Seria, no mínimo, ilógico desfazer toda a estrutura administrativa, material, funcional, cultural e moral construída, todo esse patrimônio de democracia e liberdade, ao longo de quase 80 anos de justiça social. Por isso, é oportuno conclamar, uma vez mais, a sociedade brasileira a lutar pelo prestígio e eficiência da Justiça do Trabalho, garantia da cidadania e do valor social do trabalho, fundamentos do Estado Democrático de Direito.

A história da Justiça do Trabalho honra o Brasil. São quase oito décadas de serviços prestados à Pátria, inclusive nos lugares mais longínquos do território nacional.

Desde os anos 1940 nossos juízes trabalhistas distribuem Justiça Social na imensidão do continente brasileiro, com suas lonjuras, conflitos, isolamento, silêncios e injustiças. Muitos foram desbravadores e pioneiros. Toparam – e ainda topam – malária e febre amarela, solidão e inquietude. Acenderam lamparinas para estudar processos. Venceram a remo estirões de rios intermináveis. Sofreram o desconforto, o perigo de animais ferozes, entre eles o próprio homem com seu poder de fogo e dinheiro. Mas sempre honraram a toga e a cidadania.

O *papel social* da Justiça do Trabalho, cuja jurisdição se espraia pelos mais longínquos municípios deste imenso país, é transcendental. Vai para muito além de meros dados estatísticos ou de utópicas fórmulas que pretendem sepultar o ideal de uma justiça gratuita, informal e célere, praticada por uma magistratura sensível aos dramas dos mais humildes, quase sempre excluídos do acesso às mínimas condições de vida digna.

Creio, enfim, que a Justiça do Trabalho proporciona um dos mais autênticos direitos de cidadania à pessoa humana, enquanto homem trabalhador. É essa conquista – que tem o preço incalculável da dignidade do cidadão trabalhador ou empresário – que o povo brasileiro deve preservar, aperfeiçoar e prestigiar, na permanente distribuição da justiça social.

Afinal, está na origem da Justiça do Trabalho ser integrada por magistrados naturalmente mais sensíveis às questões sociais, que não raro requerem soluções fundadas no juízo de equidade, característica que importa na interpretação criativa da realidade social, e não a mera aplicação automática e fria das normas jurídicas. Isso não significa, entretanto, que os Juízes do Trabalho seriam levados a proferir decisões fundadas no seu sentimento pessoal, emotivo e irresponsável, porém equilibrado, profissional e justo.

1. O PRINCÍPIO DA GRATUIDADE DA JUSTIÇA

O processo trabalhista caracteriza-se pela gratuidade. A cobrança de custas constitui, por vezes, óbice ao trabalhador para postular seus direitos perante a Justiça Especializada, além do que se configura em mais um elemento burocrático, dentre tantos já existentes, para prolongar a demanda.

A Lei n. 5.584, de 26.06.1970, estabeleceu que, na Justiça do Trabalho, a assistência judiciária será concedida ao trabalhador que comprovar que sua situação econômica não lhe permite demandar sem prejuízo do sustento próprio ou da família.

É verdade que o art. 790 da CLT, alterado pela Lei n. 13.467, de 13 de julho de 2017, assim estabelece:

> Art. 790. Nas Varas do Trabalho, nos Juízos de Direito, nos Tribunais e no Tribunal Superior do Trabalho, a forma de pagamento das custas e emolumentos obedecerá às instruções que serão expedidas pelo Tribunal Superior do Trabalho. (Redação dada pela Lei n. 10.537, de 27.8.2002)
>
> [...]
>
> § 3º É facultado aos juízes, órgãos julgadores e presidentes dos tribunais do trabalho de qualquer instância conceder, a requerimento ou de ofício, o benefício da justiça gratuita, inclusive quanto a traslados e instrumentos, àqueles que perceberem salário igual ou inferior a 40% (quarenta por cento) do limite máximo dos benefícios do Regime Geral de Previdência Social. (Redação dada pela Lei n. 13.467, de 2017)
>
> § 4º O benefício da justiça gratuita será concedido à parte que comprovar insuficiência de recursos para o pagamento das custas do processo. (Incluído pela Lei n. 13.467, de 2017).

Entretanto, a Lei n. 7.115, de 29.08.1983 (em pleno vigor), dispõe que "a declaração destinada a fazer prova de vida, residência, pobreza, dependência econômica, homonímia ou bons antecedentes, quando firmada pelo próprio interessado ou por procurador bastante, e sob as penas da lei, **presume-se verdadeira**".

Praticamente no mesmo sentido, o Código de Processo Civil de 2015, em seu art. 99, §§ 3º e 4º, estatui a seguinte norma, compatível com o processo trabalhista:

> § 3º **Presume-se verdadeira a alegação de insuficiência deduzida exclusivamente por pessoa natural.**
>
> § 4º A assistência do requerente por advogado particular **não** impede a concessão de gratuidade da justiça.

Ora, o art. 369 do CPC/2015, reza que "as partes têm o direito de empregar **todos os meios legais, bem como os moralmente legítimos**, ainda que não especificados neste Código, para provar a verdade dos fatos em que se funda o pedido ou a defesa e influir eficazmente na convicção do juiz".

O dispositivo da Consolidação da Leis do Trabalho que cuida do benefício da justiça gratuita, na Justiça do Trabalho (art. 790 da CLT), agora com o acréscimo de mais um parágrafo (4º), pela chamada "Reforma Trabalhista" (Lei n. 13.467/2017), **retrocede** a um período em que se exigiam do cidadão diversos atestados, como de vida e residência, de pobreza etc.

Tais exigências foram abolidas desde o Governo Figueiredo, na época do Ministro Hélio Beltrão, titular do Ministério da Desburocratização, por força do Decreto n. 83.936, de 6 de setembro de 1979, que simplificou a exigência de documentos, como se vê de seus arts. 1º e 2º:

> Fica abolida, nos órgãos e entidades da Administração Federal, Direta e Indireta, a exigência de apresentação dos seguintes atestados, aceitando-se em substituição a declaração do interessado ou procurador bastante:
>
> I – atestado de vida;
>
> II – atestado de residência;
>
> III – **atestado de pobreza;**
>
> IV – atestado de dependência econômica;
>
> V – atestado de idoneidade moral;
>
> VI – atestado de bons antecedentes.
>
> As declarações feitas perante os órgãos ou entidades da Administração Federal Direta e Indireta serão suficientes, salvo quando a exigência de prova documental constar expressamente de lei, e **reputar-se-ão verdadeiras** até prova em contrário.

Na forma do art. 1º da Lei n. 1.060, de 05.02.1950, com a redação dada pela Lei n. 7.510, de 04.07.1986, os poderes públicos concederão assistência judiciária aos necessitados.

O **acesso à justiça** e o direito de ampla defesa constituem garantias constitucionais asseguradas a todos os cidadãos, especialmente aos necessitados, aos quais o Estado deve prestar assistência jurídica integral e gratuita, quando comprovada a insuficiência de recursos (art. 5º, XXXV, LV e LXXIV, da Constituição Federal de 1988).

O benefício da justiça gratuita pode ser deferido a qualquer momento e em qualquer grau de jurisdição, inclusive de ofício, justamente porque constitui garantia constitucional.

Exigir que o trabalhador faça demonstração, em memorial, de suas despesas comparativamente aos salários, mediante a especificação de cada gasto, com a devida comprovação, além de comprometer os princípios da simplicidade, informalidade, economia processual e celeridade, parece afrontar o princípio da **presunção legal de veracidade de declaração do cidadão**, ou seu patrono, de **insuficiência de recursos**, que se harmonizam com o princípio da gratuidade, que também caracteriza o processo do trabalho, e o direito de acesso à justiça, assegurado em norma constitucional.

A norma questionada (art. 790, § 4º, da CLT) deve ser interpretada à luz dos princípios do Direito Material e Processual do Trabalho e conforme o sistema jurídico como um todo.

Ora, se o cidadão comum pode declarar a insuficiência de recursos e, nesse caso, a sua declaração presume-se verdadeira, com muito mais razão o trabalhador, geralmente hipossuficiente. Incide, neste ponto, o princípio da isonomia constitucional.

Não obstante se trate de legislação nova, muito já foi escrito e debatido sobre o tema em foco.

Observe-se, por oportuno, que **art. 844, § 3º, da CLT**, igualmente introduzido pela mesma Lei n. 13.467/2017, dispõe, a meu ver, também em franca violação ao princípio constitucionalidade da gratuidade e do acesso à justiça:

> O pagamento das custas a que se refere o § 2º é condição para a propositura de nova demanda.

Peço vênia para reportar-me a trechos do brilhante voto do **Ministro Edson Fachin**, nos autos da AÇÃO DIRETA DE INCONSTITUCIONALIDADE n. 5.766 (DISTRITO FEDERAL), em que funciona, como requerente, o ilustre PROCURADOR-GERAL DA REPÚBLICA, *in verbis*:

> A ação submetida à análise desta Suprema Corte aduz a **inconstitucionalidade** de restrições impostas ao *direito fundamental à gratuidade* e, por consequência, ao *acesso à Justiça*, perante a jurisdição trabalhista. As situações em que as restrições foram impostas são as seguintes:
>
> a) pagamento pela parte sucumbente no objeto da perícia de honorários periciais, no caso em que, mesmo sendo beneficiário da gratuidade, tenha obtido em juízo, em qualquer processo, créditos capazes de suportar a referida despesa;
>
> b) pagamento pela parte sucumbente no feito de honorários de sucumbência, no caso em que, mesmo sendo beneficiário da gratuidade, tenha obtido em juízo, em qualquer processo, créditos capazes de suportar a referida despesa; e
>
> c) **pagamento de custas processuais, no caso em que, mesmo sendo beneficiário da gratuidade, não compareça à audiência sem motivo legalmente justificável**.
>
> Verifica-se, portanto, que o legislador ordinário, avaliando o âmbito de proteção do direito fundamental à gratuidade da Justiça, confrontou-o com outros bens jurídicos que reputou

relevantes (notadamente a economia para os cofres da União e a eficiência da prestação jurisdicional) e impôs condições específicas para o seu exercício por parte dos litigantes perante a Justiça do Trabalho.

(...)

Além da Constituição da República, o direito fundamental de acesso à Justiça também é protegido por **normas internacionais**, notadamente pelo **art. 8º da Convenção Interamericana de Direitos Humanos**, também conhecida como Pacto de São José da Costa Rica, que assim dispõe:

Art. 8º Toda pessoa tem direito de ser ouvida, com as garantias e dentro de um prazo razoável, por um juiz ou tribunal competente, independente e imparcial, estabelecido anteriormente por lei, na apuração de qualquer acusação penal contra ela, ou para que se determinem seus direitos ou obrigações de natureza civil, trabalhista, fiscal ou de qualquer natureza.

Trata-se, indubitavelmente, de garantia fundamental cuja previsão em normas internacionais indica sua dúplice eficácia em nosso ordenamento jurídico-constitucional, a reforçar, de forma contundente, a proteção ao direito fundamental à gratuidade da Justiça.

É preciso reconhecer, também, a relação da gratuidade da Justiça e, consequentemente, do acesso à Justiça, com a **isonomia**. A desigualdade social gerada pelas dificuldades de acesso isonômico à educação, mercado de trabalho, saúde, dentre outros direitos de cunho econômico, social e cultural, impõe que seja reforçado o âmbito de proteção do direito que garante outros direitos, especialmente a isonomia.

A restrição, no âmbito trabalhista, das situações em que o trabalhador terá acesso aos benefícios da gratuidade da justiça, pode conter em si a aniquilação do único caminho de que dispõem esses cidadãos para verem garantidos seus direitos sociais trabalhistas.

A defesa em juízo de direitos fundamentais que não foram espontaneamente cumpridos ao longo da vigência dos respectivos contratos de trabalho, em muitas situações, depende da dispensa inicial e definitiva das custas do processo e despesas daí decorrentes, sob pena de não ser viável a defesa dos interesses legítimos dos trabalhadores.

E, nesse contexto, a Lei n. 13.467/2017 atualizou, no âmbito da chamada reforma trabalhista, o modelo de gratuidade da Justiça Laboral, impondo condições restritivas ao exercício desse direito por parte dos litigantes trabalhadores.

(...)

O **direito fundamental à gratuidade da Justiça** encontra-se amparado em elementos fundamentais da identidade da Constituição de 1988, dentre eles aqueles que visam a conformar e concretizar os fundamentos da República relacionados à **cidadania** (art. 1º, III, da CRFB), da **dignidade da pessoa humana** (art. 1º, III, da CRFB), bem como os objetivos fundamentais de construção de uma **sociedade livre, justa e solidária** (art. 3º, I, da CRFB) e de **erradicação da pobreza e da marginalização**, bem como a **redução das desigualdades sociais** (art. 3º, III, da CRFB).

Apresenta-se relevante, nesse contexto, aqui dizer expressamente que a gratuidade da Justiça, especialmente no âmbito da Justiça Laboral, concretiza uma paridade de condições, propiciando às partes em litígio as mesmas possibilidades e chances de atuarem e estarem sujeitas a uma igualdade de situações processuais. É a conformação específica do **princípio da isonomia** no âmbito do devido processo legal.

As limitações impostas pela Lei n. 13.467/2017 afrontam a consecução dos objetivos e desnaturam os fundamentos da Constituição da República de 1988, pois esvaziam direitos fundamentais essenciais dos trabalhadores, exatamente, no âmbito das garantias institucionais necessárias para que lhes seja franqueado o acesso à Justiça, propulsor da busca de seus direitos fundamentais sociais, especialmente os trabalhistas.

Assim sendo, o pedido da presente ação direta de inconstitucionalidade deve ser julgado **procedente**.

A chamada "Reforma Trabalhista" implementada pela Lei n. 13.467/2017, em vigor a partir de 11.11.2017, deu nova redação a diversos artigos da CLT, dentre os quais o art. 844, e excluiu o seu antigo parágrafo único, para incluir cinco parágrafos, dentre os quais se destacam os parágrafos segundo e terceiro, objetos da presente análise, que dispõem:

Art. 844. O não-comparecimento do reclamante à audiência importa o arquivamento da reclamação, e o não-comparecimento do reclamado importa revelia, além de confissão quanto à matéria de fato.

[...]

§ 2º Na hipótese de ausência do reclamante, este será condenado ao pagamento das custas calculadas na forma do art. 789 desta Consolidação, ainda que beneficiário da justiça gratuita, salvo se comprovar, no prazo de quinze dias, que a ausência ocorreu por motivo legalmente justificável. (Incluído pela Lei n. 13.467, de 2017)

§ 3º O pagamento das custas a que se refere o § 2º é condição para a propositura de nova demanda. (Incluído pela Lei n. 13.467, de 2017)

[...]

Da leitura dos dispositivos em destaque, evidencia-se manifesta violação aos princípios do acesso à justiça e da justiça gratuita, constitucionalmente assegurados pelo art. 5º, XXXV e LXXIV, respectivamente:

XXXV – a lei não excluirá da apreciação do Poder Judiciário lesão ou ameaça a direito;

LXXIV – O Estado prestará assistência jurídica integral e gratuita aos que comprovarem insuficiência de recursos.

Vejamos.

O § 2º, do art. 844/CLT, ao dispor que a ausência da parte reclamante, na audiência inaugural, importará em sua condenação ao pagamento das custas processuais, ainda que beneficiária da justiça gratuita, salvo comprovação de que a ausência se deu por *motivo legalmente justificável*, representa verdadeira **restrição** do acesso do trabalhador ao Poder Judiciário Trabalhista, considerando a sua condição de hipossuficiente e as diversidades regionais que, por vezes, resultam em motivos plausíveis para o não comparecimento, porém aparentemente descobertos do sentido do que se consideraria "legalmente justificáveis".

O trabalhador reclamante possivelmente deixará de ajuizar a demanda trabalhista, por receio de se ver condenado ao pagamento de custas processuais, caso não apresente motivo "legalmente justificável" para eventual ausência na audiência inaugural.

Importa questionar, ainda, se a apresentação do motivo "legalmente justificável" resultará não apenas na isenção do pagamento das custas processuais, mas no próprio desarquivamento da reclamação trabalhista.

O § 3º, do art. 844/CLT, do mesmo modo, representa clara ofensa ao princípio do acesso à justiça, ao dispor que o pagamento das custas, previstas no § 2º, será **condição** para a proposição para nova demanda, ou seja, o trabalhador, via de regra hipossuficiente, não poderá ter acesso ao Judiciário Trabalhista enquanto não efetuar o pagamento das custas processuais a que foi anteriormente condenado.

O dispositivo legal não explicita, ainda, por quanto tempo durará tal restrição ou se incide apenas sobre as matérias discutidas na reclamatória anterior.

A conclusão que se extrai, da análise dos dispositivos transcritos acima, aponta para a violação não apenas dos princípios constitucionais do acesso à justiça e da justiça gratuita, mas sim ao próprio princípio da dignidade da pessoa humana (art. 1º, III/CF), pois evidenciado que o objetivo da previsão legal é a redução das demandas trabalhistas pela dificultação de seu acesso, com a imposição de autênticas penalidades de ordem pecuniária, que acabam por constranger o trabalhador hipossuficiente, que deixa de buscar seus direitos, pelo receio de ser condenado ao pagamento de custas processuais.

Nesse sentido, o v. Acórdão TRT-8ª/2ª T/0001291-44.2017.5.08.0114, da lavra do Exmo. Desembargador Gabriel Napoleão Velloso Filho, julgado em 10.10.2018:

> INDEFERIMENTO DA PETIÇÃO INICIAL ANTE AO NÃO PAGAMENTO DAS CUSTAS PROCESSUAIS PELA PARTE AUTORA. Trata-se da hipótese de empregado que é beneficiário da gratuidade da justiça. Embora injustificada a ausência e correta a imposição ao pagamento de custas, entende-se que a única forma de interpretar a lei consolidada em harmonia com a Constituição Federal, em especial com os princípios de acesso à justiça e inafastabilidade da tutela jurisdicional é que o pressuposto processual traçado no § 2º do art. 844 da CLT não se aplica nas hipóteses em que o empregado é beneficiário da justiça gratuita
> [...]

Conclui-se, portanto, pela declaração de inconstitucionalidade do § 2º, do art. 844, da CLT, com a redação que lhe foi dado pela Lei n. 13.467/2017, ante manifesta violação às garantias fundamentais de assistência jurídica integral e gratuita e do acesso à Justiça (art. 5º, LXXIV e XXXV, da Constituição Federal), bem como aos princípios da dignidade da pessoa humana (art. 1º, III, da Constituição Federal) e da igualdade (art. 5º, *caput*, da Constituição Federal).

2. HONORÁRIOS ADVOCATÍCIOS

Sobre a matéria, estabelece o art. 791-A da CLT, incluído pela Lei n. 13.467/2017:

> Art. 791-A. Ao advogado, ainda que atue em causa própria, serão devidos honorários de sucumbência, fixados entre o mínimo de 5% (cinco por cento) e o máximo de 15% (quinze por cento) sobre o valor que resultar da liquidação da sentença, do proveito econômico obtido ou, não sendo possível mensurá-lo, sobre o valor atualizado da causa. (Incluído pela Lei n. 13.467, de 2017)
>
> § 1º Os honorários são devidos também nas ações contra a Fazenda Pública e nas ações em que a parte estiver assistida ou substituída pelo sindicato de sua categoria. (Incluído pela Lei n. 13.467, de 2017)
>
> § 2º Ao fixar os honorários, o juízo observará: (Incluído pela Lei n. 13.467, de 2017)
>
> I – o grau de zelo do profissional; (Incluído pela Lei n. 13.467, de 2017)
>
> II – o lugar de prestação do serviço; (Incluído pela Lei n. 13.467, de 2017)
>
> III – a natureza e a importância da causa; (Incluído pela Lei n. 13.467, de 2017)
>
> IV – o trabalho realizado pelo advogado e o tempo exigido para o seu serviço. (Incluído pela Lei n. 13.467, de 2017)
>
> § 3º **Na hipótese de procedência parcial**, o juízo arbitrará honorários de sucumbência recíproca, vedada a compensação entre os honorários. (Incluído pela Lei n. 13.467, de 2017)
>
> § 4º Vencido o beneficiário da justiça gratuita, desde que não tenha obtido em juízo, ainda que em outro processo, créditos capazes de suportar a despesa, as obrigações decorrentes de sua sucumbência ficarão sob condição suspensiva de exigibilidade e somente poderão ser executadas se, nos dois anos subsequentes ao trânsito em julgado da decisão que as certificou, o credor demonstrar que deixou de existir a situação de insuficiência de recursos que justificou a concessão de gratuidade, extinguindo-se, passado esse prazo, tais obrigações do beneficiário. (Incluído pela Lei n. 13.467, de 2017)
>
> § 5º São devidos honorários de sucumbência na reconvenção.

Como se observa, com a vigência da Lei n. 13.467/2017, os honorários sucumbenciais, na Justiça do Trabalho, passaram a ser devidos ao advogado da parte vencedora, os quais poderão ser fixados entre 5% (cinco por cento) e 15% (quinze por cento) sobre o valor que resultar da condenação da sentença.

Considerando que as normas que regem os honorários advocatícios possuem natureza híbrida, entendo que a condenação à referida verba só é cabível nos processos ajuizados após a entrada em vigor da Lei n. 13.467/2017.

Nesse sentido, a Instrução Normativa n. 41/2018, aprovada pela Resolução n. 221, de 21 de junho de 2018, do C. TST, que dispõe sobre as normas da CLT, com as alterações da Lei n. 13.467/2017 e sua aplicação ao processo do trabalho, da qual destaco o art. 6º:

> Na Justiça do Trabalho, a condenação em honorários advocatícios sucumbenciais, prevista no art. 791-A, e parágrafos, da CLT, será aplicável apenas às ações propostas após 11 de novembro de 2017 (Lei n. 13.467/2017). Nas ações propostas anteriormente, subsistem as diretrizes do art. 14 da Lei n. 5.584/1970 e das Súmulas ns. 219 e 329 do TST (grifo nosso).

Tal posicionamento decorre da garantia de não surpresa e do princípio da causalidade, uma vez que a expectativa de custos e riscos é aferida no momento do ajuizamento da ação.

Considera-se bastante razoável a tese no sentido de que o empregado, **beneficiário da assistência judiciária gratuita**, sucumbente na ação, **não** deve ser condenado a pagar **honorários advocatícios**, conforme o precedente jurisprudencial consubstanciado no v. Acórdão proferido nos Processo TRT-15ª Região n. 0012715-89.2017.5.15.0146, de 05 de junho de 2018, da lavra do Desembargador Jorge Luiz Souto Maior, em decisão unânime da 1ª Câmara – Primeira Turma do E. TRT-15ª Região, haja vista que "o exercício regular do direito de ação não pode gerar perda da eficácia da garantia constitucional da assistência judiciária gratuita".

Nos termos do **art. 98 do CPC/2015**, "a pessoa natural ou jurídica, brasileira ou estrangeira, com insuficiência de recursos para pagar as custas, as despesas processuais e os honorários advocatícios tem direito à gratuidade da justiça, na forma da lei".

A gratuidade da justiça compreende, dentre outros benefícios, as taxas ou as **custas judiciais** e os **honorários do advogado** e do perito etc. (art. 98, § 1º, do CPC/2015).

O acesso à Justiça em Dissídios Coletivos

Sobre o tema, escrevi o artigo O Poder Normativo da Justiça do Trabalho, publicado na *Revista n. 75 do TRT da 8ª da Região*, vol. 38 (jul.-dez./2005), p. 17-27, de onde extraio os seguintes trechos:

> 6. Conclusões
>
> Na realidade brasileira, e, especialmente, na região amazônica, por exemplo, seria desaconselhável a extinção imediata do *poder normativo* da Justiça do Trabalho, justamente porque as condições dos trabalhadores ainda não permitem, salvo exceções, o exercício da livre negociação.
>
> O poder normativo da Justiça do Trabalho não foi extinto, eis que, na apreciação do dissídio coletivo, compete ao Judiciário Trabalhista 'decidir o conflito, respeitadas as disposições mínimas legais de proteção ao trabalho, bem como as convencionadas anteriormente' (art. 114, § 2º, da CF).
>
> O acesso ao poder normativo da Justiça do Trabalho pode fazer-se nos moldes da arbitragem (pública), que, em regra, depende do ajuizamento de 'comum acordo' (expresso ou tácito), pelos interessados; mas admite, por exceção, a propositura da demanda, por iniciativa exclusiva de qualquer interessado, mediante suprimento judicial, em caso de recusa da outra parte, conforme os **arts. 6º e 7º da Lei n. 9.307/1996** (Lei de Arbitragem), o que equivale à técnica de solução jurisdicional, garantia do princípio do livre acesso à Justiça (art. 5º, XXXV, da CF).

Argumenta-se que o art. 5º, XXXV, da Constituição da República, estabelece que "a lei não excluirá da apreciação do Poder Judiciário lesão ou ameaça a direito", de modo que – segundo essa corrente de opinião – o preceito constitucional não poderia ser invocado porque, no caso, a provocação da Justiça do Trabalho, por via de dissídio coletivo de natureza econômica, não visaria o restabelecimento de lesão ou ameaça a direito, na medida em que a sentença normativa tem por escopo não exatamente a aplicação de direito pré-existente, mas a "criação" de novas condições de trabalho.

Data venia, o fundamento é equivocado.

De fato, o princípio de inafastabilidade do Judiciário, como garantia constitucional, não se limita às hipóteses de sentenças condenatórias ou à aplicação de normas pré-existentes, uma vez que é ampla a proteção, assegurada na Carta Magna, para qualquer lesão ou ameaça a direito, inclusive o direito de ação, por meio do ajuizamento de dissídio coletivo de natureza econômica, com vista à conquista de melhores condições de trabalho, tal como previsto no *caput* do art. 7º da Lei Fundamental ("são direitos dos trabalhadores urbanos e rurais, além de outros que visem à melhoria de sua condição social..."), uma vez que, à luz do § 2º, do art. 114, da Constituição, compete justamente à Justiça do Trabalho "*decidir* o conflito, respeitadas as disposições mínimas legais de proteção ao trabalho, bem como as convencionadas anteriormente".

Assim, o dissídio coletivo proposto "de comum acordo" é apenas uma faculdade, mas não uma obrigação, até porque essa condição seria a negação do **direito ao livre acesso à jurisdição estatal**.

Não fosse assim e para evitar o "comum acordo" de que trata o § 2º do art. 114, da Constituição Federal, o direito do dissídio coletivo de natureza econômica, de forma unilateral, teria que ser precedido sempre da instauração de uma GREVE, o que, por evidente, constitui circunstância descabida, sob o pretexto de que, como alguns alegam, o art. 114, II, do texto constitucional, assegura o ajuizamento de ações que envolvam o exercício do direito de greve, sem a exigência da prévia concordância patronal.

Vale dizer: admite-se o argumento da paralisação coletiva, com todos os riscos de prejuízos ao interesse social, apenas para justificar o ajuizamento do dissídio coletivo independentemente do "comum acordo" entre trabalhadores e empregadores.

Nada mais absurdo.

De qualquer modo, a pretensão coletiva, sob a forma de arbitragem pública ou de sentença normativa, no âmbito da Justiça do Trabalho, requer um novo modo de lidar com o conflito coletivo.

Exige-se o exercício da negociação coletiva, agora não apenas como condição da ação de dissídio coletivo, mas também, em regra, para a propositura da demanda com objetivo de obter a sentença arbitral pública, que, neste caso, não estará sujeita a recurso (art. 18 da Lei n. 9.307/1996).

Não há dúvida de que, se dificultado o acesso ao poder normativo da Justiça do Trabalho, cresce a importância da *negociação coletiva*.

Daí a necessidade da organização e do aperfeiçoamento das entidades sindicais, principalmente de suas lideranças e de seus órgãos de assessoramento técnico.

A palavra de ordem, mais do que nunca, é: negociar, para obter melhores condições de trabalho.

A meu ver nem seria necessário submeter a matéria ao Tribunal Pleno para declaração de inconstitucionalidade da expressão "de comum acordo" (art. 114, § 2º, da Constituição da República, introduzido pela Emenda Constitucional n. 45/2004), em face das considerações antes expostas, haja vista que aquela expressão diz respeito à arbitragem e não à jurisdição estatal.

Em caso de greve em atividade essencial, com possibilidade de lesão do interesse público, o Ministério Público do Trabalho poderá ajuizar dissídio coletivo, competindo à Justiça do Trabalho julgar a controvérsia (art. 114, § 3º, da Constituição Federal; art. 83, VIII, da Lei Complementar n. 75, de 20.05.1993; e arts. 856 e 857 da CLT). Nessa hipótese, é evidente que não se exigirá o "comum acordo" para a instauração da instância por iniciativa do *Parquet*.

Entretanto, não obtida a solução negociada ou por via de arbitragem, no conflito coletivo, está garantido o livre acesso à jurisdição da Justiça do Trabalho e o seu poder normativo, sem necessidade do "comum acordo" para o ajuizamento do dissídio coletivo de natureza econômica ou jurídica.

Outrossim, o Egrégio Tribunal Pleno, em sessão realizada em 04.09.2017, nos autos do Processo TRT 8ª/DISSÍDIO COLETIVO – 0010197-11.2016.5.08.0000, por maioria de votos, **declarou a inconstitucionalidade da dicção "de comum acordo" que consta do § 2º do art. 114 da Constituição Federal**. O v. Acórdão, da lavra do Exmo. Desembargador Georgenor de Sousa Franco Filho, foi divulgado no Diário Eletrônico da Justiça do Trabalho, em 15.09.2017, e considerado publicado em 18.09.2017.

No mesmo sentido, a Súmula n. 66 da Jurisprudência Uniforme do E. Tribunal Regional do Trabalho da 8ª Região, aprovada pela Resolução n. 095/2017, divulgada no Diário Eletrônico da Justiça do Trabalho, em 15.09.2017 e considerada publicada em 18.09.2017, *in verbis*:

> **INCONSTITUCIONALIDADE DA CONSTITUIÇÃO. RESPEITO À CLÁUSULA PÉTREA. DICÇÃO DE COMUM ACORDO.** Por violar cláusula pétrea (art. 5º, XXXV, da Constituição de 1988), considera-se inconstitucional a dicção de comum acordo, inserta, pelo constituinte derivado, no § 2º do art. 114 do Texto Fundamental.

DESCONSIDERAÇÃO DA PERSONALIDADE JURÍDICA: REFLEXÕES SOBRE SUA NATUREZA E SUA APLICAÇÃO NO DIREITO PROCESSUAL DO TRABALHO

Carlos Alberto Reis de Paula[1]

1. NOÇÕES INTRODUTÓRIAS

Ao me associar aos confrades e confreiras que integram a ANDT nessa justa homenagem que se presta a Armando Casimiro Costa Filho, o nosso Armandinho, entendemos que não se quer apenas explicitar a importância da Editora LTr no universo jurídico brasileiro.

Armandinho, que já nos primeiros passos da editora estava presente, soube carregar o legado que lhe foi repassado por seus fundadores. Nessa trajetória cultivou, de forma ímpar, a virtude do acolhimento, ao abrir oportunidade a todos que se dispunham a ajudar na reflexão das questões trabalhistas. Tudo envolvido por um carisma traduzido em simpatia e respeito.

Movido apenas pela intenção de reverenciá-lo é que procedemos à reflexão sobre a desconsideração da personalidade jurídica, adentrando no campo das obrigações, de extrema relevância no universo dos atos e negócios jurídicos.

Uma vez constituída regularmente, a pessoa jurídica adquire a personalidade e passa a ser sujeito de direitos e obrigações nas relações jurídicas. Nessa linha, temos que dois são os tipos de responsabilidade que os sócios ou acionistas podem assumir quando integrantes de quadro social: limitada ou ilimitada. Na primeira hipótese, integralizado o capital social ou subscritas as ações, é a sociedade que responderá pelos atos praticados. Na segunda hipótese, as pessoas físicas acabam por assumir responsabilidade solidária juntamente com a sociedade.

De acordo com a teoria alemã, que estruturou a reflexão sobre dívida e responsabilidade, em toda obrigação há de se diferenciar o **débito** – compromisso que o devedor assume de cumprir a obrigação – da **responsabilidade**, que é o vínculo patrimonial de sujeição dos bens do devedor para satisfação do credor.

O devedor é o **responsável primário** pela obrigação assumida, a qual deverá ser cumprida espontaneamente. Caso não o faça, o credor pede ao Estado que retire do patrimônio de devedor o montante suficiente.

A norma processual pode ir mais longe trazendo a previsão de responsabilização de pessoas que, embora não sejam devedoras, conservam responsabilidade sobre os atos praticados pelo devedor **em situações definidas em lei**, como consagrado no art. 795 do CPC. Surge, então, o **responsável secundário**.

Chamado a responder pela obrigação, o responsável secundário pode indicar bens da sociedade, sitos na mesma comarca, livres e desembargados, quantos bastem para pagar o débito. É o denominado **benefício da excussão**.

Na doutrina e na jurisprudência emerge uma divergência sobre a situação jurídica do responsável secundário, ser ele terceiro ou apenas sujeito passivo.

Na lição do Ministro Teori Zavascki (2000, v. 8), "há um redirecionamento no processo, na fase de execução, pelo que se ingressa como sujeito passivo. A razão de ser é que não se trata de obrigado, mas de responsável, por força do art. 592 do CPC, sendo este o entendimento prevalente".

A discussão se aprofundou com o CPC de 2015, em que o instituto da desconsideração da personalidade jurídica foi inserido como espécie do gênero intervenção de terceiros, sendo qualificado como incidente. Como bem salienta Yarshell (2015):

Visto sob essa ótica, o responsável patrimonial de que aqui se cogita (e que não seja devedor) realmente não está presente na relação jurídica processual. Se e quando for trazido para o processo ele perderá a qualidade de terceiro e tecnicamente passará a ser qualificado como parte (sujeito em contraditório perante o juiz). Além disso, esse terceiro é titular da relação jurídica que não é exatamente o objeto do processo em que originado seu ingresso. Ele (terceiro) é titular de relação conexa àquela posta em juízo, relação essa passível de

---

[1] Mestre e Doutor em Direito pela UFMG. Ministro Aposentado do TST. Professor Aposentado da UnB. Membro Titular da Academia Brasileira de Direito do Trabalho – Cadeira 35. Advogado.

ser atingida pela eficácia da sentença ou decisão proferida entre outras pessoas. Neste caso, a relação jurídica de que é titular o terceiro implica a sujeição de seu patrimônio aos meios executivos, por força de débito ostentado por outra pessoa (devedor).

Assim posta a questão, há de se admitir que pode ocorrer que se requeira a inclusão do responsável desde logo na petição inicial, hipótese em que a pretensão da desconsideração passará a integrar o objeto do processo. Obviamente que haverá pretensões distintas, uma relativa ao débito, outra relativa à responsabilidade decorrente da desconsideração. Se o juiz acolher essa última reconhecerá a responsabilidade patrimonial. Trata-se, pois, de demanda (que será incidental ou não) resultante do exercício do direito de ação.

2. REFLEXÕES SOBRE A PESSOA JURÍDICA

Quando se afirma que homem (ou mulher) é pessoa, quer se dizer que pela própria natureza é capaz de adquirir direitos, obrigações e deveres nas diversas relações jurídicas ou sociais.

Já a pessoa jurídica, para a sua criação e constituição, depende da vontade humana, e a pessoa que emerge pode ter finalidades diversas.

O Código Civil de 2002 deu nova feição ao instituto das pessoas, deixando de fazer a distinção entre pessoa física e jurídica e passou a permitir o melhor enquadramento das pessoas jurídicas.

Ao proceder à análise da sociedade em que vivemos, Weber (2001, p. 24) pondera que é uma "sociedade que busca o lucro renovado por meio da empresa permanente, capitalista e racional". Na estruturação da sociedade, o papel da pessoa jurídica ganha relevo.

No mundo capitalista, interessa ao Estado a criação de pessoas jurídicas. Não só as que visem obter lucro, pois há pessoas que vão exercer e desenvolver o papel social e assistencial que o próprio Estado deveria desempenhar, prioritariamente.

A pessoa jurídica adquire personalidade com a inscrição de seus atos no registro próprio, mas se admitem as sociedades em comum (ou de fato), as quais são sujeitos de direitos e obrigações, embora não dotadas de personalidade.

3. A DESCONSIDERAÇÃO DA PERSONALIDADE JURÍDICA

O instituto da desconsideração da personalidade jurídica tem por **finalidade** penetrar no âmago da personalidade para se encontrar seus sócios ou administradores a fim de responsabilizá-los por atos praticados por meio da pessoa jurídica.

Há uma distinção entre **despersonalização** e **desconsideração**. Na primeira, anula-se a personalidade jurídica, fazendo-a desaparecer, como no caso de invalidade do contrato social. Na segunda, desconsidera-se sem negar a personalidade.

O desenvolvimento do instituto deu-se a partir de julgados das Cortes de Justiça americanos e ingleses em casos em que havia **abuso da pessoa jurídica ou fraude**, em entendimentos que se opunham a se considerar a personalidade jurídica absolutamente distinta da pessoa física. Requião (RT 410/16) introduziu a matéria no direito pátrio ao publicar artigo na Revista dos Tribunais.

Nas decisões dá-se à medida um caráter excepcional, porquanto fundada nas hipóteses de abuso ou fraude à lei ou ao contrato, com a consequente quebra do princípio da boa-fé.

Entre nós, no âmbito do direito do trabalho, alguns sustentam que a CLT previu a desconsideração da personalidade jurídica nos arts. 2º, § 2º, bem como, 10 e 448 da CLT.

Não compartilhamos desse entendimento porquanto a primeira hipótese cuida de responsabilidade solidária entre empresas do mesmo grupo, sem desconsiderar a personalidade jurídica e sem quebra do princípio da autonomia patrimonial.

Quanto à sucessão, prevista nos arts. 10 e 448 do texto consolidado, importa na substituição de uma pessoa por outra. Daí por que essa última assume a outra em todos os créditos e débitos. Trata-se da mesma pessoa que sofre alguma alteração em sua estrutura originária.

A primeira lei no ordenamento jurídico pátrio a cuidar da matéria de forma expressa foi o **Código Brasileiro de Defesa do Consumidor (Lei n. 8.078/1990)** ao dizer que:

> Art. 28. O juiz poderá desconsiderar a personalidade jurídica da sociedade quando, em detrimento do consumidor, houver abuso de direito, excesso de poder, infração de lei, fato ou ato ilícito ou violação dos estatutos ou contrato social. A desconsideração também será efetivada quando houver falência, estado de insolvência, encerramento ou inatividade da pessoa jurídica provocados por má administração.
>
> § 1º (Vetado).
>
> (...)
>
> § 5º Também poderá ser desconsiderada a pessoa jurídica sempre que sua personalidade for, de alguma forma, obstáculo ao ressarcimento de prejuízos causados aos consumidores.

Seguiu-se a **Lei Antitruste** (Lei n. 8.884/1994) pela qual:

> Art. 18. A personalidade jurídica do responsável por infração da ordem econômica poderá ser desconsiderada quando houver da parte deste abuso de direito, excesso de poder, infração da lei, fato ou ato ilícito ou violação dos estatutos ou contrato social. A desconsideração também será efetivada quando houver falência, estado de insolvência, encerramento ou inatividade da pessoa jurídica provocados por má administração.

Já o **Código Civil** de 2002, ao cuidar das Disposições Gerais das Pessoas Jurídicas no Título II, Capítulo I, estabelece que:

> Art. 50. Em caso de abuso da personalidade jurídica, caracterizado pelo desvio de finalidade, ou pela confusão patrimonial, pode o juiz decidir, a requerimento da parte, ou do Ministério Público quando lhe couber intervir no processo, que os efeitos de certas e determinadas relações de obrigações sejam estendidos aos bens particulares dos administradores ou sócios da pessoa jurídica.

Constata-se que no nosso ordenamento jurídico foram criados dois sistemas distintos.

O primeiro relativo à responsabilidade pessoal da pessoa física em relação à pessoa jurídica, o que ocorre em determinadas situações previstas em lei, em que o sócio ou administrador estaria agindo em nome próprio. Age com excesso de poderes ou de maneira contrária à lei ou aos estatutos. Nessa hipótese, para a responsabilização do sócio ou administrador, não há necessidade de se invocar a despersonalização da personalidade jurídica. É nessa perspectiva que o art. 1.016 do Código Civil atribui aos administradores a responsabilidade solidária "perante a sociedade e os terceiros prejudicados, por culpa no desempenho de suas funções". Já em relação ao art. 134, VII, do Código Tributário Nacional, entende-se que os sócios podem ser responsabilizados sempre que a sociedade não se dissolver regularmente, porquanto ao decidirem pela dissolução de fato, sem o pagamento dos credores na medida do possível e sem dar baixa na inscrição fiscal, estão infringindo a lei.

Em situação diversa, como previsto no art. 50 do Código Civil, há a desconsideração da personalidade jurídica. Trata-se de hipótese em que os sócios ou os administradores, manipulando a pessoa jurídica, utilizam-na como instrumento de fraude ou abuso de direito, justamente para causar prejuízo a terceiro que com ela negocia acreditando na boa-fé com que o negócio jurídico é estabelecido. Pode-se dizer que se levanta o véu da pessoa jurídica, para a responsabilização daqueles que desviaram a finalidade dela ou estabeleceram confusão patrimonial.

4. ALGUNS CONCEITOS BÁSICOS

Para que procedamos à análise valorativa das situações fáticas, é indispensável que retomemos alguns conceitos básicos. Assim é que temos como ato ilícito, de forma resumida, qualquer situação que vá contra uma lei imperativa.

De outra sorte, configura-se a hipótese de abuso de direito quando se pratica o ato de forma legal, mas excessiva.

Ao se desconsiderar a personalidade jurídica, quebra-se o princípio da autonomia patrimonial, mas não se retira a personalidade. As pessoas físicas responsáveis pela fraude ou abuso respondem solidariamente com a pessoa jurídica. Ao se sustentar a aplicação da desconsideração da personalidade jurídica parte-se da premissa que ela é utilizada a fim de criar obstáculo ao ressarcimento dos prejuízos causados, como óbice à satisfação do crédito.

Ao procurarmos os fundamentos legais da desconsideração o magistério de Fábio Ulhoa Coelho (2003, p. 35) ganha relevo quando diferencia a teoria maior da teoria menor. Para ele, na teoria maior "o juiz é autorizado a ignorar a autonomia patrimonial das pessoas jurídicas, como forma de coibir fraude e abuso praticados através dela", ao passo que na teoria menor "o simples prejuízo do credor já possibilita afastar a autonomia patrimonial".

Como já visto, o art. 28 do Código de Defesa do Consumidor traz um extenso rol de hipóteses que possibilitarão a aplicação do instituto da desconsideração da pessoa jurídica. Ademais, a amplitude do § 5º leva à conclusão que a teoria menor foi consagrada em relação ao Código de Defesa do Consumidor, como se constata na seguinte ementa da lavra da Ministra Nancy Andrighi:

> A aplicação da teoria menor da desconsideração às relações de consumo está calcada na exegese autônoma do § 5º do art. 28 do CDC, porquanto a incidência deste dispositivo não se subordina à demonstração dos requisitos previstos no *caput* do artigo indicado, mas apenas à prova de causar, a mera existência da pessoa jurídica, obstáculo ao ressarcimento de prejuízos causados aos consumidores. (REsp 279.273/SP, DJ 29.03.2004).

É de extrema relevância destacar que tanto o Código de Defesa do Consumidor quanto a CLT se assentam no princípio de proteção ao direito da parte mais fraca da relação jurídica. Em última instância, objetiva-se desigualar a parte na relação jurídica a fim de mantê-las iguais ou próximas no plano da negociação. Consequentemente, os princípios protetivos são coincidentes.

Sob esse fundamento é que entendemos que se aplicam no direito do trabalho as mesmas regras estabelecidas no CDC.

Esse tem sido o entendimento consagrado no TST, que recorre à desconsideração da personalidade jurídica em todos os casos em que se verifica a insuficiência do patrimônio da empresa para fazer face às dívidas trabalhistas, com fundamento no art. 28 do CDC, como se vê nas seguintes decisões: RR 2400-18.2003.5.01.0005, Rel. Min. Mauricio Godinho Delgado, DJ 28.06.2010; RR 125640-94.2007.5.05.0004, Rel. Min. Mauricio Godinho Delgado, DEJT 19.04.2011; AIRR 94900-24.2009.5.01.0028, Rel. Min. Hugo Scheuerman, DJE 07.02.2014; RR 317300-72.2005.5.12.0031, Rel. Min. Fernando Eizo Ono, DEJT 15.08.2014; RR 291600-80.1991.5.19.0002, Rel. Min. Douglas Alencar Rodrigues, DEJT 06.02.2015.

Essa tendência jurisprudencial há de ser vista com a devida ponderação. Apenas pela circunstância de estar insatisfeita uma execução trabalhista, não se pode instalar um sistema pelo qual "alguém" (um terceiro) responda pela obrigação. Para haver a invasão patrimonial de quem confessadamente não é devedor há de se observar o devido processo legal e haver uma justificação lógica.

A desconsideração da personalidade jurídica não se confunde com a fraude contra credores nem mesmo com a fraude de execução. Para a primeira, a lei civil exige a propositura de demanda autônoma como consagrado no art. 158 do Código Civil, que será de competência da Justiça Comum. Na segunda, o reconhecimento é sempre incidental no processo de execução ou na fase de cumprimento. A lei exige que, antes de reconhecer a eventual fraude de execução, o juiz proceda à intimação do adquirente do bem, para, querendo, opor embargos de terceiro (art. 792. § 4º, do CPC). Nas relações civis a desconsideração da personalidade jurídica ocorre como previsto no art. 50 do Código Civil, ou seja, "em caso de abuso da personalidade jurídica, caracterizado pelo desvio de finalidade, ou pela confusão patrimonial", naquilo que a doutrina convencionou chamar "teoria maior" da desconsideração, como já salientado.

5. O INSTITUTO DA DESCONSIDERAÇÃO DA PERSONALIDADE JURÍDICA, NO CPC/2015, E O PROCESSO DO TRABALHO

Pelo art. 769 da CLT, temos que o legislador estabeleceu que "nos casos omissos, o direito processual comum será fonte subsidiária do direito processual do trabalho, exceto naquilo em que for incompatível com as normas deste Título".

Já o novo CPC (Lei n. 13.105, de 17.03.2015, que entrou em vigência a partir de 18 de março de 2016), em seu art. 15, diz que "na ausência de normas que regulem processos eleitorais, trabalhistas ou administrativos, as disposições deste Código lhes serão aplicadas supletiva e subsidiariamente".

Como se percebe, a previsão de aplicação do ordenamento processual comum não se limitou à subsidiariedade, mas teve também alcance supletivo, ou seja, não apenas na hipótese de lacuna, mas também na linha de complementariedade.

O tema é instigante, e apenas o tangenciamos, não sem antes dizer que nos parece, como tem sido acolhido pelos estudiosos e julgadores, que os dois dispositivos não se repelem, mas se complementam no sentido de que tanto na omissão quanto na complementação é indispensável que haja compatibilidade com as normas e princípios do Direito Processual do Trabalho para a aplicação das normas do CPC/2015.

No novo CPC, a desconsideração da personalidade jurídica é tratada como instituto e figura como uma das espécies de **intervenção de terceiros** nos arts. 133 a 138. O conceito de terceiro nos parece adequado pois o responsável patrimonial não está presente na relação jurídica processual.

A indagação que surge é de sua aplicação no âmbito do Direito Processual do Trabalho.

Antes do CPC de 2015 prevalecia o entendimento na jurisprudência civil de não se exigir prévia oitiva do terceiro nos casos de desconsideração da personalidade jurídica. Optava-se para atribuir ao terceiro o ônus de se defender após a determinação de constrição do seu patrimônio, o que se procedia mediante a propositura de embargos de terceiro.

Com o novo CPC, não houve mudança quanto a ser considerado como terceiro. Verificou-se tão só, e de forma relevantíssima, uma inversão de encargo, qual seja, a constrição só ocorre após prévia e incidental oitiva da pessoa a cujo patrimônio se quer chegar. Esse princípio fundamental do contraditório não é absoluto, pois cede em relação a outros, como o de assegurar a efetividade do comando jurisdicional, o que pode ocorrer na tutela provisória de urgência ou da evidência (parágrafo único do art. 9º do CPC).

Sabemos que o processo, seja de que ramo for, é instrumento do exercício do poder, pelo que caminha sob as luzes do princípio constitucional do devido processo legal. Daí por que é inspirado e deve gerar previsibilidade e segurança.

Segundo Nelson Nery Júnior e Rosa Maria Andrade Nery (2006, p. 1.146):

A tradução mal feita da expressão *due processo of law* como sendo "devido processo legal" tem levado o intérprete a enganos, dos quais o mais significativo é o erro de afirmar-se que a cláusula teria conteúdo meramente processual. A cláusula se divide em dois aspectos: o devido processo legal substancial (*substantive due process clause*) e o devido processo legal processual (*procedural due process clause*).

O devido processo legal substancial tem três aspectos a serem analisados: se a intervenção do poder é **necessária**; se o modo de intervenção é **adequado**; se a solução encontrada é resultado de uma **ponderação coerente** dos valores que estão sendo sopesados.

No processo trabalhista têm aplicação **as normas processuais fundamentais**, apontadas nos arts. 2º a 12 do novo Diploma, exatamente por se fundarem na teoria geral do processo e, em última instância, darem forma a mandamentos constitucionais, sobretudo o que consagra o princípio do contraditório (CF, art. 5º, LV). Sob essa ótica é que se deve proceder à leitura do art. 10 do CPC pelo qual "o juiz não pode decidir, em grau algum de jurisdição, com base em fundamento a respeito do qual não se tenha dado às partes oportunidade de se manifestar, ainda que se trata de matéria sobre a qual deva decidir de ofício". É o verdadeiro **diálogo entre partes e juiz**, característica fundamental do novo processo civil, a evitar o que hoje se denomina decisão surpresa.

Assim, parece-nos que bem se houve o Tribunal Superior do Trabalho ao admitir a aplicação ao processo do trabalho do incidente de desconsideração da personalidade jurídica, como se vê na **Instrução Normativa n. 39/2016**, cujo art. 6º tem a seguinte redação,

> Aplica-se ao Processo do Trabalho o incidente de desconsideração da personalidade jurídica regulado no Código de Processo Civil (arts. 133 a 137), assegurada a iniciativa também do juiz do trabalho na fase de execução (CLT, art. 878).
>
> § 1º Da decisão interlocutória que acolher ou rejeitar o incidente:
>
> I – na fase de cognição, não cabe recurso de imediato, na forma do art. 893, § 1º, da CLT;
>
> II – na fase de execução, cabe agravo de petição, independentemente de garantia do juízo;
>
> III – cabe agravo interno se proferida pelo Relator, em incidente instaurado originariamente no tribunal (CPC, art. 932, VI).
>
> § 2º A instauração do incidente suspenderá o processo, sem prejuízo de concessão da tutela de urgência de natureza cautelar de que trata o art. 301 do CPC.

A questão foi dirimida com a **Lei n. 13.467/2017**, que entrou em vigência a partir de 11.11.2017, pela qual

> Art. 855-A. Aplica-se ao processo do trabalho o incidente de desconsideração da personalidade jurídica previsto nos arts. 133 a 137 da Lei 13.105, de 16 de março de 2015 – Código de Processo Civil.

Destaque-se que o legislador reformista copiou literalmente as disposições estabelecidas na IN do TST quanto aos procedimentos a serem adotados em face da decisão interlocutória proferida no referido incidente.

Com os embargos o terceiro busca a certeza jurídica de que seu patrimônio não está sujeito à regra da responsabilidade patrimonial. Tecnicamente é, portanto, o exercício do direito de ação, pois se cuida de **ação declaratória negativa**, em que se postula um provimento que declare que o seu patrimônio não estaria sujeito à execução.

É a lição que se extrai da reflexão de Yarshell (2016, p. 197-198) para quem:

> a pretensão de desconsideração dirigida ao terceiro envolve exercício do *direito de ação*. Não se trata da ação executiva na tradicional dimensão em que, com base em título, imputa-se ao demandado a qualidade de *devedor* e, portanto, de *responsável patrimonial*. Contudo, ainda que a responsabilidade patrimonial seja excepcionalmente dissociada do débito, o que pretende o demandante é que os meios executivos recaiam sobre o patrimônio de determinada pessoa. Justamente por isso é que se dá a essa última oportunidade de defesa.

O CPC, em relação ao incidente de desconsideração, estabelece a necessidade de provocação do Juízo, e atribui legitimidade para sua instauração **apenas** à parte ou ao Ministério Público quando lhe couber intervir no processo (art. 133). A Instrução Normativa n. 39/2016 assegurou a iniciativa também ao juiz do trabalho na fase de execução, invocando o disposto no art. 878 da CLT. A ressalva nos parece adequada, limitada à fase de execução e sem se abrir ao juiz a possibilidade de uma pesquisa ampla por sua iniciativa, mas geralmente a utilização de fatos e dados já evidenciados em outros processos.

De extrema relevância o reconhecimento da suspensão do processo na fase de execução, até a resolução do incidente.

O não cabimento de recurso imediato se o incidente ocorre na fase de cognição está consonante com o disposto no § 1º do art. 893 da CLT. Já na fase de execução, o recurso cabível é o agravo de petição, para o que dispensável a garantia do juízo, por ainda não ter sido o terceiro definido como responsável patrimonial.

Uma observação derradeira é relevante. A decisão proferida nos embargos de terceiro, embora tenha natureza interlocutória, e exatamente por não haver novo processo, na hipótese de ser acolhida a pretensão do embargante, **é apta à formação da coisa julgada material**. Em consequência, desafia ação rescisória, para ser desconstituída. É a conclusão a que chega Yarshell (2006, p. 199), com o que concordamos.

6. LIMITES DA RESPONSABILIDADE

Resta-nos uma última reflexão sobre os limites da responsabilidade, o que desenvolveremos respeitando as várias hipóteses.

Administrador – De acordo com o art. 50 do CC o gestor da pessoa jurídica é responsabilizado, o que também está consagrado no CDC, por deter o poder de administrar.

A figura do administrador é incompatível com a do empregado, pela incompatibilidade da assunção do risco com a de empregado subordinado.

Irrelevante ter a pessoa jurídica finalidade lucrativa ou assistencial. As pessoas que executam tarefa assistencial deverão ter seu objeto transferido para outra entidade que possa dar continuidade à tarefa que vinham desenvolvendo. Seu diretor será afastado e responsabilizado pelo ato. O fundamento será excesso ou abuso de poder.

O administrador não sócio é equiparado à figura do mandatário, e ficará vinculado à sociedade até o limite de três anos contados da apresentação do balanço aos sócios (art. 206, § 3º, VII, *b*, do CC).

Sócio – Se a administração for praticada pelo sócio, responderá, desde que esteja na administração social, pois as obrigações do sócio têm nascimento quando ingressam na sociedade, imediatamente com o contrato (art. 1.001 do CC).

A interpretação há de levar em conta o veto que ocorreu em relação ao § 1º do art. 28 do CDC, que tinha a redação que se segue: "A pedido da parte interessada, o juiz determinará que a efetivação da responsabilidade da pessoa jurídica recaia sobre o acionista controlador, o sócio majoritário, os sócios-gerentes, os administradores societários e, no caso de grupo societário, as sociedades que o integram."

Com o veto parece-nos que não se pode limitar a responsabilidade às hipóteses que estavam previstas no parágrafo. De outra sorte, há se ter *granum salis* para se proceder à análise das situações, porquanto não é justo nem jurídico que sócio que detenha pequena parcela do capital social e que nunca tenha participado da vida da sociedade seja responsabilizado por uma administração da qual sequer tinha conhecimento ou participação.

Em relação ao sócio que se retira da sociedade, há uma normatização decorrente da Lei n. 13.467/2017 pela inserção do art. 10-A na CLT, como se segue:

> Art. 10-A. O sócio retirante responde subsidiariamente pelas obrigações trabalhistas da sociedade relativas ao período em que figurou como sócio, somente em ações ajuizadas até dois anos depois de averbada a modificação do contrato, observada a seguinte ordem de preferência:
>
> I – a empresa devedora;
>
> II – os sócios atuais; e
>
> III – os sócios retirantes.
>
> Parágrafo único. O sócio retirante responderá solidariamente com os demais quando ficar comprovada fraude na alteração societária decorrente da modificação do contrato.

Na **sociedade por ações** a responsabilidade será do Conselho Administrativo e da Diretoria e o prazo prescricional na hipótese de retirada será de três anos (art. 287, II, da Lei n. 6.404/1976 e art. 206, § 3º, VII, do CC).

Na hipótese de **insolvência civil**, o prazo é de cinco anos contados da data do encerramento do processo de insolvência (art. 778 do CPC).

Na **falência**: a decretação da quebra suspenderá os prazos prescricionais, que recomeçarão a partir do trânsito em julgado da sentença de extinção das obrigações do falido. Decorridos cinco anos, se o falido não houver praticado crime falimentar, ou dez anos, se houver sido condenado por crime falimentar, as obrigações do falido extinguem-se. É de **dois anos** o prazo para interposição de ação para apuração da responsabilidade dos sócios, contados a partir do trânsito em julgado da sentença que encerrar a falência (arts. 82 e 157 da Lei n. 11.101/2005).

Recuperação judicial: Nos termos do art. 60 da Lei n. 11.101/2005, aqueles que adquirem ativos de empresa em recuperação judicial não podem ter esse patrimônio afetado por obrigações trabalhistas exigidas de quem normalmente sucede o empregador.

7. REFERÊNCIAS

COELHO, Fabio Ulhoa. *Desconsideração da personalidade jurídica*. São Paulo: Revista do Tribunais, 1989

_____. *Curso de direito comercial*. 6. ed. São Paulo: Saraiva, 2003. v. 2.

KOURY, Susy Elizabeth Cavalcante. *A desconsideração da personalidade jurídica* – Disregard doctrine *e os grupos de empresas*. 3. ed. Rio de Janeiro: Forense, 2011.

NAHAS, Thereza Christina. *Desconsideração da pessoa jurídica*: reflexos civis e empresariais no direito do trabalho. Rio de Janeiro: Elsevier, 2007.

NERY JUNIOR, Nelson; NERY, Rosa Maria de Andrade. *Código de Processo Civil comentário e legislação extravagante*. 9. ed. São Paulo: Revista dos Tribunais, 2006.

REQUIÃO, Rubens. *Revista dos Tribunais* (RT 410/16, *Disregard Doctrine*).

WEBER, Max. *A ética protestante e o espírito do capitalismo*. Trad. Pietro Nassetti. São Paulo: Martin Claret, 2001.

YARSHELL, Flávio Luiz. Disponível em: <http:/www.cartaforense.com.br/conteúdo/colunas/incidentedesconsideraçãodapersonalidadejurídicabuscadesuanaturezajurídica>. Acesso em: 4 maio 2015.

_____. Breves notas sobre a aplicação subsidiária do novo CPC à execução trabalhista e o incidente de desconsideração da personalidade jurídica. *Revista do Tribunal Superior do Trabalho* 82/1, jan./mar. 2016, Lex Editora S.A, São Paulo, p. 191/202.

ZAVASCKI, Teori Albino. *Comentários ao Código de Processo Civil*: do processo de execução, arts. 566 a 645. (Coord.) Ovídio Araújo Baptista da Silva. São Paulo. Revista dos Tribunais, 2000. v. 8.

HONORÁRIOS SUCUMBENCIAIS E A REFORMA TRABALHISTA SOB O ENFOQUE DO DIREITO FUNDAMENTAL À JUSTIÇA GRATUITA

Carlos Henrique Bezerra Leite[1]

Letícia Durval Leite[2]

1. INTRODUÇÃO

A Lei n. 13.467/2017, *também* conhecida como Lei da Reforma Trabalhista, alterou as regras para concessão do benefício da Justiça Gratuita na Justiça do Trabalho e introduziu em nosso ordenamento, dentre outras, a possibilidade de condenação do trabalhador hipossuficiente ao pagamento de honorários advocatícios sucumbenciais com o crédito percebido no mesmo ou em qualquer outro processo, na forma prevista no art. 791-A, § 4º, da CLT.

Entretanto, a Constituição Federal de 1988, em seu art. 5º, LXXIV, inclui no rol de Direitos Fundamentais a "assistência jurídica integral e gratuita aos que comprovarem insuficiência de recursos", o que, em linha de princípio, abrangeria a isenção do pagamento dos honorários advocatícios sucumbenciais, tal como dispõe o art. 98, § 1º, VI, do CPC de 2015.

No presente artigo, portanto, será enfrentado o seguinte problema: o § 4º do art. 791-A da CLT, introduzido pela Reforma Trabalhista, está em sintonia com a ordem constitucional sob o enfoque do direito fundamental à justiça gratuita?

2. HONORÁRIOS ADVOCATÍCIOS NA JUSTIÇA DO TRABALHO: EVOLUÇÃO HISTÓRICA

A Justiça do Trabalho, até o advento da Emenda Constitucional n. 45/2004, somente era competente para conciliar e julgar os conflitos regulados pela Consolidação das Leis do Trabalho, ou seja, as lides oriundas das relações de emprego. Era a antiga redação do art. 114 da CF, *in verbis*:

Art. 114. Compete à Justiça do Trabalho conciliar e julgar os dissídios individuais e coletivos entre trabalhadores e empregadores, abrangidos os entes de direito público externo da administração pública direta e indireta dos Municípios, do Distrito Federal, dos Estados e da União, e, na forma da lei, outras controvérsias decorrentes da relação de trabalho, bem como os litígios que tenham origem no cumprimento de suas próprias sentenças, inclusive coletivas.

Nesse passo, o TST editou a Súmula n. 219, nos seguintes termos:

Na Justiça do Trabalho, a condenação em honorários advocatícios, nunca superiores a 15%, não decorre pura e simplesmente da sucumbência, devendo a parte estar assistida por sindicato da categoria profissional e comprovar a percepção de salário inferior ao dobro do mínimo legal, ou encontrar-se em situação econômica que não lhe permita demandar sem prejuízo do próprio sustento ou da respectiva família.

Em outras palavras, os honorários advocatícios eram somente devidos na hipótese prevista no art. 14 da Lei n. 5.584/1970, ou seja, quando o trabalhador fosse beneficiário da assistência judiciária gratuita e estivesse assistido pelo Sindicato de sua categoria, sendo este o credor da verba honorária nos termos do art. 16 da sobredita lei.

Após a Emenda Constitucional n. 45/2004, a competência material da Justiça do Trabalho foi ampliada, passando essa a ser também competente para julgar outras ações como, por exemplo, sobre representação sindical e as relativas às penalidades administrativas impostas aos empregadores pelos órgãos de fiscalização das relações de trabalho, dentre outras.

---

(1) Doutor e Mestre em Direito (PUC/SP). Advogado. Professor de Direitos Humanos Sociais e Metaindividuais do Mestrado e Doutorado (FDV). Desembargador aposentado do TRT da 17ª Região/ES. Titular da Cadeira 44 da Academia Brasileira de Direito do Trabalho. Foi Professor Associado do Departamento de Direito (UFES), onde lecionava Direito Processual do Trabalho e Direitos Humanos, Procurador Regional do Ministério Público do Trabalho/ES, Diretor da Escola Judicial do TRT/ES (biênio 2009/2011) e Procurador do Município de Vitória/ES. Autor de Livros e Artigos Jurídicos.

(2) Advogada. Professora Assistente na cadeira de Direito Processual do Trabalho I da Faculdade de Direito de Vitória – FDV. Mestranda em Direitos e Garantias Fundamentais pela Faculdade de Direito de Vitória – FDV. Pós-Graduanda em Direito e Processo do Trabalho pela Pontifícia Universidade Católica do Rio Grande do Sul – PUC/RS. Graduada em Direito pela Faculdade de Direito de Vitória – FDV.

Em relação às ações oriundas da relação de trabalho que, tradicionalmente, já eram da competência da Justiça do Trabalho, como as lides decorrentes do trabalho avulso e de pequena empreitada, o cabimento dos honorários advocatícios continuou observando os requisitos da Lei n. 5.584/1970.

No tocante às demais ações, o Tribunal Superior do Trabalho estabeleceu, por intermédio do art. 5º da IN n. 27/2005, que "exceto nas lides decorrentes da relação de emprego, os honorários advocatícios são devidos pela mera sucumbência".

Em 2011, o TST alterou a Súmula n. 219, que passou a ter a seguinte redação:

I – Na Justiça do Trabalho, a condenação ao pagamento de honorários advocatícios não decorre pura e simplesmente da sucumbência, devendo a parte, concomitantemente: a) estar assistida por sindicato da categoria profissional; b) comprovar a percepção de salário inferior ao dobro do salário mínimo ou encontrar-se em situação econômica que não lhe permita demandar sem prejuízo do próprio sustento ou da respectiva família (Lei n. 5.584/1970, art. 14, § 1º).

II – é cabível a condenação ao pagamento de honorários advocatícios em ação rescisória no processo trabalhista.

III – são devidos os honorários advocatícios nas causas em que o ente sindical figure como substituto processual e nas lides que não derivem da relação de emprego.

De outro giro, quanto às ações acidentárias, o Tribunal Superior do Trabalho tinha o entendimento de que os honorários advocatícios só seriam devidos naquelas ações que haviam sido ajuizadas na Justiça Comum antes da vigência da EC n. 45/2004 e depois encaminhadas à Justiça do Trabalho (OJ 421 da SBDI-1/TST).

Outra exceção era a possibilidade de condenação em honorários sucumbenciais quando o Sindicato figurasse na ação como substituto processual, pois, neste caso, as regras aplicáveis seriam a Constituição Federal, a Lei da Ação Civil Pública e o CDC – e não o sistema processual trabalhista individual (TST, Súmula n. 219, III).

No entanto, com o advento da Lei n. 13.467/2017, o cabimento dos honorários advocatícios no âmbito da Justiça do Trabalho sofreu diversas alterações como veremos adiante.

3. HONORÁRIOS SUCUMBENCIAIS APÓS A REFORMA TRABALHISTA

3.1. Aspectos gerais do tema na Lei n. 13.467/2017

A Lei n. 13.467/2017, vigente desde 11 de novembro de 2017, inseriu o art. 791-A na CLT, possibilitando, na Justiça do Trabalho, a condenação da parte vencida ao pagamento de honorários advocatícios pela mera sucumbência, no importe de 5% a 15%, em qualquer tipo de ação, seja oriunda da relação de emprego ou das demais transferidas para competência dessa Justiça Especializada após a EC n. 45/2004.

Com efeito, dispõe o novel art. 791-A da CLT:

Art. 791-A. Ao advogado, ainda que atue em causa própria, serão devidos honorários de sucumbência, fixados entre o mínimo de 5% (cinco por cento) e o máximo de 15% (quinze por cento) sobre o valor que resultar da liquidação da sentença, do proveito econômico obtido ou, não sendo possível mensurá-lo, sobre o valor atualizado da causa.

Percebe-se que a regra em causa não exclui a possibilidade de a parte exercer o *jus postulandi*, mesmo porque o art. 791 da CLT não foi revogado, expressa ou tacitamente, pela Lei n. 13.467/2017.

Não obstante, a parte vencida que estiver sendo patrocinada ou não por advogado deverá arcar com tal parcela, que será devida, exclusivamente, ao advogado da parte vencedora.

De outro giro, a Reforma Trabalhista determina que "os honorários são devidos também nas ações contra a Fazenda Pública e nas ações em que a parte estiver assistida ou substituída pelo sindicato de sua categoria".

Ressalta-se que a Lei n. 13.725/18, ao inserir os §§ 6º e 7º no art. 22 da Lei n. 8.906/1994, e revogar o art. 16 da Lei n. 5.584/1970, fez constar expressamente que os honorários advocatícios devidos em razão de assistência sindical são direito do advogado. Logo, no caso de assistência judiciária ou de substituição processual pelo sindicato os honorários advocatícios passaram a pertencer exclusivamente ao advogado contratado pela entidade sindical.[3]

Com efeito, também foi importada do Código de Processo Civil a regra de que os honorários advocatícios sucumbenciais são devidos pela parte vencida na reconvenção, dada a sua natureza jurídica de ação autônoma.

Ademais, a sucumbência recíproca – antes somente admitida em relação às custas processuais – passou a ser permitida também em relação aos honorários advocatícios, sendo vedada a compensação entre os honorários, conforme previsão do § 3º do art. 791-A da CLT.

Sobre o tema da sucumbência recíproca, ao que nos parece, uma vez vedado o retrocesso social e diante da grande quantidade de pedidos que normalmente é feita nas ações trabalhistas, o pedido deve ser interpretado em seu conjunto e não isoladamente, por aplicação supletiva do art. 322, § 2º, do CPC/2015, não podendo ser considerado "parte vencida" o Reclamante que sucumbe em apenas parte mínima dos pedidos.

---

(3) Vê-se, pois, que os sindicatos deixaram de receber a verba honorária prevista no art. 16 da Lei n. 5.584/1970 que era destinada ao custeio da sua função de prestar a assistência judiciária gratuita aos trabalhadores. Sem essa fonte de custeio haverá enfraquecimento da atuação sindical como prestador de assistência judiciária gratuita em prol da defesa dos direitos dos trabalhadores.

O § 2º, do art. 791-A, da CLT, por sua vez, determina que, ao fixar os honorários, o magistrado deverá observar: o grau de zelo do profissional, o lugar de prestação do serviço; a natureza e a importância da causa e o trabalho realizado pelo advogado; e o tempo exigido para o seu serviço.

No entanto, apesar de o novel art. 791-A da CLT representar um grande avanço em relação a condenação da parte vencida ao pagamento dos honorários advocatícios, atendendo justo anseio da Ordem dos Advogados do Brasil desde a promulgação da Constituição Federal (art. 133), também se mostrou extremamente prejudicial ao Reclamante beneficiário da justiça gratuita a nova regra de sucumbência no processo laboral.

No § 4º do art. 791-A da CLT, o legislador introduziu a seguinte regra, *in verbis*:

> Art. 791-A. (...)
> § 4º Vencido o beneficiário da justiça gratuita, **desde que não tenha obtido em juízo, ainda que em outro processo, créditos capazes de suportar a despesa**, as obrigações decorrentes de sua sucumbência ficarão sob condição suspensiva de exigibilidade e somente poderão ser executadas se, nos dois anos subsequentes ao trânsito em julgado da decisão que as certificou, o credor demonstrar que deixou de existir a situação de insuficiência de recursos que justificou a concessão de gratuidade, extinguindo-se, passado esse prazo, tais obrigações do beneficiário.

Dessa forma, o trabalhador hipossuficiente econômico, na hipótese de ser sucumbente no mesmo processo ou se obtiver créditos em qualquer outro processo[(4)], deverá arcar com o valor referente aos honorários advocatícios sucumbenciais, abatendo o montante da despesa do crédito que tem direito a receber.

A literalidade da lei, de constitucionalidade duvidosa, só nos permite concluir que a execução dos honorários advocatícios só ficaria suspensa se o Reclamante pobre não auferisse nenhum crédito, no mesmo ou em qualquer outro processo, capaz de suportar a despesa. Havendo crédito, este deve ser utilizado para pagar os honorários sucumbenciais.

Sob essa perspectiva, analisaremos a constitucionalidade do art. 791-A, § 4º, da CLT à luz do Direito Fundamental à Justiça Gratuita, os votos já proferidos na ADI n. 5.766, proposta pelo Procurador Geral da República e a Jurisprudência dos TRTs sobre o tema.

3.2. Direito Intertemporal: *honorários advocatícios sucumbenciais*

Antes de enfrentar a constitucionalidade do art. 791-A, § 4º, da CLT, é importante tecer algumas considerações acerca do marco temporal para aplicação das novas regras quanto aos honorários sucumbências na Justiça do Trabalho.

Em relação às demandas ajuizadas após a vigência da Lei n. 13.467/2017, em 11 de novembro de 2017, tem-se entendido que as novas regras serão aplicadas, salvo na hipótese de declaração incidental de inconstitucionalidade de um ou mais dispositivos.

Filiamo-nos a essa corrente, pois entendemos que os honorários advocatícios, não obstante apresentarem natureza de instituto de direito processual, possuem reflexos diretos no direito material, não sendo possível surpreender as partes e condená-las a arcar com essa nova despesa se, quando do ajuizamento da ação, não havia tal previsão na legislação ou na jurisprudência.

Com efeito, conforme lição de José Afonso Dallegrave Neto[(5)], "a novel legislação somente se aplica às situações em curso, quando para beneficiar as partes (...). Ao contrário, quando a lei nova sobrevier para acoimar, punir ou restringir direitos processuais, a sua aplicação não poderá afetar situações jurídicas em aberto".

No entanto, no que toca às ações ajuizadas antes de 11 de novembro de 2017, ainda restam algumas discussões sobre a aplicabilidade ou não das novas regras sobre os honorários sucumbenciais.

Acerca da preservação dos atos processuais já praticados e a aplicação da lei nova aos processos já em curso quando de sua vigência, leciona Cândido Dinamarco[(6)] que "aplica-se a regra *tempus regit actum*, segundo a qual fatos ocorridos e situações já consumadas no passado não se regem pela lei nova que entra em vigor, mas continuam valorados segundo a lei do seu tempo".

Ocorre que alguns juízes e doutrinadores defendem que a aplicabilidade do art. 791-A da CLT deve se pautar pela Teoria do Isolamento dos Atos Processuais, na qual são respeitados os atos processuais já praticados, aplicando-se apenas as novas regras aos atos processuais realizados sob a égide do novo diploma legal.

Para essa corrente, uma vez que o direito aos honorários advocatícios sucumbenciais somente surge quando da

---

(4) A expressão "ainda que em outro processo", a nosso sentir, deve ser interpretada restritivamente, no sentido de abranger apenas os processos nos quais figurem o trabalhador sucumbente em tramitação na Justiça do Trabalho, não abarcando os processos judiciais que tramitarem na Justiça comum (Federal ou Estadual) ou os processos administrativos. Afinal, as normas que impõem sacrifício ao ser humano, especialmente na hipótese de trabalhador economicamente pobre, ou seja, integrante dos chamados grupos sociais vulneráveis que o Estado Democrático de Direito deve proteger, devem ser interpretadas restritivamente.

(5) DALLEGRAVE NETO, José Afonso. (In)Aplicabilidade imediata dos honorários de sucumbência recíproca no processo trabalhista. In: *A reforma trabalhista na visão da Academia Brasileira de Direito do Trabalho.* MARTINEZ, Luciano; BOUCINHAS FILHO, Jorge; EÇA, Vitor Salino de Moura (orgs.). Porto Alegre: Lex Magister, 2018. p. 470.

(6) DINAMARCO, Cândido. *Instituições de direito processual civil.* 6. ed. Vol. I. São Paulo: Malheiros, 2009. p. 99.

prolação da Sentença, se esta foi publicada após a vigência da Lei n. 13.467/2017, ao advogado da parte vencedora serão devidos os honorários, nos exatos moldes da nova regra.

Nessa senda, muitos são os advogados e juízes que têm utilizado uma decisão proferida pelo Supremo Tribunal Federal em maio de 2018 para argumentar que já foi decidido que os honorários sucumbenciais devem estar previstos na condenação quando a sentença foi prolatada após a vigência da Lei n. 13.467/2017. É o teor da ementa do referido julgado:

> AGRAVO INTERNO. RECURSO EXTRAORDINÁRIO COM AGRAVO. HONORÁRIOS ADVOCATÍCIOS NO PROCESSO DO TRABALHO. ART. 791-A DA CONSOLIDAÇÃO DAS LEIS DO TRABALHO, INTRODUZIDO PELA LEI N. 13.467/2017. INAPLICABILIDADE A PROCESSO JÁ SENTENCIADO.
>
> 1. A parte vencedora pede a fixação de honorários advocatícios na causa com base em direito superveniente – a Lei n. 13.467/2017, que promoveu a cognominada "Reforma Trabalhista".
>
> 2. O direito aos honorários advocatícios sucumbenciais surge no instante da prolação da sentença. Se tal crédito não era previsto no ordenamento jurídico nesse momento processual, não cabe sua estipulação com base em lei posterior, sob pena de ofensa ao princípio da irretroatividade da lei.
>
> 3. Agravo interno a que se nega provimento. (STF, 1ª Turma, ARE 1014675 AGR/MG, rel. Min. Alexandre de Moraes, j. 23.03.2018, negaram provimento, v.u.)

Porém, tal jurisprudência deve ser utilizada com cautela, pois a *ratio decidendi* do ARE 1014675 não se refere à aplicabilidade do art. 791-A da CLT a um processo ajuizado antes da vigência da Reforma Trabalhista. Naquele caso, a agravante pleiteava a fixação de honorários advocatícios recursais com base na nova legislação trabalhista, razão pela qual a 1ª Turma do STF negou provimento ao recurso pelo fato de tal crédito ainda não existir no ordenamento jurídico no momento em que a sentença havia sido prolatada.

Em outras palavras, o STF apenas negou a fixação de honorários sucumbenciais recursais com fundamento na inexistência de previsão desta verba no momento em que a sentença foi proferida. A Suprema Corte apenas reafirmou que o direito aos honorários sucumbenciais surge no momento da prolação da sentença.

Em nenhum momento – até porque a matéria nem era objeto do recurso –, os Ministros da 1ª Turma adentraram ao mérito da aplicabilidade ou não do art. 791-A da CTL aos processos ajuizados antes da vigência da Reforma Trabalhista.

Em junho de 2018, entretanto, o Tribunal Superior do Trabalho se posicionou sobre o tema na Instrução Normativa n. 41/2018, concluindo que a condenação em honorários sucumbências só é possível nos processos ajuizados após 11 de novembro de 2018, nos seguintes termos:

> Art. 6º Na justiça do trabalho, a condenação em honorários advocatícios sucumbenciais, prevista no art. 791-A, e parágrafos, da CLT, será aplicável apenas às ações propostas após 11 de novembro de 2017 (Lei n. 13.467/2017). Nas ações propostas anteriormente, subsistem as diretrizes do art. 14 da Lei n. 5.584/1970 e das Súmulas ns. 219 e 329 do TST.

Dessa forma, alguns Tribunais Regionais do Trabalho já estão seguindo a recomendação do TST e fixando honorários sucumbenciais somente nas ações ajuizadas após a vigência da Lei n. 13.467 ou nas hipóteses em que já era admitida a condenação em honorários na Justiça do Trabalho.

4. A CONSTITUCIONALIDADE DO ART. 791-A, § 4º, DA CLT, À LUZ DO DIREITO FUNDAMENTAL À JUSTIÇA GRATUITA

A assistência jurídica gratuita e integral aos necessitados surgiu na primeira onda de movimentos de acesso à justiça (Mauro Cappelletti e Bryant Garth), ainda no século XX, como forma de superar o primeiro obstáculo para obtenção da tutela jurisdicional: o econômico.

Sobre a garantia do acesso à justiça a todos, inclusive àqueles que não possuem condições econômicas de arcar com os custos do processo, leciona o doutrinador J. J. Gomes Canotilho[7] que:

> A garantia do acesso aos tribunais perspectivou-se, até agora, em termos essencialmente 'defensivos' ou garantísticos: defesa dos direitos através dos tribunais. Todavia, a garantia do acesso aos tribunais pressupõe também *dimensões de natureza prestacional* na medida em que o Estado deve criar órgãos judiciários e processos adequados (direitos fundamentais dependentes da organização e procedimento) e assegurar prestações ('apoio judiciário', 'patrocínio judiciário', dispensa total ou parcial de pagamento de custas e preparo), tendentes a evitar a denegação da justiça por insuficiência de meios econômicos (CRP, art. 20). O acesso à justiça é um meio materialmente informado pelo princípio da igualdade de oportunidades.

No Brasil, a preocupação com o acesso à justiça pelos pobres se iniciou com o advento do Estado Social, quando o processo sofreu significativas mudanças pela busca de se efetivar a tutela jurisdicional como um todo, de forma igualitária e justa, e não somente garantir o direito de ação e a propriedade privada.

Dessa forma, além da criação da Justiça do Trabalho em 1939, aos trabalhadores foi garantida a capacidade

---

[7] CANOTILHO, J. J. Gomes. *Direito constitucional e teoria da constituição*. 7. ed. 19 reimp. Coimbra: Almedina, 2018. p. 501.

postulatória (*ius postulandi*) para atuarem perante as Juntas de Conciliação e Julgamento (hoje, Varas do Trabalho) e Tribunais; foi permitida a coletivização do processo trabalhista (dissídio coletivo e ação de cumprimento); bem como foi sancionada a Lei n. 1.060/1950, que criou a assistência judiciária para os trabalhadores hipossuficientes.

A assistência judiciária gratuita compreende tanto a assistência jurídica integral para aqueles que necessitam de orientação jurídica, quanto a isenção das taxas judiciárias, custas, emolumentos e demais despesas processuais para todos que demonstrem não poder arcar com tais despesas sem prejuízo de sua própria subsistência e de sua família.

A Constituição Federal, em seu art. 5º, LXXIV, é expressa ao reconhecer como Direito Fundamental a todos os brasileiros e estrangeiros, sem distinção de qualquer natureza, a "assistência jurídica integral e gratuita aos que comprovarem insuficiência de recursos".

O Direito à Justiça Gratuita é corolário lógico do Direito ao Acesso à Justiça, este previsto como Direito Humano na Declaração Universal dos Direitos Humanos de 1948, na qual se dispõe nos arts. 9º e 10, respectivamente, que "todo homem tem direito a receber dos tribunais nacionais competentes remédio efetivo para os atos que violem direitos fundamentais que lhe sejam reconhecidos pela Constituição ou pela lei" e que "todo homem tem direito, em plena igualdade, a uma justa e pública audiência por parte de um tribunal independente e imparcial, para decidir seus direitos e deveres, ou do fundamento de qualquer acusação criminal contra ele".

Assim, torna-se indispensável ao cumprimento do disposto no art. 5º, XXXV, da CF – principalmente no que toca à prestação jurisdicional efetiva, justa e isonômica – a concessão do benefício da justiça gratuita e da assistência judiciária gratuita a todos que comprovem insuficiência de recursos para atuarem em juízo.

Nesse sentido, Luiz Guilherme Marinoni e Daniel Mitidiero[8] lecionam que:

> O Direito Fundamental à assistência jurídica integral e gratuita é multifuncional. Dentre outras funções, assume a de promover a igualdade, com o que se liga imediatamente ao intento constitucional de construir uma sociedade livre, justa e solidária (art. 3º, III, *in fine*, CRFB). Possibilita, ainda, um efetivo acesso à justiça mediante a organização de um processo justo que leve em consideração as reais diferenças sociais entre as pessoas. Nessa linha, assume as funções de prestação estatal e de não discriminação.

No Processo do Trabalho, principalmente, em razão da subordinação jurídica e da hipossuficiência econômica do trabalhador frente ao empregador, a concessão do benefício da Justiça Gratuita é o principal meio de efetivação dos direitos sociais violados durante o curso do contrato de trabalho e de promoção da justiça social.

Na sociedade contemporânea, o trabalho passa a ser um direito ao mesmo tempo humano (desde o Tratado de Versalhes de 1919) e fundamental social (conforme previsto nos arts. 1º, IV, 5º, XIII, 6º e 7º, da CF), razão pela qual os direitos dispostos na Constituição e na legislação infraconstitucional são considerados como o mínimo para assegurar a todos a existência digna.

Ocorre que a Lei n. 13.467/2017 introduziu o art. 791-A, § 4º, na CLT, possibilitando a condenação do trabalhador vencido na demanda (total ou parcialmente) ao pagamento de honorários advocatícios do advogado da parte vencedora mesmo se beneficiário da justiça, hipótese em que os créditos obtidos no mesmo ou em outro processo deverão ser utilizados para arcar com tal despesa.

Sob a ótica do Direito Fundamental à Justiça Gratuita, a novel disposição da CLT é flagrantemente inconstitucional, pois viola o seu núcleo essencial, visto que tal instituto foi criado justamente para possibilitar o acesso à Justiça pelo cidadão pobre, que não tem recursos suficientes para arcar com os custos do processo, sendo certo que no caso do Processo do Trabalho, especificamente, a situação ainda se torna mais grave quando lembramos que as verbas discutidas são, em regra, de natureza alimentícia.

Na contramão dos movimentos que deram ensejo essas garantias de acesso à Justiça amplo, igualitário, efetivo e justo, o art. 971-A, § 4º, da CLT, surgiu para, na prática, inviabilizar ao trabalhador hipossuficiente a propositura de novas demandas trabalhistas, pelo medo de ter que arcar com o pagamento de custas e despesas processuais de sucumbência a partir dos créditos auferidos no mesmo processo ou em qualquer outro, em prejuízo do seu próprio sustento e de sua família.

Entendem Estêvão Mallet e Flávio da Costa Higa[9] que (p. 85):

> A própria leitura do dispositivo impõe o trancamento de interpretações constitucionalmente legítimas. (...) o § 4º veda de modo hermético tal exegese, na medida em que ele é resoluto ao dispor que a exigibilidade das verbas de sucumbência só fica suspensa se o vencido não receber créditos. Portanto, se ele receber créditos, por menores que sejam, por mais pobre que

---

(8) MARINONI, Luiz Guilherme; MITIDIERO, Daniel. Art. 5º, LXXIV – o Estado prestará assistência judiciária integral e gratuita aos que comprovarem insuficiência de recursos. In: CANOTILHO, J. J. Gomes; STRECK, Luiz Lênio; SARLET, Ingo Wolfgand; MENDES, Gilmar Ferreira (orgs.). *Comentários à Constituição do Brasil*. São Paulo: Saraiva, 2018. p. 524.

(9) MALLET, Estêvão; HIGA, Flávio da Costa. Os honorários advocatícios após a Reforma Trabalhista. In: *Revista do Tribunal Superior do Trabalho*. São Paulo: Lex Magister, Ano 8, n. 4, out./dez. 2017, p. 85.

seja ele e por mais que não reúna condição nenhuma de suportar as despesas do processo sem comprometer a sua subsistência e a dos que dele dependerem, deverá pagar os honorários de sucumbência, conquanto o texto constitucional prometa-lhe assistência jurídica integral e gratuita.

Ademais, o princípio da isonomia, insculpido no *caput* do art. 5º da Constituição, também é violado pelo referido artigo, por colocar pessoas de condição econômico-financeira idêntica – pobres – em situações manifestamente desiguais.

O art. 98, § 1º, IV, prevê expressamente que o benefício da justiça gratuita compreende "os honorários do advogado e do perito e a remuneração do intérprete ou do tradutor nomeado para apresentação de versão em português de documento redigido em língua estrangeira".

Além disso, o mesmo art. 98, § 3º, do CPC, determina que o beneficiário da justiça gratuita no processo comum será dispensado do pagamento dos honorários sucumbenciais, os quais ficam em condição suspensiva por 5 anos, independentemente do valor do crédito recebido, cabendo ao credor provar que cessou a situação que deu ensejo à concessão do benefício.

A justificativa para tal inovação legislativa, evidentemente, é o desejo de enfraquecer a Justiça do Trabalho e os movimentos sociais, atingindo uma das parcelas mais vulneráveis da população: os trabalhadores hipossuficientes econômicos.

Tanto é verdade que não somente foi introduzida a possibilidade de abatimento dos créditos percebidos no processo para pagamento de honorários sucumbenciais (e periciais), como também foram reduzidas as situações em que o magistrado poderá conceder o benefício da justiça gratuita, quais sejam: a) somente para aqueles que perceberem salário inferior a 40% do teto dos benefícios do INSS (art. 790, § 3º, da CLT); ou b) que comprovarem sua situação de hipossuficiência (art. 790, § 4º, da CLT).

A assistência jurídica gratuita e integral é dever do Estado. A Justiça Gratuita é Direito Fundamental de todo cidadão economicamente pobre, indispensável para garantia do Acesso à Justiça e para efetivação, inclusive, do princípio da dignidade humana (art. 1º, III, da CF).

A premissa básica para concessão do benefício da Justiça Gratuita é que a parte não tenha condições de arcar com os custos processuais sem pôr em risco a sua própria subsistência e a de sua família.

Importa ressaltar, ainda, que na Justiça do Trabalho, ao contrário do que ocorre nos demais órgãos do Poder Judiciário, a prestação da assistência judiciária gratuita sempre ficou à cargo dos Sindicatos, dada a notória escassez de recursos (materiais e humanos) da Defensoria Pública da União para atender demandas trabalhistas.

Assim, ao Estado cabia somente isentar os trabalhadores hipossuficientes das custas e demais encargos processuais e, no caso de honorários periciais, arcar com os custos da perícia quando o beneficiário da justiça gratuita fosse sucumbente no pedido. A Reforma Trabalhista restringe, portanto, ainda mais o acesso desses trabalhadores à Justiça.

Dessa forma, a inconstitucionalidade do art. 791-A, § 4º, da CLT, reside justamente no fato de que o abatimento dos créditos percebidos pelo trabalhador hipossuficiente poderá ocorrer independentemente de sua condição de pobreza ter cessado, impossibilitando que ele possa arcar com os riscos do processo, o que esvazia por completo o núcleo do Direito Fundamental à Justiça Gratuita e, por consequência, ao de acesso à Justiça.

Ademais, *ad argumentandum tantum*, a expressão "ainda que em outro processo", a nosso sentir, deve ser interpretada restritivamente, no sentido de abranger apenas os processos nos quais figurem o trabalhador sucumbente em tramitação na Justiça do Trabalho, não abarcando os processos judiciais que tramitarem na Justiça comum (Federal ou Estadual) ou os processos administrativos.

Afinal, as normas que impõem sacrifício ao ser humano, especialmente na hipótese de trabalhador economicamente pobre, ou seja, integrante dos chamados grupos sociais vulneráveis que o Estado Democrático de Direito deve proteger, devem ser interpretadas restritivamente.

4.1. A Ação Direta de Inconstitucionalidade n. 5.766

A Procuradoria-Geral da República ajuizou a Ação Direta de Inconstitucionalidade n. 5.766 objetivando a declaração de inconstitucionalidade dos arts. 790-B, *caput*, e § 4º; 791-A, § 4º; e 844, § 2º, da CLT, sob a seguinte justificativa, *in verbis*:

> Os dispositivos apontados apresentam inconstitucionalidade material, por impor restrições inconstitucionais à garantia de gratuidade judiciária aos que comprovem insuficiência de recursos, na Justiça do Trabalho, em violação aos arts. 1º, III e IV; 3º, I e III; 5º, *caput*, XXXV e LXXIV, e § 2º; e 7º a 9º, da Constituição da República.

Até o momento, foram admitidos como "Amigos da Corte" a Central Única dos Trabalhadores (CUT), a Central Geral dos Trabalhadores do Brasil (CGTB), a Central dos Sindicatos Brasileiros (CSB), a Associação Nacional dos Magistrados da Justiça do Trabalho (ANAMATRA), a Confederação Nacional do Transporte (CNT), e a Confederação da Agricultura e Pecuária do Brasil (CNA).

Em maio de 2018, foi iniciado o julgamento da ADI e, dos onze Ministros que compõe o Supremo Tribunal Federal, apenas dois votaram.

O Ministro Luís Roberto Barroso, relator da ADI, proferiu voto no sentido de julgar parcialmente procedente a ação e fixar as seguintes teses, que, a nosso ver, extrapola, e muito, a atribuição do órgão jurisdicional, *in verbis*:

1. O direito à gratuidade de justiça pode ser regulado de forma a desincentivar a litigância abusiva, inclusive por meio da cobrança de custas e de honorários a seus beneficiários. 2. A cobrança de honorários sucumbenciais do hipossuficiente poderá incidir: (i) sobre verbas não alimentares, a exemplo de indenizações por danos morais, em sua integralidade; e (ii) sobre o percentual de até 30% do valor que exceder ao teto do Regime Geral de Previdência Social, mesmo quando pertinente a verbas remuneratórias. 3. É legítima a cobrança de custas judiciais, em razão da ausência do reclamante à audiência, mediante prévia intimação pessoal para que tenha a oportunidade de justificar o não comparecimento.

Em sentido oposto, o Ministro Edson Fachin votou por julgar totalmente procedente a ação nos seguintes termos:

A conformação restritiva imposta pelas normas ora impugnadas afronta não apenas o próprio direito fundamental à gratuidade, mas também, ainda que de forma mediata, os direitos que esta garantia fundamental protege, o que se apresenta mais concreto com a invocação do direito fundamental ao acesso à Justiça e dos direitos sociais trabalhistas, eventualmente, desrespeitados nas relações contratuais respectivas.

O direito fundamental à gratuidade da Justiça encontra-se amparado em elementos fundamentais da identidade da Constituição de 1988, dentre eles aqueles que visam a conformar e concretizar os fundamentos da República relacionados à cidadania (art. 1º, III, da CRFB), da dignidade da pessoa humana (art. 1º, III, da CRFB), bem como os objetivos fundamentais de construção de uma sociedade livre, justa e solidária (art. 3º, I, da CRFB) e de erradicação da pobreza e da marginalização, bem como a redução das desigualdades sociais (art. 3º, III, da CRFB).

Após os votos de ambos os Ministros, o Ministro Luiz Fux pediu vista antecipada dos autos, razão pela qual ainda temos que aguardar os votos dos demais ministros da Suprema Corte para sabermos se a Ação Direita de Inconstitucionalidade será julgada procedente ou se os dispositivos impugnados serão considerados, total ou parcialmente, constitucionais.

4.2. A jurisprudência do TST e dos TRTs sobre o tema

Após a entrada em vigor da Lei n. 13.467/2017, o tema sobre a constitucionalidade do art. 791-A, § 4º, da CLT, passou a ser objeto de julgamento de Recursos Ordinários e Recursos de Revista.

Algumas Turmas dos Tribunais Regionais do Trabalho da 6ª e da 18ª Regiões, por exemplo, vêm admitindo a constitucionalidade do art. 791-A, § 4º, da CLT, e condenando o beneficiário da justiça gratuita a pagar os honorários advocatícios sucumbenciais.

Seguem algumas ementas nesse sentido:

RECURSO ORDINÁRIO DO RECLAMANTE. JUSTIÇA GRATUITA. HONORÁRIOS SUCUMBENCIAIS. AÇÃO AJUIZADA APÓS O ADVENTO DA LEI N. 13.467/2017. CONSTITUCIONALIDADE DO § 4º DO ART. 791-A DA CLT. Condicionando o art. 133 da CF a indispensabilidade do advogado à administração da Justiça, é de se ter que o art. 791-A da CLT foi recepcionado pela Magna Carta. Não fosse assim, o *jus postulandi* também não prevaleceria nos Juizados Especiais, por exemplo. Com isso, tem-se que a norma insculpida no § 4º do art. 791-A da CLT não afronta o princípio do acesso amplo à Justiça, previsto no art. 5º, XXXIV e XXXV, da CF, compatibilizando, ao reverso, a previsão dos honorários sucumbenciais trabalhistas com o princípio da inafastabilidade da jurisdição, expresso nos mencionados incisos do referido art. 5º. Deste modo, a possibilidade de condenação da parte hipossuficiente em honorários sucumbências, introduzida pela Lei n. 13.467, de 2017, não pode ser considerada como um empecilho, dificultador do acesso à justiça, ante a previsão contida no § 4º do art. 791-A da CLT. Correta a decisão que assim entendeu. Recurso ordinário negado. (TRT-6, RO 0001586-72.2017.5.06.0232, Redator: Virginia Malta Canavarro, j. 22.10.2018, 3ª T., Data da assinatura 25.10.2018)

HONORÁRIOS ADVOCATÍCIOS SUCUMBENCIAIS. BENEFICIÁRIO DA JUSTIÇA GRATUITA. SUSPENSÃO DA EXIGIBILIDADE DO CRÉDITO. ART. 791-A, § 4º, DA CLT. A norma prescrita no art. 791-A, § 4º, da CLT, admite a suspensão da exigibilidade do crédito honorário, devido pelo beneficiário da justiça gratuita, desde que não tenha obtido crédito em juízo, seja no processo em que houve a condenação, seja em outro processo. No caso, verificada a sucumbência recíproca das partes, é certo que a reclamante auferirá valores pecuniários suficientes para suportar tal despesa, não havendo razão para a aplicação do citado dispositivo. (TRT-18, ROPS 0010340-96.2018.5.18.0211, Relator: Eugenio Jose Cesario Rosa, j. 21.09.2018, TP)

Outros TRTs, como o de Alagoas e de Rondônia/Acre, estão declarando a inconstitucionalidade do § 4º do art. 791-A da CLT, nos seguintes termos:

EMENTA: HONORÁRIOS ADVOCATÍCIOS. BENEFICIÁRIO DA JUSTIÇA GRATUITA. IMPOSSIBILIDADE DE CONDENAÇÃO. INCONSTITUCIONALIDADE DO ART. 791-A, § 4º, DA CLT. Esta Corte, em sede de Arguição de Inconstitucionalidade (Processo n. 0000206-34.2018.5.19.0000), declarou, por unanimidade, a inconstitucionalidade do § 4º do art. 791-A da CLT, incluído pela Lei n. 13.467/2017, em face da flagrante violação às garantias fundamentais de assistência jurídica integral e gratuita (art. 5º, LXXIV) e do acesso à Justiça (art. 5º, XXXV), bem como aos princípios da dignidade da pessoa humana (art. 1º, III) e da igualdade (art. 5º, *caput*). Apelo parcialmente provido. (TRT-19, RO 00002694420185190005 0000269-44.2018.5.19.0005, Rel. Des. Antônio Catão, DEJT 12.12.2018)

RECURSO QUE NÃO ATACA OS FUNDAMENTOS DA SENTENÇA. PRINCÍPIO DA DIALETICIDADE. ART. 514, II, DO CPC. SÚMULA N. 422 DO TST. NÃO

CONHECIMENTO. Não merece ser conhecido o recurso, por falta de dialeticidade, que não ataca os fundamentos da decisão recorrida, sendo certo que a parte recorrente deve apresentar uma reflexão sobre a ótica dos juízos de valor emitidos na sentença. TRABALHADOR BENEFICIÁRIO DA JUSTIÇA GRATUITA. CONDENAÇÃO EM HONORÁRIOS SUCUMBENCIAIS. INCIDENTE DE ARGUIÇÃO DE INCONSTITUCIONALIDADE. ART. 791-A, § 4º, DA CLT. No julgamento do Arginc n. 0000147-84.2018.5.14.0000, este Regional, por maioria, declarou a inconstitucionalidade material da seguinte expressão contida no § 4º do art. 791-A da CLT, com redação dada pela Lei n. 13.467/2017: "desde que não tenha obtido em juízo, ainda que em outro processo, créditos capazes de suportar a despesa", porquanto atenta contra a previsão contida. (TRT-14, RO-AC 0000146-75.2018.5.14.0008, Relator: Carlos Augusto Gomes Lobo, Segunda Turma, Data de Publicação: 30.11.2018)

A 6ª Turma do TRT de São Paulo vem interpretando o § 4º do art. 791-A da CLT conforme à Constituição, considerando que a expressão "créditos capazes de suportar a despesa" se refere à hipótese de cessação da situação de miserabilidade jurídica. Segue ementa de julgado nesse sentido:

> "Reforma Trabalhista". Lei n. 13.467/2017.Condenação do beneficiário da justiça gratuita no pagamento dos honorários advocatícios. Interpretação do § 4º do art. 791-A da CLT conforme a Constituição Federal. À luz do art. 5º, LXXIV, da Constituição Federal, a expressão "...créditos capazes de suportar a despesa..." deve ser interpretada como um valor apto a retirar o beneficiário da justiça gratuita da condição de pobreza, revogando (ainda que tacitamente) o benefício da justiça gratuita e, assim, tornar a parte apta a custear os honorários advocatícios. Enquanto tal não ocorrer, e pelo prazo máximo de dois anos, a dívida fica em condição suspensiva de exigibilidade. Após tal prazo, deixa de ser exigível em caráter definitivo. Interpretação do § 4º do art. 791-A da CLT conforme à Constituição Federal. Declaração de inconstitucionalidade, assim, desnecessária. (TRT-2 10007101320185020318 SP, Relator: Antero Arantes Martins, 6ª Turma – Cadeira 4, Data de Publicação: 28.11.2018)

Pelo exposto, até que seja dada a palavra final pelo Supremo Tribunal Federal, haverá bastante divergência quanto à constitucionalidade do § 4º do art. 791-A da CLT no tocante à possibilidade de abatimento das verbas percebidas pelo trabalhador para pagamento dos honorários advocatícios sucumbenciais.

5. CONSIDERAÇÕES FINAIS

Como síntese da presente pesquisa apresentamos as conclusões que se seguem.

A Lei n. 13.467/2017 alterou as regras para concessão do benefício da Justiça Gratuita na Justiça do Trabalho e introduziu a possibilidade de condenação do trabalhador hipossuficiente ao pagamento de honorários advocatícios sucumbenciais com o crédito percebido no mesmo ou em qualquer outro processo, na forma prevista no art. 791-A, § 4º, da CLT.

Em relação às demandas ajuizadas após a vigência da Lei n. 13.467/2017 a nova regra sobre honorários advocatícios sucumbenciais serão aplicadas, salvo na hipótese de declaração de sua inconstitucionalidade.

Direito à Justiça Gratuita é corolário lógico do Direito ao Acesso à Justiça, este previsto como Direito Humano na Declaração Universal dos Direitos Humanos de 1948 (arts. 9º e 10) e Direito Fundamental no ordenamento jurídico brasileiro (CF, art. 5º, XXXV).

No Processo do Trabalho, principalmente, em razão da subordinação jurídica e da hipossuficiência econômica do trabalhador frente ao empregador, a concessão do benefício da Justiça Gratuita é o principal meio de efetivação dos direitos sociais violados durante o curso do contrato de trabalho e de promoção da justiça social.

Justamente por isso que o benefício da justiça gratuita ou a assistência judiciária gratuita foram criados justamente para possibilitar o acesso à justiça pelo cidadão pobre, que não tem recursos suficientes para arcar com os custos do processo, sendo certo que no caso do Processo do Trabalho, especificamente, a situação ainda se torna mais dramática quando lembramos que as verbas discutidas são, em regra, de natureza alimentícia.

Na contramão dos movimentos que deram ensejo essas garantias de acesso à Justiça amplo, igualitário, efetivo e justo, o art. 971-A, § 4º, da CLT, surgiu para, na prática, inviabilizar ao trabalhador hipossuficiente a propositura de novas demandas trabalhistas, pelo medo de ter que arcar com o pagamento de custas e despesas processuais de sucumbência a partir dos créditos auferidos no mesmo processo ou em qualquer outro, em prejuízo do seu próprio sustento e de sua família.

A assistência jurídica gratuita e integral é dever do Estado. A Justiça Gratuita é Direito Fundamental de todo cidadão economicamente pobre, indispensável para garantia do Acesso à Justiça e para efetivação, inclusive, do princípio da dignidade humana (art. 1º, III, da CF).

O direito fundamental à gratuidade da Justiça, portanto, está albergado expressamente em diversos dispositivos da Constituição brasileira de 1988, não apenas aqueles vinculados à efetivação dos princípios fundamentais da República (art. 1º) relacionados à cidadania e à dignidade da pessoa humana, como também os que veiculam os objetivos fundamentais da República (art. 3º), como a construção de uma sociedade livre, justa e solidária, a erradicação da pobreza e da marginalização e a redução das desigualdades sociais.

Enfim e respondendo à pergunta central desta pesquisa, o § 4º do art. 791-A da CLT, introduzido pela Lei n. 13.467/2017, não está em sintonia com a ordem constitucional sob o enfoque do direito fundamental à justiça gratuita.

6. REFERÊNCIAS

CANOTILHO, J. J. Gomes. *Direito constitucional e teoria da constituição*. 7. ed. 19 reimp. Coimbra: Edições Almedina, 2018.

DALLEGRAVE NETO, José Afonso. (In)Aplicabilidade imediata dos honorários de sucumbência recíproca no processo trabalhista. In: *A reforma trabalhista na visão da Academia Brasileira de Direito do Trabalho*. MARTINEZ, Luciano; BOUCINHAS FILHO, Jorge; EÇA, Vitor Salino de Moura (orgs.). Porto Alegre: Lex Magister, 2018.

DELGADO, Mauricio Godinho. *Curso de direito do trabalho*. São Paulo: LTr, 2018.

DINAMARCO, Cândido. *Instituições de direito processual civil*. 6. ed. Vol. I. São Paulo: Malheiros, 2009.

LEITE, Carlos Henrique Bezerra. *Curso de direito processual do trabalho*. 16. ed. São Paulo: Saraiva Educação, 2018.

MARINONI, Luiz Guilherme; MITIDIERO, Daniel. Art. 5º, LXXIV – o Estado prestará assistência judiciária integral e gratuita aos que comprovarem insuficiência de recursos. In: CANOTILHO, J. J. Gomes; STRECK, Luiz Lênio; SARLET, Ingo Wolfgand; MENDES, Gilmar Ferreira (orgs.). *Comentários à Constituição do Brasil*. São Paulo: Saraiva, 2018.

MALLET, Estêvão; HIGA, Flávio da Costa. Os honorários advocatícios após a reforma trabalhista. In: *Revista do Tribunal Superior do Trabalho*. São Paulo: Lex Magister, Ano 83, n. 4, out./dez., 2017.

MENSAGEM N. 688/2016. Disponível em: <http://www.camara.gov.br/proposicoesWeb/prop_mostrarintegra?codteor=1520056&filename=Tramitacao-PL+6787/2016>. Acesso em: 30 mar. 2018.

ALGUNS ASPECTOS DO CUMPRIMENTO DA SENTENÇA NO NOVO CPC E O PROCESSO DO TRABALHO[1]

Bruno Freire e Silva[2]

1. INTRODUÇÃO

O cumprimento de sentença foi fruto da Lei n. 11.232/2005 que revogou dezenove artigos do Código de Processo Civil de 1973 e inseriu nesse Código oitenta dispositivos, entre artigos, parágrafos e incisos, especialmente no livro que tratava da execução. A introdução dessa nova forma de execução chamada "cumprimento de sentença" consistiu em substancial modificação procedimental que extinguiu a necessidade de ajuizamento de uma ação autônoma de execução, o que foi mantido no Novo Código de Processo Civil.

O Novo Código de Processo Civil, outrossim, expõe e demonstra uma preocupação com a interpretação das normas processuais de acordo com os ditames constitucionais, conforme já esclarecemos em obra que comentamos a aplicação do Código no processo do trabalho[3].

Dentro dessa perspectiva, a efetividade da jurisdição se traduz em receber a tutela jurisdicional de forma correta e em prazo razoável, incluída a atividade satisfativa[4], ou seja, a execução. O cumprimento da sentença, inserido no bojo do processo de conhecimento, busca realizar esse mister e amolda os procedimentos de acordo com as obrigações e o devedor[5], diante da proposta de natureza instrumental do processo, que deve servir ao direito material.

No presente artigo vamos analisar alguns aspectos do instituto do cumprimento da sentença como a intimação do devedor, execução de ofício, inclusão dos responsáveis pela dívida no polo passivo, condição ou termo, títulos executivos judiciais, competência, técnica de execução indireta e impugnações, tudo sob a ótica da aplicação do instituto no processo do trabalho.

2. CUMPRIMENTO DE SENTENÇA E PROCESSO DO TRABALHO

O cumprimento de sentença, tanto para o processo civil como para o processo do trabalho[6], é a execução da obrigação reconhecida no título executivo judicial, após a atribuição de exigibilidade, certeza e liquidez à decisão[7].

No processo do trabalho o procedimento de execução da decisão ou acordo homologado em juízo, está tratado nos arts. 876 a 892 da Consolidação das Leis do Trabalho.

A Instrução Normativa n. 39 do Tribunal Superior do Trabalho, publicada em 15 de março de 2016, não elencou os arts. 513 a 535 do CPC entre aqueles aplicáveis ao processo do trabalho. Como a referida instrução não teve caráter exaustivo, muito menos força vinculante, cabe à doutrina e jurisprudência a interpretação da aplicação ou não desses dispositivos de acordo com as regras

---

(1) O presente e modesto artigo é enviado para o Livro dedicado a Armando Casimiro Costa Filho, homenagem mais do que merecida. O direito do trabalho não é mais o mesmo sem ele. Que saudade nos deixou. Nunca fiz um pedido a ele, seja qual fosse, para ouvir um não. Sempre atendeu os autores com carinho e atenção especiais. Gostava de receber os autores na LTr. Dizia que era a oportunidade de conhecê-los pessoalmente. Gostaria de ter ido mais à LTr, pois a prosa gostosa, a educação refinada e o carinho com os autores deixarão muitas saudades.

(2) Advogado. Professor Adjunto de Teoria Geral do Processo na UERJ – Universidade do Estado do Rio de Janeiro. Membro da Cadeira n. 68 da Academia Brasileira de Direito do Trabalho. Membro e Diretor do Instituto Brasileiro de Direito Processual (Diretoria de Direito Processual do Trabalho).

(3) Vide comentários dos arts. 1º a 15 do volume I de nossa coleção: *O novo CPC e o processo do trabalho – Parte Geral*. São Paulo: LTr, 2016.

(4) Art. 4º As partes têm o direito de obter em prazo razoável a solução integral do mérito, incluída a atividade satisfativa.

(5) SHIMURA, Sérgio Seiji. *Breves comentários ao novo Código de Processo Civil*. (Coord.) Teresa Arruda Alvim Wambier (et. al). 3. ed. e atual. São Paulo: Revista dos Tribunais, 2016.

(6) TEIXEIRA FILHO, Manoel Antônio. *Comentários ao novo Código de Processo Civil sob a perspectiva do Processo do Trabalho*: (Lei n. 13.105, 16 de março de 2015, alterada pela Lei n. 13.256, de 4 de fevereiro de 2016). São Paulo: LTr, 2016.

(7) PINHO, Humberto Dalla Bernardino. *Direito Processual Civil contemporâneo*: processo de conhecimento, procedimentos especiais, processo de execução, processos nos tribunais e disposições finais e transitórias. 4. ed. São Paulo: Saraiva, 2017.

da subsidiariedade e supletividade previstas no art. 15 do Diploma Processual Comum, bem como atenção para a compatibilidade com os princípios e procedimentos do processo do trabalho exigidos pelo art. 769 da CLT.

O art. 876 da CLT inaugura a fase de execução destacando que serão executadas as decisões que não caibam mais recurso ou que não tenham recurso com efeito suspensivo, os acordos não adimplidos, os termos de ajuste de conduta e os termos firmados perante as Comissões de Conciliação Prévia:

> Art. 876. As decisões passadas em julgado ou das quais não tenha havido recurso com efeito suspensivo; os acordos, quando não cumpridos; os termos de ajuste de conduta firmados perante o Ministério Público do Trabalho e os termos de conciliação firmados perante as Comissões de Conciliação Prévia serão executada pela forma estabelecida neste Capítulo. (Redação dada pela Lei n. 9.958, de 12.01.2000)

Apesar do tratamento da matéria pela Consolidação das Leis do Trabalho, como não há um tratamento exaustivo do tema, há espaço para aplicação de forma supletiva do instituto do cumprimento de sentença no processo do trabalho, em alguns de seus aspectos. Senão vejamos.

3. INTIMAÇÃO PARA O CUMPRIMENTO DE SENTENÇA E EXECUÇÃO DE OFÍCIO

O Código de Processo Civil de 2015 manteve o sincretismo processual e as disposições do art. 475-I do CPC/1973, com pequenas alterações e incorporação da jurisprudência do STJ[8] que prevê a necessidade de intimação do devedor para cumprimento da sentença (§ 2º do art. 513).

No processo do trabalho tal sistemática já era adotada, sendo possível a execução *ex officio* ou por requerimento das partes, conforme redação anterior do art. 878 da CLT. Este procedimento mais simples, em consonância com o princípio da celeridade para o cumprimento de sentença, foi precursor do sincretismo posteriormente implantado no processo civil.

Com as alterações da Lei n. 13.467, de 13 de julho de 2017, o art. 878 da CLT teve sua redação modificada, passando a ser atribuição da parte promover a execução do título judicial, permitindo-se ao magistrado, de ofício, promover a execução somente nos casos em que a parte Reclamante não possuir advogado constituído. Assim, o art. 878 da CLT se aproximou do mandamento do § 1º, do art. 513 do CPC, reservando a peculiaridade da execução de ofício para a hipótese de o Reclamante não constituir advogado nos autos.

> Art. 878. A execução será promovida pelas partes, permitida a execução de ofício pelo juiz ou pelo Presidente do Tribunal apenas nos casos em que as partes não estiverem representadas por advogado. (Redação dada pela Lei n. 13.467, de 2017)

Não se pode olvidar que, em 21 de junho de 2018, o Tribunal Superior do Trabalho editou a Instrução Normativa n. 41 sobre a aplicação das novas normas processuais da Consolidação das Leis do Trabalho, alteradas pela Lei n. 13.467, de 13 de julho de 2017. A referida Instrução Normativa estabeleceu que a iniciativa do juiz na execução, prevista no art. 878 da CLT, somente se aplicará a partir da vigência da Lei n. 13.467/2017 e, como já previsto na lei, somente para os casos em que as partes não estiverem assistidas por advogado[9].

A CLT estabelece a intimação em audiência para contagem do prazo de recurso e cumprimento da decisão, nos termos do art. 852 e da Súmula n. 197, do TST[10]. Do mesmo modo, estabelece o art. 880 da CLT que o executado

---

(8) PROCESSUAL CIVIL. AGRAVO REGIMENTAL NO AGRAVO EM RECURSO ESPECIAL. EXECUÇÃO. CUMPRIMENTO DE SENTENÇA. INTIMAÇÃO NA PESSOA DO ADVOGADO. PUBLICAÇÃO NA IMPRENSA OFICIAL. MULTA. ART. 475-J DO CPC. RECURSO MANIFESTAMENTE IMPROCEDENTE. IMPOSIÇÃO DE MULTA. ART. 557, § 2º, DO CPC. 1. O credor deverá requerer o cumprimento da sentença instruindo o pedido com a memória discriminada e atualizada do cálculo, sendo necessária a intimação do devedor na pessoa do seu advogado, mediante publicação na imprensa oficial, para efetuar o pagamento no prazo de 15 (quinze) dias (arts. 475-B e 475-J do CPC). 2. A ausência de adimplemento voluntário no prazo de 15 (quinze) dias, contados do primeiro dia útil posterior à intimação do devedor na pessoa do seu advogado, autoriza a aplicação de multa de 10% (dez por cento) sobre o montante da condenação (art. 475-J do CPC). 3. A jurisprudência desta Corte está sedimentada no sentido de ser incabível, na execução provisória, o arbitramento de honorários advocatícios em favor do exequente e a incidência da multa prevista no art. 475-J do CPC. 4. No caso concreto, trata-se de execução definitiva consoante assentado pelo Tribunal de origem (e-STJ fl. 363). 5. A interposição de recurso manifestamente inadmissível ou infundado autoriza a imposição de multa com fundamento no art. 557, § 2º, do CPC. 6. Agravo regimental desprovido com a condenação da agravante ao pagamento de multa no percentual de 5% (cinco por cento) sobre o valor corrigido da causa, ficando condicionada a interposição de qualquer outro recurso ao depósito do respectivo valor (art. 557, § 2º, do CPC). (STJ. AgRg no AREsp 356.642/RS, Rel. Ministro ANTONIO CARLOS FERREIRA, QUARTA TURMA, julgado em 09.12.2014, DJe 12.12.2014)

(9) TST. Instrução Normativa n. 41, de 21 de junho de 2018. Art. 13. A partir da vigência da Lei n. 13.467/2017, a iniciativa do juiz na execução de que trata o art. 878 da CLT e no incidente de desconsideração da personalidade jurídica a que alude o art. 855-A da CLT ficará limitada aos casos em que as partes não estiverem representadas por advogado.

(10) Súmula n. 197 do TST. PRAZO (mantida) – Res. 121/2003, DJ 19, 20 e 21.11.2003. O prazo para recurso da parte que, intimada, não comparecer à audiência em prosseguimento para a prolação da sentença conta-se de sua publicação.

será notificado para o cumprimento da decisão ou acordo no prazo de 48 horas, sob pena de penhora, nos termos do art. 880 da CLT:

> Art. 880. Requerida a execução, o juiz ou presidente do tribunal mandará expedir mandado de citação do executado, a fim de que cumpra a decisão ou o acordo no prazo, pelo modo e sob as cominações estabelecidas ou, quando se tratar de pagamento em dinheiro, inclusive de contribuições sociais devidas à União, para que o faça em 48 (quarenta e oito) horas ou garanta a execução, sob pena de penhora.

Diante do tratamento da lei trabalhista, pois, não há aplicação do § 1º do art. 513 do Novo CPC ao processo do trabalho. A necessidade de intimação para cumprimento de sentença e as modalidades de intimações previstas no § 2º do mesmo art. 513 do CPC também não serão adotadas integralmente no processo do trabalho em razão das regras específicas contidas no Capítulo V da CLT, cabendo a aplicação somente naquilo que aprimorar o sistema executório trabalhista ou nos casos de omissão e compatibilidade com os princípios do processo laboral.

O § 3º do art. 513 do CPC, por exemplo, é aplicável ao Processo do Trabalho de forma supletiva[11] ao art. 880, § 3º, da CLT:

> Art. 880.
> (...)
> § 3º. Se o executado, procurado por 2 (duas) vezes no espaço de 48 (quarenta e oito horas), não for encontrado, far-se-á citação por edital, publicado no jornal oficial ou, na falta deste, afixado na sede da Junta ou Juízo, durante 5 (cinco) dias.

Tal possibilidade deriva da aplicação também supletiva do parágrafo único do art. 274 do CPC que considera válida a intimação dirigida ao endereço constante dos autos, ainda que não recebida pessoalmente pelo interessado, se a modificação temporária ou definitiva não tiver sido comunicada ao Juízo.

> Art. 274. (...)
> Parágrafo único. Presumem-se válidas as intimações dirigidas ao endereço constante dos autos, ainda que não recebidas pessoalmente pelo interessado, se a modificação temporária ou definitiva não tiver sido devidamente comunicada ao juízo, fluindo os prazos a partir da juntada aos autos do comprovante de entrega da correspondência no primitivo endereço.

A previsão do § 4º do aludido art. 513 do CPC merece nova interpretação sob a ótica da alteração do art. 878 da CLT, pela Lei n. 13.467/2017. Na atual redação, como já explicitamos, a execução deverá ser promovida pela parte, sendo permitida a execução de ofício nos casos em que o Reclamante não estiver assistido por advogado.

Com a nova redação do art. 878, recai sobre o credor, devidamente representado por advogado, a prática todos os atos necessários para a efetivação e início do cumprimento da sentença trabalhista, dinâmica não existente na prática forense laboral antes da Reforma Trabalhista (Lei n. 13.467/2017).

A doutrina anterior à Reforma Trabalhista[12] considerou inaplicável o § 4º do art. 513 em razão da possibilidade de execução *ex offcio* pelo magistrado. Com a alteração do art. 878, da CLT, a inaplicabilidade do referido parágrafo repousa somente para as hipóteses de ausência de representação processual do Reclamante por advogado, casos em que é autorizada a execução de ofício pelo magistrado.

4. INCLUSÃO DE RESPONSÁVEIS PELA DÍVIDA NO POLO PASSIVO DA EXECUÇÃO

A temática que envolve o § 5º do art. 513 do novo CPC merece destaque pela divergência na jurisprudência e na doutrina. A consagração da vedação de inclusão do fiador, coobrigado ou corresponsável que não tiver participado da fase de conhecimento homenageia a segurança jurídica e o garantismo processual, mas é bastante discutível no processo do trabalho diante de suas peculiaridades.

A jurisprudência trabalhista já tinha consolidado o seu entendimento sobre a necessidade de inclusão dos coobrigados na fase de conhecimento, como o caso dos integrantes do grupo econômico, que pelo teor da Súmula n. 205 do TST deveriam compor a relação processual desde a fase cognitiva.

A Súmula n. 205 do TST foi cancelada sob o argumento da unicidade do empregador, nos termos do § 2º, do art. 2º da CLT que, pela redação dada pela Lei n. 13.467/2017, acrescenta a figura do grupo econômico.

Diante do cancelamento da referida súmula, tornou-se possível estender a responsabilidade pelo adimplemento das obrigações exequendas aos integrantes do grupo econômico, mesmo que não tenham participado da fase cognitiva.

Esse é o entendimento recente do Tribunal Superior do Trabalho:

> AGRAVO DE INSTRUMENTO EM RECURSO DE REVISTA INTERPOSTO PELOS EXECUTADOS JOAQUIM CONSTANTINO NETO E OUTROS. EXECUÇÃO.
> (...)
> RESPONSABILIZAÇÃO DOS EX-SÓCIOS E/OU DELIMITAÇÃO DA RESPONSABILIDADE À ÉPOCA EM QUE OS

---

(11) Quanto à diferença entre aplicação supletiva e subsidiária do CPC ao processo do trabalho, ver nossos comentários ao art. 15 do volume I da coleção *O novo CPC e o Processo do Trabalho*. São Paulo: LTr, 2016.

(12) TEIXEIRA FILHO, Manoel Antonio. *Op. cit.*, p. 719.

SÓCIOS CONSTARAM DO CONTRATO SOCIAL. Consoante salientou o acórdão recorrido, "o cancelamento da Súmula n. 205 deixou clara a admissão, pela jurisprudência, da possibilidade de ingresso de empresa componente de grupo econômico/sucessora/empresa sócia alcançada pela desconsideração da personalidade jurídica diretamente na fase de execução, isso para sanar distorções e injustiças, porquanto não havia como o reclamante prever as alterações empresariais que ocorreriam no curso da demanda". Depois o Regional demonstrou a existência de grupo econômico nos termos do art. 2º, § 2º, da CLT. (...) Agravo de instrumento conhecido e não provido[13]."

O 2º Fórum Nacional de Processo do Trabalho editou o Enunciado n. 46 sobre o tema:

CPC, ART. 515, § 5º. EXECUÇÃO DE TÍTULO JUDICIAL EM FACE DO FIADOR, DO COOBRIGADO OU DO CORRESPONSÁVEL. DESNECESSÁRIA A PARTICIPAÇÃO DESTES NA FASE DE CONHECIMENTO. INCOMPATIBILIDADE DO ART. 513, § 5º, DO CPC, COM AS NORMAS DE DIREITO E PROCESSO DO TRABALHO. Desnecessária é a participação do fiador, do coobrigado ou do corresponsável, na fase de conhecimento, para que se possa promover a execução de título judicial em desfavor destes, considerando que, no processo do trabalho, a Lei n. 6.830/1980 constitui a primeira fonte subsidiária do direito processual do trabalho, no que tange à execução, e dita lei não ressalva a necessidade de que tais sujeitos constem no título executivo (Lei n. 6.830/1980, art. 4º). Resultado: aprovado por maioria qualificada.[14]

Vale ressaltar que a Súmula n. 331 do TST[15] prevê que a responsabilidade subsidiária somente poderá ser estendida ao tomador de serviços que estiver no polo passivo da demanda desde a fase de conhecimento (inciso IV, da Súmula n. 331, do TST).

Ao analisarmos, especificamente, o teor do inciso IV da Súmula n. 331 do TST, verificamos certa compatibilidade com o § 5º, do art. 515 do CPC, uma vez que no processo do trabalho não será possível a responsabilização subsidiária do tomador de serviço que não integrar o polo passivo da demanda ou constar no título executivo judicial.

5. CONDIÇÃO OU TERMO PARA CUMPRIMENTO DA SENTENÇA

O Código Civil estabelece que condição e termo são elementos acidentais dos negócios jurídicos, que se realizam no plano da eficácia. A condição é evento futuro e incerto, enquanto o termo é evento futuro e certo, com momento determinado ou indeterminado.

Nesse contexto, estabelece o art. 514 do CPC que o cumprimento da sentença, quando tiver relação jurídica sujeita a condição ou termo, dependerá da demonstração da ocorrência de tais elementos para sua efetivação.

A regra prevista no referido artigo é aplicável ao processo do trabalho. Assim como os arts. 121 e 131 do Código Civil que nesse mesmo diapasão estabelecem que a condição que deriva exclusivamente da vontade das partes subordina o efeito do negócio jurídico a evento futuro e incerto e a suspensão do exercício do direito pelo termo inicial. Senão vejamos.

Art. 121. Considera-se condição a cláusula que, derivando exclusivamente da vontade das partes, subordina o efeito do negócio jurídico a evento futuro e incerto.

Art. 131. O termo inicial suspende o exercício, mas não a aquisição do direito.

O TRT da 4ª Região, ao analisar a execução de acordo de parcelamento, decidiu que:

AGRAVO DE PETIÇÃO DA EXECUTADA. CONTRIBUIÇÕES PREVIDENCIÁRIAS. ACORDO DE PARCELAMENTO. Tendo em vista a inclusão do débito previdenciário em acordo de parcelamento celebrado junto à RFB, cabível a suspensão da execução até o termo final do parcelamento, mediante comprovação mensal do adimplemento. Agravo de petição parcialmente provido. (TRT4 – Seção Especializada

---

(13) TST. AIRR 2810004720055020013. 8ª Turma. Relator Dora Maria da Costa. Publicado em 02.06.2017.
(14) FNPT. Enunciados. Disponível em: <http://fnptrabalho.com.br/enunciados-anteriores/>. Acesso em: 10 jun. 2018.
(15) Súmula n. 331 do TST
CONTRATO DE PRESTAÇÃO DE SERVIÇOS. LEGALIDADE (nova redação do item IV e inseridos os itens V e VI à redação) – Res. 174/2011, DEJT divulgado em 27, 30 e 31.05.2011 I – A contratação de trabalhadores por empresa interposta é ilegal, formando-se o vínculo diretamente com o tomador dos serviços, salvo no caso de trabalho temporário (Lei n. 6.019, de 03.01.1974). II – A contratação irregular de trabalhador, mediante empresa interposta, não gera vínculo de emprego com os órgãos da Administração Pública direta, indireta ou fundacional (art. 37, II, da CF/1988). III – Não forma vínculo de emprego com o tomador a contratação de serviços de vigilância (Lei n. 7.102, de 20.06.1983) e de conservação e limpeza, bem como a de serviços especializados ligados à atividade-meio do tomador, desde que inexistente a pessoalidade e a subordinação direta. IV – O inadimplemento das obrigações trabalhistas, por parte do empregador, implica a responsabilidade subsidiária do tomador dos serviços quanto àquelas obrigações, desde que haja participado da relação processual e conste também do título executivo judicial. V – Os entes integrantes da Administração Pública direta e indireta respondem subsidiariamente, nas mesmas condições do item IV, caso evidenciada a sua conduta culposa no cumprimento das obrigações da Lei n. 8.666, de 21.06.1993, especialmente na fiscalização do cumprimento das obrigações contratuais e legais da prestadora de serviço como empregadora. A aludida responsabilidade não decorre de mero inadimplemento das obrigações trabalhistas assumidas pela empresa regularmente contratada. VI – A responsabilidade subsidiária do tomador de serviços abrange todas as verbas decorrentes da condenação referentes ao período da prestação laboral.

em Execução. AP: Processo n. 0001216-56.2012.5.04.0028. Julgamento em 06.06.2017)"

Assim, como já dito, o art. 514 do CPC tem total aplicação no processo do trabalho, como no exemplo julgado pelo TRT da 4ª Região. Assim, quando o juiz decidir relação jurídica sujeita a condição ou termo, o credor trabalhista não poderá executar a sentença sem comprovar a realização da condição ou o cumprimento do termo estabelecido pelas partes.

6. OS TÍTULOS EXECUTIVOS JUDICIAIS

Os títulos executivos judiciais civis estão previstos no art. 515 do CPC, valendo destacar que o novo CPC adotou o termo "decisão" para ampliar o alcance do título executivo às decisões interlocutórias que prevejam obrigações[16].

É digno de registro que esta modalidade de execução, consistente no denominado "cumprimento de sentença", foi a principal alteração trazida pela Lei n. 11.232/2005 e mantida no Código de 2015, uma vez que não se fala mais em execução de título judicial por meio de processo autônomo, mas em mera continuação ou fase do processo de conhecimento.

Como já vimos, tal simplificação sempre existiu no processo do trabalho. Na execução trabalhista, os títulos executivos judiciais são as sentenças e acórdãos proferidos pelos órgãos dessa Justiça especializada: Varas do Trabalho, Tribunais Regionais do Trabalho ou Tribunal Superior do Trabalho. Além das sentenças e acórdãos, as decisões interlocutórias, a exemplo das que determinam reintegração de empregado estável, também são objeto de execução.

O inciso I, do art. 515 do novo CPC inaugura o rol dos títulos executivos judiciais e estabelece que será título executivo a sentença que reconheça a exigibilidade de obrigação de pagar quantia, de fazer, de não fazer ou de entregar coisa, com total aplicação no processo do trabalho, onde também há sentenças que determinam o pagamento de valores, determinam obrigações de fazer, não fazer ou entregar coisa.

Na inexistência de recurso, a execução é definitiva e, assim, poderão ser praticados todos os atos processuais para a sua efetivação, inclusive expropriação de bens, com o fim de a tutela jurisdicional executiva atingir seus escopos e satisfazer o credor.

A decisão homologatória de acordo judicial, prevista no inciso II do art. 515 do CPC, também se aplica no processo do trabalho e representa a finalidade primordial da Justiça Especializada trabalhista, prevista no art. 764 da CLT. A conciliação pode ser definida como meio alternativo de composição do conflito, por meio do qual as partes fazem concessões recíprocas, restaurando a harmonia da relação jurídica. Assim, o acordo homologado pelo juízo trabalhista valerá como título executivo judicial, conforme preveem os arts. 876 da CLT e 513, inciso II, do CPC.

Neste sentido, o Fórum Nacional de Processo do Trabalho aprovou Enunciado n. 67 que estimula a composição com a possibilidade de envolvimento de sujeito estranho no processo, ampliação do objeto da composição e aplicação do art. 515, II, do novo CPC, ora comentado, ao processo do trabalho:

CLT, ART. 899; NCPC, ART. 515, II, § 2º. ACORDO JUDICIAL. ENVOLVIMENTO DE TERCEIROS E AMPLITUDE DO OBJETO. O acordo judicial trabalhista pode envolver sujeito estranho ao processo e objeto mais amplo, sendo-lhe aplicável o disposto no art. 515, II e § 2º, do NCPC[17].

Já a decisão homologatória de autocomposição extrajudicial prevista no inciso III, até a promulgação da Lei n. 13.467/2017, não possuía aplicação no processo do trabalho. A CLT previa apenas que os acordos submetidos à Comissão de Conciliação Prévia, nos termos do art. 625-E, parágrafo único, seriam títulos executivos extrajudiciais. A previsão consistia em medida de segurança para o trabalhador que, mesmo optando pela solução extrajudicial do conflito trabalhista, receberia assistência da Comissão de Conciliação Prévia do Sindicato de sua categoria, cujo não cumprimento do acordo homologado no Sindicato ensejaria a possibilidade de execução na Justiça do Trabalho.

Ocorre que a Lei n. 13.467/2007 (Reforma Trabalhista) inovou ao prever o instituto da composição extrajudicial com posterior homologação do juiz do trabalho, sem necessidade mais de intervenção do Sindicato.

Art. 652. Compete às Varas do Trabalho:
(...)
f) decidir quanto à homologação de acordo extrajudicial em matéria de competência da Justiça do Trabalho.

A partir da inclusão da alínea *f* no art. 652 da CLT, a Justiça do Trabalho, pois, poderá analisar e homologar os acordos extrajudiciais firmados entre os trabalhadores e empregadores. A análise do magistrado deverá observar se as cláusulas do acordo não violam os direitos do trabalhador e, principalmente, se o trabalhador compreende todos os termos ajustados e consequentes efeitos jurídicos da composição, além de respeito aos requisitos do instituto, como a necessidade de advogados distintos das partes para evitar conflito de interesse (art. 855-B, § 1º, da CLT).

---

(16) SHIMURA, Ségio Seiji. In: *Breves comentários ao Novo Código de Processo Civil*. (Coord.) Teresa Arruda Alvim Wambier. *et. al.* 3. ed. rev. e atual. São Paulo: Editora Revista dos Tribunais, 2016. p. 1468.

(17) FNPT. Enunciados. Disponível em: <http://fnptraballho.com.br/enunciados-anteriores/>. Acesso em: 10 jun. 2018.

O inciso IV do artigo em análise não possui aplicação no Processo do Trabalho em razão de não ser competência da Justiça do Trabalho (art. 114, da CR) a apreciação de questões relativas a inventário e à partilha de bens.

Quanto aos créditos dos auxiliares da justiça, previsto no inciso V, o referido inciso terá aplicação no processo do trabalho em relação aos honorários dos peritos, que também sofreram mudanças com a Lei da 13.467/2017 (Reforma Trabalhista):

> Art. 790-B. A responsabilidade pelo pagamento dos honorários periciais é da parte sucumbente na pretensão objeto da perícia, ainda que beneficiária da justiça gratuita. (Redação dada pela Lei n. 13.467, de 2017)
>
> § 1º Ao fixar o valor dos honorários periciais, o juízo deverá respeitar o limite máximo estabelecido pelo Conselho Superior da Justiça do Trabalho. (Incluído pela Lei n. 13.467, de 2017)
>
> § 2º O juízo poderá deferir parcelamento dos honorários periciais. (Incluído pela Lei n. 13.467, de 2017)
>
> § 3º O juízo não poderá exigir adiantamento de valores para realização de perícias. (Incluído pela Lei n. 13.467, de 2017)
>
> § 4º Somente no caso em que o beneficiário da justiça gratuita não tenha obtido em juízo créditos capazes de suportar a despesa referida no *caput*, ainda que em outro processo, a União responderá pelo encargo. (Incluído pela Lei n. 13.467, de 2017)

Em relação à sentença penal condenatória transitada em julgado prevista no inciso VI do artigo em comento, o STF já se pronunciou acerca da impossibilidade de atribuir competência em matéria criminal à Justiça do Trabalho, conforme a seguinte decisão proferida na Ação Direita de Inconstitucionalidade n. 3.684:

> EMENTA: COMPETÊNCIA CRIMINAL. Justiça do Trabalho. Ações penais. Processo e julgamento. Jurisdição penal genérica. Inexistência. Interpretação conforme dada ao art. 114, incisos I, IV e IX, da CF, acrescidos pela EC n. 45/2004. Ação direta de inconstitucionalidade. Liminar deferida com efeito *ex tunc*. O disposto no art. 114, incisos I, IV e IX, da Constituição da República, acrescidos pela Emenda Constitucional n. 45, não atribui à Justiça do Trabalho competência para processar e julgar ações penais.

Desse modo, o inciso VI não é compatível com o processo do trabalho, pois, além da incompetência da Justiça do Trabalho para processar e julgar demandas de natureza penal, não vislumbramos a possibilidade de reconhecimento de nenhum direito trabalhista numa demanda de natureza penal.

O inciso VII prevê como título executivo judicial a sentença arbitral que, no processo do trabalho, não era admitida nos dissídios individuais, conforme farta jurisprudência:

> EXECUÇÃO DE TÍTULO EXTRAJUDICIAL. SENTENÇA ARBITRAL. ART. 876 DA CLT. ART. 114 DA CF. IMPOSSIBILIDADE. A sentença arbitral não constitui título executivo previsto pelo art. 876 da CLT, à luz do art. 114 da CF. Agravo de Petição obreiro a que se nega provimento. (TRT2. Agravo de Petição. Processo n. 0001977-39.2014.5.02.0007. Relator Desembargador Marcos Cesar Amador Alves. Publicado em 17.11.2015)
>
> DIREITO INDIVIDUAL DE TRABALHO. SENTENÇA ARBITRAL. QUITAÇÃO DAS VERBAS RESCISÓRIAS E HOMOLOGAÇÃO DA RESCISÃO DO CONTRATO DE TRABALHO. Previsão constitucional de solução de conflitos trabalhistas (art. 114, §§ 1º e 2º (1)) Regulamentação legal de solução de conflitos individuais relativos a direitos disponíveis (art. 1º, Lei n. 9.307/1996), que não abrange crédito trabalhista, indisponível em face de sua natureza alimentícia. Sentença arbitral proferida no Juízo Arbitral que quita e homologa parcelas rescisórias atrai a aplicação da Súmula n. 69, deste Egrégio TRT. Recurso improvido. (TRT2 10ª Turma. Relatora Desembargadora Rosa Maria Zuccaro. Processo n. 1001371-80.2016.5.02.0085. Publicado em 22.11.2017).
>
> O ART. 1º DA LEI N. 9.307/1997, QUE DISPÕE SOBRE A ARBITRAGEM, ESTABELECE QUE AS PESSOAS CAPAZES DE CONTRATAR PODERÃO VALER-SE DA ARBITRAGEM PARA DIRIMIR LITÍGIOS RELATIVOS A DIREITOS PATRIMONIAIS DISPONÍVEIS, NÃO INCIDINDO, PORTANTO, NAS RELAÇÕES DE EMPREGO, DIANTE DA AUSÊNCIA DE EQUILÍBRIO NA RELAÇÃO ENTRE EMPREGADO E EMPREGADOR. TRT1. 7ª TURMA. RO. Processo n.: 0011322-15.2015.5.01.0074. Relator: Desembargador Theocrito Borges dos Santos Filho. Publicado em 20.04.2016).
>
> RECURSO DE REVISTA. ARBITRAGEM. RELAÇÕES INDIVIDUAIS DE TRABALHO. INAPLICABILIDADE. As fórmulas de solução de conflitos, no âmbito do Direito Individual do Trabalho, submetem-se, é claro, aos princípios nucleares desse segmento especial do Direito, sob pena de a mesma ordem jurídica ter criado mecanismo de invalidação de todo um estuário jurídico-cultural tido como fundamental por ela mesma. Nessa linha, é desnecessário relembrar a absoluta prevalência que a Carta Magna confere à pessoa humana, à sua dignidade no plano social, em que se insere o trabalho, e a absoluta preponderância desde no quadro de valores, princípios e regras imantados pela mesma Constituição. Assim, a arbitragem é instituto pertinente e recomendável para outros campos normativos (Direito Empresarial, Civil, Internacional etc.) em que há razoável equivalência de poder entre as partes envolvidas, mostrando-se, contudo, sem adequação, segurança, proporcionalidade e razoabilidade, além de conveniência, no que diz respeito ao âmbito das relações individuais laborativas. Recurso de Revista não conhecido. (TST. Processo n.: 192700-74.2007.5.02.0002, 6ª Turma. Publicado em 28.05.2010).

A arbitragem é modalidade alternativa de solução das controvérsias, distinto da jurisdição estatal, pois as partes optam pela escolha de um árbitro para decidir o conflito. O Código de Processo Civil de 2015 consagra a arbitragem no § 1º, do art. 3º e destaca no § 2º que o Estado promoverá, sempre que possível, a solução consensual dos conflitos.

O óbice de utilização da arbitragem no processo do trabalho repousa em suposta indisponibilidade dos direitos trabalhistas, que são assegurados por meio de normas de ordem pública[18]. A Constituição Federal de 1988 e mais especificamente o art. 444 da CLT estabelecem que a liberdade contratual entre as partes não pode atingir normas de proteção do trabalhador.

Aspecto obstativo para a utilização do instituto consiste, pois, em suposta irrenunciabilidade dos direitos protetivos do trabalhador, que se traduz como a impossibilidade de renúncia ou negociação de direitos.

Pois bem. Tais negociações sempre foram feitas diariamente na Justiça do Trabalho. E jamais vislumbramos qualquer obstáculo para utilização da arbitragem. Conforme muito bem já destacou o Ministro do Tribunal Superior do Trabalho Mauricio Godinho Delgado, "existem direitos de indisponibilidade absoluta e direitos de indisponibilidade (ou disponibilidade) relativa.[19]".

Nesse diapasão, a reforma trabalhista trouxe grande novidade sobre o tema da arbitragem no direito do trabalho, com a inclusão pela Lei n. 13.467/2017 do art. 507-A na CLT[20], que prevê sua aplicação nos dissídios individuais do trabalho.

O debate sobre a irrenunciabilidade e indisponibilidade dos direitos do trabalhador, pois, restou mitigado com a entrada em vigor da Lei n. 13.467/2017, cujo art. 507-A da CLT dispõe que nos contratos individuais de trabalho, com remuneração superior a duas vezes o limite máximo para os benefícios do Regime Geral de Previdência Social, poderão constar cláusula compromissória de arbitragem, se for por iniciativa do empregado ou com a sua concordância expressa, na forma da Lei n. 9.307/1996.

A novidade legislativa está em sintonia com posições mais avançadas do Tribunal Superior do Trabalho, que evoluiu para admitir certa flexibilização, com exceção a alguns direitos, como aqueles relativos a segurança e medicina do trabalho:

> INTERVALO INTRAJORNADA. REDUÇÃO. PREVISÃO DA HORA CORRIDA EM ACORDOS COLETIVOS. A Constituição Federal de 1988 conferiu maiores poderes aos sindicatos, de modo que essas entidades podem, no interesse de seus associados e mediante negociação coletiva, restringir certos direitos assegurados aos trabalhadores a fim de obter vantagens não previstas em lei. Não obstante, tal flexibilização não autoriza a negociação coletiva que atente contra as normas referentes à segurança e saúde no trabalho. De fato, o estabelecimento do intervalo mínimo de uma hora para refeição e descanso dentro da jornada de trabalho é fruto da observação e análise de comportamento humano, e das reações de seu organismo quando exposto a várias horas de trabalho. Doutrina e jurisprudência evoluíram no sentido da necessidade desse intervalo mínimo para que o trabalhador possa não apenas ingerir alimento, mas também digeri-los de forma adequada, a fim de evitar o estresse dos órgãos que compõe o sistema digestivo, e possibilitar maior aproveitamento dos nutrientes pelo organismo, diminuindo também a fadiga decorrente de horas de trabalho. Sede um lado a Constituição prevê o reconhecimento das convenções e acordos coletivos de trabalho como direitos dos trabalhadores urbanos e rurais (art. 7º, XXVI, da Constituição Federal), de outro estabelece ser a saúde um direito social a ser resguardado (art. 6º da Carta Política). Recurso de Revista não reconhecido. TST – RR 619.959.99.7 – Rel. Min. Rider Nogueira de Brito – Publ. em 14.03.2003.

E, consequentemente, passou a admitir a arbitragem como forma de solução de conflitos individuais, preservando o acesso ao Poder Judiciário na hipótese de vício de consentimento na escolha de tal meio:

> Desse modo, não se depara, previamente, com nenhum óbice intransponível para que ex-empregado e ex-empregador possam eleger a via arbitral para solucionar conflitos trabalhistas, provenientes do extinto contrato de trabalho, desde que essa opção seja manifestada em clima de ampla liberdade, reservado o acesso ao judiciário para dirimir possível controvérsia sobre a higidez da manifestação volitiva do ex-trabalhador, na esteira do art. 5º, inciso XXXV, da Constituição. (TST – RR 144300-80.2005.5.02.0040 – 4ª Turma – julgado em 15 de dezembro de 2010).

Vale registrar, entretanto, que o patamar remuneratório estabelecido pela Reforma Trabalhista enseja um complicador para a aplicação da arbitragem no direito do trabalho, uma vez que apenas 5% dos empregados no Brasil[21] recebem remuneração superior a duas vezes o teto da Previdência Social.

Quanto ao inciso VIII do art. 515, que trata da sentença estrangeira, não vemos óbice à sua aplicação no processo do trabalho. Vale destacar que, conforme corretamente

---

(18) GARCIA, Gustavo Fillipe Barbosa. *Curso de Direito do Trabalho*. 10. ed. Rio de Janeiro: Forense, 2016. p. 98.

(19) DELGADO. Maurício Godinho. *Curso de Direito do Trabalho*. São Paulo: LTr, 2002. p. 12.

(20) Dispõe o art. 507-A da CLT: Nos contratos individuais de trabalho cuja remuneração seja superior a duas vezes o limite máximo estabelecido para os benefícios do Regime Geral da Previdência Social, poderá ser pactuado cláusula compromissória de arbitragem, desde que por iniciativa do empregado ou mediante a sua concordância expressa, nos termos previstos na Lei n. 9.307, de 23 de setembro de 1996.

(21) Neste sentido: "Lembre-se que apenas trabalhadores que recebem um salário superior a cerca de R$ 10 mil que poderão escolher a via arbitral. Isso corresponde aos 5% mais ricos dentre os brasileiros ("classes A e B") e pequena parcela dos que litigam na justiça do trabalho. TIMM, Luciano Benetti. Justiça trabalhista colocava óbices na arbitragem em contrato de trabalho". *Opinião*. Consultor Jurídico. Disponível em: <https://www.conjur.com.br/2017-out-31/luciano-timm-justica-trabalhista-colocava-obices-arbitragem>. Acesso em: 23 jun. 2018.

ressalta Manoel Antonio Teixeira Filho[22], será remota a possibilidade de a sentença estrangeira do inciso VIII, mesmo homologada pelo STJ, ser executada perante a justiça do trabalho.

A decisão interlocutória estrangeira, que trata o inciso IX do artigo ora comentado, será título executivo judicial após a concessão do *exequatur* pelo Superior Tribunal de Justiça.

O prazo de quinze dias para cumprimento da obrigação, previsto no § 1º do art. 515 do novo CPC, não se aplica ao processo do trabalho diante do regramento específico previsto no art. 880 da CLT. Como já explanado, o devedor será citado para, no prazo de 48 horas, efetuar o pagamento do valor ou oferecer garantia à execução, sob pena de penhora.

Quanto ao § 2º do art. 515, o novo CPC alterou a sistemática do Código de 1973 para ampliar o objeto da autocomposição judicial, permitindo a inclusão de matérias que não tenham sido arguidas em juízo e a participação de terceiros no acordo.

A CLT não possui norma especifica para tratar do assunto e, portanto, é possível a aplicação do § 2º, do art. 515, do CPC ao processo do trabalho, uma vez que compatível com os seus princípios, especialmente o da conciliação positivado no art. 764 da CLT.

Neste sentido, o 2º Fórum de Processo do Trabalho aprovou, dentre outros, o Enunciado n. 8 que prevê:

> CPC, ART. 515, § 2º. CLT, ART. 764. AUTOCOMPOSIÇÃO JUDICIAL. APLICABILIDADE AO PROCESSO DO TRABALHO. AUTOCOMPOSIÇÃO JUDICIAL. ART. 515, § 2º DO CPC. APLICABILIDADE AO PROCESSO DO TRABALHO. ART. 764 DA CLT. O art. 515, § 2º do CPC é compatível com o processo do trabalho, essencialmente vocacionado à solução negociada do conflito, condicionada a validade do ajuste à preservação dos direitos fundamentais e aos limites éticos que norteiam a atividade autocompositiva, e submetida ao crivo do Poder Judiciário. Resultado: aprovado por maioria qualificada.

7. COMPETÊNCIA PARA O CUMPRIMENTO DE SENTENÇA

O art. 516 do diploma processual civil trata da competência no cumprimento da sentença, que deve ser processada perante os tribunais nas causas de sua competência originária, o juízo que decidiu a causa no primeiro grau de jurisdição e o juízo cível competente, quando se tratar de sentença penal condenatória, de sentença arbitral, de sentença estrangeira ou de acórdão proferido pelo Tribunal Marítimo.

Sob a égide do sistema anterior, não seria possível a aplicação do referido dispositivo ao processo do trabalho, diante da inexistência de omissão na CLT sobre o tema, como se observa dos arts. 877 e 878, *in verbis*:

> É competente para a execução das decisões o juiz ou presidente do Tribunal que tiver conciliado ou julgado originariamente o dissídio.
>
> A execução será promovida pelas partes, permitida a execução de ofício pelo juiz ou pelo Presidente do Tribunal apenas nos casos em que as partes não estiverem representadas por advogado. A execução será promovida pelas partes, permitida a execução de ofício pelo juiz ou pelo Presidente do Tribunal apenas nos casos em que as partes não estiverem representadas por advogado. A execução será promovida pelas partes, permitida a execução de ofício pelo juiz ou pelo Presidente do Tribunal apenas nos casos em que as partes não estiverem representadas por advogado.

Nesse sentido, inclusive, era a jurisprudência do TST:

> CONFLITO NEGATIVO DE COMPETÊNCIA. ART. 475-P, PARÁGRAFO ÚNICO, DO CPC. APLICAÇÃO SUBSIDIÁRIA NO PROCESSO DO TRABALHO. IMPOSSIBILIDADE. AUSÊNCIA DE OMISSÃO NA CLT. 1. O princípio do devido processo legal é garantia constitucional de que as regras pré-estabelecidas pelo legislador ordinário devem ser observadas na condução do processo, assegurando-se aos litigantes, na defesa dos direitos levados ao Poder Judiciário, todas as oportunidades processuais conferidas por lei. 2. A aplicação das regras de direito processual comum no âmbito do Processo do Trabalho pressupõe a omissão da CLT e a compatibilidade das respectivas normas com os princípios e dispositivos que regem este ramo do Direito, nos termos dos arts. 769 e 889 da CLT. 3. Existindo previsão expressa na CLT acerca da competência para a execução das decisões, a aplicação subsidiária do parágrafo único do art. 475-P do CPC, no sentido de, a requerimento do exequente, ser autorizada a remessa dos autos ao juízo do local onde se encontram bens do executado passíveis de expropriação, também seu atual domicílio, implica contrariedade aos princípios da legalidade e do devido processo legal e respectiva ofensa ao art. 5º, II e LIV, da Carta Magna. 4. Diante desse quadro, a competência para prosseguir na execução é do Juízo Suscitado, na forma do art. 877 da CLT. Conflito de competência que se julga procedente, para declarar competente o Juízo Suscitado. (TST, SBDI-II, CC – 9941-32.2012.5.00.0000, Rel. Min. Alberto Luiz Bresciani de Fontan Pereira, DEJT 30.05.2014).

E, ainda:

> CONFLITO NEGATIVO DE COMPETÊNCIA EM RAZÃO DO LUGAR. EXECUÇÃO TRABALHISTA. LOCAL DOS BENS E DOMICÍLIO DO DEVEDOR. PARÁGRAFO ÚNICO DO ARTIGO 475-P DO CÓDIGO DE PROCESSO CIVIL. INAPLICABILIDADE. EXISTÊNCIA DE REGRAMENTO ESPECÍFICO. O Juízo suscitado acolheu o pedido formulado pelo exequente, para que a execução se processe no local onde se encontra o bem penhorado e onde atualmente residem as partes, e remeteu os autos da reclamação trabalhista ao Juízo suscitante, com fundamento no parágrafo único do

---

(22) TEIXEIRA FILHO, Manoel Antonio. *Op. cit.*, p.725.

art. 475-P do Código de Processo Civil. Todavia, a legislação processual civil só é aplicada de forma subsidiária ao processo do trabalho. O art. 877 da Consolidação das Leis do Trabalho dispõe que a execução das decisões compete ao Juiz ou Presidente do Tribunal que tiver conciliado ou julgado originariamente o dissídio. Conflito de competência acolhido, para declarar competente o Juízo suscitado. (TST-CC-2165046-70.2009.5.00.0000, Rel. Min. Pedro Paulo Manus, in DEJT 05.02.2010)

Ocorre que com a nova redação do art. 15 do novo CPC[23], o legislador inseriu nova técnica de heterointegração de normas consistente na supletividade: "na ausência de normas que regulem processos eleitorais, trabalhistas ou administrativos, as disposições desse Código lhe serão aplicadas supletiva e subsidiariamente".

A supletividade, diferente da subsidiariedade que exige omissão do legislador, complementa o processo especial quando este é incompleto ou insuficiente para regulamentar o procedimento.

Ressalta-se, assim, que a regra do parágrafo único do art. 516 pode ser aplicada supletivamente ao processo do trabalho pois versa sobre a faculdade oferecida ao exequente de escolher o local onde se encontram os bens do executado para realizar a execução. Visa facilitar a fase executiva tanto para o exequente, quanto para o executado, ao passo que torna o processo menos oneroso, pois evita o uso frequente de cartas precatórias entre o juízo da execução e o juízo do local onde se encontram os bens do executado.

O dispositivo, pois, pode complementar o regramento do art. 877 da CLT, conforme a técnica da supletividade acima demonstrada de forma resumida.

O art. 877 da CLT apenas define a competência para a execução das decisões dos juízos e/ou tribunais que conciliaram ou julgaram a lide originalmente, o que não geraria qualquer conflito com o art. 516, parágrafo único, do novo Código de Processo Civil, que traz interessantes competências concorrentes na execução, como local onde se encontram os bens do devedor ou onde deva ser cumprida a execução, o que facilita a tutela jurisdicional executiva e é totalmente compatível com a execução trabalhista.

Trata-se de mais uma exceção ao princípio de que o juízo da ação também é o da execução, somada ao art. 87 do Código de Processo Civil, que cuida da exceção da jurisdição (*perpetuatio jurisdictionis*).

Francisco Antonio de Oliveira, quando da análise do art. 43 do Código de Processo Civil de 1973, chamava atenção apenas para o lapso terminológico do legislador ao utilizar a expressão solicitar ("será solicitado ao juízo de origem"), repetida no parágrafo único do art. 516 do novo CPC, ao invés de requerer ("será requerido"). Explicava o ex-presidente do TRT da 2ª Região que "Ao juiz não se solicita, se requer. Feito o requerimento o juiz é obrigado a decidir, deferindo ou indeferindo o conteúdo do requerimento, sempre de forma fundamentada"[24].

A possibilidade de remessa do processo ao juízo do local onde se encontram bens sujeitos à expropriação ou atual domicílio do executado, entretanto, pode ser desaconselhável na hipótese de litisconsórcio, para evitar cisão do processo de execução, conforme ressalta Francisco Antonio de Oliveira:

> A execução é feita por litisconsórcio de seis autores, cada qual representado por advogado distinto. Apenas um requer a remessa. Embora haja o requerimento de um deles, a remessa é desaconselhável. Se todos requererem, não haverá razão para o não atendimento. A cisão do processo em sede executória é desaconselhável[25].

Enfim, o exequente pode optar pelo juízo do local onde se encontram os bens objeto da execução, atual domicílio do executado ou onde deva ser cumprida a obrigação (nas hipóteses de fazer, não fazer ou entregar coisa) e, assim, o parágrafo único tem aplicação supletiva no processo do trabalho, diante dos novos parâmetros de aplicação do novo CPC previstos no art. 15, conforme já dito e repetido, de modo que a jurisprudência do Tribunal Superior do Trabalho deve ser atualizada nesse sentido.

8. TÉCNICA DE EXECUÇÃO INDIRETA NO CUMPRIMENTO DA SENTENÇA

O art. 517 e parágrafos do CPC traz técnica denominada pela doutrina de execução indireta, que tem o condão de exercer uma pressão psicológica no devedor no que tange ao cumprimento da obrigação inadimplida.

O protesto da sentença transitada em julgado, como espécie dessa técnica, já era adotada em alguns tribunais trabalhistas, como substitutivo da certidão de dívida ativa trabalhista:

> (...) 2.2.1 NÃO LOCALIZAÇÃO DE BENS PASSÍVEIS DE PENHORA. EXPEDIÇÃO DE CERTIDÃO DE DÍVIDA TRABALHISTA. EXTINÇÃO DO PROCESSO. A decisão agravada extinguiu a execução, indeferiu o requerimento de expedição de ofício ao Cartório de Protestos de Títulos e determinou a expedição de Certidão de Dívida Trabalhista. O agravante requer a reforma da decisão sob o argumento de que a prática tem demonstrado que a expedição de Certidão

---

(23) Ver nossos comentários sobre a aplicação do CPC ao processo do trabalho na obra *O novo CPC e o processo do trabalho – Parte Geral*. 2. ed. São Paulo: LTr, 2016.

(24) OLIVEIRA, Francisco Antonio de. A nova reforma processual – reflexos sobre o Processo do Trabalho – Leis ns. 11.232/2005 e 11.280/2006. *Revista LTr*, São Paulo, n. 12, ano 70, dez. 2006, p. 1428.

(25) OLIVEIRA, Francisco Antonio de. *Op. cit.*, p. 1.428.

de Dívida Ativa Trabalhista é medida totalmente inócua, que extingue a execução sem que o exequente tenha a menor possibilidade de receber seus créditos. Sustenta que ao caso PRESENTE aplica-se a hipótese prevista no § 2º c/c § 3º da Lei n. 6.830/1980, devendo o juízo suspender o curso da execução enquanto não for localizado o devedor ou encontrados bens passíveis de penhora. Requer seja acolhido o pedido de fls. 315/317 e, assim não sendo o entendimento deste Regional, que seja suspensa a execução por prazo indeterminado. (...)[26]

Nesse diapasão, a atual jurisprudência trabalhista considera plenamente aplicável o art. 517 do CPC/15 ao processo do trabalho, como se pode observar dos julgados dos Tribunais da 17ª e 4ª Regiões:

> MANDADO DE SEGURANÇA. PROTESTO DE SENTENÇA JUDICIAL. TRANSITADA EM JULGADO. POSSIBILIDADE. Nos termos do art. 517, do NCPC, subsidiariamente aplicável ao processo do trabalho, constitui direito do credor o protesto de sentença judicial transitada em julgado, razão pela qual não há o que se falar em ilegalidade do ato ora impetrado.[27]
>
> AGRAVO DE PETIÇÃO DO MPT. AÇÃO CIVIL PÚBLICA. PROTESTO DE TÍTULO EXECUTIVO. ORIENTAÇÃO JURISPRUDENCIAL N. 16 DA SEÇÃO ESPECIALIZADA EM EXECUÇÃO. Consoante previsto na Lei n. 9.492/1997 e na OJ n. 16 da SEEx, é cabível, inclusive de ofício, o protesto extrajudicial de título executivo judicial, independentemente de registro do executado no Cadastro Nacional de Devedores Trabalhistas. Apelo provido.[28]

Quanto à possibilidade de utilização da técnica de ofício, esta ficará restrita às hipóteses em que o reclamante não estiver acompanhado de advogado, conforme mudança implementada no art. 878 da Consolidação das Leis do Trabalho pela Lei n. 13.467/2017 (Reforma Trabalhista)[29].

A possibilidade da técnica de execução indireta abrange, inclusive, os beneficiários da gratuidade de justiça, nos termos do art. 3º, VII, da Lei n. 1.060/1950. Desse modo, o credor trabalhista que não receber as verbas de natureza alimentar, reconhecidas em decisão judicial, poderá protestar, sem custos, a sentença.

O instituto representa um instrumento hábil na busca pela efetividade do processo do trabalho, em prol da satisfação do crédito trabalhista.

Os parágrafos do art. 517 tratam de aspectos procedimentais do protesto, como a necessidade de apresentação de certidão de teor da decisão para sua efetivação no prazo de 3 dias, com indicação do nome e qualificação do exequente e executado, número do processo, valor da dívida e data do decurso do prazo de pagamento, cuja ocorrência e satisfação da obrigação tem o condão de cancelar o protesto no prazo de 3 dias.

Na hipótese de o executado propor ação rescisória para impugnar a decisão, poderá às suas expensas e sob sua responsabilidade anotar a propositura da demanda à margem do título protestado.

9. IMPUGNAÇÕES AO CUMPRIMENTO DE SENTENÇA

O art. 518 do novo CPC esclarece, de forma simples, que as impugnações quanto à validade da execução (admissibilidade ou pressupostos como validade de intimações, citações, penhora, dentre outros) poderão ser suscitados nos próprios autos da execução e serão decididas pelo juízo.

A exceção de pré-executividade é um exemplo de meio de impugnação de validade de ato executivo na fase executória, definido por Teresa Arruda Alvim como:

> técnica pela qual o executado, no curso do próprio procedimento executivo, e sem a necessidade de observância dos requisitos necessários aos embargos do devedor ou da impugnação, suscita alguma questão relativa à admissibilidade ou à validade dos atos executivos, que poderia ser conhecida de ofício pelo juiz. Para tanto, exige, a jurisprudência, que a questão a ser suscitada esteja dentre aquelas que poderia ser conhecidas *ex officio* pelo juiz, e que, ademais, não seja necessária dilação probatória para sua solução. Caso contrário, ausente alguma dessas condições, não se admite alegação da matéria pela via da exceção de pré-executividade, cabendo, ao devedor, manejar embargos ou impugnação.[30]

No Processo do Trabalho a figura da exceção de pré-executividade é plenamente aceita pela doutrina e jurisprudência, apesar de inexistir previsão na legislação, como também ocorre no processo civil. O instituto permite ao executado demonstrar a inexigibilidade do título executivo sem ter o ônus de garantir o juízo com indicação de bens[31].

---

(26) TRT17. Processo n.: AP 177100-56.1999.5.17.0008. Relator Desembargador Gerson Fernando da Sylveira Novais. Publicado em 26 jun. 2012.

(27) TRT7. Processo n.: MS 00080345-11.2015.5.07.0000. Relatora Desembargadora Fernanda Maria Uchoa de Albuquerque. Publicado em 25 out. 2016.

(28) TRT4. Processo n.: AP 0000363-33.2010.5.04.0411. Julgamento 29.11.2017. Seção Especializada em Execução.

(29) Art. 878 da CLT: "A execução poderá ser promovida por qualquer interessado, ou *ex officio* pelo próprio juiz ou Presidente ou Tribunal competente, nos termos do artigo anterior".

(30) Segundo MOREIRA, Felipe; ALVIM, Rafael, conforme citado por ARRUDA ALVIM. *Novo contencioso cível no CPC/2015*. São Paulo: RT, 2016. p. 427. Objeção de pré-executividade no novo CPC, 2017. Disponível em: <https://cpcnovo.com.br/blog/objecao-de-pre-executividade-no-novo-cpc/>. Acesso em: 26 jun. 2018.

(31) É válido ressaltar que a possibilidade de oposição de embargos à execução sem necessidade de garantia da execução praticamente eliminou a utilização do instituto no processo civil.

Não se pode olvidar, entretanto, a natureza da decisão que rejeita ou acolhe a exceção de pré-executividade que, tendo natureza interlocutória, não admite recurso nos termos do art. 893, § 1º, da CLT e consoante o teor da Súmula n. 214[32] do TST.

Assim, não se admite a interposição de agravo de petição para impugnação do que foi decidido, diante do princípio da irrecorribilidade imediata das decisões interlocutórias, conforme a jurisprudência dos Tribunais Regionais do Trabalho e do Tribunal Superior do Trabalho:

AGRAVO DE PETIÇÃO – DECISÃO INTERLOCUTÓRIA – EXCEÇÃO DE PRÉ-EXECUTIVIDADE – IRRECORRIBILIDADE IMEDIATA I – Na Justiça do Trabalho, nos termos do art. 893, § 1º, da Consolidação das Leis do Trabalho, as decisões interlocutórias não ensejam recurso imediato. Inteligência da Súmula n. 214 do colendo Tribunal Superior do Trabalho. II – No caso em exame, o juízo julgou improcedente a exceção de pré-executividade, mantendo a excipiente no polo passivo da execução por entender que é sucessora da devedora principal. III – Qualquer insatisfação, com relação a r. decisão, somente haverá de ser manifestada na oportunidade dos embargos que vier a oferecer à execução, desde que esteja garantido o Juízo, nos termos do art. 884, *caput*, da Consolidação das Leis do Trabalho. IV – Agravo de petição que não se conhece por incabível sua interposição no presente momento processual. (TRT-1 – AP: 00686000619985010062 RJ, Relator: Evandro Pereira Valadão Lopes, Data de Julgamento: 18.08.2015, Quinta Turma, Data de Publicação: 26.08.2015).

AGRAVO DE INSTRUMENTO EM AGRAVO DE PETIÇÃO INTERPOSTO CONTRA DECISÃO QUE REJEITOU EXCEÇÃO DE PRÉ-EXECUTIVIDADE. DECISÃO INTERLOCUTÓRIA. IRRECORRIBILIDADE. A decisão que rejeita exceção de pré-executividade tem natureza interlocutória, porque a matéria pode ser reiterada posteriormente. Logo, patente sua irrecorribilidade, nos termos do § 1º do art. 893 da CLT. Nego provimento ao Agravo de instrumento interposto. (TRT2. Processo n. 0000013-17.2017.5.02.0068 Agravo de Instrumento em Agravo de Petição da 68ª Vara do Trabalho de São Paulo/SP. Relator Desembargador Paulo Eduardo Vieira de Oliveira. Publicado em: 27.06.2018)

AGRAVO DE INSTRUMENTO. RECURSO DE REVISTA – FASE DE EXECUÇÃO – DECISÃO QUE REJEITA A EXCEÇÃO DE PRÉ-EXECUTIVIDADE – NATUREZA JURÍDICA INTERLOCUTÓRIA – IRRECORRIBILIDADE IMEDIATA. A decisão que rejeitou a exceção de pré-executividade interposta pela reclamada não era passível de recurso imediato, pois tem conteúdo meramente interlocutório, não terminativo da lide, o que obstou o conhecimento do agravo de petição interposto perante o Tribunal Regional, na forma do art. 893, § 1º, da Consolidação das Leis do Trabalho. Incidência da Súmula n. 214 do TST. Agravo de Instrumento a que se nega provimento (AIRR – 27900-77.1995.5.04.0201, Relatora Ministra: Maria das Graças Silvany Dourado Laranjeira, Data de Julgamento: 27.02.2013, 2ª Turma. Data da Publicação: 08.03.2013).

Assim, no processo do trabalho, diante da impossibilidade de impugnação recursal, todas as decisões de ordem pública, relativas à admissibilidade da execução, como legitimidade, interesse processual, competência do juízo, exigibilidade do crédito, entre outras, estarão sujeitas ao manejo do mandado de segurança.

10. CONCLUSÃO

A Consolidação das Leis do Trabalho trata da execução de título judicial, mas, como não há um tratamento exaustivo do tema, há espaço para aplicação de forma supletiva do instituto do cumprimento de sentença no processo laboral.

A necessidade de intimação para cumprimento de sentença e as modalidades de intimações previstas no § 2º do mesmo art. 513 do CPC não serão adotadas integralmente no processo do trabalho em razão das regras específicas contidas no Capítulo V da CLT, cabendo a aplicação somente naquilo que aprimorar o sistema executório trabalhista ou nos casos de omissão e compatibilidade com os princípios do processo laboral.

A citação por edital prevista no § 3º do art. 513 do CPC é aplicável ao processo do trabalho de forma supletiva. Já o § 4º do art. 513 foi considerado inaplicável conforme a doutrina anterior à Reforma Trabalhista em razão da possibilidade de execução *ex offcio* pelo magistrado. Com a alteração do art. 878, da CLT, a inaplicabilidade do referido parágrafo repousa somente para as hipóteses de ausência de representação processual do Reclamante por advogado.

A consagração da vedação de inclusão do fiador, coobrigado ou corresponsável que não tiver participado da fase de conhecimento homenageia a segurança jurídica e o garantismo processual, mas a Súmula n. 205 do TST foi cancelada sob o argumento da unicidade do empregador, nos termos do § 2º, do art. 2º, da CLT que, pela redação dada pela Lei n. 13.467/2017, acrescenta a figura do grupo econômico.

O art. 514 do CPC, outrossim, tem total aplicação no processo do trabalho e, assim, quando o juiz decidir relação jurídica sujeita a condição ou termo, o credor trabalhista não poderá executar a sentença sem comprovar a realização da condição ou o cumprimento do termo estabelecido pelas partes.

---

(32) Súmula n. 214 do TST: Na Justiça do Trabalho, nos termos do art. 893, § 1º, da CLT, as decisões interlocutórias não ensejam recurso imediato, salvo nas hipóteses de decisão: a) de Tribunal Regional do Trabalho contrária à Súmula ou Orientação Jurisprudencial do Tribunal Superior do Trabalho; b) suscetível de impugnação mediante recurso para o mesmo Tribunal; c) que acolhe exceção de incompetência territorial, com a remessa dos autos para Tribunal Regional distinto daquele a que se vincula o juízo excepcionado, consoante o disposto no art. 799, § 2º, da CLT.

Quanto aos títulos executivos judiciais previstos no art. 15 do CPC, podemos afirmar que se aplicam no processo do trabalho os seus incisos I, II, III, V e VII, que tratam respectivamente de decisões que reconheçam obrigação de pagar, fazer, não fazer ou entregar coisa, decisão homologatória de autocomposição judicial, decisão homologatória de autocomposição extrajudicial, crédito de auxiliar de justiça, sentença arbitral e decisão interlocutória estrangeira.

E, por outro lado, não há aplicação dos incisos IV e VI que tratam de formal e certidão de partilha, bem como sentença penal condenatória. Em relação aos incisos VIII e IX, que tratam respectivamente da sentença e decisão interlocutória estrangeira, não vemos óbice para aplicação na seara laboral, contudo, na prática, será muito difícil a execução desses títulos na Justiça do Trabalho.

Quanto à competência, o exequente pode optar pelo juízo do local onde se encontram os bens objeto da execução, atual domicílio do executado ou onde deva ser cumprida a obrigação (nas hipóteses de fazer, não fazer ou entregar coisa) uma vez que o parágrafo único do art. 516 do CPC tem aplicação supletiva ao processo do trabalho e pode complementar o art. 877 da CLT.

A técnica de execução indireta, relativa ao protesto da decisão, prevista no art. 517 do CPC representa um instrumento hábil na busca pela efetividade da tutela jurisdicional e deve ser utilizada no processo do trabalho, na busca pela satisfação do crédito trabalhista.

Por fim, as impugnações quanto à validade da execução (admissibilidade ou pressupostos como validade de intimações, citações, penhora, dentre outros) poderão ser suscitados nos próprios autos da execução e podem ser realizados no processo do trabalho pelo instrumento que a doutrina chama de "exceção de pré-executividade", cuja decisão a ser proferida pelo juízo, diante do princípio da irrecorribilidade das decisões interlocutórias que rege a seara processual trabalhista, poderá ser impugnada por meio de mandado de segurança.

CONSIDERAÇÕES SOBRE A TRANSCENDÊNCIA

Ives Gandra da Silva Martins Filho[1]

1. OBJETIVO

Já tendo publicado na Revista LTr dois artigos sobre o tema – *O Critério de Transcendência no Recurso de Revista* (82-01/7-18) e *O Critério de Transcendência do Recurso de Revista e sua Aplicação Efetiva pelo TST* (82-06/647-654) – abordando no primeiro aspectos mais teóricos e no segundo aspectos mais práticos do instituto, venho novamente a público tratar do critério de transcendência do recurso de revista, desde vez por **dupla motivação**, uma de caráter emotivo, para **honrar postumamente o estimado amigo Armando Casimiro Costa Filho**, guardando sua memória em livro de homenagem e pedindo a Deus pelo descanso eterno do estimado amigo, cujo passamento repentino tanto nos entristeceu, e a outra de caráter cognitivo, dando a conhecer as **experiências vivenciadas durante o ano de 2018** na aplicação concreta do referido filtro seletor de recursos pelo TST e as **perspectivas futuras**. Ambos os motivos são **transcendentes**, pela dignidade da pessoa homenageada e pela relevância do tema com que se busca prestar a homenagem, de suma importância para ser bem conhecido, esclarecido e compreendido.

Passando, assim, à temática elegida, temos que o **objetivo** da introdução (pela MP n. 2.226/2001) e regulamentação (pela Lei n. 13.467/2017) do critério de **transcendência** para o recurso de revista no sistema processual laboral foi o de **racionalizar e simplificar** a prestação jurisdicional no TST, **facilitando** o cumprimento de sua missão institucional de **uniformização jurisprudencial** em torno da legislação trabalhista.

Os **mecanismos anteriormente utilizados** – jurisprudência defensiva (Súmulas ns. 23, 126, 296, 297, 333, 337 e 422 do TST), multas e depósito recursal, IN n. 23 do TST e seu correspondente no art. 896, § 1º-A, da CLT, e mais recentemente o IUJ nos TRTs, IRR e IAC no TST, introduzidos pela Lei n. 13.015/2014, além do pagamento de **horas extras** aos servidores, **convocação permanente de desembargadores** dos TRTs e recurso à manutenção dos despachos regionais de inadmissibilidade de revistas *"pelos próprios fundamentos"* (conhecido como "ppf") – não **vinham logrando êxito** na **adequação da demanda processual à capacidade** da Corte de dar uma **resposta rápida e melhor** aos recursos que nela aportavam.

Media-se a eficiência da Corte por **bater anualmente recordes** de solução de processos. De acordo com o Relatório da Coordenadoria de Estatística e Pesquisa do TST (CESTP) de **dezembro de 2018**, foram **julgados pelo TST, em 2018, 319.727 processos, 12% a mais** do que em 2017, mas tendo recebido 16% a mais de processos para julgar. Terminou o ano de 2018 com um total **253.409 processos** como **acervo** ou resíduo pendente de julgamento (dos quais **31.227 ainda não distribuídos**).

A **média** de **processos julgados** por ministro foi de **11.725** e o **acervo** médio, ao final do ano de 2018, é de **7.655 processos** (variando de 1.797 a 15.534).

O **perfil** dos processos julgados pelo TST, em 2018, foi:

a) **63,3% de AIRR**
b) **14,1% de RR**
c) **4,5% de ARR**
d) **0,8% de RO**
e) **16,9% de Recursos Internos** (57% de AG, 31% de ED e 12% de E)
f) **0,8% de Outros**

Emblemático é o fato de o **STJ** ter reconhecido o **fracasso do sistema dos recursos repetitivos** para racionalizar e agilizar a prestação jurisdicional da Corte, postulando a criação do **critério de relevância** para o recurso especial, semelhante à transcendência do recurso de revista, mediante a **PEC 209/12**.

Semelhante demanda surge entre os ministros do **STF** quanto ao instituto da **repercussão geral**, que, do mesmo modo como o do IRR, padece de dois **efeitos colaterais nocivos**: travamento do sistema, pela **massa colossal de processos sobrestados**, e pela **demora notável na solução dos temas** selecionados. No **TST**, por exemplo, dos 17 temas selecionados desde que introduzido o mecanismo, **só 8 foram efetivamente solucionados**, numa média de **um tema julgado a cada semestre**. No **STF**, como há um total superior a **300 temas ainda pendentes de julgamento em repercussão geral**, a tendência dos ministros é ser extremamente seletivos na escolha de novas matérias, para não inviabilizar a prestação jurisdicional como um todo, pelo sobrestamento de milhões de processos até que a Corte se pronuncie sobre eles, o que pode levar anos.

---

[1] Ministro do TST.

2. NATUREZA JURÍDICA

O **critério de transcendência** não se confunde com as sistemáticas da **repercussão geral** e de **recursos repetitivos**, quer pela sua natureza, quer pelo seu mecanismo, ainda que constituam institutos que integrem o **gênero** dos **filtros de seleção de processos** a serem julgados pelo STF e Tribunais Superiores.

A **transcendência** é um mecanismo de **política judiciária**, com **natureza** mais **administrativa** que **judicial**, em juízo de **conveniência e oportunidade** sobre apreciar, ou não, determinada causa. Na transcendência, como **juízo de delibação** do recurso para o TST, decide-se se, pela sua importância política, jurídica, econômica e social, que **transcenda o interesse meramente individual da causa**, fazendo com que determinado processo requeria um novo pronunciamento do Tribunal. E, em relação às causas não transcendentes, o Tribunal simplesmente diz que não as irá apreciar, determinando a imediata baixa dos autos à origem.

Ora, no caso da **repercussão geral e recursos repetitivos**, há seleção de processos representativos da controvérsia, mas em **sistemática complexa e lenta**, pois além do **sobrestamento de todos os demais processos sobre o tema**, demora-se a pautar as questões relevantes, em face da incapacidade de uma solução rápida das questões em plenário.

Com efeito, a sistemática da repercussão geral, referente ao **plenário virtual** para que todos os ministros se pronunciem sobre a relevância de determinada questão, é **incompatível** com a transcendência, uma vez que **a seleção dos recursos transcendentes cabe ao relator**, nos exatos termos do art. 896-A da CLT, enquanto que, para a repercussão geral, a definição cabe ao plenário do STF, nos termos do art. 102, § 3º, da CF.

Nesse sentido, a **irrecorribilidade** das decisões que dão pela **intranscendência do recurso** (CLT, art. 896-A, §§ 4º e 5º) deixa claro que a **uniformização de jurisprudência** a ser realizada pelo TST diz respeito ao **Direito Material e Processual do Trabalho** no que os TRTs e as Turmas do TST divergirem entre si, não quanto aos critérios pelos quais os recursos são selecionados. Nesse campo, a natureza administrativa da transcendência explica a **discricionariedade** com que cada ministro seleciona aqueles que vai julgar efetivamente, observando os parâmetros da lei (CLT, art. 896-A, § 1º).

Uma vez selecionados os temas relevantes e julgados pelas **Turmas**, a **divergência entre elas** é que propiciará a **uniformização jurisprudencial pela SDI-1**, quer em embargos, quer pelo **incidente de recursos repetitivos**, mormente se não houver divergência entre as Turmas, mas se reputar relevante a fixação, em caráter vinculante, da tese já endossada pelas Turmas.

Pretender uma **uniformização interna** pela SDI-1, a partir dos recursos reputados transcendentes que fossem alçados à Subseção em embargos, seria **desvirtuar e complicar** o sistema, **ao arrepio da lei**, na mesma esteira do que se tentou fazer quando o art. 894, II, da CLT acabou com os embargos por violação de lei e a SDI-1 buscou, pela via transversa da contrariedade a súmulas parametrizadoras do recurso de revista, exercer o **controle de legalidade das decisões turmárias**, desvirtuando a missão essencial da SDI-1, que era a uniformização da jurisprudência *interna corporis* do TST, para apenas dizer se o recurso de revista foi bem ou mal apreciado e devolver o processo à Turma respectiva, **sem firmar qualquer tese jurídica**. Isso só atolava as pautas da SDI-1 e inviabilizava seu trabalho principal.

3. MAIOR CONVERGÊNCIA NA SELEÇÃO DE CAUSAS TRANSCENDENTES

Se **não é possível uniformizar** procedimentalmente a transcendência, quer pela via da jurisprudência, quer regimentalmente, dados os **termos claros da lei**, e o fato de a Lei n. 13.467/2017 ter **revogado o art. 2º da MP n. 2.226/2001** (que delegava ao TST a regulamentação da transcendência), pode-se, no entanto, chegar a **consensos** entre os ministros acerca do modo como operar o novo instituto, **dinamizando sua aplicação** aos recursos de revista e, com isso, facilitando a vida de gabinetes e advogados.

A **maior crítica** atualmente recebida pelo instituto, após um ano de sua aplicação, diz respeito à **pluralidade de enfoques** dados pelos ministros aos seus critérios e forma de aplicação, a par da **falta de fundamentação mínima** dada às decisões que declaram a **intranscendência** dos recursos.

Do ponto de vista **procedimental**, 3 (três) **modalidades de enfrentamento da transcendência** têm se verificado no âmbito do TST:

a) **precedência em relação aos pressupostos intrínsecos**, mas **conjugação com estes**, que ficam como um segundo fundamento, para deixar clara a inviabilidade do apelo e permitir a imediata baixa dos autos à origem, dada a irrecorribilidade interna (em face da lei) e externa (em face da inexistência de repercussão geral de causa em que se discute pressuposto de admissibilidade de recurso) da decisão.

b) **precedência dos pressupostos intrínsecos**, com **análise da transcendência apenas em agravo ao colegiado**, após reconhecido ou negado o acerto do despacho agravado do Tribunal Regional, só então determinando a baixa dos autos, por não caber recurso à SDI-1.

c) **manutenção da decisão agravada em AIRR** se os fundamentos estão corretos, mas declarando a **intranscendência do recurso**, em face da **contaminação da transcendência pelo vício formal da revista ou do agravo**, já que, sem "abrir as cortinas" do recurso, não se pode dizer que haja transcendência por trás delas, a par de que não se pode conhecer de recurso como transcendente, sem demonstrada divergência e violação legal nos moldes exigidos pela CLT (procedimento seguido, por exemplo, pelas 4ª e 5ª Turmas).

Se a transcendência veio para **simplificar** a missão uniformizadora do TST quanto ao Direito do Trabalho, seria um **contrassenso**, se o recurso já está morto formalmente:

a) **desprezar o trabalho dos TRTs** no juízo de admissibilidade do recurso de revista, atendo-se exclusivamente à análise dos critérios de transcendência quanto à matéria de fundo da revista;

b) **fazer a dupla análise**, prévia dos pressupostos intrínsecos, e posterior da transcendência, multiplicando o trabalho;

c) **fazer um exame detido** de todos os pressupostos intrínsecos, como se continuássemos no sistema antigo, quando o **valor da causa é baixo** (que não ultrapassa R$30.000,00 ou o processo é de rito sumaríssimo), pois se estaria gastando tempo para processo que *"não vale uma missa"*.

Com isso, seria **prestigiado o juízo de admissibilidade dos TRTs**, confiando-se nos TRTs, quando o **valor da causa, sendo pequeno**, não justificar reapreciar a causa sob o prisma dos pressupostos de admissibilidade, pois leva tempo responder sobre o por quê não houve violação da lei ou divergência jurisprudencial, como também sobre se houve, ou não, atendimento adequado ao art. 896, § 1º-A, da CLT.

Por outro lado, nos casos de **precedentes vinculantes do STF ou do TST**, deve-se prestigiar tal jurisprudência pacificada, eventualmente **olhando com menos rigor** o atendimento às exigências dos **incisos I e III do art. 896, § 1º-A, da CLT**:

a) quanto à **delimitação da controvérsia**, desde que **não sejam muitas laudas de transcrição**, é possível **aceitar a transcrição integral** da decisão regional contrária a esses precedentes;

b) quanto ao **ataque a todos os fundamentos**, basta que **trate dos argumentos**, sem necessariamente invocar todos os dispositivos esgrimidos pela decisão regional em socorro da tese abraçada.

Assim, sob o **prisma procedimental**, com lastro na própria lei (CLT, art. 896-A, §§ 2º e 5º) e regulamentação da transcendência pelo RITST (Seção II), destacando-a em relação ao recurso de revista (Seção III) e ao agravo de instrumento (Seção IV), como aplicável a ambos, pode-se adotar a **praxe de trancamento do AIRR com vício formal da revista ou do agravo** com base nesse vício, declarando de imediato a intranscendência do apelo, por **contaminação**. Apenas os que preenchessem os pressupostos intrínsecos é que seriam efetivamente analisados sob o prisma da transcendência. O mesmo critério pode ser aplicado nos casos do não ataque dos fundamentos do despacho agravado pelo agravo de instrumento (inobservância do **princípio da dialeticidade** da Súmula n. 422 do TST) ou não renovando os argumentos da revista no agravo (desrespeito ao **princípio da independência dos recursos** do art. 1.016, III, do CPC).

Outros exemplos de contaminação são os da:

a) incidência da **Súmula n. 126 do TST** ao recurso de revista. Se a pretensão verificada é a de rediscussão de fatos e provas, com vistas a se fazer justiça à parte perdedora, **não há tese jurídica** em debate, única razão de ser do recurso de revista;

b) óbice da **Súmula n. 296 do TST**, pois se não há divergência jurisprudencial específica, **não há uniformização de jurisprudência a ser feita**. Ou seja, os recursos são **intranscendentes**, pois não se prestam a oportunizar ao TST exercer sua missão existencial.

Por outro lado, facilitaria sobremaneira a captação da transcendência do recurso ou seu imediato descarte, o reconhecimento, como o faz a lei, de que a transcendência deve ser **demonstrada** pela parte (CLT, art. 896-A, § 2º), o que leva à conclusão que deveria ser retirada do art. 247 do RITST a expressão "de ofício", para o exame da transcendência. Com isso, à semelhança da repercussão geral, o recorrente deveria abrir **tópico destacado** sobre a transcendência, e trazer argumentos capazes de demonstrá-la.

A importância dessa exigência vem justamente dos casos em que, pelo valor apenas relativamente elevado da causa, **não se sabe das reais condições da empresa ou do reclamante**, a justificar um novo exame.

Por outro lado, uma maior **objetivação dos critérios de transcendência** poderia contribuir para reduzir a divergência entre relatores e turmas na aplicação do instituto, sabendo-se, no entanto, que é ínsito ao critério uma certa carga de subjetividade, especialmente pelo caráter administrativo e discricionário do sistema.

4. OBJETIVAÇÃO MAIOR DOS CRITÉRIOS

Como o § 1º do art. 896-A da CLT fala em que *"são indicadores de transcendência, entre outros"*, aqueles que elenca, e esses, além do mais, podem ser interpretados ampliativa ou restritivamente, poderia se chegar a algum **denominador comum**, sem que se **fuja do espírito e da letra da lei**.

Num **1º momento**, em que os **estoques** de processos são **elevados**, com a **média de 7.655 processos** como acervo nos gabinetes ao final de 2018 (variando de 1.797 a 15.534), comprometendo a prestação jurisdicional como um todo, e cabendo ao TST e seus ministros o "controle da vazão" (abrir mais ou menos a "torneira") de processos que serão efetivamente julgados no seu mérito, a **racionalização** própria do critério de transcendência sinaliza para a adoção de **interpretação mais restritiva** dos incisos do § 1º do art. 896-A da CLT, de modo a que:

a) a **transcendência política** fique jungida a **contrariedade a súmulas ou, quando muito, OJs e precedentes vinculantes da Corte em IRR ou IAC, bem como precedentes vinculantes ou temas reconhecidos de repercussão geral pelo STF**, sem necessidade ou preocupação de se perquirir se a SDI-1 ou a maioria das Turmas já está decidindo de determinado modo determinada matéria, pois nesse caso estaríamos trafegando em terreno pantanoso, não infenso à subjetividade de cada ministro;

b) a **transcendência jurídica** seja efetivamente de "**questão nova**", ou seja, **ainda não enfrentada pela Turma ou relator**, de modo a que esta, como aquele, possam externar seu entendimento em relação à interpretação de cada dispositivo do ordenamento jurídico trabalhista em discussão; aqui poderia o relator ser mais ou menos restritivo ou liberal, conforme os **aspectos fáticos** de cada processo, que **caracterizassem melhor a tese sufragada**, como emblemático da causa;

c) a **transcendência econômica** seja considerada em seu **caráter objetivo**, ligado a **valores efetivamente elevados** da causa, contado por **centenas de milhares de reais**, como ocorre nas **ações civis públicas** (macro lesões que envolvem interesses difusos e coletivos), **ações coletivas de substituição processual** (envolvendo interesses individuais homogêneos) ou **execuções de vulto** (que possam comprometer a existência ou viabilidade econômica da empresa como geradora de empregos ou afetar uma coletividade de trabalhadores pelo desrespeito à legislação trabalhista), não, porém, valor subjetivamente elevado para determinado empregado reclamante, pois, repita-se, é transcendente o recurso que **transcende o interesse individual das partes**; ademais, se a transcendência se analisa por tema, deve-se **dividir o valor da causa ou da condenação pelo número de pedidos formulados ou acolhidos**, se já não quantificados especificamente, para saber o **valor da causa ou condenação correspondente ao tema recorrido**;

d) seja limitada a **transcendência social** à dicção da lei, ou seja, ao conceito constitucional de "**direitos sociais**", como aqueles insculpidos nos arts. 6º a 11 da Carta Política, quando **direta e literalmente afetados** pela decisão regional recorrida.

Num **2º momento**, quando os estoques baixarem a níveis tais que seja possível apreciar mais processos em seu mérito (o que já acontece com alguns gabinetes, cujo acervo menos elevado explica a quase não aplicação dos filtros da transcendência), poder-se-ia adotar a seguinte **interpretação ampliativa** dos critérios:

a) **transcendência política** – além de atrito com Súmulas do TST e do STF, e desrespeito a OJs, precedentes vinculantes do TST em IRR ou IAC e precedentes vinculantes ou temas reconhecidos como de repercussão geral pelo STF, poder-se-ia estabelecer um **critério objetivo**, mesmo em face da dificuldade atual na edição de súmulas e OJs, para se considerar **pacificada a jurisprudência do TST**, a ser politicamente preservada pela transcendência: fazer como com o antigo livro de temas para efeito de aplicação da Súmula n. 333 do TST, que deu origem às "orientações jurisprudenciais", estabelecendo que a **Comissão de Jurisprudência e Precedentes Normativos (CJPN)** divulgasse aos gabinetes, em **informativo próprio**, titulando-os, os temas que contassem **5 (cinco) precedentes da SDI-1 de relatores e sessões diferentes**, julgados por unanimidade, ou 10 (dez) por maioria;

b) **transcendência jurídica** – admitir como nova a questão **ainda não pacificada pela SDI-1** nos termos acima referidos, conforme constante no informativo a ser divulgado pela **CJPN** do TST para os gabinetes;

c) **transcendência econômica** – admitir o **valor do processo como um todo** para efeito de transcendência, ou o **subjetivamente elevado para a empresa** (condenação) **ou para o empregado** (valor da causa que não logrou êxito), conjugando-o, no entanto, com as demais transcendências, inclusive a contaminada pelo não preenchimento dos pressupostos intrínsecos, pois pretensão a receber uma fortuna de danos morais, não acolhida nas duas instâncias com base na prova, não justifica nova revisão em 3ª instância, dada sua natureza extraordinária;

d) **transcendência social** – ampliar o conceito de "**direitos sociais**" para além daqueles elencados no capítulo específico da Constituição Federal (Cap. II, arts. 6º ao 11), admitindo os "**direitos e deveres individuais e coletivos**" elencados no art. 5º da CF, que polariza todo o capítulo I do Título II sobre "Direitos e Garantias Fundamentais", pois a questão dos **danos morais** tem sido apreciada constitucionalmente por esta Corte apenas quando invocados os incisos V ou X do art. 5º da CF; de qualquer sorte, somente haveria tal transcendência diante da **plausibilidade da afetação direta do dispositivo constitucional** indigitado como violado, descartando-se aqueles recursos que não os invocam ou só envolveriam eventual vulneração reflexa dos direitos sociais.

Por outro lado, os **indicadores** da transcendência devem ser aplicados **por tema** do recurso (matéria), mas podem ser analisados **conjunta ou separadamente**, conforme avultar a presença ou ausência de algum deles. Assim, teríamos:

a) **independentemente do valor da causa**, havendo atrito com jurisprudência pacificada do TST, deveria ser reconhecida a **transcendência política** da causa, de forma a se zelar pelo respeito das decisões do TST pelos TRTs, em verdadeiro controle da jurisprudência uniformizada pela Corte.

b) **independentemente de ser nova a matéria**, se o **valor da causa for elevadíssimo**, acima de milhão de reais, mereceria ser reconhecida a **transcendência econômica** da causa, para evitar eventual erro de julgamento; nesses casos (especialmente em execução de sentença), a prudência recomenda seja **levada ao colegiado** a matéria, mesmo que seja para não conhecer do recurso ou negar provimento ao agravo, em face do não preenchimento dos pressupostos intrínsecos do recurso de revista.

c) a **intranscendência econômica** da causa, quando o **valor da condenação não ultrapasse R$ 25.000,00** (elevado número de processos que chegam ao TST não ultrapassam essa cifra de valor arbitrado à condenação), podem ser **descartados de plano**, aplicando-se mais estritamente o teor do § 1º-A do art. 896 da CLT, **desde que a decisão regional não bata de frente com súmula do TST ou STF**; o mesmo deve ser feito com os processos submetidos ao **rito sumaríssimo**, a serem **descartados de plano** por intranscendência econômica, a menos que a decisão recorrida contrarie súmula do TST ou STF, ou a matéria nunca tenha sido apreciada pela Turma ou Relator.

Desse modo, objetivando melhor os critérios de transcendência, para o que a **Comissão de Jurisprudência e Precedentes Normativos** do TST poderia contribuir especialmente, nos termos do art. 249 do RITST:

a) organizando o **banco de dados sobre matérias reputadas transcendentes** e sob que enfoque;

b) **informando quais as matérias** que já contam com o número suficiente de precedentes de relatores e sessões variadas para se poder dizer que estão **pacificadas no âmbito do tribunal** (como fez para efeito de aplicação da Súmula n. 333 do TST e que deram origem ao livro de "Orientações Jurisprudenciais" do Tribunal, posteriormente institucionalizado).

5. TRANSCENDÊNCIA E GERENCIAMENTO DE ESTOQUES

Sendo o critério de transcendência a **válvula de controle da demanda ao TST**, caberá a cada ministro, dentro dos parâmetros legais, **abrir ou fechar mais ou menos a válvula**, de acordo com sua capacidade de análise da quantidade de processos que lhe chega às mãos.

A **média mensal** de recebimento de processos por ministro (de acordo com o Relatório da CESTP), no ano de **2018** (12.428 no total, excluindo-se os meses de férias coletivas, de janeiro e de julho) foi de **1.242**, ou seja, uma média de **62 processos a serem analisados por dia útil** por ministro (considerados meses de 4 semanas, descontados finais de semana e feriados).

Se o ministro vai analisá-los minuciosamente ou descartá-los mais singelamente em face de sua intranscendência, com a ajuda de suas assessorias, é procedimento que cabe a cada ministro adotar naquilo que internacionalmente se convencionou chamar de *case management*. O que não é possível é se ampliar as hipóteses de transcendência, para aumentar o número de casos apreciados detalhadamente, e **conviver com estoques astronômicos de processos** (lembrando que o **acervo** médio de processos por ministro, ao final do ano de 2018, foi de **7.655**, variando do menor estoque de 1.797, para o maior de 15.534).

Justamente para que migrações de Turmas com vistas a se liberar de estoques elevados fossem coibidas, o RITST estabeleceu a regra do art. 108, parágrafo único, de **compensação matemática de processos**, entre uma cadeira e outra. Regra semelhante existe para o ministro que chega no Tribunal, para receber um total condizente com aquele com o qual iniciaram sua judicatura no tribunal os demais colegas (RITST, 106, § 1º).

Ora, é fundamental, nesse contexto de **política judiciária justa na gestão de estoques** por parte dos ministros, que também se promova idêntica regra para aqueles que, deixando determinado estoque de processos ao passarem a **integrar a administração do tribunal**, não sejam beneficiados ou prejudicados ao retornarem à bancada, com **acervo superior ou inferior ao que deixaram quando da assunção** a cargo de direção.

Um § 2º poderia ser acrescido ao art. 109 do RITST, prevendo essa regra, de justiça. Assim, não havendo expediente extrajudicial que permita redução de estoques, quer por mudança de Turma, quer por assunção temporária à administração, cada ministro saberá que, **da sua administração eficaz de seus estoques processuais, dependerá uma prestação jurisdicional célere ou tardia** para o jurisdicionado.

6. OPERACIONALIZAÇÃO DA TRANSCENDÊNCIA VISANDO COLOCAR EM DIA OS PROCESSOS NO TST

Depois de um ano de utilização da nova ferramenta da transcendência, para **filtragem** dos processos que, realmente, **demandariam análise circunstanciada** pelo TST, alguns dados relevantes podem ser registrados:

a) o **tempo médio de análise e minuta de despacho em AIRR não transcendente** não toma mais do que **30 a 40 minutos** (verificação das matérias em debate, dos óbices levantados pelo juízo *a quo*, do não enquadramento em qualquer das hipóteses do art. 896-A, § 1º, da CLT, e confecção do despacho de descarte do processo utilizando os modelos existentes no gabinete) e tem proporcionado uma **celeridade** aos processos de **baixo valor da** condenação (que não ultrapassa R$ 15.000,00) tal que, em não poucos casos, do ajuizamento da reclamação ao despacho determinando a baixa dos autos do TST ao juízo de origem, com certificação do trânsito em julgado da causa, **não se chegou a um ano de tramitação do processo** (isso é que é Justiça Social eficaz!);

b) enquanto a **taxa de reforma** de decisões dos TRTs (dados de 2017), em **recursos de revista** é alta, em torno de **68%**, o mesmo não acontece em **agravos de instrumento**, em que a taxa de reforma fica em torno de **8%**, mostrando como, nessa modalidade recursal, não apenas os despachos de admissibilidade das **presidências dos TRTs** são **confiáveis**, como também que, ao **não analisarem a transcendência**, por vedação do § 6º do art. 896-A da CLT, há muitos casos em que, apesar de comprovada divergência jurisprudencial, eventualmente não reconhecida no despacho *a quo*, o baixo valor da causa não justifica nova análise do processo, **reduzindo ainda mais a taxa de reforma** dos despachos em AIRR;

c) a **reclamação recorrente** dos ministros do TST, da **falta de tempo** para análise dos processos em gabinete e discussão adequada das matérias em sessão, passa a ser **superada** com a **seleção do que será apreciado meritoriamente**, descartando-se os apelos intranscendentes, com **fundamentação sucinta** (como determina o § 4º do art. 896-A da CLT, ou seja, o mínimo necessário para dizer que o apelo não preenche os requisitos do art. 896-A, § 1º, da CLT), mais convincente para os advogados do que a mera *"manutenção do despacho agravado pelos seus próprios fundamentos"*;

d) os **recursos de revista**, que representam apenas **14%** dos processos que chegam ao TST, junto com os **embargos** para a SDI-1, que representam apenas **2%** dos processos julgados anualmente pelo TST, passam a ser o objeto principal de análise por parte dos ministros, com vistas ao cumprimento de sua missão de **uniformização da jurisprudência trabalhista**.

Em suma, tendo em vistas os **dados estatísticos de 2018**, de 322.831 processos recebidos e 253.409 processos de resíduo ao final do ano, ao todo, no TST, e levando em consideração a qualidade e dimensão das assessorias jurídicas dos ministros do TST, é possível, com o **critério de transcendência** sendo aplicado nos termos supra referidos, chegar-se em curto espaço de tempo à colocação em dia do trabalho da Corte, acabando com o resíduo, de forma a enfrentar com celeridade e maior qualidade os processos novos que chegam em quantidade elevada ao TST, dando **sinalização clara e segura à comunidade jurídica** sobre o conteúdo normativo da legislação trabalhista, **uniformizando a jurisprudência dos TRTs e controlando a aplicação dessa jurisprudência pacificada**, a bem do jurisdicionado e da harmonização das relações trabalhistas em nosso país. Assim seja!

Brasília, 31 de janeiro de 2019

BREVES REFLEXÕES SOBRE O INTERESSE DE AGIR NA TUTELA INIBITÓRIA TRABALHISTA

Estêvão Mallet[1]

1. INTRODUÇÃO

Nos últimos tempos tem crescido, a olhos vistos, a importância da tutela inibitória no processo do trabalho. Se antes quase só havia pedidos de natureza ressarcitória, como pagamento de valores não adimplidos durante a vigência do contrato de trabalho, aos poucos se tornam mais comuns pedidos deduzidos contra práticas ilegais, especialmente em ações civis públicas em que se busca evitar a ocorrência do ilícito ou fazê-lo cessar, adequando-se a conduta aos parâmetros normativos aplicáveis. Os pedidos de pagamento de horas extras, por exemplo, ainda tão comuns no foro trabalhista – recorrentes mesmo –, começam a conviver, lado a lado, com pedidos para que sejam respeitados os limites de duração do tempo de trabalho ou para que cesse o descumprimento das normas sobre pausas ou prestação de horas extras, em particular formulados pelo Ministério Público do Trabalho. Um bom exemplo está em precedente em que se registrou: "O ordenamento jurídico brasileiro permite impedir que os ilícitos trabalhistas perpetuem-se no tempo, evitando-se que a Administração aja somente após a ocorrência do dano e também que cada um dos lesados reclame individualmente a reparação cabível. Demonstrada nos autos a prestação excessiva de horas extraordinárias e a inobservância dos descansos legais, fatos que acabam por acarretar a privação dos momentos de descanso e convívio social dos trabalhadores, ampliando os riscos de acidentes e doenças ocupacionais e também inviabilizando a geração de novos postos de trabalho, revela-se absolutamente necessária a adoção de medidas, com imposição de obrigações de fazer e não fazer, sob pena de pagamento de multa diária (art. 84, § 4º, da Lei n. 8.078/1990), para desestimular o reiterado descumprimento das normas imperativas concernentes à jornada de trabalho"[2]. Ao invés do mero pagamento de um crédito ou do simples ressarcimento por infração à lei, pedido em ação individual, ajuizada depois de já extinto o contrato de trabalho, passa-se a buscar, cada vez mais, que a lei não continue a ser violada durante a vigência da relação jurídica de emprego, para não se precisar reclamar, adiante, a compensação financeira pelo ilícito.

É uma mudança de grande significado. Reparar a lesão, com pagamento ou indenização, é quase sempre menos adequado do que impedir a sua ocorrência, ao menos para o titular do direito ou para o interesse público. Muitas vezes, senão quase sempre, a reparação, quando não incompleta e insuficiente, não compensa, de maneira efetiva, a infração à lei, ainda que traga uma vantagem financeira. No campo da medicina e segurança do trabalho percebe-se o ponto com grande nitidez. Não interessa tanto que o empregado receba adicional de insalubridade, importando mais que não seja exposto, sempre que possível, a condição agressiva à sua saúde. Afinal, o pagamento do acréscimo salarial do art. 192 da Consolidação das Leis do Trabalho – ou mesmo de outro, mais elevado, que se venha a impor por lei ou a negociar coletivamente – nem de longe compensa o dano à integridade física do trabalhador. De igual modo, impedir que acidentes aconteçam releva muito mais do que reclamar compensação por todos aqueles que se verificarem. Nenhuma indenização é suficiente para suplantar, de maneira adequada, a vida perdida, a lesão incapacitante[3], a intimidade devassada ou a honra conspurcada. Eis a razão para a interdição ou o embargo preventivos, previstos no art. 161 da Consolidação das Leis do Trabalho.

É evidente, pois, a superioridade, teórica, prática e social, em muitos casos, da tutela inibitória. Mesmo assim, ela não deixa de oferecer alguma dificuldade, em particular no plano do interesse de agir, dificuldade que está a merecer mais detida reflexão, diante de sua crescente utilização e da pouca atenção que se costuma dedicar ao assunto.

2. O INTERESSE DE AGIR COMO CONDIÇÃO DA AÇÃO

O Código de Processo Civil em vigor, no campo das condições da ação, eliminou a referência, existente no

---

(1) Professor de Direito do Trabalho da Faculdade de Direito da Universidade de São Paulo, Doutor e Livre-Docente em Direito e advogado.

(2) TRT – 10ª Reg., 3ª T., RO n. 00748-2011-020-10-00-3, Rel. Douglas Alencar Rodrigues, julg. em 28.08.2013 *in* DJET de 06.09.2013.

(3) GAIA, Fausto Siqueira. *A tutela inibitória de ofício e a proteção do meio ambiente do trabalho* – limites e possibilidades de atuação jurisdicional. São Paulo: LTr, 2015. p. 81.

Código anterior, à possibilidade jurídica do pedido. Essa condição, que Liebman havia de início considerado – o que a levou a figurar no texto da legislação anterior, por influência de Alfredo Buzaid –, para depois deixar de lado[4], não consta do art. 337, inciso XI, do atual Código de Processo Civil. O interesse de agir, todavia, permanece como condição geral de todas as ações. Afinal, sem interesse, não há ação ou, como em França se usa dizer, "*pas d'intérêt pas d'action*". Daí a previsão do art. 17 do atual Código de Processo Civil: "Para postular em juízo é necessário ter interesse e legitimidade". No Código de Processo Civil francês regra de igual teor encontra-se na parte inicial do art. 31: "*L'action est ouverte à tous ceux qui ont un intérêt légitime au succès ou au rejet d'une prétention...*".

O interesse processual compreende, como se sabe, o binômio necessidade e adequação (ou utilidade, como também se vê) do provimento buscado[5]. O primeiro elemento do binômio corresponde a ter de recorrer à ação para obter a satisfação do direito ou, nas palavras de Liebman, à "*necessità di ottenere dal processo la protezione dell'interesse sostanziale*"[6]. O segundo, está ligado à compatibilidade do provimento pedido com a efetiva tutela do direito, quer dizer "*l'idoneità del provvedimento domandato*" para satisfazer o direito[7].

O interesse, como condição da ação, não costuma suscitar grande dificuldade. Nas ações que envolvem obrigação de pagar o interesse decorre do inadimplemento da obrigação, que se traduz em "*uno stato di insoddisfazione*"[8]. Se o empregador não paga os salários, caracteriza-se, *ipso facto*, o interesse de agir. Nem precisa o empregado demonstrar que tentou receber o crédito por meio de cobrança extrajudicial, já que a necessidade de tutela jurisdicional revela-se pela mera resistência deduzida em juízo. E a adequação satisfaz-se com o pedido de pagamento, que tutela o direito violado. O mesmo vale para as ações que envolvem condenação em obrigação de fazer. Se não se faz o que deveria ter sido feito (entrega de um determinado bem, em um certo prazo), com o inadimplemento surge o interesse de agir, na perspectiva da necessidade. Nas ações constitutivas, de outro lado, o interesse normalmente existe *in re ipsa*[9], diante da impossibilidade de se obter a alteração jurídica sem a intervenção judicial. A necessidade é inerente à natureza vinculada do recurso à tutela jurisdicional[10].

No caso das ações inibitórias, quando se busca impedir a prática de determinado ato, por conta de proibição prevista em lei, ou assegurar a sua realização, em virtude de obrigação imposta por lei, o pedido de condenação a fazer ou a não fazer algo traz alguma sutileza no campo do interesse de agir, em particular no que diz respeito à necessidade do provimento.

3. INTERESSE DE AGIR E OBRIGAÇÃO DE FAZER OU DE NÃO FAZER

A mera existência de um determinado comando, ainda que dirigido à preservação de direito de natureza fundamental ou de direito com grande importância, não basta, *sic et simpliciter*, para que se postule em juízo provimento voltado a garantir o seu cumprimento. Só por isso não há necessidade do provimento.

Considere-se, para melhor ilustrar o afirmado, a previsão, tomada de maneira exemplificativa – haveria muitos outros exemplos a dar –, do art. 29, § 4º, da Consolidação das Leis do Trabalho:

> "É vedado ao empregador efetuar anotações desabonadoras à conduta do empregado em sua Carteira de Trabalho e Previdência Social."

---

(4) A propósito, LIEBMAN, Enrico Tullio, *Manual de direito processual civil*. Rio de Janeiro: Forense, 1985. v. I, n. 74, nota 106, p. 160/161.

(5) Cf., entre tantos, CINTRA, Antonio Carlos de Araújo; GRINOVER, Ada Pellegrini; DINAMARCO, Cândido Rangel. *Teoria geral do processo*. São Paulo: Malheiros, 2011. n. 158, p. 281. GRECO FILHO, Vicente. *Direito processual civil brasileiro*. São Paulo: Saraiva, 1988. v. 1, n. 14.2, p. 73 e, no mesmo sentido, mas com alusão ao binômio "necessidade-utilidade", NERY JUNIOR, Nelson; NERY, Rosa Maria de Andrade. *Código de Processo Civil comentado*. São Paulo: RT, 2007. p. 167. Em jurisprudência, também com alusão ao binômio "necessidade-utilidade", STJ – 1ª T., REsp n. 1.106.764/RJ, Rel. Min. Luiz Fux, julg. em 20.10.2009 in DJe de 02.02.2010, TJ – SP, 9ª Câm. Dir. Púb., Rel. Des José Maria Câmara Junior, Proc. AP n. 9182588-07.2009.8.26.0000, julg. em 21.03.2012 e TJ – RS, 12ª Câm. Cív., ApCív. n. 70060898723, Rel. Umberto Guaspari Sudbrack, julg. em 16.04.2015 in DJ de 20.04.2015. O interesse, portanto, não depende apenas da utilidade, como dá a entender o Código de Processo Civil de Portugal, no art. 30º, ao estatuir, no n. 2: "O interesse em demandar exprime-se pela utilidade derivada da procedência da ação e o interesse em contradizer pelo prejuízo que dessa procedência advenha".

(6) *Manuale di diritto processuale civile*. Milano: Giuffrè, 1973. I, n. 74, p. 121.

(7) LIEBMAN, *Manuale di diritto processuale civile*, cit., I, n. 74, p. 121/122.

(8) COSTA, Sergio. *Manuale di diritto processuale civile*. Torino: UTET, 1980. n. 20, p. 27.

(9) ANDRADE, Manuel A. Domingues de. *Noções elementares de processo civil*. Coimbra: Coimbra Editora, 1963. I, n. 50, p. 80.

(10) GRECO FILHO, Vicente. *Direito processual civil brasileiro* cit., v. 1, n. 14.2, p. 73, bem como COSTA, Sergio, *Manuale di diritto processuale civile* cit., n. 20, p. 27. É claro que, se a alteração jurídica puder realizar-se sem o concurso da decisão judicial, por ato do próprio titular, não há interesse de agir. Cf. VARELA, Antunes, NORA Miguel Bezerra e Sampaio e. *Manual de processo civil*. Coimbra: Coimbra Editora, 1985. n. 58, p. 186.

A relevância da providência legal é indiscutível. Anotações desabonadoras na carteira de trabalho do empregado causam danos sérios, por vezes irreparáveis, não só de natureza material como também moral. Tem o trabalhador, além de lesão à sua autoestima, mais dificuldade para obter nova colocação, sofrendo ou podendo sofrer diferentes formas de discriminação. É, outrossim, arbitrário e inaceitável que o empregador faça anotações unilaterais em documento público, comprometendo a imagem do trabalhador perante terceiros. Por fim, feita a anotação, não há como simplesmente eliminá-la. Mesmo a riscadura do registro não é solução que apague, por completo, os efeitos do ato ilegal praticado. Permanece, ao menos, uma mácula em documento que pertence ao trabalhador e que sempre pode suscitar alguma dúvida. Bem por isso, são numerosos os julgados que deferem indenização com fundamento em anotações indevidas[11].

Sem embargo, dessa mera previsão legal não decorre o indiscriminado cabimento de pedido inibitório, para que o empregador, qualquer um, não faça, em nenhuma circunstância, anotação desabonadora na carteira de trabalho de seus empregados. A obrigação de respeitar a disposição legal já existe. Resulta da própria imperatividade da norma jurídica posta ou da força obrigatória do direito. Para ir além, quer dizer, para que seja necessário postular a tutela judicial, voltada a obter, em um caso concreto, ordem de não realização de anotação, é preciso demonstrar a real e efetiva pertinência – necessidade mesmo – da tutela. É preciso evidenciar a razão particular para pedir-se o provimento judicial. Não basta a possibilidade, em tese, de ofensa à lei.

Nem é suficiente o receio, subjetivo e gratuito, de que o empregador venha a descumprir a obrigação legal. Não fosse assim, todo e qualquer empregador do país, pela simples circunstância de ter um empregado – podendo, em princípio, descumprir a obrigação de não fazer –, estaria sujeito à uma condenação desse jaez. O absurdo da proposição mostra que, para existir interesse no ajuizamento da ação, para que surja a necessidade da tutela jurisdicional, há que ir além da mera possibilidade teórica – que sempre existe – de violação da norma, com o fazer ou não fazer contrário ao direito. Reclama-se algo mais.

4. A CARACTERIZAÇÃO DO INTERESSE DE AGIR NA TUTELA INIBITÓRIA

Para demonstrar o interesse de agir, nas ações de natureza inibitória, é preciso evidenciar – ou alegar, como elemento da causa de pedir, a partir da teoria da asserção[12] – a real e efetiva necessidade da tutela. O interesse, para utilizar a expressão de Ugo Rocco, deve ser concreto[13]. E isso se dá quando reunidos elementos objetivos e tangíveis de descumprimento atual da obrigação ou de risco relevante de seu descumprimento. Um interesse que seja "*simplement* éventuel", escrevem os autores franceses, não é suficiente para justificar a propositura de ação[14].

Como já dito, a simples possibilidade teórica de descumprimento da norma – possibilidade que sempre existe – é insuficiente. O Supremo Tribunal de Justiça de Portugal, ao deparar-se com pedido inibitório formulado pelo Ministério Público, em matéria de proteção do consumidor contra cláusulas abusivas, teve oportunidade de anotar o seguinte: "Não existindo no processo qualquer indício de que a ré pretende, no futuro, violar a lei e reutilizar as cláusulas indicadas (contrárias ao DL n. 240/2006), é evidente que a possibilidade virtual de tal acontecer, porque apenas equacionada pelo MP em termos puramente subjectivos, sem o apoio de qualquer facto exterior (sequer previsível), não pode justificar a necessidade/utilidade de acção inibitória"[15].

Em outros termos, para que se justifique pedido de condenação de alguém a fazer algo, que a lei já obriga, ou a não fazer algo, que a lei já proíbe, deve-se verificar uma das seguintes situações, mencionadas na legislação italiana

---

(11) Entre tantos, cf., por exemplo, como mera ilustração: "Anotação desabonadora na CTPS do empregado. Dano moral. A pretensão indenizatória por danos morais deve ter como fundamento um ato ilícito, que causa dano a outrem, o qual restou provado substancialmente na presente lide, tendo em vista a anotação desabonadora na CTPS do trabalhador." (TRT – 1ª Reg., 4ª T., RO n. 00102604620145010244, Rel. Monica Batista Vieira Puglia, julg. em 29.04.2015 in DJ de 14.05.2015) e "As anotações realizadas pelo empregador na CTPS do empregado, fazendo referência expressa a cumprimento de ordem judicial, prejudicam a imagem do trabalhador frente ao mercado de trabalho, indubitavelmente. A obrigação do empregador, diante do disposto no art. 29, da CLT, resume-se a anotar o contrato de trabalho tempestivamente. Dano moral indenizável. Aplicação do art. 186, C. Civil. Recurso patronal parcialmente provido neste mister." (TRT – 15ª Reg., 7ª Câm., RO n. 0011378-39.2016.5.15.0069, Rel. Luciane Storel da Silva in DJ de 17.04.2018).

(12) Quer dizer, leva-se em conta, "para verificar as condições da ação, o alegado pela parte na inicial." (STJ – 4ª T., REsp n. 595.188/RS, Rel. Min. Antonio Carlos Ferreira, julg. em 22.11.2011 in DJ de 29.11.2011). Especificamente em matéria de tutela inibitória, cf.: "...5. As condições da ação devem ser aferidas com base na teoria da asserção, ou seja, à luz das afirmações deduzidas na petição inicial, dispensando-se qualquer atividade instrutória. Precedentes..." (STJ – 3ª T., REsp n. 1.731.125/SP, Rel. Min. Nancy Andrighi, julg. em 27.11.2018 in DJe 06.12.2018).

(13) *Trattato di diritto processuale civile*. Torino: UTET, 1957. I, *parte generale*, p. 326.

(14) GUINCHARD, Jean Vincent e Serge. *Procédure civile*. Paris: Dalloz, 1999. n. 105, p. 144.

(15) STJ – 1ª Sec., Proc. n. 684/10, Rel. Moreira Alves, julg. em 05.02.2013.

sobre direito de autor, citada por Cristina Rapisarda[16]: a) estar em curso o descumprimento da norma legal; b) ter havido, no passado próximo, o reiterado descumprimento da norma legal, com evidência de relevante possibilidade de repetição da conduta ou c) conquanto não verificadas as situações a) e b), evidenciar-se a possibilidade, objetiva e real, de descumprimento da norma legal em futuro próximo[17]. No direito português, a lei de defesa do consumidor menciona, no n. 1 do art. 10º, "corrigir ou fazer cessar" prática ilegal, ao lado de "prevenir" a sua ocorrência[18].

No primeiro caso, pendente o descumprimento da norma legal, o interesse de agir é inegável e consiste em fazer cessar o ilícito. É o que prevê, aliás, em um caso específico, o art. 12 do Código Civil brasileiro. "Pode-se exigir que cesse....a lesão, a direito da personalidade..."[19]. Quem está a fazer o que não poderia ser feito pode – e deve – ser condenado a não mais persistir na conduta ilegal, ou seja, a cessar o comportamento contrário ao direito.

No segundo caso, em que houve descumprimento no passado próximo, o interesse fica evidenciado pela probabilidade de descumprimento da norma, constituindo indício do risco de prática do ilícito o antecedente comportamento repetido do agente. Como anota Oliveira Ascensão em matéria de concorrência desleal, mas em termos que bem podem ser extrapolados para qualquer caso de infração legal, provada uma conduta violadora das regras da concorrência desleal, "quando ela possa ser repetida nasce (...) como que uma presunção do perigo dessa repetição"[20]. Na jurisprudência brasileira colhe-se precedente ilustrativo da hipótese. Na ementa pode-se ler: "Extrai-se do disposto no art. 6º-A da Lei n. 10.101/2000, incluído pela Lei n. 11.603/2007, que o trabalho, no comércio em geral, nos dias de feriados está condicionado à autorização em Convenção Coletiva de Trabalho. Sobejamente comprovado que a Ré se mostra reticente em cumprir comando expresso de lei agindo, inclusive, de forma escusa ao firmar compromisso perante o *Parquet* no ano de 2009, mesmo sem formalização do TAC, e no ano seguinte age de forma diametralmente oposta aquela que havia se comprometido, o deferimento da tutela inibitória é medida que se impõe"[21].

No último caso, que envolve a possibilidade, objetiva e real, de descumprimento da norma legal em futuro próximo, o risco decorre não de infração pretérita da norma – que nunca aconteceu –, mas de comportamentos indicativos de propósito de logo mais infringi-la. São atos preparatórios que constituem indício da intenção de violar a obrigação legal. Quem divulga, inclusive publicamente, que pretende invadir e ocupar imóvel alheio, tomando providências para fazê-lo, pode ter contra si deferido interdito proibitório, nos termos do art. 567 do CPC, ainda que não tenha de fato iniciado o ato de invasão, ou seja, mesmo que não tenha ainda praticado nenhum ilícito.

É excessiva, pois, a afirmação encontrada em acórdão do Supremo Tribunal de Justiça de Portugal, consistente na descaracterização do interesse de agir para a tutela inibitória pelo mero fato de não haver, no momento do exame do pedido, infração legal em curso. A ementa do acórdão tem, na passagem que interessa, o seguinte teor: "Tendo na devida conta o real interesse que a acção inibitória demarca – fazer proibir para o futuro o uso de cláusulas contratuais gerais que atentem contra a boa-fé – havemos de concluir que, porque o Banco demandado não pratica agora essa apregoada infracção, se não justifica seja condenado a omitir a prática de uma acção que ele efetivamente não está a executar"[22]. O erro do pronunciamento está em supor que o "não estar a executar" baste para afastar o interesse. Quem não está a executar o que é proibido, mas

---

(16) Trata-se da Lei n. 633, de 1941, em cujo art. 156, na secção relativa aos *"diritti di utilizzazione economica"*, estatui-se: *"1. Chi ha ragione di temere la violazione di un diritto di utilizzazione economica a lui spettante in virtù di questa legge oppure intende impedire la continuazione o la ripetizione di una violazione già avvenuta sia da parte dell'autore della violazione che di un intermediario i cui servizi sono utilizzati per tale violazione può agire in giudizio per ottenere che il suo diritto sia accertato e sia vietato il proseguimento della violazione. Pronunciando l'inibitoria, il giudice può fissare una somma dovuta per ogni violazione o inosservanza successivamente constatata o per ogni ritardo nell'esecuzione del provvedimento".*

(17) *Profili della tutela civile inibitoria*, Padova, CEDAM, 1987, p. 91/92. Com a mesma sistematização, na doutrina nacional. POZZOLO, Paulo Ricardo. *Ação inibitória no processo do trabalho*. São Paulo: LTr, p. 95 e segs., em que se mencionam, como pressuposto para a tutela inibitória, as ameaças de "prática do antijurídico", "continuação do antijurídico" e, por fim, "repetição do antijurídico". Também assim para Luiz Guilherme Marinoni no artigo "Tutela inibitória e tutela de remoção do ilícito", p. 5. Disponível em: <www.abdpc.org.br/abdpc/artigos/luiz%20g%20marinoni(2)%20-%20formatado.pdf>. Acesso em: 27 dez. 2018.

(18) Lei n. 24/1996, de 31 de julho.

(19) Os direitos de personalidade são, aliás, campo fértil para tutelas inibitórias. Por isso, não são raras as regras como a do art. 12 do Código Civil brasileiro. O art. 9, n. 2, do *Code Civil* francês também se refere a "fazer cessar" a lesão, verbis: *"Les juges peuvent, sans préjudice de la réparation du dommage subi, prescrire toutes mesures, telles que séquestre, saisie et autres, propres à empêcher ou faire cesser une atteinte à l'intimité de la vie privée"*. Cf., para maior desenvolvimento do tema, que aqui não interessa tratar de modo mais detido. FRIGNANI, Aldo. *L'injunction nella common law e l'inibitoria nel diritto italiano*. Milano: Giuffrè, 1974. p. 243 e segs.

(20) *Concorrência Desleal*. Coimbra: Almedina, 2002; p. 262.

(21) TRT – 10ª Reg., 3ª T., Proc. 00112-2011-015-10-00-6 RO, Rel. José Leone Cordeiro Leite, julg. em 10.10.2012 *in* DJ de 19.10.2012.

(22) STJ – 7ª Sec., Proc. n. 1593.08.0TJLSB.LL.S 1, Rel. Silva Gonçalves, julg. em 12.05.2011.

dá indicações objetivas, sérias e tangíveis de que irá fazê-lo em breve, pode certamente ser inibido. Há interesse para pedir a tutela processual. Trata do ponto, em termos corretos, a Lei Geral de Defesa dos Consumidores espanhola, aprovada pelo Real Decreto Legislativo n. 1/2007. Ao disciplinar a *acción de cesación*, correspondente à ação inibitória do direito brasileiro, preceitua, no art. 53: *"La acción de cesación se dirige a obtener una sentencia que condene al demandado a cesar en la conducta y a prohibir su reiteración futura. Asimismo, la acción podrá ejercerse para prohibir la realización de una conducta cuando esta haya finalizado al tiempo de ejercitar la acción, si existen indicios suficientes que hagan temer su reiteración de modo inmediato"*.

5. POSSIBILIDADE TEÓRICA DE DESCUMPRIMENTO DA OBRIGAÇÃO LEGAL E INTERESSE DE AGIR

Qualquer um há de concordar que a mera possibilidade, em tese e de feição especulativa, de descumprimento da norma não basta para que se postule a tutela inibitória. O exemplo já utilizado, da proibição de anotação desabonadora, afigura-se suficientemente eloquente e merece ser retomado. Todo empregador pode, em teoria, descumprir a obrigação do art. 29, § 4º, da Consolidação das Leis do Trabalho. Não é, porém, qualquer empregador que pode ser acionado para que não a descumpra. Para acionar algum empregador é preciso demonstrar o interesse e evidenciar a necessidade da tutela pedida, assertiva que se aplica a quaisquer outros pedidos de tutela inibitória, como os que venham a se fundar, por exemplo, nos arts. 70, 130, § 1º, 319, 390, 404, 413, 469 da Consolidação das Leis do Trabalho, entre tantos outros.

Como escreve Celso Agrícola Barbi, para que se justifique pedido voltado a prevenir a violação à lei, a ameaça de que isso ocorra "deve ser objetiva e atual... vale dizer, traduzida por fatos e atos e não por meras suposições..."[23]. Nas palavras de Montesano, o ilícito que se quer evitar com o pedido de inibição não deve ser *"di remota possibilità, ma incombere con vicina probabilità"*[24]. A Suprema Corte dos Estados Unidos, ao definir o conceito de *standing* – equivalente, em linhas gerais, ao interesse de agir do sistema romano-germânico – enfatiza a necessidade de que a lesão, para cuja proteção se pede a tutela jurisdicional, há de ser *"actual or imminent, not 'conjectural' or 'hypothetical'"*[25].

Em acórdão do Supremo Tribunal de Justiça de Portugal encontra-se afirmação expressiva, amparada na *reductio ad absurdum* e que mostra bem o cuidado que se deve ter na apuração do interesse de agir, sob pena de manifesto excesso. Ao tratar do interesse para coibir o descumprimento de obrigação legal ou contratual, a decisão anota, em termos que são irrespondíveis, ainda que em grande medida caricaturais: "...ninguém pode dizer que a pessoa demandada não venha a pôr em perigo ou violar o direito de que o autor se arroga. Na verdade, não se pode dizer, com absoluta segurança, que uma pessoa aleatoriamente escolhida numa lista telefónica não venha a violar ou a pôr em perigo o direito de propriedade dum bem que nem sequer sabe que existe"[26].

A jurisprudência nacional tem presente a circunstância indicada no último acórdão, a respeito dos contornos próprios do interesse de agir. Seguidamente enfatiza que, para postular-se tutela inibitória, não é suficiente possibilidade de ofensa à lei. Essa possibilidade sempre existe. Aliás, norma jurídica com comando que não pudesse ser violado, por impor conduta que materialmente não há como deixar de observar, seria uma completa superfetação. O Direito prescreve o que deve ser. Logo, a norma jurídica supõe, necessariamente, a possibilidade do não-ser, ou seja, o seu descumprimento.

Não faz sentido legislar sobre o que inevitavelmente acontece. A lei da gravidade não precisa ser imposta por nenhuma norma jurídica, pois não há como violá-la, desconsiderada, é claro, a teoria da relatividade, que aqui se pode deixar de lado, sem prejuízo para o raciocínio. Por isso Kelsen chamou atenção para a diferença entre a necessidade causal, que se manifesta nas proposições enunciadas pelas ciências naturais, e a necessidade normativa, pertinente à ciência do Direito[27]. O legislador não precisa dizer que o tempo deve fluir naturalmente. O tempo sempre fluirá naturalmente, diga o que disser o legislador. Trata-se de lei física. Mas o legislador pode, sim, dizer que, transcorrido certo tempo com posse mansa e pacífica, adquire-se a propriedade. Pode também não o dizer. Se não o disser, não se produz o fato jurídico.

---

(23) *Comentários ao Código de Processo Civil*. Rio de Janeiro: Forense, 1992. v. I, p. 27.

(24) *I provvedimenti d'urgenza nel processo civile*. Napoli: Jovene, 1955. p. 78. De igual modo, subscrevendo o enunciado, Proto Pisani, *I provvedimenti d'urgenza ex art. 700 CPC* em *Appunti sulla giustizia civile*, Bari, Cacucci, 1982. p. 389. Na doutrina nacional, com alusão à "probabilidade de prática...de atos contrários ao direito", cf. MARINONI, Luiz Guilherme; MITIDIERO, Daniel. *Código de Processo Civil comentado artigo por artigo*. São Paulo: RT, 2008. p. 425.

(25) *Whitmore v. Arkansas*, 495 U. S. 149, 155 (1990). A mesma proposição reaparece em *Lujan v. Defenders of Wildlife*, 504 U. S. 555, 560 (1992) e, novamente, em *Friends of Earth, Inc. v. Laidlaw Environmental Services (TOC), Inc.*, 528 U.S. 167, 180 (2000). Para algumas notas sobre o conceito de *standing*, cf. Richard H. Fallon, Jr., *The linkage between justiciability and remedies – and their connections to substantive rights* em *Virginia Law Review*, v. 92, p. 633 e segs., especialmente a partir de p. 663/673.

(26) STJ – 2ª Sec., Proc. n. 2.839/2008.0YXLSB.L1.S1, Rel. João Bernardo, julg. em 21.02.2013.

(27) *Teoria geral das normas*. Porto Alegre: Sergio Fabris, 1986. p. 29.

De qualquer sorte, para acionar-se a jurisdição, com pedido de tutela inibitória, deve haver mais do que a singela possibilidade do não-ser, sempre existente, que é mesmo inerente a qualquer norma jurídica; deve haver probabilidade de que isso venha a ocorrer[28], o que é muito diverso. Ainda que não se exija alegação de dano, não basta a singela "possibilidade de lesão a direito, em razão de conduta omissiva ou comissiva do devedor da obrigação", como já se alvitrou[29].

Um bom exemplo, que melhor esclarece o ponto, encontra-se em julgado, em cuja ementa assinala-se: "1. A função jurisdicional somente pode atuar de forma preventiva, a evitar possível lesão a direito, nos casos em que as circunstâncias evidenciarem real possibilidade. A tutela inibitória deve ser concedida apenas se presente a probabilidade de ocorrência futura do ilícito, situação que não se revela nos autos. 2. É notório que o Banco do Brasil tem reiteradamente promovido concursos públicos para o ingresso na carreira de escriturário, não havendo, nos últimos anos, qualquer apontamento de burla à norma prevista no art. 37, II, da Carta Política. 3. O próprio Ministério Público Federal, através da Procuradoria da República no Distrito Federal, manifestou-se no sentido de que os atos que deram origem à presente ação civil pública ocorreram entre 1992 e 1993, quando ainda não pacificado o entendimento jurisprudencial que obsta o provimento derivado de cargos e empregos públicos, o que somente ocorreu com o julgamento da ADI n. 837/DF pelo STF. 4. Havendo efetivo rompimento, na atualidade, da prática de investidura em emprego público sem prévia aprovação em concurso, mediante provimento derivado, não se acolhe o argumento baseado em fatos pretéritos. Inexiste interesse de agir do Ministério Público Federal quanto à abstenção pretendida. 5. Apelação do Ministério Público Federal improvida"[30]. Já no Superior Tribunal de Justiça anotou-se, certa ocasião: "...O deferimento da tutela inibitória, que procura impedir a violação do próprio direito material, exige cuidado redobrado, sendo imprescindível que se demonstre: (i) a presença de um risco concreto de ofensa do direito, evidenciando a existência de circunstâncias que apontem, com alto grau de segurança, para a provável prática futura, pelo réu, de ato antijurídico contra o autor..."[31].

Na Justiça do Trabalho colhe-se precedente em que se afasta o cabimento do pedido inibitório, deduzido em ação civil pública, para coibir ato apenas suposto. Anota o acórdão, em termos irrespondíveis, que "não há campo para o deferimento de uma tutela genérica que objetive inibir a prática de atos futuros que supostamente possam vir a atentar contra o ordenamento jurídico, porquanto ninguém pode se escusar ao cumprimento da lei". Mais adiante o mesmo julgado toca com precisão o ponto, quando extingue a ação por ausência do "binômio necessidade-utilidade da tutela solicitada no processo". A ementa tem o seguinte teor: "Vencida no decorrer do processo a pretensão ministerial através do cumprimento do objeto da obrigação de fazer, não se cogita do deferimento de tutela que almeje proteção a uma obrigação de não fazer, por total ausência de suporte. Diante do cumprimento da obrigação própria, realização de concurso público para a contratação de profissionais da área da saúde, o objeto da presente ação restou devidamente satisfeito, atingido. A tutela inibitória destina-se a impedir a prática de uma irregularidade, sua repetição ou continuação. Assim, seu deferimento por meio de pronunciamento judicial pressupõe a existência de ato irregular a ser coibido, que não mais se verifica. Subsumindo-se as pretensões à regularização da contratação de profissionais médicos mediante concurso público pelo Município Réu e latente, portanto, o sucesso da empreitada ministerial, não há campo para o deferimento de uma tutela genérica que objetive inibir a prática de atos futuros que supostamente possam vir a atentar contra o ordenamento jurídico, porquanto ninguém pode se escusar ao cumprimento da lei. Com efeito, reside o interesse de agir no binômio necessidade-utilidade da tutela solicitada no processo, o qual não mais se observa. Recurso do Autor a que se nega provimento"[32].

Em outro aresto, também da Justiça do Trabalho, o pedido de tutela inibitória é repelido, mesmo diante de descumprimento passado de certa obrigação legal, descumprimento que cessou e de cuja repetição não se tem mais notícia. Pondera-se, na decisão, que "não se pode presumir futura e incerta prática de conduta ilícita. Na verdade, não se pode pressupor que quem já desobedeceu a lei em alguma oportunidade, terá essa mesma conduta eternamente".

---

(28) Em jurisprudência: "Tutela inibitória. Prova. Inexistindo prova da probabilidade do ilícito, não há como vir a ser deferida a tutela inibitória pretendida." (TRT – 5ª Reg., 1ª T., Proc. n. 0088600-70.2004.5.05.0461, Rel. Vânia J. T. Chaves, Ac. n. 026291/2007, in DJ de 18.09.2007).

(29) Fausto Siqueira Gaia, A tutela inibitória de ofício e a proteção do meio ambiente do trabalho cit., p. 87.

(30) TRF – 1ª Reg., 5ª T., AC n. 0018057-62.1995.4.01.3400, Rel. Selene Maria de Almeida, julg. em 16.12.2013 in e-DJF1 de 10.01.2014, p. 289.

(31) STJ – 3ª T., REsp n. 1.388.994/SP, Rel. Min. Nancy Andrighi, julg. em 10.09.2013 in DJe de 29.11.2013. Em termos próximos: "O perigo de lesão que legitima o manejo da ação inibitória não se confunde com o mero perigo genérico de que possa ocorrer a violação ao direito, exigindo a existência de situação específica caracterizadora de tal ameaça, apoiada em dados objetivos e concretos, mostrando-se insuficiente para tanto o mero temor subjetivo e hipotético da futura violação..." (TJ – RJ, 18ª Câm. Cív., Ap. n. 0142819-45.2006.8.19.0001, Rel. Heleno Ribeiro Pereira Nunes, julg. em 13.12.2011).

(32) TRT – 9ª Reg., 1ª T., Proc. n. 1494-2007-669-9-0-5, Rel. Ubirajara Carlos Mendes in DJ de 18.06.2010.

Eis a íntegra da ementa: "A tutela inibitória só tem cabimento na hipótese de existir lesão ou ameaça concreta de lesão, sendo inadmissível quando a lesão é apenas potencial ou provável. Portanto, não há amparo legal para deferir obrigação de fazer ou não-fazer a pretexto de impedir repetição de ilicitude que já foi sanada, posto que não se pode presumir futura e incerta prática de conduta ilícita. Na verdade, não se pode pressupor que quem já desobedeceu a lei em alguma oportunidade, terá essa mesma conduta eternamente. Por consequência, se é inquestionável que as irregularidades apontadas na inicial já foram sanadas, não há motivo para condenar a empresa ao cumprimento de obrigação de fazer em que não há prova de que tenha sido desatendida ou indício de que será descumprida"[33].

Em matéria de dispensa coletiva, deixou-se de acolher pedido inibitório pela ausência de demonstração, "ao menos por indício, de fato concreto e objetivo que implique fundado receio da prática (manutenção ou repetição) de ato ilícito, a justificar deferimento da pretensão". Confira-se a ementa, na parte que interessa: "...No caso concreto, a discussão não diz respeito à ineficácia da dispensa coletiva havida e suas consequências jurídicas em relação aos empregados dispensados. Formula o autor pretensão de natureza inibitória, para que a reclamada se abstenha de realizar dispensa coletiva de empregados, sem entabular negociação com o respectivo sindicato profissional. A tutela preventiva pressupõe demonstração, ao menos por indício, de fato concreto e objetivo que implique fundado receio da prática (manutenção ou repetição) de ato ilícito, a justificar deferimento da pretensão. Não se vislumbra dos elementos dos autos, situação concreta de ameaça de lesão a direito, em relação àqueles empregados que permanecem na empresa, inexistindo provas indiciárias da manutenção dos motivos que, à época, forçaram a empresa a reduzir significativamente a produção e, consequentemente, a mão-de-obra. Recurso ordinário do autor ao qual se nega provimento"[34].

6. POSSIBILIDADE TEÓRICA DE CUMPRIMENTO DA OBRIGAÇÃO LEGAL E INTERESSE DE AGIR

Tal como a simples possibilidade teórica de descumprimento da obrigação não é suficiente para caracterizar o interesse de agir próprio da tutela inibitória, a singela possibilidade teórica de que ocorra o contrário – quer dizer, a possibilidade de que a obrigação seja cumprida – não basta para descaracterizar esse mesmo interesse. Na verdade, uma obrigação que não pudesse ser cumprida em rigor seria ilícita, por impossibilidade do objeto (Código Civil, art. 177, inciso II). A licitude da obrigação supõe a possibilidade de seu cumprimento[35]. *Ad impossibilia nemo tenetur*.

Logo, toda obrigação validamente estabelecida sempre pode, em tese, ser cumprida. Tem de o poder ser. Se, a despeito disso, há indicação, fundada em elementos objetivos, de que esse cumprimento não vai ocorrer, há interesse para pedir tutela voltada a assegurar o *facere* previsto em lei.

Não se deve dizer, portanto, que há falta de interesse quando se está diante "de uma obrigação prevista em lei, que pode ser cumprida pelo acionado *sponte propria*"[36]. Essa possibilidade, por si só, não exclui a pertinência de provimento destinado a garantir o cumprimento.

7. INTERESSE DE AGIR NA TUTELA INIBITÓRIA E IMPETRAÇÃO PREVENTIVA DE MANDADO DE SEGURANÇA

A peculiaridade do interesse de agir na tutela inibitória, que se procurou assinalar ao longo do presente texto, ainda

---

(33) TRT – 15ª Reg., 5ª Câm., 3ª T., Proc. RO n. 0002462-93.2011.5.15.0003, Rel. Edna Pedroso Romanini, Ac. n. 089859/2013-PATR. Em termos muito próximos, ainda: "...3. Quanto à tutela inibitória perseguida, resta evidente a falta de interesse processual do MPF, por não restar comprovada a reiteração da conduta apontada como lesiva pela empresa ré no período de 06 anos decorrido entre a data da autuação e o ajuizamento desta ação...8. Apelação da empresa ré provida, para declarar a extinção do processo sem julgamento do mérito quanto à pretensão à tutela inibitória, excluir da condenação judicial de 1º grau a condenação relativa a danos individuais específicos dos consumidores e julgar improcedente o pedido inicial de indenização por danos difusos". (TRF – 5ª Reg., 1ª T., AC n. 0016381-81.2005.4.05.8100, Rel. Emiliano Zapata Leitão, julg. em 14.012.010 in DJe de 28.01.2010, p. 101).

(34) TRT – 9ª Reg., 3ª T., Proc. n. 01387-2012-025-09-00-0, Rel. Archimedes Castro Campos Júnior, Ac. n. 48164/2013 *in* DEJT de 29.11.2013. Veja-se outro julgado, em que o pedido é negado por não haver indícios de risco de violação da lei: "Tutela inibitória. A tutela inibitória é cabível em caso de ameaça concreta ou o justo receio de ilícito ou de dano a um bem jurídico patrimonial ou extrapatrimonial. No caso, inexistindo sequer indícios de que possa ocorrer a lesão, não há como deferir a tutela, levando em conta, que a tutela inibitória se dá para garantir a obrigação de não fazer em situações concretas e não em situações hipotéticas." (TRT – 1ª Reg., 1ª T., RO n. 00000558620125010321, Rel. Mario Sergio Medeiros Pinheiro, julg. em 15.07.2014 *in* DJ de 21.07.2014).

(35) Cf. ANDRADE, Manuel A. Domingues de. *Teoria geral da relação jurídica*. Coimbra: Almedina, 1983. v. II, n. 163, p. 328, e COSTA, Mário Júlio de Almeida. *Direito das obrigações*. Coimbra: Almedina, 1994. n. 59, p. 597. Nos termos do art. 401, n. 1, do Código Civil português, "(a) impossibilidade originária da prestação produz a nulidade do negócio jurídico". O art. 280º, n. 1, a seu torno, prescreve ser "nulo o negócio jurídico cujo objecto seja física ou legalmente impossível...".

(36) A ementa toda tem o seguinte teor: "Inexiste interesse de agir da parte autora, que justifique a pretensão na condenação do Município nas parcelas vincendas do FGTS, após o trânsito em julgado da sentença, porquanto se trata de uma obrigação prevista em lei, que pode ser cumprida pelo acionado *sponte propria*." (TRT – 5ª Reg., 4ª T., RO n. 0001074-25.2011.5.05.0492, Rel. Lourdes Linhares, DJ 23.10.2012)

que em termos sumários, guarda similitude com o problema da impetração preventiva de mandado de segurança. No fundo, a questão é a mesma, ainda que sob vestes diferentes.

Não se discute o cabimento, em tese, de impetração preventiva de mandado de segurança, antes de verificação a lesão a direito líquido e certo. A Lei n. 12.016, tal como a anterior Lei n. 1.533, refere-se ao pedido deduzido com fundamento em "justo receio" de uma lesão[37]. Não basta, todavia, possibilidade meramente teórica da lesão. A possibilidade de sua ocorrência há de ser palpável e concreta. A jurisprudência é bem tranquila no ponto, ainda que, tecnicamente, nem sempre situe no campo do interesse de agir o problema do cabimento da impetração preventiva: "O cabimento de mandado de segurança preventivo exige muito mais do que um mero receio subjetivo da lesão a um direito, mas sim a existência de uma ameaça real, plausível, concreta e objetiva, traduzida em atos da Administração preparatórios ou ao menos indicativos da tendência da autoridade pública a praticar o ato ou a se omitir deliberadamente quando esteja obrigada a agir"[38].

O que o legislador quis indicar, ao qualificar o receio exigido para a impetração preventiva como "justo" – tal como o fez com o receio de turbação da posse, para o deferimento do interdito, na forma do art. 567 do Código de Processo Civil –, foi exatamente que esse receio deve ser relevante, sério e objetivo, a extrapolar a mera possibilidade teórica da lesão[39]. A observação de Celso Agrícola Barbi é pertinente: "o que deve ser qualificado não é o receio, mas a ameaça, que é elemento objetivo"[40]. Se apenas existe a possibilidade abstrata de violação da obrigação legal, não há interesse de agir. Se, ao contrário, estão em curso atos preparatórios – "atos concretos", como se lê em um acórdão formado em ação de interdito[41] –, o interesse configura-se plenamente. Assim, a mera existência de uma alternativa hermenêutica que envolva violação de direito de alguém, ou ofensa a garantia constitucional, não é bastante para que se postule a tutela inibitória, como já

se decidiu: "1. A suposta violação, alegada pela impetrante, resume-se a uma possível interpretação da legislação sanitária que poderá ser aplicada pela administração pública, no exercício do poder de polícia. 2. Da mesma forma que não é cabível impetrar mandado de segurança contra lei em tese, inaplicável a impetração do remédio heroico contra ato administrativo baseado apenas e tão somente em possível interpretação da legislação"[42].

Já quando, por exemplo, se faz consulta tributária no âmbito da Administração Pública, resposta ofensiva a direito do contribuinte autoriza pedido inibitório, mesmo sob a forma de mandado de segurança preventivo. É o que a doutrina anota: "A resposta a consulta formulada em face de situação concreta, pode significar uma cobrança de tributo, feita administrativamente, inclusive sob a ameaça de sanções legalmente previstas para o inadimplente da obrigação tributária. E sendo assim, enseja, induvidosamente, a impetração de mandado de segurança. De todo modo, ainda que não significasse uma lesão ao direito do impetrante, de não ser molestado com cobranças indevidas, significaria uma ameaça concreta de agressão a seu patrimônio, a ser executada mediante a posterior cobrança judicial. Por isto o cabimento do mandado de segurança, em caráter preventivo, não admite, nesses casos, qualquer contestação razoável"[43]. A jurisprudência segue a mesma linha, como se infere de precedente do Superior Tribunal de Justiça em que decidido: "É cabível o mandado de segurança preventivo em face de resposta desfavorável à consulta tributária diante de situação concreta, exsurgindo justo o receio do contribuinte de que se efetive a cobrança do tributo"[44].

8. INTERESSE DE AGIR NA TUTELA INIBITÓRIA TRABALHISTA

Em matéria trabalhista, o fato de ter sido negada a satisfação de certa pretensão a muitos empregados – conceder

---

(37) Art. 1º. Na Lei n. 1.533 a previsão estava também no art. 1º.

(38) STJ – 1ª Sec., MS n. 20.393/DF, Rel. Min. Mauro Campbell Marques, julg. em 23.09.2015 in DJe de 30.09.2015.

(39) Em matéria de interdito possessório, cf. a seguinte decisão: "O interdito proibitório constitui-se no remédio processual que o possuidor utiliza quando houver ameaça à sua posse, ou temor de uma agressão, os quais têm que ser concretos. Não havendo ameaça injusta à posse, pautada a pretensão apenas na suposição de que terreno do Município venha a ser ocupado, em razão do histórico de invasões irregulares verificado em áreas públicas, conclui-se pela ausência dos requisitos autorizadores do interdito possessório." (TJ – RS, 18ª Câm. Cív., Ap. n. 70077339778, Rel. Pedro Celso Dal Pra, julg. em 07.06.2018 in DJ de 13.06.2018). Em doutrina, a dizer que não basta "o simples receio", sendo de exigir-se mais, com demonstração concreta da perspectiva de turbação ou de esbulho. VIEIRA, José Alberto. Direitos reais. Coimbra: Almedina, 2016. n. 236, p. 545.

(40) Do mandado de segurança. Rio de Janeiro: Forense, 1976. n. 91, p. 106/107.

(41) "O instituto previsto no art. 932 do Código de Processo Civil destina-se a resguardar o possuidor de ameaça à turbação de sua posse, sendo requisito para o ajuizamento da pretensão (que é a de interdito proibitório) o justo receio de ser-se molestado na possessão, justo receio que não é mero temor subjetivo, mas apreensão resultante de atos concretos de ameaça iminente e efetiva ao direito do autor." (TJ – SP, 1ª Câm. Extraord. Dir. Púb., Ap. n. 9186805-35.2005.8.26.0000, Rel. Ricardo Dip, julg. em 27.05.2014 in DJ de 29.05.2014).

(42) TJ – PR, 5ª Câm. Cív., Proc. n. 1103934-6 (Acórdão), Rel. Nilson Mizuta, julg. em 19.11.2013.

(43) MACHADO, Hugo de Brito. Mandado de segurança em matéria tributária. São Paulo: RT, 1994. p. 284/285.

(44) STJ – 1ª T., REsp n. 615.335/SP, Rel. Min. Luiz Fux, julg. em 11.05.2004 in DJ de 31.05.2004, p. 238.

uma determinada pausa ou permitir a ausência do trabalho em um certo período –, sob pretexto de não estar ela amparada na correta interpretação das normas legais ou convencionais aplicáveis, pode caracterizar o "justo receio" exigível para a propositura de ação. Ainda assim permanece – como tem de ser – a possibilidade de o empegador voltar atrás, mudar de opinião e passar a cumprir a obrigação. Se isso ocorrer, não havendo nenhuma indicação de que a antiga prática ilegal tende a ser restabelecida, o interesse, que existiu, desaparece.

No exemplo das anotações desabonadoras, citado anteriormente, se a empresa sempre as faz quando dispensa um empregado com justa causa, o trabalhador, cujo contrato de trabalho é rescindido em tais condições tem interesse em postular tutela inibitória, para que a anotação não ocorra. Já ao empregado que apenas receia ser dispensado, sem que haja elemento concreto a fundamentar o seu temor, de modo a torná-lo objetivo e real, falta-lhe interesse de agir próprio. O seu receio, no caso, é meramente subjetivo e especulativo, insuficiente para justificar pedido de provimento jurisdicional. O que pode haver – e é diferente – é o interesse processual para ajuizamento de ação de natureza coletiva, por entidade sindical ou pelo Ministério Público do Trabalho, já que a prática de anotação desabonadora, sempre feita quando da dispensa de empregados, ameaça lesar direitos da coletividade de trabalhadores da empresa[45].

Ainda no plano coletivo, pode-se pensar em inibição relacionada com a negociação coletiva. Como no direito português, consoante a previsão do art. 25 do Decreto-lei n. 446/1985, sobre o regime jurídico das cláusulas contratuais gerais[46], concebe-se pedido inibitório voltado a impedir que certa modalidade de cláusula contratual seja inserida em acordo ou convenção coletiva de trabalho. Há interesse de agir quando se demonstra ter sido a cláusula utilizada no passado recente. Se o seu conteúdo envolve ilícito, é de admitir pedido voltado a que ela não seja mais adotada, nas próximas negociações, sem prejuízo de eventual pedido cumulado (CPC, art. 327) de declaração de invalidade da cláusula em vigor, além de perdas e danos ou outra consequência jurídica, se for o caso[47]. Para tomar um exemplo prático, se o acordo coletivo exclui do direito à participação nos lucros os empregados dispensados antes do final do período de apuração, é concebível, diante da jurisprudência que se veio a firmar[48], pedido inibitório voltado a vedar inclusão de cláusula com semelhante previsão nas próximas negociações, com pedido declaratório de invalidade da previsão existente e condenatório de pagamento da vantagem aos empregados dispensados em tais condições.

A medida vocacionada à repressão da conduta antissindical a que alude o art. 28 do *Statuto dei Lavoratori* italiano pode, por conta de seu conteúdo "*vasto e indefinito*" sublinhado pela doutrina[49], implicar provimento de natureza inibitória, para que, nos termos da disposição legal, cesse o "*comportamento illegittimo*"[50], seja ele omissivo ou comissivo. Eventualmente virá o provimento conjugado

---

(45) Eis mais uma demonstração de que o interesse coletivo não é a mera soma de interesses individuais; é antes conceito qualitativamente diverso. A propósito, para um pouco mais de desenvolvimento do argumento, cf. MAZZONI, Giuliano. *Manuale di diritto del lavoro*. Milano: Giuffrè, 1990. v. II, n. 507, p. 719/721.

(46) O dispositivo estabelece, *verbis*: "As cláusulas contratuais gerais, elaboradas para utilização futura, quando contrariem o disposto nos arts. 15, 16, 18, 19, 21 e 22 podem ser proibidas por decisão judicial, independentemente da sua inclusão efectiva em contratos singulares".

(47) É o que prevê expressamente a Lei Geral de Defesa dos Consumidores espanhola, aprovada pelo Real Decreto Legislativo n. 1/2007, em cujo art. 53, no tratamento das chamadas *acciones de cesación*, estabelece-se: "*a cualquier acción de cesación podrá acumularse siempre que se solicite la de nulidad y anulabilidad, la de incumplimiento de obligaciones, la de resolución o rescisión contractual y la de restitución de cantidades que se hubiesen cobrado en virtud de la realización de las conductas o estipulaciones o condiciones generales declaradas abusivas o no transparentes, así como la de indemnización de daños y perjuicios que hubiere causado la aplicación de tales cláusulas o prácticas. de dicha acción acumulada accesoria conocerá el mismo juzgado encargado de la acción principal, la de cesación por la vía prevista en la ley procesal*". Bem se vê que a cumulação, satisfeitos os respectivos pressupostos, pode ter lugar em qualquer ação inibitória, não apenas naquelas relacionadas com as relações de consumo. Em material concorrencial, por exemplo, é muito comum a cumulação de pedido de cessação de fabricação ou comercialização de certo produto com pedido de pagamento de indenização. Veja-se, como exemplo, o seguinte precedente: "Agravo de instrumento. Direito de empresa. Ação inibitória cumulada com pedido de indenização. Semelhança entre as mochilas fabricadas pelas agravantes e aquelas importadas pela agravada devidamente caracterizada. Contrafação. Decisão reformada a fim de determinar a apreensão judicial da mercadoria e ordenar à agravada que se abstenha de praticar atos de importação, armazenamento, venda ou exposição dos produtos, sob pena de multa diária de R$ 5.000,00. Agravo a que se dá provimento." (TJ – SP, Câm. Dir. Empresarial, AI n. 0279916-22.2011.8.26.0000, Rel. Pereira Calças, julg. em 06.12.2011 *in* DJ de 07.12.2011). Também no campo do direito autoral a cumulação é frequente: "Direito autoral. *Software*. Utilização sem devida licença da proprietária. Aquisição de máquinas com programas já instalados. Ausência de cautela por parte do adquirente, que utilizou os programas em atividade empresarial. Benefício econômico auferido. Responsabilidade reconhecida. Ação inibitória cumulada com indenização julgada procedente. Recurso improvido." (TJ – SP, 1ª Câm. Dir. Privado, Rel. Elliot Akel, Ap. Cív. n. 9155683-38.2004.8.26.0000, julg. em 13.12.2011 *in* DJ de 17.12.2011).

(48) Súmula n. 451 do Tribunal Superior do Trabalho.

(49) MAZZONI, Giuliano. *Manuale di diritto del lavoro cit.*, n. 507, p. 727.

(50) Art. 28, n. 1.

com decisão de outra natureza, em particular para assegurar a "*rimozione degli effeti*" da conduta censurada, prevista no mesmo dispositivo[51]. O interesse de agir depende, no caso, da caracterização das situações já referidas, quer por estar em curso o comportamento ilegítimo – quando o empregador impede o sindicato de realizar o seu proselitismo entre os empregados, por exemplo –, quer por haver perspectiva concreta de que venha a ocorrer – quando o empregador ameaça dispensar quem aderir ao sindicato ou deixa claro que não irá tolerar a distribuição de panfletos na entrada do estabelecimento[52] –, quer ainda por ter ocorrido a violação no passado e perspectivar-se a sua repetição em futuro próximo.

A caracterização do interesse de agir tem de levar em conta o comportamento concreto do réu e a pretensão deduzida. A advertência é necessária para evitar que, diante do interesse para reivindicar a tutela de certa pretensão, se possa extrapolar o âmbito do litígio, de modo a entender-se presente interesse para qualquer outra pretensão, mesmo próxima ou assemelhada. Dito de outro modo, se há interesse para reivindicar o cumprimento de certo *facere* relacionado com norma de medicina e segurança do trabalho, por conta do descumprimento passado ou presente – ou risco próximo de descumprimento –, daí não se segue a existência de interesse para reclamar o cumprimento de todas as demais normas do gênero, inclusive daquelas que nunca foram descumpridas e de cuja violação próxima não se tem nenhum indicativo. A expressão simbólica da proposição torna mais nítido o seu sentido: a existência de interesse para reclamar a satisfação da pretensão α não implica, por si só, existência de igual interesse para reclamar a satisfação das pretensões β e γ, ainda que todas sejam do mesmo gênero ou tenham a mesma natureza jurídica.

9. TUTELA INIBITÓRIA, PREVENÇÃO E CAUTELARIDADE OU URGÊNCIA

Há certamente uma nota de prevenção, em sentido lato, na tutela inibitória. Quando se pede provimento voltado a impedir que certa conduta venha a ocorrer ou continue a ocorrer, pretende-se, no fundo, prevenir o ilícito[53] ou impedir a sua perpetuação. Por isso, não é incomum falar-se no "caráter preventivo" das tutelas inibitórias[54], inclusive no interdito[55]. De outro lado, o concreto provimento cautelar ou de urgência pode perfeitamente ter conteúdo inibitório (uma "fazer" ou um "não fazer") e isso longe está de ser incomum[56]. Pense-se, como ilustração, na providência cautelar que impede a prática de certo ato ou ordena que não se suspenda a realização de um trabalho ou da execução de um contrato, tudo para evitar dano irreparável ou de difícil reparação. No campo trabalhista, a ordem de reintegração do empregado, determinada liminarmente, para afastar o perecimento de um direito, envolve um *facere* específico, ante a determinação para que se restabeleça a plena execução do contrato de trabalho[57].

Não surpreende, diante dos pontos de contato indicados, que a ação inibitória venha a ser tratada, em certas normas legais, sob a rubrica do "direito à prevenção", como se dá na já citada Lei Portuguesa n. 24/1996, voltada à

---

(51) Art. 28, n. 1.

(52) O último exemplo é tirado do julgado proferido em 27 de agosto de 2018 pela *Court of Appeals for the District of Columbia*, em que se referendou decisão do NRLB contrária à determinação do empregador proibitiva da distribuição de panfletos por empregados, que portavam cartazes, na entrada não voltada ao atendimento de urgência de hospital. A fundamentação do julgado anota: "Undisputed record evidence establishes that there were only two to four employees who held picket signs on the hospital's property, standing stationary by a nonemergency entrance. They did not chant, march, or obstruct visitors from entering or leaving the hospital, and Capital offered no evidence demonstrating that the peaceful holding of picket signs nonetheless could disrupt patient care. We therefore uphold the Board's finding that the picketing at issue here presented no likelihood of disruption or disturbance, and we sustain the Board's resulting conclusion that Capital violated the NLRA by attempting to stop the employees from holding picket signs". O julgado pode ser lido, na íntegra, em: < https://cases.justia.com/federal/appellate-courts/cadc/16-1320/16-1320-2018-08-10.pdf?ts=1533913258>. Acesso em: 02 jan. 2019.

(53) "Diante da ameaça/ risco/ perigo de violação às Normas Regulamentadoras, procede a tutela inibitória com o fim de impedir que o ilícito volte a ocorrer. Vale dizer, a tutela deferida visa obstar, evitar, prevenir a reiteração das irregularidades constatadas pela fiscalização do trabalho. Recurso parcialmente provido." (TRT – 1ª Reg., 5ª T, Proc. RO n. 0088100-02.2009.5.01.0053, Rel. Bruno Losada Albuquerque Lopes, julg. em 16.07.2013 in 24.07.2013).

(54) Luiz Guilherme Marinoni, "Tutela inibitória e tutela de remoção do ilícito" cit., p. 42, com referência à preventividade como elemento presente tanto nas ações inibitórias como na ação cautelar. Na doutrina portuguesa, António Pinto Monteiro – O novo regime jurídico dos contratos de adesão / cláusulas contratuais gerais. Disponível em: <http://www.oa.pt/Conteudos/Artigos/detalhe_artigo.aspx?idsc=3328&ida=3346>. Acesso em: 27 dez. 2018.

(55) Assim, por exemplo, no seguinte acórdão: "O interdito proibitório é uma medida, de caráter preventivo, que objetiva proteger a posse que se encontra sob ameaça, de modo a prevenir ou evitar o perigo de turbação ou esbulho." (TJ – RS, 18ª Câm. Cív., Ap. Cív. n. 70065411670, Rel. Heleno Tregnago Saraiva, julg. em 13.08.2015).

(56) RAPISARDA, Cristina; TARUFFO, Michele. *Inibitoria (azione) – Diritto processuale civile* em *Enciclopedia Giuridica*. Roma: Enciclopedia Italiana, 1989. XVII, p. 12.

(57) RAPISARDA, Cristina; TARUFFO, Michele. *Inibitoria (azione)* cit., p. 12.

defesa do consumidor[58]. Algumas vezes vai-se ainda além, para relacionar a tutela inibitória com a tutela cautelar ou urgente, como forma de evitar dano irreparável ou de difícil reparação[59]. É preciso, porém, separar bem as coisas e evitar confusões.

Nem todo risco de prática de ilícito implica ameaça de dano irreparável ou de difícil reparação[60]. Pode haver inibição cautelar ou, na terminologia atual, urgente[61] e inibição não cautelar ou não urgente. Os pressupostos para as medidas não são os mesmos e nem sequer são cumulativos. A legislação francesa distingue as situações. No art. 9 do *Code Civil*, antes referido e relativo à lesão "à *l'intimité de la vie privée*", o legislador considera duas hipóteses diferentes, a saber, existência de urgência ou não. Apenas no primeiro caso admite provimentos ("*mesures*") que sejam "*ordonnées en référé*", ou seja, de forma liminar e urgente.

O Código de Propriedade Industrial português, com um pouco menos de clareza, cogita de medidas cautelares voltadas a impedir "lesão grave e dificilmente reparável do direito de propriedade industrial ou de segredo comercial", cujo conteúdo pode traduzir-se em "a) Inibir qualquer violação iminente; ou b) Proibir a continuação da violação"[62]. É o provimento cautelar ou de urgência, ainda que com conteúdo inibitório. Mais à frente o mesmo Código, sob a expressiva rubrica de "Medidas inibitórias", menciona a decisão de mérito a ser proferida no processo, a qual pode "impor ao infrator uma medida destinada a inibir a continuação da infração verificada"[63]. Já agora se trata da inibição não cautelar ou não urgente. Eis, lado a lado, no mesmo diploma legal, a inibição cautelar e a inibição não cautelar, disciplinadas em preceitos diversos.

Também no direito espanhol a diferença acha-se positivada em matéria trabalhista. No capítulo dedicado à tutela dos direitos fundamentais e liberdades públicas, a Lei n. 36/2011, que regula a jurisdição social, distingue, com bastante nitidez, a tutela inibitória ordinária dos provimentos cautelares, eventualmente com conteúdo inibitório. O art. 182, n. 1, c), menciona a sentença inibitória, voltada a fazer cessar "*la actuación contraria a derechos fundamentales o a libertades públicas, o en su caso, la prohibición de interrumpir una conducta o la obligación de realizar una actividad omitida, cuando una u otra resulten exigibles según la naturaleza del derecho o libertad vulnerados*". Já o art. 180, n. 2, sob a rubrica "*medidas cautelares*", prevê a possibilidade de, a partir de pedido formulado na petição inicial, ordenar-se "*la suspensión de los efectos del acto impugnado cuando su ejecución produzca al demandante perjuicios que pudieran hacer perder a la pretensión de tutela su finalidad, siempre y cuando la suspensión no ocasione perturbación grave y desproporcionada a otros derechos y libertades o intereses superiores constitucionalmente protegidos*". Cuida-se, no fundo, de uma inibição cautelar ou, como se lê em decisão do Tribunal da Relação do Porto, uma "providência cautelar inibitória"[64]. Alguns exemplos concretos facilitam a percepção da distinção proposta.

---

(58) Art. 10.

(59) É o que se vê no seguinte acórdão: "Tutela inibitória. Prevenção de eventuais medidas de retaliação. Requerida em face do empregador, pela interposição de ação trabalhista no curso do contrato de trabalho. Alegações genéricas não preenchem os requisitos do art. 273 do CPC. Requerimento que se indefere." (TRT – 2ª Reg., 14ª T., Proc. 0003305-27.2013.5.02.0043, Rel. Regina Aparecida Duarte, julg. em 26.02.2015 in DJ de 13.03.2015). Parece ser também a tese de Rui Pinto, que relaciona a condenação *in futuro* com o propósito de evitar dano ao direito do autor (A questão de mérito na tutela cautelar, Coimbra, Coimbra Editora, 2009, p. 271/273, 526/527 e 541/542). Cf. ainda, com menção à irreparabilidade da lesão como elemento integrante do tipo para cuja tutela se formula pedido inibitório: "A tutela inibitória, prevista no art. 461 § 5º do CPC e no art. 84 do CDC, é uma atuação jurisdicional que tem como objetivo a prevenção de prática de um ato ilícito, de forma que são pressupostos para a concessão da tutela inibitória a probabilidade da prática ou da continuação ou da repetição de um ilícito que possa violar direitos irreparáveis." (TJ – PR, 6ª Câm. Cív., Ap. Cív. n. 1.346.896-9, Rel. Prestes Mattar julg. em 05.05.2015). Em doutrina, tratando da prevenção do ilícito no âmbito apenas das "providências cautelares" do direito português, Rita Cardoso Alves, A concorrência desleal, Porto, Universidade Católica Portuguesa (dissertação de mestrado), 2013, p. 26. Disponível em: <http://repositorio.ucp.pt/bitstream/10400.14/17336/1/Tese%20Rita%20Alves.pdf>. Acesso em: 27 dez. 2018.

(60) Confira-se o seguinte precedente: "Agravo instrumento. Ação inibitória de preceito legal e perdas e danos. ECAD. Direitos autorais. Execução de música em quarto de hotel. Decisão que indeferiu a tutela antecipatória. Tutela provisória de urgência. Deve ser observado o preenchimento dos requisitos autorizadores, previstos no art. 300 do CPC, quais sejam, a probabilidade do direito e o perigo de dano ou o risco ao resultado útil do processo, e ainda o requisito negativo disposto no referido artigo, § 3º, qual seja, que não haja perigo de irreversibilidade dos efeitos da decisão. Ausentes os requisitos necessários ao deferimento da tutela de urgência requerida, na forma do art. 300 do CPC. Eventual pagamento que pode ser realizado após a sentença. Ausência de prejuízo imediato ou de difícil reparação..." (TJ – RJ, 22ª Câm. Cív., AI n. 0033301-06.2018.8.19.0000, Rel. Marcelo Lima Buhatem, julg. em 18.09.2018).

(61) CPC, art. 300.

(62) Art. 345, n. 1.

(63) Art. 349, n. 1.

(64) RP, 2ª Sec., Proc. n. 1466/09.9T2SNT.L1-2, Rel. Henrique Antunes, julg. em 03.11.2009. A mesma decisão assinala ainda que a providência cautelar inibitória pode "dirigir-se a uma de duas finalidades: na providência cautelar inibitória preventiva procura-se prevenir a eventual violação do direito de propriedade industrial e o seu objecto é, precisamente, a abstenção dessa violação...; na

Quando se pede que o empregador seja condenado a não mais conceder intervalo intrajornada de apenas 50 minutos aos seus empregados, respeitando o período mínimo de 1 hora, pretende-se prevenir ofensa ao art. 71, *caput*, da Consolidação das Leis do Trabalho. Eis aí o aspecto preventivo do pedido. No entanto, a pretensão deduzida, por não envolver, em tese, risco de dano irreparável ou de difícil reparação – tanto que, como é sabido, se admite, observadas certas formalidades, intervalo com duração inferior a 1 hora[65] –, não se reveste de natureza urgente. Não autoriza o provimento do art. 300, § 2º, do CPC nem se sujeita aos respectivos pressupostos[66].

O cenário é diverso, contudo, se o que se busca é cessação de prática contrária a norma de medicina e segurança do trabalho, havendo, ao mesmo tempo, risco de acidente. Imagine-se a falta de um equipamento de segurança obrigatório em uma máquina, como, por exemplo, uma prensa a funcionar em desacordo com a NR 12, sem comandos bimanuais, na forma do item 2.1.2. Há infração a obrigação legal. No caso, porém, a prevenção pretendida adquire natureza urgente, diante do risco de dano irreparável ou de difícil reparação – considerada a irreparabilidade *in re ipsa* dos acidentes que envolvam lesão à pessoa[67] –, e autoriza provimento cautelar[68].

De igual modo, agora no plano coletivo, se, durante movimento grevista, o empregador proíbe a distribuição pacífica de panfletos, a necessidade de urgência na tutela é evidente. Perde eficácia provimento que assegure aos empregados o exercício de liberdade sindical após o fim do movimento grevista. Admite-se, assim, tutela inibitória deferida cautelarmente.

É importante ter em conta a distinção, para não supor que todo pedido inibitório dependa de prova de risco de lesão irreparável ou de difícil reparação – o que é errado – e tampouco para imaginar que a tutela urgente ou cautelar tenha sempre e apenas natureza inibitória – o que também é errado. Nas palavras de Isabel Alexandre – enunciadas para a condenação a pagar, mas passível de generalização para outras hipóteses de tutela condenatória, inclusive fazer ou não fazer – "o *periculum in mora* não apresenta uma relação necessária com a circunstância de o devedor ter deixado de pagar: dito de outra forma, não é por o devedor ter deixado de pagar que pode presumir-se o perigo de a demora processual causar dano ao direito do autor..."[69]. Sob outro prisma, nem sempre – e não necessariamente – a continuidade do ilícito, por mais indesejável que seja, induz risco de dano irreparável ou de difícil reparação[70].

Em resumo, o deferimento de medida de urgência ou cautelar, com conteúdo inibitório, depende de demonstração dos requisitos específicos[71], os quais não precisam existir para a tutela inibitória ordinária ou não urgente.

10. CONCLUSÃO

O interesse de agir na ação inibitória exige certo cuidado. Mal compreendido, pode levar ao extravasamento da tutela processual ou à sua indevida restrição, em ambos os casos com resultados tecnicamente incorretos e praticamente perniciosos.

---

providência cautelar inibitória repressiva, visa-se cessar a efectiva violação do direito de propriedade industrial e o seu objecto é, justamente, a abstenção da continuação dessa violação...".

(65) CLT, art. 71, § 3º.

(66) Em jurisprudência, colhe-se pronunciamento tomado em ação inibitória de direito comum, em que se admitiu a suspensão do processo pelo prazo de 1 ano, por não haver "prejuízo" em curso. Na ementa toda assinala-se: "Contrato de distribuição de veículos. Ação inibitória. Suspensão do processo, por um ano, enquanto se aguarda a conclusão da prova produzida em ação precedente, nos termos do art. 265, IV, *b*, do CPC. Possibilidade. Inexistência atual de prejuízo. Agravo não provido." (TJ – SP, 29ª Câm. Dir. Priv., AI n. 2004583-43.2013.8.26.0000, Rel. Silvia Rocha, julg. em 11.12.2013 *in* DJ de 11.12.2013).

(67) Ainda que o acidente não deixe sequela, a irreparabilidade não desaparece só por isso. O período de convalescença, com dores ou limitações à pessoa, implica irreparabilidade do dano, diante da impossibilidade de afastar-se o sofrimento sentido ou de restituir-se o tempo de inatividade ou de limitação da capacidade de ação.

(68) Nem a antiga tutela cautelar – hoje tutela de urgência – contenta-se apenas com "a probabilidade do dano", como parece afirmar Luiz Guilherme Marinoni ("Tutela inibitória e tutela de remoção do ilícito" cit., p. 42), nem há que buscar necessariamente um processo principal para as tutelas de urgência ou cautelares.

(69) *Modificação do caso julgado material civil por alteração das circunstâncias*. Coimbra: Almedina, 2018. p. 243.

(70) Veja-se o seguinte precedente, em que se indefere tutela de urgência para cessar a prática ilícita, exatamente por não haver risco de dano irreparável por sua simples continuidade: "Condomínio. Ação inibitória. Desfazimento de obra. Tutela de urgência. Ausência dos requisitos legais. Concessão. Impossibilidade. Recurso desprovido." (TJ – SP, 26ª Câm. Dir. Privado, AI n. 2239369-27.2016.8.26.0000, Rel. Antonio Nascimento, julg. em 09.03.2017 *in* DJ de 09.03.2017).

(71) Assim, com alusão aos requisitos do art. 700 do CPC italiano. RAPISARDA, Cristina; TARUFFO; Michele. *Inibitoria (azione)* cit, p. 13.

Produção Gráfica e Editoração Eletrônica: LINOTEC
Projeto de Capa: FABIO GIGLIO
Impressão: PSP DIGITAL